Physica-Lehrbuch

Physica-Lehrbuch

Basler, Herbert
Aufgabensammlung zur statistischen Methodenlehre und Wahrscheinlichkeitsrechnung
4. Aufl. 1991. 190 S.

Basler, Herbert
Grundbegriffe der Wahrscheinlichkeitsrechnung und Statistischen Methodenlehre
11. Aufl. 1994. X, 292 S.

Bloech, Jürgen u.a.
Einführung in die Produktion
2. Aufl. 1993. XX, 410 S.

Bossert, Rainer und Manz, Ulrich L.
Externe Unternehmensrechnung
Grundlagen der Einzelrechnungslegung, Konzernrechnungslegung und internationalen Rechnungslegung
1997. XVIII, 407 S.

Dillmann, Roland
Statistik II
1990. XIII, 253 S.

Endres, Alfred
Ökonomische Grundlagen des Haftungsrechts
1991. XIX, 216 S.

Farmer, Karl und Wendner, Ronald
Wachstum und Außenhandel
Eine Einführung in die Gleichgewichtstheorie der Wachstums- und Außenhandelsdynamik
1997. XX, 334 S.

Fahrion, Roland
Wirtschaftsinformatik
Grundlagen und Anwendungen
1989. XIII, 597 S.

Ferschl, Franz
Deskriptive Statistik
3. Aufl. 1985. 308 S.

Gabriel, Roland/Begau, Klaus/Knittel, Friedrich/Taday, Holger
Büroinformations- und -kommunikationssysteme
Aufgaben, Systeme, Anwendungen
1994. X, 148 S.

Gaube, Thomas u. a.
Arbeitsbuch Finanzwissenschaft
1996. X, 282 S.

Gemper, Bodo B.
Wirtschaftspolitik
1994. XVIII, 196 S.

Graf, Gerhard
Grundlagen der Volkswirtschaftslehre
1997. VII, 324 S.

Hax, Herbert
Investitionstheorie
5. Aufl. korrigierter Nachdruck 1993. 208 S.

Heno, Rudolf
Jahresabschluß nach Handels- und Steuerrecht
1994. XVI, 390 S.

Huch, Burkhard u.a.
Rechnungswesen-orientiertes Controlling
Ein Leitfaden für Studium und Praxis
3. Aufl. 1998. XVIII, 504 S.

Kistner, Klaus-Peter
Produktions- und Kostentheorie
2. Aufl. 1993. XII, 293 S.

Kistner, Klaus-Peter
Optimierungsmethoden
Einführung in die Unternehmensforschung für Wirtschaftswissenschaftler
2. Aufl. 1993. XII, 222 S.

Kistner, Klaus-Peter und Steven, Marion
Produktionsplanung
2. Aufl. 1993. XII, 361 S.

Kistner, Klaus-Peter und Steven, Marion
Betriebswirtschaftslehre im Grundstudium
Band 1: Produktion, Absatz, Finanzierung, 2. Aufl. 1996. XVI, 475 S.
Band 2: Buchführung, Kostenrechnung, Bilanzen, 1997. XVI, 451 S.

Kortmann, Walter
Mikroökonomik
Eine anwendungsbezogene Einführung in das Grundmodell
1997. XVI, 494 S.

Kraft, Manfred und Landes, Thomas
Statistische Methoden
3. Aufl. 1996. X, 236 S.

Michaelis, Peter
Ökonomische Instrumente in der Umweltpolitik
Eine anwendungsorientierte Einführung
1996. XII, 190 S.

Nissen, Hans Peter
Makroökonomie I
3. Aufl. 1995. XXII, 331 S.

Sesselmeier, Werner/Blauermel, Gregor
Arbeitsmarkttheorien
2. Aufl. 1998. XIV, 308 S.

Steven, Marion
Hierarchische Produktionsplanung
2. Aufl. 1994. X, 262 S.

Swoboda, Peter
Betriebliche Finanzierung
3. Aufl. 1994. 305 S.

Weise, Peter u.a.
Neue Mikroökonomie
3. Aufl. 1993. X, 506 S.

Zweifel, Peter und Heller, Robert H.
Internationaler Handel
Theorie und Empirie
3. Aufl. 1997. XXII, 418 S.

Henry Schäfer

Unternehmensfinanzen

Grundzüge in Theorie und Management

Mit 197 Abbildungen und 37 Tabellen

Physica-Verlag

Ein Unternehmen des Springer-Verlags

Prof. Dr. Henry Schäfer
Universität GH Siegen
Fachbereich Wirtschaftswissenschaften
Hölderlinstraße 3
D-57068 Siegen

ISBN 3-7908-1070-3 Physica-Verlag Heidelberg

Die Deutsche Bibliothek – CIP-Einheitsaufnahme
Unternehmensfinanzen: Grundzüge in Theorie und Management / Hrsg.: Henry Schäfer. – Heidelberg: Physica-Verl., 1997
  (Physica-Lehrbuch)
  ISBN 3-7908-1070-3

Dieses Werk ist urheberrechtlich geschützt. Die dadurch begründeten Rechte, insbesondere die der Übersetzung, des Nachdrucks, des Vortrags, der Entnahme von Abbildungen und Tabellen, der Funksendung, der Mikroverfilmung oder der Vervielfältigung auf anderen Wegen und der Speicherung in Datenverarbeitungsanlagen, bleiben, auch bei nur auszugsweiser Verwertung, vorbehalten. Eine Vervielfältigung dieses Werkes oder von Teilen dieses Werkes ist auch im Einzelfall nur in den Grenzen der gesetzlichen Bestimmungen des Urheberrechtsgesetzes der Bundesrepublik Deutschland vom 9. September 1965 in der jeweils geltenden Fassung zulässig. Sie ist grundsätzlich vergütungspflichtig. Zuwiderhandlungen unterliegen den Strafbestimmungen des Urheberrechtsgesetzes.

© Physica-Verlag Heidelberg 1998
Printed in Germany

Die Wiedergabe von Gebrauchsnamen, Handelsnamen, Warenbezeichnungen usw. in diesem Werk berechtigt auch ohne besondere Kennzeichnung nicht zu der Annahme, daß solche Namen im Sinne der Warenzeichen- und Markenschutz-Gesetzgebung als frei zu betrachten wären und daher von jedermann benutzt werden dürften.

Umschlaggestaltung: Erich Kirchner, Heidelberg

SPIN 10646298   88/2202-5 4 3 2 1 0 – Gedruckt auf säurefreiem Papier

Vorwort

Finanzierungs- und Kapitalmarktthemen haben sich seit Mitte der 80er Jahre in den Brennpunkt wissenschaftlicher Forschungen und des Unternehmensmanagements gerückt. Die wissenschaftliche Auseinandersetzung mit Finanzierungsfragen innerhalb der Betriebswirtschaftslehre verzeichnet darüber hinaus seit längerem eine deutliche mikroökonomische Untermauerung, mit der wie in keinem anderen Teilgebiet der Betriebswirtschaftslehre Theoriegrundlagen Eingang gefunden haben, die auf den ersten Blick ausschließlich der Volkswirtschaftslehre zuzuordnen wären. Mit der Anwendung wissenschaftlicher Paradigmen wie Neoklassik und Neo-Institutionenökonomik auf Finanzierungsfragen ging eine weitgehende Fokussierung auf ein entscheidungsorientiertes Verständnis von Unternehmensfinanzen einher. Die traditionelle Finanzierungslehre trat somit immer mehr in den Hintergrund der Forschung, hat sich aber in der eher praxisorientierten Lehre noch behauptet.

Das vorliegende Buch bleibt der Gliederung nach der Finanzierungslehre teilweise verhaftet und integriert für wichtig erachtete Forschungsergebnisse aus den oben genannten modernen Forschungsprogrammen der Finanzierung. Bei der mittlerweile unübersehbaren Breite und Tiefe von Finanzierungs- und Kapitalmarktfragen ist es Ziel des Lehrbuchs, den Leser in die Grundzüge einzuführen und ein zusammenhängendes Verständnis zentraler Teilgebiete zu verschaffen. Das Werk richtet sich daher insbesondere an solche Leserinnen und Leser, die sich im Rahmen von Studium oder durch Weiter- und Fortbildung in das Gebiet der Unternehmensfinanzen einarbeiten wollen.

So unbestritten generell die Notwendigkeit der Aneignung ökonomischen Wissens heutzutage ist, nur allzu häufig werden den Lernenden aber durch die individuelle Zeitknappheit Schranken gesetzt. Dies erfordert ein effizientes Zeitmanagement, wozu zum einen jeder Einzelne persönlich gefordert ist. Zum anderen wird die effiziente Wissensaufnahme und -verarbeitung von Lerninhalten immer bedeutungsvoller, was an die Aufbereitung und Gestaltung von Wissen in Lehrbüchern zunehmend spezifischere Anforderungen stellt. Die Darstellung der Stoffgebiete in diesem Lehrbuch erfolgt daher durch häufige Unterlegung mit Schaubildern und an ausgewählten Stellen werden im Text Lesehinweise gegeben, die als Empfehlung für vertiefende und weitergehende Inhalte zu verstehen sind.

Ein Lehrbuch inhaltlich zu verfassen ist die eine, es in Buchform zu bringen die andere Arbeit. Ich möchte daher an dieser Stelle all jenen danken, ohne deren aktive Mithilfe das Lehrbuch nicht zustande gekommen wäre: Dipl.-Kfm. Sascha Mitulski ist es zu verdanken, daß die umfangreiche technische Abwicklung bewerkstelligt werden konnte, Dipl.-Kfm. Frank Hormes und Dipl.-Kfm. Frank Schlenbäcker übernahmen weite Teile der Schreibarbeiten, der Grafikerstellung und des Korrekturlesens, Dipl.-Kfm. Matthias Tuchel wirkte bei Redigierarbeiten mit. Mein Dank gilt - last but not least - meiner Familie für ihre Unterstützung und ihr Verständnis.

Oberursel/Taunus, im August 1997   Henry Schäfer

Inhaltsverzeichnis

Kapitel I Finanzwirtschaftliche Grundlagen — 1

1 **Finanzierung als Zusammenspiel von Strom- und Bestandsgrößen** — 1
   1.1 Ein Fallbeispiel — 2
   1.2 Strom- und Bestandsvorgänge — 8
   1.3 Begriffsbestimmung von Finanzierung (und Investition) — 10
   1.4 Die besondere Rolle des Eigenkapitals — 13

2 **Finanzierungsarten** — 16
   2.1 Begriffsbestimmungen und Systematisierungen — 16
   2.2 Kapital- und Finanzierungsstruktur deutscher Unternehmen — 21

3 **Die Bedeutung der Liquidität** — 26
   3.1 Absolute Liquidität — 27
   3.2 Relative Liquidität — 29
   3.3 Liquiditätsmessung — 29
   3.4 Cash Flow — 31
   3.5 Dynamische Liquidität — 35

4 **Grundlagen und Zielsetzungen betrieblicher Finanzwirtschaft** — 38
   4.1 Traditionelle Betrachtungsweise — 39
      4.1.1 Theoretische Grundlagen — 39
      4.1.2 Traditionelles Zielsystem der Finanzwirtschaft — 40
   4.2 Moderne Betrachtungsweise — 43
      4.2.1 Interessen und Ziele der Unternehmenskoalitionäre — 43
      4.2.2 Die Bedeutung des Kapitalmarkts — 48
      4.2.3 Der Einfluß des neo-institutionalistischen Ansatzes — 54
         4.2.3.1 Unternehmen und Finanzierungsbeziehungen — 54
         4.2.3.2 Finanzierung als Prinzipal-Agent-Beziehung — 58
      4.2.4 Finanzierung und Kooperationsdesigns — 63

5 **Kapitalkosten, Risiko und Verschuldungsstruktur** — 67
   5.1 Kapitalkosten bei gemischter Finanzierung — 68
      5.1.1 Financial Leverage-Effekt — 69
      5.1.2 Operating Leverage-Effekt — 73
      5.1.3 Risiko und Kapitalkosten — 74
   5.2 Modelle zur Erklärung der Kapitalstruktur — 77
      5.2.1 Traditionelle These der Relevanz der Kapitalstruktur — 78
      5.2.2 Modigliani/Miller-These von der Irrelevanz der Kapitalstruktur — 81

5.3	Determinanten der optimalen Verschuldungsstruktur	86
	5.3.1 Direkte Kapitalkosten	87
	5.3.2 Kosten der Insolvenz	88
	5.3.3 Kosten der Interaktion zwischen Märkten	88
	5.3.4 Agency Costs	89
	5.3.5 Kapitalkosten aufgrund asymmetrischer Information und adverse Selektion	91

Kapitel II Beteiligungsfinanzierung 93

1	Prinzipal-Agent-Beziehungen und Beteiligungsfinanzierung	93
2	Kooperationsdesigns in der Beteiligungsfinanzierung	95
	2.1 Anreizsystem und -wirkung	95
	2.2 Die Rolle der externen Rechnungslegung	98
	2.3 Hostile Takeover und Managementkontrolle	101
	2.4 Die Bedeutung der Rechtsform für die Beteiligungsfinanzierung	103
3	Systematik der Beteiligungsfinanzierung	105
	3.1 Beteiligungsfinanzierung bei Einzelkaufleuten	108
	3.2 Beteiligungsfinanzierung bei Personengesellschaften	109
	3.3 Beteiligungsfinanzierung bei Genossenschaften	111
	3.4 Beteiligungsfinanzierung bei Kapitalgesellschaften	112
	3.5 Kündigungsrechte der Eigenkapitalgeber	113
4	Die Aktie - Instrument der Beteiligungsfinanzierung emissionsfähiger Unternehmen	114
5	Aktienwert: Bestimmungsfaktor der Finanzmittelhöhe der AG	120
6	Formen der Kapitalerhöhung bei der AG	130
	6.1 Kapitalerhöhung aus Gesellschaftsmitteln	131
	6.2 Ordentliche Kapitalerhöhung	132
	6.3 Opération Blanche	138
	6.4 Weitere Formen der Kapitalerhöhung	139
7	Finanzierungsbesonderheiten bei der "Kleinen AG"	141
8	Beteiligungsfinanzierung über den US-Kapitalmarkt: American Depositary Receipt (ADR)	141
	8.1 Institutionelle Besonderheiten der US-Aktienmärkte	142
	8.2 Ausgestaltung der ADR-Programme	144
9	Hybride Finanzinstrumente	148
	9.1 Wandelschuldverschreibung	149
	9.1.1 Wandelanleihe	151
	9.1.2 Optionsanleihe	156

Inhaltsverzeichnis

9.2	Genußschein	161
9.3	Nachrangiges Haftkapital	167
9.4	Gewinnobligation	169
10	**Ausgewählte Sonderanlässe der Beteiligungsfinanzierung**	**169**
10.1	Venture Capital-Finanzierung	170
10.1.1	Abgrenzungen	170
10.1.2	Merkmale der Venture Capital-Finanzierung	172
10.2	Buy Out-Finanzierungen	176
10.2.1	Spektrum des Buy Out-Begriffs	177
10.2.2	Funktionsweise eines MBO	179
10.2.3	Besonderheiten in der Finanzierung eines MBO	181
10.2.4	Anforderungen an ein MBO-Unternehmen	184
10.2.5	Anlässe für die Durchführung eines Buy Out	186

Kapitel III   Kreditfinanzierung   187

1	**Wesensmerkmale von Kredit und Kreditrisiko**	**187**
2	**Informations- und Anreizprobleme bei Finanzierung mit Fremdkapital**	**190**
2.1	Ausprägungen des Prinzipal-Agent-Problems	190
2.2	Kooperationsdesigns in Kreditbeziehungen	192
2.3	Management von Qualitätsunsicherheit vor Kreditvergabe	195
2.3.1	Screening- und Monitoringprozesse im Risikomanagement	196
2.3.2	Signaling durch Selbstselektion mittels Standardkreditverträgen	199
2.3.3	Signaling durch Kreditnehmer	200
2.3.4	Reputation in Kreditbeziehungen	201
3	**Zentrale Komponenten von Kreditkontrakten**	**202**
3.1	Sicherheiten	203
3.1.1	Personalsicherheiten	204
3.1.1.1	Bürgschaft	204
3.1.1.2	Sonstige Personalsicherheiten	208
3.1.2	Realsicherheiten	209
3.1.2.1	Eigentumsvorbehalt	209
3.1.2.2	Pfandrecht	210
3.1.2.3	Sicherungsübereignung	213
3.1.2.4	Sicherungsabtretung	215
3.1.2.5	Grundpfandrechte	217
3.1.3	Rating als direkter Informationsverkauf zu Kreditrisiken	222

3.2	Die Ausgestaltung von Kreditkontrakten	226
	3.2.1 Verwendungszweck und Kreditlaufzeit	227
	3.2.2 Kündigungsmodalitäten	228
	3.2.3 Tilgungsvereinbarungen	229
	3.2.4 Kapitalkosten des Kredits	233
4	**Kontraktregelungen im Rahmen der Absatzfinanzierung**	**233**
4.1	Kurz- bis mittelfristige Formen	234
	4.1.1 Lieferantenkredit	235
	4.1.2 Kundenkredit	237
	4.1.3 Kreditversicherung	238
	4.1.4 Factoring	242
	4.1.5 Forfaitierung	251
4.2	Leasing als bedeutende langfristige Kontraktform der Absatzfinanzierung	254
	4.2.1 Operate Leasing und Finance Leasing	256
	4.2.2 Vertragsgestaltungen des Finance Leasing	258
	4.2.3 Formen und Umfang des Leasinggeschäfts	263
5	**Kreditkontraktformen von Kreditinstituten**	**265**
5.1	Kreditformen der Geldleihe	265
	5.1.1 Kontokorrentkredit	265
	5.1.2 Lombardkredit	267
	5.1.3 Diskontkredit	269
5.2	Arten der Kreditleihe	271
	5.2.1 Akzeptkredit	271
	5.2.2 Umkehrwechsel	273
	5.2.3 Avalkredit	274
5.3	Investitionskredite	275
5.4	Schuldscheindarlehen	276
6	**Finanzmarktorientierte Finanzierungsformen**	**279**
6.1	Securitization	279
6.2	Roll-Over-Kredite	281
6.3	Verbriefte kurz- bis mittelfristige Finanzierungsformen (Notes)	284
	6.3.1 Underwritten Facilities	285
	6.3.2 Non-Underwritten Facilities	289
	6.3.2.1 Commercial Paper	289
	6.3.2.2 Medium Term Notes	295
6.4	Langfristige verbriefte Finanzierungsinstrumente	298
	6.4.1 Grundlegende Merkmale von Industrieanleihen	298
	6.4.2 Straight Bonds	301
	6.4.3 Kombizinsanleihen	304

	6.4.4	Anleihen mit variablem Zinssatz	305
	6.4.5	Zerobonds (Null-Kupon-Anleihen)	307
	6.4.6	Anleihen mit Währungsbesonderheiten	310
7	**Bewertung von Anleihe- und Kreditkontrakten**		**313**
	7.1	Barwertkonzept	313
		7.1.1 Present Value	313
		7.1.2 Duration	318
	7.2	Effektivzinsberechnung	325
	7.3	Grundzüge der Ermittlung von Kapitalkosten bei Krediten	331
	7.4	Ansätze zu Methoden des Zinsrisikomanagements	335
		7.4.1 Grundriß der Markteffizienztheorie	336
		7.4.2 Zinsswap	340
		7.4.3 Zinsbegrenzungsverträge	343

Kapitel IV Innenfinanzierung 353

1	**Grundlagen der Innenfinanzierung**	**353**
2	**Selbstfinanzierung i.e.S.**	**356**
	2.1 Offene Selbstfinanzierung	357
	2.1.1 Kapitalrücklage	357
	2.1.2 Sonderposten mit Rücklageanteil	358
	2.1.3 Gewinnrücklagen	359
	2.2 Stille Selbstfinanzierung	361
	2.3 Selbstfinanzierung unter steuerlichen Aspekten	362
3	**Finanzierung aus Abschreibungsgegenwerten**	**365**
	3.1 Kapitalfreisetzungseffekt	367
	3.2 Kapazitätserweiterungseffekt	368
4	**Finanzierung aus der Dotierung von Rückstellungen**	**374**
	4.1 Die Finanzierungsbedeutung von Pensionsrückstellungen	375
	4.2 Pensionsrückstellungen und Kapitalmarkt	379
5	**Vermögensumschichtungen und Kapitalfreisetzungen**	**382**

Literaturverzeichnis 383

Stichwortverzeichnis 398

Abkürzungsverzeichnis

Abb.	Abbildung
ABS	Asset Backed Security
Abs.	Absatz
abzgl.	abzüglich
Afa	Absetzung für Abnutzungen
AG	Aktiengesellschaft
AGB	Allgemeine Geschäftsbedingungen
AGn	Aktiengesellschaften
akt.	aktualisiert/aktualisierte
AktG	Aktiengesetz
Anmerk. d. Verf.	Anmerkung des Verfassers
AO	Abgabenordnung
Art.	Artikel
Aufl.	Auflage
Austral-$	Australischer Dollar
AV	Anlagevermögen
BAV	Bundesaufsichtsamt für das Versicherungs- und Bausparwesen
Bd.	Band
bearb.	bearbeitete
bes.	besonders
BFH	Bundesfinanzhof
BGB	Bürgerliches Gesetzbuch
BIZ	Bank für Internationalen Zahlungsausgleich
BMF	Bundesministerium der Finanzen
BörsG	Börsengesetz
bzw.	beziehungsweise
CAT/CATs	Certificate of Accruel on Treasury Securities/ Certificates of Accruel on Treasury Securities
CD	Certificate of Deposit
CP/CPs	Commercial Paper/Commercial Papers
d.h.	das heißt
DAX	Deutscher Aktienindex
Depfa	Deutsche Pfandbriefanstalt AG
dgl.	dergleichen/desgleichen
DM	Deutsche Mark
DTB	Deutsche Terminbörse
durchges.	durchgesehene
DVFA	Deutsche Gesellschaft für Finanzanalyse
e.v.v.	et vice versa
EC	Euroscheck
ECU	European Currency Unit
EDV	elektronische Datenverarbeitung
eG	eingetragene Genossenschaft
einschl.	einschließlich
EK	Eigenkapital
EK-Konto	Eigenkapitalkonto
erw.	erweitert/erweiterte
ESt	Einkommensteuer
EStG	Einkommensteuergesetz
EStR	Einkommensteuerrichtlinie
Fa.	Firma

FAZ	Frankfurter Allgemeine Zeitung
FIBOR	Frankfurt Interbank Offered Rate
FK	Fremdkapital
Ford.	Forderungen
FRN/FRNs	Floating Rate Note/ Floating Rate Notes
GE	Geldeinheit/Geldeinheiten
GenG	Genossenschaftsgesetz
GewESt	Gewerbeertragsteuer
GewKSt	Gewerbekapitalsteuer
GewSt	Gewerbesteuer
GewStG	Gewerbesteuergesetz
GG	Grundgesetz
ggfls.	gegebenenfalls
GmbH	Gesellschaft mit beschränkter Haftung
GmbHG	GmbH-Gesetz
GuV	Gewinn- und Verlustrechnung
H.	Heft
HGB	Handelsgesetzbuch
Hrsg.	Herausgeber
HV	Hauptversammlung
i.d.R.	in der Regel
i.e.S.	im engeren Sinne
i.S.e.	im Sinne einer(s)
ISMA	International Securities Markets Association
i.S.v.	im Sinne von
i.V.	in Vertretung
i.w.S.	im weiteren Sinne
inkl.	inklusive
jährl.	jährlich
Jg.	Jahrgang
KapErhG	Kapitalerhöhungsgesetz
KEM	Kapazitätserweiterungsmultiplikator
KG	Kommanditgesellschaft
KGaA	Kommanditgesellschaft auf Aktien
KGV	Kurs-Gewinn-Verhältnis
KSt	Körperschaftsteuer
kurzfr.	kurzfristig
KWG	Kreditwesengesetz
L.u.L.	Lieferungen und Leistungen
langfr.	langfristig
LIBID	London Interbank Bid Rate
LIBOR	London Interbank Offered Rate
LIMEAN	London Interbank Mean Rate
lt.	laut
max.	maximal/maximale
MBO	Management Buy Out
mind.	mindestens
Mio.	Million/Millionen
Mrd.	Milliarde/Milliarden
MTN/MTNs	Medium Term Note/Medium Term Notes
n.v.	nicht vorhanden
NIF/NIFs	Note Issuance Facility/ Note Issuance Facilities
No.	Number
NSF/NSFs	Note Standby Facility/ Note Standby Facilities

o.g.	oben genannte(n)
OHG	Offene Handelsgesellschaft
p.a.	per anno
PAngV	Preisangabenverordnung
PER	Price-Earnings-Ration
REX	Deutscher Rentenindex
RoE	Return on Equity
RoI	Return on Investment
RUF/RUFs	Revolving Underwriting Facility/ Revolving Underwriting Facilities
RWE	Rheinisch-Westfälische Elektrizitäts-AG
S.	Seite
s.	siehe
s.o.	siehe oben
SG	Schmalenbach-Gesellschaft
SNIF/SNIFs	Short Term Issuance Facility/ Short Term Issuance Facilities
sog.	sogenannte(r,s)
SPV	Special Purpose Vehicle
Tab.	Tabelle
TDM	in tausend DM
TIGR/TIGRs	Treasury Investment Growth Receipt/ Treasury Investment Growth Receipts
TRUF/TRUFs	Transferable Revolving Underwriting Facility/ Transferable Revolving Underwriting Facilities
u.	und
u. U.	unter Umständen
u.a.	und andere
u.a.m.	und anderes mehr
u.U.	unter Umständen
überarb.	überarbeitet/überarbeitete
UK	United Kingdom
usw.	und so weiter
UV	Umlaufvermögen
VAG	Versicherungsaufsichtsgesetz
Verbindl.	Verbindlichkeiten
VerbKrG	Verbraucherkreditgesetz
vgl.	vergleiche
Vol.	Volume
völl.	völlig
vollst.	vollständig
wesentl.	wesentlich/wesentliche
WpHG	Wertpapierhandelsgesetz
z.B.	zum Beispiel
z.T.	zum Teil
Ziff.	Ziffer/Ziffern
ZKMA	Zentraler Kapitalmarktausschuß
ZPO	Zivilprozeßordnung
zzgl.	zuzüglich

Kapitel I Finanzwirtschaftliche Grundlagen

1 Finanzierung als Zusammenspiel von Strom- und Bestandsgrößen

Um eine **erste, intuitive Vorstellung** vom Gegenstandsbereich der **Lehre von den Unternehmensfinanzen** zu bekommen, möge man sich einen ganz einfachen Vorgang des täglichen Wirtschaftslebens vor Augen führen (vgl. *Schmidt* 1986, S. 4): Ein Unternehmen erwirbt einen LKW zum Transport von im Unternehmen gefertigten Erzeugnissen zu einem Großhändler. Der LKW soll die kommenden vier Jahre eingesetzt werden. Das Unternehmen bezahlt den Erwerb des LKW mittels eines Kredits. Der Kauf des LKW stellt eine Investition dar, die Nutzungs- und Verdienstmöglichkeiten über die nächsten vier Jahre ermöglicht. Die Kreditaufnahme repräsentiert eine Finanzierung. Sie ist mit Verpflichtungen des Unternehmens verbunden, in der Zukunft wie im Kreditvertrag festgelegt, Zinsen zu zahlen und den Kredit zu tilgen.

Das Unternehmen hat sich mit der Finanzierung Kapital beschafft. Verwendet wurde dieses Kapital zum Erwerb eines Teils des Sachvermögens. Bereits an diesem einfachen Beispiel werden zwei wichtige **Gemeinsamkeiten von Investitions- und Finanzierungsvorgängen** deutlich: Sie stehen in Verbindung mit Zahlungen, und erstrecken sich über **Zeiträume**. Damit haben Investitions- und Finanzierungsvorgänge eine Stromdimension. Da **Ströme** letztendlich Bestände verändern, müssen Finanzierungs- und Investitionsvorgänge auch als **Bestandsveränderungen** im Unternehmen erkennbar sein. Der Kauf des LKW stellt eine Vermögensmehrung des Unternehmens dar, was in der Bilanz registriert wird. Die Bilanz wird auch als Aufzeichnung von Verwendung und Herkunft finanzieller Mittel zu einem Zeitpunkt verstanden. Damit stellt sie Vermögen eines Unternehmens Kapital gegenüber. Das Kapital besteht i.d.R. aus Finanzmitteln der Unternehmenseigentümer (= Eigenkapital) und der Gläubiger wie Kreditinstitute und Lieferanten (= Fremdkapital).

Abb. I-1: Bilanzstruktur

Vergleicht man die **Aktivseite** der Bilanz zum Bilanzstichtag vor Kauf des LKW und die Bilanz zum Stichtag nach dem Kauf, dann wird man in Höhe des Wertes des LKW eine Vermögensmehrung feststellen (wobei angenommen werden soll, daß keinerlei sonstigen Bewegungen in der Bilanz auf der Aktivseite stattfanden). Auch der Finanzierungsvorgang der Kreditaufnahme kann in der Bilanz abgelesen werden. Auskunft hierüber gibt die **Passivseite**, auf der die Herkunft des Kapitals aufgezeichnet wird. Auch hier kann man durch Vergleich der Passivseite zum Zeitpunkt vor Kreditgewährung und danach c.p. aufgrund einer Bilanzverlängerung den Finanzierungsvorgang erkennen.

Die anschließend erläuterten wirtschaftlichen Aktivitäten zweier Jungunternehmer werden als Kreislauf finanzieller Mittel aufgefaßt. In einem Unternehmen spiegeln solche Vorgänge zugrunde liegende Beschaffungs-, Produktions- und Absatzprozesse wieder. Es ist üblich ist, solche Vorgänge betrieblichen Funktionsbereichen zuzuordnen. Finanzierungs- und Investitionsvorgänge stellen selbst solche betrieblichen Funktionsbereiche dar. Den Zusammenhang zeigt nachfolgende Abb. I-2.

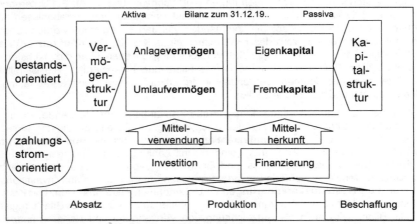

Abb. I-2: Interdependenzen zwischen betrieblichen Funktionsbereichen und finanzwirtschaftlichen Vorgängen

1.1 Ein Fallbeispiel

Anhand eines fingierten Falls soll das **Zusammenspiel** von Finanzierung (und Investition) **als Strom- und Bestandsveränderungen** mit den übrigen betrieblichen Funktionsbereichen erläutert werden. Zu diesem Zweck wird davon ausgegangen, daß sich zwei Studenten der Ingenieurwissenschaften, Plus und Minus, zusammenschließen, um ein Unternehmen zu gründen. Sie haben als Diplomarbeit ein gemeinsames Projekt erfolgreich bearbeitet, das aus der Konstruktion einer "aufblasbaren Waschmaschine" besteht. Da nach ihren Marktforschungserhebungen bislang kein solches Produkt am Markt vorzufinden ist, repräsentative Befragungen aber eine hohe Nachfrage zu interessanten Gewinnmargen erwarten lassen, machen sich die beiden an die wirtschaftliche Verwertung ihrer Idee. Plus und Minus durchlaufen dabei vier typische Phasen des betrieblichen Umsatzprozesses anhand dessen sich Finanzierungs- und Investitionsvorgänge verdeutlichen lassen.

Die anschließend erläuterten **wirtschaftlichen Aktivitäten** der zwei Jungunternehmer werden als **Ströme finanzieller Mittel** aufgefaßt. Abb. I-3 gibt zu diesen Stromvorgängen im voraus eine Vorstellung (in Anlehnung an *Wöhe* 1993, S. 775).

1 Finanzierung als Zusammenspiel von Strom- und Bestandsgrößen

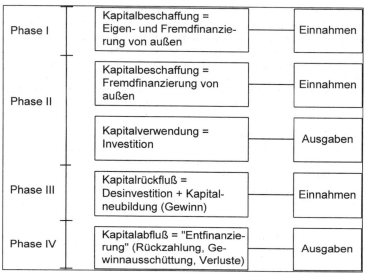

Abb. I-3: Phasen des Fallbeispiels

Daneben werden sich diese Stromvorgänge auf einer verkürzten **Bilanz** niederschlagen und somit dort Bestandsänderungen anzeigen. Der Einfachheit halber wird die Bilanz auf der **Aktivseite** in zwei Bereiche eingeteilt - einen Investitions- und einen Zahlungsbereich, in denen je nach Notwendigkeit zusätzliche Untergliederungen vorgenommen werden. Die **Passivseite** ist ebenfalls übersichtlich gehalten, indem sie in einen Kapitalbereich eingeteilt wird, der sich je nach Bedarf in wenige Untergliederungen aufteilt. Alle Finanzierungs- und Investitionsvorgänge werden in dieser Bilanz aufgezeichnet, weshalb man sich die Stichtagsbilanzen wie eine Art **"Barometer"** der Wirkungen des betrieblichen Finanzprozesses vorstellen kann.

Phase I

Die beiden Jungunternehmer lösen ihre Ersparnisse auf und besorgen sich aus dem Verwandtenkreis zusätzliche Finanzmittel. Sie verfügen bei Unternehmensgründung über einen Betrag an eigenen Mitteln in Höhe von 100.000 DM, den sie in ihrem Unternehmen "arbeiten" lassen möchten. Dieser Betrag stellt eigene Mittel dar und wird auf der Passivseite im Kapitalbereich unter der Rubrik **Eigenkapital** gebracht. Aufgrund der angestellten Produktions- und Absatzplanungen benötigen Plus und Minus insgesamt Kapital in Höhe von 150.000 DM.

Die zu ihren eigenen Mitteln fehlenden 50.000 DM leihen sie sich für fünf Jahre bei einer Bank, nachdem sie dort einen von ihrer Geschäftsidee begeisterten Firmenkundenberater gewinnen konnten - wenn auch zu einem recht hohen Zinssatz, mit einem Jahr Tilgungsaussetzung. Damit werden die eigenen Mitteln um **Fremdkapital** aufgestockt, was sich bilanziell ebenfalls auf der Passivseite niederschlägt. Wegen der langfristigen Überlassung des Kapitals erfolgt die Verbuchung unter der Position "langfristige Verbindlichkeiten".

Insgesamt weist die Passivseite der Eröffnungsbilanz Kapital in Höhe von 150.000 DM auf. Da das Kapital von außen in das Unternehmen eingebracht wurde, lag eine **Außenfinanzierung** vor. Sie entstand einerseits aufgrund einer **Beteiligungs- bzw. Eigenfinanzierung** in Höhe von 100.000 DM, also den eigenen Mitteln der beiden Jungunternehmer, und einer Fremdfinanzierung in Höhe von 50.000 DM seitens der Bank. In der Bilanz wird der Stromvorgang "Eigenfinanzierung" als Bestandsveränderung registriert, d.h., das Eigenkapital wurde vermehrt (bzw. eingebucht). Der Stromvorgang **"Fremdfinanzierung"** wird ebenfalls in der Bilanz als Bestandsveränderung wirksam, hier als Erhöhung des Fremdkapitals.

Sowohl die eigenen als auch die fremden Mittel werden in Form von Überweisungen auf dem zuvor eingerichteten Bankkonto bereitgestellt. Damit verbucht das Unternehmen erstmals Einnahmen - aus den Quellen der Eigen- und Fremdkapitalgeber. In der Bilanz wird dieser Stromvorgang auf der Aktivseite sichtbar, indem der Bestand des Bankkontos auf 150.000 DM ansteigt. Dieser Betrag bezeichnet das derzeitige Vermögen des Unternehmens. Abb. I-4 faßt Strom- und Bestandsvorgänge im Überblick zusammen.

Abb. I-4: Strom- und Bestandsvorgänge der Phase I im Überblick

Phase II

Plus und Minus gehen daran, ihr Unternehmen betriebsbereit zu machen. Dabei kommt ihnen zugute, daß ihnen der Vater von Plus kostenlos die Nutzung eines Teils seines sehr großen Grundstücks überläßt. Sie erstellen darauf ein Fertiggebäude („Containermodell"), das sie gebraucht zu einem Preis von 50.000 DM erwerben. Ferner kaufen sie Maschinen (30.000 DM) und Rohstoffe (30.000 DM). Aus finanzwirtschaftlicher Sicht bedeutet dies, daß sie Zahlungsmittel verwenden, um Vermögensgegenstände zu beschaffen. Sie investieren (in Form von sog. **Gründungsinvestitionen**) in Sachanlagen und Umlaufvermögen. Die Beträge für Gebäude und Maschinen werden zu Lasten ihres Bankkontos überwiesen, wodurch sich der Bestand des Bankkontos von 150.000 DM auf 70.000 DM verringert. Damit fließen aus ihrem Unternehmen Finanzmittel heraus, es werden Ausgaben getätigt. Im Gegenzug gelangen Investitionsobjekte in ihr Unternehmen. Der Geldabfluß ist ein Stromvorgang, der den Bestand der Zahlungsmittel auf dem Bankkonto verringert. Die Beschaffung der Vermögensteile ist ebenfalls ein Stromvorgang, der Bestände im Investitionsbereich um den Betrag von 110.000 DM erhöht. Davon werden 50.000 DM unter der Position Gebäude, 30.000 DM unter Maschinen und weitere 30.000 DM unter Rohstoffe verbucht. Wir registrieren aufgrund der **Umschichtungen** im Vermögen des Unternehmens einen **Aktivtausch**. Die vormals liquiden Finanzmittel wurden in Höhe von 80.000 DM in andere Vermögensteile (Gebäude, Maschinen) gebunden.

Wie im Geschäftsleben üblich, bietet der Rohstoffhändler den beiden Jungunternehmern an, statt die Ware bar zu zahlen, einen von ihm angebotenen Kredit (= **Lieferantenkredit**) für die Dauer von drei Monaten in Anspruch zu nehmen. Das Argument des Rohstoffhändlers, "damit schont ihr euer Bankkonto", macht auf Plus und Minus Eindruck und sie willigen in das Angebot ein. Von außerhalb des Unternehmens werden ihnen jetzt zusätzliche Finanzmittel (für kurze Zeit) überlassen. Damit erhöht sich ihre Kapitalausstattung um den Rechnungsbetrag für die Rohstofflieferung auf 30.000 DM. Auch dies stellt wieder einen Finanzierungsstrom dar, der die Bilanz auf der Passivseite unter der Rubrik „kurzfristige Verbindlichkeiten" erhöht. Die **Bilanzsumme verlängert** sich auf 180.000 DM. Ferner werden für die Produktion **Arbeitskräfte** eingestellt. Abb. I-5 verdeutlicht das Zusammenspiel von Strom- und Bestandsvorgängen in Phase II.

Stromvorgänge	Kapitalbeschaffung = Außenfinanzierung		Einnahmen
	Kapitalverwendung = Investition		Ausgaben

Geschäftsvorgang	1. Beschaffung von Investitionsmitteln in Höhe von TDM 110 2. Überweisung in Höhe von TDM 80 3. kurzfristiger Lieferantenkredit in Höhe von TDM 30	→ *Investition* → *Fremdfinanzierung*

Bestandsergebnis

Aktiva	Bilanz zum 01.02.19..		Passiva
Investitionsbereich		**Kapitalbereich**	
Gebäude	50.000	Eigenkapital	100.000
Maschinen	30.000	langfr. Verbindl.	50.000
Rohstoffe	30.000	kurzfr. Verbindl.	30.000
Zahlungsbereich			
Bank	70.000		
	180.000		180.000

Abb. I-5: Strom- und Bestandsvorgänge der Phase II im Überblick

Phase III

Zwischen Phase II und III findet die **Produktion** statt. Durch die Umformung von Sachgütern (Rohstoffe, Maschinen- und Gebäudenutzung) sowie Arbeits- und Dienstleistungen in Ertragsgüter (= Halb- und Fertigfabrikate) werden die ersten 1.000 Produkte "aufblasbare Waschmaschine" hergestellt (Herstellungskosten: 50.000 DM). Die Erzeugnisse werden bis zum Verkauf im Unternehmen auf Lager genommen.

Aus finanzwirtschaftlicher Sicht kommt es zu einer teilweisen Umschichtung im Investitionsbereich (= **Aktivtausch**). Durch den Verbrauch von Rohstoffen sowie durch die Nutzung der Gebäude- und Maschinenleistungen werden diese zu Fertigfabrikaten umgeformt. Der Rohstoffeinsatz erfolgt in Höhe von 30.000 DM, die Inanspruchnahme des Gebäudes und der Maschinen geht in Form von Abschreibungen mit einem Gesamtbetrag von 10.000 DM (für Gebäude 1.000 DM und Maschinen 9.000 DM) in den Wert der Ertragsgüter ein.

Eine weitere Umschichtung ergibt sich aus der Tatsache, daß Arbeitsleistungen in die Fertigfabrikate eingehen und Löhne gezahlt werden. Hierbei entsteht ein finanzwirtschaftlicher Strom durch die Ausgaben der Lohnzahlungen (10.000 DM). Bilanziell gesehen findet ferner ein **Aktivtausch** statt: In Höhe der Abschreibungen vermindert sich der Bestand an Gebäuden um 1.000 DM und bei den Maschinen um 9.000 DM. Die Rohstoffe weisen durch den Verbrauch in Höhe von 30.000 DM keinen Bestand mehr auf. Der Einsatz der Arbeitskräfte macht sich in Höhe der Lohnzahlungen von 10.000 DM durch Verminderung des Bankkontos in gleicher Höhe bemerkbar - dort wird jetzt ein verminderter Bestand von 60.000 DM registriert. Diesen Reduktionen in Positionen des Vermögens steht in gleicher Höhe der neue Bestand an Fertigfabrikaten "aufblasbare Waschmaschinen" im Investitionsbereich gegenüber. Man erkennt, daß Veränderungen in der Bilanz nicht immer gleichbedeutend sind mit finanzwirtschaftlichen Vorgängen. Dies ist ein wichtiger Aspekt, der später wieder aufzugreifen ist. Die Vorgänge der Phase IIIa werden in Abb. I-6 verdeutlicht.

Stromvorgänge

| Kapitalumschichtung | Ausgaben |

Geschäftsvorgänge

Produktionsprozeß = Umformung von Sach- und Arbeitsgüter in Fertigfabrikate in Höhe von TDM 50, davon
- Rohstoffeinsatz in Höhe von TDM 30
- Abschreibungen in Höhe von TDM 10
- Lohnzahlung in Höhe von TDM 10

} *Kapitalumschichtung*

Bestandsergebnis

Aktiva	Bilanz zum 01.03.19..		Passiva
Investitionsbereich		**Kapitalbereich**	
Gebäude	49.000	Eigenkapital	100.000
Maschinen	21.000	langfr. Verbindl.	50.000
Rohstoffe	0	kurzfr. Verbindl.	30.000
Fertigfabrikate	50.000		
Zahlungsbereich			
Bank	60.000		
	180.000		180.000

Abb. I-6: Strom- und Bestandsvorgänge der Phase IIIa im Überblick

In einem nächsten Schritt in Phase III werden die im Lager befindlichen Fertigfabrikate mit Gewinn an einen Großhändler veräußert. Der Einfachheit halber sollen beim Verkauf keine weiteren Aufwendungen entstehen. Der erzielbare Gewinn beträgt 10% der Werts der Fertigfabrikate. Es errechnet sich daraus ein Rechnungsbetrag in Höhe von 55.000 DM, der vom Großhändler umgehend nach der Warenlieferung auf dem Bankkonto gutgeschrieben wird. Damit registrieren die Jungunternehmer einen Einnahmestrom, der sich im Zahlungsbereich niederschlägt. Begleitet wird dieser Vorgang mit einem entgegengesetzten Stromvorgang der Desinvestition: aus dem Investitionsbereich werden die Fertigfabrikate mit ihrem Wert von 50.000 DM ausgebucht. Dadurch werden Teile des ursprünglich gebundenen Vermögens freigesetzt, weshalb man von einem **Kapitalrückfluß** spricht.

1 Finanzierung als Zusammenspiel von Strom- und Bestandsgrößen

Die Einnahme von 55.000 DM löst zum Teil einen **Aktivtausch** aus - hinsichtlich des Betrags von 50.000 DM. Der verbleibende Rest der Einnahme von 5.000 DM ist der Gewinn aus dem Verkauf der Fertigfabrikate. Dieser Betrag stellt neues Kapital für das Unternehmen dar. Weil er aus dem internen betrieblichen Umsatzprozeß des Unternehmens entstanden ist, wird diese Kapitalzuführung als **Innenfinanzierung** bezeichnet. Genauer gesagt handelt es sich um eine **Selbstfinanzierung**. Da dieser Gewinn vorerst den Eigenkapitalgebern, also Plus und Minus zusteht, wird er auf der Passivseite unterhalb des Eigenkapitals in der Position "Gewinn" gebucht (5.000 DM). Dadurch ergibt sich zusätzlich zum vorangegangenen Aktivtausch noch eine **Bilanzverlängerung** um 5.000 DM. Abb. I-7 verdeutlicht das Zusammenspiel von Strom- und Bestandsvorgängen beim Absatz.

Stromvorgänge

Kapitalrückfluß = Desinvestition + Kapitalneubildung = Gewinn —— Einnahmen

Geschäftsvorgänge

1. Absatzprozeß = Verkauf der Fertigfabrikate in Höhe von TDM 50, → Desinvestition
2. zzgl. eines Gewinns in Höhe von TDM 5
3. Gutschrift auf Bankkonto in Höhe von TDM 55

} Kapitalneubildung

Bestandsergebnis

Aktiva	Bilanz zum 01.04.19..		Passiva
Investitionsbereich		**Kapitalbereich**	
Gebäude	49.000	Eigenkapital	100.000
Maschinen	21.000	Gewinn	5.000
Rohstoffe	0	langfr. Verbindl.	50.000
Fertigfabrikate	0	kurzfr. Verbindl.	30.000
Zahlungsbereich			
Bank	115.000		
	185.000		185.000

Abb. I-7: Strom- und Bestandsvorgänge der Phase IIIb im Überblick

Phase IV

Die am Markt erzielten Verkaufserlöse können im Unternehmen zu weiteren Investitionen verwendet werden. Plus und Minus haben zu beachten, daß auf das in ihrem Unternehmen eingesetzte Kapital bestimmte **Ansprüche** auf **Einkommenszahlung** bestehen:

- Plus und Minus sind zwar Unternehmer, führen aber auch private Haushalte und benötigen Einkommen für ihren Konsum. Sie tätigen daher privat Gesellschafterentnahmen (= Ausschüttung).

- An die Bank müssen Zinsen in Höhe von 1.250 DM gezahlt werden; es erfolgt keine Tilgung des Darlehens aufgrund der vereinbarten Tilgungsaussetzung. Das kurzfristige Lieferantendarlehen wird zzgl. der aufgelaufenen Zinsen in Höhe von 750 DM getilgt.

Plus und Minus beschließen, daß jeder 1.000 DM als **Privatentnahme** für seinen privaten Konsum tätigt. Der verbliebene Teil des Gewinns wird ihrem Eigenkapital-Konto zugebucht und steht als Teil der Innenfinanzierung für zukünftige Ausgaben zur Verfügung.

Die **Tilgung** des Lieferantenkredits, die Zahlung (inkl. Zinsen, d.h. nicht ausgeschöpftes Skonto) der Zinsen an die Bank sowie die Entnahmen von Plus und Minus stellen insgesamt einen Ausgabenstrom von 34.000 DM dar. Bilanziell gesehen machen sich diese Vorgänge als **Bilanzverkürzung** bemerkbar: Auf der Aktivseite reduziert sich der Zahlungsbereich um 34.000 DM, auf der Passivseite wird die kurzfristige Verbindlichkeit ausgebucht, und der vorläufige Gewinn reduziert sich auf 1.000 DM. Er wird dem Eigenkapital zugebucht. Alle Vorgänge stellen einen Abfluß von Kapital dar, was man als **Entfinanzierung** bezeichnet. Abb. I-8 verdeutlicht das Zusammenspiel von Strom- und Bestandsvorgängen in Phase IV.

Abb. I-8: Strom- und Bestandsvorgänge der Phase IV im Überblick

1.2 Strom- und Bestandsvorgänge

Zusammengefaßt stellt sich ein **Bilanzbild** aus Investitions- und Finanzierungssicht wie folgt dar: Ausgehend von den drei im vorangegangenen Fallbeispiel verwendeten Bestandsbereichen - Investitions-, Zahlungsmittel- und Kapitalbereich - läßt sich die Bilanz weiter nach **Vermögensbereichen** unterteilen. Sie stellen das investierte Unternehmensvermögen dar. Demgegenüber stehen die Finanzierungsmittel des Kapitalbereichs der Passivseite.

Damit korrespondieren drei **Vermögensebenen**:

- **Zahlungsmittelebene**: Summe aus Kassenbeständen und jederzeit verfügbaren Bankguthaben.

- **Geldvermögensebene**: Summe aus Zahlungsmittelbestand und Bestand an (kurz- und langfristigen) Forderungen, auch Finanzaktiva genannt, abzgl. des Bestands an (kurz- und langfristigen) Verbindlichkeiten.

1 Finanzierung als Zusammenspiel von Strom- und Bestandsgrößen

- **Reinvermögensebene**: Auch Netto-Gesamtvermögen genannt, identisch mit dem bilanziellen Eigenkapital. Besteht aus sonstigem Vermögen (= Bestand an Anlage- und Umlaufvermögen ohne Forderungen) und Geldvermögen.

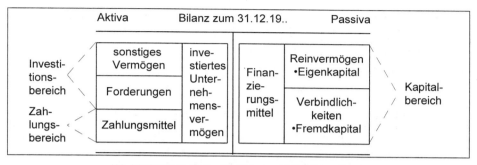

Abb. I-9: Bilanz als Bestandsbild finanzwirtschaftlicher Ströme

Die Bilanz enthält Bestände zu einem bestimmten Zeitpunkt. Betrachtet man die Bestände zu zwei unterschiedlichen Zeitpunkten (z.B. Anfang und Ende eines Geschäftsjahres), lassen sich Bestandsveränderungen feststellen. Innerhalb der beiden Zeitpunkte liegt ein Zeitraum. In ihm werden Investitionen getätigt und Finanzmittel disponiert. Dies stellt die Ströme dar. Finanzwirtschaftliche **Bestände** der vorgenannten Art stehen mit jeweiligen **Strom**kategorien in **Zusammenhang**. Bestimmte Zu- und Abströme verändern jeweils ganz bestimmte Beständeebenen.

Bestand	Zustrom/Abstrom	Bestandsänderung
Zahlungsmittel	• Einzahlung • Auszahlung	• Einzahlungsüberschuß • Auszahlungsüberschuß
Geldvermögen	• Einnahme • Ausgabe	• Einnahmenüberschuß • Ausgabenüberschuß
Reinvermögen	• Ertrag • Aufwand	• Gewinn • Verlust

Wirtschaftliche Größen, die sich in einem Zeitpunkt (z.B. Abschluß eines Geschäftsjahres) in der Bilanz niederschlagen.	Transaktionen finden in einem Zeitraum statt und führen zu Bestandsänderungen.	

Abb. I-10: Zusammenhänge zwischen Bestands- und Stromgrößen

<u>Lesehinweis:</u> Eine detaillierte Beschreibung und gegenseitige Abgrenzung von Stromgrößen des betrieblichen Rechnungswesens liefert *Eisele* (1993, S. 567-573).

Betriebliche **Zahlungsströme** können aufgrund ihrer Entstehung in zwei Kategorien unterschieden werden. In Abb. I-11 sind diese definiert und dazugehörige Beispiele genannt (in Anlehnung an *Kappler/Rehkugler* 1991).

Ausgabenbezogene Zahlungsströme	
Kapitalbindende Ströme	Kapitalentziehende Ströme
Ausgaben, die zu einem späteren Zeitpunkt wieder ins Unternehmen zurückfließen. Bis dahin sind die Mittel gebunden (z. B. in Fertigfabrikaten, die erst nach Verkauf durch Umsatzerlöse die Mittel wieder freisetzen).	Ausgaben, die die Unternehmen verlassen, Folge: Verringerung der Bilanzsumme.
Beispiele: • Ausgaben für den Kauf von Maschinen und Rohstoffen, • Ausgaben aufgrund einer Kreditgewährung an eine Tochtergesellschaft, • Ausgaben für den Kauf eines 26%-Anteils an einem anderen Unternehmen.	*Beispiele:* • Ausgaben für Zins- und Dividendenzahlungen, • Ausgaben für gewinnabhängige Steuern, • Ausgaben für Rückzahlung eines Lieferantenkredits.
Einnahmenbezogene Zahlungsströme	
Kapitalfreisetzende Ströme	Kapitalzuführende Ströme
Einnahmen, die von außerhalb in das Unternehmen gelangen und die Bilanzsumme erhöhen.	Einnahmen, die mobilisiert werden, wenn geldfreisetzende Einnahmen nicht ausreichen, um geldbindende und -entziehende Ausgaben zu decken.
Beispiele: • Einnahmen aus dem Verkaufserlös von Produkten, • Einnahmen aus der Veräußerung eines LKW zum Restbuchwert, • Einnahmen aus erhaltenen Tilgungen eines an eine Tochtergesellschaft vergebenen Darlehens.	*Beispiele:* • Einnahmen aus der Aufnahme eines Bankdarlehens, • Einnahmen aus der Emission junger Aktien, • Einnahmen aus dem Erhalt staatlicher Investitionszuschüsse.

Abb. I-11: Einnahmen- und ausgabenbezogene Zahlungsströme im Überblick

1.3 Begriffsbestimmung von Finanzierung (und Investition)

Finanzierung und Investition werden in zwei unterschiedlichen Formen definiert. Die **bestandsorientierte** (= leistungswirtschaftliche, vermögensorientierte) **Definition** versteht Finanzierung als einen **Zugang an Kapital**, unabhängig, ob damit ein Zahlungsvorgang verbunden ist oder nicht. Bilanziell wird dies auf der Passivseite aufgezeichnet und erfaßt Finanzierung als **Mittelherkunft**, auch "Quelle des Vermögens" genannt. Es ist die Summe der von Kapitalgebern (= Gläubigern) überlassenen Kapitalbeträge.

Die bestandsorientierte Betrachtungsweise stellt weniger die Ströme als vielmehr die Bestände in den Mittelpunkt ihrer Überlegungen. Damit korrespondiert auch ein ganz bestimmter Begriff von Investition: **Investition** ist ein **Zugang zum Bestand** des Geld-, Sach- oder Gesamtvermögens eines Unternehmens - unabhängig davon, ob ein Zahlungsvorgang stattfindet (= vermögensbestimmte Definition). Abgestellt wird also auf die Umwandlung von Kapital in Vermögen: Investition ist **Kapitalbindung in Beständen** (Anlage- bzw. Umlaufvermögen). **Kapitalfreisetzung** wird mit einer **Desinvestition** bezeichnet (vgl. *Perridon/Steiner* 1995, S. 25-27). Die relevanten Bestände der Finanzierung

1 Finanzierung als Zusammenspiel von Strom- und Bestandsgrößen

sind das Eigenkapital und das Fremdkapital. Folgende typische **Merkmale** werden unterschieden:

Kapitalart ⇒ Merkmal ⇓	Eigenkapital (EK)	Fremdkapital (FK)
Haftung	• (Mit-)Eigentümerstellung • haftendes Kapital (mindestens in Höhe der Einlage)	• Gläubigerstellung • nichthaftendes Kapital
Einkommenszahlung	• quotenmäßige Beteiligung • Entnahme/Gewinnausschüttung • Residualzahlungen, abhängig vom periodischen Unternehmenserfolg	• erfolgsunabhängige Zinszahlung • kontraktbestimmte Zahlungen
Einkommensteuerliche Belastung	Gewinn ("Eigenkapitalzinsen") unterliegt Einkommen- und evtl. Körperschaftsteuer, je nach Rechtsform	Fremdkapitalzinsen vermindern den steuerpflichtigen Gewinn
Gewerbekapitalsteuer	Eigenkapital steuerlich nicht absetzbar	• langfristiges Fremdkapital (= Dauerschulden) steuerlich nicht absetzbar • kurzfristiges Fremdkapital vermindert das zu versteuernde Vermögen
Gewerbeertragsteuer	Eigenkapitalzinsen nicht absetzbar	• Zinsen auf Dauerschulden steuerlich nicht absetzbar • Zinsen auf kurzfristiges Fremdkapital absetzbar
Vermögensanspruch	Quotenanspruch, wenn Liquidationserlös größer Schulden (= Auseinandersetzungsguthaben)	Rückanspruch in Höhe der Gläubigerforderung
zeitliche Verfügbarkeit des Kapitals	i.d.R. zeitlich unbegrenzt	i.d.R. zeitlich begrenzt
finanzielle Kapazität	begrenzt durch finanzielle Kapazität und Bereitschaft der Kapitalgeber	meist vom Vorliegen von Sicherheiten abhängig
Unternehmensleitung	Mitsprache und ggfls. Mitwirkung in der Unternehmensführung	grundsätzlich ausgeschlossen, aber teilweise faktisch möglich
Art des Finanzierungstitels	Beteiligungstitel	Schuldtitel, Forderungstitel
Art der Außenfinanzierung	Beteiligungsfinanzierung (= Teil der Eigenfinanzierung)	Kreditfinanzierung (= Teil der Fremdfinanzierung)

Abb. I-12: Merkmale von Eigen- und Fremdkapital

Im Gegensatz zur bestandsorientierten Definition von Finanzierung (und Investition) steht die **stromorientierte Begriffsbestimmung**. Nach ihr ist Finanzierung eine Vereinnahmung finanzieller Mittel als Zahlungsstrom. Finanzierung stellt eine **Entscheidung** dar, die durch einen Zahlungsstrom gekennzeichnet sind, der mit einer Einzahlung beginnt und spätere Auszahlungen für Zins- und Tilgungszahlungen erwarten läßt.

<u>Beispiel:</u> Ein Darlehen wird in Höhe von DM 10.000,-- mit einer Laufzeit von 10 Jahren zu einem Zinssatz von 10% p.a. aufgenommen. Die Tilgung soll in einer Summe am Ende der Laufzeit erfolgen. Die Zahlungsreihe dieser Finanzierung hat folgendes Aussehen:

t_0	t_1	t_2	...	t_{10}
e_0	a_1	a_2	...	a_{10}, T_{10}
+10.000	-1.000	-1.000	...	-1.000
			...	-10.000
+10.000	-1.000	-1.000	...	-11.000

Legende:
e_0 = Zahlungsmittelzufluß,
a_t = laufende Auszahlungen (i.d.R. fällt im Zeitpunkt t_0 noch keine laufende Auszahlung an),
T_{10} = Tilgung am Ende der Darlehenslaufzeit,
t_i = Zahlungszeitpunkt der i-ten Periode (i = 0,1,...,n; mit n = 10).

Korrespondierend wird die **Investition** als **Verausgabung finanzieller Mittel** für Vermögensbestände verstanden. Im Vordergrund stehen also Zahlungsströme - unabhängig davon, ob es zu Veränderungen in den übrigen Vermögensbeständen kommt. Demnach gilt: **Investition** ist ein Zahlungsstrom, der mit einer Auszahlung beginnt und spätere Einzahlungen bzw. Auszahlungen erwarten läßt (vgl. *Schneider* 1992, S. 20-21).

Beispiel: Eine Maschine mit einer Nutzungsdauer von 10 Jahren wird zum Preis von DM 10.000,-- gekauft. Während der Nutzungsdauer ergeben sich jährlich für Löhne, Material, Energie etc. laufende Auszahlungen in Höhe von DM 1.500,-- und aus dem Verkauf der erzeugten Produkte laufende Einzahlungen in Höhe von DM 3.500,--. Beim Verkauf am Ende der Nutzungsdauer erbringt die Maschine noch eine Einzahlung von DM 500,--. Als Zahlungsreihe dieser Investition ergibt sich:

t_0	t_1	t_2	...	t_{10}
a_0	a_1	a_2	...	a_{10}
	e_1	e_2	...	e_{10}, R_{10}
-10.000	-1.500	-1.500	...	-1.500
	+3.500	+3.500	...	+3.500
				+500
	d_1	d_2	...	d_{10}
-10.000	+2.000	+2.000	...	+2.500

Ergänzende Legende:
a_0 = Anschaffungsauszahlung,
e_t = laufende Einzahlungen (i.d.R. fällt im Zeitpunkt t_0 noch keine laufende Einzahlung an),
d_t = laufende Einzahlungsüberschüsse (negatives Vorzeichen bei Auszahlungsüberschüssen),
R_{10} = Liquidationserlös am Ende der Nutzungsdauer.

Die stromorientierte Definition gilt als die **modernere Richtung** der Finanzierungslehre. Finanzierungs- und Investitionsvorgänge werden dabei auf reine Zahlungsreihen reduziert, technische und andere nicht monetäre Merkmale von Investitionen und Finanzmitteln bleiben unberücksichtigt. Je nach Untersuchungszweck erweist sich entweder eine bestands- oder eine stromorientierte Definition als sinnvoll. Insofern sind heutzutage beide Definitionsrichtungen in Wissenschaft und Praxis anzutreffen.

Lesehinweis: Die Darstellung von Zahlungsvorgängen im Unternehmen wird ausführlich erläutert in *Franke/Hax* (1994, S. 9-15).

1.4 Die besondere Rolle des Eigenkapitals

Unter **Eigenkapital** versteht man i. w. S. die in Geldwert ausgedrückten Mittel, die einem Unternehmen oder seinen Eigentümern gehören. Zu unterscheiden sind zwei **Komponenten** des Eigenkapitals: das bilanzielle Eigenkapital und das haftende Eigenkapital. Dem **bilanziellen Eigenkapital** kommt je nach Unternehmensrechtsform entweder ein variabler oder konstanter Charakter zu:

- **Variables Eigenkapital** nennt man bei Einzelkaufleuten und Personengesellschaften deren Eigenkapitalposition in der Bilanz. Sein Kennzeichen ist, daß es über ein Geschäftsjahr beträgliche Schwankungen aufweist, die durch Einlagen und Entnahmen der Gesellschafter, aber auch erwirtschaftete Verluste oder einbehaltene Gewinne verursacht werden.

- **Konstantes Eigenkapital** (= Nominalkapital) findet sich dagegen bei allen Unternehmensformen mit Haftungsbeschränkung. Dies trifft vor allem auf die Rechtsformen AG und GmbH zu. Hier wird das konstante Eigenkapital auch gezeichnetes Kapital genannt. Bei diesen Unternehmensformen besteht das bilanzielle Eigenkapital zudem noch aus variablen Eigenkapitalkomponenten wie Rücklagen.

	Gezeichnetes Kapital	→ Konstant
+	Kapitalrücklage	
+	Gewinnrücklagen	(teil-)
+	Gewinnvortrag	variabel
-	Verlustvortrag	
=	Bilanziertes Eigenkapital	

Abb. I-13: Zusammensetzung des bilanzierten Eigenkapitals

Ergänzt man das bilanzielle Eigenkapital um die im Unternehmen befindlichen **stillen Reserven** (vgl. Kapitel IV, Abschnitt 2.2), so gelangt man zum effektiven Eigenkapital.

Nominalkapital	Grund- oder Stammkapital			
rechnerisches Eigenkapital	Grund- oder Stammkapital	Rücklagen	Gewinn (./. Verlust)	
effektives Eigenkapital	Grund- oder Stammkapital	Rücklagen	Gewinn (./. Verlust)	stille Reserven

Abb. I-14: Zusammensetzung des Eigenkapitals (Quelle: *Coenenberg* 1997, S. 184)

Fremdkapital zeichnet sich gegenüber Eigenkapital dadurch aus, daß Gläubiger in ihren Ansprüchen vor den Eigenkapitalgebern befriedigt werden. Dies schließt das Risiko der Eigenkapitalgeber ein, **Ausschüttungs- und Vermögensverluste** erleiden zu können. Bilanziell wird dies als rechnerische Eigenkapitalposition erfaßt. Das haftende Eigenkapital schließt das bilanzielle Eigenkapital ein, ist aber erweitert um sog. **nachrangige Fremdkapitalpositionen** zu verstehen. Es handelt sich dabei um dem Unternehmen bereitgestelltes Kapital, das erst dann an die Gläubiger zurückgezahlt wird, wenn alle sog. **vorrangigen Forderungen** gänzlich getilgt sind. Insofern übernehmen sie zumindest teilweise oder zeitweise das Risiko des Ausschüttungs- und Vermögensverlusts, wie es dem Eigenkapital zu eigen ist. Man muß daher zwei Arten von Fremdkapital unterscheiden:

- Vorrangiges Fremdkapital (= **Senior Debt**), deren Gläubiger mit ihren Ansprüchen auf Rückzahlung vor den Eigenkapitalgebern und Gläubigern mit nachrangigem Fremdkapital vom Unternehmen zu bedienen sind. Dieses Fremdkapital ist im Regelfall mit Sicherheiten unterlegt.

- Nachrangiges Fremdkapital (= **Subordinated Debt**) weist demgegenüber keine Sicherheitenstellung des Unternehmens für die Gläubiger auf. Ihre Forderungen werden erst nach der Befriedigung der vorrangigen Gläubiger getilgt (sofern hierzu im Konkursfall noch liquidierte Vermögensmasse vorhanden ist). Damit nimmt das nachrangige Fremdkapital eine Zwischenstellung gegenüber Eigenkapital und Fremdkapital ein. Das Ausfallrisiko ist ähnlich hoch wie das des Eigenkapitals, aber es entstehen daraus keine Anteilsrechte, wie dies auch bei Fremdkapital nicht der Fall ist. Es wird deswegen auch als **"Mezzanine Capital"** (aus dem englischen = Zwischenstock) bezeichnet (vgl. *Schmid* 1994, S. 135 ff.). Dazu zählen die Beteiligung als stiller Gesellschafter, partiarische Darlehen und Genußrechte.

Die vorangegangenen Ausführungen in Zusammenhang mit den begrifflichen Unterscheidungen beim Eigenkapital wies schon deutlich auf die Bedeutung der Haftung. Unter seiner **Haftungs- und Garantiefunktion** ist denn auch die Aufgabe des Eigenkapitals gemeint, Gläubiger weitestgehend vor Verlusten ihrer Forderungen zu schützen. Zwei **Ausprägungen** sind zu unterscheiden (vgl. *Rudolph* 1991, S. 33-34):

- Zum einen soll Eigenkapital eingetretene Verluste aus der laufenden Geschäftstätigkeit gegen gleichzeitige Eigenkapitalzuwächse (= laufende Erträge) aufrechnen. Eigenkapital nimmt eine **Pufferfunktion** ein, die dafür sorgt, daß Verluste nicht auf die Zinserträge der Gläubiger durchschlagen.

- In anderer Hinsicht wird mit der Haftungsfunktion des Eigenkapitals die bereits angedeutete nachrangige Befriedigung der Eigenkapitalgeber beschrieben. Eigenkapital soll Gläubiger vor den Kosten der Insolvenz und Verlusten der Liquidation eines Unternehmens schützen.

Nachfolgende Abb. I-15 verdeutlicht die Reihenfolge, in der bei Kapitalgesellschaften bei einem Verlustausgleich die einzelnen Positionen des effektiven Eigenkapitals sukzessive herangezogen werden.

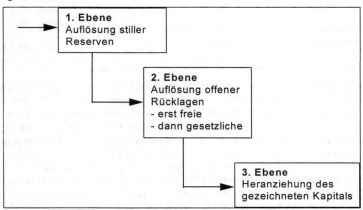

Abb. I-15: Stufen des Verlustausgleichs bei Kapitalgesellschaften

Eigenkapital unterscheidet sich also von Fremdkapital letztendlich durch seinen **Haftungscharakter**, der allerdings weiter reicht, als der Eigenkapitalbegriff, da er sog. **haftende Mittel** einschließt. Sie bestehen aus Eigenkapital und Haftungszusagen.

Haftungsmasse	investiertes Unternehmensvermögen (= Finanzmittel)	≡	Fremdkapital	nicht haftende Mittel
			Eigenkapital	haftende Mittel =
	potentielles Unternehmensvermögen		Haftungszusagen	Haftungskapital

Abb. I-16: Zusammenhang zwischen Haftungsmasse und Haftungskapital

Haftungsmasse stellt das zur Begleichung von Schulden insgesamt vom Unternehmen **abrufbare Vermögen** dar. Es besteht aus den in das Vermögen investierten Finanzmitteln, also den in Kapital gebundenen Mitteln und potentiellem Unternehmensvermögen. Letztgenanntes bezeichnet solche Vermögensteile, die im Falle der drohenden Zahlungsunfähigkeit oder der Überschuldung eines Unternehmens mit in die Haftungsmasse einzuschließen sind. Es bezieht sich sowohl auf vorhandene Spielräume in der Eigen- als auch auf solche der Kreditfinanzierung. Ausschlaggebend ist, daß **potentiellem Unternehmensvermögen** vertragliche Regelungen zugrunde liegen müssen. Hierzu zählen beispielsweise in der Eigenfinanzierung das sog. genehmigte Kapital bei einer AG oder ein eingeräumter Kontokorrentkredit, der noch nicht in vollem Umfang der Kreditlinie ausgeschöpft wurde.

Unter **Haftungszusagen** werden allgemein Leistungen verstanden, die überwiegend in Form von Zahlungsmitteln im Fall der Zahlungsunfähigkeit oder der Überschuldung dem Unternehmen zur Verfügung stehen. Beispiele hierfür sind: freies privates Vermögen von voll haftenden Gesellschaftern in einer oHG, Garantien von teilhaftenden Gesellschaftern, Verlustübernahmeverträge einer Mutter- gegenüber ihrer Tochtergesellschaft im Konzern. Spezielle Haftungszusagen sind solche Verträge, die die Position einzelner Gläubiger verbessern wie z. B. Bürgschaften oder Garantien.

Eine weitere Funktion des Eigenkapitals ist seine **Finanzierungsfunktion**. Durch den Erwerb eines Eigenkapitalvertrags seitens der Eigenkapitalgeber stellen sie letztendlich einem Unternehmen Vermögenswerte auf der Aktivseite bereit. Dies erfolgt im häufigsten Fall durch eine Geldeinlage, kann aber auch durch Sachen oder Rechte erfolgen.

Die Höhe der Eigenkapitalausttatung vermag Unternehmensexternen, die keinen direkten Einblick in die Produktion, Leistungsfähigkeit und das Risiko der Investitionen eines Unternehmens haben, als Signal zur Einschätzung möglicher zukünftiger Probleme, Risiken oder Verluste dienen. Dieser **Reputationseffekt** des Eigenkapitals wird auch mit Vertrauensfunktion umschrieben. Er verknüpft die Erwartungen der Gläubiger sowie der Eigentümer an ein Unternehmen. Insbesondere eine gegenüber Konkurrenten oder der Branche relativ hohe Eigenkapitalausstattung läßt für Unternehmensexterne positive Rückschlüsse auf zukünftige Zahlungsfähigkeit und geringes Risiko des Forderungsausfalls zu (vgl. *Krümmel* 1983, S. 90).

Desweiteren wird es möglich, mit Eigenkapital besonders risikotragende Investitionen zu tätigen, für die sich ansonsten kein (i. d. R. risikoscheuer) Fremdkapitalgeber bereit erklären würde (= **Risikofunktion**) (vgl. *Deutsche Bundesbank* 1994, S. 74).

Eine Besonderheit von **Kreditinstituten und Sparkassen** hinsichtlich des Eigenkapitals liegt in dessen **Geschäftsbegrenzungsfunktion**. Sie ergibt sich aus den §§ 10, 10a KWG in Verbindung mit dem Grundsatz I und Ia sowie aus den §§ 13, 13a KWG (= Kreditwesengesetz). Demzufolge müssen 8% der gewichteten Risikoaktiva (= Beteiligungen, Forderungen, Wertpapiere, Bürgschaften etc.) mit Eigenkapital unterlegt sein (bzw. die Summe der risikogewichteten Aktiva darf das 12,5fache des Eigenkapitals nicht überschreiten). Zudem darf nach § 13 KWG ein sog. Großkredit (Kredit an einen einzigen Kreditnehmer mit einem Anteil des Kredits am Eigenkapital von mehr als 10%) max. 25% des haftenden Eigenkapitals ausmachen. Damit wird bei Kreditinstituten der Geschäftsumfang entsprechend dem Eigenkapitalbestand begrenzt. Ziel ist es seitens der Aufsichtsbehörde, die Risiken aus Verlusten bestimmter besonders risikotragender Geschäftsarten zu vermeiden oder so gering wie möglich zu halten (vgl. hierzu *Büschgen* 1987, S. 667-668).

Lesehinweis: Der Eigenkapitalbegriff ist alles andere als eindeutig definierbar (vgl. hierzu die Diskussion in *Drukarczyk* 1996, S. 252-259).

2 Finanzierungsarten

Im folgenden wird dem Begriff "Finanzierung" folgende Definition zugrunde gelegt: Finanzierung ist **Geldbeschaffung** und **Strukturierung** der Passivseite der Bilanz, umfaßt nicht nur **Kapitalzu**-, sondern auch **Kapitalabflüsse** und soll verstanden werden als unternehmenszielgerichtete **Deckung** von **Kapitalbedarf**. In der Finanzierungslehre hat es sich eingebürgert, ganz bestimmte Finanzierungsformen begrifflich zu bestimmen und sie zu systematisieren. Die gängigen Begriffe und Unterscheidungen sollen hier wiedergegeben werden.

2.1 Begriffsbestimmungen und Systematisierungen

Die sich einem Unternehmen bietenden Finanzierungsmöglichkeiten lassen sich aufgrund verschiedener Merkmale systematisieren:

– In der Art der **Rechtsbeziehung** zwischen kapitalnehmenden Unternehmen und Kapitalgebern wird eine Einteilung in **Beteiligungs- und Kreditfinanzierung** vorgenommen. Die erstgenannte Form verändert das Eigenkapital, während die Kreditfinanzierung das Fremdkapital eines Unternehmens betrifft.

– Nach der Art der **Herkunft der Finanzierungsmittel** ist einerseits zu unterscheiden zwischen der **Außenfinanzierung**, bei der Finanzmittel von unternehmensexternen Kapitalgebern eingebracht werden. Im Rahmen der **Innenfinanzierung** werden Finanzmittel aus dem Erlös von am Markt verwerteten Vermögensobjekten bereitgestellt (insbesondere aus betrieblichen Erzeugnissen).

– Als **unbefristet** überlassen gelten i.d.R. Eigenkapitalanteile (z.B. Aktien, GmbH-Anteile). **Befristete** Überlassungen sind ihrer Natur nach vor allem Fremdkapitalteile, die sich unterteilen in kurzfristige Nutzung (bis zu 1 Jahr), mittelfristige Nutzung (von einem Jahr und bis zu 4 Jahren) und langfristige Nutzung (von 4 Jahren und darüber).

– Unterschieden wird ferner nach den besonderen **Finanzierungsanlässen**. Hierunter sind Finanzierungen zu verstehen, die sich von den laufenden Finanzentscheidungen im Unternehmen deutlich abheben - dies trifft besonders für die AG zu, deren Finanzierungsvorgänge zahlreichen Vorschriften des AktG unterliegen, so z.B. bei Gründung

2 Finanzierungsarten

einer AG, Kapitalerhöhung, Kapitalherabsetzung, Umwandlung, Fusion (Verschmelzung), Sanierung, Liquidation.

– Eine weitere Systematik setzt an der **Form** an, in welcher den Unternehmen Finanzierungsmittel zufließen: **Geldfinanzierung** bezeichnet einen Zufluß von Zahlungsmitteln, **Sachfinanzierung** besteht aus einem Zugang von Sachvermögen oder Rechten.

Weite Verbreitung in der Finanzierungslehre hat die **Systematisierung** nach der Kapitalherkunft. Auf dieser Grundlage wird im folgenden weiter verfahren. Im Überblick lassen sich die Finanzierungsarten nach ihrer Herkunft wie in Abb. I-17 unterscheiden.

Außenfinanzierung			
Beteiligungs-finanzierung	**Kreditfinanzierung**		**Subventions-finanzierung**
	Kurzfristige Kreditfinanzierung	Langfristige Kreditfinanzierung	
Zuführung haftenden Kapitals durch Aufnahme neuer Gesellschafter, Einlagen der bisherigen Gesellschafter, Aktienemissionen u. dgl.	z.B. Lieferantenkredit, Wechselkredit, Kontokorrentkredit, Lombardkredit, Avalkredit, Kundenanzahlungen	z.B. langfristiger Bankkredit, Schuldscheindarlehen, Obligation	z.B. Investitionszulagen, Spenden, Zinszuschüsse
Innenfinanzierung			
	Selbstfinanzierung i.w.S.		**Finanzierung aus Vermögens-umschichtung**
Selbstfinanzierung i.e.S.	Finanzierung aus Abschreibungsgegenwerten	Finanzierung durch Dotierung von Rückstellungen	
Zeitweise oder dauernde Zurückbehaltung erwirtschafteter Gewinne auf offene oder verdeckte Weise (offene, stille und verdeckte Selbstfinanzierung), inkl. verwandter Formen (z.B. Kapitalrücklage und Sonderposten mit Rücklageanteil)	Zeitweise oder dauernde Zurückbehaltung erwirtschafteter (verdienter) Gegenwerte von Abschreibungen aus den Umsatzerlösen	Zeitweise oder dauernde Zurückbehaltung erwirtschafteter Rückstellungsgegenwerte (aus den Umsatzerlösen verdient) mit Verpflichtungscharakter gegenüber Dritten (z.B. Belegschaft)	z.B. Veräußerung von Teilen des Anlagevermögens, Kapitalfreisetzung durch Lagerabbau, Rationalisierungen, Factoring, "Sale and Lease-Back"

Abb. I-17: Systematisierung der Finanzierungsformen nach der Kapitalherkunft

Innen- und Außenfinanzierung stehen miteinander in Beziehung, was nachfolgende Abb. I-18 zusammenfaßt.

Rechtlicher Anspruch⇒ Herkunft ⇓	Eigenfinanzierung	Fremdfinanzierung
Außenfinanzierung	externe Eigenfinanzierung = • Beteiligungsfinanzierung	externe Fremdfinanzierung = • Kreditfinanzierung • Subventionsfinanzierung
Innenfinanzierung	interne Eigenfinanzierung = • Selbstfinanzierung i.e.S. • Finanzierung aus Abschreibungen • Finanzierung aus Vermögensumschichtungen	interne Fremdfinanzierung = • Einstellung in Pensionsrückstellungen

Abb. I-18: Zusammenhänge von Finanzierungsbegriffen

Nach ihrer **Herkunft** lassen sich Finanzierungsvorgänge also danach unterscheiden, ob sie von innerhalb des Unternehmens, primär aus dem Umsatzprozeß, kommen (= Innenfinanzierung) oder ob von außerhalb des Unternehmens Mittel zufließen (= Außenfinanzierung). **Außenfinanzierung** kann durch Eigen- oder Fremdkapitalaufnahme erfolgen. Bei der **Beteiligungsfinanzierung** wird das Eigenkapital verändert. Die Eigenkapitalgeber sind Eigentümer am Unternehmen, d.h., sie sind an ihm finanziell und rechtlich beteiligt. Gängig ist für solche Vorgänge der Begriff **Beteiligungsfinanzierung** bzw. externe Eigenfinanzierung. Außenfinanzierung durch Fremdkapitalaufnahme kann durch **Kreditfinanzierung** erfolgen. Im Rahmen der Fremdfinanzierung erfolgt eine Erhöhung des Fremdkapitals. Man spricht auch von externer Fremdfinanzierung.

Beispiel: Zwischen dem Bilanzstichtag t_0 und dem nächsten Stichtag t_1 sollen zwei finanzwirtschaftliche Stromvorgänge stattfinden:

(1) Aufnahme eines neuen Gesellschafters, der einen Geschäftsanteil in Höhe von 5 GE zusätzlich in Form von Maschinen einbringt (Kapitalerhöhung mittels Sacheinlage). Dies stellt eine Beteiligungsfinanzierung dar, die sich als Bestandsmehrung auf der Passivseite in der Eigenkapitalposition niederschlägt. Als Nachweis für die Verwendung dieser Mittel wird auf der Aktivseite im Anlagevermögen gegengebucht.

(2) Kauf von Rohstoffen in Höhe von 20 GE, die mit einem Lieferantenkredit bezahlt werden. Dies stellt eine Kreditfinanzierung dar, die als Bestandsmehrung auf der Passivseite in der Position "Verbindlichkeiten" vermerkt wird. Als Nachweis für die Verwendung dieser Mittel wird auf der Aktivseite im Umlaufvermögen gegengebucht.

Die Bilanz im Zeitpunkt t_0 weise folgendes Bild auf:

Aktiva	Bilanz t_0	Passiva	
Anlagevermögen	25	Eigenkapital	25
Umlaufvermögen	50	Fremdkapital	50
	75		75

Aufgrund der beschriebenen Finanzierungsvorgänge sieht das Bestandsbild in der Bilanz zum Stichtag t_1 wie folgt aus:

Aktiva	Bilanz t_1	Passiva	
Anlagevermögen	30	Eigenkapital	30 ← Beteiligungsfinanzierung + 5
Umlaufvermögen	70	Fremdkapital	70 ← Kreditfinanzierung + 20
	100		100 Außenfinanzierung

Abb. I-19: Bilanzielle Wirkungen der Außenfinanzierung

2 Finanzierungsarten

Nach der Aufbringung der Finanzquellen läßt sich ergänzend die Außenfinanzierung zum einen in die **Individualfinanzierung** unterscheiden (z.B. Einlage eines persönlich haftenden Gesellschafters, Lieferantenkredit), d.h., einzelne Kapitalgeber nehmen Finanzinvestitionen im Unternehmen vor (hier besonders zu erwähnen: Kapitalsammelstellen und Kreditinstitute). Die **anonyme Marktfinanzierung** (z.B. Ausgabe von Aktien oder Obligationen) kennzeichnet Finanzierungsvorgänge, in denen Unternehmen verbriefte, fungible Beteiligungs- und Gläubigerrechte an Anleger am Kapitalmarkt emittieren.

Der Vollständigkeit halber ist im Bereich der Außenfinanzierung die sog. „**Subventionsfinanzierung**" aufzuführen. Es handelt sich um **Finanzhilfen** des Bundes und der Länder, die meist über im Auftrag handelnde Finanzierungsinstitute an private Kapitalnehmer vergeben werden. Wichtige Merkmale der Subventionsfinanzierung sind im Vergleich zum Kapitalmarkt niedrigere Zinssätze, häufig tilgungsfreie Zeiten zu Vertragsbeginn und Zweckbindung der Kredite. Die Vergabe solcher Mittel ist i. d. R. abhängig von der Erfüllung bestimmter wirtschaftspolitisch vorgegebener Bedingungen:

- Im Bereich der Beteiligungsfinanzierung ist hier vor allem die Vergabe von **Existenzgründungsdarlehen** für den Aufbau eines Unternehmens zu nennen. Die Mittelvergabe erfolgt durch die Deutsche Ausgleichsbank AG, Bonn.

- In der Kreditfinanzierung werden meistens zur Finanzierung von **Außenhandelsgeschäften** oder im binnenwirtschaftlichen Raum für die Investitionsgüterfinanzierung Sonderfinanzmittel zweckbestimmt vergeben. Stellvertretend für andere Institute sei hier die Kreditanstalt für Wiederaufbau, Frankfurt a. M., genannt.

Gegenüber der Außenfinanzierung bezeichnet Innenfinanzierung den Zufluß an **Finanzierungsmitteln aus** dem **Umsatzprozeß** und durch **Vermögensumschichtungen** innerhalb des Unternehmens. Im Gegensatz zur Außenfinanzierung sind bei der Innenfinanzierung des Unternehmens nicht externe, sondern interne Quellen die Grundlage. Daher spricht man auch von **interner Eigenfinanzierung** (Einbehaltung von Gewinnen, d. h. Selbstfinanzierung i.e.S., Gewinnung von finanziellen Abschreibungsgegenwerten, Vermögensumschichtungen) und von **interner Fremdfinanzierung**. In die letzte Kategorie fallen vor allem Rückstellungsbildungen.

Aufbauend auf Abb. I-19 lassen sich diese Vorgänge wiederum in der Bilanz aufzeigen. Ergänzend wird jetzt für den Zeitraum zwischen dem Stichtag t_1 und einem neuen Bilanzstichtag t_2 eine GuV benötigt. Dort werden die Ströme der Innenfinanzierung aufgezeichnet, die die Bilanz in t_2 verändern. **Innenfinanzierungs**vorgänge sind **Stromvorgänge aus** den **Umsatzerlösen** des Unternehmens, die Eigenkapital oder Fremdkapital im Unternehmen verändern. Wählt man als Ausgangspunkt die GuV und hier die Umsatzerlöse (10 GE), so läßt sich in Abb. I-20 dieser Zusammenhang wie folgt ablesen:

- Von den Umsatzerlösen entfallen 3 GE auf finanzielle Gegenwerte für Abschreibungen. Bilanziell drückt sich dies in einer Verminderung des Anlagevermögens um diesen Betrag und in einer Erhöhung der Zahlungsmittel, d.h. hier der gesamten Position "Umlaufvermögen", aus.

- Die finanziellen Gegenwerte für die Dotierung von Rückstellungen erfolgen ebenfalls aus den Umsatzerlösen, in Höhe von 1 GE. In der GuV ist dies in der Position "Löhne und Gehälter" aufgeführt. Auch diese eine GE erhöht den Zahlungsmittelbestand, d.h. das Umlaufvermögen. Zum anderen wird auf der Passivseite das Fremdkapital erhöht, da Einstellungen in Pensionsrückstellungen eine Verbindlichkeit des Unternehmens darstellen (= Ansprüche der Arbeitnehmer auf spätere Auszahlung).

- Der Jahresüberschuß von 2 GE ist ebenfalls aus den Umsatzerlösen verdient, ist zudem kassenwirksam gewesen und erhöht auf der Aktivseite das Umlaufvermögen sowie auf der Passivseite als Eigenfinanzierung das Eigenkapital.
- Vier GE der Umsatzerlöse stellen nicht Innenfinanzierung dar. Es handelt sich um sonstigen Aufwand, der vollständig auf der Aktivseite durch entsprechende betragliche Verminderungen in den Positionen Vorräte kompensiert wird. Der Zahlungsmittelzugang von vier GE als Anteil des sonstigen Aufwands an den Umsatzerlösen spiegelt sich bilanziell nicht wieder.

Aktiva	Bilanz t₁	Passiva	
Anlagevermögen	30	Eigenkapital	30
Umlaufvermögen	70	Fremdkapital	70
	100		100

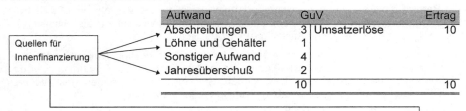

Aktiva	Bilanz t₂	Passiva	
Anlagevermögen	27	Eigenkapital	32
Umlaufvermögen	76	Fremdkapital	71
	103		103

Abb. I-20: Bilanzielle Wirkungen der Innenfinanzierung

In Kapitel II wird sich die Innenfinanzierung bis auf steuerliche Fragen mit den in Abb. I-21 angegebenen Inhalten auseinandersetzen. Im Überblick stellt sich der funktionale Unterschied zwischen Innen- und Außenfinanzierung wie folgt dar:

Innenfinanzierung	Außenfinanzierung
Finanzierung durch Kapitalbildung im Unternehmen sowie durch Desinvestition, wie z.B. aus Vermögensumschichtung.	Aufnahme von Eigen- bzw. Fremdkapital mit bestimmten Überlassungsfristen durch Kapitalzuführung außerhalb des Unternehmens.
Finanzierungsvorgänge entstehen in der Regel laufend und sind oft erst am Ende einer Abrechnungsperiode erkennbar.	Finanzmittelüberlassung zu ganz bestimmten Zeitpunkten.
Genaue Höhe zum Teil ungewiß, da Ansprüche Dritter auftreten können (z.B. Fiskus oder Ansprüche bei Rückstellungen).	Festlegung exakter Beträge im voraus möglich.

Abb. I-21: Merkmale der Innen- und der Außenfinanzierung in der Gegenüberstellung

2.2 Kapital- und Finanzierungsstruktur deutscher Unternehmen

Nachdem die zentralen Begriffe der Finanzierungsvorgänge und -formen eingeführt wurden, ist es naheliegend, ihre Bedeutung in der Realität der Unternehmensfinanzierung zu betrachten. Hierzu liefert die **Deutsche Bundesbank** in regelmäßigen Abständen und in Sondererhebungen statistische Daten, die repräsentativen Charakter haben. Bei Betrachtung ihrer Erhebungen wird auf die bisherigen Begriffsbestimmungen, vor allem die Trennung von Finanzierungsvorgängen in Strom- und Bestandsgrößen, zurückgegriffen.

Zuerst sei die **Bestandsseite** untersucht, wobei auf die **Vermögens- und Kapitalstruktur** deutscher Unternehmen im Jahr 1995 zurückgegriffen wird:

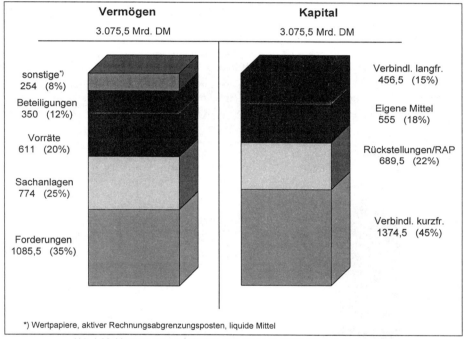

*) Wertpapiere, aktiver Rechnungsabgrenzungsposten, liquide Mittel

Abb. I-22: Vermögens- und Kapitalausstattung deutscher Unternehmen 1995
(in Mrd. DM, bzw. v. H.) (Quelle: *Deutsche Bundesbank* 1996)

Insgesamt verfügten deutsche Unternehmen **1995** über einen Bestand an Vermögen und Kapital in Höhe von **3.075,5 Mrd. DM**. Betrachtet man die Vermögensseite, auf der sich nach der **bestandsorientierten Definition** Investitions- und Desinvestitionsvorgänge niederschlagen, so bewegt man sich auf einer Datengrundlage, die der (stichtagsbezogenen) **Aktivseite** von Unternehmen bilanziell entspricht. Man gewinnt folgendes Bild:

– Mit 35% besteht das **Vermögen** aus Positionen mit Forderungscharakter, die zudem **überwiegend kurz- bis mittelfristiger Natur** sind.

– Zweite Vermögensgruppe nach Anteilshöhe bildet die der **Sachanlagen** (25%), gefolgt von den **Vorräten** (20%) und **Beteiligungen** (12%).

Stellt man der Vermögens- die **Kapitalseite** gegenüber, so bildet man nach der bestandsorientierten Definition von Kapital das Ergebnis von Finanzierungsvorgängen zu einem Stichtagszeitpunkt ab. Es handelt sich bei der Datenquelle um die **Passivbilanzseite** der untersuchten Unternehmen und liefert folgende Eindrücke:

- Zum **überwiegenden Teil** besteht die Kapitalausstattung aus **Verbindlichkeiten** (82%), wenn man die Positionen der kurz- und langfristigen Verbindlichkeiten sowie der Rückstellungen addiert. Bei der Integration der Rückstellungen in voller Höhe ist kritisch anzumerken, daß dies nur teilweise gerechtfertigt ist, da in dieser Position auch Rückstellungen mit „Innenverpflichtungscharakter" enthalten sind, die Eigenkapitalmerkmal haben.

- Die **eigenen Mittel**, die im Grunde das Eigenkapital verkörpern, nehmen einen **geringen Anteil** von 18% ein.

Im Vergleich mit Vorjahren hat sich an der dargestellten Vermögens- und Kapitalstruktur kaum etwas geändert. Insofern ist diesem Bild durchaus **repräsentativer Charakter** zuzuschreiben (vgl. *Deutsche Bundesbank* 1992a, S. 25ff.).

Gliedert man die Fremdkapitalausstattung wegen ihrer hohen Bedeutung weiter nach **Herkunft und Fristigkeit** auf, erhält man Einblicke in die **Fremdkapitalstruktur**. Nachfolgende Abb. I-23 gibt hierzu einen Überblick - jetzt auf der Grundlage von Daten des Jahres 1994.

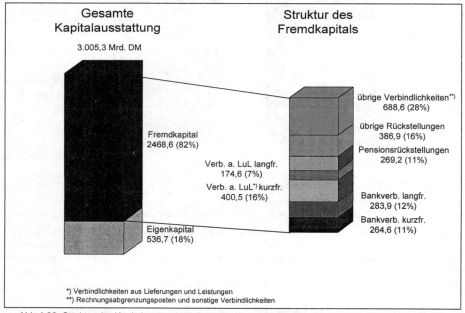

Abb. I-23: Struktur der Kapitalausstattung deutscher Unternehmen im Jahr 1994 (in Mrd. DM und v.H.)
(Quelle: *Deutsche Bundesbank* 1996)

Insgesamt bestand die Fremdkapitalausstattung deutscher Unternehmen im Jahr **1994** aus **2.468,8 Mrd. DM**. Zur Zusammensetzung der Fremdkapitalausstattung im Jahr 1994 im einzelnen:

- Von der **Kapitalherkunft** ist festzustellen, daß der durch **Kreditinstitute** bereitgestellte Teil des Fremkapitals (23%) den gleichen Umfang aufwies wie der **von Unternehmen vergebene** Kapitalbetrag, der sich bilanziell als Verbindlichkeiten aus Lieferungen und Leistungen darstellt. An internem Fremdkapital im Rahmen der **Pensionsrückstellungen** wurden im Jahr 1994 Finanzmittel in Höhe von 269,2 Mrd. DM bereitgestellt, was einen Anteil am gesamten Fremdkapital von 11% ausmacht.

- Nach der **Fristigkeitsstruktur** betrachtet war vor allem bei dem von Unternehmen vergebenen Fremdkapitalanteil der **Schwerpunkt** im **Kurzfristbereich** (16% gegenüber 12% im Langfristbereich). Bei dem auf Kreditinstitute entfallenden Anteil des Fremdkapitals gibt es kaum wesentliche Anteilsunterschiede in den Fristigkeiten.

- Die Erklärung für die **Präferenz kurzer Laufzeiten** in der Fremdkapitalstruktur ist i. d. R. durch die jeweils am Kapitalmarkt vorherrschende **Zinstruktur** und die damit in Verbindung stehende allgemeine Erwartung der Marktteilnehmer bezüglich des **zukünftigen Zinsniveaus** zu erklären. Bei überwiegender **Erwartung des Markts** von zukünftig sinkenden Markttrenditen, versuchen Kreditnehmer überwiegend kurzfristige Zinsbindungen einzugehen, um am Zinssenkungsprozeß durch anschließende Kreditprolongation teilhaben zu können. Der relativ höhere Anteil von durch Unternehmen bereitgestellten Krediten gegenüber Bank- und Sparkassenkrediten erklärt sich vor dem Hintergrund konjunktureller Lagen. So ist insbesondere in rezessiven Phasen eine Neuverschuldung bei Kreditinstituten mit Transaktionskosten verbunden und erfordert einen höheren Zeitaufwand. Von Unternehmen bereitgestellte Kredite werden dagegen im Rahmen des Liefrantenkredits ohne umfangreiches Prozedere durch Gewährung eines Zahlungsziels vergeben. Wie noch zu zeigen sein wird, weist diese Kreditform dafür aber einen überdurchschnittlich Kapitalkostensatz auf (vgl. Kapitel III, Abschnitt 4.1.1).

Analysiert man die **Form** der **Verbindlichkeiten** nach **verbrieften** (Anleihen) und **unverbrieften** (Buchkredite) Kontrakten, so wird der überwiegende Anteil der unverbrieften Kredite in den Verbindlichkeiten deutlich. Abb. I-24 zeigt, daß für **deutsche Unternehmen** die verbrieften Formen der Kapitalaufnahme mit einem Anteil von 9% kaum eine Rolle spielen. Deutsche Unternehmen finanzieren sich vornehmlich durch Kreditaufnahmen bei Kreditinstituten und Sparkassen. Das deutsche **Hausbankprinzip** mit seinen engen beständigen Bindungen eines Unternehmens an einige wenige Kreditinstitute wird hierzu als Erklärung angeführt. Ähnliche Strukturen in den Verbindlichkeiten bestehen auch bei Unternehmen in Frankreich. Weniger ausgeprägt stellt sich die Struktur bei japanischen Unternehmen dar. Im Gegensatz dazu fällt die **überwiegend** mit **Anleihen** bereitgestellte Kapitalausstattung amerikanischer Unternehmen auf. Bei **US-Unternehmen** gibt es keine zum deutschen System vergleichbare Bankenstruktur („**deutsches Universalbanksystem**"), weshalb exklusive Geschäftsbindungen in einem weiten Bereich von Finanzkontrakten an ein und dasselbe Kreditinstitut in USA nicht möglich sind (sog. „**Trennbankensystem**"). Hieraus resultiert eine **Kapitalmarktdominanz** für die Kreditfinanzierung bei amerikanischen Unternehmen.

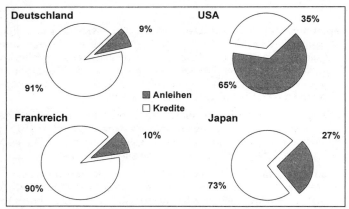

Abb. I-24: Anteile der Anleiheverbindlichkeiten an der Unternehmensfinanzierung, hier langfristige Finanzierungen, Unternehmen der Produktions- und Wohnungswirtschaft 1994 bzw. 1993 (Quelle: *Prowse* 1996, S. 6-7)

Die bisherigen Betrachtungen waren bestandsorientiert auf die Kapitalausstattung und deren Struktur gerichtet. Die von Jahr zu Jahr sich ändernde Kapitalausstattung in den deutschen Unternehmen ist das Ergebnis von **Stromvorgängen** innerhalb der jeweiligen Zeiträume. Konzentriert man sich in der weiteren Betrachtung vollständig auf die Finanzierungsstruktur seit Ende der 80er Jahre, so zeigt nachfolgende Abb. I-25, daß die **Innenfinanzierung** gegenüber der Außenfinanzierung i. d. R. eine **höhere Bedeutung** für deutsche Unternehmen aufweist.

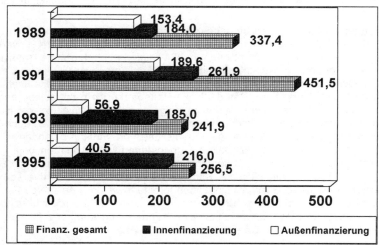

Abb. I-25: Mittelaufkommen deutscher Unternehmen in den Jahren 1989 bis 1995 getrennt nach Außen- und Innenfinanzierungsströmen (in Mrd. DM) (Quelle: *Deutsche Bundesbank* 1992b, 1996)

Die **hohe Bedeutung der Innenfinanzierung** ist kein spezifisch deutsches Phänomen. Untersuchungen in anderen westlichen Industrieländern mit durchaus gegenüber Deutschland anders strukturierten Finanzsystemen kommen zu einem ähnlichen Ergeb-

2 Finanzierungsarten

nis. Abb. I-26 gibt hiervon durch Vergleich der Finanzierungsstruktur Deutschlands mit Großbritannien und den USA (nach Bereinigung von Wechselkursveränderungen und Kapitalrückzahlungen) eine Vorstellung:

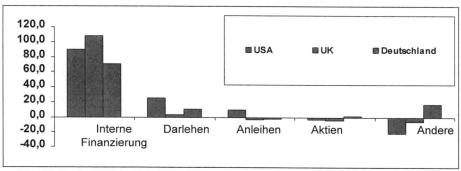

Abb. I-26: Durchschnittliche Netto-Finanzierung von Nichtbanken in den Jahren 1970 bis 1985 (in v. H.)
(Quelle: *Schmidt* 1992, S. 174)

Demnach stellt sich heraus, daß die Innenfinanzierung in britischen und amerikanischen Unternehmen eine noch weitaus höhere Bedeutung aufweist als in Deutschland. Daneben spielen in Deutschland und den USA Darlehensnahmen eine zweitwichtige Rolle für die Beschaffung von Finanzmitteln. Die Ergebnisse sind auch insofern aufschlußreich, da sie zeigen, daß die Inanspruchnahme des organisierten Kapitalmarkts, also der Wertpapierbörsen, selbst in Staaten mit sehr gut ausgebauten und effizienten Börseninfrastrukturen die Bedeutung für die Unternehmensfinanzierung statistisch gesehen nicht überbewertet werden darf. Die Bedeutung der **Innenfinanzierung** wird der Struktur nach überwiegend durch **verdiente Abschreibungsgegenwerte** getragen. Sie stellen den bei weitem größten Anteil am Aufkommen der Innenfinanzierungsmittel dar. Erst mit großem Abstand folgen Finanzmittel, die sich aus der Zuführung zu den Rückstellungen ergeben. Die Selbstfinanzierung, also im wesentlichen die Gewinnthesaurierung, nimmt einen fast verschwindend geringen Anteil an der Innenfinanzierung ein.

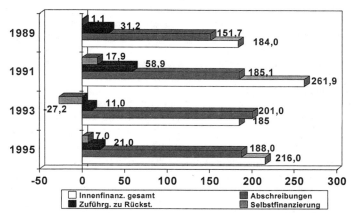

Abb. I-27: Innenfinanzierungsquellen deutscher Unternehmen im Zeitraum 1989 bis 1995 im Zweijahresrhythmus (in Mrd. DM) (Quelle: *Deutsche Bundesbank* 1992b,1996)

Ein Blick auf die **Außenfinanzierung** deutscher Unternehmen für die gleiche Periode (1989 bis 1995) zeigt, daß die **kurzfristige Kreditfinanzierung** in den meisten Betrachtungsjahren **dominiert**. Der Anteil der Beteiligungsfinanzierung ist gegenüber den übrigen Außenfinanzierungsformen am geringsten.

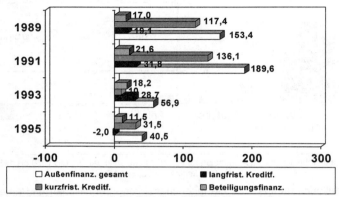

Abb. I-28: Außenfinanzierungsquellen deutscher Unternehmen im Zeitraum 1989 bis 1995 im Zweijahresrhythmus (in Mrd. DM) (Quelle: *Deutsche Bundesbank* 1992b,1996)

3 Die Bedeutung der Liquidität

„Liquidität ist die Fähigkeit des Unternehmens, die zu einem Zeitpunkt zwingend fälligen Zahlungsverpflichtungen uneingeschränkt erfüllen zu können; sie muß während des Bestehens des Unternehmens zu jedem Zeitpunkt gegeben sein." (*Witte* 1963, S. 15). Die Zahlungsverpflichtungen können auf gesetzlicher, vertraglicher oder wirtschaftlicher Grundlage beruhen. Mit der Definition von Liquidität wird eine deutliche Verbindung zum finanziellen Gleichgewicht hergestellt. Man spricht auch von der **Optimalitätsbedingung** für Liquidität. Die Beachtung der optimalen Liquidität reduziert die Opportunitätskosten entgangener Renditen, die durch **Überliquidität**, z.B. aufgrund eines zu hohen Zahlungsmittelbestands, entstehen können. Daneben vermeidet sie **Unterliquidität**, deren extreme Ausprägung die **fehlende Liquidität** (= Illiquidität) ist. **Zahlungsunfähigkeit** entsteht durch Illiquidität und dokumentiert den Verstoß gegen die finanzwirtschaftliche Zielvorschrift „Sicherung des finanziellen Gleichgewichts". Zu unterscheiden ist prinzipiell die Zahlungsunfähigkeit von der **Zahlungsstockung**. Letztere stellt eine vorübergehende Zahlungsunfähigkeit dar und ist kein Konkursgrund, wohingegen mit der Zahlungsunfähigkeit ein **dauerhaftes Unvermögen** gemeint ist (vgl. *Spremann* 1996, S. 240-241). Nicht von ungefähr besteht ein inhaltlich enger Zusammenhang zur Definition von Insolvenz: Insolvenz ist die dauernde Unfähigkeit eines Schuldners, seine fälligen Verbindlichkeiten (i. S. von Geldschulden) zu erfüllen.

Insolvenz hat sog. „Strafkosten" oder financial distress zur Folge, das Unternehmen wird zur Umstrukturierung veranlaßt (Vergleich) oder zwangsweise liquidiert (Konkurs). Damit hat die Aufrechterhaltung der jederzeitigen Zahlungsbereitschaft durch Liquidität für Unternehmen aller Rechtsformen **existenzielle Bedeutung**. Das Zitat des § 102, Konkursordnung verdeutlicht dies:

3 Die Bedeutung der Liquidität

(1) „Die Eröffnung des Konkursverfahrens setzt die Zahlungsunfähigkeit des Gesamtschuldners voraus.

(2) Zahlungsunfähigkeit ist insbesondere anzunehmen, wenn Zahlungseinstellung erfolgt ist."

Nachfolgende Abb. I-29 gibt eine Vorstellung vom Umfang der Insolvenzen in Deutschland und den Ablaufschritten der Eröffnung des Insolvenzverfahrens.

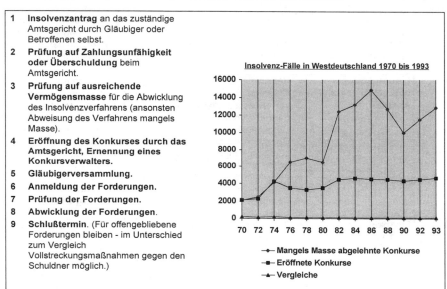

1 **Insolvenzantrag** an das zuständige Amtsgericht durch Gläubiger oder Betroffenen selbst.
2 **Prüfung auf Zahlungsunfähigkeit oder Überschuldung** beim Amtsgericht.
3 **Prüfung auf ausreichende Vermögensmasse** für die Abwicklung des Insolvenzverfahrens (ansonsten Abweisung des Verfahrens mangels Masse).
4 **Eröffnung des Konkurses durch das Amtsgericht, Ernennung eines Konkursverwalters.**
5 **Gläubigerversammlung.**
6 **Anmeldung der Forderungen.**
7 **Prüfung der Forderungen.**
8 **Abwicklung der Forderungen.**
9 **Schlußtermin.** (Für offengebliebene Forderungen bleiben - im Unterschied zum Vergleich Vollstreckungsmaßnahmen gegen den Schuldner möglich.)

Abb. I-29: Der Ablauf eines Insolvenzverfahrens und die Entwicklung der Insolvenzen in Deutschland von 1973 bis 1993

Mit der außerordentlich hohen Bedeutung der Zahlungsfähigkeit rückt der Begriff der Liquidität in das Zentrum der Finanzierung und des Finanzmanagements.

3.1 Absolute Liquidität

Liquidität kann in absoluter Form verstanden und, in erster Annäherung an den Begriff, darunter ein positiver **Zahlungsmittelbestand** gesehen werden. Dies ist allerdings als alleiniges finanzwirtschaftliches Kriterium für eine **absolute Liquidität** wenig aussagekräftig. So ist nicht die Höhe des Zahlungsmittelbestands für die Liquidität per se ausschlaggebend, sondern, ob die Zahlungskraft des Unternehmens insgesamt ausreicht, um an es gestellte Auszahlungsforderungen in der Gegenwart und in der Zukunft erfüllen zu können. Damit gelangt man zur Definition von Liquidität als **Eigenschaft** von **Vermögensgegenständen**, als Zahlungsmittel verwendet zu werden oder in Zahlungsmittel umgewandelt zu werden (= liquidiert zu werden). (Inländische) Zahlungsmittel gelten aus Liquiditätssicht als vollkommen liquide Forderungen. Sie können sofort und ohne Wertverlust zur Erfüllung von Zahlungsverpflichtungen verwendet werden. Daneben gibt es Forderungen, die in kurzer Zeit in Zahlungsmittel gewandelt werden können. Sie sind also in die Nähe von Geld zu rücken. Sie werden als **geldnahe Forderungen** (= Near-money-assets) bezeichnet und kennzeichnen Formen der Finanzmittelreserve. Abb. I-30 gibt einen Überblick über Kategorien von Finanzmitteln, die zu Zahlungszwecken eingesetzt werden können, wobei die Geldnähe (= Liquidierbarkeit) immer mehr mit ansteigender Ziffernfolge abnimmt abnimmt.

Kategorie	Reserveform	Bestandteile	Bedeutung für die Liquidität
I	Zahlungskraftreserve (Mindestbestand an Zahlungsmitteln)	• Kassenbestand, • Bankguthaben, • ungenutzte Kreditlinien, • Schecks.	Vorhandene bzw. direkt verfügbare Zahlungsmittel, mit denen Fehler in der Finanzplanung ausgeglichen werden können.
II	Liquiditätsreserve i. e. S. (Near-Money-Assets)	• Besitzwechsel, • Geldmarktpapiere, soweit börsengehandelt oder Sekundärmarkt vorhanden (z. B. Certificates of Deposit oder Commercial Paper), • börsengehandelte Festzinsanleihen mit kurzer Laufzeit, • börsengehandelte variabel verzinsliche Anleihen, • Termingelder, • Sorten, Devisen.	• hohe Geldnähe, • schnelle Liquidierbarkeit aufgrund Kassahandel auf Finanzmärkten (Abwicklung innerhalb von zwei Geschäftstagen), • weitgehende Kursstabilität, insofern Veräußerung i. d. R. ohne Verluste • durch Finanzabteilung eigenständig disponierbar.
III	Finanzierungsreserve	• Beschaffung zusätzlicher Kredite, • Wertpapieremission, • neue Einlagen durch alte oder neue Gesellschafter.	• Zustimmung unternehmensexterner Stellen notwendig • Mobilisierung dieser Reserve erfordert i. d. R. längere Vorbereitungszei.t
IV	Liquiditätsreserve i. w. S. (Vermögensteile des Unternehmens)	Liquidierung • börsennotierter Anleihen mit längerer Laufzeit, • sonstiger Anleihen, • Aktien mit Anlagecharakter, • Forderungen.	• durch Finanzabteilung selbständig disponierbar, aber • Liquidierungsdauer und -betrag nicht exakt prognostizierbar, • dadurch Zeit- und Kostenprobleme.
V	„Notreserve" (betriebsnotwendige Vermögensteile des Unternehmens)	Liquidierung von • Fertigerzeugnissen, • Halbfertigerzeugnissen, • Werkstoffen, • Anlagen; • Beteiligungen.	Zugriff bedeutet Eingriff in den Prozeß der Leistungserstellung oder -verwertung, die dadurch behindert wird.

Abb. I-30: Kategorien der Finanzmittelreserven

Von Bedeutung ist für die Unternehmensliquidität, wie rasch ein Vermögensobjekt in Zahlungsmittel umgewandelt werden kann. Die **Geldnähe** von Vermögensgegenständen, ihre **Liquidierbarkeit**, wird vor allem dadurch bestimmt, zu welchem Geldbetrag ein Vermögensobjekt vor Ablauf seiner geplanten Kapitalfreisetzung liquidiert werden kann (= **Shiftability**). Folgende Merkmale zeichnen sie aus (vgl. *Lücke* 1984, S. 2363ff.):

3 Die Bedeutung der Liquidität

- Der Zeitraum, in dem sich die in einem Vermögensgegenstand gebundenen Zahlungsmittel im Rahmen des üblichen Unternehmensablaufs wieder liquidieren lassen (z.B. in Vorräten gebundenes Kapital wird zu Ertragsgütern verarbeitet, die nach dem Verkauf über die Umsatzerlöse zu Einzahlungen führen).
- Verbriefte Vermögensgegenstände können schneller veräußert werden als buchmäßige Objekte. Werden Forderungen wie z.B. Industrieobligationen zudem an Börsen gehandelt, sind sie fungibel und können ebenfalls schnell liquidiert werden. Als fungibel werden Forderungen im Sinne des § 90 BGB bezeichnet, wenn sie gleichen Nennwert bzw. Stückelung innerhalb einer Gattung aufweisen. Dadurch sind sie untereinander austauschbar, ohne dabei eine Änderung der Rechte des Inhabers zu bewirken.
- Die **Bonität des Schuldners** bestimmt, wie hoch das Risiko eines Forderungsausfalls ist. Im Regelfall ist eine Forderung besichert, wobei hier von Bedeutung ist, wie werthaltig die Sicherheiten sind. **Weitere Aspekte** der Shiftability sind: Nominalzinssatz der Forderung, Restlaufzeit sowie Anzahl der Zinszahlungstermine.

Man kann Vermögensgegenstände der Aktivseite eines Unternehmens zwischen geringer und hoher Liquidierbarkeit in eine Rangfolge bringen. Die Gliederung der Aktivseite nach § 275 Abs. 2 HGB folgt bei Industrieunternehmen dem Kriterium der Liquidierbarkeit (vgl. *Lücke* 1984).

3.2 Relative Liquidität

Liquidität im Sinne relativer Liquidität wird als **Fähigkeit** eines Unternehmens verstanden, **jederzeit** den fälligen **Zahlungsverpflichtungen nachkommen** zu können. Relative Liquidität bezieht sich auf die **kurzfristige finanzwirtschaftliche Zielsetzung** nach Sicherung des finanziellen Gleichgewichts und orientiert sich an der **Zahlungskraft** des Unternehmens. Vor der Festlegung der zur Deckung eines erwarteten geplanten Bedarfs an Zahlungsmitteln zu ergreifenden Maßnahmen ist jede Aktionsmöglichkeit der Zahlungsmittelbeschaffung zu untersuchen auf

- ihre **Ergiebigkeit**, also um welchen Betrag sich der Zahlungsmittelbestand voraussichtlich erhöht,
- wie lange die dadurch gewonnenen Zahlungsmittel zur Verfügung stehen,
- welche **Kosten** mit der Zahlungsmittelbeschaffung verbunden sind und
- inwiefern die Aktionen mit dem Erhalten der **Funktionsfähigkeit betrieblicher Teilbereiche** vereinbar sind (z.B. Erhaltung der Lieferbereitschaft, wenn der Fuhrpark um 50% durch Verkauf von LKW verringert werden soll).

Neben der Beschaffung von Zahlungsmitteln können Zahlungsmittelengpässe in der Zukunft durch Verminderung zukünftiger Auszahlungen reduziert werden (vgl. *Spremann* 1996, S. 229).

3.3 Liquiditätsmessung

Liquidität als **Deckungsverhältnis von kurzfristigen Vermögensteilen** zu kurzfristigen Verbindlichkeiten wird durch die **statische Liquidität** beschrieben. Grundgedanke ist, daß ein Unternehmen insbesondere aus den kurzfristigen Verbindlichkeiten mit höchster Wahrscheinlichkeit in Kürze Auszahlungen zu leisten haben dürfte. Die dafür zur Verfügung stehenden Zahlungsmittelbestände bilden dann die unmittelbare Quelle, diesen Zahlungsverpflichtungen nachkommen zu können. Daneben sind auch kurzfristig liquidierbare Vermögensteile, insbesondere kurzfristige Forderungen und Vorräte von liquiditätspolitischem Interesse. Kurzfristige Liquiditätsgrade ein Verhältnis zwischen kurzfristigen Verbindlichkeiten und bestimmten Vermögensteilen her, um eine Aussage über die Zahlungsfähigkeit eines Unternehmens in einem Zeitpunkt geben zu können. Solche Liquiditätsgrade sind:

Bezeichnung	Darstellung
Liquidität 1. Grades, Kassa- oder Barliquidität, Absolute Liquidity Ratio	$\dfrac{\text{Zahlungsmittel}}{\text{kurzfristige Verbindlichkeiten}} * 100$
Liquidität 2. Grades, Liquidität auf kurze Sicht, Net Quick Ratio, Acid Test	$\dfrac{\text{Zahlungsmittel} + \text{kurzfristige Forderungen}}{\text{kurzfristige Verbindlichkeiten}} * 100$
Liquidität 3. Grades, Liquidität auf mittlere Sicht, Current Ratio	$\dfrac{\text{Zahlungsmittel} + \text{kurzfristige Forderungen} + \text{Vorräte}}{\text{kurzfristige Verbindlichkeiten}} * 100$
Reinumlaufvermögen, **Working Capital**	Zahlungsmittelbestand + kurzfristige Forderungen + Vorräte - kurzfristige Verbindlichkeiten

Abb. I-31: Wichtige Liquiditätskennziffern

Für die Beurteilung der Liquidität von Unternehmen ist in der Praxis vor allem die **Liquidität zweiten Grades** von Bedeutung. Das Working Capital dient der Ermittlung der eingetretenen Liquiditätsveränderung, der Abschätzung des vorhandenen langfristigen Finanzierungspotentials und damit des zukünftigen Liquiditätsrisikos (vgl. *Perridon/Steiner* 1995, S. 508-509).

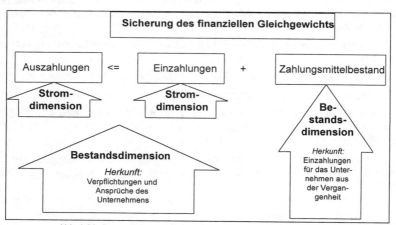

Abb. I-32: Bestands- und Stromdimensionen der Zahlungsfähigkeit

Die Liquiditätskennziffern der statischen Liquidität liefern nur eingeschränkte Aussagen über den tatsächlichen Liquiditätszustand eines Unternehmens. Gründe sind:

3 Die Bedeutung der Liquidität

- Die Kennziffern sind auf einen bestimmten **Zeitpunkt bezogen** (meist den Bilanzstichtag). Vor oder nach diesem Zeitpunkt kann sich die Liquiditätslage verändert haben.
- Die Liquiditätsgrade sind eng mit der Bilanz verknüpft. Passive und aktive Bilanzpositionen sind aber Bestandsgrößen, aus denen man nicht zwingend die damit verbundenen und zu erwartenden Liquiditätsströme entnehmen kann.
- Ferner enthalten bilanziell ausgewiesene Verbindlichkeiten **nicht alle ausgabenwirksamen Verpflichtungen** eines Unternehmens (z.b. fehlen Gehaltsansprüche).
- Die ausgewiesenen Bilanzpositionen unterliegen bestimmten **Bewertungsspielräumen** und sind Ergebnis einer unternehmensspezifischen Bilanzpolitik.
- Einige **Vermögenspositionen** sind zur Sicherheit **übereignet oder abgetreten**, was aus der Bilanz nicht erkennbar ist. Sie können im Bedarfsfall nicht liquidiert werden und stehen dem Unternehmen nicht in Form von Einzahlungen als Liquidität zur Verfügung.
- Die **Möglichkeiten** eines Unternehmens, sich **kurzfristig Kredit** zu **beschaffen** bzw. bestehende Kreditlinien zu verlängern, sind ebenfalls aus der Bilanz nicht ersichtlich.

3.4 Cash Flow

Im Gegensatz zu den bestandsorientierten Kennziffern der Liquidität orientieren sich **stromgrößenorientierte Kennziffern** auf die Prognose zukünftiger Zahlungsströme. Prognosegrundlage ist dabei die Entwicklung der Zahlungsströme aus der Vergangenheit. Im einfachsten Fall setzen diese Kennziffern an Umsatzüberschußziffern an, deren bekannteste der Cash Flow ist. Er baut gedanklich auf dem Umsatzüberschuß auf. Generell versteht man unter **Umsatzüberschuß** die Differenz zwischen einnahmewirksamen Erträgen und ausgabewirksamen Aufwendungen, die verfügbar ist für **Investitionen** (im Rahmen der Selbstfinanzierung), **Ausschüttungszahlungen** oder **Schuldentilgung**. Während die Verwendung von Teilen des Umsatzüberschuß für Investitionen und Schuldentilgung über das ganze Jahr verteilt stattfindet, weist die Ausschüttungszahlung einen Zeitpunktbezug auf (nach Ablauf des Geschäftsjahres). Folgende Methoden der **Ermittlung** des Umsatzüberschuß sind im **einfachsten Fall** zu unterscheiden.

direkte Methode	indirekte Methode
einnahme**wirksame** Erträge (z.B. Gutschrift von Umsatzerlösen auf Girokonto)	Jahresüberschuß
- ausgabe**wirksame** Aufwendungen (z.B. Überweisung von Löhnen)	+ ausgabe**unwirksame** Aufwendungen (z.B. Abschreibungen) - einnahme**unwirksame** Erträge (z.B. Zuschreibungen)
= Umsatzüberschuß	= Umsatzüberschuß

Abb. I-33: Methodenübersicht zur Ermittlung des Umsatzüberschuß

Auf der Basis des **Gesamtkostenverfahrens** (GKV) der GuV ist die direkte Ermittlungsweise des Umsatzüberschuß wie folgt zu ergänzen:

direkte Methode
einnahme**wirksame** Erträge
(z.B. Gutschrift von Umsatzerlösen auf dem Bankgirokonto)
- ausgabe**wirksame** Aufwendungen
(z.B. Überweisung von Löhnen)
+ Erhöhung (./. Verminderung) des Bestands an fertigen und unfertigen Erzeugnissen
+ andere aktivierte Eigenleistungen
= *Umsatzüberschuß*

Abb. I-34: Ermittlung des Umsatzüberschuß nach GKV

Der Umsatzüberschuß als Maßgröße für betriebliche Liquidität ist die gedankliche Hinführung zum Cash Flow: Der **Cash Flow** stellt den in einer Periode aus eigener Kraft des Unternehmens erwirtschafteten Überschuß der Einnahmen über die Ausgaben dar. Grundlage der Überschußerzielung bildet die ordentliche Geschäftstätigkeit. Zur Ermittlung des Cash Flow sind drei Wege zu unterscheiden. In nachfolgender Abb. I-35 ist die sog. Faustformel dargestellt:

"Faustformel"
Jahresüberschuß/-fehlbetrag
+ Abschreibungen (abzgl. Zuschreibungen zugunsten des Jahresergebnisses)
+ Erhöhung (abzgl. Verminderung) langfristiger Rückstellungen
= *Cash Flow*

Abb. I-35: Faustformelmethode Cash Flow-Ermittlung

Übertragen auf das GuV-Gliederungsschema wird der Cash Flow wie folgt konkretisiert:

Jahresüberschuß/-fehlbetrag
+ Abschreibungen (abzgl. Zuschreibungen zugunsten des Jahresergebnisses)
+ Abschreibungen auf immaterielle Anlagevermögen, Sachanlagevermögen, aktivierte Ingangsetzungs- und Erweiterungsaufwendungen
+ Abschreibungen auf Umlaufvermögen, soweit diese die in der Kapitalgesellschaft üblichen Abschreibungen überschreiten
+ außerplanmäßige Abschreibungen gem. § 253 Abs. 2 S. 3 und Abs. 3 S. 4 HGB
+ Abschreibungen auf Finanzanlagevermögen
- Zuschreibungen auf Anlagevermögen
- Zuschreibungen auf Umlaufvermögen
+ Zunahme der Rückstellungen für Pensionen und ähnliche Verpflichtungen
- Abnahme der Rückstellungen für Pensionen und ähnliche Verpflichtungen
= *vereinfachter Cash Flow*

Abb. I-36: Methodenübersicht zur Ermittlung des vereinfachten Cash Flow

3 Die Bedeutung der Liquidität

Zusätzliche Korrekturen dieser Größe werden je nach Aussageziel vorgenommen. Hier hat die **DVFA-Konvention** Bedeutung erlangt, die den vereinfachten Cash Flow korrigiert um außerordentliche Erfolgskomponenten, Liquidations- und Bewertungserfolge, Veränderungen des Sonderpostens mit Rücklageanteil und Erträgen aus Verlustübernahmen.

	vereinfachter Cash Flow
−	Erträge aus Verlustübernahmen
−	außerordentliche Erträge
−	sonstige betriebliche Erträge oder Liquidations- und Bewertungserträge (Anhang)
−	Erträge aus Auflösung Sonderposten mit Rücklageanteil
+	außerordentliche Aufwendungen
+	Liquidations- und Bewertungsverluste (Anhang)
+	Einstellungen in Sonderposten mit Rücklageanteil
=	Cash Flow (in Anlehnung an DVFA-Konvention)

Abb. I-37: Methodenübersicht zur Ermittlung des Cash Flow nach DVFA-Konvention

Der Cash Flow repräsentiert die **Selbstfinanzierungs-, Schuldentilgungs- und Gewinnausschüttungskraft** eines Unternehmens. Folgende Interpretationsmöglichkeiten des Cash Flow sind in Literatur und Praxis anzutreffen:

- Er stellt sowohl einen **Liquiditätsindikator** als auch eine Kennzahl des Unternehmenserfolgs dar. Als Liquiditätsindikator soll er den Innenfinanzierungsspielraum angeben, wobei unterstellt wird, daß die Finanzmittel vollständig und in liquider Form dem Unternehmen zugegangen sind. Der Cash Flow nimmt aber im Widerspruch dazu auch zu, signalisiert also falsch, wenn Forderungen zunehmen, Bestände an fertigen und unfertigen Erzeugnissen steigen oder andere Eigenleistungen aktiviert werden.

- Der Cash Flow eliminiert die ausgabenunwirksamen Aufwendungen und einnahmenunwirksamen Erträge nur unzureichend aus dem Jahresüberschuß. Zudem werden weitere Liquiditätsquellen nicht erfaßt.

- Ein **negativer Cash Flow** bedeutet, daß die Ausgaben die Einnahmen überwiegen. Daraus kann geschlossen werden, daß ein langfristiger negativer Cash Flow die Illiquidität eines Unternehmens signalisiert.

- Für Unternehmensinsider vermag die Berechnung des Cash Flow eine um bilanzpolitische Manipulationen **bereinigte Kennzahl** zu liefern. Dies gilt insbesondere in Hinblick auf die Eliminierung von Bewertungswahlrechten.

Lesehinweis: Coenenberg (1997, S. 618-621 und 679-683).

Der Cash Flow ist über seine Liquiditätsaussagen hinaus auch als Indikator für die **finanzielle Autonomie** und Stabilität eines Unternehmens zu verstehen. Je höher der Betrag des Cash Flow ist, desto weniger muß liquiditätsbeanspruchendes Fremdkapital zur Finanzierung der Mittelverwendung aufgenommen werden. Hauptsächliches **Problem** der Verwendung eines Cash Flow als Liquiditätsindikator ist, daß er zwar Angaben über die Existenz eines Zahlungsmittelüberschuß macht, darüberhinaus aber keinerlei Informationen über dessen Verwendung liefert. So kann er zur Finanzierung von Investitionen, zur Tilgung von Schulden und zur Bedienung der Kapitaleigner mit Ausschüttungen verwendet werden. Hierzu wird auch auf den **dynamischen Verschuldungsgrad** oder die **Tilgungsdauer** zurückgegriffen:

$$\text{dynamischer Verschuldungsgrad} = \frac{\text{Effektivverschuldung}}{\text{Cash Flow}}$$

Das Ergebnis ist ein Jahreswert, der angibt, wann die vollständige Tilgung der Effektivschulden aus dem selbsterwirtschafteten Cash Flow bzw. Umsatzüberschuß möglich wäre. Dies setzt voraus, daß die wirtschaftlichen Verhältnisse des Unternehmens (insbesondere seine Ertragskraft), die zum Cash Flow im abgelaufenen Geschäftsjahr geführt haben, in der Zukunft bestehen bleiben. Selbst wenn dieser (unwahrscheinliche) Fall einträte, besteht eine Fiktion, da die Unternehmensleitung tatsächlich ausschließlich den Cash Flow für den Abbau der Verschuldung und nicht für Investitionszwecke und Dividendenzahlungen verwenden dürfte. Wegen der Verwendungspluralität ist der Cash Flow nicht als Maßgröße geeignet, um die Schuldentilgungsdauer aufzuzeigen.

Der Mangel wird behebbar, wenn man den Zinsdeckungsgrad (Time Interest Earned) berücksichtigt:

$$\text{Zinsdeckungsgrad} = \frac{\text{Jahresüberschuß} + \text{Zinsaufwand} + \text{einkommensabhängige Steuern}}{\text{Zinsaufwand}}$$

Die Kennziffer drückt aus, wieviel mal der Zinsaufwand durch den Bruttogewinn vor Steuern gedeckt ist (vgl. *Süchting* 1995, S. 493-494).

Eine Variante des Cash Flow ist der aus dem Geschäftsbetrieb erzeugte Zahlungsüberschuß nach Unternehmenssteuern, der den Eigen- und Fremdkapitalgebern zur Verfügung steht. Es handelt sich um den **Free Cash Flow**, der sich aus folgenden Komponenten zusammensetzt (vgl. *Copeland/Koller/Murrin* 1993, S. 130ff.):

	operatives Ergebnis vor Zinsen und Steuern
-	fiktive Ertragssteuern
+	Veränderung der Steuerrückstellungen
=	**Operatives Ergebnis nach Steuern**
+	Abschreibungen
=	**Brutto Cash Flow**
-	Zunahme des Working Capital
-	Investitionen in Sachanlagen und Firmenwerte
-	Veränderungen sonstiger Vermögensobjekte
=	**Operativer Cash Flow**
+	nicht operativer Cash Flow
=	**Free Cash Flow** (vor Finanzierung)

Abb. I-38: Berechnungsweise des Free Cash Flows

Bei der Kürzung des Brutto Cash Flow erfolgt ein Abzug um die geplanten Gesamtinvestitionen. Dabei wird im Grunde unterstellt, daß eine vollständige Eigenfinanzierung dieser

Investitionen erfolgt. Die Free Cash Flows bilden in der Finanzierung häufig die Grundlage zur **Berechnung** eines **Unternehmenswerts** auf der Barwertmethode. Die darauf basierende Discounted Cash Flow-Methode wird insbesondere dem **Shareholder Value-Konzept** zugrunde gelegt, um so den Marktwert des Anteilsvermögens als Unternehmenswert betrachten zu können.

Lesehinweis: Zum Shareholder Value-Konzept vgl. Abschnitt 4.2.2 und zur Anwendung der Discounted Cash Flow-Methode *Jonas* (1995).

3.5 Dynamische Liquidität

Gegenüber der statischen Betrachtungsweise bezieht sich dynamische Liquidität nicht auf die Bilanzpositionen und auf Zeitpunkte. Nach der dynamischen Konzeption wird Liquidität **zeitraumbezogen** analysiert. Liquide ist ein Unternehmen, wenn es jederzeit in der Lage ist, die zu einem Zeitpunkt zwingend fälligen **Zahlungsverpflichtungen uneingeschränkt** erfüllen zu können. Erforderlich ist eine **Zeitraumbetrachtung**, weil Liquidität genauso wie Illiquidität, aus den Gründen zur statischen Betrachtungsweise nicht zutreffend erkannt werden kann. So gesehen muß Liquidität **zu jedem Zeitpunkt** im "Unternehmensleben" vorhanden sein (= Momentanliquidität). Das erfordert:

– Sämtliche Einnahmen und Ausgaben sind zu erfassen.

– Da die Zahlungsströme nicht aus der Bilanz ablesbar sind, bedarf es der Erstellung von Finanzplänen (Erfassung der **Periodenliquidität**).

Instrumente hierzu sind die **Finanzplanung**, inkl. der **Liquiditäts- und Liquiditätsreservenplanung** und die **Finanzdisposition**. Da sie Prognoseeigenschaften haben und in die Zukunft gerichtet sind, stellen sie die wichtigsten Instrumente eines modernen Liquiditätsmanagements dar.

Neben statischer und dynamischer Liquidität, als die beiden Komponenten der relativen Liquidität, kommt der **strukturellen Liquidität** für die Einhaltung des finanziellen Gleichgewichts im Unternehmen hohe Bedeutung zu. Strukturelle Liquidität stellt auf das **Verhältnis von Vermögens- und Schuldenteilen** in der Bilanz ab. Es liefert Anhaltspunkte dafür, ob eine **Überschuldung** eines Unternehmens vorliegt. Bei Kapitalgesellschaften löst neben der Illiquidität auch eine Überschuldung den Konkurs aus. Während die relative Liquiditätsbetrachtung mehr kurzfristiger Natur ist, bezieht sich die strukturelle Liquidität auf die langfristige Dimension des Liquiditätsproblems: "Der Grundgedanke ist der, daß die Zahlungsfähigkeit zumindest längerfristig gefährdet ist, wenn die finanzielle Struktur der Unternehmen (gemessen etwa am Verschuldungsgrad) bestimmten "Qualitätsnormen" nicht entspricht. Zwar sind solche Strukturmaximen theoretisch äußerst fragwürdig (...), aber ihre Einhaltung hat den für die Liquidität der Unternehmen unschätzbaren Vorteil, als "erste Adresse" mit zweifelsfreier Bonität zu gelten und Kapital zur Verfügung gestellt zu bekommen, wenn es benötigt wird." (*Schierenbeck* 1995, S. 308). Vor diesem Hintergrund ist die finanzwirtschaftliche "Faustregel" der Unternehmenspraxis zu verstehen: "**Liquidität folgt der Bonität**". Ob ein Unternehmen gute oder schlechte Bonität hat, kann als eine Frage der Vermögens- und Kapitalstruktur, also des strukturellen Gleichgewichts angesehen werden. Gemessen wird es anhand von Kapitalstrukturnormen, die als sog. Finanzierungskennziffern geläufig sind. Nachstehende Abb. I-39 gibt eine Auswahl der in der Praxis gebräuchlichsten Regeln (vgl. *Perridon/Steiner* 1995, S. 498ff.).

Art	Bezeichnung	Formale Darstellung
Vertikale	Verschuldungsgrad in Form der 1:1-Regel	$\dfrac{\text{Fremdkapital}}{\text{Eigenkapital}} \leq 1$
Finan-	Verschuldungsgrad in Form der 1:2-Regel	$\dfrac{\text{Fremdkapital}}{\text{Eigenkapital}} \leq 2$
zierungs-	Eigenkapitalquote	$\dfrac{\text{Eigenkapital}}{\text{Gesamtkapital}}$
kennziffern	Fremdkapitalquote	$\dfrac{\text{Fremdkapital}}{\text{Gesamtkapital}}$
Horizontale	Goldene Bilanzregel i.e.S.	$\dfrac{\text{Eigenkapital} + \text{langfristiges Fremdkapital}}{\text{Anlagevermögen}} \geq 1$
Finan-	Goldene Bilanzregel i.w.S.	$\dfrac{\text{Eigenkapital} + \text{langfristiges Fremdkapital}}{\text{Anlageverm.} + \text{langfr. geb. Teile des Umlaufverm.}} \geq 1$
zierungs-	Goldene Finanzierungsregel kurzfristig	$\dfrac{\text{kurzfristiges Vermögen}}{\text{kurzfristiges Kapital}} \geq 1$
kennziffern	Goldene Finanzierungsregel langfristig	$\dfrac{\text{langfristiges Vermögen}}{\text{langfristiges Kapital}} \leq 1$

Abb. I-39: Wichtige Finanzierungskennziffern

Der **Verschuldungsgrad** ist häufig ein wichtiger Indikator für die Bereitschaft von Kreditinstituten, Kredite zu vergeben. Ursprünglich wurde die **1:1-Regel** zugrunde gelegt: Der Kreditnehmer sollte zumindest soviel eigene Mittel besitzen, um den Kredit bei Verlust der geliehenen Mittel daraus zurückzahlen zu können. Nach dem Ende des zweiten Weltkriegs wurde dem sich bis heute anhaltenden Prozeß der Verringerung des Eigenkapitalanteils der deutschen Unternehmen auch bei den Finanzierungskennziffern Rechnung getragen und die 1:1-Regel in Form der heute üblichen **1:2-Regel** abgeschwächt. Insbesondere ist zu beachten, daß die Relation je nach Branche und deren Besonderheiten im Produktionsbereich zu bestimmen ist.

<u>Beispiel:</u> Kreditinstitute haben eine wesentlich höheren Verschuldungsgrad, da sie überwiegend ihr Geschäft auf Fremdkapital basieren und so kaum mehr als 5% Eigenkapitalquote aufweisen.

Mittels der Begrenzung der Größe "Verschuldungsgrad" soll vermieden werden, daß die bei einem hohen Fremdkapitalanteil hohe Belastung des Unternehmens mit Zins- und Tilgungszahlungen über einen negativen Hebeleffekt die Illiquidität des Unternehmens bei zurückgehendem Umsatz bewirkt (vgl. Abschnitt 5.1.1).

Die **Eigenkapitalquote** wird häufig als wichtiger Bestimmungsfaktor für Existenz oder Ende, d. h. Konkurs eines Unternehmens gesehen. So zeigt nachfolgende Statistik in Abb. I-40, daß im Zeitraum von 1967 bis 1991 die **Eigenkapitalquote** deutscher Unternehmen im Durchschnitt von ursprünglich 31,4% auf 18% **zurückgegangen** ist. Eine gängige Argumentation lautet dann sinngemäß wie folgt: Durch diesen Rückgang wird die Insolvenzschutzfunktion des Eigenkapitals untergraben. Dies führt insbesondere für **Kreditinstitute** als wichtigste Gruppe der Kreditgeber dazu, daß das **Kapitalverlustrisiko** des kreditnehmenden Unternehmens teilweise auf das von den Kreditinstituten bereitgestellte Fremdkapital übergeht. Viele langfristige Kredite nehmen dann de facto den Charakter von Eigenkapital an. Bei zunehmender Verschuldung und drohender Illiquidität geraten

3 Die Bedeutung der Liquidität

dann Kreditinstitute in die Rolle eines „Gläubigers in letzter Not" und sehen sich vor das Problem gestellt, immer wieder bestehende Kredite zu prolongieren und/oder zusätzliche Kredite (sog. Fresh Money) bereitzustellen. Dadurch sinkt die Eigenkapitalquote u. U. immer mehr ab und das Unternehmen gerät in eine zunehmende Überschuldung, die dann in den Konkurs mündet (vgl. *Irsch/Zimmermann-Trapp* 1986, S. 315 *Deutsche Bundesbank* 1994, S. 74-79 und *Deutsche Bundesbank* 1992a, S. 22).

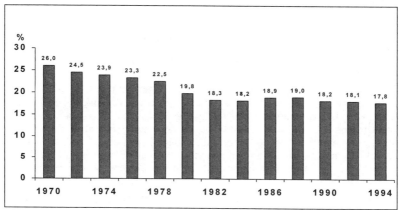

Abb. I-40: Verlauf der Eigenkapitalquoten in Deutschland 1970 bis 1994 (Quelle: *DAI* 1996)

Deutlich höhere Eigenkapitalquoten finden sich - unter Berücksichtigung der Vergleichsproblematik aufgrund unterschiedlicher Bilanzansatz- und Bewertungsmethoden - vor allem in britischen und amerikanischen Unternehmen. Nachfolgende Tab. I-1 belegt dies anhand der Verschuldungsgrade von Unternehmen (ohne Finanzdienstleistungsunternehmen) ausgewählter Industrieländer im Überblick.

Land	1982	1984	1986	1988	1990	1992
Deutschland	60	57	55	61	61	61
Japan	83	82	81	81	80	80
Frankreich	72	72	75	66	61	58
Großbritannien	53	52	51	51	52	52
Kanada	49	48	47	47	48	51
USA	32	36	40	44	47	51
Dänemark	63	57	58	58	58	56
Schweden	67	65	65	64	67	65

Tab. I-1: Verschuldungsgrade von Unternehmen ausgewählter Industrieländer (Quelle: *Oxelheim* 1996, S. 282)

Zudem ist bei der **Interpretation von Eigenkapitalquoten** zu berücksichtigen, daß sie deutlich (nicht nur in Deutschland) je nach Branche, Unternehmensgröße und Rechtsform der Unternehmen unterschiedlich ausgeprägt sind (vgl. *Deutsche Bundesbank* 1991):

- Unternehmen in der **Rechtsform** der AG weisen die höchsten Eigenkapitalquoten gegenüber allen übrigen Rechtsformen auf. Bei Einzelkaufleuten finden sich die niedrigsten Quoten.

- Nach **Branchen** gesehen finden sich über dem Bundesdurchschnitt liegende Eigenkapitalquoten im Automobilbau, sehr geringe Quoten dagegen in der Baubranche.

- **Großunternehmen** weisen gegenüber kleinen Unternehmen eine höhere Eigenkapitalquote auf.

Lesehinweise: Die Bedeutung der sinkenden Eigenkapitalquote ist wesentlich differenzierter zu betrachten, als hier wiedergegeben. Zur Problematik der angemessenen Eigenkapitalausstattung vgl. *Stehle* (1994, S. 74). Eine Angabe von 563 Mrd. DM zur Quantifizierung der Eigenkapitallücke in Deutschland (Stand 1990) ist bei *Gerke* (1993, S. 624-625) begründet. Nähere Einblicke liefern *Thormählen/Michalk* (1983), *Krahnen* (1986) und *Perlitz/Küpper* (1985).

In der Praxis z. B. der Kreditprüfung seitens der Kreditinstitute sind auch Eigen- oder Fremdkapitalquoten in Gebrauch. Sie stellen die jeweilige Kapitalposition ins Verhältnis zum Gesamtkapital und liefern auf diese Weise einen Einblick in die Verschuldungssituation eines Unternehmens. Es muß kritisch angemerkt werden, daß eine theoretisch begründete allgemeingültige Aussage über das "richtige" **Verhältnis** von **Eigen- zu Fremdkapital** nicht möglich ist. So bietet eine steigende Verschuldung bis zu einem von Unternehmen zu Unternehmen unterschiedlichen Grad die Möglichkeit der Erhöhung der Eigenkapitalrendite (vgl. auch Abschnitt 5.3).

Bei den goldenen Finanzierungs- und Bilanzregeln spielt die **Fristenkongruenz** eine besondere Rolle. Sie fordert, daß die **Dauer** der **Kapitalüberlassung** (Passivseite) mit der **Dauer** der **Kapitalbindung** (Aktivseite) übereinstimmen soll.

Grundsätzlich soll die Einhaltung von Finanzierungsregeln die finanzielle Struktur des Unternehmens in Hinblick auf eine längerfristige Zahlungsfähigkeit sicherstellen. Es ist allerdings keine pauschale Vorgehensweise möglich, vielmehr muß für jedes Unternehmen ein solches **strukturelles Optimum** gesucht werden. Dies ist schon deshalb erforderlich, weil Unternehmen je nach Branchen unterschiedlich arbeits-, anlage- oder materialintensiv produzieren. Aus diesem Grund ist man darauf angewiesen, mittels Zeit-, Betriebs- und Branchenvergleichen zu einer relativen Aussage zur Beurteilung der Finanzsituation eines Unternehmens zu gelagen. Auch die Position eines Unternehmens auf seiner Lebenszykluskurve ist u.U. entscheidend für den Kapitalbedarf. So weisen erst vor kurzem gegründete Unternehmen gegenüber etablierten Unternehmen einen überdurchschnittlich hohen Bedarf an Eigenkapital auf.

Lesehinweis: Eine Diskussion der Aussagefähigkeit von Kennziffern liefert *Süchting* (1995, S. 486ff.)

4 Grundlagen und Zielsetzungen betrieblicher Finanzwirtschaft

Welche Ziele die Finanzwirtschaft im Unternehmen verfolgen soll, kann nur durch eine theoretische Fundierung geklärt werden. Diesbezüglich werden in der Finanzierungstheorie zwei grobe Richtungen unterschieden, die Abb. I-41 überblicksartig gegenübergestellt und die nachfolgend erläutert werden.

4 Grundlagen und Zielsetzungen betrieblicher Finanzwirtschaft

Traditionelle Sicht
* güterwirtschaftliche Sichtweise
* Unternehmer als einheitlicher Entscheidungsträger mit Sachziel
* Investition und Finanzierung nur Hilfsfunktion
* Leistungswirtschaft gibt Kapitalbedarf vor
* Sicherung des finanziellen Gleichgewichts hat oberste Priorität
* Investitions- und Finanzierungsbegriff in der Definition als Bestandsänderung
* Problem: keine Handlungsanleitung für Investitions- und Finanzierungsentscheidungen mit Zukunftswirkung

Moderne Sicht
* monetäre Sichtweise und Unternehmen als Instrument zur Erreichung von Zielen
* Marktwertmaximierung als Voraussetzung zur Maximierung des privaten Einkommens
* Investitionen als Zahlungsreihen
* Investitions- und Finanzierungsprobleme sind Wahlprobleme der Kapitalgeber über ihre zeitlich und betraglich gewünschten Konsummöglichkeiten
* Unterschiedliche Kapitalgeber haben unterschiedliche zeitliche Konsumpräferenzen
* vollkommener Kapitalmarkt und Kalkulationszinsfuß relevant
* unvollkommener Kapitalmarkt und Prinzipal-Agent-Problem

Abb. I-41: Traditionelle und moderne Ausprägung des Verständnisses von Finanzierungs- und Investitionsvorgängen

4.1 Traditionelle Betrachtungsweise

In der sog. traditionellen Betrachtungsweise von Finanzierungs- und Investitionsvorgängen herrscht eine **güterwirtschaftliche Sichtweise** vor. Finanzierungs- und Investitionsvorgänge werden in erster Linie in Form der bestandsorientierten Definitionen verstanden.

4.1.1 Theoretische Grundlagen

Folgende Merkmale kennzeichnen den **traditionellen Ansatz** von Finanzierungsvorgängen, was auch allgemein unter dem Begriff der sog. **Finanzierungslehre** eingeordnet wird (vgl. Schmidt/Terberger, 1996). Es dominiert die sog. externe Betrachtungsweise, d.h. insbesondere die Behandlung der Finanzierungsarten und -formen, sowie die einschneidenden Finanzierungsanlässe über den Lebenszyklus eines Unternehmens (Gründung, Kapitalerhöhung bzw. -herabsetzung, Liquidation, etc.). Damit dominiert eine kapitalgeberorientierte Sichtweise (Eigen- und Fremdkapitalgeber). Definitorisch gesehen werden sämtliche Kapitaldispositionen zum Finanzierungsbereich gezählt. Man spricht hierbei vom sog. bilanziellen (oder buchhalterischen) Ansatz. Die Qualität finanzieller Transaktionen wird daran gemessen, wie "gut" Finanzierungskennziffern eingehalten werden. Diese Ziffern sind vor allem Bilanzstrukturnormen, die in erster Linie aus den Vorstellungen der Kapitalgeber (insbesondere den Kreditinstituten) abgeleitet sind. Durch Zeit-, Branchen- und/oder Betriebsvergleiche zentraler Kennziffern versucht man Aufschluß über das Ausfallrisiko des Unternehmens zu gewinnen. Eine konsequente Verwendung von gewinnorientierten Zielgrößen für Entscheidungen über finanzielle Transaktionen findet hierbei nicht statt. Der **Kapitalbedarf** eines Unternehmens wird weitgehend als von der güterwirtschaftlichen Sphäre des Unternehmens **gegeben** unterstellt. Es kommt für die Kapitalgeber darauf an, das für die jeweilige Unternehmenssituation (Liquiditätsgrad, Verschuldungsgrad) angemessene Kreditportefeuille zusammenzustellen. Es wird von der **Fiktion** des **Unternehmers** ausgegangen. Er verkörpert den Entscheidungsträger. Sein **Sachziel** ist die Versorgung von Märkten mit Gütern und Dienstleistungen. Das Ziel der Gewinnmaximierung ist das Oberziel des Unternehmens. Im Vordergrund stehen Beschaffungs-, Produktions- und Absatzprozesse. Damit verbundene Güterströme gehen voraus, Finanzströme folgen. **Investitions- und Finanzvorgänge** haben **Hilfsfunktionen**. Das Rechnungswesen dient der Dokumentation güter- und finanzwirtschaftlicher Vorgänge.

Zentrale Aufgaben des Managements von Investitions- und Finanzierungsprozessen sind aus diesen Vorstellungen abgeleitet: Deckung eines güterwirtschaftlich vorgegebenen Kapitalbedarfs und Sicherung des finanziellen Gleichgewichts im Unternehmen, was in kurz- und langfristiger Sicht verstanden werden kann. Kurzfristig bedeutet dies, daß ein Unternehmen zu jedem Zeitpunkt seinen Zahlungsverpflichtungen nachkommen muß. Langfristig muß es zu jedem Zeitpunkt den Kapitalbedarf decken können. Diese Anschauung leitet zum traditionellen Zielsystem der Finanzwirtschaft über.

4.1.2 Traditionelles Zielsystem der Finanzwirtschaft

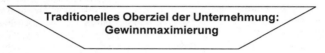

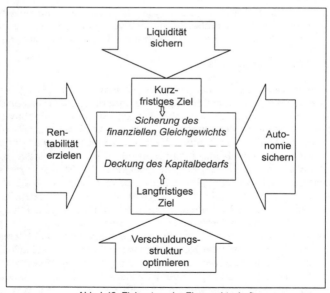

Abb. I-42: Zielsystem der Finanzwirtschaft

4 Grundlagen und Zielsetzungen betrieblicher Finanzwirtschaft

Das traditionelle finanzwirtschaftliche Zielsystem und seine wichtigsten Nebenbedingungen liefert im Überblick Abb. I-42. Es wird aus dem Grundauftrag und dem **Oberziel** eines Unternehmens abgeleitet, das traditionell in der Betriebswirtschaftslehre **mit "Gewinnmaximierung"** beschrieben ist. Die Unternehmensfinanzierung übernimmt hierin als eine der verschiedenen betrieblichen Teilfunktionen eine ganz bestimmte Aufgabe, die vereinfacht mit der eines „Kassenwarts" zu vergleichen ist. Seine Funktion wird im Unternehmen erforderlich, da in einer arbeitsteiligen Geldwirtschaft realwirtschaftliche Unternehmensprozesse wie die Produktion von Gütern oder die Beschaffung von Rohstoffen Zeit in Anspruch nehmen.

So gehen der Beschaffung von Einsatzfaktoren und die dadurch ausgelösten Auszahlungsvorgänge den abgesetzten Gütern (und den durch sie erzielten Einzahlungen) zeitlich voraus. Man spricht von einer mangelnden zeitlichen Deckungsgleichheit oder auch **Fristeninkongruenz**. Da diese Vorgänge sehr kurzfristiger Natur sind und beinahe täglich immer wiederkehrend sich in einem Unternehmen abspielen, wird deutlich, daß das kurzfristige Ziel der Unternehmensfinanzierung die **"Sicherung des finanziellen Gleichgewichts"** erfodert: Es bedeutet, daß in jedem Zeitpunkt die Auszahlungen durch Einzahlungen und vorhandene Zahlungsmittelbestände gedeckt sind sowie im Unternehmen eingegangene Zahlungsverpflichtungen termingerecht erfüllt werden.

Die Unternehmenstätigkeit erfordert realwirtschaftlich ferner die Beschaffung oder Herstellung von Vermögensgütern wie Maschinen, Patente, Gebäude. Wie bereits erläutert, setzt dies eine **Vermögensmehrung**, also eine Bestandsänderung durch Ströme voraus. Diese bestehen aus Investitionen und lösen Auszahlungen oder Ausgaben aus. Da die mit den zusätzlichen Vermögensgütern ermöglichte Produktion von Gütern und die durch den Absatz realisierbare Wiederbeschaffung der gebundenen Finanzmittel erst in der Zukunft zu erwarten ist, liegt auch hier eine Fristeninkongruenz vor. Zur zeitlichen Überbrückung wird Kapital benötigt. Dies löst einen **Kapitalbedarf** aus. Die Deckung des Kapitalbedarfs ist das langfristige Ziel betrieblicher Finanzwirtschaft und soll sicherstellen, daß beabsichtigte und geplante Investitionen verwirklicht werden können.

Liquiditätssicherung und Kapitaldeckung hängen eng mit der Vorstellung von einer "richtigen", i. S. einer **"optimalen Verschuldungsstruktur"** zusammen. So wird einem Unternehmen mit hoher Eigenkapitalausstattung seitens der Kapitalgeber bereitwilliger Kredit überlassen als einem Unternehmen mit sehr geringen eigenen Mitteln. Das hängt auch mit der möglichen Gefahr einer Überschuldung zusammen, d. h., das Vermögen der Unternehmen deckt nicht mehr seine Schulden. Ob ein Unternehmen überschuldet ist, erkennt man nicht aus einer Bilanz, die nach dem HGB und den GoB erstellt wurde. Erforderlich ist hingegen die Erstellung einer **Überschuldungsbilanz** (= Überschuldungsstatus), in der Schulden und Vermögen des Unternehmens zu Zeitwerten (i. S. des § 40 HGB) aufgeführt sind. Häufig wird von der Fortführung des Unternehmens (= **"Going Concern-Prinzip"**) ausgegangen. Das Unternehmen wird damit als Vermögenseinheit betrachtet, und die Bewertung der Vermögensteile richtet sich nach ihrem Beitrag zum Unternehmensertrag, also auch ihrem Ertragswert. Durch Überschuldung wird bei Kapitalgesellschaften das Insolvenzverfahren ausgelöst.

Alle Teilbereiche eines Unternehmens haben grundsätzlich ihren Beitrag zum Unternehmenserfolg zu leisten - so auch das Finanzmanagement. Die Eigenkapitalgeber erwarten ein ertragsorientiertes Finanzmanagement, da die Dispositionen der Finanzabteilung, wie die der anderen betrieblichen Funktionalbereiche eines Unternehmens, einen **Erfolgsbeitrag** zu **erzielen** haben. Auf diese Weise wird ein Beitrag zur betrieblichen Gewinnmaximierung (Oberziel) und zur Rentabilität des eingesetzten Eigenkapitals geleistet. Die Größe "Rentabilität" wird häufig als Meßgröße für einen Unternehmenserfolg herangezogen, da mit ihr eine Verhältniszahl von erwirtschaftetem Erfolg einer Periode (z.B gemessen anhand des Jahresüberschuß) zum in der gleichen Periode eingesetzten Kapital (z.B. Eigenkapital) vorliegt. Der Finanzierungsbereich kann einen solchen Erfolgsbeitrag leisten, indem Finanzierungsmaßnahmen (z.B. Beschaffung von Krediten) zu den **niedrigsten Kapitalkosten** vorgenommen, (unverzinsliche oder niedrig verzinsliche) **Liquiditätsreserven** (z.B. auf Girokonten) möglichst **gering** gehalten und liquide **Überschüsse** als **verzinsliche** Guthaben angelegt werden (z.b. als Tages- oder Termingeld).

Die **Beschaffung** von **Kapital** ist im Regelfall **vertraglich geregelt**. Jede Vertragsseite hat ganz bestimmte Pflichten und Rechte während der Dauer der Kapitalbereitstellung bzw. -inspruchnahme. Nur in den seltensten Fällen sind die Interessenlagen von Kapitalgeber und -nehmer vollständig deckungsgleich. Insbesondere die Kapitalgeberseite möchte daher verläßliche Informationen über z. B. die Verwendung eines Kredits im Unternehmen. Da Kapitalgeber auf die Bereitstellung der Informationen auf die Kapitalnehmer angewiesen sind, ist es verständlich, wenn Kapitalgeber in Verträgen sicherstellen wollen, daß sie "wahre" Informationen erhalten und in Krisenfällen sogar Einfluß auf das Verhalten der Unternehmensleitung nehmen können.

Das Management als Vertreter der Kapitalnehmerseite möchte dagegen von den Kapitalgebern soviel Unabhängigkeit wie möglich wahren, um ihre Investitionsziele eigenverantwortlich durchführen zu können. Demgegenüber versuchen Fremdkapitalgeber, insbesondere mit steigendem Verschuldungsgrad, ihre Mittelvergabe oder die Verlängerung von bisherigen Krediten von Zugeständnissen des Fremdkapitalnehmers abhängig zu machen. Solche Zugeständnisse können sein:

- **Bereitstellung zusätzlicher Informationen** (z.B. Wirtschaftsprüfer-Berichte), u.U. auch in kürzeren Abständen als es bei Kreditvergaben üblich ist,
- Einräumung von **Mitsprache-** und **Kontrollrechten** etwa im Aufsichtsrat einer kreditsuchenden Aktiengesellschaft,
- indirekte **Mitwirkung** in der **Geschäftsführung** etwa durch einen vom Kreditgeber bestellten Geschäftsführer.

Solche Forderungen des Fremdkapitalgebers beeinträchtigen die unternehmerische Entscheidungsfreiheit der kapitalbeschaffenden Unternehmensleitung. Sie drücken sich zwar nicht als finanzielle Aufwandsgrößen wie etwa der mit der Kreditvergabe verbundene Zinssatz aus, stellen aber eine mit der Kreditvergabe eng verflochtene Kostenkomponente dar. Deshalb hat sich für die vorgenannte Art von Einflußnahme der Kapitalgeber auf die Kapitalnehmerseite der Begriff der "**impliziten Kapitalkosten**" eingebürgert.

Im Handelsblatt vom 31.10.1996 war hierzu folgende Meldung zu lesen, die auszugsweise wiedergegeben ist:

„*Der am Mittwoch bekanntgegebene Wechsel von Deutsche-Bank-Chef Hilmar Kopper in den Aufsichtsrat des größten deutschen Kreditinstituts könnte die Spekulationen um die neue Struktur bei der Daimler-Benz AG, Stuttgart, neu entfachen. Es wird erwartet, daß Kopper sein Amt als Aufsichtsratschef bei Deutschlands größtem Konzern niederlegt. Daraus resultierende Unsicherheiten könnten die Klärung der Kontroversen um die von Daimler-Benz-Chef Schrempp mit Vehemenz betriebene Restrukturierung des Stuttgarter Konzerns erschweren (...)"*

4 Grundlagen und Zielsetzungen betrieblicher Finanzwirtschaft 43

Lesehinweise: In diesem Abschnitt wurde ein traditionelles Verständnis der Unternehmensfinanzierung und dem daraus abgeleiteten Zielsystem vorgestellt. Seine Grundlagen gehen im deutschsprachigen Raum nachhaltig auf die Arbeit Gutenbergs zurück (vgl. *Gutenberg* 1980). Eine weitergehende und differenzierende Diskussion der in der Unternehmensfinanzierung vorfindbaren theoretischen Denk- und Lehrgebäude findet sich in *Schmidt/Terberger* (1996, Kap. 1 und 2).

4.2 Moderne Betrachtungsweise

In der modernen Betrachtungsweise finanzwirtschaftlicher Vorgänge stellen sich Investitions- und Finanzierungsfragen als **Entscheidungsprobleme** dar. Rationale Investitions- und Finanzierungsentscheidungen erfordern vorweg die Klärung, **welche Ziele** durch Investitionen und Finanzierungen erreicht werden sollen. "Entscheidungen sind erst dann rational, wenn sie zielorientiert sind und die durch sie ausgelösten Maßnahmen zur Zielerfüllung beitragen" (*Schmidt* 1986, S. 231).

4.2.1 Interessen und Ziele der Unternehmenskoalitionäre

Welches ist nun in diesem Sinne das **richtige Ziel** für die Finanzierungsentscheidung? Die in der allgemeinen Betriebswirtschaftslehre am häufigsten genannten Ziele wie Gewinnmaximierung oder Maximierung des Deckungsbeitrags helfen für Finanzierungsfragen kaum weiter. **Finanzierungsentscheidungen** sind meist durch **Unsicherheit** und **Mehrperiodigkeit** gekennzeichnet, auf solche Merkmale nehmen die vorgenannten allgemeinen betriebswirtschaftlichen Zielsetzungen keine Rücksicht. Aus diesem Grund können geeignete Ziele nur auf der Grundlage von investitions- und finanzierungstheoretischen Erkenntnissen gegeben werden.

Da Zielen für die Rationalität von Entscheidungen die zentrale Bedeutung zukommt, sind bestimmte Anforderungen an "gute" Aussagen über unternehmerische Ziele zu stellen: Üblicherweise wird in der Betriebswirtschaftslehre empfohlen, die Ziele betrieblicher Teilbereiche als
- **Unterziele** zu verstehen, die aus einem das ganze Unternehmen betreffende
- **Oberziel abgeleitet** werden. Daran haben (hätten) sich auch die Investitions- und Finanzierungsbereiche zu orientieren.

Generell müssen "gute unternehmerische **Ziele**" **widerspruchsfrei**, **akzeptabel** und **operational** sein. Hierzu ist zu klären:
1. An wessen Zielen sollen sich die Entscheidungen ausrichten?
2. Welches ist das richtige Ziel?

Ein naheliegender und einfacher Weg wäre, "**Unternehmer**" nach ihren Zielvorstellungen zu **befragen**. Für die hier anstehende Themenstellung wäre diese Vorgehensweise nicht zufriedenstellend, da vorhandene Befragungsstudien **Probleme** erkennen lassen:
- Es ist aller Erfahrung nach **nicht** mit **Sicherheit** davon auszugehen, daß Unternehmer ihre **Ziele genau kennen** und so auf Befragung hin ein widerspruchsfreies und operationales Zielsystem angeben können.
- Auch ist **nicht** zu erwarten, daß Unternehmer bereit sind, ihre **Ziele freiwillig** aufzudecken.
- Der "**Unternehmer**" ist häufig, insbesondere in Großunternehmen (vor allem Kapitalgesellschaften), nur eine **Fiktion**, da wie zu zeigen sein wird, Koalitionen und Interessengruppen hinter einem Unternehmen stehen.

Lesehinweis: *Schmidt/Terberger* (1996, S. 37ff.).

Nach welchem Ziel eine Finanzierungsentscheidung ausrichten?

Oberziele 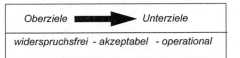 Unterziele

widerspruchsfrei - akzeptabel - operational

Nicht die "Unternehmung", sondern die daran beteiligten Personen beeinflussen die Zielsetzung des Unternehmens!

Stockholder (Groß-/Kleinaktionäre)	Bondholder (Kreditinstitute, sonstige Gläubiger)
Unternehmensleitung (Vorstand, Aufsichtsrat)	Stakeholder (Interessengruppen im Unternehmen)

Finanzielle Ziele	Gewinnmaximierung, Umsatzmaximierung, Marktanteilssteigerung etc.
Nicht-finanzielle Ziele	Macht und Prestige, soziale Verantwortlichkeit etc.

Abb. I-43: Ziele und Finanzierungsentscheidung

Damit wird eine **theoretische Begründung** finanzwirtschaftlicher Zielsetzungen erforderlich und man gelangt zur Auseinandersetzung um die Frage, wodurch ein Unternehmen verkörpert wird bzw. wer es repräsentiert:

- Nach der **Eigner-Theorie** (= Proprietary Theory) befindet sich ein Unternehmen ausschließlich in der Hand eines oder mehrerer Eigentümer, die wirtschaftliche Entscheidungen weitestgehend alleinverantwortlich vornehmen. Es handelt sich um eine typische Vorstellung von **personenbezogenen Unternehmen** wie man sie in den Rechtsformen Einzelkaufmann und Personengesellschaften noch vorfindet. Sehr viele mittelständische Unternehmen, die manchmal fast partriarchalisch geprägt sind, kommen dieser Vorstellung sehr nahe. Das Verhalten und Verständnis von Kapitalgesellschaften ist mit dieser Theorie kaum zu erklären.

- Losgelöst vom Eignerstandpunkt betrachtet die **Einheitstheorie** (Entity Theory) ein Unternehmen als eigenständige Wirtschaftseinheit. Es gibt keinen personifizierten Eigentümer eines Unternehmens, sondern es wird als fiktive Rechtsperson betrachtet (= **firmenbezogenes Unternehmen**). Das Unternehmen verkörpert in dieser Auffassung eine verselbständigte **Einkommensquelle**, an die eine Mehrzahl von **anspruchsberechtigten Gruppen** (z.B. Eigner, Arbeitnehmer, Kunden) Einkommensforderungen stellen. Der **Unternehmensleitung** fällt die Aufgabe zu, die **Forderungen auszugleichen**, um so die Funktionsfähigkeit dieser Koalition zu sichern. In neuerer Sichtweise wird in diesem Sinne das Unternehmen als **Komplex von Verträgen** gesehen, mit denen konfliktäre Interessen der verschiedenen Gruppen in ein Gleichgewicht gebracht werden sollen: "The firm is a legal fiction which serves as a focus for a complex process in which the conflicting objectives of individuals (...) are brought into equilibrium within a framework of contractual relations." (*Jensen/Meckling* 1976, S. 311). Dies erfordert eine genaue Bezugnahme auf die Zielvorstellungen der am Unternehmen beteiligten Personen bzw. Personengruppen, ohne die keine eindeutige Klarheit über die Ausprägungen der gewünschten Einkommensströme für das Management erkennbar sind.

– Eine Verbindung aus den bisher vorgestellten Theorien geht die **Fondstheorie** (Trust Funds Theory) ein. Sowohl Eigner- als auch Einheitstheorie verbinden die Unternehmensvorstellung mit einer Person, entweder als natürliche oder als fiktive Person. Die Trust Funds Theory stellt dem die Vorstellung gegenüber, von den Zielen bestimmter Personengruppen zu abstrahieren und die Finanzierungsbeziehungen auf eine "objektive, nicht personifizierte Grundlage" zu stellen. Das Management verwaltet in diesem Sinne treuhänderisch einen Vermögensfonds der Kapitalgeber (vgl. *Dewing* 1953, S. 18, 48 ff.).

An den vorgestellten Theorien ist zu kritisieren, daß sie entweder zu einseitig auf einzelne Personen oder Personengruppen ausgerichtet sind oder völlig davon abstrahieren. Die Bestimmung der Zielträger von Finanz- und Investitionsvorgängen erfordert ein Unternehmenskonzept, das alle am Unternehmen Beteiligte einschließt. *Cyert/March* (1963) folgen dieser Anforderung, indem sie ein **Unternehmen** als **Instrument** zur Verwirklichung von Zielen aller am Unternehmen beteiligten Personen bzw. Personengruppen (z.B. Unternehmensleitung, Arbeitnehmer, Anteilseigner) verstehen. Auch in dieser Sicht stellt ein Unternehmen eine Koalition dar. "Die von den aktuellen oder potentiellen Koalitionsmitgliedern entsprechend ihren Zielvorstellungen an die Unternehmen gerichteten Anforderungen stellen - sieht man von der Ausnahmestellung des Fiskus ab - den Preis für den Verbleib in der Koalition oder für die Beteiligung an der Koalition dar. Eine Koalition hat demnach nur so lange Bestand, wie sie ihren Mitgliedern oder ihren potentiellen Teilnehmern deren Zielvorstellungen entsprechende Leistungen finanzieller oder nichtfinanzieller Art bietet." (*Coenenberg* 1997, S. 745-746). Diese Vorstellung von der Eigenschaft eines Unternehmens ist geeignet, die Zielvorstellungen für Finanz- und Investitionsentscheidungen herauszuarbeiten.

Sieht man sich die Koalitionäre systematischer an, so können einzelne Personen zu **Interessengruppen** zusammengefaßt werden. Bei einem **Großunternehmen** können dies sein (vgl. *Spremann* 1990):

– **Eigenkapitalgeber**, im angelsächsischen auch mit **Stockholder** umschrieben, die in Großaktionäre (oder: Eigentümer mit direktem Einfluß) und Kleinaktionäre (oder: Eigentümer ohne direkten Einfluß) unterschieden werden können.

– **Gläubiger**, für die auch der Begriff des **Bondholder** häufig verwendet wird, womit alle kreditgewährenden Koalitionäre am Unternehmen eingeschlossen werden (neben Kreditinstituten auch sonstige Finanzintermediäre wie z. B. Factoringgesellschaften oder Lieferanten, bei denen ein Zahlungsziel in Anspruch genommen wurde).

– **Unternehmensleitung**, wozu je nach Rechtsform Vorstand und Aufsichtsrat (bei der AG) oder die Geschäftsführung zählen.

– Unter der Gruppe der sog. **Stakeholder** werden Personenkreise verstanden, die keine Gläubiger- oder Eigentümerposition und auch keine unternehmensleitende Funktion innehaben, sondern aus anderen Gründen Risiken tragen. So steht bei **Arbeitnehmern** als Risikoposition grundsätzlich der Arbeitsplatz auf dem Spiel, bei **Kunden** des Unternehmens ist es die Gefahr, in der Zukunft eine wichtige Bezugsquelle zu verlieren und bei **Lieferanten** ist es möglicherweise ein Problem, dauerhaft einen Abnehmer in einem Unternehmen zu erhalten (vgl. auch die Ausführungen in Abschnitt 5.4.3).

Diese Gruppen verfolgen ganz individuelle Ziele, die sich wie folgt einteilen lassen:

- **Nicht finanzielle Ziele** wie Streben nach Macht und Prestige, Selbstverwirklichung oder Pflichterfüllung sind i.d.R. **nicht quantifizierbar**. Ihnen ist zu eigen, daß sie individuell unterschiedlich sind und sich dadurch einer Rationalisierung entziehen. Sie sind aber häufig durch Verfolgung finanzieller Ziele verwirklichbar.

- **Finanzielle Ziele** z. B. Gewinnmaximierung, Umsatzmaximierung, Marktanteilssteigerung lassen sich demgegenüber quantifizieren und eignen sich zur rationalen Entscheidungsfindung.

Neben der Art der Ziele ist als nächstes zu klären, welcher Koalitionsgruppe im Unternehmen aus finanzwirtschaftlicher Sicht die größte Bedeutung zukommt. In **kapitalgeleiteten** (im Gegensatz zu arbeitsgeleiteten) **Unternehmen** in marktwirtschaftlichen Wirtschaftssystemen kommt Kapitalgebern und -nehmern eine herausgehobene Position zu:

- **Kapitalnehmer** werden durch die Unternehmensleitung repräsentiert, die ihnen lukrativ erscheinende Investitionsmöglichkeiten kennen. Sie verfügen allerdings nicht über ausreichend eigene finanzielle Mittel innerhalb des Unternehmens.

- **Kapitalgeber** sind im Besitz von überschüssigen Finanzmitteln, möchten ihre Konsummöglichkeiten zu Lasten der Gegenwart in die Zukunft verlagern (also sparen) und suchen Investitionen (Finanzanlagemöglichkeiten).

Kapitalnehmer bieten Kapitalgebern an, sich mit ihren Finanzmitteln an Realinvestitionen zu beteiligen. Damit erwirbt der **Kapitalgeber Anspruch auf Teile der Investitionserträge** (oder in einer Relativzahl ausgedrückt: Anspruch auf Rendite). Die Konditionen und Betragshöhen, zu denen Kapital zur Verfügung gestellt wird, kommen auf Finanz-, insbesondere **Kapitalmärkten** zustande. Auf ihnen stehen Kapitalgeber als Anbieter und Kapitalnehmer als Nachfrager untereinander im Wettbewerb.

Lesehinweis: Auf die Besonderheiten arbeitsgeleiteter Unternehmen geht *Schäfer* (1993a) ein.

Das **Zielverhältnis** zwischen Kapitalnehmern und Kapitalgebern kann folgender Art sein:

- **komplementär**, z.B. sollen die Finanzmittel so verwendet werden, daß beide Seiten durch die Investition in ihrer Wohlfahrt besser gestellt werden als ohne sie;

- **konfliktär**, z.B. wollen Kapitalnehmer möglichst wenig von den erwarteten Erträgen der Investition mit der Kapitalgeberseite teilen, die Kapitalgeber möchten dagegen möglichst hohe Anteile aus den Investitionserträgen behalten.

Das Grundproblem der Finanzierung wird in moderner Sichtweise aus dem speziellen **Interessensgeflecht** zwischen den Kapitalseiten abgeleitet: "Wie können Kapitalnehmer trotz der Interessenkonflikte Kapitalgeber dazu veranlassen, ihnen Geld (Kapital) zur Verfügung zu stellen?" (*Schmidt* 1986, S. 172). Man muß betonen, daß erst in einer **unsicheren Welt**, in der es Risiken gibt, eine solche konfliktäre Interessenskonstellation existieren kann. Finanzierungs- und Investitionsvorgänge treten dann aus dem Schatten ihrer von der traditionellen Finanzierungslehre zugewiesenen Hilfsfunktionen für den güterwirtschaftlichen Bereich eines Unternehmens heraus und erhalten eine zentrale Funktion in der Bestimmung des wirtschaftlichen Unternehmenserfolgs. **Finanzwirtschaftliche Ziele** von Kapitalgebern werden zu maßgeblichen **Entscheidungskriterien** für die Unternehmenspolitik. Die Zielsetzungen von Kapitalgebern sind nach ihrer rechtlichen Eigenschaft - Eigenkapitalgeber oder Gläubiger - zu unterscheiden (vgl. *Schneider* 1992, S. 47-48).

Eigenkapital wird einem Unternehmen von vornherein unbefristet zur Verfügung gestellt. Die Eigenkapitalgeber haben dabei grundsätzlich einen **Anspruch auf** eine **periodische Einkommenszahlung** aus dem **Periodenerfolg**. Eine solche Zahlung wird allgemein als Ausschüttung bezeichnet, nach der Höhe des Jahresüberschuß bemessen und aus ihm gespeist. Der **Jahresüberschuß** ergibt sich vom Gesamtertrag des Unternehmens nach Abzug aller Aufwendungen, die innerhalb einer Periode, i. d. R. durch das Geschäftsjahr gekennzeichnet, anfallen. In diesem Sinne ist der Periodenerfolg als **Restgröße** (= Residuum) zu interpretieren. Ihre Höhe ist meist zeitlichen Schwankungen unterworfen, z. B. weil in einem Geschäftsjahr die Ertragslage aufgrund einer Hochkonjunktur positiver verlief als im Vorjahr. Diese Überlegungen haben für die Einkommenszahlungen an die Eigenkapitalgeber eine zentrale Konsequenz: Wegen des Vorwegabzugs aller Aufwandspositionen und der zeitlichen Schwankungsmöglichkeit gelten Eigenkapitalgeber als **Bezieher von Residualeinkommen**. Gängig ist auch ihre Bezeichnung als **Restbetragsbeteiligte**.

Sie unterscheiden sich dadurch von den Fremdkapitalgebern und deren typischen Einkommensströmen. Fremdkapitalgeber erhalten über die Laufzeit der Kapitalüberlassung meist jährliche **Zinszahlungen**, deren Höhe in den häufigsten Fällen pro Zeitraum (meist im Jahresrhythmus) durch einen Kreditvertrag (oder Anleihebedingungen) im voraus festgelegt ist. Aus Unternehmens- bzw. Schuldnersicht stellt dieses Zinseinkommen der Kapitalgeber **Zinsaufwand** dar und trägt zur Minderung des Gesamtertrags bei. Fremdkapitalgeber erhalten also ihre Einkommenszahlungen auf der Basis vertraglich festgelegter Vereinbarungen, unabhängig vom wirtschaftlichen Erfolg des Unternehmens (mit Ausnahme des Extremfalls, indem das Unternehmen in Konkurs gerät). Sie werden daher als **Bezieher von kontraktbestimmten Einkommen** bezeichnet. In diesem Sinne ist auch eine andere Bezeichnung zu verstehen: **Festbetragsbeteiligte**.

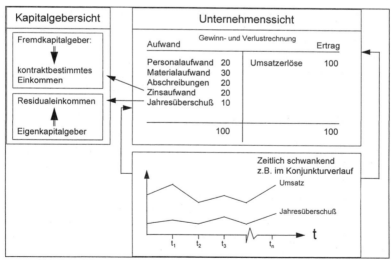

Abb. I-44: Erläuterung der Eigenschaften von Eigen- und Fremdkapitalgeber

4.2.2 Die Bedeutung des Kapitalmarkts

Es sind in kapitalgeleiteten **Unternehmen** primär die Zielsetzungen von Kapitalgebern, die das **Unternehmensoberziel** bestimmen werden. Dieses Oberziel muß mit den **individuellen Zielsetzungen** der Kapitalgeber kompatibel sein, sodaß es erforderlich ist, diese Zielsetzungen zu klären, bevor Rückschlüsse auf das Oberziel des Unternehmens und damit auch auf das Unterziel der Finanzwirtschaft gezogen werden können. Eigen- und Fremdkapitalgeber partizipieren zwar unterschiedlich an den Investitionserträgen, *Fisher* (1930) wird aber in der modernen Finanzierungstheorie die Begründung zugeschrieben, daß beide Gruppen in einer finalen wirtschaftlichen Zielsetzung einen gemeinsamen Nenner haben:

- wirtschaftliche Handlungen erfolgen, um **Konsum** zu ermöglichen, der wiederum Instrument zum Zweck der
- **Nutzenerzielung** bzw. **Bedürfnisbefriedigung** darstellt.

Die Basis zur Verwirklichung dieser Ziele wurde von *Fisher* mit dem **"psychischen Einkommen"** identifiziert. Diese Größe wird allerdings von Person zu Person sehr individuell verstanden, ist nicht meßbar und daher zwischen Koalitionären an einem Unternehmen nicht als Grundlage für ein Unternehmensoberziel verwertbar. Nun läßt sich psychisches Einkommen durch **Realeinkommen** erreichen. Es besteht aus dauerhaften sowie nicht dauerhaften Gütern und Dienstleistungen. Aus dem Erwerb solcher Güter und Dienstleistungen fließt psychisches Einkommen zur Bedürfnisbefriedigung. Meßbar ist das Realeinkommen im oben verstandenen Sinne nicht, kann aber ersatzweise in einer Geldwirtschaft mit Geldgrößen ausgedrückt werden. Realeinkommen wird i.d.R. über Geldeinkommen erworben. Es kann aus verfügbarem Arbeitseinkommen abzgl. Sparen bestehen und ergänzt werden durch Kreditaufnahme. Daraus abgeleitet ist das maßgebliche finanzielle Ziel eines Kapitalgebers: **Maximierung** des **individuellen Geldeinkommensstroms** für Konsumzwecke.

Geldeinkommen wird in der finanzwirtschaftlichen Betrachtung als Stromgröße verstanden. Gemeint ist mit Geldeinkommen ein Einkommensstrom. *Fisher* betrachtet Einkommensströme in drei Dimensionen, die von einzelnen Wirtschaftssubjekten in unterschiedlicher Wertschätzung bevorzugt werden:

- **zeitliche Struktur**, z.B. gleichmäßiger Konsum in allen betrachteten Zeitperioden oder hoher Konsum in bestimmten Zeiten und zu späteren Zeitpunkten fallender Konsum oder umgekehrter Verlauf;
- **Breite bzw. Höhe**, gemessen in Geldeinheit/Periode und abhängig von der Art der Einkommensquelle;
- **Grad der Sicherheit**, d.h., wie sicher ein Konsumstrom über die Zeit eingeschätzt wird, (z.B. gilt ein Beamtengehalt als sehr sicheres Einkommen, demgegenüber ist das Unternehmereinkommen unsicherer).

Damit sind **Kapitalgeber** Wirtschaftssubjekte, die mit der Vergabe von Krediten oder dem Erwerb von Beteiligungskontrakten Rechte auf zukünftige Zahlungsströme erwerben. Jeder Kapitalgeber wird bestrebt sein, nur solche Investitionsobjekte zu finanzieren, also **Ansprüche auf zukünftige Einkommenszahlungen** zu erwerben, deren erwartete Einzahlungsüberschüsse die Form des Zahlungsstroms aufweist, die er sich individuell wünscht (entsprechend zeitlicher Struktur, Breite bzw. Höhe und Grad der Sicherheit). Für die Kapitalgeber resultiert daraus, daß sie vor jeder Kapitalüberlassung Informationen über die finanzierten Investitionen und die damit generierbaren Zahlungsströme haben müssen. Dies erfordert, daß sie sich auf die Suche nach Kapitalnehmern machen werden, die den gewünschten Zahlungsstrom mit ihren Investitionsvorhaben herstellen können. **Kapitalnehmer** kennen die Zahlungsströme der von ihnen beabsichtigten Investitionsobjekte, bzw. verfügen in einer unsicheren Welt über Erwartungen bezüglich deren Erträge bzw. Einzahlungen, wie auch den verbundenen Aufwendungen bzw. Auszahlungen. Die Auswahl von Investitionsprojekten und die Verwendung von Finanzmitteln wäre unter diesen Umständen rational entschieden, wenn sie die Einkommensstromvorstellungen der Kapitalgeber genau erfüllen könnten. Die Präferenzen hinsichtlich der individuellen Einkommensströme werden auf der Kapitalgeberseite bei mehr als einem Kapitalgeber nur zufällig identisch sein. Am häufigsten wird es **Kapitalgeberpluralität** geben und genauso viele Kapitalgeber wie es gibt, können diese im Extrem **unterschiedliche Einkommensstromvorstellungen** haben. Die **Kapitalnehmer** dürften nur in Ausnahmefällen das Wissen um die individuellen Vorstellungen der Kapitalgeber zu Höhe, Breite, zeitlicher Struktur und gewünschtes Maß an Sicherheit haben (z.B. wenn es eine enge familiäre Verbindung in einem familiengeführten Unternehmen gibt). Umgekehrt kennen die **Kapitalgeber** im Regelfall nicht exakt die von den Kapitalnehmern erwarteten Zahlungsströme der Investitionsobjekte. Sie stehen vor dem Problem, eine Finanzierungszusage u. U. geben zu müssen, ohne genaue Kenntnis über die damit einhergehenden zukünftigen Zahlungsströme zu besitzen. Die **Pläne** von Kapitalnehmern und Kapitalgebern müssen nicht zwangsläufig zusammenpassen - wie werden beide **koordiniert**?

Eine naheliegende Form wäre die der **Befragung**. Die Kapitalnehmer könnten die Kapitalgeber auf ihre Präferenzen hin interviewen und daraus die Zielsetzungen für die Kapitalverwendung abbilden. Bei **einem Kapitalgeber** wäre dies noch vorstellbar und ökonomisch vertretbar, aber bei mehreren Kapitalgebern wachsen die damit verbundenen Transaktionskosten (für Koordination und Abstimmung) schnell prohibitiv.

Neben den Erhebungsschwierigkeiten tritt noch ein weiteres, gravierendes Problem hinzu. Indem die Unternehmensleitung alternative Ausschüttungs- oder Zinszahlungspläne interessierten Kapitalgebern vorlegt, die sie je nach individuellen Präferenzen befürworten sollen, verlagert sich das Problem der Zielfindung auf das der **Abstimmungsregel**. So zeigt das sog. **Arrow-Wahlparadoxon**, daß das Ergebnis bei **einfachen Mehrheitsregeln** als Abstimmungsprozedere zu **Zirkelschlüssen** führen kann und zudem je nach der Reihenfolge der präsentierten Entscheidungsalternativen unterschiedliche, **widersprüchliche Ergebnisse** möglich sind. Ein Beispiel illustriert dies (vgl. *Arrow* 1976 und *Buchanan/Tullock* 1962, S. 323ff.).

<u>Beispiel:</u> Angenommen, ein Vorstand ließe über drei unterschiedliche Investitionspläne (IP_i) abstimmen:
- Plan A ergebe erst langfristig einen kontinuierlichen Strom hoher Einzahlungsüberschüsse.
- Plan B liefere einen niedrigeren Einzahlungsstrom als Plan A, allerdings ab einem früheren Zeitpunkt.
- Plan C erbringe gegenüber den beiden übrigen Plänen den niedrigsten Strom zukünftiger Einzahlungsüberschüsse, die aber dafür auch bereits in der der Kapitalanlage folgenden Periode zur Verfügung stehen.

Die Zusammenhänge lassen sich mit Werten versehen wie folgt in eine Entscheidungsmatrix eintragen:

IP_i	t_0	t_1	t_2	t_3	t_4	...	t_n
A	-	-	-	-	500	...	500
B	-	-	-	50	50	...	50
C	-	10	10	10	10	...	10

Tab. I-2: Einkommensströme alternativer Investitionspläne

Ferner sei angenommen, es gebe drei Kapitalgeber X, Y, Z, die alle drei eine indifferente Einstellung zum Risiko hätten. Sie sollen sich nur hinsichtlich ihrer individuellen Konsumpläne unterscheiden. Dadurch verfügen sie über unterschiedliche Präferenzen hinsichtlich der zeitlichen Struktur der vorgestellten Einkommensströme aus den Investitionsplänen:
- Kapitalgeber X spricht sich für Plan A aus, zieht somit Plan A gegenüber B und C vor,
- Kapitalanleger Y bevorzugt Plan C und präferiert ihn gegenüber den Plänen B und A,
- Plan B wird schließlich von Kapitalanleger Z präferiert, der Plan B gegenüber C und A vorzieht.

Nachfolgende Tab. I-3 zeigt diese Konstellation im Überblick.

Person	Planpräferenzen
X	A ≻ B ≻ C
Y	C ≻ B ≻ A
Z	B ≻ C ≻ A

Tab. I-3: Pläne und Präferenzen

Der Vorstand des betrachteten Unternehmens in seiner Eigenschaft als Kapitalnehmer muß denjenigen Investitionsplan ermitteln, der aufgrund dieser Umstände mehrheitsfähig ist. Da über mehr als zwei alternative Investitionspläne abgestimmt wird, muß mehrheitlich über die Alternativpaare von allen drei Personen abgestimmt werden:
- Plan A verglichen mit B führt dazu, daß B vorgezogen wird (von Person Y und Z).
- Das gleiche Ergebnis erhält man, wenn Plan B mit C verglichen wird, da die Personen X und Z Plan B bevorzugen.

Ebenfalls das gleiche Resultat (Plan B) erhält man, wenn man die Abstimmung mit einem anderen Wahlpaar beginnt:
- Plan A verglichen mit C führt dazu, daß C vorgezogen wird.
- Plan C wiederum unterliegt in der Abstimmung gegenüber Plan B.

Die letzte Kombinationsmöglichkeit bestätigt das bisherige Wahlergebnis:
- Plan C unterliegt Plan B, Plan B ist Plan A überlegen.

Resultat dieser Betrachtungen ist, daß Investitionsplan B bei allen paarweisen Abstimmungen gewinnt. Das Abstimmungsergebnis ist, unabhängig von der gewählten Reihenfolge der Abstimmung über Alternativen, eindeutig. Der Vorstand könnte sicher den Investitionsplan B realisieren.

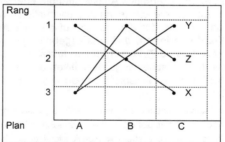

Abb. I-45: Mehrheitswahl bei eingipfeliger Präferenzstruktur

Anhand der Abb. I-45 erläutert liegt der Grund für dieses Ergebnis in der Eingipfeligkeit der Präferenzen: Die Reihenfolge der Abstimmung spielt keine Rolle. Kann eine solche Konstellation nicht unterstellt werden, bestehen also mehrgipfelige Präferenzen, so führt die Mehrheitswahl zu widersprüchlichen Abstimmungsergebnissen. Dies läßt sich leicht zeigen, indem lediglich die bisherige Präferenz des Kapitalanlegers Y geändert wird: Kapitalgeber Y spricht sich nach wie vor in erster Präferenz für Plan C aus, zieht aber jetzt in nachfolgender Präferenz Plan A (vorher B) gegenüber B (vorher A) vor.

4 Grundlagen und Zielsetzungen betrieblicher Finanzwirtschaft

Person	Planpräferenzen
X	A ≻ B ≻ C
Y	C ≻ A ≻ B
Z	B ≻ C ≻ A

Tab. I-4: Geänderte Präferenzen von Y

Tab. I-4 verdeutlicht: Wenn Kapitalgeber Y seine Präferenz ändert, X und Z sich aber wie bisher verhalten, wird eine mehrgipfelige Präferenzstruktur begründet. Welcher Plan unter diesen Umständen eine Mehrheit findet, hängt im Gegensatz zur eingipfeligen Präferenzstruktur von der Reihenfolge ab, in der die Alternativen paarweise zur Abstimmung gestellt werden:
- Plan A verglichen mit B führt dazu, daß A bevorzugt wird.
- Plan A in Abstimmung gegenüber C führt dazu, daß C gewinnt.

Ein anderes Ergebnis, nämlich Plan A, erhält man, wenn man mit einer anderen Abstimmung von Paaren beginnt:
- In der Abstimmung zwischen Plan B mit C gewinnt B.
- Plan B anschließend verglichen mit A führt dazu, daß A präferiert wird.

Wieder ein anderes Ergebnis erhält man bei Betrachtung der letzten Kombinationsmöglichkeit:
- Plan A verglichen mit C führt dazu, daß C gewinnt.
- Plan C ist wiederum in anschließender Abstimmung Plan B unterlegen.

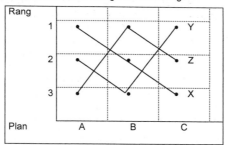

Abb. I-46: Mehrheitswahl bei mehrgipfeliger Präferenzstruktur

Aus Abb. I-46 wird ersichtlich, daß nur bei Eingipfeligkeit der Präferenzstrukturen der Kapitalgeber eine Abstimmung auf der Grundlage eines Mehrheitswahlsystems keine willkürlichen Ergebnisse erbringt (= Wahlparadoxon nach Arrow).

Zentrale Frage lautet unter dem Eindruck des Wahlparadoxons: Gibt es eine Abstimmungsregel, die zu keinem willkürlichen Abstimmungsergebnis führt?

Fisher war mit den schon vorgestellten Grundüberlegungen in der Lage, eine **Zinstheorie** zu entwickeln - die Zeitpräferenztheorie des Zinses - mit deren Hilfe sich die gesuchte **Koordinationsinstanz** in Gestalt des **(vollkommenen) Kapitalmarkts** begründen läßt. Zentrale Konsequenz dessen ist, daß unter der Annahme eines vollkommenen Kapitalmarkts Kreditgeber und -nehmer zu einem risikolosen Marktzinssatz (sog. „**Pure Rate**") Zahlungsströme zu Investitions- und Finanzierungszwecken in die jeweils von ihnen gewünschte zeitliche Struktur bringen können.

Geht man vorerst davon aus, daß es **keine Unsicherheit** hinsichtlich der Einkommensströme gibt und daß die **Breite** von vornherein durch die Art des Einkommenserwerbs **exogen** bestimmt und bekannt ist, kann man eine für die moderne finanzwirtschaftliche Theorie zentrale Erkenntnis gewinnen: Unter diesen Bedingungen und einem **einheitlichen Marktzinssatz** für Anlage- wie Kreditaufnahme, kann jedes Wirtschaftssubjekt seinen individuellen Einkommensstrom durch Kredit- und Sparkorrekturen in **jede** von ihm **gewünschte zeitliche Struktur** bringen. Die einzige Begrenzung liegt in der Breite des verfügbaren Einkommensstroms. (Üblicherweise impliziert die Annahme des vollkommenen Kapitalmarkts, daß es keine Unsicherheit über zukünftige Zahlungsströme gibt).

Lesehinweis: Eine anschauliche Darstellung der Zinstheorie von *Fisher* gibt *Süchting* (1995, S. 297ff.), auf dessen Darstellungsweise sich die vorangegangenen Ausführungen auch stützen.

Fisher zeigt zudem weiter, daß unter diesen Bedingungen die Kapitalnehmer und -geber ihre **Koordination** durch den (vollkommenen) **Kapitalmarkt** bewerkstelligen können und damit den gezeigten Abstimmungsproblemen entgehen. Man kann dies auch so interpretieren, daß mit dem Kapitalmarkteinsatz wesentlich geringere Transaktionskosten der Koordination vorliegen und dieser Allokationsmechanismus dadurch seine wohlfahrtsökonomische Überlegenheit beweist. Darauf aufbauend wird mit der sog. "**Fisher Separation**" eine zentrale Konsequenz für die Allokation von Kapitalangebot und -nachfrage bezeichnet: Unter der Annahme fehlender Steuern und des vollkommenen Kapitalmarkts können Konsum- und Finanzierungsentscheidungen getrennt bestimmt werden.

Eine Unternehmensleitung in ihrer Rolle des Kapitalnehmers muß bei ihren Investitionsplänen und -entscheidungen dann nicht die individuellen Ziele der Kapitalgeber kennen und berücksichtigen, wenn es anstrebt, solche Investitionen zu tätigen, die einen Beitrag zur **Maximierung** des **Unternehmensmarktwerts** beitragen. In diesem Fall kann jederzeit ein Anleger, der nicht mit den Investitionsplänen vor dem Hintergrund seines individuellen Einkommens-/Konsumplans einverstanden ist, seinen Beteiligungs- oder Forderungskontrakt an diesem Unternehmen auf einem Kapitalmarkt veräußern. Damit wird auch das Abstimmungsproblem bei unterschiedlichen Zielvorstellungen mehrerer Kapitalgeber gelöst: Derjenige, der nicht mit dem Investitionsplan einverstanden ist, verkauft seine Unternehmensbeteiligung und damit seine Ansprüche auf zukünftige Investitionserträge. Mit dem Veräußerungserlös kauft er sich dann denjenigen Finanzkontrakt, der ihm die von ihm gewünschte zeitliche Struktur des Zahlungsstroms bietet.

Das investitions- und finanzwirtschaftliche Ziel eines Unternehmens (i.S. eines Oberziels) lautet unter Berücksichtigung dieser Überlegungen: **Maximierung** des gesamten **Marktwerts des Unternehmens**. In der modernen Finanzierungstheorie und dem Finanzmanagement sind von diesem Oberziel abgeleitete **Unterziele** auf die **Maximierung** des **Kapitalwerts** einer Investition oder der **Maximierung** einer **Gewinnannuität** gerichtet. Von der finanzwirtschaftlichen Seite werden diese Größen durch die Höhe des **Kapitalkostensatzes** geprägt, da er den Kalkulationszinsfuß für die Barwertermittlung und damit den Kapitalwert bestimmt.

Lesehinweise: Eine anschauliche Einführung mit Beispielen findet sich bei *Brealey/Myers* (1991, S. 11-24); *Drukarczyk* (1993, S. 27-38) und *Franke/Hax* (1994, S. 149-163) bemühen den Methodenapparat der mikroökonomischen Theorie.

Der Marktwert des Unternehmens wird häufig mit dem **Shareholder Value** gleichgesetzt. Bei börsennotierten Aktiengesellschaften entspricht er der **Börsenkapitalisierung**, d.h. dem **Marktwert aller** von einer AG **emittierten Aktien**. "Der Shareholder Value kann ebenfalls als Barwert aller dem Aktionär in der Zukunft aus der Unternehmung zufließenden Kapitalflüsse berechnet werden. Diese entsprechen dem Gegenwartswert aller zukünftigen Dividendenzahlungen nach Steuern, bzw. dem Gegenwartswert des freien Cash Flows. Der Zinssatz, mit dem die Dividenden abdiskontiert werden, ist der Opportunitätszins, der von den Investitionen mit gleichem Risiko, wie das der jeweiligen Unternehmung, am Kapitalmarkt verlangt wird. Er ist die Renditeerwartung des Aktionärs an die Aktie und stellt aus Sicht der Unternehmung Eigenkapitalkosten dar." (*Behm* 1994, S. 10).

Lesehinweis: Einen Einblick in den Ansatz des Shareholder Value leistet das Grundlagenwerk von *Rappaport* (1995).

Die Beziehungen zwischen **Kapitalnehmern und Kapitalgebern** sowie deren **interessenspezifischen Ziele** bestimmen damit in der modernen Finanzierungstheorie die Finanzbeziehungen. Während die **traditionelle Finanzierungslehre** dem Liquiditätsrisiko oberste Priorität für die Sicherung des Unternehmensoberziels "Gewinnmaximierung" einräumt, erfolgt mit der modernen Finanzierungstheorie zusätzlich die explizite Berücksichtigung des Ertrags-(= Investitions- oder Geschäfts)risikos. Gemeint ist: Vielfältige Einflußfaktoren, die die Einzahlungsüberschüsse der Zukunft aus einer Investition oder/aller Investitionen eines Unternehmens bestimmen, können nicht mit Sicherheit vorausgesagt werden. Das **Ertragsrisiko** hängt allein von den technischen, absatzwirtschaftlichen, nicht aber von Eigenschaften der Finanzierung ab (Separations-Theorem). Daraufhin gilt die These der sog. "**Partenteilung**":

- Die Einzahlungsüberschüsse einer Investition (= „Position") werden im Verhältnis von Beteiligung oder Kredit in Parten aufgeteilt.

- Dies ist letztlich nichts anderes als die bereits vorgestellte Unterscheidung der Kapitalgeber in Gläubiger und Eigentümer.

- Letztere beziehen ein **Residualeinkommen** und man spricht auch von einer horizontalen Teilung der Erträge mit maximalen Partizipationsmöglichkeiten. Kapitalgeber als Fremdkapitalgeber partizipieren dagegen in vertikaler Form an den Erträgen, beziehen also ein **kontraktbestimmtes Einkommen**, ohne Einflußmöglichkeiten (vgl. *Krahnen* 1985, S. 115).

Die **Wahl** der jeweiligen **Finanzierungsform** bestimmt die **Aufteilungsregel**: Es wird postuliert, daß die Regelung der Aufteilung der (unsicheren) Investitionserträge zweifelsfrei bestimmt und allgemein bekannt ist. Es gehen keinerlei Rückwirkungen auf die Wahrscheinlichkeit der möglichen Einzahlungsüberschüsse aus, die auf die Beteiligten aufzuteilen sind. Das Ziel der Finanzwirtschaft in diesem Verständnis bedeutet Antwort zu geben auf die Frage: Wie läßt sich eine Position (= Investitionsertrag) so in Parten (= Anteile, Kredite) zerlegen, daß die Parten bei Kapitalgebern untergebracht werden können?

Man bezeichnet dies auch als den **neoklassischen Ansatz** der modernen Finanzierungstheorie. Die neo-klassische Gleichgewichtstheorie wurde durch den maßgeblichen Einfluß der amerikanischen Finanzierungstheorie begründet. Ihre Modelle operieren auf (meist) **vollkommenen gleichgewichtigen Kapitalmärkten** ohne Geldstromfriktionen. Als wichtigste Modelle gelten das CAPM (**Capital Asset Pricing Model**), APT (**Arbitrage Pricing Theory**), und OPT (**Option Pricing Theory**). Ihnen ist weitestgehend die Prämisse zugrundegelegt, daß alle **Finanzkontrakte pareto-optimal** abgeschlossen werden und keine nachhaltigen Wohlfahrtssteigerungen außerhalb des Gleichgewichtszustands erreicht werden können. Kapitalgeber und -nehmer handeln direkt miteinander auf einem vollständigen und vollkommenen Kapitalmarkt.

Lesehinweis: Einen Überblick über die Entwicklungen vorgenannter Theorierichtungen liefert *Loistl* (1990).

Der Austauschprozeß von Finanzmitteln wird in der neoklassischen Anschauung durch Kapitalmärkte in **vollständig expliziten bedingten Kontrakten** (sog. *Arrow-Debreu-* Kontrakte) abgewickelt, insbesondere was die Berücksichtigung **zukünftiger unsicherer Umweltzustände** betrifft. Die neoklassische Kapitalmarkttheorie operiert mit **exogenen**

Unsicherheiten bzw. **technischer Unsicherheit**, die nicht aus dem Verhalten der Marktteilnehmer (= Marktunsicherheit) resultieren, sondern durch zukünftige Umweltzustände bedingt sind (vgl. *Hirshleifer/Riley* 1979). Nur in diesem Fall ist bei einem Auseinanderfallen von Anlage- und Finanzbedarf einzelner Wirtschaftssubjekte ein Ausgleich der Bedarfe ohne die Vermittlung von Finanzintermediären möglich. Dies setzt unter Informationsgesichtspunkten voraus, daß Kapitalgeber und -nehmer gleichen Informationsstand über Umweltzustände haben, von denen Einflüsse auf die Vertragsbeziehung ausgehen. Erst dann ist es möglich, bedingte Finanzkontrakte zu formulieren (Annahme der **symmetrischen Informationsverteilung**).

Eine Konsequenz ist, daß **Finanzintermediäre** wie Kreditinstitute keine essentiellen Vorteile für die Kapitalmarkt-Allokationen erbringen und daher **keine Existenzberechtigung** haben (vgl. im Überblick *Bitz* 1997, S. 31-32):

- Unter den Voraussetzungen z.B. des CAPM halten alle Kapitalanleger die der Marktstruktur entsprechenden Portefeuilles. Durch die **Risikodiversifizierung** verbleiben ausschließlich systematische Risiken, womit sich für den Finanzintermediär keine qualitativ besseren Portefeuilles gegenüber anderen Marktteilnehmern realisieren lassen. Mit dem zusätzlichen Einsatz von Optionen läßt sich das systematische Risiko weitgehend entsprechend den Vorstellungen des Entscheidungsträgers reduzieren.

- Gleiches ist für das Zinsänderungsrisiko zu konstatieren, da sich Wertpapierportefeuilles so zusammenstellen lassen, daß bei Anpassung der **Duration** (vgl. Kapitel III, Abschnitt 7.1.2) auf die individuellen zeitlichen Präferenzen (= Planungshorizont) das Zinsänderungsrisiko keine Bedeutung mehr hat. Kreditinstitute und andere **Finanzintermediäre** können unter solchen Bedingungen des vollkommenen Kapitalmarkts **keine wohlfahrtssteigernde Funktion** ausüben, haben mithin also auch keine Existenzberechtigung (vgl. hierzu auch *Schmidt* 1992, S.179ff).

4.2.3 Der Einfluß des neo-institutionalistischen Ansatzes

Im Gegensatz zum neoklassischen Ansatz, der Investition und Kapitalnehmer sowie Finanzierung und Kapitalgeber separiert, betrachtet die neue Finanzierungstheorie **beide Seiten** bewußt gemeinsam.

4.2.3.1 Unternehmen und Finanzierungsbeziehungen

Das neoklassische Paradigma der Finanzierungstheorie basiert auf der Vorstellung, daß **Finanz-** und **Gütertransaktionen** zwischen Wirtschaftssubjekten marktmäßig vonstatten gehen. Der **Markt** übernimmt zentrale und kostengünstige Organisations- und Koordinationsfunktionen. Tatsächlich finden sich in der Realität nicht nur marktmäßige Organisationsformen von Wirtschaftstransaktionen, sondern zwei weitere Formen sind anzutreffen: die Bereitstellung von Gütern und Dienstleistungen durch **staatliche Stellen** und durch **Unternehmen**. Bei genauerem Hinsehen entpuppt sich die vor allem in Gleichgewichtsmodellen des sog. "*Arrow-Debreu*-Typs" vorhandene ausschließlich marktmäßige Koordination von Wirtschaftstransaktionen als spezielle Transaktionsform des **Exchange**. Mit dem reinen Austausch wird der Transfer von Eigentumsrechten an Ressourcen ohne Versprechungen und ohne latente zukünftige Verpflichtungen der Marktteilnehmer gekennzeichnet. Die Vorstellung des Exchange ist daher immer geprägt von der Anonymität der der Marktteilnehmer. "This is an extreme caricature of contract and in its purest form it has

4 Grundlagen und Zielsetzungen betrieblicher Finanzwirtschaft

no real world counterpart. Contract typically involves th projection of exchange into the future, with contemporaneous exchange as a special case. Entering into a contract will generally entail placing restrictions on the contracting parties' future options." (*Goldberg* 1980, S. 428).

In diesem Verstädnis kann der reine Austausch im Sinne des **Spot Contracting** verstanden werden, wobei Gelegenheitsbeziehungen vorherrschen, die zudem einem kompetitiven Leitbild folgen sowie kurzfristigem Zeithorizont und schwacher innerer Verpflichtung der Transaktionspartner unterliegen. Solche Prozesse lassen sich vor allem dann feststellen, wenn sog. **Suchgüter** (Search Goods) gehandelt werden. Sie sind dadurch gekennzeichnet, daß ihre Eigenschaften (auch hinsichtlich Qualität) für die Marktparteien ohne größeren Aufwand erkennbar sind, Informationsmängel können dadurch vor einer Markttransaktion bzw. vor Vertragsabschluß beseitigt werden. Dies ist immer dann der Fall, wenn sie ein hohes Maß an Fungibilität haben. Hinzu kommt, daß sich zwischen den Marktparteien feste Usancen, also Handelsregeln gebildet haben, die ein schnelles und unkompliziertes Abwickeln der Transaktionen in diesen Gütern ermöglichen. Märkte sind in diesem Paradigma homogen.

Stellen die gehandelten Güter dagegen komplexere Waren dar, etwa Dienstleistungen oder Güter mit heterogenen Eigenschaften, so steigt die Unsicherheit über deren Qualität und damit auch die Gefahr, daß eine Marktpartei aus der asymmetrischen Informationsverteilung durch die andere Marktpartei geschädigt wird. Ein Großteil von Informationsmängeln läßt sich dabei meist erst nach Marktransaktion mehr oder weniger vollständig beheben. Solche Güter, deren Eigenschaften nicht bereits durch Inspektion vor Markttransaktion, sondern erst danach praktisch durch Nutzung erkannt werden können, bezeichnet man als **Erfahrungsgüter** (Experience Goods). Bei manchen Gütern dürfte der Aufwand des Erkennens von Eigenschaften auch nach Markttransaktion prohibitiv hoch sein, so daß die Eigenschaften nicht oder nicht zweifelsfrei erkannt werden können. Die Marktteilnehmer sind dann auf Ersatzinformationen angewiesen, auf deren Informationsgehalt sie vertrauen können bzw. an die sie glauben. Solche Güter werden daher als **Vertrauens-** oder **Glaubensgüter** (Credence Goods) bezeichnet. Sie tragen ein hohes Unsicherheitselement in sich (vgl. *Nelson* 1970, S. 312ff. und *Darby/Karni* 1973, S. 68-69).

Zum Abbau solcher marktbedingten Unsicherheiten eignen sich als kostengünstige Form der marktmäßigen Koordination beziehungsorientierte Formen des Güteraustauschs. Kooperation findet jetzt zwischen den Marktparteien statt und man spricht von einem **Relational Contracting**, was wie folgt gekennzeichnet werden kann: "(...) traces to previous agreements (...) is longer in duration, reflecting an ongoing process" (*Dwyer/Schurr/Oh* 1987, S. 13). Relationale Beziehungen sind vor allem dann anzutreffen, wenn die gehandelten Güter Unsicherheiten etwa hinsichtlich ihrer Merkmale aufweisen. Diese können im Extremfall derart ausgeprägt sein, daß die Güter kein Relational Contract zulassen und somit nicht an Märkten handelbar sind (vgl. *Goldberg* 1980). Das muß nicht gleichbedeutend mit sog. **Marktversagen** sein, was regelmäßig wohlfahrtsökonomisch zur Forderung nach Bereitstellung solcher Güter durch den Staat hervorruft. Während dies für Leistungen mit **öffentlichem Gutscharakter** wie äußere und innere Sicherheit zutrifft (sie werden vom Staat bereitgestellt), finden sich eine Vielzahl von Gütern und Austauschbeziehungen, deren Kontrakte zwar nicht marktmäßig gehandelt werden, die aber dennoch nicht vom Staat bereitgestellt werden müssen. Der Austausch von solchen Gütern, die (wegen ihres hohen Anteils externer Effekte) nicht am Markt in Kontrakten geformt und geregelt werden können, unterliegen einer hierarchischen, d.h. nicht marktmäßigen, aber auch nicht staatlichen Bereitstellung: Sie können **innerhalb** von **Unternehmen** ausgetauscht werden. Unternehmen stellen internalisierte Spillovers von Marktbeziehungen dar. Zu unterscheiden ist dabei, ob dies auf einer horizonalen und/oder vertikalen Stufe geschieht. Auf *Coase* (1937, S. 386-405) geht die Forschungsrichtung zurück, in der die Existenz von **Transaktionskosten** als genereller Grund gesehen wird, weshalb **Unternehmen** in einem Marktsystem existieren: Sie haben die Funktion der **obersten Instanz als zentraler Vertragspartner**. Der Begriff Transaktionskosten umfaßt allgemein die mit den Vereinbarungen über einen als (im wohlfahrtsökonomischen Sinne) gerecht empfundenen Leistungsaustausch verbundenen Kosten (vgl. zur detaillierten Auseinandersetzung etwa *Ulph/Ulph* 1975). Die Ursache für Transaktionskosten sind auch die **unvollkommenen Informationsstände** der am Güter- und Leistungsaustausch beteiligten Wirtschaftssubjekte. Der Transaktionskostenansatz wurde von *Williamson* (vgl. 1983, 1990) im amerikanischen und *Picot* (vgl. 1991, S. 344) im deutschen Raum entwickelt. Zwei Hauptprobleme der Unternehmensorganisation ergeben sich: Die Begrenzung der Unternehmung nach außen (Eigenfertigungs- bzw. Fremdbezugsalternative) und die Strukturierung der internen Organisation. In beiden Fällen erfolgt eine Auswahl der zur Verfügung stehenden Alternativen unter Berücksichtigung von **Transaktions- und Produktionskosten**. Im Transaktionskostenansatz herrscht eine vertragstheoretische Sichtweise der Unternehmung vor, da die Höhe der Transaktionskosten mit der Art der abgeschlossenen Verträge variiert. Es handelt sich um einen dynamisch orientierten Ansatz, da sich die Veränderung der Einflußgrößen von Transaktionskosten durch die Anpassungen der Organisationsstruktur ergeben müssen. Transaktionskosten bestimmen somit das Distributionssystem durch Optimierung des Grades der vertikalen Integration.

Williamson (1990, S. 22-24) trennt die nach dem Vertragsschluß anfallenden **ex-ante Transaktionskosten** (für Entwurf- und Verhandlungen des Kontrakts) von den **ex-post** Transaktionskosten nach Vertragsabschluß (Fehlanpassungskosten, Kosten für Beherrschung- und Überwachungssystem, Sicherungsaufwand zur Durchsetzung von Zusagen). Ähnlich stellt sich der Vorschlag von *Picot* (1991) dar, der Transaktionskosten nach Informations- und Kommunikationskosten für die Anbahnung, Vereinbarung, Abwicklung, Kontrolle und Anpassung des geschlossenen Vertrags differenziert:

- **Anbahnungskosten**: Informationssuche und -beschaffung über potentielle Geschäftspartner und deren Konditionen;

- **Vereinbarungskosten**: Intensität und zeitliche Ausdehnung von Verhandlungen, Vertragsformulierung und Einigung;

- **Abwicklungskosten**: konkrete Durchführung des Leistungstauschs durch Übertragung bzw. Transformation von Finanzmitteln;

- **Kontrollkosten**: Sicherstellung der Einhaltung von Termin-, Qualitäts-, Mengen-, Preis- und eventuellen Geheimhaltungsvereinbarungen;

- **Anpassungskosten**: Termin-, Qualitäts-, Mengen- und Preisänderungen aufgrund veränderten Bedingungen während der Laufzeit der Vereinbarungen.

Die Höhe der Transaktionskosten ist abhängig von Bewertungsproblemen einer Leistung (Beschreibung der Leistungen, Schwierigkeiten bei der ex-ante Bestimmung der Qualität und des Preises usw.) und von der gewählten Vertragsform. Daraus lassen sich Niveau- und Strukturunterschiede der Transaktionskosten differenzieren, in Abhängigkeit von Eigenschaften der zu erstellenden Produkte und Leistungen (vgl. *Alchian* 1984). **Märkte** funktionieren als **Koordinationsmechanismen**, da in Form von Preisen die für Transaktionen bedeutsamen Informationen effizient zur Verfügung gestellt werden. Wenn be-

4 Grundlagen und Zielsetzungen betrieblicher Finanzwirtschaft

stimmte über den Markt realisierte Leistungsbeziehungen zu steigenden Transaktionskosten führen, wird eine Eigenerstellung im Unternehmen zunehmend wirtschaftlicher. **Nicht-marktmäßige Koordinationswünsche** begründen die Existenz von Unternehmen. Innerhalb von Unternehmen bestehen zur Koordination von Transaktionen keine Marktbeziehungen. Vielmehr müssen stattdessen die Austauschbeziehungen in Teilprozesse zerlegt und in aufbau- und ablauforganisatorischer Form koordiniert werden. Die Arbeitsteilung zwischen Markt und Unternehmen (= Hierarchie) ist dabei einem ständigen wirtschaftlichen Kalkül unterworfen. So entwickelte sich in den 90er Jahren in Großunternehmen ein zunehmender Wunsch nach Auslagerung betrieblicher Teilprozesse auf andere Unternehmen und Institutionen (z. B. private oder öffentliche Forschungslabors), die dann in längerfristigen Kontrakten und netzwerkartig (z. B. durch strategische Allianzen) in die Erstellung der vormals rein unternehmensinternen Wertschöpfungsketten eingebettet sind (vgl. *Schäfer* 1994).

Nach *Spremann* (1996, S. 666) läßt sich zwischen den am Unternehmensprozeß Beteiligten folgende Arbeitsteilung hierbei vornehmen:

Kapitalgeber	• Vorgabe allgemeiner Zielvorstellungen (Inhalte, Werte) • Kontrolle überlassener Ressourcen
Unternehmens-leitung	• Umsetzung der Zielvorstellungen durch die Definition langfristiger Richtlinien und Investitionsstrategien • Außenwirkung (Vertretung des Unternehmens, Darstellung und Informationsbeschaffung)
mittleres Management	• Konkretisierung der Richtlinien durch die Ausgestaltung von Plänen und deren wirtschaftliche Bewertung • Zerlegung in koordinierte Teilpläne und die Erteilung von Anordnungen mit Überwachungskontrolle
Arbeitsaus-führend	• Befolgen der Anordnungen • Kritik und Rückmeldung arbeitsspezifischer Information

Tab. I-5: Arbeitsteilung und Funktionstrennung in Unternehmen

Von besonderer Bedeutung ist die **Trennung von Funktionen**, die die Unternehmensleitung innehat und solchen, die die Kapitalgeber haben. „Drei Argumente für die Trennung von Manager (Unternehmung) und Kapitalgebern in der ökonomischen Analyse:

(1) Erstens das **Kapitalargument**: Eine Unternehmung kann unterschiedliche Arten von Finanzierungskontrakten (Eigen- und Fremdkapital, verschiedene rechtliche Ausgestaltung der Haftungsbeschränkung usw.) zu mehreren Kapitalgebern gleichzeitig unterhalten und kann so deren individuellen Wünschen Rechnung tragen.

(2) Zweitens das **Risikoargument**. Ein Kapitalgeber kann sich an mehreren Unternehmen gleichzeitig beteiligen und so ein diversifiziertes Portefeuille bilden. Durch Diversifikation eliminieren sich die unsystematischen Risiken der Einzelanlagen, so daß der Kapitalgeber nur noch das systematische Risiko zu tragen hat.

(3) Drittens das **Informationsargument**. Es besteht eine Informationsasymmetrie zwischen Manager und Kapitalgeber, die deshalb begrifflich unterschieden werden müssen. Die Aktivitäten einzelner Kapitalgeber zur Beschaffung von Informationen über die Unternehmung und zur Kontrolle des Managers werfen die Free-Rider-Problematik öffentlicher Güter auf. Mehrere Kapitalgeber, die sich bei ein und derselben Unternehmung beteiligen, haben oft ein Problem der Abstimmung untereinander mit der Folge, daß sie zu keiner detaillierten und einheitlichen Willensbildung kommen, son-

dern nur zu groben Richtlinien, die dem Manager wiederum einen Freiraum geben" (*Spremann* 1996, S. 680, Orignal kursiv und gerahmt).

4.2.3.2 Finanzierung als Prinzipal-Agent-Beziehung

Im Gegensatz zum neoklassischen Ansatz, der Investition und Kapitalnehmer sowie Finanzierung und Kapitalgeber separiert, betrachtet die neue Finanzierungstheorie beide Seiten ausdrücklich gemeinsam. Der neo-institutionalistische Ansatz geht davon aus, daß **Investitionspläne** und mit ihnen die Risiken der Einzahlungsüberschüsse zu Beginn einer Kreditbeziehung nicht im voraus bekannt sind. Man läßt sich von der Idee leiten, daß es Informationsunterschiede zwischen Kapitalgebern und -nehmern gibt. Im Regelfall dürften Kapitalnehmer mehr über die Erfolgsaussichten und Risiken wissen als die Kapitalgeber, die im besten Fall Vorstellungen über die Wahrscheinlichkeitsverteilung der Erträge von Investitionsobjekten haben dürften (vgl. *Krahnen* 1985, S. 107). Es liegt "**asymmetrische Informationsverteilung**" vor und unter dieser Bedingung ist Finanzierung nicht als Kauf einer Parte zu verstehen (neoklassische Vorstellung), sondern als Interaktionsbeziehung oder **Partnerschaft** (neo-institutionenökonomische Betrachtung). "Partnerschaft" ist eine Mischung aus **Gemeinsamkeiten** (z. B. möglichst hohe Investitionserträge erzielen) und **Interessenkonflikten** (z. B. jeder Partner hat nur Interesse daran, seine Vorteile, die er erzielen kann, u.U. auch auf Kosten des anderen zu verwirklichen).

Auf *Jensen/Meckling* (1976) wird die Formulierung der sog. **Prinzipal-Agent-Theorie** in der modernen Finanzierungstheorie zurückgeführt, deren Gegenstand die Kontrollprobleme sind, die aus dem durch die Aufgabenstellung bedingten Informationsgefälle zwischen **Delegierendem** (Prinzipal) und **Ausführendem** (Agenten) resultieren. Sie definieren eine Prinzipal-Agent-Beziehung als „(...) a contract which one or more persons (the principals(s)) engage another person (the agent) to perform some service on their behalf which involves delegating some decision making authority to the agent." (*Jensen/Meckling* 1976, S. 308). Der Prinzipal-Agent-Ansatz ist vor allem dann anwendbar, wenn **Vertragselemente** prinzipiell "**formbar**" sind, die dadurch Interpretationsspielräume enthalten (was bei Finanzkontrakten generell unterstellt wird). Bei zunehmender Komplexität von Finanzbeziehungen stellen sich die Verträge zwischen Kapitalgeber und -nehmer immer weniger als explizite, sondern vielmehr als **implizite Kontrakte** dar, da sie zwischen den Parteien nicht ausdrücklich definierte Vereinbarungen enthalten (man denke an die Bezeichnung "zwischen den Zeilen lesen").

<u>Beispiele:</u> Mündliche Zusicherung eines konstanten Zinssatzes seitens der Kreditgeber, in Gesprächen zur Kreditverhandlung in Aussicht gestellte Sicherung der Anschlußfinanzierung bei langfristigen Projekten, ohne die abhängige Situation des Kreditnehmers auszunutzen, Verpflichtung des Kreditnehmers, nicht leichtfertig mit den geliehenen Finanzmitteln umzugehen (vgl. *Crawford* 1987, S. 5).

Auch lassen sich Verträge dann nicht explizit formulieren, wenn die **Rationalität** der Vertragspartner **begrenzt** ist. Dies ist immer dann wahrscheinlich, wenn zukünftige Tatbestände in der Gegenwart schlichtweg nicht feststellbar sind (vgl. *Williamson* 1983, S. 17). Es kann dann nicht für alle eventuell zukünftig eintretenden Situationen ein entsprechender Maßnahmenkatalog für einen Vertrag entworfen werden. In diesem Fall sind keine konkreten Handlungen vorgeschrieben, sondern nur **Verhaltensregeln**, so daß sich, je nach Regelungsgrad (Anzahl der vertraglich geregelten Situationen) und Größe der Freiheitsgrade der Vertragspartner, entsprechende Nachverhandlungen (ex-post Transaktionskosten) ergeben können. Man bezeichnet **Verträge** dann als **unvollständig**. Für ganz bestimmte Umweltzustände sind dann keine konkreten Handlungen der Vertragsparteien

4 Grundlagen und Zielsetzungen betrieblicher Finanzwirtschaft

fixiert, sondern lediglich Verhaltensregeln für das Neuaushandeln von Verträgen, wenn diese Umweltzustände eintreten (vgl. *Kreps* 1990, S. 183).

Generell existieren implizite oder **psychologische** sowie unvollständige **Kontrakte** weil die maximale Konkretisierung der Vertragsformulierung zeit- und kostenintensiv ist (vgl. hierzu grundlegend *Rosen* 1985). Ferner ist zu beachten, daß selbst in expliziten Verträgen durch Verwendung unbestimmter Rechtsbegriffe Mehrdeutigkeiten und Unvollständigkeiten auftreten können. Je größer die Komplexität und/oder je individueller die Kreditverträge, desto eher handelt es sich dann um **unvollständig fixierte Vertragsinhalte**, die nicht juristisch einklagbar sind, sondern nur durch **außergerichtliche verhaltensinduzierende Maßnahmen** durchgesetzt werden können (z.B. einseitige Vertragsabbruchdrohung mit negativen finanziellen Konsequenzen der Gegenpartei durch Verlust von Gewinnerzielungsmöglichkeiten).

Lesehinweis: Zu Kontraktgestaltungsfragen und damit in Verbindung stehenden Transaktionskosten vgl. *Varian* (1995, S. 565-588).

Unterstellt man auf Kapitalmärkten (praxisnähere) Gegebenheiten wie asymmetrische Informationsverteilung, **unvollständige Märkte** und **nicht explizit formulierte Verträge**, so erhält die Geschäftsbeziehung zwischen Kapitalnehmern und Kapitalgebern eine qualitativ neue Dimension. Die Allokation von Kapital auf Finanzmärkten ist bei endogenen Unsicherheiten zwar prinzipiell möglich, aber **nicht** zwingend **pareto-optimal**, da Transaktionskosten anfallen (vgl. *Baltensperger* 1983, S. 409). Die Handlungen der Kapitalgeber und -nehmer werden einem Kosten-Ertrags-, häufig auch nur einem Kosten-Nutzen-Kalkül unterworfen. Zusätzlich gewinnen Finanzmärkte in einem solchen nicht-walrasianischen Paradigma zusätzliche Funktionen: hinsichtlich Motivierung, Überwachung und in einigen Fällen Ersatz des Managements von Unternehmen. Die wichtigsten Phänomene des Informationsproblems in der Beziehung zwischen Kapitalgeber und -nehmer sind die der **endogenen Unsicherheit** aufgrund **asymmetrischer Informationsverteilung**.

Qualitätsunsicherheit bezeichnet in diesem Sinne den typischen Fall, in dem Informationsdefizite zur Qualität eines Kreditnehmers generell bestehen können. So könnte es sein, daß ein Unternehmer bereits während der Beantragung eines Kredits bei der Bank in wirtschaftlichen Schwierigkeiten steckt, der Kreditgeber dies aber wegen ihm nicht zugänglicher Informationen erst nach dem zustandegekommenen Vertragsverhältnis aufdeckt. Der Kreditgeber ist in der Sprache der Informationsökonomik vor Leistungserstellung mit "Hidden Characteristics" hinsichtlich des Kreditnehmers konfrontiert (vgl. *Arrow* 1986). Für jeden Kapitalgeber ist mit der Qualitätsunsicherheit das Problem verbunden, daß er hinsichtlich der Risiken auf der Kapitalnehmerseite vorerst einmal vor einer sog. **Poolsituation** steht: Als Außenstehender (**Outsider**) steht er vor dem Problem der **Separation**, denn er muß die für ihn nicht direkt beobachtbaren Kapitalnehmer ihrer spezifischen Risikostruktur nach identifizieren und in Risikoklassen einordnen. Darauf aufbauend kann er die geeignete Form der **Risikokompensation** fordern (z.B. einen risikoadäquaten Aufschlag in den Kapitalkosten, d.h. eine Risikoprämie verlangen, oder nicht den gesamten gewünschten Kapitalbetrag bereitstellen, also Kapitalrationierung betreiben). Kann dieses Problem nicht durch geeignete Kooperationsdesigns zwischen Kapitalgebern und -nehmern gelöst werden, kommt es zum Problem der "adversen Selektion", was im Extremfall zu einem Zusammenbruch des Kapitalmarkts führen kann. Hierauf wird in Abschnitt 5.4.5 in diesem Kapitel noch gesondert eingegangen.

Nach Vertragsabschluß können ebenfalls spezifische Situationen unterschieden werden, die zusätzlich zu den Informationsasymmetrien auf **Verhaltensunsicherheit** (oder Opportunismus) zurückzuführen sind. Opportunistisches Verhalten kennzeichnet ein strategisches Handeln der Transaktionspartner im Sinne eines egoistischen Ausnutzens von für sie günstigen Positionen.

Beim sog. "Hold Up" offenbart ein Kapitalnehmer Risiken aufgrund seines Vertragsverhaltens gegenüber dem Kapitalgeber. Es könnte etwa sein, daß ein kreditnehmender Unternehmer während der Kreditvertragslaufzeit durch deutlich zu hohe Entnahmen für Konsum und durch Vermögensübertragungen die Gefährdung des gewährten Kredits bewußt herbeiführt. Diese sog. "Hidden Intention" bezeichnet das bewußte einseitige Ausnützen von Vertragslücken zugunsten einer Vertragspartei (hier der Kreditnehmerseite). So wird im genannten Beispiel der Kapitalgeber von den Handlungen des Kapitalnehmers überrascht, kann aber aufgrund der bereits vergebenen Finanzmittel und mangels besonderer Kündigungsgründe vom Vertrag nicht zurücktreten, ohne selbst nicht erhebliche Transaktionskosten aufwenden zu müssen (z. B. in Form von Vertragsstrafen oder teilweisem Verlust des eingesetzten Kapitals). Der Kapitalgeber hat mit seinem Vertragsabschluß irreversible Investitionen getätigt, die im beschriebenen Fall zu **Sunk Costs** führen können. Hold Up wird wahrscheinlich, wenn die Zusammenarbeit zwischen Kapitalnehmer und -geber nicht ausdrücklich alle möglichen Umweltzustände und dazu entsprechende Verhaltensregeln während der Vertragsdauer ex ante aufzeichnet (vgl. *Alchian/Woodward* 1988, S. 67 ff. und *Bull* 1983, S. 658-659). Es ist der **implizite Charakter** vieler Vertragselemente, der zu diesem Problem führt.

Daneben unterscheidet Verhaltensunsicherheit sog. **moralisches Risiko**, auch Moral Hazard genannt: "Es könnte sein, daß der Unternehmer das geplante Investitionsvorhaben etwas modifiziert realisiert, so daß es risikoreicher ist, jedoch dergestalt, daß auch in einem Konkursfall die Modifikation nicht als Ursache der Zahlungsschwierigkeiten nachgewiesen werden kann." (*Spremann* 1990, S. 567). Solche Verhaltensmerkmale werden mit Anstrengung, Fleiß oder Sorgfalt umschrieben und auch als "**Hidden Action**" bezeichnet (vgl. *Alchian/Woodward* 1988, S. 69). Der Kapitalgeber kann im Grunde nicht zwischen der exogenen Unsicherheit, dem jede Investition ausgesetzt ist, und dem Verhaltensrisiko unterscheiden. Dadurch erhält der Kapitalnehmer faktisch einen **diskretionären Handlungsspielraum**, den er im Eigeninteresse und zu Lasten der Wohlfahrt des Kapitalgebers ausschöpfen kann. Drückebergerei (sog. "Shirking") bis hin zu vorsätzlichem Betrug können Ausprägungen sein.

Ergänzend sind hierbei "**Hidden** Information" zu sehen, worunter man einen Informationsvorsprung des Kapitalnehmers versteht, der dem Kapitalgeber aber nicht bekannt ist. Dies kann dazu führen, daß der Kapitalnehmer solche Investitionsobjekte auswählt, die aus Sicht der Kapitalgeber zu riskant sind. Oder der Kapitalnehmer erhält während der Nutzungsdauer der Investition Kenntnis von Informationen, die dem Kapitalgeber nicht zugänglich sind (z.B. über die verbesserten Marktchancen der mit dem Investitionsobjekt hergestellten Produkte). Der Kapitalnehmer ergreift daraufhin Aktionen, die für den Kapitalgeber zwar beobachtbar sind, er aber nicht beurteilen kann, ob die Reaktionen des Kapitalnehmers adäquat sind. So könnte es sein, daß der Kapitalnehmer aufgrund der erhöhten Umsätze seinen Konsum im Unternehmen, d.h. am Arbeitsplatz erhöht (z.B. unnötige Geschäftsreisen durchführt oder sich einen überdimensionierten Dienstwagen zulegt). Die gestiegene Liquidität aufgrund des geschäftlichen Erfolgs ermöglicht die Finanzierung solcher „**Perquisites**" (kurz Perks), was zu Lasten der Ausschüttungsmöglichkeiten an den Kapitalgeber geht (vgl. *Arrow* 1986, S. 1185 und *Berle/Means* 1932, S. 300ff.). Eine einfache Formalisierung des Prinzipal-Agent-Problems gibt nachfolgende Darstellung (vgl. *Swoboda* 1994, S. 164):

4 Grundlagen und Zielsetzungen betrieblicher Finanzwirtschaft

(I-1) $$\text{Max: } E(U_p) = E\left[U_p\left((1-\alpha)G(H^*) - S\right)\right]$$

mit

$E(U_p)$ = erwarteter Nutzen des Prinzipal,
α = Gewinnbeteiligungsprozentsatz,
G = Gewinngröße,
S = fixer Entlohungsanteil des Gewinns,
H = Anstrengungsnivau des Agenten.

Die Prinzipal-Agent-Beziehung, mithin auch die Kapitalgeber-Kapitalnehmer-Relation, kann als **Optimierungsproblem** verstanden werden, bei dem es gilt, den **Nutzen** des **Prinzipalen** (U_p) zu maximieren. Die Quelle stellt sein Anteil am Gewinn dar. Daran partizipiert auch der Agent (Unternehmensleitung) und zwar zu einem festen Anteil (= S) und einem variablen Teil [$\alpha G(H)$]. Abhängig ist der Parameter α von der Gewinnhöhe. Der Prinzipal erhält $(1-\alpha)G-S$. Nun ist der Gewinn von den Handlungen, genau genommen vom Anstrengungsniveau des Agenten abhängig. Daraus ergeben sich zwei zu berücksichtigende Nebenbedingungen:

(I-2a) $$E(U_a) = E\left[U_a\left(\alpha G(H^*) + S, H^*\right)\right] \geq \text{Referenznutzen Agent}.$$

mit $E(U_a)$ = erwarteter Nutzen des Agenten.

Die erste Nebenbedingung berücksichtigt, daß der **Agent** einen bestimmten **Referenznutzen** vor Augen hat, d.h., den Nutzen, den er verwirklichen könnte, wenn er seine Arbeitskraft oder seine Kapitalausstattung nicht in seiner Kapitalnehmerfunktion einbringt (= Investor), sondern in alternative Verwendungen. Dadurch ist für ihn eine Handlung als optimal zu bezeichnen (= H*), wenn sie im Unternehmenseinsatz mindestens den Nutzen erbringt, den er in alternativer Form erreichen könnte.

(I-2b) $$E\left[U_a\left(\alpha G(H^*) + S, H^*\right)\right] = \underset{H}{\text{Max}}: E\left[U_a\left(\alpha G(H) - S, H\right)\right]$$

Der Nutzen des Agenten ist nicht nur von seinem Einkommen ($\alpha G+S$) abhängig, sondern auch von seiner gewählten Handlung. Die zweite Nebenbedingung berücksichtigt dies und zeigt, daß der Agent eine Handlung H* wählt, die seinen Nutzen maximiert. Die Gewinnverteilung ist dabei als gegeben unterstellt. Anhand dieser Formalisierung bedeutet Hidden Information, daß der Prinzipal die Nutzenfunktion des Agenten nicht kennt und/oder nicht über dessen Handlungsmöglichkeiten informiert ist. Auch die Eintrittswahrscheinlichkeiten der Handlungserfolge können ihm unbekannt sein. Bei Hidden Action kann der Prinzipal im Extremfall weder das Ergebnis, also G, noch die Handlung (= H) beobachten. Im günstigsten Fall kann der Prinzipal das Ergebnis (G) beobachten, allerdings nicht, aufgrund welcher Handlungen dies zustande kam.

Abb. I-47 zeigt die gesamten Zusammenhänge der Prinzipal-Agent-Relation nochmals im Überblick.

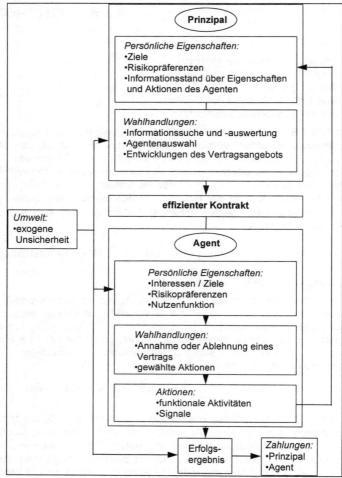

Abb. I-47: Variablen der Prinzipal-Agent-Relation
(in Anlehnung an *Bergen/Dutta/Walker* 1992, S. 3).

Lesehinweise: Lesenswerte Darstellungen vorgenannter Probleme liefern u. a. *Spremann* (1996, Kapitel 24) und *Swoboda* (1994, S. 162-166). Einen Überblick zur neo-institutionenökonomischen Finanzierungstheorie gibt *Krahnen* (1993).

Nachfolgende Abbildung systematisiert diese Problemlagen überblicksartig (in Anlehnung an *Breid* 1995, S. 824).

Ver-gleichs-kriterium \ Typ	Hidden Characteristics	Hidden Intention	Hidden Information	Hidden Action
Entstehungs-zeitpunkt	vor Vertragsab-schluß	vor oder nach Vertragsabschluß	nach Vertragsab-schluß, vor Entscheidung	nach Vertrags-abschluß, nach Entscheidung
Entstehungs-ursache	ex-ante verborgene Eigen-schaften des Agen-ten	ex-ante verborgene Ab-sichten des Agenten	nicht beobachtbarer Informationsstand des Agenten	nicht beobacht-bare Aktivitäten des Agenten
Problem	Eingehen der Ver-tragsbeziehung	Durchsetzung impliziter Ansprü-che	Ergebnisbeurteilung	Verhaltens-(Leis-tungs-)beurteil-ung
Resultierende Gefahr	• Qualitäts-unsicherheit • Adverse Selection	Hold Up	• Moral Hazard • Adverse Selection	• Moral Hazard • Shirking

Abb. I-48: Überblick zu neo-institutionenökonomischen Unsicherheitskonstellationen

Das Finanzierungsproblem ist unter den vorgenannten Besonderheiten eng verbunden mit der Suche und Ausgestaltung von Kooperationsdesigns, mittels derer die suboptimale Kapitalallokation effizienter gestaltet werden kann. Der Ausgestaltung der Finanzkontrak-te, der gesetzlichen Regelung von Eigentumsrechten, Existenz von Finanzintermediären und andere Formen von Institutionen, die in der Praxis vielfältig existieren, kommt dann eine wirtschaftliche Funktion zu. Im Sinne von *North* (1988, S. 207) soll unter **Institutionen** in **Finanzbeziehungen** ein System von Regeln, Zustimmungsverfahren und morali-schen bzw. ethischen Verhaltensnormen verstanden werden. Immer dann, wenn die Durchführung von Transaktionen Kosten verursacht, werden Institutionen erforderlich. Im neoklassischen Denkansatz sind die genannten Institutionen so gut wie nicht zu begrün-den, weshalb der Übergang in das neo-institutionenökonomische Paradigma erforderlich für solche Betrachtungen wird.

Lesehinweis: Für die Begründung und Entstehung von Institutionen eignet sich das Werk von *Schotter* (1981) als Grundlage.

4.2.4 Finanzierung und Kooperationsdesigns

Die Bedeutung der **neo-institutionenökonomischen Betrachtungsweise** von Finanzie-rungsvorgängen hat zentrale **Konsequenzen**:
- Kapitalüberlassung erfordert wegen der endogenen Unsicherheiten (systematisches) **Informationsmanagement**. "Vorgänge der Informationsübertragung und -beschaffung werden in der Literatur zur Informationsökonomie unter den Begriffen 'Signaling', 'Scre-ening' und 'Self Selection' behandelt. Unter 'Signaling' versteht man eine Informati-onsübertragung, unter 'Screening" eine Informationsbeschaffung und unter 'Self Se-lection' eine Selbsteinordnung in vorgebene Kategorien mit bekannten Eigenschaf-ten. Beim 'Signaling' übermittelt die informierte Marktseite der uninformierten die zur Diskriminierung notwendigen Informationen, beim 'Screening' geschieht die Informati-onsbeschaffung durch die schlecht informierte Marktseite, und beim 'Self Selection' gibt die nicht informierte Marktseite Selbsteinordnungsmöglichkeiten für die Individuen vor, über die Informationen gesucht werden." (*Hopf* 1983, S. 31).

- Ferner wird es erforderlich, insbesondere nach Vertragsabschluß die Verhaltensweisen des Kapitalnehmers auf Vertragskonformität zu überwachen (sog. "**Monitoring**") und ggfls. zu sanktionieren, z. B. einen Kredit vorzeitig zu kündigen.

Alle diese Handlungen sind ihrerseits mit Transaktionskosten für Kapitalgeber und/oder -nehmer verbunden. Mit der Suche nach **effizienten Kooperationsdesigns** wird in der Finanzierungstheorie angestrebt, die Höhe solcher Transaktionskosten zu reduzieren. Die Kooperationsdesigns können unterschiedlich institutionell ausgestaltet werden. Neben **harten Kooperationsdesigns** wie gesetzlichen Regelungen (z. B. Insolvenzrecht, gesetzliche Rechnungslegungsvorschriften, Börsengesetz) sind es vor allem eher **weiche Kooperationsdesigns** wie der Aufbau von Kapitalnehmer-Reputation oder das Signalisieren von Kreditwürdigkeit, die in der Praxis des Kapitalmarktgeschehens große Bedeutung erlangt haben. In dieser Hinsicht ist auch die besondere Funktion und Rolle von Finanzintermediären, resp. Kreditinstituten für Finanzierungsfragen zu sehen.

Im **traditionellen Verständnis** der Theorie der Finanzintermediation sind Kreditinstitute spezielle Finanzintermediäre bzw. ihr Geschäft ist eine spezielle Form der **Finanzintermediation**: "The essential function of banks and other financial intermediaries is to satisfy simultaneously the portfolio preferences of two types of individuals or firms." (*Tobin/Brainard* 1963, S. 383). Hierbei handelt es sich um "**Defizit-Einheiten**" und "**Überschuß-Einheiten**", Ersparnisse werden auf Kapitalnehmer (Investoren) übertragen, denen die benötigte Finanzmittel fehlen. Die indirekte Vermittlung zwischen diesen beiden Gruppen resultiert aus Economies of Scale, die Finanzintermediäre bei der Hereinnahme von mit Zahlungsmitteleigenschaften ausgestatteten Einlagen haben und die sie als Kredite wieder vergeben. Die wirtschaftlichen Vorteile der Kreditinstitute beruhen traditionell auf ihrer Produktionsfunktion bei der **Losgrößen-, Fristen-, Liquiditäts- und Bonitätstransformation**.

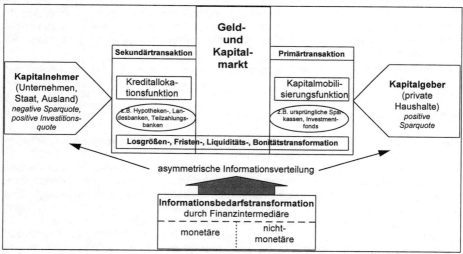

Abb. I-49: Finanzmarkt und Finanzmarktteilnehmer

<u>Lesehinweis:</u> Die auch heute noch beachtenswerte Grundlage des Verständnisses von Kreditinstituten im Rahmen der Theorie der Finanzintermediation lieferten *Gurley/Shaw* (1960); lesenswert ist hierzu auch der Beitrag von *Tobin* (1963).

In Kapitalmärkten mit asymmetrischer Informationsverteilung und Verhaltensunsicherheit erhält die Bankenfunktion noch eine weitere explizite Funktion - die der **Informationsbedarfstransformation**. In dieser Hinsicht sind Kreditinstitute **keine "Funktionsmonopolisten"**, sondern müssen sich in einer Arbeitsteilung zwischen anderen Finanzintermediären einordnen, die ebenfalls ganz bestimmte komparative Kostenvorteile in der Informationsbedarfstransformation haben. Die Literatur verweist auf zwei Gruppen, die in diesem Sinne Eigenschaften von Finanzintermediären haben (vgl. *Bitz* 1997, S. 13-27):

- **Finanzintermediäre im engeren Sinne** (Kreditinstitute inkl. Teilzahlungsbanken und Realkreditinstitute, Bausparkassen, Kapitalanlagegesellschaften, Leasing- und Factoringunternehmen, Kapitalbeteiligungsgesellschaften, Versicherungsunternehmen), die Anlageleistungen und Finanzierungsleistungen anbieten.

- **Finanzintermediäre im weiteren Sinne** (Finanzmakler, Kreditvermittler, Versicherungsvertreter und -makler, Wertpapiermakler, Börsendienste, Rating-Agenturen, Evidenz-Zentralen, Kreditversicherer etc.), die Vermittlungsleistungen, Informationsleistungen und/oder Risikoübernahme offerieren.

Eine Konsequenz aus unvollständigen und impliziten Finanzkontrakten ist, daß Kapitalnehmer aus der Sicht der Kreditinstitute (und letztendlich der Einleger) einen im voraus nicht explizit beobachtbaren opportunistischen Spielraum haben, der im ungünstigen Fall für die Kapitalgeber zu Verlusten führen kann. Dies hat für die Kapitalallokation auf informationsineffizienten Kapitalmärkten elementare Konsequenzen: **Kreditinstitute** fungieren in diesem Geflecht aus Informationsasymmetrie und opportunistischem Verhalten als **Agent der Kapitalgeber** (= Einleger) und können dadurch die Informationseffizienz von Finanzmärkten verbessern. Kreditinstitute übernehmen im Auftrag (risikoaverser) Einleger delegierte Aufgaben der Auswahl von Kreditnehmern unter Ermittlung individueller Kreditrisken bzw. -qualitäten (**Screening**). Sie überwachen ferner den prognostizierten wirtschaftlichen Verlauf der Schuldner nach Kreditvergabe (vor allem hinsichtlich deren Erträge) und während des Kreditengagements (**Delegated Monitoring**). Dabei prüfen Kreditinstitute insbesondere die realisierten Erträge der Kreditnehmer und kontrollieren so die vereinbarten Konditionen des Kreditvertrags (vgl. *Diamond* 1984). Konstituierend für diese Delegation auf Kreditinstitute sind deren **Economies of Scale**, häufig ergänzt um Economies **of Scope** aufgrund der Kombinationsmöglichkeiten von Screening und Monitoring sowie Economies **of Specialisation** z.B. durch Konzentration auf spezielle Kundengruppen (vgl. *Benston/Smith* 1976, S. 26). Kreditinstitute ermöglicht diese Produktion von Informationen zu komparativ niedrigen Transaktionskosten eine besondere intermediäre Rolle auf Finanzmärkten. Dies hat Rückwirkungen auf ihre produktionsmäßigen Besonderheiten. Es sind vor allem intangible Informationen in Verbindung mit nicht an Märkten gehandelten Krediten, die Kreditinstitute aus **fortwährenden Kredit- und Kontobeziehungen** produzieren (vgl. *Diamond* 1984). Eine Erklärungsvariante geht davon aus, daß Kreditinstitute eine herausgehobene wirtschaftliche Funktion bei der Beurteilung von Investitionsprojekten des Kreditnehmers und damit im Rahmen der Kreditprüfung übernehmen (vgl. *Stanhouse* 1993). Die Dienstleistungserstellung von Kreditinstituten erstreckt sich damit auch auf die Bereitstellung von Informationen an ihre Kunden, etwa im Rahmen von kommerziellen Beratungsdienstlungen des sog. Consulting Banking (vgl. *Schäfer* 1993b) und/oder im Rahmen des Relationship-Banking bei Wahrnehmung von Aufsichtsratsmandaten durch Bankvertreter (vgl. *Hellwig* 1989).

Kreditinstitute verfügen wie andere Finanzintermediäre auch die **Durchsetzung von Kreditverträgen**. Durch die kostengünstigere Überprüfung der Kreditnehmer und die Einsparung von Bestrafungskosten ermöglichen Kreditinstitute den Aufbau langfristiger, durch implizite Vereinbarungen gekennzeichnete Finanzierungsbeziehungen. Kreditinstitute übernehmen damit Funktionen von Institutionen, wie sie auch in anderer Form in Wirtschaft und Gesellschaft bestehen, z.B. in Form der Zentralbank oder Gesetzen. In diesen Zusammenhang gehört das **Hausbankprinzip**, das von deutschen und japanischen Kreditinstitute besonders gepflegt wird (vgl. *Prowse* 1996).

Ein Kreditinstitut beurteilt ferner mittels **Kreditprüfung** den Kreditnehmer im Auftrag von Kreditgebern, d.h. ihren Einlegern. Damit wird die mehrfache Produktion von Informationen im Fall fehlender Kreditinstitute vermieden und die Kosten der Informationsproduktion für die Kreditgeber bzw. Einleger werden gesenkt (vgl. *Ramakrishnan/Thakor* 1984).

Für die Bankenintermediation ist ein **Lebenszyklus** vorstellbar (vgl. *Diamond* 1989a). Die erstmalige Finanzmittelsuche eines Unternehmens ist aufgrund hoher Qualitätsunsicherheit bei den potentiellen Kapitalgebern durch die Befürchtung von Moral Hazard besonders ausgeprägt. Deswegen werden Banken als Kontrollagenten - möglichst selbst mit gutem Ruf (d.h. Reputation, vgl. *Neuss* 1993) - zwischengeschaltet, welches die Beobachtung der Folgeentscheidungen des Agenten ermöglicht. Unternehmen werden ihrerseits versuchen, dauerhaft einen vertrauensvollen Ruf aufzubauen, denn die Kapitalmarktfinanzierung wird dann über den anonymen Kapitalmarkt ermöglicht, ohne sich einem Delegated Monitoring durch Kreditinstitute unterziehen zu müssen.

Kapitalgeber gewinnen gegenüber Kapitalnehmern im Zeitablauf durch positive Erfahrungen zunehmendes Vertrauen, weswegen die Notwendigkeit von Überwachungsmaßnahmen abnimmt, so daß die Kontrollkosten sinken (vgl. *Campbell* 1979). Der Wert der Reputation kann die Kontrollkosten aufwiegen. In anonymen Kapitalmärkten fungieren Kreditinstitute zudem quasi als Versicherung für Unternehmensfinanzierungen, wenn etwa aufgrund exogener Faktoren eine Wertpapieremission nicht aufnehmbar ist. In der Realität zeigt sich ein Nebeneinander von Bank- und Kapitalmarktfinanzierungen (vgl. *Seward* 1990). Abnehmende Monitoring Costs bedeuten eine geringere Entlohnung für den Delegated Monitor. Möglichkeit des "**Cross- Monitoring**" für Kapitalmarktteilnehmer ist bei öffentlich beobachtbaren Unternehmen durch Bewertungen von Rating-Agenturen gegeben.

Mit dem Einsatz von Kreditinstituten und Finanzintermediären generell kommt allerdings die Problematik der Beziehung des Intermediärs zu seinen Auftraggebern zum Tragen. Entstanden ist ein **doppeltes Prinzipal-Agent-Problem**: zwischen **Intermediär** und finalem **Kreditgeber** (z.B. Kreditinstitut und Einlegern) sowie zwischen **Intermediär** und finalem **Kreditnehmer**. Auch die Auftraggeber können i. d. R. nicht vollständig die Handlungen des Finanzintermediärs beobachten. Es besteht also auch in dieser Delegation von Aufgaben eine asymmetrische Informationsverteilung. Es entstehen damit **Delegationskosten**, d.h. Aufwendungen, die entstehen, um Anreizprobleme sowohl innerhalb des Intermediärs als auch in der Beziehung des Intermediärs zu den finalen Kreditgebern und -nehmern zu lösen. Im wesentlichen handelt es sich bei den Delegationskosten um die Wahrscheinlichkeit, daß der Finanzintermedär **insolvent** wird. Der Finanzintermediär kann seinerseits diese Kosten senken, indem er sowohl die Ausfallrisiken seiner Kredite als auch die Risiken aus der Struktur des Kreditportefeuilles reduziert (vgl. *Rühle* 1994, S. 58ff.).

Die eindeutig anmutenden Ursache-Wirkungsbeziehungen, wie sie in Abb. I-45 und Abb. I-46 dargestellt sind, müssen bei Integration von Finanzintermediären erweitert werden um die **reziproke Prinzipal-Agent-Relation** (vgl. *Schneider* 1985, S. 558). Kreditnehmer sind absatzwirtschaftlich gesehen Kreditkunden, die aus dieser Sicht ihrerseits eine Prinzipalrolle gegenüber Finanzintermediären einnehmen, denen absatzwirtschaftlich die Rolle der Agenten zufällt.. Der Kreditnehmer aus Kundensicht beauftragt den Agenten mit der Ausführung eines bestimmten Auftrags (z. B. Leistungserstellung aus einem gemeinsam abgeschlossenen Kreditvertrag), bei welchem unterschiedliche Informationsstände die Gefahr des opportunistischen Verhaltens des Kreditinstituts entstehen lassen können. Somit können durchaus Verhaltensweisen des Kreditinstituts auch zu konkreten wirtschaftlichen Nachteilen des Kreditnehmers führen, wenn nicht vor Vertragsabschluß bestimmte Kooperationsformen realisiert wurden, die das Verhalten des Kreditinstituts während der Vertragslaufzeit stabilisieren können (vgl. *Schäfer* 1995).

Im Handelsblatt vom 07.08.1997 war auf S. 16 folgende Meldung zu lesen, die auszugsweise wiedergegeben ist:

„*Schmidt Spiel+Freizeit am Ende*
Der große deutsche Spiele- und Puzzlehersteller Schmidt Spiel+Freizeit GmbH, Eching, der erfolgreiche Spiele wie "Mensch ärgere Dich nicht", "Kniffel" und "Stadt-Land-Fluß" auf den Markt gebracht hat, räumt das Feld. Nach dem Konkurs wird noch in diesem Monat der Stammsitz in Eching bei München aufgelöst. (...) Der ehemalige Geschäftsführer für Materialwirtschaft und Produktion bei Schmidt, (...), ist davon überzeugt, daß der Traditionshersteller nicht in Konkurs hätte gehen müssen. Er erwartete für 1997 einen Umsatzschub von bis zu 15%. Mit innovativen Produkten und Formel-1-Weltmeister Michael Schuhmacher als Werbezugpferd wollten die Münchner der Konkurrenz davonfahren. Doch Mitte April entzogen die Banken der Geschäftsführung die Geldmittel, ein Vergleich mußte angemeldet werden, dem im Juni der Konkurs folgte. (...)"

<u>Lesehinweis:</u> Einen Überblick über die neueren neo-institutionenökonomischen Ansätze zur Erklärung des Bankverhaltens liefert *Davies* (1993).

Für die moderne Finanzierungstheorie haben die neo-institutionenökonomischen Grundlagen erhebliche Konsequenzen in Hinblick auf die optimale Wahl der Finanzquelle durch die Kapitalnehmer. Das Problem der optimalen Kapitalstruktur - also das Verhältnis zwischen Eigen- und Fremdkapital - gewinnt eine herausgehobene Bedeutung.

5 Kapitalkosten, Risiko und Verschuldungsstruktur

Die vorangegangenen Ausführungen skizzierten ein Bild der theoretischen Grundlagen für Finanzierungsfragen. Betrachtet werden sollten diese Ausführungen vor dem Hintergrund des statistischen Befunds von Finanzierungs- und Kapitalstruktur, wie er für deutsche Unternehmen in Abschnitt 2.2 vorgestellt wurde. Verbunden mit den statistischen und theoretischen Erkenntnissen ist die Frage nach der **optimalen Aufteilung** zwischen Eigen- und Fremdkapital im Unternehmen bzw. der Ansprüche von Eigen- und Fremdkapitalgebern an den Erträgen der von ihnen finanzierten Unternehmensinvestitionen. Dieser **normative Anspruch** spielt in der Finanzierungstheorie eine außerordentlich wichtige Rolle und soll daher in seinen wesentlichen Zügen vorgestellt werden.

5.1 Kapitalkosten bei gemischter Finanzierung

Ausgangspunkt aller Überlegungen zur modernen Betrachtungsweise der optimalen Kapitalstruktur sind die **Kapitalkosten** der einzelnen Finanzierungsalternativen. Folgt man dem statistischen Bild, wonach Unternehmen eine Finanzierung aus eigenen und fremden Finanzmitteln bestreiten ("**gemischte Finanzierung**"), so lassen sich die Kapitalkosten zu den Kosten der Eigen- und Fremdkapitalbeschaffung aggregieren. Damit wird eine einfache Bestimmung des **durchschnittlichen Kapitalkostensatzes** (k) ermöglicht. Es handelt sich dabei um eine **gewogene Durchschnittsgröße**:

(I-3) $$k_{GK} = k_{EK} * \frac{EK}{EK+FK} + k_{FK} * \frac{FK}{EK+FK}$$

wobei gilt:

EK	=	Wert des Eigenkapitals,
FK	=	Wert des Fremdkapitals,
k_{GK}	=	Satz der Kapitalkosten für das Gesamtkapital,
k_{EK}	=	Satz der Kapitalkosten des Eigenkapitals,
k_{FK}	=	Satz der Kapitalkosten des Fremdkapitals.

Die **Gewichtungsfaktoren** für den (Gesamt-) Kapitalkostensatz sind die Anteile des Eigenkapitals bzw. des Fremdkapitals am Gesamtkapital einer Unternehmung. Mit dieser Darstellungsweise ist für die Ermittlung der Kapitalkosten die **Kapitalstruktur** ausdrücklich herausgestellt. Üblich ist es, die Bestimmung der Kapitalkosten durch die Variation des **Verschuldungsgrades**, d.h. dem Quotienten FK/EK (= λ) abzubilden. Davon zu unterscheiden ist die **Verschuldungsquote**, wie sie sich in Gleichung (I-3) mit dem Quotienten FK/(EK+FK) wiederfindet.

Die Anteile von **Eigen- und Fremdkapital** können grundsätzlich von der **Unternehmensleitung verändert** werden. Wären etwa die Fremdkapitalkosten niedriger als die Eigenkapitalkosten, so könnte die Unternehmensleitung bestrebt sein, im Interesse der Eigenkapitalgeber als Bezieher von Residualeinkommen die **durchschnittlichen Kapitalkosten zu senken**. Hierzu könnte sie das bisherige Gesamtkapitalvolumen beibehalten und "teures" Eigenkapital durch "billigeres" Fremdkapital **substituieren**. Mittels Gleichung (I-3) erkennt man, daß mit einer steigenden Fremdkapitalquote die durchschnittlichen Kapitalkosten sinken - vorausgesetzt die **Kostensätze** für Eigen- und Fremdkapital bleiben **konstant** und es gilt $k_{EK} > k_{FK}$. Es wird noch zu zeigen sein, weshalb diese Ungleichung Berechtigung hat.

Ein weiterer Effekt dieser **Kapitalsubstitution** unter der Bedingung konstanter Eigen- und Fremdkapitalkosten wäre, daß der **Unternehmenswert** (V), d.h. das **Gesamtkapital** zum **Marktwert** (GK_M), steigt. Dies ist naheliegend, weil der Unternehmenswert den Barwert der periodisierten Bruttogewinne G_{Gt} (= Jahresüberschuß plus Zinsen zzgl. ähnliche Aufwendungen) darstellt und mit k_{GK} berechnet wird:

(I-4) $$GK_M = V = \sum_{t=1}^{\infty} \frac{G_{Gt}}{(1+k_{GK})^t}$$

Gleichung (I-4) unterstellt, daß die Unternehmung nicht von vornherein befristet existiert, weshalb t = 1,...,∞ (gemäß des "**Going Concern-Prinzips**"). Die Gleichung zeigt jetzt , daß eine Senkung der (durchschnittlichen) Kapitalkosten k eine Erhöhung des Unternehmenswerts V bewirken.

5.1.1 Financial Leverage-Effekt

Die **Variation** von **Eigen- und Fremdkapitalanteilen** bei konstanten Kapitalkostensätzen für Eigen- und Fremdkapital ist in der Literatur und der Praxis insbesondere hinsichtlich ihrer **Auswirkungen** auf den **durchschnittlichen Kapitalkostensatz** bzw. den **Eigenkapitalkostensatz** untersucht worden. Es läßt sich zeigen, daß von einer steigenden Verschuldung, also Fremdkapitalaufnahme zu Lasten des Eigenkapitals, eine **Hebelwirkung** (= Leverage) auf den Gesamtkostensatz ausgeht. Diese Wirkung, auch als **Financial Leverage-Effekt** bezeichnet, kann positiv oder negativ auf den durchschnittlichen Kapitalkostensatz wirken. Üblicherweise wird dieser Effekt durch die Variation des Verschuldungsgrades veranschaulicht. Zudem erfolgt i. d. R. die Betrachtung der Wirkung in Hinblick auf den Kapitalkostensatz des Eigenkapitals (vgl. *Perridon/Steiner* 1995, S.445ff). Gleichung (I-3) läßt sich hierzu wie folgt umgestalten:

(I-5) $$k_{GK} = k_{EK} * \frac{EK}{GK} + k_{FK} * \frac{FK}{GK}$$

mit $GK = EK + FK$. Die Größe k_{FK} ergibt sich buchhalterisch als Quotient von Zinsen und ähnlichen Aufwendungen zu Fremdkapital. Gleichung (I-5) läßt sich mittels Umformungen nach dem **Eigenkapitalkostensatz** auflösen. Ausgangspunkt ist:

$$k_{GK} * (EK + FK) = k_{EK} * EK + k_{FK} * FK$$

und aufgelöst nach der **Eigenkapitalrendite-Komponente**

$$k_{EK} * \frac{EK}{GK} = k_{GK} - k_{FK} * \frac{FK}{GK}$$

sowie erweitert mit GK/EK und aufgelöst nach der Eigenkapitalrentabilität:

$$k_{EK} = k_{GK} * \frac{GK}{EK} - k_{FK} * \frac{FK}{GK} * \frac{GK}{EK}$$

$$k_{EK} = k_{GK} * \frac{EK + FK}{EK} - k_{FK} * \frac{FK}{EK}$$

$$k_{EK} = k_{GK} * \frac{EK}{EK} + k_{GK} * \frac{FK}{EK} - k_{FK} * \frac{FK}{EK}.$$

Nach Kürzungen und Zusammenfassungen erhält man die gängige Definition für die **Kosten** des **Eigenkapitals**:

(I-6a) $$k_{EK} = k_{GK} + (k_{GK} - k_{FK}) * \frac{FK}{EK}.$$

bzw.

(I-6b)
$$k_{EK} = k_{GK} + (k_{GK} - k_{FK}) * \lambda$$

mit $\lambda = \dfrac{FK}{EK}$.

Nun ist der **Kostenbegriff** der **Finanzwirtschaft** nicht identisch mit dem Kostenbegriff der Betriebswirtschaftslehre. Der **Kapitalkostensatz** wird als Diskontierungsfaktor definiert und ist als **interner Zinsfuß** (= r) zu verstehen. Die Bereitstellung von Finanzmitteln wird im Sinne der zahlungsstromorientierten Definition von Investitions- und Finanzierungsvorgängen als **Einzahlungsstrom** (e_0) aus Unternehmenssicht charakterisiert. Er bildet den Anfang einer Finanzierungszahlungsreihe, die anschließend Zins- und Tilgungsleistungen (bei Kreditfinanzierung) oder Ausschüttungen (bei Eigenfinanzierung) als Auszahlungsströme (a_t) enthält:

(I-7)
$$e_0 = \sum_{t=1}^{n} a_t (1+r)^{-t} \quad (t = 1, 2, \ldots, n)$$

Der interne Zinsfuß gibt an, mit welchem Kalkulationssatz die Rückzahlungen in den Zeitpunkten t abgezinst werden müssen, damit die Summe der Rückzahlungsbarwerte den Finanzierungsbetrag ergeben. Der interne Zinsfuß ist als **Eigen-** oder **interne Verzinsung** des jeweils noch eingesetzten Restkapitals zu verstehen. Wenn man den bereitgestellten Finanzmittelbetrag als gegeben betrachtet, bestimmt die Höhe der Zinszahlungen bzw. der Ausschüttungen den internen Zinsfuß. Die Höhe von Zins- und Ausschüttungszahlungen wird nicht vom Unternehmen, sondern von den Kapitalgebern bestimmt. Sie sind bereit, Finanzmittel an ein Unternehmen zu geben, wenn ihre individuellen Einkommensstromvorstellungen erfüllt werden. Im Grundsatz gilt daher für den **Kapitalkostensatz** als **interner Zinsfuß**, daß er mit der von den Kapitalgebern geforderten Rendite identisch sein muß. Diese **Renditeforderung** (= Required Rate of Return, bezeichnet mit dem Symbol r_f) determiniert k_{GK}. Sie richtet sich auf die Einzahlungsströme pro Periode (e_t) und sind Preise für Kapitalüberlassungen bzw. Auszahlungen für Vermögensanlagen (a_t). Bei Vereinfachung von Gleichung (I-7) durch die Unterstellung einer **unendlichen uniformen geometrischen Reihe** für die Größe e ergibt sich

(I-8)
$$r_f = k_{GK} = \dfrac{e}{a} * 100.$$

Der Zusammenhang in Gleichung (I-8) gilt sowohl für die Renditeforderungen von Beziehern von **Residualeinkommen**, wie für Bezieher von **kontraktbestimmten Einkommen**. Die Einkommenszahlungen werden aus den Einzahlungen gespeist, die die finanzierten **Investitionsobjekte** durch ihren Einsatz im betrieblichen Wertschöpfungsprozeß **generieren**. Da Investitionen zukunftsgerichtet sind und aus heutiger Sicht u.a. nicht mit Sicherheit alle zukünftigen Einzahlungshöhen pro Periode bekannt sind, werden die Renditeforderungen je nach Ausmaß der Unsicherheiten um Risikoprämien erhöht. **Kapitalgebern** wird i.d.R. unterstellt, daß sie **risikoscheu** sind. Unter risikolosen und riskanten Alternativen werden sie Risikopositionen übernehmen, wenn sie hierfür entschädigt werden (= **Sicherheitsäquivalent** erhalten). So wurde in Abschnitt 1.4 dieses Kapitels gezeigt, daß grundsätzlich die **Renditeforderung** für das bereitgestellte Eigenkapital wegen der (i.d.R. unterstellten) Risikoabneigung der Aktionäre und den speziellen Haftungsregelungen höher sein wird, als der Kostensatz für bereitgestelltes Fremdkapital.

5 Kapitalkosten, Risiko und Verschuldungsstruktur

<u>Lesehinweis:</u> Die Bemerkung im vorangegangenen Satz zur Vergütung der Risikoprämie im Kapitalmarkt basiert auf der fundamentalen Gleichgewichtskonzeption der Kapitalmarkttheorie - dem **Capital Asset Pricing Model** (kurz CAPM). Kurz gesagt wird hierin nachgewiesen, daß unter ganz bestimmten Annahmen, insbesondere hinsichtlich der Vollkommenheit des Kapitalmarkts und bei Risikoaversion der Anleger, der erwartete Preis für einen risikotragenden Finanzkontrakt (= μ_i) aus einer Rendite für eine risikolose Geldanlage i_r (z.B. Bundesanleihe) und einem Risikoaufschlag besteht: $\mu_i = i_r + (\mu_M - i_r)\beta_i$. Der Risikoaufschlag orientiert sich an der Differenz der Rendite für risikolose Geldanlagen und der erwarteten Rendite eines sog. Marktportefeuilles (= μ_M, häufig näherungsweise gleichgesetzt mit einem Aktienindex), gewichtet um den sog. β-Faktor des betrachteten Wertpapiers:

$$\beta_i = \frac{\text{Relative Abweichung der Aktienrendite}}{\text{Relative Abweichung der Marktrendite}}$$

(vgl. *Elton/Gruber* 1995, Kap. 7).

Interpretiert man die Kapitalkosten als Renditeerwartungen der Kapitalgeber, so ergibt sich die **Financial-Leverage-Formel**:

Eigenkapitalrentabilität	Gesamtkapitalrentabilität
$\dfrac{\tilde{G}_G}{EK} = \tilde{r}_{EK}$	$\dfrac{\tilde{G}_G + FK * k_{FK}}{GK} = \tilde{r}_{GK}$

Die Tilden bezeichnen die stochastischen Größen. Der erwartete Bruttogewinn wird dann wie folgt darstellbar:

(I-9a) $$\tilde{G}_G = EK * \tilde{r}_{GK} + FK(\tilde{r}_{GK} - k_{FK}).$$

Dividiert man den gesamten Ausdruck durch EK, so erhält man

(I-9b) $$\frac{\tilde{G}_G}{EK} = \tilde{r}_{EK} = \tilde{r}_{GK} + (\tilde{r}_{GK} - k_{FK}) * \frac{FK}{EK}$$

bzw.

(1-9c) $$\tilde{r}_{EK} = \tilde{r}_{GK} + \lambda(\tilde{r}_{GK} - k_{FK}).$$

Aus Gleichung (I-9c) lassen sich folgende **Aussagen** ableiten:

- Die Eigenkapitalrendite steigt mit zunehmendem Verschuldungsgrad unter der Voraussetzung an, daß der Gesamtkapitalkostensatz k_{GK} über dem Fremdkapitalkostensatz k_{FK} liegt (= positive Wirkung des Financial-Leverage Effekts).

- Die Substitution von Eigenkapital durch Fremdkapital ist sinnvoll, solange für das freigesetzte Eigenkapital alternative Anlagemöglichkeiten mit ausreichender Rendite zur Verfügung stehen.

- Mit zunehmender Verschuldung steigt zugleich das Risiko der Eigenkapitalgeber (= negative Wirkung des Financial-Leverage Effekts).

<u>Beispiel:</u> Ein Unternehmen hat eine Investitionsmöglichkeit, die eine Anschaffungsauszahlung von DM 100,- erfordert. Die Investition erbringt in Abhängigkeit von den verschiedenen für möglich gehaltenen Umweltzuständen (s_t) mit der jeweiligen Eintrittswahrscheinlichkeit $w(s_t)$ folgende Einzahlungsüberschüsse:

Umweltzustand	s_1	s_2	s_3
Eintrittswahrscheinlichkeiten	$w(s_1) = 0{,}25$	$w(s_2) = 0{,}50$	$w(s_3) = 0{,}25$
Einzahlungsüberschüsse vor Abzug des Zinsaufwands ($\cong$ Bruttogewinn; G_G)	DM 10,--	DM 15,--	DM 20,--

Tab I-6: Zustandsabhängige Bruttogewinne

Der Fremdkapitalkostensatz betrage 10 %. In Abhängigkeit vom Verschuldungsgrad ergeben sich folgende Renditen für das eingesetzte Eigenkapital:

λ = FK/EK	s_1	s_2	s_3	$E(k_{EK})$	$Var(k_{EK})$
0 : 100	10,00%	15,00 %	20,00 %	15,00 %	3,54 %
25 : 75	10,00%	16,67 %	23,33 %	16,70 %	4,69%
50 : 50	10,00 %	20,00 %	30,00 %	20,00 %	7,07 %
75 : 25	10,00 %	30,00 %	50,00 %	30,00 %	14,14 %

Tab. I-7: Wirkungen einer steigenden Verschuldung auf Eigenkapitalrentabilität und Financial-Leverage-Risiko bei unterschiedlichen Umweltzuständen

Aus der Tab. I-7 ist ersichtlich, daß mit **steigendem Verschuldungsgrad** die **erwartete Eigenkapitalrentabilität** und das **Financial-Leverage-Risiko** (gemessen mit der Varianz der Eigenkapitalrentabilität $Var(k_{EK})$) **steigen**.

Mit

(I-10)
$$\tilde{k}_{EK} = \frac{G_{Gi} - (k_{FK} * FK)}{EK}$$

sowie für die erwartete Eigenkapitalrentabilität

(I-11)
$$E(k_{EK}) = \sum_{t=1}^{T} k_{EK}(s_t) * w(s_t)$$

und das Risiko der Eigenkapitalrentabilität, d.h. ihre Varianz:

(I-12)
$$Var(k_{EK}) = \sigma^2 = \sum_{t=1}^{T} \left[k_{EK}(s_t) - E(k_{EK}) \right]^2 * w(s_t).$$

Die Berechnungen der **Eigenkapitalrentabilität** nach den Angaben des Beispiels ergeben sich beispielsweise für den Verschuldungsgrad λ = **25 : 75** wie folgt:

$$k_{EK}(\lambda = 25{:}75; s_1) = \frac{10 - (25 * 0{,}10)}{75} = 10\%$$

$$k_{EK}(\lambda = 25{:}75; s_2) = \frac{15 - (25 * 0{,}10)}{75} = 16{,}67\%$$

$$k_{EK}(\lambda = 25{:}75; s_3) = \frac{20 - (25 * 0{,}10)}{75} = 23{,}33\%$$

und

$$E(k_{EK})[\lambda = 25:75] == 0{,}1*0{,}25 + 0{,}1667*0{,}50 + 0{,}2333*0{,}25 = 0{,}1667$$

$$\sigma^2 \ [\lambda = 25:75] = (0{,}10 - 0{,}1667)^2 *0{,}25 + (0{,}1667 - 0{,}1667)^2 *0{,}50 + (0{,}2333 - 0{,}1667)^2 * 0{,}25$$

$$\sigma^2 \ [\lambda = 25:75] = 0{,}0022$$

$$\sigma \ [\lambda = 25:75] = 0{,}0469\,.$$

Für die übrigen beispielhaft gewählten Verschuldungsgrade ergeben sich die Werte der Tab. I-7 entsprechend. Der Zusammenhang zwischen Risiko und Kapitalstruktur - der **Financial Leverage-Effekt** - stellt eine **Definition** dar: Risiko wird ausschließlich durch das Verhältnis von Eigen- zu Fremkapital ausgelöst, wobei man den **Verschuldungsgrad** λ zum **Bestimmungsfaktor** des **Risikos** macht. Andere Risiken wie das Illiquiditätsrisiko oder das Marktrisiko sind hierin nicht erfaßt. Das Risiko der Eigenkapitalgeber resultiert in dieser Formulierung ausschließlich aus dem Verschuldungsgrad. Eine weitere Risikokomponente, die aufgrund einer Hebelwirkung entsteht, ist der Operating Leverage-Effekt.

5.1.2 Operating Leverage-Effekt

Mit dem Operating-Leverage-Effekt wird die Hebelwirkung bezeichnet, die z.B. aus der **Automatisierung** der **Produktionsbedingungen** folgt. Mit der Automatisierung steigt die Kapitalintensität der Produktionsbedingungen. Damit sind in der Regel höhere fixe Gesamtkosten und niedrigere variable Stückkosten verbunden. Bei Umsatzschwankungen ergibt sich infolgedessen ein Streubereich der Bruttogewinne, der um so größer ist, je kapitalintensiver die Produktionsbedingungen sind. Das **existenzielle Risiko** eines Unternehmens, verstanden als Streuung der Bruttogewinne (oder der Gesamtkapitalrendite), wird nicht nur durch die Marktbedingungen, sondern auch durch die Produktionsbedingungen beeinflußt.

Beispiel: (vgl. *Süchting* 1995, S.461)

	Produktionsbedingung I	Produktionsbedingung II
Preis	10 DM	10 DM
K_f	10.000 DM	35.000 DM
k_v	6 DM	4 DM
Bruttogewinn (G_G)	4*U - 10.000	6*U - 35.000

Tab. I-8: Wertetabelle für den Operating Leverage-Effekt

Mit den Werten aus Tab. I-8 lassen sich für die jeweiligen Produktionsbedingungen die dazugehörigen Bruttogewinnkurven in Abhängigkeit vom Umsatz abbilden. In Abb. I-50 wurde dies vorgenommen. Im Schnittpunkt beider Geraden besteht zwischen beiden Produktionsbedingungen kein Unterschied hinsichtlich der Gewinnwirkungen von Umsatzveränderungen. Rechts von diesem Schnittpunkt (= Break-Even-Point) erkennt man, daß die Produktionsbedingung I, die weniger kapitalintensiv ist und geringere Fixkosten aufweist, von Umsatzausweitungen weniger stark profitieren kann als Produktionsbedingung II. Betrachtet man hingegen den Fall sinkender Umsätze (Bereich links des Break-Even-Points), so zeigt sich wiederum bei Produktionsbedingung I ein gedämpfter Effekt, d.h., die Verluste fallen geringer aus als bei Produktionsbedingung II.

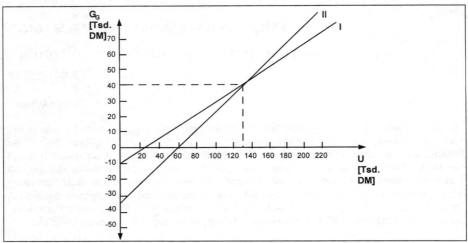

Abb. I-50: Grafische Veranschaulichung des Operating Leverage (Quelle: *Süchting* 1995, S. 462)

5.1.3 Risiko und Kapitalkosten

Unabhängig davon, ob Eigen- oder Fremdkapitalgeber betrachtet werden, immer wird der **Kapitalkostensatz** als **Renditeforderung** beschrieben sein. Er setzt sich zusammen aus einer **risikofreien Ertragsrate** (einer alternativen risikofreien Anlagemöglichkeit), erhöht um **Risikoaufschläge**. Der Kapitalkostenssatz k kann unter diesen Umständen wie folgt definiert werden:

(I-13) $$k = r_f + r_a + (r_b + r_c)$$

wobei r_f = risikoloser Zinssatz. Die Risikoaufschläge r_a + (r_b + r_c) lassen sich nach ihrer **Ursache** wie folgt einteilen: r_a = gesamtwirtschaftlicher Risikofaktor, r_b = existenzielles Risiko (aufgrund des Operating Leverage-Effekts), r_c = finanzielles Risiko (aufgrund des Financial Leverage-Effekts). Die Risikokomponente (r_b + r_c) wird auch häufig mit dem **Bonitäts- oder Ausfallrisiko** gleichgesetzt. Bislang wurde das **gesamtwirtschaftliche Risiko** noch nicht betrachtet. Es besteht aus den Komponenten **Geldentwertungsrisiko** und **Zinsänderungsrisiko**. Beide sind vom Unternehmen nicht beeinflußbar und können z. B. in Verhandlungen über Kapitalüberlassungen keinen Verhandlungsgegenstand darstellen.

Abb. I-51 zeigt die Verläufe dieser Risikoaufschläge in Abhängigkeit vom Verschuldungsgrad.

5 Kapitalkosten, Risiko und Verschuldungsstruktur

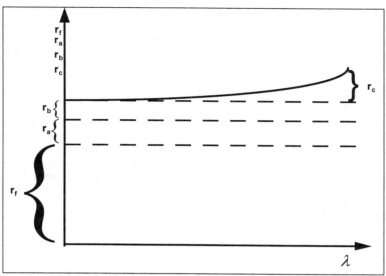

Abb. I-51: Abhängigkeit der geforderten Rendite und der Risikoaufschläge vom Verschuldungsgrad

Das Geldentwertungsrisiko findet seinen Niederschlag im sog. **Fisher-Effekt** (vgl. *Fisher* 1930):

(I-14) $$r_{nt} = \tilde{r}^*_{rt} + \tilde{p}^*_t$$

Der Fisher-Effekt besagt, daß der **nominale Zinssatz** (oder die Monetary Rate, r_{nt}) der Summe aus **erwartetem zukünftigen Realzinssatz** $\tilde{r}^*_{rt}$ und **erwarteter Inflationsrate** $\tilde{p}^*_t$ entspricht. Damit ist zwischen nominalem (inflationiertem) und realem (inflationsfreien) Zinssatz zu unterscheiden. Inflationserwartungen erfordern eine Zukunftsvorstellung und i. d. R. geht in viele Prognosen ein gewichteter Durchschnitt von in den vergangenen Jahren (z. B. über einen Konjunkturzyklus) beobachteten Inflationsraten ein. Als Maßstab der Inflationsrate dient üblicherweise der **Lebenshaltungskostenindex**, da Anleger mit den Einkommenszahlungen aus ihren Anlagen (Kapitalvergaben) Konsum tätigen werden. Der **reale Zinssatz** kann unterschiedlich erklärt werden, je nachdem welcher Zinstheorie man folgt. So ließe er sich als Pure Rate i. S. von *Fisher* interpretieren. Eine andere Vorstellung, die vor allem Volkswirtschaftler mit dem realen Zinssatz verbinden, ist die des sog. "**natürlichen Zinssatz**" im Sinne des klassischen Paradigmas der Zinstheorie, was auf den schwedischen Wirtschaftswissenschaftler *Wicksell* zurückgeht, der auf diesen bereits im vorigen Jahrhundert hinwies. Die zweite Komponente des gesamtwirtschaftlichen Risikos, das **Zinsänderungsrisiko**, läßt sich einmal durch die anlegerspezifische Wahl der sog. **Duration** immunisieren. Eine weitere Möglichkeit zum Management von Zinsänderungsrisiken bieten derivative Finanzinstrumente (vgl. Kapitel III, Abschnitt 7.4).

Unter Berücksichtigung der bisherigen Ausführungen ist festzuhalten: Die **(nominale) Renditeforderung** als Determinante des Kapitalkostensatzes umfaßt neben der **erwarteten Inflationsrate** einen **unternehmensspezifischen Risikoaufschlag** für das Bonitätsrisiko. Es stellt ein einzelwirtschaftliches unternehmensindividuelles Risiko dar. Genau genommen findet in die Renditeforderung ausschließlich die **systematische** Risikokomponente Eingang. Die **unsystematische Komponente** läßt sich im optimalen Fall durch den Diversifikationseffekt eliminieren. Diesen können sich Anleger bei der Bildung von Portefeuilles mit risikotragenden Vermögenswerten nach den Gesetzen der Portfolio-Selection-Theorie zu Nutze machen. Daher können sie ihre Renditeforderungen nicht um Prämien für unsystematische Risiken erhöhen, da auf dem Kapitalmarkt niemand Kompensation für ein Risiko zahlen wird, das durch Diversifikation eliminierbar ist.

Während unsystematische Risiken unternehmensindividueller Natur sind, werden systematische Risiken außerhalb des Einflußbereichs eines einzelnen Unternehmens hervorgerufen (z.B. Wechselkursänderungen) und verursachen bei Unternehmen letztendlich unterschiedliche Schwankungen in ihren Periodengewinnen. Für die Kapitalgeber bietet sich mit der Entwicklung von **Aktienoptionskontrakten** und **Index-Futureskontrakten** die Möglichkeit, auch in einem voll diversifizierten Portefeuille, das ausschließlich dem systematischen Risiko noch ausgesetzt ist, dieses zu eliminieren. So ließe sich durch Kauf und Ausübung einer **Verkaufsoption** (sog. **Long Put**) ein individuell festgelegter Portefeuillewert realisieren. Die **Fixierung** des **Ausübungspreises** eines Aktienputs schreibt den Wert des Portefeuilles fest und schützt es so vor Verlusten aus Aktienkursrückgängen.

Lesehinweis: Optionskontrakte erläutert und untersucht auf Einsatzmöglichkeiten Steiner/Bruhns (1996).

Für Kapitalgeber stellt sich die Zusammensetzung des Bonitätsrisikos eines Unternehmens so dar, wie es in Abb. I-52 zusammengefaßt ist:

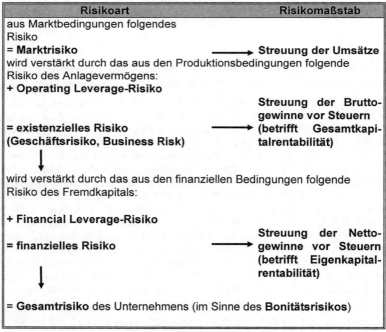

Abb. I-52: Stufen der Begründung des Bonitätsrisikos

5 Kapitalkosten, Risiko und Verschuldungsstruktur

Das **Bonitäts- oder Ausfallrisiko** ist somit als Gesamtrisiko aus Gläubiger- und Eigenkapitalgebersicht bezeichnet und besteht aus drei **Komponenten**:

- Ausgangspunkt bildet das **Marktrisiko**, d.h die Streuung der Umsätze des Unternehmens. Dies ist durch gesamtwirtschaftliche Einflußfaktoren und deren spezielle einzelwirtschaftlichen, d.h. unternehmensspezifischen Wirkungen begründet.

- Beim **Operating Leverage-Effekt** resultiert (wie gezeigt) das Risiko aus den Produktionsbedingungen und der Höhe der Kapitalintensität. Leverage-Treiber sind die (**Sach-**)**Kapitalintensität** und damit verbundene kurzfristig **fixe Kosten**. Dies führt zum **existenziellen Risiko** (Geschäftsrisiko, Business Risk) und bezieht sich darauf, wie stabil die erwarteten Bruttogewinne zu sehen sind. Das existenzielle Risiko entsteht, wenn Schwankungen um den Mittelwert des Bruttogewinns vorliegen. Durch Diversifizierung ihres Produktionsprogramms und Aktivitäten auf verschiedenen Branchenmärkten können vor allem Großunternehmen unternehmensstrategisch dieses Risiko steuern. Kurzfristig ist das existenzielle Risiko von der Geschäftsleitung nicht beeinflußbar.

- Das **finanzielle Risiko** resultiert ebenfalls aus instabilen Gewinnverläufen. Hierbei spielt die Kapitalstruktur bzw. die Verschuldung eines Unternehmens die ausschlaggebende Rolle. Auch hier wirken als Leverage-Treiber **(Fremd-)Kapitalintensität** und kurzfristig **fixe (Zins-)Kosten**. Die Unternehmensleitung hat hierbei die Möglichkeit, kurzfristig das Risikoausmaß zu steuern. Je nachdem, wie der Anteil von Eigen- zu Fremdkapital variiert wird und welche Renditeverhältnisse von Eigen-, Fremd- und Gesamtkapital vorliegen, wird eine **positive** oder **negative Hebelwirkung** ausgelöst, die das finanzielle Risiko erhöht oder senkt (= **Financial Leverage- Effekt**). Als Zielgröße wird i.d.R. die Eigenkapitalrentabilität verwendet, exogene Variable bildet häufig die Umsatzschwankung.

Zentrale Bedeutung für die finanzwirtschaftliche Fragestellung der Kapitalkosten ist die Existenz des **Financial Leverage-Effekts**, da die Variationsmöglichkeit des Verschuldungsgrades der Unternehmensleitung grundsätzlich zur Verfügung steht. Desweiteren existiert aus der Sache heraus eine enge Verbindung zu den bisherigen und zukünftigen Finanzmittelbereitstellungen der Eigen- und Fremdkapitalgeber. Besonders die Eigenkapitalgeber sind aus ihrer besonderen Risikoposition von den Auswirkungen des Financial Leverage-Effekts betroffen.

5.2 Modelle zur Erklärung der Kapitalstruktur

Wie reagieren die Eigen- und Fremdkapitalgeber auf den positiven oder negativen Financial Leverage-Effekt? Hierzu gibt es **zwei unterschiedliche Antworten**. Sie stützen sich beide auf den Marktwert des Unternehmens und seiner Veränderung aufgrund von Variationen im Verschuldungsgrad und den dadurch beeinflußten durchschnittlichen Kapitalkosten (k_d) (vgl. *Perridon/Steiner* 1995, S. 451-452):

(I-15) $$k_d = \tilde{k}_{EK} * * \frac{EK_M}{GK_M} + i * \frac{FK_M}{GK_M}$$

Dabei bezeichnet $\tilde{k}_{EK}$. die Eigenkapitalkosten im Sinne geforderter Renditen der Eigenkapitalgeber. Die Fremdkapitalgeber fordern den Zinssatz i, weshalb k_{FK} in i übergeht. Die Gesamtkapitalkosten stellen sich jetzt als durchschnittliche Kapitalkosten dar und werden mit den Eigen- und Fremdkapitalkostensätzen durch Gewichtung der Marktwerte der Kapitalanteile ermittelt. Dabei gilt:

(I-16a) $$FK_M = \frac{i*FK}{i}$$

(I-16b) $$EK_M = \frac{\tilde{G}_{G_t} - i*FK}{\tilde{k}_{EK^*}}$$

(I-16c) $$\frac{\tilde{G}_{G_t} - i \cdot FK}{\tilde{k}_{EK^*}} + \frac{i \cdot FK}{i} = \frac{\tilde{G}_{G_t}}{k_d}$$

5.2.1 Traditionelle These der Relevanz der Kapitalstruktur

Die eine Antwort zur vorangestellten Frage wird als die traditionelle These zum Kapitalstrukturproblem bezeichnet. Sie behauptet sinngemäß:

Es existiert im Unternehmen ein **optimaler Verschuldungsgrad**. Er liegt im **Minimum des durchschnittlichen Kapitalkostensatzes**. Bei Verwendung des durchschnittlichen Kapitalkostensatzes k_d als Diskontierungsfaktor für die Unternehmenserträge ergibt sich folglich der maximale Unternehmenswert im Minimum der Kapitalkosten.

Die These beruht auf Beobachtungen und Annahmen über das **Verhalten** von Eigen- und Fremdkapitalgebern bezüglich ihrer Ausschüttungs- bzw. Zinsforderungen gegenüber dem Unternehmen aufgrund unterschiedlicher Verschuldungsgrade. Dabei wird unterstellt, daß die Renditeforderungen der Kapitalgeber mit dem Anstieg des Verschuldungsgrads ebenfalls wachsen. Zentrale Annahme ist, daß die Fremdkapitalgeber früher als die Eigenkapitalgeber mit der Ausweitung der Verschuldung ihre Renditeforderungen erhöhen:

(I-17) $$k_d = \tilde{k}_{EK^*}(\lambda) \frac{EK_M}{GK_M} + i\,(\lambda)* \frac{FK_M}{GK_M}.$$

Nach der traditionellen Hypothese der optimalen Veschuldung, **steigen** die **Renditeforderungen** aufgrund der **wachsenden Verschuldung** an. Folgende drei **Effekte** sollen daraufhin zu beobachten sein:

1. Bei **zunehmender Verschuldung** wird "teures" Eigenkapital gegen "billiges" Fremdkapital ersetzt. Solange k_{EK^*} und k_{FK} konstant bleiben, sinkt k_d daher mit steigendem Verschuldungsgrad (vorausgesetzt $k_{EK^*} > i$).

2. Das **Risiko** für die Eigentümer des im Unternehmen **gebundenen Eigenkapitals** nimmt dadurch **zu**, und die von den Eigenkapitalgebern **geforderte Rendite wird steigen**. Anfänglich wird bei steigender Eigenkapitalrendite der durchschnittliche Kapitalkostensatz k weiter sinken.

3. Bei **hohem Verschuldungsgrad** schätzen neben den Eigenkapitalgebern zusätzlich die Gläubiger ihre Parten am Unternehmensertrag als riskant ein (**steigendes Insolvenzrisiko**). Sie sind jetzt zu Kreditpronlogationen oder neu bereitzustellenden Krediten nur bereit, wenn die Unternehmensleitung **Risikoaufschläge** in den Kreditzinssät-

5 Kapitalkosten, Risiko und Verschuldungsstruktur

zen akzeptiert. Damit steigt aus Sicht der Unternehmensleitung der Fremdkapitalkostensatz.

Während der erste der oben beschriebenen Effekte eine Senkung der durchschnittlichen Kapitalkosten bewirkt, führen der zweite und dritte Effekt anschließend, bei weiter steigendem Verschuldungsgrad, zu einem Anstieg der durchschnittlichen Kapitalkosten.

Beispiel (vgl. _Schierenbeck_ 1995, S. 462): Die Kosten des Eigenkapitals sollen von 10% (bei einem Fremdkapitalanteil von Null) auf stufenweise 15% (bei einem Fremdkapitalanteil von 70%) zunehmen. Ursache dieser Veränderung ist die wachsende Renditeforderung der Eigenkapitalgeber als Reaktion auf die steigende Verschuldung. Die Fremdkapitalkosten bleiben dagegen bis zu einem Fremdkapitalanteil von 60% am Gesamtkapital mit 5% konstant. Bei 70%igem Fremdkapitalanteil wird erstmalig ein Risikozuschlag von 2% erhoben. Das Gesamtkapital beträgt 1000 GE, die Gesamtkapitalrendite im Ausgangspunkt 10%. Nachfolgende Tab. I-9 zeigt die zu berücksichtigenden Effekte.

#	Phase	I				II	III
1	λ	0	0,11	0,43	1	1,5	2,33
2	Eigenkapital (nominal)	1000	900	700	500	400	300
3	Fremdkapital (nominal)	-	100	300	500	600	700
4	Gesamtkapital (nominal)	1000	1000	1000	1000	1000	1000
5	Perioden- überschuß vor FK-Zinsen	100	100	100	100	100	100
6	Fremdkapital- zinsen	-	5	15	25	30	49
7	i	0,05	0,05	0,05	0,05	0,05	0,07
8	Reingewinn	100	95	85	75	70	51
9	$\tilde{k}_{EK}^{*}$ [1]	0,10	0,10	0,105	0,115	0,13	0,15
10	Eigenkapital (zum Marktwert)[2]	1000	950	809,5	652,2	538,5	340
11	Eigenkapital in % des nominellen EK = K[3]	100	105,5	115,6	130,4	134,6	113,3
12	Gesamtkapital (zum Marktwert) = V[4]	1000	1050	1109,5	1152,2	1138,5	1040
13	k_V[5]	0,1	0,095	0,090	0,087	0,088	0,096
14	$k_{nom.}$[6]	0,1	0,095	0,089	0,083	0,082	0,094

Erläuterungen:
[1] exogen von den Eigenkapitalgebern als Renditeforderung vorgegeben
[2] Reingewinn/k_{EK}, z. B. 95/0,1 = 950
[3] 950/900 * 100 = 105,56
[4] V = EK_M + FK = 950 + 100 = 1050
[5] k_V = 0,10 * 950/1050 + 0,05 * 100/1050 = 0,095
[6] k_{nom} = 0,10 * 900/1000 + 0,05 * 100/1000 = 0,095

Tab. I-9: Die traditionelle These von der Existenz eines optimalen Verschuldungsgrads in Beispielzahlen

Bei der Betrachtung von Tab. I-9 sind folgende Schritte gedanklich zu trennen:

– Ermittlung des Marktwerts des EK (in % des Nominalwerts),
– Vergleich des Marktwerts des EK mit seinem Nominalwert (Zeile 11).

Für die von den Kapitalgebern geforderten durchschnittlichen Kapitalkosten gilt dann Gleichung (I-2a) oder (I-2b), je nachdem, ob zur Berechnung die Marktwerte (Zeile 13) oder die Nominalwerte (Zeile 14) für Eigenkapital und Fremdkapital zugrunde gelegt wurden. Spielt man die bereits vorgestellten drei Phasen anhand des Beispiels gedanklich durch, so läßt sich folgendes erkennen:

– **Phase I** kennzeichnet die Abschnitte **bis** zum **Verschuldungsgrad 1**. Hier steigt der Marktwert des Unternehmens und die durchschnittlichen Kapitalkosten sinken. Der Abstand zwischen dem Eigenkapital zu Marktwerten und dem nominellen Eigenkapital wächst, was sich durch steigende Eigenkapitalkurse ausdrückt (= Marktwert des Eigenkapitals in Prozent des nominellen Eigenkapitals).
– **Phase II** ist gekennzeichnet durch den **Verschuldungsgrad 1,5**. Hier sinkt der Marktwert des Unternehmens durch die steigenden durchschnittlichen Eigenkapitalkosten. Der Eigenkapitalkurs nimmt noch zu.
– **Phase III** weist einen **Verschuldungsgrad** von **2,33** auf. Sowohl der Marktwert des Unternehmens wie der Kurswert des Eigenkapitals sinken.

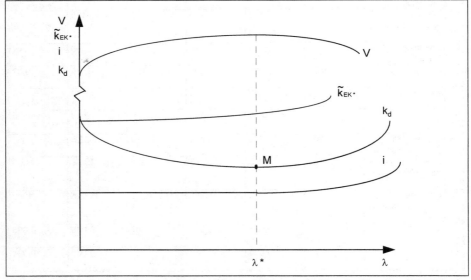

Abb. I-53: Grafische Verläufe zentraler Komponenten im Rahmen der traditionellen These von der Existenz eines optimalen Veschuldungsgrads

In Abb. I-53 sind die Aussagen grafisch festgehalten. Es wird deutlich, daß das **Optimum des Verschuldungsgrads** im Rahmen der Zielsetzung Maximierung des Unternehmensmarktwerts am Ende der ersten Phase liegt. Hier erreichen die durchschnittlichen Kapitalkosten ihr Minimum. Wäre dagegen die Zielsetzung des Unternehmens Maximierung des

Vermögens des Durchschnittsaktionärs, so wäre der maximale Kurswert das Optimalitätskriterium. Dies wäre am Ende der Phase II erreicht (vgl. schraffierte Felder in Tab. I-9. Im traditionellen Ansatz der Finanzierungstheorie wird das mit einem **steigenden Verschuldungsgrad** verbundene **höhere Risiko** durch **steigende Kapitalkosten** berücksichtigt. Dabei wird unterstellt, daß diese Kapitalkosten marktbestimmt sind, d.h. den gewachsenen Renditeforderungen der Kapitalgeber entsprechen. Für die Unternehmensführung ist das **Kapitalstrukturproblem** ein **reines Kostenproblem**: Es wählt diejenige Kapitalstruktur (denjenigen Verschuldungsgrad), bei dem der Gesamtkapitalkostensatz sein Minimum hat (Punkt M mit dem korrespondierenden Verschuldungsgrad λ^* in Abb. I-53).

Lesehinweis: *Schmidt/Terberger* (1996, S. 243-245).

5.2.2 Modigliani/Miller-These von der Irrelevanz der Kapitalstruktur

Modigliani/Miller haben der geschilderten Auffassung von der Existenz eines kapitalkostenabhängigen optimalen Verschuldungsgrads widersprochen. Die Kernthese von Modigliani/Miller besteht darin, daß auf einem **vollkommenen Kapitalmarkt homogene Güter** (oder auch Unternehmen mit gleichem Erwartungen hinsichtlich zukünftiger Einzahlungsüberschüsse und gleichem Geschäftsrisiko) den gleichen Preis haben müssen. Wenn alle Unternehmen mit gleichen Erwartungen über die Höhe zukünftiger Einzahlungsüberschüsse und gleichem Geschäftsrisiko den gleichen Marktwert haben, dann kann dieser Marktwert nicht von der Kapitalstruktur der Unternehmen abhängig sein, da die Kapitalstruktur lediglich eine Form der Aufteilung der Unternehmensgewinne auf verschiedene Parten darstellt. Somit ist die Kapitalstruktur für den Unternehmenswert nicht relevant (= **Irrelevanztheorem**). Folgende **Annahmen** liegen dem Beweis der Modigliani/Miller-These zugrunde:
– Die modellmäßige Behandlung geht von einer **vorgegebenen Investitionspolitik** aus.
– Die Kapitalgeber erwarten (einheitlich) bestimmte durchschnittliche Bruttogewinne bei den einzelnen Unternehmen. Es bestehen trotz Ungewißheit **keine Erwartungsdifferenzen** bei den Kapitalgebern.
– Die Unternehmen lassen sich in **homogene Risikoklassen** einteilen. Innerhalb der einzelnen Risikoklassen besteht ein einheitliches Geschäftsrisiko bezüglich etwaiger Gewinnschwankungen im Zeitablauf.
– In **jede Risikoklasse** läßt sich ein bestimmtes **Unternehmen einordnen**. Dadurch ist ein Vergleich mit bekannten Marktwerten anderer Unternehmen in einer gleichen Risikoklasse möglich. Geschäfts- und Verschuldungsrisiko lassen sich hinsichtlich ihres Marktwerteinflusses isoliert untersuchen.
– Die **Anteile der Unternehmen** werden an **vollkommenen Kapitalmärkten** gehandelt. Daraus folgt u.a., daß für zwei Unternehmen der gleichen Risikoklasse, die beide unverschuldet sind, die durchschnittlichen Kapitalkosten (Renditeforderungen) gleich hoch sein müssen. Damit ist der Preis pro Anteil des erwarteten Gewinns $\tilde{G}$ für alle Unternehmen j und der Wert eines Unternehmensanteils P_j innerhalb einer Risikoklasse l gleich hoch. Unterstellt man einen zum erwarteten Bruttogewinn proportionalen Preis des Unternehmenswerts, so gilt:

(I-18a) $$P_{jl} = \frac{\tilde{G}_j}{\kappa_l}$$

oder

(I-18b)
$$\kappa_l = \frac{\tilde{G}_j}{P_{jl}}.$$

was eine Konstanz für alle Unternehmen j der Risikoklasse l bezeichnet.

- Der Faktor κ_l stellt die in einer Risikoklasse **erwartete Effektivrendite** der Eigenkapitalanlage dar. Durch die Bildung von Risikoklassen wird erreicht, daß Unterschiede in der Bewertung von Unternehmen ausschließlich auf unterschiedliche Geschäftsrisiken zurückzuführen sind.
- Die **Fremdkapitalkosten** sind **unabhängig vom Verschuldungsgrad** und die Anteilseigner sind willens sowie in der Lage, Fremdkapital zu gleichen Sätzen aufzunehmen wie die Unternehmen.
- Es sind die **Bedingungen des vollkommenen Kapitalmarkts** erfüllt: keine Kapitalmarktbeschränkungen, jeder hat gleichen Zugang zum Kapitalmarkt, Finanzierungstitel können völlig frei ausgestattet werden, alle Finanzierungstitel sind beliebig teilbar, keine Informations- und Transaktionskosten.
- Es existiert ein **einheitlicher Zinssatz** für Kapitalanlagen und Kreditaufnahmen, der gleichermaßen für Unternehmen wie für Privatpersonen gilt.
- Es gibt **zwei Finanzierungsformen** der Unternehmen: risikofreies Fremkapital (= konstante marginale Sollzinssatzkurve) und risikobehaftetes Eigenkapital.
- Alle **Zahlungsströme** sind **ewige Renten**.

Die **Modigliani-Miller-Thesen** lassen sich darauf aufbauend in folgender Weise darstellen:

These I: Der **Marktwert eines Unternehmens** ist **unabhängig von** seiner **Kapitalstruktur** und ergibt sich durch Kapitalisierung der erwarteten Bruttogewinne (vor Abzug der Fremdkapitalzinsen) mit der Marktrate κ_l der Risikoklasse l, der das Unternehmen angehört.

(I-19)
$$GK_{Mj} = \left(EK_{Mj} + FK_j\right) = \frac{\tilde{G}_j}{\kappa_l}$$

wobei gilt:
κ_l = Marktrate der Risikoklasse l.
j = Index des Unternehmens j.

Gleichung (I-19) besagt: Die **durchschnittlichen Kapitalkosten** eines Unternehmens sind **unabhägig von Kapitalstruktur** bzw. **Verschuldungsgrad** des Unternehmens und gleich dem Kalkulationszinsfuß für die Abzinsung des Einkommensstroms einer ausschließlich mit Eigenkapital finanzierten Unternehmung:

(I-20)
$$\frac{\tilde{G}_j}{\left(EK_{Ml} + FK_j\right)} = \frac{\tilde{G}_j}{GK_{Ml}} = \kappa_l$$

Hieraus resultiert grafisch eine Eigenkapitalkostenkurve, die von der Veränderung des Verschuldungsgrades abhängt, was zur These II führt:

5 Kapitalkosten, Risiko und Verschuldungsstruktur

These II: Die **Eigenkapitalkosten** eines Unternehmens sind eine **linear** ansteigende Funktion des Verschuldungsgrades:

(I-21)
$$\tilde{k}_{EK}{}^* = \kappa_I + (\kappa_I - i)\frac{FK}{EK_M}.$$

Diese Formulierung ähnelt der des Leverage-Effekts. Die Eigenkapitalkosten entsprechen damit einer Eigenkapitalrendite-Forderung der Eigenkapitalgeber, die gleich dem Kalkulationszinsfuß ausschließlich eigenfinanzierter Unternehmen bei gleicher Risikoklasse ist, zzgl. einer Risikoprämie für den Verschuldungsgrad. Da *Modigliani/Miller* ein **Ausfallrisiko ausschließen**, ergibt sich ein zum Verschuldungsgrad linearer Anstieg der Eigenkapitalkosten. Die Entwicklung der Kapitalkosten und des Unternehmenswerts in Abhängigkeit vom Verschuldungsgrad nach dem *Modigliani/Miller*-Ansatz zeigt in einer grafischen Darstellung nachfolgende Abb. I-54.

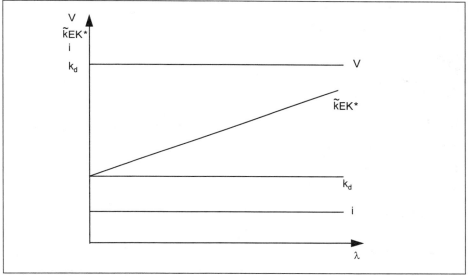

Abb. I-54: Modigliani/Miller-These von der Nicht-Existenz eines optimalen Verschuldungsgrades

These III: Der **Kalkulationszinsfuß**, der dem internen Zinsfuß von Investitionsobjekten als Vergleichsmaßstab gegenüberzustellen ist, ergibt sich ausschließlich aus dem **Geschäftsrisiko** und entspricht der **Marktrate** κ_I der Risikoklasse I, dem das Unternehmen angehört. Hieraus folgt, daß über Investition und Finanzierung getrennt entschieden werden kann.

Die Folge aus diesen Annahmen zeigt das **Gesetz des einheitlichen Preises**: Für zwei homogene Güter müssen auf einem vollkommenen Kapitalmarkt stets gleiche Preise existieren. Eventuell auftretende Ungleichgewichte lösen **Arbitrageprozesse** aus, die die Einheitlichkeit des Preises herstellen. *Modigliani/Miller* widerlegen die traditionelle These durch den sogenannten **Arbitragebeweis**. Zu diesem Zweck soll von zwei Unternehmen ausgegangen werden (V und U)

Kapitel I Finanzwirtschaftliche Grundlagen

Beispiel (vgl. *Schierenbeck 1995, S.464*): Gegeben sind zwei Unternehmen derselben Risikoklasse. Beide Unternehmen haben denselben erwarteten Bruttogewinn in Höhe von DM 10.000,-- (vor Abzug der Fremdkapitalzinsen). Die Unternehmen unterscheiden sich lediglich durch ihre Kapitalstruktur. Das Unternehmen U-AG ist unverschuldet, das Unternehmen V-AG ist hingegen verschuldet. Nachfolgende Tab. I-10 stellt die die Grundkonstellation des Modells im Beispielfall dar.

	Unternehmen U (GE)	Unternehmen V-AG (vor Arbitrageprozeß) (GE)	Unternehmen V-AG (nach Arbitrageprozeß) (GE)
Gesamtkapital (nominal)	100.000	100.000	100.000
Eigenkapital (nominal)	100.000	70.000	70.000
Fremdkapital (nominal)	-	30.000	30.000
Bruttogewinn (G)	10.000	10.000	10.000
i (5%)	-	1.500	1.500
Reingewinn (Nettoerfolgsstrom)	10.000	8.500	8.500
$\tilde{k}_{EK}$	0,10	0,10 ⟶	0,121
Eigenkapital (zum Marktwert)	100.000	85.000 ⟶	70.000
Gesamtkapital (zum Marktwert)	100.000	115.000	100.000
k_d	0,10	0,087 ⟶	0,10
Beweisführung		Vor Arbitrageprozeß	Im Arbitragegleichgewicht
(1) 1% Anteil von V-AG verkaufen		850,--	700,--
(2) Kredit zu 5% aufnehmen		150,--	300,--
(3) 1% Anteil von U-AG kaufen		1.000,--	1.000,--
(4) Transaktionserfolg			
a) erwarteter Gewinn		100,--	100,--
b) abzgl. Kreditzinsen		7,50	15,--
		92,50	85,--
c) Vergleich zu V-AG		85,--	85,--
d) Arbitrageerfolg		7,50	-,--

Tab. I-10: Modigliani/Miller-These anhand eines Beipiels

Die **Schlußfolgerungen** aus dem Beispielfall sind:

- Die Situation **vor Arbitrageprozeß** kann **keinen Gleichgewichtszustand** darstellen. Für einen Aktionär, der 1 % der Aktien der V-AG hält, wäre es bei einem Eigenkapitalkostensatz von 10% vorteilhaft, wenn er Aktien verkaufen würde und sich in das unverschuldete Unternehmen U einkauft. Dort hat er einen höheren Reingewinn als Aus-

5 Kapitalkosten, Risiko und Verschuldungsstruktur

schüttungsgrundlage zu erwarten. Er kann seine Vermögensposition verbessern, indem er einen Aktienanteil an der V-AG für DM 850,-- verkauft.

— Anschließend **kopiert** der betrachtete **Aktionär** die **Kapitalstruktur der V-AG** durch **private Kreditaufnahme**: Indem er im gleichen Verhältnis Fremdkapital aufnimmt wie die V-AG (= 5%), d.h., er verschuldet sich mit DM 150,--. Mit dem dann vorhandenen Kapital erwirbt er Anteile der U-AG. Damit beträgt sein Anteil am Bruttoertrag der U-AG DM 100,--. Davon gehen die Zinsen auf das von ihm persönlich eingesetzte Fremdkapital in Höhe von 5 % auf DM 150,-- ab (= 7,50 DM). Es verbleibt ein Nettoertrag von DM 92,50 gegenüber einem Ertrag von DM 85,-- vor dem Kopieren der Kapitalstruktur. Der Arbitrageerfolg stellt sich mit 7,50 DM ein. Daraus folgt, daß diese Transaktion wirtschaftlich sinnvoll ist, wenn der Nettoerfolgsstrom vergrößert wird:

(I-22) $$a \cdot \tilde{G} - i \cdot a \cdot FK_U < \frac{a(EK_V + FK_V)}{EK_U} \tilde{G} - i \cdot a \cdot FK_V$$

mit a = Anteil am Marktwert des Unternehmens. Umgeformt erhält man:

(I-23) $$\tilde{G} < \frac{EK_V + FK_V}{EK_U} \tilde{G}.$$

Der **Arbitrageprozeß** ist **profitabel**, wenn gilt:

(I-24) $$EK_U < EK_V + FK_V,$$

Arbitrageprozesse unterbleiben bei:

(I-25) $$EK_U = EK_V + FK_V.$$

Der Differenzbetrag von DM 7,50 stellt einen **Arbitragegewinn** dar. Dieser Ertrag kann realisiert werden, ohne ein höheres Risiko eingehen zu müssen. Arbitragegewinne dürfen auf einem vollkommenen Kapitalmarkt nur vorübergehend erzielbar sein, solange bis die Arbitrageprozesse zu einem neuen Gleichgewichtszustand auf dem Kapitalmarkt geführt haben. Man spricht dann von "**Arbitragefreiheit**". Eine Ungleichgewichtssituation ist in diesem Sinne im Modigliani/Miller-Modell dadurch gekennzeichnet, daß einer der beiden Unternehmen nicht "fair" bewertet ist. Arbitrageprozesse gleichen den Wert des fehlbewerteten Unternehmens solange an, bis keine Möglichkeit mehr besteht, einen Arbitragegewinn zu erzielen. Dabei spielt es für die Ausschaltung der Arbitragemöglichkeit keine Rolle, ob sich der Wert der V-AG an den der U-AG angleicht oder umgekehrt. Im Arbitragegleichgewicht muß gelten: $V_u = V_v$. Ausgehend von der Annahme, die U-AG sei richtig bewertet, müßte sich die Bewertung der V-AG anpassen.

<u>Lesehinweis:</u> Lesenswert ist bis heute der Originalbeitrag *Modigliani/Miller* (1958). Zu den beiden (konträren) Thesen zur optimalen Kapitalstruktur vgl. *Süchting* (1995, S. 456-481) sowie *Perridon/Steiner* (1995, S. 452-467).

Das Modigliani/Miller-Modell basiert vor allem auf **strengen Annahmen** hinsichtlich fehlender Steuern und Transaktionskosten sowie einem vollkommenen, vollständigen Kapitalmarkt, auf dem sich ein Arbitragegleichgewicht einstellt. Desweiteren wird die Absatz- und Beschaffungsseite des Unternehmens nicht berücksichtigt. Die Gegebenheiten der Realität erfordern die **Modifikation** dieser Annahmen:

1. Die **höhere Besteuerung** des **Eigenkapitals** gegenüber der Besteuerung von Fremdkapital schafft naturgemäß einen Anreiz für die Unternehmensleitungen zugunsten der

Kreditfinanzierung. Je höher der Unterschied zwischen den Steuerlasten der beiden Finanzierungsformen ausfällt, um so größer kann Fremdfinanzierung zu Lasten der Eigenfinanzierung ansteigen. Ein höherer **Financial Leverage** wäre die Folge. Erleidet das Unternehmen Absatzeinbußen, so steigt die Wahrscheinlichkeit finanzieller Schwierigkeiten. In diesem Zusammenhang werden **direkte** und **indirekte Kosten** durch **Insolvenzgefährdung** entstehen. Aus diesem Blickwinkel kann die Suche nach der optimalen Verschuldungsstruktur als Zusammenhang zwischen der Fremdfinanzierung mit dem Ziel der Steuerlastminimierung und den zu erwartenden höheren Kosten durch die Insolvenzgefahr interpretiert werden.

2. Ein anderer Aspekt im Rahmen der optimalen Veschuldungsstruktur berührt die Informationsverteilungsstruktur. So wurde bereits in Abschnitt 4 darauf hingewiesen, daß die Unternehmensleitung i. d. R. besser über die gegenwärtigen und zukünftigen wirtschaftlichen sowie finanziellen Verhältnisse des Unternehmens informiert ist, als es Kreditgeber und Eigenkapitalgeber sein können (**asymmetrische Informationsverteilung**). Für diese Außenstehenden ist das Risiko, daß sie mit ihrer Finanzmittelvergabe tragen, nicht direkt beobachtbar. Sie müssen sich auf möglichst zuverlässige Signale der Unternehmensleitung verlassen können, um so das wahre Risiko abzuschätzen. Die Art und Weise, wie die Unternehmensleitung informiert ist, ist wiederum von entscheidender Bedeutung für die Unternehmung, zusätzliches Eigen- und Fremdkapital in Zukunft zu akquirieren.

Diese Überlegungen weisen den Weg in eine neuere Betrachtungsweise der optimalen Verschuldungsstruktur, die das Modigliani-Miller-Modell nur noch als Ausgangsbasis für die Suche nach verfeinerten Determinanten hat.

5.3 Determinanten der optimalen Verschuldungsstruktur

Nach *Harris/Ravi* (1991) lassen sich folgende Gruppen von **Bestimmungsfaktoren** der optimalen Verschuldungsstruktur herausarbeiten: direkte Kapitalkosten, Kapitalkosten der Insolvenz, Kapitalkosten aufgrund der Interaktion zwischen Kapitalmärkten auf der einen Seite und der Absatz- und Beschaffungsmärkte auf der anderen, Kapitalkosten in Gestalt von Anreizkosten (= Agency Costs), Kapitalkosten aufgrund adverser Selektion bzw. ineffizienter Kapitalallokation. Die nachfolgenden Aufführungen erläutern diese Gruppierungen. Dabei wird sich als **Resultat** der Überlegungen zeigen, daß es weder eine Haltbarkeit der traditionellen Verschuldungshypothese noch der Modigliani/Miller-Hypothese gibt. Stattdessen ist die Verschuldung ein unternehmensindividuelles Optimierungsproblem, basierend auf einer Reihe von Determinanten, die im Einzelfall in der jeweiligen Unternehmenssituation und aus dem Blickwinkel des Informationsinteressenten gewürdigt werden müssen. Aus empirischen Studien wird dies durch eine beobachtbare „Hackordnung" (=„**Pecking Order**") in der Unternehmensfinanzierung gestützt: Unternehmensleitungen orientieren sich nicht an einer bestimmten allgemein formulierten optimalen Kapitalstruktur, sondern finanzieren zuerst mit Innenfinanzierungsmitteln, ergänzen weiteren Finanzierungsbedarf durch Aufnahme von Krediten und greifen beim verbliebenen Finanzbedarf auf Eigenkapitalgeber zurück. Die Hackordnung läßt sich als Ausdruck für die Dominanz von Anreizproblemen hinsichtlich des Arbeitseinsatzes der Unternehmensleitung werten: Mit dem präferierten Zugriff auf **Innenfinanzierungsmitteln** kann sich die Unternehmensleitung am ehesten der Kontrolle der Kapitalgeber entziehen und für Kapitalgeber als Prinzipale ist es i. d. R. ausgesprochen schwierig, denjenigen Ertragsteil eines Investitionsobjekts zu bestimmen, der auf die Leistung der Unternehmensleitung zurückzuführen ist. Damit ist eine anreizorientierte Ausgestaltung von Finanzkontrakten nicht hinreichend realisierbar (vgl. *Baskin* 1989 und *Pinegar/Wilbricht* 1989).

5.3.1 Direkte Kapitalkosten

In seiner engsten Definition stellen direkte Kapitalkosten denjenigen Ressourcenverzehr dar, der direkt mit der Durchführung der Finanzierung für das Unternehmen verbunden ist. Die Kapitalstruktur wird durch die direkten Kapitalkosten beeinflußt, wenn es zu kostenmäßigen Unterschieden zwischen einzelnen Finanzierungsformen kommt. Ein Blick in die **Praxis** verschiedener bereits vorgestellter **Finanzierungsformen** zeigt, daß ihre **Kapitalkosten** voneinander abweichen (vgl. *Hielscher/Laubscher* 1976). Aus Abb. I-55 wird bereits deutlich, daß die **Innenfinanzierung** gegenüber allen anderen Alternativen die niedrigsten Finanzierungskostensätze auf weist. Die **Beteiligungsfinanzierung** ist für ein Unternehmen die Finanzierungsform mit dem höchsten relativen Finanzierungskostensatz und die **Kreditfinanzierung**sformen liegen mit Ausnahme des Lieferantenkredits zwischen den Finanzierungskostensätzen der Innen- und der Beteiligungsfinanzierung.

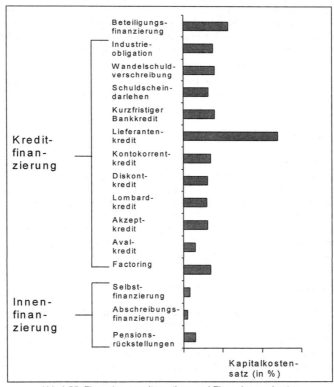

Abb. I-55: Finanzierungsalternativen und Finanzierungskosten

Die direkten Kapitalkosten enthalten zudem Bestandteile, die zur Höhe des Finanzierungsvolumens degressiv verlaufen. **Kleine** und **mittlere Unternehmen** mit geringen Volumina haben daher in der Regel überproportionale Transaktionskosten der Finanzierung aufzuwenden. Ferner ist das Rechnungswesen dieser Unternehmensgruppe wenig aussagekräftig, da es sich nicht an den Bestimmungen des HGB, Drittes Buch, orientieren muß. Damit ist ihr Bekanntheitsgrad geringer und wirtschaftliche Vorgänge sind weniger transparent. Für Kapitalgeber ist eine Beurteilung des Risikos einer Kapitalvergabe wesentlich kostspieliger zu bewerkstelligen. Kleinen und mittleren Unternehmen entstehen also im Vergleich zu **Großunternehmen** losgrößenabhängige Kapitalkosten (vgl. *Kaufmann* 1996, S. 351). Aus diesem Grund ist es für solche Unternehmen mit weniger Kapitalkosten verbunden, wenn sie exklusive Finanzbeziehungen zu Kapitalgebern aufbauen, bei denen ihre zur Beurteilung der Kapitalvergabe relevanten Informationen vorhanden sind. Dies ist mit dem Aufbau einer dauerhaften Geschäftsbeziehung und einer **Selbstverpflichtung** zu einem Kreditinstitut grundsätzlich möglich und verstärkt dadurch die Tendenz zur Bevorzugung der Aufnahme von Fremd- gegenüber Beteiligungskapital.

Auf das **Finanzierungsverhalten** von **Großunternehmen** sind die vorgenannten Begründungslinien nur eingeschränkt übertragbar. Entscheidend ist hierbei, daß grundsätzlich ein Losgrößenvorteil besteht, der gegenüber kleinen und mittleren Unternehmen zu einer verstärkten Inanspruchname der Beteiligungsfinanzierung führt. Untersuchungen zeigen aber, daß insbesondere aufgrund der kostengünstigen und flexiblen Fremdfinanzierungsmöglichkeiten auf den Eurofinanzmärkten auch für die Großunternehmen eine Präferenz für Kreditfinanzierung bestehen dürfte (vgl. *Oxelheim* 1995, S. 274-275).

Mit steigender Verschuldung kann es nach der traditionellen Verschuldungsthese zu einem höheren Ausfallrisiko kommen. Anders ausgedrückt: Die Gefahr, daß Kosten der Insolvenz entstehen, wächst.

5.3.2 Kosten der Insolvenz

Bei dieser Komponente der Kapitalkosten sind drei Gruppen von Kosten zu unterscheiden. Die **direkten Kosten** beschreiben die Kosten, die durch die Zerschlagung von Unternehmen im Konkursfall entstehen. **Indirekte Insolvenzkosten** entstehen bei der Sanierung eines Unternehmens, etwa wenn das bestehende Management ausgewechselt werden muß. Desweiteren werden hierunter **Verluste** eingereiht, die durch die Dauer der Verhandlungen mit Gläubigern etwa im Rahmen eines Vergleichs oder beim Entwerfen eines Sanierungsplans entstehen. Die Gefahr der **Kosten der Insolvenz** bewirken insgesamt eher einen **niedrigeren Verschuldungsgrad**.

5.3.3 Kosten der Interaktion zwischen Märkten

Hierbei wird die Interaktion zwischen den **Kapitalmärkten** auf der einen Seite und **Güter-** sowie **Arbeitsmärkten** auf der anderen Seite betrachtet. Zentrale Überlegung ist die des **Stakeholder-Ansatzes** (vgl. *Cornell/Shapiro* 1987). Er postuliert, daß es einige Koalitionäre am Unternehmen gibt, die zwar kein Kapital der Unternehmensleitung überlassen haben, aber dennoch **irreversible Investitionen** getätigt haben, deren Rentabilitäten auf dem Spiel ("at the stake") stehen können. Insofern weisen sie aus neoinstitutionenökonomischer Sicht ähnliche Merkmale auf wie Kapitalgeber. Zu dieser Gruppe zählen **Beschäftigte** eines Unternehmens, die über ganz **spezielle Kompetenzen** verfügen, die sie bei Arbeitsplatzverlust in einem anderen Unternehmen nicht wieder einsetzen könnten. Ähnliches gilt für **Zulieferer**, die hohe Investitionen getätigt haben, um ganz spezifische Vorleistungen an das abnehmende Unternehmen erbringen zu können (z. B. im Rahmen von Just-in-time-Beschaffungsstrategien) oder **Kunden**, die ihre Käufe z. B. im Vertrauen auf längerfristige Sicherstellung von Ersatzteillieferungen ausgerichtet haben.

Solche Koalitionäre des Unternehmens sind darauf angewiesen, Vertrauen in die Unternehmensleitung zu erhalten, daß sie den spezifischen Interessenslagen dieser Gruppen in ihren Unternehmensentscheidungen Rechnung trägt. Ein **geringer Verschuldungsgrad** könnte für diese Gruppen als **Signal** gewertet werden, daß kurzfristige Gewinnerzielungsmöglichkeiten von der Unternehmensleitung angestrebt werden, um die Eigenkapitalgeber im Denken der Maximierung des Shareholder Values hohe Ausschüttungen zu ermöglichen. Dies könnte z. B. in Folge auch zu einem Arbeitsplatzabbau und damit bei Beschäftigten zu **Sunk Costs** führen, wenn sie in einem anderen Unternehmen ihre vormalige Fachkompetenz nicht einbringen können oder arbeitslos werden. Ein niedriger Verschuldungsgrad kann in diesem Sinne für die Stakeholder-Gruppen als Konflikt zu ihren eher langfristig orientierten Zielsetzungen gewertet werden. Für sie wäre ein **hoher Verschuldungsgrad** mit ihren Zeitpräferenzen eher vereinbar. Untersuchungen zeigen in der Tat, daß Unternehmen mit hohem gewerkschaftlichen Organisationsgrad der Beschäftigten höhere Verschuldungsgrade aufweisen. Das gleiche gilt für Unternehmen, die zwar keinen hohen Einfluß der Arbeitnehmervertretungen haben, deren Beschäftige jedoch wenig spezifische Qualifikationen aufweisen (vgl. *Glazer* 1989).

5.3.4 Agency Costs

Beziehungen zwischen Kapitalgeber und -nehmer lassen sich, wie in Abschnitt 4.2.3 gezeigt, als Prinzipal-Agent-Beziehung kennzeichnen. Der Kapitalgeber in seiner Rolle als Prinzipal ist wegen der Verhaltensunsicherheit einem Verhaltensrisiko des Agenten, d.h. des Kapitalnehmers, ausgesetzt. Der Prinzipal versucht, durch geeignete Kooperationsdesigns, insbesondere der Kontraktspezifikation, das Verhalten des Agenten im Sinne der Zielsetzungen des Kapitalgebers zu beeinflussen. Aus diesem Konflikt zwischen den beiden Gruppen entstehen **spezifische Transaktionskosten**, die man als Agency Costs bezeichnet.

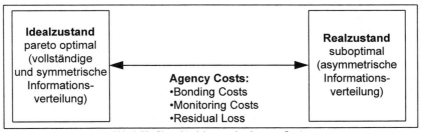

Abb. I-56: Charakterisierung der Agency-Costs

Nach *Jensen/Meckling* (1976, S. 308) lassen sich drei Komponenten der Agency Costs differenzieren: (1) **Bonding Costs** für die vertraglichen Vereinbarungen eines Handlungsrahmens, (2) **Monitoring Costs** der Überwachung und Kontrolle des Agenten und (3) **Residual Loss** als Differenz zwischen einem für den Prinzipal optimalen und dem tatsächlichen Agentenverhalten. Diese Kosten können auch als "**Reibungsverluste**" verstanden werden, die entstehen, wenn die Finanzierungsbeziehungen nicht dem Idealzustand der vollständigen und kostenlosen Informationslage zwischen Kapitalgeber und -nehmer entsprechen (vgl. hierzu *Schmidt/Terberger* 1996, S. 398–402). Ebenfalls auf *Jensen/Meckling* (1976) gehen bestimmte Typen von **Interessenskonflikten** im **Prinzipal-Agent-Ansatz** zurück, die Auswirkungen auf die Kapitalstruktur haben.

Der eine Konflikt betrifft die **Beziehung** zwischen **Eigenkapitalgeber und Unternehmensleitung**. Die Unternehmensleitung zeichnet aus, daß sie asymmetrisch von den Einzahlungsüberschüssen der durch sie realisierten Investition profitiert: Sie trägt vollständig die Verantwortung für die Investitionsaktivitäten, partizipiert aber an den Erfolgen nur teilweise. Dadurch könnten Investitionen unterbleiben, die bei Realisierung einen außerordentlich hohen Beitrag zum Unternehmenswert erbracht hätten. Der Anreiz zur Durchführung solcher Investitionen dürfte steigen, wenn die Unternehmensleitung einen höheren Anteil am Unternehmensvermögen erhält und dadurch über die Marktwertsteigerungen an rentablen Investitionen profitiert. Man erhält eine solche Anteilssteigerung zugunsten der Unternehmensleitung, indem man ihren Eigenkapitalanteil konstant hält und die zusätzlichen Investitionen mittels Fremdkapital finanziert. Die Folge wäre ein Antieg des Verschuldungsgrads. Eine weitere positive Wirkung der steigenden Verschuldung kann darin gesehen werden, daß die "Free Cash Flows" (vgl. Abschnitt 3.4) in der Dispositionsgewalt der Unternehmensleitung reduziert werden. Dadurch sinkt die Möglichkeit der Unternehmensleitung, solche Investitionen zu tätigen, die ihnen einseitig **Perks** zu Lasten der Anteilseigner verschafft (vgl. *Jensen* 1989).

Der zweite **Konflikt** mit Wirkung auf den Verschuldungsgrad ist der zwischen **Eigenkapital- und Fremdkapitalgeber**. Wegen der Risikoaversion der Fremdkapitalgeber besteht die Gefahr, daß sie nur für solche Investitionsobjekte Finanzmittel bereitstellen, die ein geringes Risiko tragen. Diese sind dann suboptimal, gemessen an den Zielvorstellungen der Eigenkapitalgeber, die höhere Erwartungswerte interner Renditen von Investitionsobjekten bei höherer Standardabweichung aufgrund ihrer geringeren Risikoaversion anstreben. In dieser Hinsicht können die nicht realisierten, aber möglichen Investitionserträge aufgrund der suboptimalen Bereitstellung von Fremdkapital als Agency Costs der Eigenkapitalgeber verstanden werden, da dies nachteilig auf den Marktwert des Unternehmens wirkt. *Green* (1984) schlägt zur Lösung derartiger Konflikte vor, verstärkt Investitionen durch die Ausgabe von Wandel- und Optionsanleihen zu finanzieren. Unternehmen, in denen solche **hybriden Finanzinstrumente** nicht einsetzbar sind (alle Unternehmen, die nicht in der Rechtsform der AG bestehen), dürften dann zwangsläufig einen höheren Verschuldungsgrad aufweisen.

Ein weiterer **Konflikt** ist der zwischen **alten** und **neuen Aktionären**. Ein positiver Verschuldungsgrad kann nach *Majluf/Myers* (1984) bestehen, wenn der Wert der Vermögensobjekte im Unternehmen nicht ausreichend feststellbar ist. Dies kann dazu führen, daß Neuemissionen zur Finanzierung von Investitionen (mit positivem Kapitalwert) unterbleiben, wenn das Ausmaß des Underpricing des wahren Werts des Unternehmens die Gewinnmöglichkeit aus dem zur Entscheidung anstehenden Investitionsprojekt übersteigt.

5.3.5 Kapitalkosten aufgrund asymmetrischer Information und adverse Selektion

Grundsätzlich handelt es sich beim Problem der asymmetrischen Information um eine ungleiche Verterteilung von Informationen zwischen der besser informierten **Insider-Gruppe** (= Unternehmensleitung) und der schlechter informierten **Outsider-Gruppe** (= Kapitalgeber). Die Folgen für die Funktionsfähigkeit des Marktprozesses bei asymmetrischer Informationsverteilung zwischen Anbietern und Nachfragern hinsichtlich der Qualität hat *Akerlof* (1970) prinzipiell und branchenunabhängig beschrieben: Können Produkte von Anbietern (Agenten) mit unterschiedlichen Qualitäten am Markt nicht von den Nachfragern (Prinzipalen) erkannt werden, weil die Informationen hierzu fehlen, kommt es zu einer **adversen Selektion**. Die Produkte guter Qualität scheiden im ungünstigsten Fall aus dem Markt aus, da für ihre Erstellung kein marktmäßiger Anreiz besteht. Im Gefolge der allgemein sinkenden Durchschnittsqualitäten der restlichen Produkte kann es im Extrem zum Verbleib ausschließlich schlechter Qualitäten am Markt kommen, obwohl beide Marktseiten bereit wären, unter anderen (Informations-)Voraussetzungen Produkte höherer Qualität zu handeln. Die beschriebene Situation der adversen Selektion läßt sich auf Kapitalmärkte übertragen.

Können Unsicherheiten, die durch Kapitalnehmer (und mit Einschränkungen auch durch Kapitalgeber) verursacht werden, nicht abgebaut werden, kämen im Extremfall keine Beteiligungs- und Fremdfinanzierungen zustande und die **Finanzmärkte** würden **nicht funktionieren**. Im weniger extremen Fall kommt es für die Unternehmensleitung zu **Kapitalrationierungen**: Da die Kapitalgeber nur begrenzte Informationen über das wahre Risiko der Kapitalvergabe haben, können sie keine risikoadäquaten Verträge formulieren. Sie beschränken den Umfang der Finanzmittelvergaben, und fordern zudem als Fremdkapitalgeber Sicherheiten oder als Eigenkapitalgeber Risikozuschläge. Sofern Fremdkapitalgeber Unternehmen in Ertrags-/Risikoklassen einordnen können, besteht zudem die Gefahr, daß einige Kapitalnehmer von der Kreditvergabe ganz ausgeschlossen werden (vgl. *Jaffe/Stiglitz* 1990). Für die Unternehmensleitung ist die kostengünstigste Form der Finanzierung unter dem Gesichtspunkt der asymmetrischen Informationsverteilung die **Innenfinanzierung**. Damit ist der Umfang der finanzierbaren Investitionen von vornherein begrenzt. Es besteht die Gefahr der Unterinvestition. Ein Weg der Linderung besteht im Aufbau von Signalen durch insbesondere Unternehmen, die gute Risiken darstellen. Den Kosten des Signalaufbaus stehen dann womöglich geringere Risikozuschläge oder insgesamt günstigere Kapitalkosten gegenüber.

Durch *Ross* (1977 und 1978) wurde die **Signaling-Theorie** auf die Finanzmärkte übertragen. Kapitalmarktinvestoren können aufgrund von Informationsnachteilen im Vergleich zur Unternehmensleitung den "wahren" Unternehmenswert nicht erkennen. Die Unternehmensleitung signalisiert durch den gewählten Verschuldungsgrad die Risikoklasse und somit auch den Wert des Unternehmens, an das sich ihre Vergütung knüpft. Der Kapitalmarkt wird durch die Höhe des aufgenommenen Fremdkapitals (= Signal) informiert, d.h., je größer der Fremdkapitalanteil, desto höher ist der Unternehmenswert und damit die Entlohnung. Gleichzeitig existiert das Risiko der negativen Wirkung des Leverage Effekts. Das Management wählt somit aufgrund seines Insiderwissens den adäquaten Fremdkapitalbetrag, woraus sich für den Markt der „richtige" Unternehmenswert ableitet. Im Falle eines möglichen Überschuldungskonkurses würde die Unternehmensleitung durch eine im Entlohnungssystem bedingte Vertragsstrafe (= **Incentive Schedule**) bestraft. Die Bestrafung entspricht einer Belastung des Managements mit Signaling-Kosten bei Aussenden von falschen Signalen. Es fallen zunächst keine pagatorischen Kosten an, sondern erst im Konkursfall. Eine relativ höhere Verschuldung des Unternehmens signalisiert glaubhaft einen höheren Unternehmenswert und gewährleistet damit eine Differenzierung der auf dem Kapitalmarkt gehandelten Unternehmen. Zur Umgehung solcher Probleme der Kapitalbeschaffung könnte die Unternehmensleitung dazu übergehen, **statt** der **Außenfinanzierung** verstärkt **Innenfinanzierungsquellen** für Investitionszwecke einzusetzen. Dies setzt voraus, daß der Unternehmensleitung entsprechende Innenfinanzierungsmittel zur Verfügung stehen. Einen geringeren Verschuldungsgrad wird man daher in solchen Unternehmen vorfinden, die auf hohe Innenfinanzierungsmittel zurückgreifen können.

Lesehinweis: Durch die Ansätze von *Ross* initiiert werden zwei **Arten direkter Signale** der Unternehmensleitung an den Kapitalmarkt diskutiert: Können durch **Kapitalstruktur und Fristigkeit** der Unternehmensfinanzierung Informationen vermittelt werden (vgl. *Hartmann-Wendels* 1990)? Ist die **Gewinnverwendung bzw. Dividendenausschüttung** als Signal für die Unternehmensentwicklung interpretierbar (vgl. *Milde* 1990a)?

Für börsennotierte Unternehmen ergibt sich durch vergleichbare Publizität ein Reputationsindikator (vgl. *Schneider* 1992, S. 413), der den übrigen Unternehmen fehlt. Sie werden daher ihren Kapitalbedarf durch Fremdfinanzierung bei Kreditinstitute decken.

Kapitel II Beteiligungsfinanzierung

1 Prinzipal-Agent-Beziehungen und Beteiligungsfinanzierung

Zwischen der Unternehmensleitung und den Eigenkapitalgebern besteht vor allem bei Kapitalgesellschaften in hohem Maß eine Informationsasymmetrie und bezeichnet das typische Prinzipal-Agent-Problem: Die **Unternehmensleitung** nimmt eine Rolle als **Agent** ein, da sie auf Weisung der Eigentümer, d.h. der **Eigenkapitalgeber** (= **Prinzipale**), handelt. Die Eigenkapitalgeber haben ihre **Geschäftsführungsbefugnis** freiwillig, d.h. auf Basis privatrechtlicher Vereinbarungen oder durch gesetzlichen Zwang (rechtsformabhängig), an die Unternehmensleitung **delegiert**. Bei Kapitalgesellschaften sieht der Gesetzgeber eine Trennung von Eigner (und damit Eigenkapitalgebern) sowie Unternehmensleitung vor:

- Für die **AG** besagt § 76 Abs. 1 AktG: "Der Vorstand hat unter eigener Verantwortung die Gesellschaft zu leiten." Dieses **Strukturprinzip** der deutschen Aktienrechtsverfassung wird soweit interpretiert, daß es nach geltendem deutschen Recht für einen Vorstand einer AG nicht zwingend darauf ankommt, einen nachhaltig möglichst hohen Gewinn zu erwirtschaften. "Vielmehr liegt es durchaus im Rahmen seines unternehmerischen Ermessens (§ 76 Abs. 1 AktG), wenn er - auch außerhalb gesetzlicher Bindungen - Ziele verfolgt wie angemessene Entlohnung der Arbeitnehmer, eine Ausgestaltung der betrieblichen Arbeitsbedingungen, die darauf Rücksicht nimmt, daß der Betrieb wesentlicher Teil der sozialen und kulturellen Umwelt des Arbeitnehmers ist, Erhaltung einer lebenswerten Umwelt, Nachwuchsförderung auch über den Bedarf des eigenen Unternehmens hinaus, Berücksichtigung gesamtwirtschaftlicher Anforderungen und nationaler Interessen." (*Baums* 1993, S. 8).

- Für die **GmbH** gilt gem. § 35 Abs. 1 GmbHG: "Die Gesellschaft wird durch die Geschäftsführer gerichtlich und außergerichtlich vertreten."

Gerade bei **Kapitalgesellschaften** ist grundsätzlich von einer Prinzipal-Agent-Relation im Sinne einer "Eigner-Manager-Beziehung" auszugehen: "Wird nämlich die Geschäftsführungsbefugnis von den (außenstehenden) Eignern an einen Fremdmanager oder Teileigner delegiert, werden die Entscheidungen über die Investitions- und Finanzierungspolitik gerade nicht mehr von jemandem getroffen, der in erster Linie daran Interesse hat, daß ein möglichst wertvoller Ausschüttungsstrom aus dem Unternehmen an die Eigner fließt. Vielmehr ist es plausibel, daß ein Manager eigene Ziele hat und diese durch seine Entscheidungen im Unternehmen auch verfolgt, wenn ihm die hierfür erforderlichen Handlungsspielräume offenstehen." (*Schmidt/Terberger* 1996, S. 434).

Vertraut ein Kapitalgeber seine Finanzmittel der Unternehmensleitung an, so überläßt er ihr nicht nur rein materielle Werte, sondern delegiert auch seine Entscheidungs- und Verfügungsrechte. Der Grund für diese **Funktionstrennung** basiert auf den Vorteilen der Arbeitsteilung (vgl. *Spremann* 1996, S. 674-676):

- **Spezialisierungsvorteile** entstehen, da Unternehmensleitung und Kapitalgeber nicht an einen Kooperationspartner und eine Kooperationsform gebunden sind. Die Unternehmen können stattdessen mit mehreren Kapitalgebern Finanzierungsbeziehungen eingehen und Kapitalgeber können ihre Finanzmittel auf unterschiedliche Arten von Finanzkontrakten verteilen.

- Die optimale Zusammensetzung der individuellen Portefeuilles der Kapitalgeber wird erst durch die aus dem Prozeß der Spezialisierung resultierende Kontrakt- und Unternehmensvielfalt möglich. Durch entsprechende Streuung seiner Geldanlage auf verschiedene Unternehmen bildet der Kapitalgeber ein Portefeuille risikotragender Wertpapiere, dessen Gesamtrisiko mithilfe der Technik aus der Portfolio-Selection-Theory bis auf das systematische Risiko durch **Diversifikation** reduzierbar ist.

Da die Installation einer Unternehmensleitung und Trennung von der Funktion des Unternehmenseigners mit **komparativen Vorteilen** von Managern in der **Unternehmensführung** erklärt werden muß, resultiert daraus beinahe naturgemäß auch deren **Informationsvorsprung**. Anknüpfend an die Dreiteilung der Ausprägungen von Ineffizienzen bei endogener Unsicherheit und asymmetrischer Informationsverteilung kann also im Grundsatz eine Übertragung auch auf die Eigner-Manager-Beziehung vorgenommen werden. **Qualitätsunsicherheit** kann hinsichtlich der Qualifikation der Unternehmensleitung gesehen werden, inwieweit sie in der Lage ist, die in sie gesetzten Anforderungen (= Ziele der Eigenkapitalgeber) zu erfüllen. Qualitätsunsicherheit stellt sich für den Eigner auch hinsichtlich der zu erwartenden Erträge und Risiken von Investitionsobjekten dar, die die Unternehmensleitung als delegierter Agent realisiert. Da das tatsächliche Verhalten der Unternehmensleitung für die Eigenkapitalgeber nicht oder nur sehr eingeschränkt beobachtbar ist, besteht die Gefahr des Fehlverhaltens der Unternehmensleitung. **Hold Up-** und **Moral Hazard**-Situationen werden in der Eigner-Manager-Problematik in folgender Ausprägung diskutiert (vgl. *Eisenberg* 1989):

- **Traditionelle Interessenkonflikte** bestehen zwischen Unternehmensleitung und Eigner in Form von Veruntreuungen, unerlaubtem Wettbewerb, Ausnutzen von Geschäftschancen und ähnlichem.

- Mit **Drückebergerei** (sog. Shirking) wird die mangelnde Bereitschaft der Unternehmensleitung zur Anpassung an veränderte Umweltzustände beschrieben. Im Zentrum stehen dabei übersehene technologische Entwicklungen mit hoher strategischer Bedeutung für das Unternehmen und unterlassene Investitionen in das Humankapital des Unternehmens (z. B. durch geringe Fortbildung der Belegschaft). Mit **Shirking** fällt der den Eigenkapitalgebern zustehende Ertragsanteil an den Investitionen geringer aus, als bei fehlender Drückebergerei möglich gewesen wäre. Damit schädigt Drückebergerei der Unternehmensleitung die Wohlfahrtsposition der Eigenkapitalgeber.

- "**Positionelle Konflikte**" resultieren (gerade in Großunternehmen) aus dem unternehmerischen Entscheidungsspielraum der Unternehmensleitung, wenn diese sich nicht am Ziel der Maximierung des Marktwerts oder des Shareholder Values orientiert und stattdessen ihre eigenen Wohlfahrtspositionen zu verbessern sucht. Das Streben nach reinem Größenwachstum beispielsweise ist geeignet, Einfluß, Prestige oder Einkommen der Unternehmensleitung zu erhöhen und damit Teile der Investitionserträge den Eignern vorzuenthalten. Insbesondere erhöhter Konsum am Arbeitsplatz (wie luxuriöse Büroausstattungen, Firmenjets etc.) stellen Maßnahmen dar, die nicht zu einem höheren Unternehmenserfolg beitragen ("Fringe Benefits"). Andere Ausprägungen positioneller Konflikte sind Verschleierungen und sonstige strategische Maßnahmen der Unternehmensleitung, die darauf abzielen, die Aufdeckung eigener Fehlentscheidungen zu erschweren und so die Arbeitsplätze des Managements sichern helfen.

Die beschriebenen Risiken aus der Beziehung zwischen Eignern und Unternehmensleitung führen zur Existenz von **Agency Costs** in der Beteiligungsfinanzierung. Vor allem das Moral Hazard-Problem sorgt dafür, daß der Eigenkapitalgeber als Outsider des Investitionsprozesses im Unternehmen nicht beobachten kann, welche Maßnahmen der Agent, d.h. die Unternehmensleitung, ergreift. Weder der Arbeitseinsatz noch die Selektion des Investitionsobjekts sind für den Prinzipal ex-ante und ex-post erkennbar. Lediglich das Ergebnis der Maßnahmen ist dem Eigenkapitalgeber ersichtlich, doch fehlt ihm jedwede Angabe darüber, welche Verantwortung der Agent hierfür im einzelnen trägt.

Lesehinweis: *Wenger/Terberger* (1988, S. 508-509).

Finanzierungskontrakte im Rahmen der Beteiligungsfinanzierung stellen unter diesen Gesichtspunkten wiederum mehr als nur Vereinbarungen über die Form der Überlassung von Finanzmitteln dar: Sie beinhalten insbesondere Regeln zur Aufteilung von Investitionserträgen zwischen Eigenkapitalgebern und der Unternehmensleitung sowie diesbezüglich flankierende Anreiz- und Kontrollregeln. Desweiteren sind zusätzliche Institutionen denkbar bzw. notwendig, um die Ineffizienzen aus der Prinzipal-Agent-Relation zu mindern. Im folgenden wird hierzu auf die Kooperationsdesigns Entlohnungsregeln, externe Rechnungslegung, Markt für Unternehmenskontrolle und Rechtsformen eingegangen.

2 Kooperationsdesigns in der Beteiligungsfinanzierung

Obwohl jede Kapitalüberlassung von **Eigenkapitalgebern** durch eine (Mit-)Übernahme des unternehmerischen Risikos gekennzeichnet ist, werden sie nicht in jedem Fall an den laufenden strategischen Unternehmensentscheidungen mitwirken. Kann er **nicht aktiv mitentscheiden**, so werden seine Bemühungen darauf abzielen, durch Ausübung von **Kontrollrechten** passiv begrenzend und dispositionierend auf den diskretionären Handlungsspielraum der Unternehmensleitung Einfluß zu nehmen. Gesetzliche Informations-, Prüfungs- und Publizitätspflichten dienen letztendlich dem Schutz der Kapitalgeber und sind als harte öffentliche **Kooperationsdesigns** zu interpretieren. Daneben existieren eine ganze Reihe privatwirtschaftlich geregelter und marktmäßiger Kooperationsdesigns (vgl. *Spremann* 1996, S. 684 -688):

– **Schriftliche Formen** drücken sich in anreizorientierten Verträgen mit der Unternehmensleitung, Sanktionen für die Unternehmensleitung bei Zuwiderhandlung von vertraglich fixierten Vereinbarungen und Langzeitverträgen mit Managern aus.

– **Sonstige** Kontrollmechanismen sind z. B. Reputation von Managern und die Wettbewerbsverhältnisse am Arbeitsmarkt für Führungskräfte sowie übereinstimmende Wertvorstellungen zwischen Eigenkapitalgebern und den Personen in der Unternehmensleitung (sog. Clan-Konstellation).

Nachfolgend werden ausgewählte Kooperationsdesigns vorgestellt.

2.1 Anreizsysteme und -wirkungen

Der Form der Einkommenszahlung (= **Entlohnungsfunktion**) an die Mitglieder der Unternehmensleitung kommt die Aufgabe zu, die Agenten zu solchen Aktivitäten zu veranlassen, die den Nutzen der Eigenkapitalgeber (= Prinzipale) maximieren. Diese Anforderung läßt sich unter Rückgriff auf die in Kapitel I, Abschnitt 4.2.3.2 vorgenommene einfache Formalisierung der Prinzipal-Agent-Relation auch auf die hier anstehende Beziehungskonstellation übertragen (vgl. *Swoboda* 1994, S. 169-171):

Das Prinzipal-Agent-Problem war wie folgt beschrieben:

(II-1)
$$\text{Max } E(U_p) = E\left[U_p\left((1-\alpha)G(H^*) - S\right)\right]$$

mit H = Anstrengungsnivau des Agenten. Als Nebenbedingungen gelten:

(II-1a)
$$E(U_a) = E\left[U_a\left(\alpha G(H^*) + S, H^*\right)\right] \geq \text{Re ferenznutzen Agent}$$

und

(II-1b)
$$E\left[U_a\left(\alpha G(H^*) + S, H^*\right)\right] = \underset{H}{\text{Max}}: E\left[U_a\left(\alpha G(H) - S, H\right)\right]$$

Für den Manager in seiner Agent-Rolle stellt sich nach obigen Gleichungen die ökonomische Anreizsituation für sein Verhalten wie folgt dar: Positiven Nutzen bezieht er aus dem Gehalt und Gewinnanteil der Entlohnungsfunktion, negative Wirkung geht dagegen von seinem Anstrengungsniveau aus. Dieses wird er daher nur erhöhen, wenn der damit verbundene Nutzen aus der Einkommenssteigerung den negativen Nutzen aus der zusätzlichen Anstrengung übersteigt. Zwei **Beschränkungen** sind dabei vom Prinzipal vorausgesetzt: der **Agent** handelt **rational** und es besteht **Anreizkompatibilität**, d.h. die Handlungen des Agenten maximieren seinen eigenen Nutzen und den des Prinzipalen. Die Lösung des Moral-Hazard-Problems mittels der Entlohnungsfunktion besteht dann aus zwei Teilen:

– Der Prinzipal entwirft einen Vertrag für die Unternehmensleitung, in der sie ihre Vergütung in Abhängigkeit vom Erreichen bestimmter Erfolgmeßgrößen erhält. Der Einfachheit halber wird zumeist unterstellt, daß der erwartete (unsichere) Gewinn des Unternehmens von der Anstrengung der Unternehmensleitung (= H) abhängt, d.h. H(ϵH, ϵ>0). Für die Eigentümer in ihrer Rolle als Prinzipale ist der Gewinn erkennbar, nicht aber die dahinter stehende Anstrengung des Agenten.

– Nach Formulierung der Entlohungsfunktion kann der Agent seine Handlungen festlegen.

Formal läßt sich dies unter Rückgriff der Gleichungsgruppe (II-1) wie folgt reformulieren:

(II-1')
$$\text{Max } E(U_p) = E\left[U_p\left((1-\alpha)\epsilon H^* - S\right)\right]$$
wiederum unter den Nebenbedingungen

(II-1'a)
$$E(U_a) = E\left[U_a\left(\alpha\epsilon H^* + S, H^*\right)\right] \geq \text{Re ferenznutzen Agent}$$

und

(II-1'b)
$$E\left[U_a\left(\alpha\epsilon H^* + S, H^*\right)\right] = \underset{H}{\text{Max}}: E\left[U_a\left(\alpha\epsilon H - S, H\right)\right].$$

Die Eigenkapitalgeber werden bei der Festlegung des optimalen Vergütungsvertrags auch beabsichtigen, die Netto-Vergütung an die Unternehmensleitung so gering wie möglich zu halten. Da die Unternehmensleitung i. d. R. risikoscheu sein wird, dürfte das Management nur zur Realisierung ertragreicher und damit auch riskanter Investitionsobjekte bereit sein, wenn ein solches zusätzliches Risiko durch zusätzliche Vergütungsteile kompensiert wird.

2 Kooperationsdesigns in der Beteiligungsfinanzierung

Dies ist möglich, wenn sich die riskante Investition und ihr Ertrag in der Bemessungsgrundlage für die Managementvergütung niederschlagen. Die **Erfolgsbeteiligung** wird sinnvollerweise wiederum mit Finanzkontrakten gekoppelt, **Optionsanleihen** oder „**Berichtigungsaktien**" stellen in Frage kommende Finanzinstrumente dar. Die Lösung des Optimierungsproblems ist dann erreicht, wenn die zusätzliche Zunahme des Unternehmenserfolgs dem Zuwachs der Vergütung und damit den Kosten für die höhere (durchschnittliche) Risikokompensation des Managements entspricht.

In den USA sind solche **Koppelungen** zwischen **Unternehmenserfolg** und **Vergütungsstruktur** der Unternehmensleitung weitverbreitet, entsprechend läßt sich auch eine **Beurteilung** dieser Systeme auf **empirischer Basis** geben. So wurde festgestellt, daß es signifikant positive Effekte des Unternehmenserfolgs auf die Vergütung des Managements gibt. *Coughlan/Schmidt* (1985), *Murphy* (1985, 1986) und *Deckop* (1988) konnten nachweisen, daß die Koppelung von Vergütungen des Managements an Erfolgsgrößen wie Umsatz, Gewinn, Aktienkurs oder Rentabilität eine signifikant positive Wirkung erbrachte. Eine umfangreiche Studie zu diesem Thema wurde von *Jensen/Murphy* (1990) vorgelegt. Sie fanden heraus, daß im Durchschnitt in den von ihnen untersuchten Unternehmen das (aus erfolgsabhängigen und -unabhängigen Teilen bestehende) Gesamteinkommen des Managements um 3,25 US$ anstieg, wenn sich der Marktwert des Unternehmens um 1.000 US$ erhöhte. Betrachteten sie dagegen ausschließlich die erfolgsabhängigen Teile, so wuchsen diese um 2,-- US$ in Relation zum Vermögensanstieg der Aktionäre. Im Vergleich zur Erfolgsabhängigkeit von Belegschaftsmitgliedern ergaben sich gegenüber dem Managementwert kaum Unterschiede. *Jensen/Murphy* schlußfolgern daraus, daß es zwar einen Einfluß von erfolgsorientierten Bemessungsgrundlagen auf die Vergütung des Managements gibt, die tatsächliche Einflußstärke aber geringer als erwartet in der Praxis ausfallen dürfte.

Jensen/Murphy machten für ihr Ergebnis unternehmenspolitische Faktoren verantwortlich. Sie betrachteten Vergütungsverträge mit dem Management als **öffentliche Informationen**, die den übrigen Interessengruppen des Unternehmens zugänglich sind. Neben Belegschaft, Gewerkschaften und Politikern sind sie den Medien zugängig, die hohe Managementvergütungen einen eigenständigen Informationswert für die Öffentlichkeit beimessen und in ihren Nachrichten verbreiten sowie kommentieren. Auf den die Vergütung festlegenden Aufsichtsrat kommt damit u. U. öffentlicher Rechtfertigungszwang zu, weshalb "(...) it is natural that well-intentioned but risk-averse board members will resist innovative incentive contracts." (*Jensen/Murphy* 1990, S. 254). Sie unterstützen ihre Anschauung durch die historische Beobachtung, daß in den 30er Jahren die Sensitivität der Managementvergütung auf den Unternehmenserfolg größer war. Zudem verweisen sie darauf, daß Großunternehmen, die mehr im öffentlichen Blickpunkt stehen, i. d. R. eine geringere Koppelung der Vergütung am Unternehmenserfolg aufweisen.

Lazear (1986) erklärt die geringe Abhängigkeit der Managementvergütung vom Unternehmenserfolg damit, daß sie vom Ausmaß der asymmetrischen Information zwischen Unternehmensleitung und den Eignern geprägt sein dürfte:

– **Unternehmen**, die sich in **Streubesitz** befinden, dürften ein relativ höheres Maß an asymmetrischer Informationsverteilung aufweisen als Unternehmen mit einigen wenigen Großaktionären. Die Kosten der Überwachung der Unternehmensleitung sind dann relativ hoch und eine erfolgsorientierte Vergütung der Unternehmensleitung wäre die kostengünstigere Alternative.

- Befindet sich ein Unternehmen im **Besitz weniger Eigner**, so sind deren Kosten der Überwachung des Managements (Monitoring) relativ geringer, da engere Informationsverflechtungen zwischen der Unternehmensleitung und den Eignern bestehen. Auch können Überwachungssysteme seitens der Eigner effizienter aufgebaut und unterhalten werden.

In der **Praxis** scheint insgesamt der Einsatz anreizorientierter Vergütungssysteme zur Steuerung der Unternehmensleitung im Sinne der Anteilseigner wenig ausgeprägt zu sein. Dies bestätigt auch das empirische Ergebnis von *Kaplan* (1992), wonach zwischen amerikanischen und japanischen Unternehmen kaum Unterschiede in der Sensitivität der Management-Vergütung auf den Unternehmenserfolg bestehen. Dies wäre aber anzunehmen, wenn man die ähnlich wie in Deutschland starke Monitoring-Funktion der Hausbanken auf die Unternhmensleitungen berücksichtigt. Sie wäre als Substitut für die anreizorientierten Vergütungssysteme zu betrachten. Hierbei ergeben sich empirisch aber keine signifikanten Unterschiede. Die Verwendung solcher Systeme ist in den Unternehmen der beiden Staaten relativ ähnlich.

Die mangelnde Anreizorientierung der Vergütungssysteme in den USA in den Jahren nach dem Ende des zweiten Weltkriegs mag den seinerzeitigen Industrial Relations zum Teil zu erklären sein, die deutlich von Massenproduktion, nationaler Orientierung und einem Machtgleichgewicht zwischen multinationalen Großunternehmen und Großgewerkschaften gekennzeichnet war. Es spricht vieles dafür, daß mit dem derzeitigen Übergang von der Massen- zur Qualitätsproduktion und dem Wandel von national ansässigen Kernunternehmen zu weltweit operierenden Unternehmensnetzen in Zukunft leistungs- und anreizorientierte Vergütungssysteme global eine deutliche Verbreitung erfahren werden (zum Hintergrund vgl. *Reich* 1993).

2.2 Die Rolle der externen Rechnungslegung

Die Pflicht zur externen Rechnungslegung und die Prüfung der Rechnungslegung können als zentrale Komponenten der **Managerkontrolle** verstanden werden. Mit der Erstellung objektiver Daten über Ertrags-, Vermögens- und Finanzverhältnisse eines Unternehmens werden zumindest teilweise die Ergebnisse von Handlungen der Unternehmensleitung für einen zurückliegenden Zeitraum dokumentiert und bieten eine Basis, auf der die Kontrolle der Eigenkapitalgeber ansetzen kann. "Die handelsrechtliche Rechnungslegung enthält nichts anderes als Organisationsregeln für die Funktionsfähigkeit des Kapitalmarkts: Bausteine zur Sicherung von Kapitalmarkteffizienz." (*Schneider* 1981, S. 415). So kommt der externen Rechnungslegung im Eigner-Manager-Problem eine zentrale Rolle zu, indem mit ihr die Beobachtbarkeit der von den Managern erwirtschafteten Erträge gesichert wird (vgl. *Debus* 1989) und **externe Kontrollinstanzen** wie Wirtschaftsprüfer sorgen für eine Objektivierung (vgl. *Krahnen* 1985, S. 123). Die Regelungen der externen Rechnungslegung weisen für Kapitalgesellschaften den höchsten Detailgrad und die strengsten Anforderungen auf. Nachfolgende Abb. II-1 gibt hierzu einen Überblick.

2 Kooperationsdesigns in der Beteiligungsfinanzierung

	Bestandteile der Rechungslegung 1	Gliederung 2	Anhangsinhalt 3	Prüfung 4	Offenlegung 5
Kapitalgesellschaften *Große* B > 15,5 Mio. U > 32,2 Mio. A > 250	• Bilanz • GuV • Anhang • Lagebericht	Detaillierte Gliederung nach den Schemata in §§ 266, 275 HGB	Anhang gem. §§ 284-287 HGB	Pflicht	Jahresabschluß, Lagebericht, Aufsichtsratsbericht, Ergebnisverwendung in HR und BAZ
Mittlere B > 3,9 Mio. U > 8 Mio. A > 50	• Bilanz • GuV • Anhang • Lagebericht	wie große KapG	wie große KapG; Erleichterung gem. § 285 Nr. 4 HGB (§ 288 Satz 2 HGB)	Pflicht	Jahresabschluß mit verkürzter Bilanz, Lagebericht, Aufsichtsratsbericht, Beschluß über Ergebnisverwendung im HR., Hinweis BAZ
Kleine B ≤ 3,9 Mio. U ≤ 8 Mio. A ≤ 50	• Bilanz • GuV • Anhang • Lagebericht	verkürzte Gliederung der großen KapG gem. § 266 Abs. 1 HGB	wie große KapG; Erleichterung gem. § 285 Nr. 2-5 u. 7-9b HGB (§ 288 Satz 1 HGB)	keine Pflicht	Bilanz, Anlage Ergebnisverwendung im HR., Hinweis im BAZ
Personengesellschaften: *Große i.S. PublG* B ≥ 125 Mio. U ≥ 250 Mio. A ≥ 5000	• Bilanz • GuV	wie große KapG	kein Anhang	Pflicht	Bilanz, Anlage zur Bilanz gem. § 5 Abs. 5 Satz 3 PublG in HR und BAZ
Andere	• Bilanz • GuV	Gliederung nach GoB	kein Anhang	keine Pflicht	keine Pflicht

B: Bilanzsumme; U: Umsatz; A: Arbeitnehmer; EK: Einzelkaufmann; PHG: Personenhandelsgesellschaft; KapG: Kapitalgesellschaft; HR: Handelsregister; BAZ: Bundesanzeiger; SPR: Sonderposten mit Rücklageanteil

Abb. II-1: Aufstellungs-, Prüfungs- und Offenlegungspflichten (in Anlehnung an *Ordelheide* 1992, S. 254).

Die Ziele und Interessen vom Ersteller des Jahresabschluß - der Unternehmensleitung - und den Adressaten - neben den Eigentümern vor allem noch die Gläubiger, Arbeitnehmer, Fiskus und die sonstige Öffentlichkeit - sind nicht widerspruchsfrei. **Konfliktsituationen** können entstehen. Insbesondere muß davon ausgegangen werden, daß zwischen Unternehmensleitung und den übrigen Interessengruppen unterschiedliche Informationen über Risiken und Chancen aber auch den objektiven wirtschaftlichen Status Quo eines Unternehmens bestehen. Die Unternehmensleitung dürfte, wie ausgeführt, regelmäßig besser informiert sein und die übrigen Gruppen sind darauf angewiesen, von der Unternehmensleitung informiert zu werden. Die asymmetrische Informationsverteilung kann bei Vorliegen von abweichenden Interessen zwischen Unternehmensleitung und z.B. Anteilseignern einer Kapitalgesellschaft zu Beeinträchtigungen in der Objektivität der Informationsübermittlung führen. So könnte das Streben der Unternehmensleitung nach Verfügungsgewalt über Innenfinanzierungsmittel dazu führen, daß der Jahresüberschuß als

Ausschüttungsgrundlage gegenüber den Anteilseignern möglichst gering ausgewiesen wird. Andernfalls muß die Unternehmensleitung die ausgeschütteten Finanzmittel wieder bei den Eigentümern akquirieren - was Zeit kostet und unsicher ist. Bei abweichenden Zielvorstellungen wird opportunistisches Verhalten der besser informierten Seite wahrscheinlich. Die weniger gut informierte Seite der Eigner kann jetzt nicht davon ausgehen, daß sie von der Unternehmensleitung freiwillig jederzeit und umfassend informiert wird. Es ist jetzt insbesondere die **externe Rechnungslegung**, die in diesem **Spannungsverhältnis** eine wichtige wirtschaftliche Funktion erhält (vgl. *Franke/Hax* 1994, S. 444-445):

- Als **Informationsinstrument** liefert sie Signale, mit der sich die Prinzipale neue Erwartungen über den geschäftlichen Erfolg oder Mißerfolg, also den wirtschaftlichen Verlauf des Unternehmenprozesses, machen können. Dies dient letztendlich der Verbesserung der Entscheidungsfindung der einzelnen Unternehmenseigner.

- Die **Steuerungs- und Kontrollfunktion** der externen Rechnungslegung ergibt sich daraus, daß Kapitalgeber das bessere Wissen von Managern (z.B. über lukrative Investitionschancen) für sich ausnutzen wollen, aber zugleich befürchten müssen, daß sich Manager im Sinne der Kapitalgeber nicht wohlverhalten und zu täuschen versuchen. Manager können wie gezeigt als Agenten durch Entlohnungssysteme angehalten werden, Entscheidungen im Sinne der Eigenkapitalgeber zu treffen. Die Entlohnung ist an beobachtbaren Ereignisse wie z. B. die Höhe des Jahresüberschuß zu knüpfen, die Signale eines Informationssystems (wie der Rechnungslegung) darstellen.

Neben den Eigenkapitalgebern sind weitere Interessengruppen am Unternehmen und an Informationen zur Unternehmenslage interessiert. Die Interessen und Ziele der mit und am Unternehmen beteiligten Gruppen sind nicht einheitlich. Es ist auch kaum möglich, die einzelnen Vorstellungen und Interessen der einzelnen Interessenten und -gruppen festzustellen, um daraufhin ein angemessenes Informationssystem bereitzustellen. Die Informationssysteme für externe Adressaten werden daher von der Unternehmensleitung kostenlos bereitgestellt und die Informationsfunktion des Rechnungswesens ist mehrgestaltig. Auf diese Weise wird versucht, der Interessenvielfalt der Adressaten und der Unmöglichkeit der objektiven Feststellung im Einzelfall gerecht zu werden. Im einzelnen erfüllt es folgende zentrale Funktionen (vgl. *Moxter* 1986):

- **Dokumentation**: Zwischen externen Adressaten und der Unternehmensleitung kann es zu Interessenkonflikten kommen. In diesen Fällen bedarf es eines Informationssystems, das objektiv nachprüfbare Informationen enthält. Finanzbuchführung und Jahresabschluß können in solchen Fällen als Beweismittel vor Gericht herangezogen werden.

- Die **Kontrolle** erstreckt sich auf die Erfassung und Überwachung aller Geld- und Leistungsströme eines Unternehmens. Sozusagen die zweite Seite der Medaille ist die Rechenschaftslegung. Die Pflicht hierzu gilt gegenüber Kapitaleignern, die nicht an der Geschäftsführung beteiligt sind. Solchen Personen gegenüber gilt der allgemeine Grundsatz, der im BGB (z.B. §§ 1840 ff. BGB) verankert ist: Wer fremdes Kapital verwaltet, schuldet dem Kapitalgeber Rechenschaft über seine Verwaltung. Grundlage der Rechenschaftslegung ist stets das externe Rechnungswesen.

- Betriebliches Rechnungswesen dient als Grundlage ergebnisabhängiger und -unabhängiger Einkommenszahlungen. Gängig ist die Unterscheidung in direkten und indirekten **Kapitalgeberschutz**, die bei bestimmten Unternehmensformen auch auf die Eigentümer zu übertragen sind:

- Beim **direkten Kapitalgeberschutz** dient das externe Rechnungswesen primär dazu, Informationen für Kreditgeber bereitzustellen, um ihnen eine Beurteilung über die Kreditwürdigkeit des Unternehmens zu ermöglichen. Der Kreditgeber wird also vor Kreditvergabe in die Lage versetzt, sich einen Überblick über die wirtschaftliche Lage des Kreditnehmers zu verschaffen.
- Der **indirekte Kapitalgeberschutz** wird durch die Selbstinformation der Unternehmensleitung gefördert. Der Gesetzgeber zwingt den Unternehmer bzw. die Unternehmensleitung, sich Informationen über das eigene Unternehmen zu beschaffen, indem er zu Buchführung und Jahresabschluß verpflichtet. Damit wird der Unternehmer bzw. die Unternehmensleitung davor bewahrt, die eigene wirtschaftliche Situation falsch zu beurteilen, falsche Entscheidungen zu treffen und durch zu hohe Privatentnahmen oder andere Formen übermäßiger Ausgaben auf der Leitungsebene das Vermögen zum Nachteil der Kapitalgeber zu verringern.

- Instrumente des Rechnungswesens liefern zahlenmäßig aufbereitetes Material als Grundlage zukünftiger Entscheidungen von Unternehmensleitung aber auch Kapitalgebern. So dienen Daten vor allem des internen Rechnungswesens insbesondere für in die Zukunft gerichtete Planungsüberlegungen. Hiermit wird ein mittlerweile zentraler Bereich der Unternehmensführung - das Controlling - hauptsächlich von Daten des internen Rechnungswesen gespeist.

Lesehinweise: Zur allgemeinen Aufgabe der externen Rechnungslegung, insbesondere des Jahresabschluß vgl. *Coenenberg* (1997, S. 8 ff.) und zum neo-institutionenökonomischen Verständnis *Ballwieser* (1985).

2.3 Hostile Takeover und Managementkontrolle

Auf Kapitalmärkten bietet sich die Möglichkeit, durch ein öffentliches Übernahmeangebot von potentiellen Anteilseignern an die Altaktionäre ein börsennotiertes Unternehmen mehrheitlich in neue Eigentümerhände zu überführen. Die Übernahme der Aktienmehrheit kann dann dazu genutzt werden, den bisherigen Vorstand (und Aufsichtsrat) auszuwechseln. Eine solche Übernahme der Unternehmensmehrheit durch Kauf der Mehrheit der Eigentumsanteile und anschließenden Ersatz des bisherigen Managements wird als sog. "**feindliche Übernahme**" oder "**Hostile Takeover**" bezeichnet. Damit wird ausgedrückt, daß eine Übernahme in erster Linie dazu dient, das bisher ineffizient arbeitende Management zu ersetzen. Auf diese Weise erfolgt eine Bestrafung der Unternehmensleitung für eine Investitionspolitik, die in den Augen der Mehrheit der Anleger ertragreicher hätte ausfallen müssen.

Indizien für eine berechtigte Grundlage dieses Vorwurfs können in einem niedrigen Aktienkurs eines Unternehmens und einem niedrigen Kurs-Gewinn-Verhältnis (etwa im Vergleich zum Branchendurchschnitt) gesehen werden. Dahinter steht die Theorie, daß der Aktienkurs alle öffentlich zugänglichen Informationen über den gegenwärtigen wirtschaftlichen Zustand einer Aktiengesellschaft und ihrer Zukunftsaussichten enthält. So geht man üblicherweise bei der Erklärung des Aktienkurs davon aus, daß er den Gegenwartswert zukünftiger Dividendenströme repräsentiert, die ein Aktionär im Lauf der Zeit ausgeschüttet bekommen wird (vgl. zur theoretischen Erklärung Abschnitt 4 in diesem Kapitel). Eine Aktiengesellschaft mit sehr positiven Ertragsaussichten wird demzufolge einen höheren Aktienkurs aufweisen als eine vergleichbare AG mit pessimistischen zukünftigen Ertragsverläufen. Anders ausgedrückt: Das Kurs-Gewinn-Verhältnis wird für die erstgenannte AG höher ausfallen als für die zweite Gesellschaft. Quelle der unterschiedlichen Ertragsaussichten sind unterschiedliche Investitionspolitiken in den Unternehmen, die wiederum auf der Handlungsweise der Unternehmensleitung beruhen. Eine AG mit einem niedrigen Kurs-Gewinn-Verhältnis kann daher als Indiz dafür gesehen werden, daß die Unternehmensleitung das **Unternehmensziel Marktwertmaximierung** vergleichsweise schlecht umsetzt oder sich kaum daran orientiert. Ein niedriger Aktienkurs erleichtert einem Einzelinvestor oder Investorenkreis (= **Raider**), die AG relativ "preiswert" durch Aufkauf von Aktien zu erwerben und das Management anschließend zu ersetzen. Die neue Unternehmensleitung wird von den Mehrheitsaktionären mit dem Ziel eingesetzt, die Investitionspolitik des erworbenen Unternehmens ertragreicher zu gestalten. Dadurch wird der zukünftige Aktienkurs wieder steigen, was dem Raider wiederum einen gewinnbringenden Verkauf seines Aktienanteils ermöglicht (vgl. *Browne/Rosengren* 1987, S. 216 ff.). Der Kapitalmarkt übt in diesem Sinn eine Kontrolle über die Unternehmensleitung aus. Dabei muß es nicht erst zum Absinken des Aktienkurses und zum Aufkauf des Unternehmens kommen. Bereits die Gefahr für eine Unternehmensleitung, daß mit der Abweichung vom Ziel der Marktwertmaximierung eine feindliche Übernahme ausgelöst werden kann und ihre "Bestrafung" nach sich ziehen würde, dürfte als disziplinierender Faktor wirken.

<u>Lesehinweis:</u> Neben dieser Überlegung der Managerkontrolle gibt es eine ganze Reihe weiterer Gründe, weshalb Unternehmen mehrheitlich in neue Eigentümerhände gelangen (vgl. *Ravenscraft* 1987).

In **Deutschland** ist diese Institution der Managementkontrolle bislang kaum entwickelt. Dies dürfte u.a. an bestimmten aktienrechtlichen Regelungen liegen wie den Möglichkeiten, vinkulierte Namensaktien zu emittieren oder Höchststimmrechte festzulegen. In den **USA** hat es in den **80er Jahre** eine **Takeover-Welle** gegeben, allerdings unterlagen sie unterschiedlichen Beweggründen der Raider. Hinsichtlich der Eignung von Hostile Takeover als Instrument der Managementkontrolle haben *Morck/Shleifer/Vishny* (1989) in einer beachteten **empirischen Studie** für die USA diesbezüglich differenzierte **Ergebnisse** ermittelt. Sie fanden heraus, daß der vollständige Austausch von Unternehmensleitungen in den 500 größten US-Unternehmen im Zeitraum von 1981 bis 1985 nur dann durch feindliche Übernahmen erfolgte, wenn es **Unternehmen** betraf, die sich in einer Branche mit Strukturproblemen befand. Ursachen waren z. B. gestiegener ausländischer Wettbewerb, technologischer Wandel oder Deregulierung. Dagegen wurde die Unternehmensleitung durch die unternehmensinternen Kontrollinstanzen (**Board of Directors**, kurz Board, vergleichbar mit dem deutschen Aufsichtsrat) vorzeitig abgelöst, wenn das betroffene Unternehmen, nicht aber die gesamte Branche, schlechte Ertragsergebnisse verzeichnete. *Morck/Shleifer/Vishny* argumentieren, daß die beiden Formen der Kontrolle der Unternehmensleitung durchaus ergänzend gesehen werden sollten: Die Tatsache, daß ein Unternehmen gegenüber den übrigen der Branche wirtschaftliche Mißerfolge aufweist, ermöglicht es dem Board, die Ursache bei der Unternehmensleitung zu identifizieren. Durch rechtzeitigen Austausch des Managements und Wechsel in der Unternehmenspolitik wird ein Absinken des Aktienkurs vermieden oder abgeschwächt, für potentielle Raider bleibt die Übernahme dadurch kostspielig. Bei genereller Ertragsschwäche der Branche ist eine solche verursachungsgerechte Zuweisung von Verantwortlichkeit anscheinend schlechter möglich, weshalb sich hier Ansatzpunkte für Hostile Takeover ergeben.

2.4 Die Bedeutung der Rechtsform für die Beteiligungsfinanzierung

Allgemein läßt sich aussagen, daß mit steigender Wahrscheinlichkeit, mit der Agency Costs entstehen können, die gesetzlichen Regelungen und damit die Härte der **Kooperationsdesigns** in der Prinzipal-Agent-Relation von Eigner und Unternehmensleitung zunimmt. Deutlich wird dies in der Ausgestaltung der **Eigentumsrechte** (= Property Rights) der Unternehmensverfassung. Die detaillierteste Regelung weist die **Rechtsform** der AG auf, in der die Trennung zwischen Eigentum und Unternehmensleitung auch am weitesten ausgeführt ist. Dagegen sind die Bestimmungen für Einzelkaufleute und Personengesellschaften dann weniger geregelt, wenn Eigentümern das Recht zur Unternehmensführung zusteht (z.B. bei der Kommanditgesellschaft für den Komplementär). Die Rechtsform eines Unternehmens hat damit entscheidenden Einfluß auf die Aufbringung von Eigenkapital durch die Beteiligungsfinanzierung:

- Die **Rechte** der **Gesellschafter**, insbesondere die Rechte der Geschäftsführung, der Erfolgs- und Liquidationsbeteiligung, Kontrolle, Vertretung, Kapitalentnahme, Kündigung, Anteilübertragung sind je nach Rechtsform gesetzlich und darüberhinaus häufig noch satzungsmäßig unterschiedlich geregelt. Da mit der Beteiligungsfinanzierung auch Rechte seitens der Kapitalgeber verbunden sind, beeinflussen Art und Umfang der Rechte die Flexibilität der Beteiligungsfinanzierung je nach Rechtsform unterschiedlich.

- Ähnliches gilt für die **Pflichten** der **Gesellschafter**, insbesondere in Fragen zur Haftung, Geschäftsführung, Kapitaleinlage und der anteiligen Verlustzuweisung.

Die **Wahl** der **Rechtsform** eines **Unternehmens** ist ein Entscheidungsproblem von Eigenkapitalgebern, in das (wenn steuerliche Aspekte vorerst unberücksichtigt bleiben) neben den unterschiedlichen Gestaltungsvorschriften zu den Beteiligungskontrakten durch den Gesetzgeber, auch die Möglichkeiten der Mitwirkung an der Unternehmensführung durch Eigenkapitalgeber berührt werden. Letzteres ist insofern von Bedeutung, als bei ausgeprägten Hold Up-Situationen, Eigenkapitalgeber eine funktionale vertikale Integration zur Lösung des Kooperationsproblems betreiben können: Statt des angestellten und delegierten Managements übernehmen sie deren Funktionen (Wechsel vom externen zum internen Eigenkapitalgeber) oder sie begrenzen Kompetenzen des Managements (vgl. *Rühle* 1994, S. 41).

Nachfolgende Abb. II-2 gibt einen Überblick zu den wesentlichen entscheidungsrelevanten Kriterien der Wahl der Rechtsform, die engen Bezug zur Beteiligungsfinanzierung aufweisen (vgl. *Süchting* 1995, S. 34).

Kriterium	Erläuterung
Gestaltungsmöglichkeiten der Gesellschaftsverträge	Fast alle gesetzlichen Vorschriften stellen dispositives Recht dar. Allerdings ist der Gestaltungsspielraum je nach Rechtsform durchaus sehr unterschiedlich weit (z.b. bei stiller Gesellschaft wesentlich höher als bei der AG).
Haftung	Zu unterscheiden ist zwischen beschränkter Haftung der Gesellschafter auf ihre Eigenkapitaleinlage (z.B. bei der AG) und unbeschränkter Haftung, d.h. das Privatvermögen der Gesellschafter unterliegt der Haftung für Schulden des Unternehmens (z.b. Komplementäre der KG, auch persönlich haftende Gesellschafter genannt).
Eigenkapitalbeschaffung und -ausstattung	Die Gesetzeswerke zu den einzelnen Rechtsformen geben unterschiedliche Vorschriften zur Mindestkapitalausstattung (AG, GmbH), teilweise werden auch keine Minimalanforderungen gestellt (z.B. bei Einzelkaufleuten). Die Eigenkapitalbeschaffung richtet sich vor allem danach, ob die Rechtsform eine anonyme Marktfinanzierung oder die Individualfinanzierung zulassen soll.
Erfolgsbeteiligung	Hier ist in erster Linie zu unterscheiden, ob nach Kapitalanteilen oder nach Köpfen zu beteiligen ist.
Einmalige und laufende rechtsformabhängige Aufwendungen	Als Grundsatz kann gelten, daß mit dem Umfang der Publizitätspflichten auch die laufenden Aufwendungen steigen. So weisen große börsennotierte Aktiengesellschaften (gem. § 267 HGB) die höchsten Aufwendungen auf, da sie in umfangreicher Form den Jahresabschluß gem. § 264 HGB erstellen müssen, nach § 39 Börsengesetz einen Zwischenbericht zu erstellen haben und zur Ad hoc-Publizität gem. § 15 Wertpapierhandelsgesetz verpflichtet sind. Ferner kommen Aufwendungen für die Prüfung des Jahresabschlusses und seiner Verabschiedung bei Kapitalgesellschaften hinzu.
Rechnungslegung, Prüfung und Publizität	Neben dem Aufwandsaspekt wie zuvor skizziert, behandeln die Rechtsformen den Zwang des Unternehmens zur Publizität unterschiedlich, wobei grob gesagt die Personengesellschaften weniger und die Kapitalgesellschaften umfangreicher ihre wirtschaftlichen Tätigkeiten und Verhältnisse sowie den Periodenerfolg Außenstehenden darstellen müssen. Die Publizitäts-, Rechnungslegungs- und Prüfungsanforderungen steigen zudem mit der Unternehmensgröße.

Abb. II-2: Überblick zu entscheidungsrelevanten Kriterien der Rechtsformwahl

Die gesetzlichen Bestimmungen zu den Rechtsformen haben für die Beteiligungsfinanzierung insofern weitreichende Folgen, da hiervon in erheblichem Maße die Ausgestaltung der Verträge der Gesellschafter geprägt wird. So weisen viele **familiengeführte mittelständische Unternehmen** Rechtsformen in der **Personengesellschaft** auf (vgl. Meier-Preschany/Schäfer 1990). Dies wird häufig dem Anliegen der Gesellschafter gerecht, neben der Rolle als Eigenkapitalgeber auch als aktiver Mitarbeiter, vor allem in leitenden Positionen, fungieren zu können. Häufig basiert das Unternehmensgeschehen dann in den Führungsgremien auf einem hohen **familiären Konsens**, der Zielkonflikte reduzieren hilft oder vermeiden läßt. Ein Eigenkapitalanteil an beispielsweise einer OHG ist dann auch häufig an so viele individuelle Erfordernisse geknüpft, daß der Eigenkapitalanteil kaum auf einem Finanzmarkt handelbar ist. Ihm **fehlt** die Eigenschaft der **Fungibilität**. Sie bezieht sich auf die juristische Vorstellung der Vertretbarkeit einer Sache gem. § 91 BGB. Aktien weisen (von Ausnahmen abgesehen) als einzige Form des Eigenkapitalvertrags eine solche Eigenschaft auf: bei gleichem Nennwert bzw. gleicher Stückelung jedes Papiers werden die gleichen Rechte verkörpert. Dies ermöglicht ihre **Marktfähigkeit**. Sie können auf Kapital(sekundär-)märkten gehandelt werden, ohne daß der Inhaber der Aktie eine Veränderung seiner Rechte erfährt. Die Aktien einer AG können nach Einführung zum Handel an einer Wertpapierbörse jederzeit zwischen Eigenkapitalgebern ausgetauscht werden. Voraussetzungen für die Vertretbarkeit einer Aktie ist eine bestimmte **Homogenität** ihrer **Verfügungsrechte** hinsichtlich folgender Merkmale:

- **Haftungsbeschränkung**, die insbesondere weitere Zahlungs- und Nachschußpflichten des Gesellschafters ausschließt.
- **Teilbarkeit** von Eigenkapitalbeträgen in Finanzierungstitel mit niedrigem Nennwert.
- **Fristenvariabilität**, d.h., der Eigenkapitalgeber muß in der Lage sein, sich möglichst entsprechend seines individuellen Planungshorizonts von seinem Eigenkapitalvertrag lösen zu können.
- Bestimmte wenige Grundformen von Eigenkapitalverträgen, die eine klare juristische Regelung der **Rechte und Pflichten** aufweisen (vgl. *Spremann* 1996, S. 153-157).

Die **Marktfähigkeit** eines Eigenkapitalvertrags hat für die Beteiligungsfinanzierung bedeutende **Folgen**: Sie ermöglicht, daß die Funktion des Eigenkapitalgebers und die des Unternehmensleiters nicht mehr notwendigerweise vereint sein müssen. Wenn auch bei den Personengesellschaften durch spezielle rechtliche Vorschriften (z.B. zum Kommanditisten der KG) und allgemein privatrechtlichen Abmachungen (z.B. angestellter Geschäftsführer bei der OHG ohne Gesellschafterstatus) eine Trennung ermöglicht werden kann, so wird dies konsequent und rechtlich nur in Kapitalgesellschaften vorgeschrieben.

Lesehinweis: Zur Bedeutung der Ausgestaltung von Finanzierungsverträgen liefern u.a. *Franke/Hax* (1994 S. 30-53) weitergehende Erläuterungen.

3 Systematik der Beteiligungsfinanzierung

Unter dem Begriff "**Beteiligungsfinanzierung**" - gängig ist auch die Bezeichnung **externe Eigenfinanzierung** - versteht man Finanzierungsformen, bei denen dem Unternehmen Kapital von außen durch bisherige und/oder neue Eigentümer zugeführt wird. Die Beteiligungsfinanzierung zählt neben der Innenfinanzierung zur **Eigenfinanzierung** des Unternehmens. Bei einer Beteiligungsfinanzierung werden **Beteiligungsansprüche** bzw. -titel ausgegeben.

Hilfreich für die Behandlung des Themas "Beteiligungsfinanzierung" ist die folgende **Unterscheidung**:

- **Individualfinanzierung**, auf die nicht-emissionsfähigen Unternehmen angewiesen sind. Dies gilt für die Mehrzahl der Rechtsformen, nämlich für alle Personengesellschaften und die GmbH. **Merkmale** dieser Form der Beschaffung von Eigenkapital sind:
  - **keine** Möglichkeit der Inanspruchnahme der **Wertpapierbörse** zur Kapitalbeschaffung,
  - **geringe Fungibilität** der Eigentumsanteile (vor allem im Sinne der eingeschränkten Handelbarkeit mangels vertraglich standardisierter Finanzkontrakte); dadurch gestaltet sich die Aufnahme neuer Gesellschafter meist schwierig,
  - seitens Außenstehender und neuer Gesellschafter ist das **Anlagerisiko** meist schwierig im voraus zu beurteilen,
  - **Mitspracherechte** der alten Gesellschafter werden durch neue Gesellschafter beschnitten,

- **Aufteilungsmodus** bei **stillen Reserven** ist häufig nur schwierig zu klären,
- **umfangreiche** und **schnelle Kapitalbeschaffung** ist **kaum** möglich.
- Emissionsfähigen Unternehmen, d.h. AG und KGaA, stehen die Möglichkeiten der **anonymen Marktfinanzierung** zur Verfügung. **Kennzeichen** der anonymen Marktfinanzierung sind:
  - Beschaffung hoher Kapitalbeträge durch die Aufteilung des Kapitalbetrags in **kleinere Teilbeträge** leicht möglich,
  - Anleger (= Kapitalgeber) haben die Möglichkeit, sich bereits mit **kleinen Kapitalbeträgen** am Unternehmen zu **beteiligen**,
  - **hohe Fungibilität** dieser Beteiligungspapiere,
  - **einheitliche rechtliche Grundlage** in Gestalt des Aktiengesetz,
  - **keine** Abhängigkeit der Investitions- und Geschäftspolitik durch **Kapitalgeberwechsel**, d.h. hohe Unternehmenskontinuität durch konstantes Eigenkapital möglich.

Ein Blick auf die **Statistik** der **Eigenkapitalausstattung** zeigt, daß diese bei börsennotierten Unternehmen in Deutschland am höchsten ist.

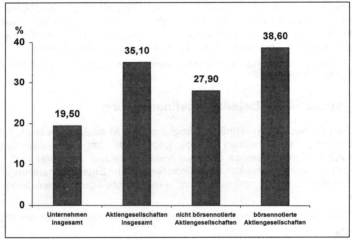

Abb. II-3: Eigenkapitalquoten nach Rechtsformen (Quelle: *DAI* 1996)

Aktiengesellschaften, als die Gruppe der **emissionsfähigen** Unternehmen, weisen insgesamt mit 35,1% gegenüber der Gesamtheit der Unternehmen eine weit höhere Eigenkapitalquote auf. Diese wird wiederum in erster Linie von den börsennotierten Aktiengesellscahften getragen (38,6% gegenüber 27,9% bei nicht börsennotierten Aktiengesellschaften). Nachfolgende Abb. II-4 zeigt die Anzahl der Aktiengesellschaften in Deutschland und wieviele davon börsennotierte Unternehmen sind.

3 Systematik der Beteiligungsfinanzierung

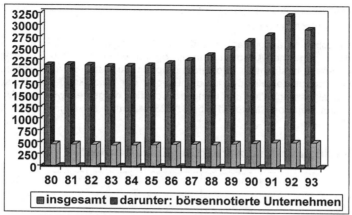

Abb. II-4: Entwicklung der Anzahl von Aktiengesellschaften und der börsennotierten Unternehmen (Quelle: *DAI* 1996)

Die Zahl der Aktiengesellschaften und die der KGaA hat sich seit Anfang 1980 um 543 auf 2.682 Unternehmen Ende 1990 erhöht. Bis Ende der 70er Jahre war demgegenüber ein kontinuierlicher Rückgang von Unternehmen in dieser Rechtsform zu verzeichnen. Die Rechtsform der **AG dominiert** vor allem in **Branchen**, in denen vorwiegend etablierte, international operierende Großunternehmen vertreten sind: Energie- und Wasserversorgung, Chemische Industrie, Stahl-, Maschinen- und Fahrzeugbau sowie Kreditinstitute und Beteiligungsgesellschaften.

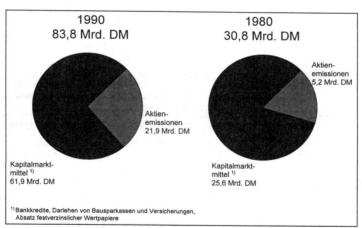

Abb. II-5: Längerfristige Mittelaufnahmen und Aktienemissionen der Produktionsunternehmen (Quelle: *Deutsche Bundesbank* 1991, S. 25)

Die Aktiengesellschaften bzw. KGaA, die an einer der acht deutschen Wertpapierbörsen notieren, stellen die Minderheit dar. Ende 1990 wurden lediglich 42 Unternehmen mehr an die inländischen Börsen gebracht als 10 Jahre zuvor. Etwa nur ein Fünftel aller Aktiengesellschaften ist an der Börse notiert. Die Beteiligungsfinanzierung mittels Aktienemission konnte im Verlauf der 80er Jahre ihren Anteil an der längerfristigen Kapitalaufnahme von (Produktions-) Unternehmen erhöhen.

Nachfolgend sollen in ausgewählter und überblicksartiger Form die wesentlichen **Mindestanforderungen** und **Ausgestaltungsmöglichkeiten** der Beteiligungsfinanzierung unterschieden nach bestimmten Rechtsformgruppen dargestellt werden. Hierzu wurde ein **Merkmalskatalog** aufgestellt, der für die Gruppe der Einzelkaufleute, Personengesellschaften, Kapitalgesellschaften und Genossenschaften dargestellt wird. Die Ausführungen stützen sich auf *Perridon/Steiner* (1995, S. 323-342) und *Büschgen* (1991, S. 201-209 und 236-239).

3.1 Beteiligungsfinanzierung bei Einzelkaufleuten

Rechtsform⇒ Merkmale ⇓	Einzelkaufmann
Eigentümerbezeichnung	Kaufmann (= Unternehmer)
Mindestzahl der Gründer	1
Bezeichnung des Eigenkapitals	• "Einlagenkapital" • gezeichnetes Kapital
Beschaffung von Eigenkapital	abhängig vom Privatvermögen
Mindestkapital und -anteil	• kein festes Eigenkapital • keine Mindesteinlage vorgeschrieben
Haftung	unbeschränkte, persönliche Haftung
Steuerliche Behandlung	• Besteuerung des Unternehmers durch Einkommensteuer • keine Körperschaftsteuer
Organe	Kaufmann
Erfolgsbeteiligung	durch den Inhaber nach eigenen Vorstellungen und finanziellen Möglichkeiten
gesetzliche Vorschriften	HGB, bes. §§ 1-104, 238 ff.
Beispiele	kleinere und mittelständische Handwerksbetriebe, Einzelhandelsgeschäfte, ausnahmsweise auch Großunternehmen

Abb. II-6: Zentrale Merkmale der Beteiligungsfinanzierung bei Einzelkaufleuten im Überblick

Einzelkaufleuten (= Einzelunternehmungen) bereitet die Beteiligungsfinanzierung im Vergleich zu allen anderen Rechtsformen die größten Schwierigkeiten, da in erster Linie nur das **Vermögen des Unternehmers** zur Verfügung steht. Das **Eigenkapital** ist grundsätzlich **variabel** gestaltbar. Beispielsweise erhöhen finanzielle Zuführungen aus dem Privatvermögen das Eigenkapital, Privatentnahmen können es verringern. Für die Stärkung der Eigenkapitalbasis bleiben daher im Regelfall nur der Verzicht auf die Entnahme von Gewinnen und die Quellen der Innenfinanzierung. Statt mit seinen privaten Vermögensteilen die Eigenkapitalbasis zu stärken, bietet sich beim Einzelunternehmer die Begründung einer **stillen Gesellschaft** an (siehe nachfolgenden Abschnitt 3.2).

3.2 Beteiligungsfinanzierung bei Personengesellschaften

Rechtsform ⇒ Merkmale ⇓	Personengesellschaften			
	OHG	**KG**	**Stille Gesellschaft**	**BGB-Gesellschaft**
Eigentümerbezeichnung	Gesellschafter	a) Komplementäre b) Kommanditisten	Geschäftsinhaber	Gesellschafter
Mindestzahl der Gründer	2	a) 1 b) 1	2	2
Bezeichnung des Eigenkapitals	Kapitaleinlagen	• Kapitaleinlage der Komplementäre • Kommanditeinlage der Kommanditisten	Vermögenseinlage des stillen Gesellschafters	Beitragskapital
Beschaffung von Eigenkapital	durch Einlagenerhöhung der bestehenden Gesellschafter (abhängig vom Privatvermögen) sowie durch Aufnahme neuer OHG-Gesellschafter	durch Einlagenerhöhung der Komplementäre und/oder Kommanditisten sowie durch Aufnahme neuer Gesellschafter	durch Einlagenerhöhung sowie Aufnahme von a) typischen [*)] b) atypischen [*)] stillen Gesellschaftern	durch Einlagenerhöhung sowie Aufnahme von neuen BGB-Gesellschaftern
Mindestkapital und -anteil	• kein festes Eigenkapital, • keine Mindesteinlage vorgeschrieben	• Komplementäre wie OHG, • Kommanditisten feste Einlagen, Höhe beliebig	• wie OHG, • Einlage des typischen stillen Gesellschafters nominell festgelegt	Beiträge gemäß individueller Vereinbarung
Haftung	gesamtschuldnerische Haftung, jeder Gesellschafter haftet unmittelbar, unbeschränkt und solidarisch für die Schulden der Gesellschaft.	• Vor Eintragung ins Handelsregister: alle Gesellschafter haften unbeschränkt. • Nach Eintragung: Komplementäre haften wie in der OHG, Kommanditisten bis zur Höhe ihrer Einlage	Der stille Gesellschafter nimmt am Verlust nur bis zur Höhe seiner Einlage teil. Haftung des Geschäftsinhabers richtet sich nach der Rechtsform der Gesellschaft.	unbeschränkte Haftung für alle Gesellschafter
Steuerliche Behandlung	Besteuerung der Gesellschafter durch Einkommensteuer, keine Körperschaftsteuer			
Organe	Gesellschafter	Komplementäre	nicht existent	Gesellschafter
Erfolgsbeteiligung	4% auf Einlage, Rest nach Köpfen	4% auf Einlage, Rest angemessen	angemessener Anteil für den stillen Gesellschafter	alle Gesellschafter zu gleichen Teilen
gesetzliche Vorschriften	HGB, bes. §§ 105-160, 238 ff; BGB §§ 705-740	HGB, bes. §§ 105-160, 161-177, 238 ff; BGB §§ 705-740	HGB §§ 230-237	BGB §§ 705-740
Beispiele	Typische Rechtsform der meisten mittelständischen, familiengeführten Unternehmen in Deutschland			Arbeitsgemeinschaften

[*)] Erläuterungen im nachfolgenden Textteil zur stillen Gesellschaft

Abb. II-7: Zentrale Merkmale der Beteiligungsfinanzierung bei Personengesellschaften

Bei der **OHG** erfolgt die Beteiligungsfinanzierung entweder dadurch, daß die **vorhandenen Gesellschafter** ihre Kapitaleinlagen durch zusätzliche Geld- oder Sacheinlagen erhöhen oder/und **neue Gesellschafter** aufgenommen werden. Letzteres bewirkt, daß die bisherige Leitungsbefugnis auf die neuen Gesellschafter aufgeteilt werden muß, was häufig nicht im Interesse der bisherigen Gesellschafter ist, da Einflußsphären verändert werden und ein Machtverlust daraus resultieren kann.

Generell ist für die **Funktionsfähigkeit** dieser Gesellschaftsform ein harmonisches persönliches Verhältnis der Gesellschafter untereinander und ein Höchstmaß an gleicher Zielrichtung erforderlich (= "Interessenhomogenität"). Beteiligungsfinanzierung hat daher neben dem finanzwirtschaftlichen Aspekt vor allem zu klären, ob mit der Aufnahme potentieller neuer Gesellschafter eine Harmonie im persönlichen Umgang miteinander und in den Zielsetzungen gewährleistet wird. Beim Eintritt neuer und beim Ausscheiden bisheriger Gesellschafter bereitet meist die **Aufteilung stiller Reserven** in der OHG Schwierigkeiten. Solche Regelungen sind unabdingbar, da die Gesellschafter im Falle der **Auseinandersetzung** (wie z.B. aufgrund des Ausscheidens eines Gesellschafters) auch am Zuwachs der Vermögenswerte der OHG beteiligt sind.

Die **KG** bietet gegenüber der OHG durch die Möglichkeit der Aufnahme von **Kommanditisten** mehr Flexibilität in der Beteiligungsfinanzierung. Diese Gesellschafter **haften** in Höhe ihrer Kapitaleinlage und daher gegenüber den Komplementären **beschränkt**. Da Kommanditisten gesetzlich von der Geschäftsführung ausgeschlossen sind, finden sich neue Kommanditisten nur solange, wie das Risiko einer Kapitalbeteiligung als nicht sehr hoch empfunden wird. Mangelnde Fungibilität einer Kommanditbeteiligung begrenzt zudem aus Anlegersicht die Attraktivität einer solchen Geldanlage und damit aus Unternehmenssicht die Möglichkeit der Ausweitung der Eigenkapitalbasis der KG.

Eine Ergänzung in der Beteiligungsfinanzierung vor allem von OHG, KG aber auch des Einzelkaufmanns (und selten bei Kapitalgesellschaften) bietet die **stille Gesellschaft**. Kennzeichen des stillen Gesellschafters ist, daß seine Kapitaleinlage in das Vermögen des Unternehmens übergeht. Die stille Gesellschaft stellt eine rein kapitalmäßige Beteiligung an einem Unternehmen dar. Der **stille Gesellschafter** ist **nicht Kaufmann**, da seine Einlage in das Vermögen eines Unternehmens eingeht und nur diese hat Kaufmannseigenschaft. Nach außen tritt der stille Gesellschafter nicht in Erscheinung. Man spricht daher von einer reinen "**Innengesellschaft**". Der stille Gesellschafter ist vertraglich zwar am Gewinn, nicht aber am Verlust beteiligt. Diese Form ähnelt dem sog. **partiarischen Darlehen**, d.h., der Darlehensgeber hat statt eines Verzinsungsanspruchs ein Recht auf Gewinnbeteiligung. Die Darlehensvereinbarungen können für den stillen Gesellschafter Verlustzuweisungen vorsehen. Im **Außenverhältnis** haftet der stille Gesellschafter den übrigen Gläubigern immer in Höhe seiner Einlage. Zwei **Varianten** des stillen Gesellschafters sind hinsichtlich seiner Beteiligung an Vermögenszuwächsen zu unterscheiden: Bei einer **typischen** stillen Gesellschaft hat der stille Gesellschafter kein Recht auf Beteiligung am Vermögen des Unternehmens. Geht ein stiller Gesellschafter eine **atypische** stille Gesellschaft ein, so ist er neben dem Gewinn auch am Vermögen beteiligt, inkl. den stillen Reserven und dem Firmenwert des Unternehmens. In dieser Funktion ist der stille Gesellschafter **Mitunternehmer**. Er hat bei Ausscheiden aus dem Unternehmen Anspruch auf Anteile am Unternehmensvermögen.

Lesehinweis: *Büschgen* (1991, S. 201-203).

Bei der stillen Gesellschaft und dem Kommanditisten der KG besteht zu den vollhaftenden Eigentümern ein besonderes Verhältnis, das als Prinzipal-Agent-Problem zwischen Eigentümer in ihrer Funktion als Manager (= "**Eigentümer-Manager**", vor allem durch voll haftende Gesellschafter verkörpert) und den sonstigen Anteilseignern charaktersierbar ist. Eigentümer-Manager bezeichnet die vollhaftenden Gesellschafter, da sie von Gesetzes wegen die Geschäftführungsbefugnis haben, was den anderen Anteilseignern untersagt ist. Damit nimmt der Eigentümer-Manager die Rolle des Agenten gegenüber den übrigen Anteilseignern ein, Qualitäts- und Verhaltensunsicherheiten können entstehen und sich in Agency Costs niederschlagen (z. B. Fringe Benefits der Eigentümer-Manager oder Ressourcenverzehr bei den übrigen Anteilseignern zwecks Kontrolle der Verhaltensweisen des Agenten). Neben vertraglichen Kontroll- und Überwachungsregelungen bieten sich wiederum gewinnabhängige Entlohnungsvereinbarungen für die Tätigkeit des Eigentümer-Managers an. Insgesamt dürften die **Agency Costs** dazu führen, daß die Akquisition von stillen Gesellschaftern oder Kommanditisten nur durch Befriedigung von deren höheren Renditeforderungen gelingt.

3.3 Beteiligungsfinanzierung bei Genossenschaften

Rechtsform ⇒ Merkmale ⇩	eingetragene Genossenschaft eG
Eigentümerbezeichnung	Genossen
Mindestzahl der Gründer	7
Bezeichnung des Eigenkapitals	Geschäftsguthaben
Beschaffung von Eigenkapital	• Erhöhung der Geschäftsguthaben • Aufnahme neuer Genossen
Mindestkapital und -anteil	• kein festes Grundkapital • Mindesteinlage (= Geschäftsanteil) durch Satzung vorgeschrieben
Haftung	Den Gläubigern haftet nur das Vermögen der Genossenschaft. Die Satzung (= Statut) kann Nachschüsse der Genossen an die Konkursmasse beschränkt oder unbeschränkt vorschreiben.
Steuerliche Behandlung	Körperschaftsteuer mit Vergünstigungen
Organe	• Vorstand • Aufsichtsrat • Generalversammlung
Erfolgsbeteiligung	gemäß Anteil am Geschäftsguthaben
gesetzliche Vorschriften	• Genossenschaftsgesetz • HGB §§ 336-339
Beispiele	Volks- und Raiffeisenbanken, Wohnungsbau- und Konsumgenossenschaften

Abb. II-8: Zentrale Merkmale der Beteiligungsfinanzierung bei Genossenschaften im Überblick

Die Beteiligungsfinanzierung der eG weist bestimmte **Besonderheiten** auf (vgl. *Perridon/Steiner* 1995, S. 329-330). Das **Eigenkapital** kann mit der Anzahl der Genossen **schwanken**. Grundsätzlich kann jeder Genosse zum Ende eines Geschäftsjahres unter Einhaltung einer Kündigungsfrist ausscheiden. "Eine über den Geschäftsanteil hinausgehende Haftpflicht der Genossen kann sich aus dem Statut (Satzung der eG, *Anmerk. d. Verf.*) ergeben, das gemäß § 6 Nr. 3 GenG Bestimmungen darüber enthalten muß, ob im

Konkursfall der Genossenschaft und bei Nichtbefriedigung der Gläubiger die Genossen unbeschränkt, bis zu einer bestimmten Summe (Haftsumme) oder überhaupt nicht haften." (*Coenenberg* 1997, S. 218). Der Gesetzgeber verlangt bei einer eG sog. "**Ergebnisrücklagen**". Sie sind vergleichbar mit den Gewinnrücklagen der Kapitalgesellschaften. Die Art der Bildung und Mindestbetrag der Ergebnisrücklagen werden in der jeweiligen Satzung der eG geregelt.

3.4 Beteiligungsfinanzierung bei Kapitalgesellschaften

Rechtsform ⇒ Merkmale ⇩	Kapitalgesellschaften		
	GmbH	**AG**	**KGaA**
Eigentümer-bezeichnung	Gesellschafter	Aktionäre	a) Komplementäre b) Kommanditisten
Mindestzahl der Gründer	1	5	
Bezeichnung des Eigenkapitals	• Stammkapital • gezeichnetes Kapital	• Grundkapital • gezeichnetes Kapital	
Beschaffung von Eigenkapital	• Einlagenerhöhung • Aufnahme neuer Gesellschafter	Kapitalerhöhung	• Einlagenerhöhung der Komplementäre • Kapitalerhöhung
Mindestkapital und -anteil	• Stammkapital • mind. 50.000,-- DM • Mindestanteil nominal 500,-- DM	• Grundkapital • mind. 100.000, -- DM • Mindestnennbetrag einer Aktie 5,-- DM	
Haftung	Gesellschaftsvermögen haftet in voller Höhe. Vor Eintragung ins Handelsregister haften alle Gesellschafter solidarisch; danach schulden die Gesellschafter nur ihre rückständigen Einlagen.	Gesellschaftsvermögen haftet in voller Höhe. Vor Eintragung ins Handelsregister haften die Handelnden persönlich, unbeschränkt, danach entfällt die persönliche Haftung.	Vor Eintragung ins Handelsregister: alle Gesellschafter haften unbeschränkt. Nach Eintragung: Komplementäre haften unbeschränkt, Kommanditisten bis zur Höhe ihrer Einlage.
Steuerliche Behandlung	Körperschaftsteuer		
Organe	• Geschäftsführer, • Gesellschafterversammlung, • evtl. Aufsichtsrat	• Vorstand, • Aufsichtsrat, • Hauptversammlung	• Komplementäre, • Aufsichtsrat, • Hauptversammlung
Erfolgsbeteiligung	nach Höhe der Geschäftsanteile	nach dem Anteil am Grundkapital	• 4% auf Einlage • Rest angemessen, nach dem Anteil am Grundkapital
gesetzliche Vorschriften	• GmbH-Gesetz • HGB §§ 238-336	• AktG • HGB §§ 238-336	• AktG §§ 278-290
Beispiel	Rechtsform von Unternehmen aller Branchen und Größenklassen, bei AG deutlich Großunternehmen vertreten.		Rechtsform mittelständischer Unternehmen (z.B. Henkel KGaA)

Abb. II-9: Zentrale Merkmale der Beteiligungsfinanzierung bei Kapitalgesellschaften im Überblick

GmbH und AG bedürfen zur rechtlich wirksamen Erhöhung ihres gezeichneten Kapitals der Mehrheit von drei Vierteln der abgegebenen Stimmen der Gesellschafter. Während es bei der AG mehrere Möglichkeiten der Kapitalerhöhung gibt, die im Abschnitt 5 besprochen werden, reduzieren sich die Möglichkeiten bei der GmbH auf zwei Formen - die Kapitalerhöhung gegen Einlagen und die Kapitalerhöhung aus Gesellschaftsmitteln. Abb. II-10 zeigt die hierzu wichtigsten Aspekte im Überblick (vgl. *Coenenberg* 1997, S. 191).

Besonderheiten ⇩ Form ⇒	Kapitalerhöhung gegen Einlagen	Kapitalerhöhung aus Gesellschaftsmitteln
gesetzliche Regelung	§§ 55-57b GmbHG	§§ 1-17 KapErhG
Zuführung neuer Mittel	in Form von Geld- oder Sacheinlagen	keine
Wirksamwerden der Kapitalerhöhung (Ausweis des erhöhten Grundkapitals in der Bilanz)	bei Eintragung der Durchführung der Kapitalerhöhung in das Handelsregister (§ 54 Abs. 3 GmbHG)	bei Eintragung der Durchführung der Kapitalerhöhung in das Handelsregister (§ 8 Abs. 1 KapErhG)
Durchführung der Kapitalerhöhung	Erfolgt durch Übernahme neuer Stammeinlagen mit notarieller Beurkundung durch bisherige oder neue Gesellschafter. Vor Anmeldung ins Handelsregister ist mindestens ein Viertel der Stammeinlagen zu zahlen.	Erfolgt durch Umwandlung der Rücklagen in Stammkapital. Dabei werden entweder neue Stammeinlagen gebildet oder bisherige werden erhöht.

Abb. II-10: Formen der Kapitalerhöhung bei einer GmbH

Die **Haftungsbeschränkungen** der GmbH erleichtern grundsätzlich die **Aufnahme** von **Eigenkapital**. Allerdings sind GmbH-Anteile gegenüber Aktien weit weniger handelbar, da für die GmbH-Anteile **kein organisierter Markt** (= Wertpapierbörse) existiert und die rechtswirksame Übergabe der Anteile der notariellen Form bedarf.

Bei der **KGaA** wird die Beschaffung von Beteiligungskapital gegenüber der reinen KG insofern erleichtert, als die **Kommanditisten**, da **Aktionäre**, in größerer Anzahl gewonnen werden können. Mittels Erhöhung des Grundkapitals, analog den Vorschriften zur AG, erschließt sich die KGaA die Vorteile der Beteiligungsfinanzierung von emissionsfähigen Unternehmen unter Beibehaltung der persönlichen Haftung der "Geschäftsinhaber", also der Komplementäre. Die KGaA ist in Deutschland mit ca. 30 Unternehmen in dieser Rechtsform kaum noch verbreitet. In jüngster Zeit hat die Rechtsform wieder Beachtung in Wissenschaft und Praxis gefunden, da sie für mittelständische Unternehmen eine Wahrung der Autonomie bisheriger Eigentümer nach einem Börsengang ermöglichen kann.

3.5 Kündigungsrechte der Eigenkapitalgeber

Finanzmittel, die ein Unternehmen über den Weg der Eigenfinanzierung erhält, gelten üblicherweise als **unbefristet überlassenes Kapital**. Dies kann einmal so verstanden werden, daß ein Eigenkapitalgeber i.d.R. nicht von vornherein sein Kapital befristet bereitstellt oder es einen Finanzmarkt gibt, auf dem Eigenkapitalanteile zwischen Eigenkapitalgebern gehandelt werden können und es beim Eigentümerwechsel **nicht** auch gleichzeitig zum **Abziehen** des **Eigenkapitals** aus dem Unternehmen kommt. Der typische Fall hierfür ist die börsennotierte AG, deren Aktien auf einem sog. Sekundärmarkt gehandelt werden können, während das Eigenkapital konstant bleibt.

In einer weiteren Interpretation können mit dem Charakter der Dauerhaftigkeit des Eigenkapitals die **besonderen gesetzlichen Voraussetzungen** gemeint sein, die eine Kündigung des Eigenkapitals kaum ermöglichen. Nachfolgende Abb. II-11 gibt diesbezüglich einen Überblick.

Rechtsform	Kündigungsbestimmungen
OHG, KG, stille Gesellschaft	• §§ 132, 161 Abs. 2, 339 HGB: bei Gesellschaften mit unbestimmter Zeitdauer ihres Bestehens gilt 6 Monate zum Ende des Geschäftsjahres • § 339 HGB in Verbindung mit § 723 BGB ermöglicht darüberhinaus beim stillen Gesellschafter die Kündigung aus wichtigem Grund.
BGB-Gesellschaft	• bei Gesellschaften mit unbestimmter Zeitdauer: jederzeit gem. § 723 BGB • bei Gesellscahften mit bestimmter Zeitdauer: nur aus wichtigem Grund gem. § 723 BGB.
Genossenschaften	• mindestens 3 Monate (max. 5 Jahre) zum Schluß des Geschäftsjahres • bei bestimmten Änderungen des Statuts innerhalb eines Monats zum Schluß des Geschäftsjahres (= außerordentliches Kündigungsrecht)
Kapitalgesellschaften	Grundsatz ist, daß es sich hierbei um konstantes Eigenkapital handelt, welches Haftungsvermögen binden soll. Kündigungen sind nicht zulässig (§ 57 AktG).

Abb. II-11: Überblick zu rechtsformspezifischen Kündigungsbestimmungen

4 Die Aktie - Instrument der Beteiligungsfinanzierung emissionsfähiger Unternehmen

Die **Ausgabe von Aktien** erfolgt grundsätzlich bei **Gründung** einer AG bzw. KGaA, **Umwandlung** von Personengesellschaften, GmbH oder anderen Rechtsformen in AG (z.B. des ehemaligen Sondervermögens "Deutsche Bundespost" in drei Kapitalgesellschaften) und **Kapitalerhöhungen**. Es ist in der betrieblichen Finanzwirtschaft üblich, eine Unterscheidung nach **Aktienarten** vorzunehmen. Gängig ist die Einteilung nach der Art der Übertragung der Aktie und nach dem Umfang der verbrieften Rechte.

Eine Aktie kann rechtlich gesehen ein **Inhaberpapier** sein, d.h., nicht auf den Namen des Eigentümers lauten. Die Inhaberaktie wird durch Einigung und Übergabe übertragen. Ist der Nennbetrag einer Aktie nicht voll eingezahlt, so schreibt § 10, Abs. 2 AktG vor, daß die Aktiengattung eine Namensaktie sein muß. Aktien als **Namenspapiere** lauten auf den Namen des Eigentümers und sind kraft Gesetz Orderpapiere (sog. "geborene Orderpapiere"). Sie werden durch Einigung und Übergabe sowie Indossament übertragen. Ferner muß der neue Eigentümer einer Namensaktie mit Namen, Wohnort und Beruf in einem Aktienbuch bei der AG an Stelle des bisherigen Eigentümers vom Vorstand der AG eingetragen werden (§ 67, 68 AktG). Ohne diese Eintragung können die Rechte aus der Aktie gegenüber der Gesellschaft nicht ausgeübt werden. Aktien als Orderpapiere können in einem Spezialfall als **vinkulierte Aktien** ausgegeben (= emittiert) werden. Zusätzlich zum Verfahren bei reinen Namensaktien ist in diesem Fall für die rechtswirksame Übertragung

4 Die Aktie - Instrument der Beteiligungsfinanzierung emissionsfähiger Unternehmen

die **mehrheitliche Zustimmung** des **Vorstands** der AG zur Übertragung erforderlich. Solche Aktien werden ausgegeben, wenn

- die **Satzung** die Ausgabe vorsieht,

  Beispiel: Bei Versicherungsgesellschaften in der Rechtsform der AG, deren Grundkapital nicht voll eingezahlt ist, soll die Vinkulierung die Möglichkeit bieten, den Erwerb dieser Aktien durch kapitalschwache Anleger zu unterbinden. Andernfalls wäre nicht gesichert, daß im Fall dringenden Bedarfs an Eigenkapital tatsächlich die eingeforderten Eigenkapitalteile eingezahlt würden.

- das **Gesetz** die Ausgabe bestimmt, weil die Satzung den Aktionären die Verpflichtung zu Nebenleistungen auferlegt. Die Vinkulierung soll verhindern, daß die Aktie an Personen verkauft wird, die die geforderten Nebenleistungen nicht erbringen können,

  Beispiel: Mit einer vinkulierten Namensaktie einer in der Rechtsform der AG operierenden Molkerei kann die Pflicht der Aktionäre verbunden sein, regelmäßig die Milch ihrer Kühe ausschließlich dort anzuliefern. Aktionäre dieser "Molkerei AG" können daher sehr wahrscheinlich nur Landwirte mit Viehwirtschaft sein.

- wirtschaftspolitische Gründe vorliegen.

  Beispiel: Im internationalen Flugverkehr verlangen nationale Luftverkehrsabkommen, daß sich die Anteilsmehrheit an den nationalen Fluggesellschaften, die Streckenrechte wahrnehmen, in der Hand nationaler Aktionäre befindet und unter deren Kontrolle bleibt. Aus diesem Grund wurde Anfang 1997 der Restanteil der in Staatsbesitz befindlichen Lufthansa-Aktien (36%) in Form vinkulierter Namensaktien reprivatisiert.

Nach dem Umfang der verbrieften Rechte sind Aktien zum einen in **Stammaktien** zu unterscheiden. Sie gewähren alle gewöhnlichen gesetzlichen und satzungsmäßigen Aktionärsrechte (z.B. Stimmrecht in der Hauptversammlung, Beteiligung am Gewinn, Auskunft durch den Vorstand, Anteil am Liquidationserlös, Bezug junger Aktien). Aktien können außerdem für eine Gruppe von Aktionären besondere Vorrechte gegenüber den Rechten der Stammaktionäre gewähren (= **Vorzugsaktien**, vgl. zum Überblick Abb. II-12).

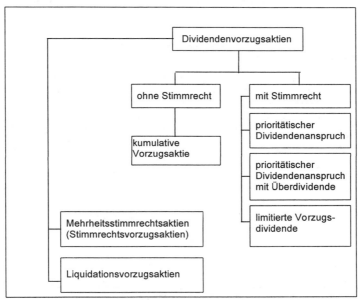

Abb. II-12: Arten und Erscheinungsformen von Vorzugsaktien

Ferner können Vorzüge bestehen **hinsichtlich** der **Dividende**, des **Stimmrechts** oder des **Anteils am Liquidationserlös**. Solche Vorzüge können als zusätzliches Recht zu denjenigen der Stammaktionäre gewährt werden (= **absolute Vorzüge**). Die Einräumung von Vorzügen kann auch mit einer Einschränkung von Rechtsteilen verbunden sein, die ein Stammaktionär gesetzlich besitzt (= **relative Vorzüge**).

Vorrechte hinsichtlich der Verteilung des Bilanzgewinns an die Aktionäre enthalten **Dividendenvorzugsaktien**. Sie können mit **absoluten** Vorzügen ausgestattet sein, was heißt, daß sie dem Vorzugsaktionär gegenüber dem Stammaktionär bei vollem Stimmrecht einen Dividendenvorzug einräumen. Oder es handelt sich um stimmrechtslose Dividendenvorzugsaktien (**relative Vorzüge**), d.h., der Vorzugsaktionär **verzichtet auf** sein **Stimmrecht**.

Bei einer **stimmrechtslosen kumulativen Vorzugsaktie** verzichtet der Aktionär auf sein Stimmrecht zugunsten eines **Nachbezugsrechts von Dividenden**: Falls in einem Jahr keine Dividende bzw. ein die vereinbarte Mindestdividende unterschreitender Betrag ausgeschüttet wurde, wird diesen Vorzugsaktionären die ausgefallene Dividende später nachgezahlt. Kann allerdings bei rückständiger Dividende auch im darauffolgenden Geschäftsjahr keine Nachzahlung von der AG geleistet werden, lebt gemäß § 140 AktG das Stimmrecht auf. Das Stimmrecht bleibt solange wirksam, bis die Rückstände nachgezahlt wurden. Den Stammaktionären dürfen bis zur vollkommenen Erfüllung aller rückständigen Dividendenansprüche der Vorzugsaktionäre keine Dividenden ausgeschüttet werden. **Hauptmotiv** für die AG zur Emission solcher Vorzugsaktien: Erweiterung der Eigenkapitalbasis bei gleichzeitigem Erhalt der Machtverhältnisse im Unternehmen.

Vorzugsaktionäre werden bei Dividendenvorzugsaktien mit **prioritätischem Dividendenanspruch** bei der Verteilung des ausschüttbaren Gewinns **vor Zahlung** einer gleichhohen Dividende an die Stammaktionäre bedient. Danach wird an die Stammaktionäre ausgeschüttet, ein verbleibender Rest ist gleichmäßig auf die Aktionäre beider Gruppen aufzuteilen.

Beispiel: Das gezeichnete Kapital einer AG sei in 600.000 Stammaktien und 400.000 Vorzugsaktien aufgeteilt. Das Verhältnis der Vorzugsaktien zu den Stammaktien beträgt 2:3. Der Nennwert je Aktie betrage DM 5,--. Die Vorzugsaktionäre sollen eine Vorabdividende in Höhe von DM 0,25 je Aktie erhalten. Es entsteht dadurch ein Dividendenvorzug lediglich bei einem ausschüttungsfähigen Bilanzgewinn, der kleiner als DM 250.000,-- ist. Derjenige Gewinnanteil, der die ausgeschüttete Vorabdividende und die Dividende auf die Stammaktien in gleicher Höhe übersteigt, wird gleichmäßig auf die Aktien verteilt.

Ausschüttungsfähiger Bilanzgewinn	Gewinnanteile		Dividende je Aktie	
	Vorzugsaktie (40%)	Stammaktie (60%)	Vorzugsaktie	Stammaktie
DM	DM	DM	DM/Stück	DM/Stück
40.000	40.000	-	0,10	-
80.000	80.000	-	0,20	-
100.000	100.000	-	0,25	-
160.000	100.000	60.000	0,25	0,10
250.000	100.000	150.000	0,25	0,25
300.000	120.000	180.000	0,30	0,30
350.000	140.000	210.000	0,35	0,35
450.000	180.000	270.000	0,45	0,45

Tab. II-1: Dividendenvorzugsaktien mit prioritätischem Dividendenanspruch - Beispiel

4 Die Aktie - Instrument der Beteiligungsfinanzierung emissionsfähiger Unternehmen

Vorzugsaktionäre können auch einen **prioritätischen Dividendenanspruch** mit **Überdividende** ausgeschüttet bekommen. Sie erhalten dann nach Verteilung einer gleichen Dividende an sämtliche Aktieninhaber eine zusätzliche Ausschüttung aus dem verbleibenden Gewinn.

Beispiel: Das gezeichnete Kapital einer AG sei wiederum zu 60% in Stammaktien und zu 40% in Vorzugsaktien mit einem Nennwert je Aktie zu DM 5,-- aufgeteilt. Die Vorzugsaktionäre sollen eine Vorabdividende in Höhe von DM 0,25 je Aktie erhalten. Steht nach Ausschüttung der Vorzugsdividende ein weiterer ausschüttungsfähiger Bilanzgewinn zur Verfügung, wird der über den Prioritätsanspruch hinausgehende Betrag nicht gleichmäßig auf beide Aktiengattungen verteilt. Die Vorzugsaktionäre erhalten dann **zusätzlich** einen immer um den gleichen Betrag höhere Dividende als die Stammaktionäre. Es sei angenommen, dieser Zusatzbetrag sei DM 0,20.

Ausschüt-tungsfähiger Bilanzgewinn	Gewinnanteile			Dividende je Aktie	
	Vorzugsaktie (40%)	Stammaktie (60%)		Vorzugsaktie	Stammaktie
DM	DM	DM		DM/Stück	DM/Stück
40.000	40.000	-		0,10	-
80.000	80.000	-		0,20	-
100.000	100.000	-		0,25	-
130.000	100.000	30.000		0,25	0,05
180.000	120.000	60.000		0,30	0,10
280.000	160.000	120.000		0,40	0,20
380.000	200.000	180.000		0,50	0,30
480.000	240.000	240.000		0,60	0,40

Tab. II-2: Dividendenvorzugsaktien mit prioritätischem Dividendenanspruch und Überdividende - Beispiel

Bei einer Dividendenvorzugsaktien mit **limitierter Vorzugsdividende** wird die Vorzugsdividende auf einen Höchstbetrag begrenzt, der verbleibende Rest auf die Stammaktionäre verteilt.

Beispiel: Ausgehend von der bisherigen Grundkonstellation sollen die Vorzugsaktionäre eine Vorabdividende in Höhe von DM 0,25 je Aktie erhalten, die auf einen Höchstbetrag von DM 0,40 je Aktie limitiert wird. Vom ausschüttungsfähigen Bilanzgewinn werden zunächst die Vorzugsaktionäre bedient. Sofern darüberhinaus Gewinnanteile zu verteilen sind, werden sie in vollem Umfang auf die Stammaktionäre verteilt.

Ausschüt-tungsfähiger Bilanzgewinn	Gewinnanteile			Dividende je Aktie	
	Vorzugsaktie (40%)	Stammaktie (60%)		Vorzugsaktie	Stammaktie
DM	DM	DM		DM/Stück	DM/Stück
40.000	40.000	-		0,10	-
80.000	80.000	-		0,20	-
100.000	100.000	-		0,25	-
160.000	100.000	60.000		0,25	0,10
250.000	100.000	150.000		0,25	0,25
300.000	120.000	180.000		0,30	0,30
350.000	140.000	210.000		0,35	0,35
450.000	180.000	270.000		0,40	0,48
500.000	200.000	300.000		0,40	0,57

Tab. II-3: Dividendenvorzugsaktien mit limitierter Vorzugsdividende - Beispiel

Eine weitere Variante der Vorzugsaktien stellen **Mehrstimmrechtsaktien** dar, auch Stimmrechtsvorzugsaktien genannt. Sie gewähren dem Aktionär **pro Aktie** ein **mehrfaches Stimmrecht**. Nach § 12, Abs. 2 S. 1 AktG dürfen solche Aktien nicht mehr ausgegeben werden. Vor Inkrafttreten des AktG nach der Fassung des Jahres 1965 bestanden solche Konstruktionen, die bis heute auch noch gültig geblieben sind. Ausnahmen sind allerdings heute noch dann zulässig, wenn mittels mehrfacher Stimmrechte **gesamtwirtschaftliche Belange** verwirklicht werden sollen (§ 12, Abs. 2 S. 2 AktG). Der Wirtschaftsminister des Bundeslandes, in dem die AG ihren Sitz hat, ist für diese **Ausnahmeregelung** zuständig.

> Im Handelsblatt vom 30.10.1996 war hierzu auf S. 2 folgende Meldung zu lesen, die auszugsweise wiedergegeben ist:
>
> „Mehr Aktionärsdemokratie durch Abschaffung des Mehrfachstimmrechts.
>
> (...) So wurden Mehrstimmrechtsaktien bereits in den Jahren 1920 bis 1923 ausgegeben - meist von Unternehmen aus dem energiewirtschaftlichen Bereich. Damals herrschte eine gallopierende Inflation, die bei den Aktiengesellschaften zu ständigen Kapitalerhöhungen führte. Anteile mit Mehrheitsstimmrechten sollten einen Schutz gegen Überfremdung bieten und - zum Beispiel bei den öffentlichen Versorgungsunternehmen - den öffentlich-rechtlichen Aktionären, wie Kommunen und Ländern, nach Verlust der Kapitalmehrheit wenigstens die Stimmrechtsmajorität erhalten. (...) Auch zur Erhaltung des Einflusses privater Gruppen wurde dieses Instrument früh eingesetzt. So bekamen zum Beispiel die Mitglieder der Siemens-Familie Anfang der vierziger Jahre ein sechsfaches Stimmrecht ihrer Aktien genehmigt. (...) So können zum Beispiel Anteile der RWE AG, Essen mit 20-fachem und die der Hamburger Elektrizitätswerke AG HEW sogar mit 80-fachem Stimmrecht (bei einer Stückelung von 100 DM) oder 40-fachem Stimmrecht je 50,-- DM bei vinkulierten Namensaktien aufwarten.(...)"

Ergänzend ist die Gattung der Vorzugsaktien zu nennen, die Vorzüge beim Anteil am Liquidationserlös beinhalten. Solche **Liquidationsvorzugsaktien** verbriefen im Falle der (freiwilligen) Liquidation einer AG den Vorzugsaktionären, daß sie bei Verteilung des Liquidationserlöses gewisse Vorzüge gegenüber den Stammaktionären erhalten.

<u>Lesehinweis</u>: Einen Überblick zu Vorzugsaktien und deren Bewertungsbesonderheiten liefert der Beitrag von Hartmann-Wendels/von Hinten (1989).

Aus der Sicht der Verwendung werden Aktien ferner in eigene Anteile und Vorratsaktien unterschieden: **Eigene Aktien** haben zur Rechtsgrundlage § 71 AktG. Demnach darf nur in Ausnahmefällen eine AG eigene Aktien in ihrem Bestand führen. Solche Fälle sind:

- der Erwerb eigener Aktien dient der AG zur Abwehr eines schweren Schadens,
- die eigenen Aktien sollen als Belegschaftsaktien ausgegeben werden,
- mit eigenen Aktien ist beabsichtigt, Minderheitsaktionäre abzufinden.

Für diese zulässigen Fälle gilt einschränkend, daß die AG eigene Aktien **nur** bis zu einem **Anteil** von **10%** ihres **Grundkapitals** am Sekundärmarkt aufkaufen darf. Einen **höheren Anteil** darf sie nur erwerben, wenn der Kauf aus einer der drei nachfolgenden Gründe vorgenommen wird:

- wenn (bei voll eingezahlten Aktien) der Erwerb unentgeltlich oder zum Zweck der Einkaufskommission erfolgt (trifft für Banken in der Rechtsform der AG zu, die ihre Aktien aus Kapitalerhöhungen selbst an die Börsen bringen, sog. "Selbstemission"),

4 Die Aktie - Instrument der Beteiligungsfinanzierung emissionsfähiger Unternehmen

- zum Zweck der Gesamtrechtsnachfolge, etwa wenn im Zuge einer Verschmelzung zweier Aktiengesellschaften (= Fusion) eine neue AG entsteht,
- zur Einziehung von Aktien für eine **Herabsetzung** des **Grundkapitals** im Falle der Sanierung.

Die vorgenannten Regelungen des Aktiengesetzes stehen derzeit zur Disposition. So will der Gesetzgeber die vorgenannten Beschränkungen beim Erwerb eigener Aktien durch das emittierende Unternehmen lockern. Die Höchstgrenze des Rückkaufs soll auf 10% des Grundkapitals fixiert werden. Im **Rückkauf eigener Aktien** am Sekundärmarkt der Wertpapierbörse werden immer wieder folgende **Vorteile** für das emittierende Unternehmen genannt:

- Sie erleichtere die Optimierung der Kapitalstruktur nach steuerlichen und Kostengesichtspunkten.

- Damit erhält das Unternehmen die Möglichkeit, zeitweise oder dauerhafte Unterbewertungen im Aktienkurs zu nutzen und die Kapitalkosten zu senken.

- Durch die Käufe des Unternehmens könnten am Wertpapiermarkt Kursschwankungen in der eigenen Aktie gedämpft werden.

Für Aktionäre wird aufgrund der zusätzlichen Nachfrage, die der Emittent beim Rückkauf am Markt ausübt, ein zusätzliches Kurspotential erwartet. In den USA sind Rückkäufe weitverbreitet.

<u>Lesehinweis:</u> Einen Einblick in die Dimension dieses Themas liefert die Studie der *Bank Julius Bär (Deutschland) AG* (1997). Einen Überblick in die Situation des Aktienrückkaufs in den USA gibt *Eckhardt* (1996).

Vorratsaktien bezeichnen Aktien, die entstehen, wenn

- eine **Kapitalerhöhung höher** ist als der aktuelle **Kapitalbedarf** oder
- eine **treuhänderische Übernahme** und ein entsprechender Einsatz
- nach Weisung der Gesellschaft vorliegt.

Diese Form der Aktienemission ist wegen der Möglichkeit einer Kapitalerhöhung nach der Methode des "genehmigten Kapitals" mittlerweile **kaum** noch von praktischer **Bedeutung**.

Eine weitere Unterscheidung von Aktien erfolgt nach ihrer **Wertbezeichnung** bzw. der Art der Beteiligung der Aktionäre am Grundkapital:

- Aktien, die auf einen festen Betrag (Nennbetrag) von mindestens 5,-- DM (bis vor August 1994 Mindestnennbetrag 50,-- DM) lauten, bezeichnet man als **Nennwertaktien**.

- Während Nennwertaktien nicht teilbar sind (§ 8 AktG), lauten **Quotenaktien** von vornherein auf einen Anteil am Grundkapital (z.B. auf 1/1000 des Gesellschaftsvermögens). Sie werden an der Börse in Angaben "pro Stück" notiert.

<u>Beispiel:</u> Bei einem Nennwert von 5,-- DM und einem Grundkapital von beispielsweise 1.925 Mio. DM ergibt sich ein Anteil von ein "385-Millionstel" (1.985 Mio. DM/5,-- DM), mit der der Ausweis über die Quote erfolgen würde. Dies ist mit einer Quotenaktie gemeint. Durch sie wird also nur der Ausweis verändert: Ein Stück Aktie zu nominal 5,-- DM wird ersetzt durch ein Stück ohne Nominalwertangabe. Durch Division von 1.925 Mio. DM durch 385 Mio. Errechnet man wieder den 5,-- DM-Nominalwert und damit die Nennwertaktie.

Nach deutschem Aktienrecht ist diese Aktiengattung nicht zulässig (§ 8 AktG). Auch aufgrund der Umstellung auf die EURO-Währung mit der Realisierung der Europäischen Währungsunion wird es zur Einführung der sog. „**unechten nennwertlosen Aktie**" in Deutschland kommen. Damit entfällt bei diesen Aktien, die parallel zu den bisherigen

Nennbetragsaktien existieren werden, die Angabe eines Nennbetrags. Das vorhandene Grundkapital der davon betroffenen Aktiengesellschaften wird nicht verändert.

Weitergehende besondere Unterscheidungen von Aktien liefert nachfolgende Abbildung.

Aktienart	Erläuterung
Volksaktien	Sie finden Anwendung im Zuge der Privatisierung von Vermögen der öffentlichen Hand, wenn beabsichtigt ist, Bezieher niedriger Einkommen und die Belegschaft des zu privatisierenden öffentlichen Unternehmens am Grundkapital zu beteiligen. Das Ziel ist vermögenspolitischer Art: Es sollen breite Bevölkerungskreise zu Miteigentümern an Aktiengesellschaften gemacht und so ein Beitrag zur Eigentumsbildung in der Gesamtwirtschaft geleistet werden.
Belegschaftsaktien	Belegschaftsaktien dienen der innerbetrieblichen Vermögensbildung. Sie werden seitens der AG meist zu einem Vorzugskurs Belegschaftsmitgliedern zum Erwerb angeboten. Für den späteren Weiterverkauf muß der Erwerber i.d.R. eine Sperrfrist beachten, um nicht seinen "Kaufbonus" nachträglich zu verlieren. In Deutschland weisen die Unternehmen Siemens AG, Daimler Benz AG und die Volkswagen AG die meisten Belegschaftsaktionäre auf. Den höchsten Anteil am Grundkapital halten die Mitarbeiter bei der Hoechst AG (8%) und Mannesmann AG (7,8%) (vgl. *DAI* 1996).
Junge Aktien	Nimmt eine AG eine Kapitalerhöhung vor, gibt sie hierzu neue, d.h. junge Aktien aus. Je nach Zeitpunkt der Aktienemission sind die jungen Aktien noch nicht oder nur teilweise dividendenberechtigt. Nach dem nächsten Dividendentermin werden aus den jungen, alte Aktien. Werden in einem Geschäftsjahr zwei Kapitalerhöhungen durchgeführt, spricht man von Ausgabe jüngster Aktien.
Globalaktien	Es handelt sich hierbei um sog. Sammelurkunden über eine größere Zahl von Aktien. Sie werden aus Gründen der Verwaltungs- und Verwahrungsvereinfachung herausgegeben. Ein Umtausch in Einzelurkunden muß gesichert sein.

Abb. II-13: Besondere Aktienarten

5 Aktienwert: Bestimmungsfaktor der Finanzmittelhöhe der AG

Der anteilige Wert einer Aktie am gezeichneten Kapital wird durch ihren **Nennwert** (= Nominalwert, Anteilswert) ausgedrückt. Er liefert eine rein buchhalterische Angabe. Quantitative Grundlage ist der vom Gesetzgeber vorgeschriebene Mindestnennwert. Das Verhältnis zwischen (bilanziertem) Eigenkapital zum Grunkapital (gezeichneten Kapital) wird durch den **Bilanzkurs** dargestellt. Man kann diese Größe auch als Bilanz- oder Buchwert einer 100,-- DM-Aktie verstehen.

$$\text{Bilanzkurs} = \frac{\text{Bilanziertes Eigenkapital (in DM)}}{\text{gezeichnetes Kapital (in DM)}} * 100$$

wobei sich der Bilanzwert einer AG aus dem Produkt von Bilanzkurs und Anzahl ausgegebener Aktien errechnen läßt.

Beispiel: Die XY-AG sei durch nachfolgende Bilanz gekennzeichnet:

Aktiva		Bilanz der XY-AG	Passiva
Anlagevermögen	400.000	Gezeichnetes Kapital	300.000
Umlaufvermögen	150.000	Kapitalrücklage	40.000
		Gewinnrücklage	10.000
		Verbindlichkeiten	200.000
	550.000		550.000

Der Bilanzkurs ermittelt sich wie folgt: $\dfrac{300.000 + 40.000 + 10.000}{300.000} \cdot 100 = 116{,}67\%$.

Eine 50,-- DM-Aktie hat dann einen Wert im Sinne des Bilanzkurses von 50 * 1,1667 = 58,34 DM.

Die Größe "Bilanzkurs" hat einen eingeschränkten Aussagewert, da er für den Aktionär keinen Vermögensbetrag darstellt, den er realisieren könnte. Durch Vergleich von Bilanz- und Börsenkurs einer AG können jedoch Marktteilnehmer Rückschlüsse auf die Höhe der stillen Reserven im Unternehmen oder den sog. Goodwill gewinnen.

Mit dem börsenmäßig ermittelten Aktienkurs (z.b. amtlicher Kassakurs zu einem Börsentag) kann durch Multiplikation mit der Anzahl ausgegebener Aktien der **Marktwert** eines Unternehmens (= **Marktkapitalisierung**) ermittelt werden. Ist eine AG an der Börse eingeführt, dann wird der Kurs ihrer Aktien dort börsentäglich festgestellt. Man spricht dann von einem Börsen- oder Ertragswertkurs. Er ist das Ergebnis von Angebot und Nachfrage zum Zeitpunkt der Kursfeststellung. Fragt man nach den Ursachen von nachfrage- und angebotsbereiten Anlegern sowie den i. d. R. unterschiedlichen Preisvorstellungen in ihren Kauf- und Verkaufaufträgen, so gelangt man zu einer Betrachtung der **Bestimmungsfaktoren** der marktmäßigen **Aktienbewertung**. Dabei zeigt sich, daß die Bewertung von Aktien durch Anleger wesentlich schwieriger ist als die Bewertung einer Anleihe:

– Eine **Anleihe** weist meist einen festen Zinssatz auf und es erfolgt i.d.R. nach dem Ende der Laufzeit eine Kapitalrückzahlung.

– Der **Aktie** ist dagegen zu eigen, daß eine Rückzahlung durch den Gesetzgeber ausdrücklich untersagt ist. Grundkapital wird als unbefristet überlassenes Eigenkapital gekennzeichnet und Aktien sind als ewig laufende Wertpapiere (= Perpetuals) zu charakterisieren.

Unter diesen Umständen ist die Bewertung einer Aktie weiter in die Zukunft gerichtet, daher mit vielen unsicheren Faktoren versehen und wesentlich komplexer als die Bewertung einer Anleihe. So spielen Ertragskraft, zukünftige Erfolgsaussichten, die Struktur von Vermögen und Schulden aber auch die Qualität der Unternehmensleitung eine wichtige Rolle bei der Wertfindung einer Aktie. In der Finanzierungstheorie und Aktienanalyse hat sich gleichwohl ein relativ einfaches Modell zur Aktienbewertung eingebürgert, das ausschließlich auf zwei Erklärungskomponenten abstellt. Geht man davon aus, daß ein Anleger eine Aktie zur langfristigen Kapitalanlage vornimmt (sog. "**Buy and Hold-Strategie**"), so postuliert dieses Modell, daß der Aktienkurs durch folgende Faktoren in erster Linie bestimmt wird:

– den **Strom** an **Dividendenzahlungen**, den ein Aktionär erhält, solange er die Aktie besitzt (= Halteperiode) und

– den **Kursgewinn** (oder **Kursverlust**), den der Aktionär am Ende der Halteperiode, also zum Verkaufzeitpunkt, realisiert.

Darauf aufbauend dient als Basis für weitere Überlegungen zu den Bestimmungsfaktoren eines Aktienkurs das Discounted Cash Flow-Modell, das methodisch gesehen die Anwendung des Present Value-Konzepts auf die Aktienbewertung darstellt:

(II-2)
$$P_t = \frac{D_{t+1}}{(1+k)} + \frac{P_{t+1}}{(1+k)}.$$

mit

P_t = gegenwärtiger Aktienkurs,
P_{t+1} = Aktienkurs in der (zukünftigen) Periode t+1,
D_{t+1} = Dividende in der (zukünftigen) Periode t+1,
k = Kalkulationszinsfuß, hier Kapitalkostensatz.

Will ein Anleger in der Gegenwart den Wert einer Aktie bestimmen, so müssen zwei Fragen geklärt werden:

1. Wie hoch ist der während der Halteperiode zu erwartende Dividendenstrom?
2. Welchen Kursverlauf wird die Aktie während der Halteperiode nehmen?

Der Aktienbewertung erfordert, daß der Aktionär den Aktienkurs der folgenden Periode schätzt:

(II-3)
$$P_{t+1} = \frac{D_{t+2}}{(1+k)} + \frac{P_{t+2}}{(1+k)}.$$

Setzt man Gleichung (II-3) in (II-2) ein, erhält man

(II-4)
$$P_t = \frac{D_{t+1}}{(1+k)} + \frac{D_{t+2}}{(1+k)^2} + \frac{P_{t+1}}{(1+k)^2}.$$

bzw. in verallgemeinerter Form:

(II-5)
$$P_t = \frac{D_{t+1}}{(1+k)} + \frac{D_{t+2}}{(1+k)^2} + \frac{D_{t+3}}{(1+k)^3} + \ldots + \frac{D_{t+n+1}}{(1+k)^{n+1}} + \ldots$$

Gleichung (II-5) zeigt den Kerngedanken der Aktienbewertung nach dem Present Value-Konzept: Der Wert einer Aktie entspricht dem Gegenwartswert aller zukünftigen Dividenden. Gleichung (II-5) kann auf zwei verschiedenen Wegen ermittelt werden:

(1) Der gegenwärtige Aktienkurs (P_t) stellt die unbekannte Größe dar und wird aus den Dividendenströmen der Zukunft und einem Kalkulationszinsfuß errechnet. Man erhält eine Vorstellung vom theoretischen Aktienwert. Weicht der tatsächliche an der Wertpapierbörse notierte Aktienkurs hiervon ab, verfügt man über einen Anhaltspunkt, daß in Zukunft der börsenmäßige Aktienkurs sich in Richtung des theoretischen Kurs entwickeln wird (bei unterstellter Informationseffizienz des Aktienmarkts, vgl. Kapitel III, Abschnitt 7.4.1).

(2) Setzt man für P_t den aktuellen börsenmäßigen Aktienkurs ein und legt geschätzte zukünftige Dividenden zugrunde, so läßt sich der Kalkulationszinsfuß k errechnen. Er bezeichnet die Ertragsrate, die ein Aktionär mit einer Geldanlage in der Aktie erzielt.

5 Aktienwert: Bestimmungsfaktor der Finanzmittelhöhe der AG

Lesehinweis: *Uhlir/Steiner* (1994, S. 104-112).

Aus gegenwärtiger Sicht sind die Dividendenströme unsicher und erfordern **Schätzungen**, da sie in die Zukunft gerichtet sind. Es läßt sich mit dem sog. **Dividend Discount Modell** (mit konstanter Wachstumsrate) von *Gordon* zeigen, daß sich die zweite Frage auf die erste, also die Schätzung zukünftiger Dividendenströme, zurückführen läßt. Die **zukünftigen Dividendenzahlungen** stellen den primären **Bestimmungsfaktor** eines börsenmäßig ermittelteten Aktienkurs dar. In diesem Sinn ist er als ein Ertragswertkurs zu verstehen. Der Kurs einer Aktie als Present Value hängt dann theoretisch von folgenden Komponenten ab (vgl. auch zur Methodik der Present Value-Berechnung Kapitel III, Abschnitt 7.1):

(II-6)
$$P = \frac{D}{(1+k)} + \frac{D(1+g_D)}{(1+k)^2} + \frac{D(1+g_D)^2}{(1+k)^3} + \ldots + \frac{D(1+g_D)^{T-1}}{(1+k)^T} + \ldots$$

wobei
P = gegenwärtiger Aktienkurs,
D = konstante Dividende,
g_D = langfristige Wachstumsrate der konstanten Dividendengröße.

Üblicherweise wird die Existenz eines Unternehmens mit dem **Going Concern-Prinzip** verbunden. Diese Prämisse erlaubt, Gleichung (II-6) eine unendlich lange Periode zugrunde zu legen. Reformuliert für eine unendliche uniforme geometrische Reihe ergibt sich:

(II-7)
$$P = \frac{D}{k - g_D}.$$

Gleichung (II-7) besagt, daß der Aktienkurs abhängig ist von der Dividende, dividiert durch die Differenz aus Kalkulationszinsfuß und erwarteter langfristiger Wachstumsrate der Dividende.

Beispiel: Ermittelt werden soll der derzeitige Kurs der Alpha AG-Aktie auf der Basis o. g. Gleichung. Das Dividendenwachstum beträgt 17% p. a. und basiert auf den Erfahrungen der vergangenen vier Jahre. Dieser Verlauf wird auch für die nähere Zukunft unterstellt. Die AG zahlte 5,50 DM Dividende pro Aktie im vergangenen Geschäftsjahr. In der Branche, in der die Alpha AG tätig ist, wird mit einer Gesamtkapitalrendite von durchschnittlich 20% p.a. gerechnet.

$$P = \frac{5,5}{0,2 - 0,17} = 18,3\overline{3} \text{ DM}.$$

Alternativ läßt sich (II-7) zur Ermittlung des Kalkulationszinsfuß umstellen:

(II-8)
$$k = \frac{D}{P} + g_D.$$

Zentrale Komponenten des Dividend Growth Models sind auf Gleichung (II-8) aufbauend:

− Die **konstante Wachstumsrate** aller zukünftigen **Dividenden**, was mit der Dividendenkontinuität in der Ausschüttungspolitik der meisten Unternehmensleitungen in der Praxis gerechtfertigt sein dürfte.

– Der konstante Anteil der einbehaltenen Gewinne (Selbstfinanzierung), bezeichnet mit dem **Thesaurierungsfaktor** b. Im Gegenzug ist auch der zur **Ausschüttung** bereitstehende **Anteil** (= d) konstant zu halten, sodaß gilt: d + b = 1.

– Damit ist der Thesaurierungsfaktor b bestimmend für die Höhe der konstanten Höhe der **Nettoinvestitionen** (= I), die in Abhängigkeit von ihrer **internen Rendite** (= r) im betrachteten Unternehmen durchgeführt werden können.

Die Bestimmung der Dividenden über die Geschäftsjahre erfordert ihre Schätzung. Um einen möglichst von Sondereinflüssen unverfälschten Gewinn je Aktie zu errechnen, hat die Deutsche Vereinigung für Finanzanalyse und Anlageberatung (DVFA) in Zusammenarbeit mit der Schmalenbach-Gesellschaft (SG) ein spezielles Ermittlungsschema erarbeitet. Mit ihm soll das sog. **Ergebnis pro Aktie** auf umfassende Art und Weise einheitlich ermittelt bzw. geschätzt werden. Zielsetzung ist vor allem, das Ergebnis von außergewöhnlichen Einflüssen zu bereinigen (z.B. einmaliger außerordentlicher Ertrag aufgrund des Verkaufs einer Immobilie), da diese nicht in Zukunft wiederholbar sind. Ohne Bereinigung würde ein verzerrtes Bild von der tatsächlichen **nachhaltigen Gewinnerzielungsmöglichkeit** einer AG vermittelt werden.

Der Einfachheit halber wird desweiteren unterstellt, daß sich das Dividendenwachstum aus den Zuwächsen der Unternehmensgewinne (= G_t) herleiten läßt. Gewinnsteigerungen hängen ihrerseits von den Einzahlungsüberschüssen der zusätzlichen Investitionen (I_t) ab. Diese einfachen Zusammenhänge bildet nachfolgende Gleichung ab:

(II-9) $$G_t = G_{t-1} + r * I_{t-1}.$$

Berücksichtigung der konstanten **Rate** der **Gewinnthesaurierung**:

(II-10) $$G_t = G_{t-1} + rb * G_{t-1} = G_{t-1}(1+rb).$$

Das Gewinnwachstum ist wiederum als **Änderungsrate** der **Gewinne** darstellbar:

(II-11) $$g = \frac{G_t - G_{t-1}}{G_{t-1}} = \frac{G_{t-1}(1+rb) - G_{t-1}}{G_{t-1}} = rb$$

oder

(II-11') $$g_E = g_D = rb$$

mit g_E = konstante Wachstumsrate der Gewinne.

Gleichung (II-11') beschreibt auch die Rate des sog. "**Sustainable Growth**", des nachhaltigen Wachstums des Unternehmens. Die Gleichungen (II-7) und (II-8) lassen sich mittels der Wachstumsausdrücke reformulieren:

(II-7') $$P = \frac{D}{k - rb}.$$

Eine wichtige Kennziffer, die sich auf der Grundlage der bisherigen Erkenntnisse ermitteln läßt, ist die **Dividendenrendite** (= **Dividend Yield**):

5 Aktienwert: Bestimmungsfaktor der Finanzmittelhöhe der AG

(II-8') $$\frac{D}{P} = k - g_D \quad \text{bzw.} \quad \frac{D}{P} = k - r*b.$$

Diese Größe entspricht methodisch der Effektivverzinsung bei Anleihen. Es stellt eine Kennziffer dar, deren **Interpretation** sehr differenziert zu erfolgen hat. Dies soll mittels Beobachtungen im Konjunkturverlauf illustriert werden:

- Tendenziell steigt die Dividendenrendite vor einem **Aktienmarkthoch** (sog. "Hausse") während eines **konjunkturellen Aufschwungs** an. Die Ursache liegt in einer allgemeinen Erwartungshaltung der Anleger, die auf ihren Erfahrungen und ihrer Rationalität aufbaut, daß nach dem Aufschwung und Boom ein Abschwung bevorsteht. Sie haben regelmäßig sinkende Unternehmensgewinne und damit fallende Dividenden zur Folge. Anleger antizipieren diese erwartete Situation durch Aktienverkäufe. Dadurch sinkt der aktuelle Aktienkurs P und bei gleichgebliebenem Wert für D erhöht sich daraufhin die Dividendenrendite.

- Die Dividendenrendite sinkt dagegen erfahrungsgemäß in einer **Rezession**. Anleger nehmen den bevorstehenden **konjunkturellen Aufschwung** und den erwarteten Anstieg der Unternehmensgewinne und Dividenden durch verstärkte Aktienkäufe vorweg. Die Daten der Größe D beziehen sich dann noch auf die Dividendenhöhe der Vorperiode, während die Größe P den aktuellen Kurs repräsentiert. In ihm sind die optimistischen Erwartungen der Anleger bereits eingeflossen. Insgesamt sinkt die Dividendenrendite.

Für das Wachstum des Aktienkurses (= g_P) gilt:

(II-12) $$g_P = \frac{P_{t+1} - P_t}{P_t}$$

Die Größen P_{t+1} und P_t werden durch Gleichung (II-3) bzw. (II-4) bestimmt, worin die Größe D durch den Ausdruck D(1+br) ersetzt wird. Vereinfacht läßt sich dann schreiben

(II-12') $$g_P = br.$$

Damit ist ersichtlich, daß im einfachen einperiodigen Wachstumsmodell die Größen Dividende, Gewinn und Kurs mit der gleichen Rate zunehmen. Bestimmt wird das Wachstum durch Realisierung von Investitionsmöglichkeiten. Die getätigten Investitionen bilden die Einkommensquelle für die Aktionäre, d.h. für Dividendenzahlungen, die von den Zielsetzungen der Eigenkapitalgeber determiniert werden. Anders ausgedrückt: Für eine durchzuführende Investition gilt, daß deren interne Rendite als Anteil der geforderten Rendite der Eigenkapitalgeber (= c) zu betrachten ist:

(II-13) $$r = ck.$$

Setzt man (II-13) in (II-8') ein und soll zusätzlich gelten D = (1-b)*E, so läßt sich, nach k aufgelöst, folgender Zusammenhang darstellen:

(II-14) $$k = \frac{(1-b)E}{(1-cb)P}.$$

Folgende Erkenntnisse lassen sich aus (II-14) ziehen:

- **Fehlen** dem Unternehmen **außergewöhnliche Investitionschancen**, d.h. gilt r = k, so wird c = 1 sein. Die Rendite der Aktionäre stellt sich als das Inverse des Kurs-Gewinn-Verhältnisses (s. u.) der Aktie dar.

- Bestehen für ein Unternehmen dagegen **außerordentlich gute Investitionsmöglichkeiten**, so kann das Unternehmen auch eine Investitionsrendite den Aktionären anbieten, die über der von den Aktionären geforderten liegt (c > 1).

Die Dividendenhöhe läßt sich wie folgt darstellen: D = (1-b)*E. Gleichung (II-7') ermöglicht durch Division beider Seiten durch die Größe G und Umstellung die Ermittlung einer zentralen Kenngröße der Aktienbewertung: das **Kurs-Gewinn-Verhältnis** (= KGV) bzw. **Price-Earning-Ratio** (= PER):

(II-15)
$$\frac{P}{G} = \frac{1-b}{k-br}.$$

Folgende Wirkungszusammenhänge sind aus Gleichung (II-15) c. p. herauszulesen. Das **KGV steigt**, wenn

- der Thesaurierungsfaktor b (Ausschüttungsanteil d) sinkt (steigt),

- die erwartete Wachstumsrate der Dividende (wegen br = g_D) steigt,

- der Kapitalkostensatz sinkt.

Das KGV wird auch häufig so interpretiert, daß es anzeigt, mit dem Wievielfachen des auf eine Aktie entfallenden Gewinns inkl. Rücklagen und stiller Reserven eine AG an der Börse bewertet wird. Das KGV ist eine der am häufigsten verwendeten Kennzahlen bei Aktien und gewinnt Aussagekraft vor allem durch Zeit- und/oder Branchenvergleiche:

- Das KGV ist u.a. von Bedeutung für die **Bestimmung** des **optimalen Plazierungszeitpunkts** und **-volumens** einer geplanten Aktienemission, d.h. der Ausgabe junger Aktien im Zuge einer Kapitalerhöhung (= Primärmarktfunktion).

- Bei an der Börse gehandelten Aktien liefert das KGV einer AG im Vergleich mit dem KGV anderer Aktien **Hinweise** für **Kauf-** und **Verkaufszeitpunkte** (= Sekundärmarktfunktion).

Das KGV ist neben dem Branchen- oder Unternehmensvergleich vor allem auch im **Zeitvergleich** instruktiv. So zeigt sich:

- Das **KGV** basiert auf **vergangenen oder gegenwärtigen Daten**. Für Anleger und Unternehmensleitung ist aber für die Bewertung einer Aktie die zukünftige Entwicklung von Bedeutung (Erfordernis der Prognose von Gewinnen).

- **Erhöht** eine AG z. B. ihren **Ausschüttungssatz** zwecks Verbesserung des Aktienkurs, so kann auf diese Weise der Cash Flow für zukünftige unternehmensstrategische Investitionen fehlen. Damit wird die Grundlage für **zukünftige Dividendenströme unterminiert**.

Der letzte der beiden vorgenannten Bemerkungen weist zudem den Blick in die Richtung der Quelle für Gewinne und Dividenden sowie deren Wachstum: Der Aufbau von produktivem Vermögen bzw. von Eigenkapital (wenn die Sache von der Passivseite betrachtet wird). Es stellt das Reinvermögen des Unternehmens dar. (Das Gesamtkapital ist insofern nicht die adäquate Betrachtungsgröße, da mit seinem Erfolg zusätzlich die Ansprüche der Fremdkapitalgeber befriedigt werden müssen. Hier interessieren die Eigenkapitalgeberin-

5 Aktienwert: Bestimmungsfaktor der Finanzmittelhöhe der AG

teressen, da Aktien analysiert werden). Nicht ausgeschüttete Gewinne stellen Teile der Selbstfinanzierung dar und erhöhen das Eigenkapital.

Lesehinweis: vgl. *Elton/Gruber (*1995, S. 452-462).

Bisherige Erkenntnis im Dividend Discount Model ist: Die **Höhe** des in einem Geschäftsjahr **erwirtschafteten Gewinns**, hängt davon ab,

- wie hoch der wirtschaftliche Erfolg der finanzierten Investitionen ist, (implizit wird von einer Finanzierung ausschließlich mittels Eigenkapital ausgegangen) und
- wie produktiv das gesamte Eigenkapital (= EK) eingesetzt wurde.

Dies wird durch die geforderte Eigenkapitalrendite (Anlegersicht) bzw. den **Eigenkapitalkostensatz** (Sicht der Unternehmensleitung) (= k_{EK}) gemessen:

(II-16)
$$E = k_{EK} * EK ,$$

bzw. auf Änderungsraten bezogen

(II-17)
$$\Delta E = \Delta k_{EK} * \Delta EK .$$

Die Größe k_{EK} kann weitergehend nach ihren hauptsächlichen **Bestimmungsfaktoren** zerlegt werden:

(II-18)
$$k_{EK} = M * \frac{U}{GK} * L * (1 - s)$$

wobei gilt:

M	=	operative Marge (z. B. gemessen als Handelsspanne),
U	=	Umsatz,
GK	=	Gesamtkapital,
U/GK	=	Kapitalumschlag,
L	=	Leveragefaktor (Financial und Operating Leverage),
s	=	durchschnittlicher Ertragssteuersatz.

Folgende Erkenntnisse lassen sich aus der Betrachtung einzelner Teilprodukte in Gleichung (II-18) hinsichtlich von **zwei Erfolgsmaßgrößen** der Unternehmenstätigkeit herauslesen:

- Das Produkt aus Gewinnmarge und Kapitalumschlag bezeichnet auch den sog. **Return on Assets** (= RoA) vor Steuern.
- Nimmt man zur Produktbildung noch den Leveragefaktor L hinzu, so gelangt man zu einer Größe, die als **Return on Equity** (= RoE) vor Steuern bezeichnet wird.

Für Gleichung (II-18) wird bei **etablierten, älteren Unternehmen** üblicherweise von nur geringen Wachstumsmöglichkeiten auszugehen sein. k_{EK} nimmt dann einen im Zeitablauf **konstanten Wert** ein. Damit verändert sich Gleichung (II-18) wie folgt:

(II-19)
$$\Delta G = k_{EK} * \Delta GK .$$

Man kann Gleichung (II-19) auch so verstehen, daß die Eigenkapitalveränderung ausschließlich durch den **konstanten Satz** der **Eigenkapitalkosten** und den Thesaurierungsfaktor bestimmt wird:

(II-20) $$\Delta G = k_{EK} * b$$

mit k_{EK} = konstant.

Mit dem Produkt ($k_{EK} * b$) erhält man eine Vorstellung von der **Wachstumsrate der Dividende** (g_D). Das KGV läßt sich dann wie folgt reformulieren:

(II-21) $$\frac{P}{G_{t1}} = \frac{1-b}{k - (k_{EK} * b)}$$

Beispiel: Der Eigenkapitalkostensatz der Omega AG sei 10%, eine Ausschüttung des Gewinns werde zur Hälfte erfolgen und der Kalkulationszinsfuß betrage 9%.

$$\frac{P}{G_{t1}} = \frac{1-0,5}{0,09 - (0,10 * 0,5)} = 0,125$$

Das KGV beträgt im Beispiel 12,5%. Der Wert kann nun weitergehend mittels Zeit-, Branchen- oder Unternehmensvergleichen interpretiert werden.

Betrachtet man Unternehmen, die wachstumsstark sind, also vor allem **junge innovationsgetriebene Unternehmen**, so ist die Konstanz von k_{EK} nicht mehr aufrecht zu erhalten. An der Bestimmung des KGV nach Gleichung (II-21) kann man auch erkennen, daß bei besonders wachstumsstarken Aktiengesellschaften vor allem von k_{EK} eine nachhaltige Wirkung auf das KGV und die Kursveränderung ausgeht.

Beispiel: Mit den Angaben des vorgenannten Beispiels läßt sich durch eine Variation des von 10% auf 11% ein KGV von bereits 16,67% ermitteln.

Marktmäßig bestimmte Aktienkurse sind also das Ergebnis von Kauf- und Verkaufverhalten der Anleger, die sich an den von ihnen erwarteten zukünftigen **Dividendenströmen** jeder Einzelaktie orientieren. Da diese Ströme in der Gegenwart unsicher sind, bedarf es ihrer **Prognose**. Sofern (im Extremfall) alle Anleger ihrer Aktienbewertung das Dividend Discount Model zugrunde legen - sich in diesem Sinn bei ihrer Aktienbeurteilung rational verhalten - befindet sich ein Aktienkurs in seinem Gleichgewicht. Neue Informationen, die für eine Revision der bis dahin bestehenden Einschätzungen der zukünftigen Dividendenströme sorgen können, werden von den Anlegern umgehend ausgewertet und in Kauf- oder Verkaufshandlungen umgesetzt. Insofern stellt die Börse eine Institution der Kommunikation und Koordination dar. Die Homogenität der Erwartungsbildung und die Informationseffizienz der Wertpapiermärkte bilden als sog. "**Joint Hypothesis**" die zentralen Grundlagen der marktmäßigen Aktienbewertung.

Lesehinweise: Die vorangegangenen Ausführungen basieren überwiegend auf *Brealey/Myers* (1991, Chap. 4) und *Elton/Gruber* (1995, Kap. 18).

Die Beurteilung von Anlegern hinsichtlich der zukünftigen Entwicklung von Ausschüttungspotentialen einer AG bilden im klassischen Dividend Discount Model die Grundlage für die Aktienbewertung. Dabei wird allerdings davon **abstrahiert**, inwiefern **Anleger Informationen** zur Erwartungsbildung besitzen. Insbesondere die zukünftigen Erträge und

Risiken der Investitionsobjekte in einem betrachteten Unternehmen sind für Anleger als Outsider nicht mühelos erkennbar, da eine asymmetrische Informationsverteilung zwischen der Unternehmensleitung und den Anlegern besteht. Zwischen diesen beiden unterschiedlich informierten Gruppen sind fremdkapitalgebende **Kreditinstitute** zu sehen. Zwar stehen sie, wie in Kapitel I gezeigt, grundsätzlich vor dem gleichen Problem, sie verfügen aber aufgrund ihrer speziellen Transaktionstechnologien über komparative Kostenvorteile. Hierzu zählt beispielsweise die Auswertung von Jahresabschlüssen im Rahmen ihrer Screening-Aktivitäten vor **Kreditvergabe** (vgl. Kapitel III, Abschnitt 2.3.1). Die Tatsache, daß ein an der Börse notiertes Unternehmen zusätzliche Kredite eingeräumt bekommt, ist für kaufbereite Anleger als Signal interpretierbar: Sie extrapolieren aus der Kreditzusage, daß das Kreditinstitut aufgrund seines tiefergehenden Einblicks in die wirtschaftlichen Verhältnisse des Unternehmens seine Entscheidung gründet. Eine positive Kreditentscheidung stellt ein positives Signal über die Qualität der Investitionsobjekte und die Attraktivität der Aktienanlage dar.

Die **Auswirkungen** von **Kreditvereinbarungen** zwischen Unternehmen und Kreditinstituten auf die **Börsenkursentwicklung** von bereits an der Börse etablierten Gesellschaften wurden von *James* (1992) näher analysiert. Er wählte nach dem Zufallsprinzip 300 börsennotierte US-Unternehmen aus dem Jahresregister 1974 des Center for Research and Security Prices aus und betrachtete die Ankündigung einer Kapitalaufnahme im Wall Street Journal zwischen 1974 und 1983. Es wurden anschließend die Auswirkungen von Kreditvereinbarungen sowie die privater und öffentlicher Plazierung von Anleihen der Unternehmen untersucht. Zu diesem Zweck verglich *James* die Aktienkursveränderungen der Gesellschaften am Tag der Informationsveröffentlichung zu den Kreditvorgängen mit der Entwicklung eines zu diesem Zweck entwickelten repräsentativen Marktkursindex für die betrachteten Gesellschaften. Es zeigte sich, daß die Ankündigung von Kreditprogrammen mit signifikant positiven und diejenige von privaten und öffentlichen Schuldtitelplazierungen mit deutlich negativen Kursveränderungen zusammenfielen. Der negative Kurseffekt begründete sich besonders durch die öffentliche Unternehmensinformation, daß Wertpapieremissionserträge zu Kreditrückzahlungen genutzt wurden, der positive Effekt bestand dagegen unabhängig von sofortiger Kreditinanspruchnahme, Zurverfügungstellung von Kreditlinien oder Projektart.

In einer anderen Studie werteten *Lummer/McConnel* (1989) von 1976 bis 1986 728 Berichte des Wall Street Journals über Kreditvereinbarungen börsennotierter US-Unternehmen mit nationalen und internationalen Kreditinstituten aus. Für 371 "neue" Kreditprogramme waren keine wesentlichen Aktienkursveränderungen im Ankündigungszeitpunkt der betroffenen Aktiengesellschaften festzustellen. Bei 357 Berichten über Modifikationen bestehender Kreditprogramme reagierten die **Börsenkurse** signifikant **positiv**, besonders bei in Verbindung damit stehenden positiven Nachrichten (z.B. gesunkene Zins- bzw. Sicherheitsanforderungen, Prolongation bestehender Kredite), und **negativ** auf entsprechende schlechte Mitteilungen (z. B. Verminderung des ursprünglich zugesagten Kreditvolumens). *Slovin/Johnson/Glascock* (1992) konnten diesen Effekt in ihrer Studie zwar bestätigen, jedoch nur für kleine weniger bekannte Unternehmen. Offensichtlich wird hier der Überprüfungsfunktion von Kreditinstituten eine Bedeutung beigemessen, während große Unternehmen am Kapitalmarkt transparenter sind. Für den Fall erstmaliger Kreditvergaben konnte *Lummer/McConnel* keinerlei Kurseffekte nachweisen. Der Aktienmarkt bewertet wahrscheinlich die Kreditvergabe erst als Einstieg des Kreditinstituts in seinen Informationsgewinnungsprozeß, der sich erst im Verlauf der Kreditbeziehung durch die laufende Kreditüberwachung ergeben kann. Erst nach einer gewissen Lernzeit kommt der Kreditvergabe der Kreditinstitute ein Signalwert zu.

6 Formen der Kapitalerhöhung bei der AG

Bei der Bewertung einer AG ist aufgrund der vorangegangenen Ausführungen streng zu unterscheiden zwischen dem Marktwert, der als Barwert aller zukünftiger Dividendenströme zu verstehen ist, und dem Bilanzwert, der das buchhalterische Reinvermögen der AG repräsentiert. Zentraler Bestandteil des Bilanzwerts ist das Grundkapital. Es hat bei der AG (und Kapitalgesellschaften generell) zentrale Aufgaben:

- Grundkapital ist konstantes Haftkapital, Einlagen der Aktionäre dürfen daher nicht zurückgewährt werden (§ 57 Abs. 1 AktG). An die Aktionäre darf lediglich aus dem Jahresüberschuß ausgeschüttet werden (§ 58 Abs. 5). Diese **Ausschüttungssperrfunktion** des Grundkapitals dient dem Gläubigerschutz.

- Im Fall eines Bilanzverlusts, der die Hälfte des Grundkapitals ausmacht, muß der Vorstand einer AG unverzüglich eine Hauptversammlung einberufen, auf der er dies anzuzeigen hat (§ 92 Abs. 1). Die Koppelung an das Grundkapital verleiht ihm eine **Signalfunktion** für Gläubiger und Aktionäre.

- Desweiteren ist das Grundkapital **Bezugsbasis** für Ausschüttungen, Stimmrechte, Anteil am Liquidationserlös und Höchstzahl der Aufsichtsratsmitglieder.

Die Erhöhung oder Herabsetzung des Grundkapitals ist an strenge aktienrechtliche Vorschriften gebunden. Nachfolgende Abbildung gibt einen Überblick über die verschiedenen Formen der Kapitalerhöhungen bei einer AG:

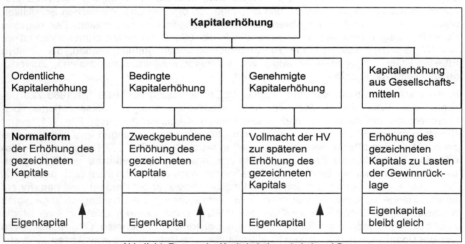

Abb. II-14: Formen der Kapitalerhöhung bei einer AG

In allen Fällen ist das vom Gesetzgeber vorgesehene Entscheidungsgremium bezüglich einer Kapitalerhöhung die **Hauptversammlung**. Kapitalerhöhungen müssen mit einer Drei-Viertel-Mehrheit der Stimmen der anwesenden Aktionäre beschlossen werden.

6 Formen der Kapitalerhöhung bei der AG

Nachfolgend werden die einzelnen Formen der Kapitalerhöhung und die damit verbundenen finanzwirtschaftlichen Vorgänge erörtert.

6.1 Kapitalerhöhung aus Gesellschaftsmitteln

Die Kapitalerhöhung der AG kann durch Geldmittelzufluß aufgrund Ausgabe junger Aktien oder ohne Geldmittelzufluß, durch Verrechnung und Ausgabe von Berichtigungsaktien erfolgen (§§ 207-220 AktG). Im zweiten Fall spricht man von einer Kapitalerhöhung aus Gesellschaftsmitteln. Hierbei kommt es bilanziell gesehen lediglich zu einem **Passivtausch**, da lediglich Teile der Kapital- und/oder Gewinnrücklagen in sog. Berichtigungs-, Zusatz- oder Gratisaktien umgewandelt werden. Gängig ist daher auch die Bezeichnung **Umfinanzierung**. Die Altaktionäre erhalten keinerlei finanzielle Vorteile, da die Umwandlung von Rücklagen letztendlich nicht ausgezahlte Gewinnansprüche der Aktionäre darstellen. Der Börsenkurs pendelt sich nach Emission der Berichtigungsaktien auf einem niedrigeren Niveau ein (die Aktie wird "leichter").

Gründe für die Durchführung einer **Ausgabe von Berichtigungsaktien** können sein:

- Erweiterung der nominalen Haftungsbedingungen der AG;

- bilanzpolitisches Ziel der Wahrung einer bestimmten Dividendenoptik, d.h., um z.B. im Branchenvergleich nicht einen höheren Dividendensatz auszuweisen;

verdeckte Erhöhung der Dividende, da sich die Dividende nicht auf das bilanzielle, sondern auf das gezeichnete Eigenkapital erstreckt.

Beispiel:

Passivpositionen	Vor Kapitalerhöhung (in DM)	Nach Kapitalerhöhung (in DM)
Gezeichnetes Kapital	4.000.000	5.000.000
Kapitalrücklage	900.000	900.000
Gewinnrücklage	1.700.000	700.000
Eigenkapital	6.600.000	6.600.000
Nennwert	50,--	50,--
Bilanzkurs	165%	132%
Resultat der Kapitalerhöhung	80.000 Aktien * 82,50 DM Kurs pro Aktie = 6,6 Mio.	80.000 Aktien * 82,50 DM Kurs pro Aktie = 6,6 Mio.
		20.000 Aktien * -,-- DM Kurs pro Aktie = 0 .
		100.000 Aktien * 66,00 DM als Mischkurs pro Aktie*) = 6,6 Mio.

*) Der Mischkurs ergibt sich vorerst nur als rechnerischer Kurs, indem das gesamte Eigenkapital durch die neue Anzahl ausgegebener Aktien dividiert wird.

Tab. II-4: Wirkung der Kapitalerhöhung aus Gesellschaftsmitteln im Beispiel

Für die Ausgabe von Aktien, also die Aktienemission, von Bedeutung sind weniger Umfinanzierungen, als vielmehr die nachfolgend aufgeführten **Vorgänge**.

6.2 Ordentliche Kapitalerhöhung

In der Frankfurter Allgemeine Zeitung vom 23.06.1994 war hierzu auf S. 24 folgende Meldung zu lesen, die auszugsweise wiedergegeben ist:

"Jungheinrich begibt junge Aktien
Der Flurförderzeug-Hersteller wird sein Kapital voraussichtlich noch im Juli um 20 Millionen DM (...) erhöhen. Das kündigte der Vorstandsvorsitzende des Unternehmens, Eckart Kootkamp, auf der Hauptversammlung an. Die Erhöhung werde mit einem Bezugsrecht von 15 zu 2 versehen werden. Die jungen Aktien werden für 1994 voll dividendenberechtigt und nach Kottkamps Worten "zu einem attraktiven Kurs" an die Börse gebracht werden. Am Mittwoch wurde die Jungheinrich-Aktie an der Börse zu einem Kurs von 330 DM gehandelt. In diesem Jahr hat sich der Flurförderzeug-Markt bislang "vorsichtig" belebt. Mit einem Aufschwung auf breiter Basis rechnet das Unternehmen erst für das kommende Jahr. Der Ertrag werde sich 1994 voraussichtlich gegenüber 1993 verbessern."

Die gebräuchlichste Form der Beteiligungsfinanzierung stellt die ordentliche Kapitalerhöhung dar. Meist gegen Geldeinlagen (selten gegen Sacheinlagen) werden **junge Aktien** emittiert. Der Bezugskurs junger Aktien muß mindestens den Nennwert aufweisen. In der Regel ist der Vorstand nur an **Emissionen** interessiert, die **über pari** durchgeführt werden können, d.h., die Differenz zwischen dem Nennwert einer Aktie und ihrem Emissionsbörsenkurs (sog. **Aufgeld** oder **Agio**) soll maximal sein. Der Vorstand ist bestrebt, einen möglichst hohen Emissionskurs zu erzielen, um die Kosten der Eigenkapitalbeschaffung so niedrig wie möglich zu halten. Die theoretische Obergrenze des Kurses der jungen Aktien stellt der Börsenkurs im Emissionszeitraum dar. Bei einer **Über pari-Emission** ist das Agio in die Kapitalrücklage der AG einzustellen. Der Nennwert der Aktie fließt in das Grundkapital der AG. Nachfolgende Abbildung zeigt den Sachverhalt anhand einer

- Eigenkapitalerhöhung einer AG durch Ausgabe von Aktien (Nominalwert der Aktie: 5,-- DM, Ausgabeanzahl: 1 Mio. Stück, Emissionskurs pro Aktie: 30,-- DM, Emissionserlös: 30 Mio. DM)

- Zuführung von Fremdkapital durch Emission einer Wandelschuldverschreibung (Nominalwert der Schuldverschreibung: 100,-- DM, Ausgabeanzahl: 100.000 Stück, Emissionskurs: 150,-- DM, Emissionserlös: 15 Mio. DM).

Von Transaktionskosten und Steuern wird der Einfachheit halber abgesehen. Folgende bilanzielle Wirkungen sind zu unterscheiden:

Vor Kapitalzuführung (t_0):

Aktiva	Bilanz t_0		Passiva
Anlagevermögen	30	Gezeichnetes Kapital	30
Umlaufvermögen	30	Kapitalrücklage	10
		Fremdkapital	20
	60		60

6 Formen der Kapitalerhöhung bei der AG

Nach Kapitalzuführung (t_1):

Aktiva		Bilanz t_1	Passiva	
Anlagevermögen	30	Gezeichnetes Kapital	35	← Aktienemission +5 nominal
Umlaufvermögen	75	Kapitalrücklage	40	← Agio Wandelanleihen +5 zzgl. +25 Agio der Aktien
		Fremdkapital	30	← Anleiheemission +10 nominal
	105		105	

Abb. II-15 Bilanzielle Wirkungen der Zuführung von Eigen- und Fremdkapital in einer AG

In diesem Zusammenhang ist das **Bezugsrecht** von Bedeutung. Jeder Aktionär einer AG hat im Rahmen einer Kapitalerhöhung gesetzlich Anspruch auf den Bezug junger Aktien entsprechend seiner Beteiligung an der AG. Dieses Bezugsrecht kann seit dem zweiten Finanzmarktförderungsgesetz (01.08.1994) in einem **bestimmten Fall ausgeschlossen** werden. Die **Voraussetzungen** hierzu sind gem. § 186 Abs. 3 AktG:

- Kapitalerhöhung in Form der **Barkapitaleinlage**,
- die Kapitalerhöhung **übersteigt nicht 10%** des Grundkapitals (vor Kapitalerhöhung),
- der Emissionskurs unterschreitet den Börsenkurs nicht wesentlich (gängige Auffassung: max. 5%).

Beispiel: Es sei eine Kapitalerhöhung im Verhältnis 2:1 betrachtet. Es ergeben sich rechnerisch nachfolgende Werte:

	Gezeichnetes Kapital	Rücklagen	Bilanziertes Eigenkapital	Kurs
Vor Kapitalerhöhung: 40.000 Aktien zu 50 DM nominal	2.000.000	800.000	2.800.000	140,--
Kapitalerhöhung zum Kurs von 120,-- DM 20.000 Aktien zu 50 DM nominal	1.000.000	1.400.000	2.400.000	120,--
Nach Kapitalerhöhung: 60.000 Aktien zu 50 DM nominal	3.000.000	2.200.000	5.200.000	133,33[*)]

Tab. II-5: Wirkung der Kapitalerhöhung im Beispiel Angaben **(in DM)**[*]

[*)] Der Kurs nach der Kapitalerhöhung ergibt sich aus:

$$\text{Kurs nach Kapitalerhöhung} = \frac{\text{Kurswert alter Aktien} + \text{Kurswert junger Aktien}}{\text{Anzahl alter Aktien} + \text{Anzahl junger Aktien}}$$

$$\text{Kurs nach Kapitalerhöhung} = \frac{40.000 * 140 + 20.000 * 120}{40.000 + 20.000} = 133{,}33 \text{ DM / Aktie}$$

Ohne Berücksichtigung eines Bezugsrechts würde sich ein Wertverlust bei den Altaktionären ergeben: 133,33 - 140,-- = - 6,67 DM/Aktie. Dagegen hätten die neuen Aktionäre einen Wertzuwachs: 133,33 - 120,-- = 13,33 DM/Aktie.

Der **rechnerische Wert** eines **Bezugsrechts** wird vom Bezugsverhältnis, dem Bezugskurs der jungen Aktien und dem Börsenkurs der alten Aktien bestimmt:

- Die Relation des **bisherigen Grundkapitals zum Erhöhungskapital** wird als **Bezugsverhältnis** bezeichnet. Damit wird ausgedrückt, wieviel alte Aktien (also Aktien vor der Kapitalerhöhung) notwendig sind, um eine neue Aktie (die der Kapitalerhöhung) zu beziehen. So gelangt man bei einer Erhöhung des Grundkapitals von beispielsweise 25% zu einem Bezugsverhältnis von 4:1 (gegen vier alte Aktien kann man eine neue Aktie beziehen).

– Zu unterscheiden ist beim Wert der jungen Aktien zwischen der **juristischen Untergrenze** (= **Nominalwert**) und der **wirtschaftlichen Untergrenze** (= Nominalwert zzgl. anteiliger Emissionskosten, d.h. **Bezugskurs** der jungen Aktien). Die wirtschaftliche Obergrenze junger Aktien stellt der Börsenkurs der alten Aktien dar. Der Grund hierfür: Es muß einen wirtschaftlichen Anreiz dafür geben, daß junge Aktien gekauft werden. Für das Gelingen einer erfolgreichen Kapitalerhöhung ist die richtige Wahl der Höhe des Bezugskurses der jungen Aktien ausschlaggebend. Vom **rechnerischen Wert** des Bezugsrechts kann der **tatsächliche Wert** des **Bezugsrechts** abweichen. Er ergibt sich, wenn Bezugsrechte zum Börsenhandel zugelassen werden sowie der sich dann einstellenden Angebots- und Nachfragekonstellationen. Die teilweise erheblichen Abweichungen zwischen rechnerischem und tatsächlichem Bezugsrechtswert erklären sich vor dem Hintergrund des Zeitpunkts der Dividendenberechtigung der jungen Aktien und der diesbezüglichen Dividendenerwartungen sowie der Erwartungen über die zukünftigen Kursentwicklungen generell.

Die **Berechnung** des **Bezugsrechtswerts** (= B) ist nach folgender Formel durchzuführen:

$$(\text{II-22}) \qquad B = \frac{P_a - P_j}{\frac{a}{n} + 1}$$

mit
P_a = Börsenkurs der alten Aktien,
P_j = Emissionskurs der jungen Aktien,
a = Anzahl alte Aktien,
n = Anzahl junge Aktien,
a/n = Bezugsverhältnis.

Beispiel: Das Grundkapital einer AG betrug bisher 4 Mio. DM, eingeteilt in 80.000 Aktien mit einem Nennwert von 50,-- DM/Stück. Das Grundkapital werde um 1 Mio. DM erhöht. Ausgegeben werden ebenfalls 50,-- DM-Aktien. Der Börsenkurs der alten Aktien betrage 180,-- DM/Stück, der Emissionskurs der jungen Aktien betrage 160,-- DM. Das Bezugsrechtsverhältnis lautet dann 4:1. Der rechnerische Wert des Bezugsrechts ermittelt sich nach vorstehender Formel, übertragen auf das Beispiel:

$$\text{Bezugsrechtswert} \ (= B): \quad \frac{180 - 160}{\frac{4}{1} + 1} = 4{,}-- \ \text{DM / Aktie}.$$

Möglicherweise können die jungen Aktien, bedingt durch den Ausgabetermin, nicht in vollem Umfang an der Dividende des laufenden Geschäftsjahres teilnehmen. Dann ergibt sich ein **Dividendennachteil** der jungen Aktien gegenüber den alten Aktien (= D_a), der in Form einer Erhöhung des Bezugskurses der neuen Aktien ausgedrückt wird:

$$(\text{II-23}) \qquad B = \frac{P_a - (P_j + D_a)}{\frac{a}{n} + 1}.$$

Der Dividendennachteil ist wie folgt definiert:

$$(\text{II-24}) \qquad D_a = D * \left[1 - \frac{D_{zj}}{D_{za}}\right]$$

mit
D = voraussichtliche Dividende,
D_{zj} = Dividendenberechtigungs-Zeitraum junge Aktien,
D_{za} = Dividendenberechtigungs-Zeitraum alte Aktien.

<u>Beispiel:</u> Aufbauend auf dem vorangegangenen Beispiel zur Ermittlung des rechnerischen Bezugsrechtswerts sei angenommen, daß die jungen Aktien für fünf Monate dividendenberechtigt sind. Der Dividendennachteil errechnet sich nach obiger Formel wie folgt:

Dividendennachteil = 20 * (1 - 5/12) = 11,66 DM, woraus sich der Bezugsrechtswert ermitteln läßt:

Bezugsrechtswert: $\dfrac{180 - (160 + 11{,}66)}{\dfrac{4}{1} + 1}$ = 1,67 DM / Aktie.

Der Einfachheit halber soll desweiteren davon ausgegangen werden, daß die jungen Aktien für zwölf Monate dividendenberechtigt sind. Nach der Kapitalerhöhung ergibt sich ein neuer (rechnerischer) Kurs für alle Aktien (also alte und junge Aktien), der als Mischkurs (P_n, sog. "Kurs ex Bezugsrecht") bezeichnet wird.

(II-25) $\qquad P_n = P_a - B$.

<u>Beispiel</u>: Übertragen auf den Beispielfall errechnet man P_n = 180 - 4 = 176.

Betrachtet man die neuen Aktionäre, so errechnet sich für sie für den Kauf einer neuen Aktie ein Kapitaleinsatz pro Aktie, der dem Mischkurs von alter und junger Aktie entspricht:

(II-26) $\qquad P_n = P_{ai} + a * B$.

<u>Beispiel</u>: Angewandt auf die Beispieldaten ergibt sich P_n = 160 + 4 $^+$ 4 = 176.

Aufschlußreich ist die Herleitung der Bezugsrechtsformel:

<u>Beispiel</u>: Anhand der bisherigen Daten sei folgendes dedanklich durchgespielt:

4 · 50,-- DM nominell alte Aktien zu 180,-- DM	=	720,-- DM
+ 1 · 50,-- DM nominell junge Aktie zu 160,-- DM	=	160,-- DM
= 5 · 50,-- DM nominell alte und junge Aktien	=	880,-- DM
		5 Stück = 176,-- DM

Daraus folgt der Wert von 4 Bezugsrechten: 176 - 160 = 16,-- DM.

Der Wert eines Bezugsrechts beträgt: $\dfrac{176 - 160}{4} = (176 - 160) * \dfrac{1}{4} = 4{,}--$ DM.

In allgemeiner Schreibweise läßt sich daher die **Errechnung** des **Bezugsrechtswerts** wie folgt herleiten:

$$B = \left(\frac{a*P_a + n*P_j}{a+n} - P_j\right) * \frac{1}{a}$$

$$a*B = \frac{a*P_a + n*P_j}{a+n} - \frac{P_j(a+n)}{a+n}$$

$$a*B = \frac{a*P_a + n*P_j - a*P_j - n*P_j}{a+n}$$

$$a*B = \frac{a(P_a - P_j)}{a+n}$$

$$B = \frac{P_a - P_j}{a+n}$$

(II-27) (= II-22)

$$B = \frac{P_a - P_j}{\frac{a}{n} + 1}.$$

Für den Aktionär ist es hinsichtlich seiner Vermögensposition gleichgültig, ob er sein Bezugsrecht ausübt oder nicht. Voraussetzung ist, daß auch der Wert des gehandelten Bezugsrechts nahe bei seinem rechnerischen Bezugsrechtswert liegt.

Beispiel:

Fall 1: Kapitalerhöhung mit Bezugskurs 160,-- DM und Bezugsverhältnis 4:1. Der Aktionär hält 160,-- DM an Barmitteln und verkauft seine Bezugsrechte zum Kurs von 4,-- DM:

4 Aktien à 176,-- DM	704,--
+ 4 Bezugsrechte à 4,-- DM	16,--
+ 160,-- DM Barmittel	160,--
	880,--

Fall 2: Der Aktionär übt sein Bezugsrecht aus: 5 Aktien zum Kurs von 176,-- DM = 880,-- DM.

Nachfolgende Abb. II-16 verdeutlicht den Sachverhalt nochmals unter Verwendung der Beispielwerte:

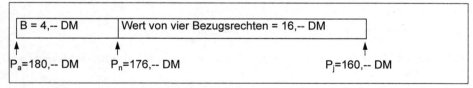

Abb. II-16: Zentrale rechnerische Zusammenhänge bei Ausgabe junger Aktien

Lesehinweis: Eine weitergehende verbale Erläuterung der Zusammenhänge liefern u.a. Schmidt/Terberger (1996, S. 217-224).

Man spricht in diesem Fall vom **Irrelevanztheorem** der Beteiligungsfinanzierung. Demzufolge ist es ohne Einfluß auf die Vermögensposition eines Altaktionärs wie das Bezugsverhältnis lautet und welcher Bezugskurs besteht (= Bezugsbedingungen) und ferner, ob er die Bezugsmöglichkeit wahrnimmt.

Relativiert wird diese Anschauung unter neo-institutionenökonomischer und empirischer Beobachtungen: Mit dem Phänomen des sog. **"Underpricing"** wird die Tatsache bezeichnet, daß entgegen obiger Schlußfolgerung "(...) junge Aktien nach der Börseneinführung eines Unternehmens im Durchschnitt einen Kurs erreichen, der höher ist als derjenige, den die Ersterwerber für das Papier (incl. eines etwaigen Bezugsrechtserwerbs) bezahlt haben." (*Schmidt/Terberger* 1996, S. 432). Nachfolgende Tab. II-6 zeigt beispielhaft für das Jahr 1995 anhand ausgewählter Ersteinführungen von Aktiengesellschaften das Problem:

Aktiengesellschaft	Ausgabepreis (DM/Aktie)	Erster Kurs (DM/Aktie)	Zeichnungsgewinn	Jahresschlußkurs (DM/Aktie)	Veränderung zum Ausgabepreis
Mühl Product & Service und Thüringer Baustoffhandel AG	13	23	76,92%	22,45	72,69%
Indus Holding AG	29	33,2	14,48%	30,50	1,72%
Tarkett AG	32	36	12,50%	31,00	-3,13%
adidas AG	68	74,2	9,12%	75,70	11,32%

Tab. II-6: Performance ausgewählter Börsengänge in 1995 (in Anlehnung an *Lupp* 1996 S. 205 und 207).

Nach dem Konzept der Informationseffizienz von Kapitalmärkten dürfte ein Zeichnungsgewinn nicht vorkommen. *Schmidt/Terberger* verweisen darauf, daß dieses Phänomen vor dem Hintergrund der **asymmetrischen Informationsverteilung** zwischen den Ersterwerbern und der die Aktie emittierenden Unternehmensleitung erklärt werden kann: Die Qualität der Investitionen, die mit dem neu aufgebrachten Aktienkapital finanziert werden, ist für die Ersterwerber unsicherer als etwa für zeitlich spätere Erwerber, da diese zwischenzeitlich zusätzliche Informationen über die **Qualitätsentwicklung** der Investitionen erhalten und damit zu einer weniger mit Unsicherheit behafteten Urteilsbildung kommen können. Ersterwerber belegen daher den Kurs der jungen Aktien mit einem **Risikoabschlag**, der ihr Mißtrauen in die für sie verfügbaren Informationen über den Kapitalnehmer ausdrückt.

Besonders ausgeprägt scheint dieses Phänomen des Underpricing dann zu sein, wenn der Vorstand einer AG erstmals Aktien des Unternehmens an der Börse einführt, da das Unternehmen bis dahin den Anlegern gegenüber börslich notierten Aktiengesellschaften kaum bekannt ist. Aktuelle Studien untersuchten das auf den Finanzmärkten auftretende Underpricing-Phänomen bei **Erstemissionen** (sog. "Initial Public Offerings"). Die mögliche Erklärung des Underpricing-Phänomens bei Börsenneueinführung basiert sehr wahrscheinlich ebenfalls auf dem Qualitätsunsicherheitsproblem und der damit verbundenen Durchschnittspreisbildung. Der Emissionskurs liegt hierbei unter dem Preis bei vollständiger Information, wegen Unkenntnis der finanziellen Transaktionshistorien eines Going-Public-Unternehmens.

Lesehinweis: Vgl. z. B. die empirische Studie für Deutschland 1982 bis 1993 bei *Kaserer/Kempf* (1995).

Kreditinstitute bzw. andere am Börsengang beteiligte **Finanzintermediäre** können diese Qualitätsunsicherheit reduzieren. Ein kausaler Zusammenhang zwischen **Einschaltung** eines Finanzintermediärs und Underpricing kann in der Verminderung der Unsicherheit der Eigenkapitalgeber vermutet werden, wenn sie dem Monitoring von Kreditinstituten vertrauen können. Die Going Public-Unternehmen können dann Emissionskurse erzielen, die ihrem "wahren" Wert nahekommen. *James/Wier* (1990) verstehen in diesem Sinne den Kreditantrag eines Going Public-Unternehmens kurz vor Erstemission als **Selbstdeklaration**, da sich nur "gute" Unternehmen einer Bonitätsprüfung unterziehen würden. Positiv wird ebenfalls von Ersterwerbern in einem solchen Zusammenhang die Einschaltung **renommierter Investmentbanken** als Underwriter bewertet, da hiervon offenbar als glaubwürdig erachtete Signale ausgehen, daß der Emissionskurs alle relevanten Informationen (sog. **"Certification Hypothesis"**) reflektiere. Empirische Studien zeigen, daß das Underpricing in einem solchen Fall signifikant geringer ausfällt (vgl. *James* 1992). Unabhängig von Erstemissionen führt eine vollständige Übernahme einer Emission durch eine Investmentbank im Gegensatz zur Emission auf Best-Effort-Basis (keine Übernahmeverpflichtung für Underwriter) zu positiven Kursreaktionen (vgl. *Kumar/Tsetsekos* 1993).

Generell ist seitens des die Beteiligungsfinanzierung mittels Aktie durchführenden Vorstands einer AG ein **hoher Bezugskurs** erstrebenswert. Dadurch kommt ein **hoher Finanzierungseffekt** für das emittierende Unternehmen zustande, da das Agio einen großen Anteil am Aktienkurs hat, ohne daß das dividendenberechtigte Kapital in gleichem Ausmaß steigt. Der **Kurs** der **alten Aktien** kann während der Bezugsfrist **unter** den **Kurs** der **jungen Aktien** sinken. Dies ist möglich, weil der Bezugskurs der jungen Aktien bereits vor dem Handel der Bezugsrechte festgelegt werden muß; die Kurse der alten Aktien bleiben aber zwischenzeitlich variabel aufgrund ihrer Handelbarkeit an der Börse. In einem solchen Fall erfordert die Emission von den Emissionsbanken begleitende Kursstützungskäufe. Ein niedrigerer Bezugskurs würde dieses Problem zwar lösen, aber um den Preis eines geringeren Mittelzuflusses.

6.3 Opération Blanche

Können oder wollen Altaktionäre keine zusätzlichen Finanzmittel für den Bezug junger Aktien einsetzen, so ist es ihnen möglich, gerade so viele Bezugsrechte verkaufen, daß sie mit dem Verkaufserlös den verbleibenden Teil der Bezugsrechte ausüben können.

Mit der folgenden Formel kann berechnet werden, wieviele junge Aktien ohne zusätzliche Finanzierungsmittel durch die Opération Blanche bezogen werden können:

(II-28)
$$Q_j = \frac{BR \times B}{EK + B \times BV}$$

Es gelten folgende Notationen:

Q_j = Anzahl der zu beziehenden jungen Aktien,
BR = Anzahl der Bezugsrechte = Anzahl der Aktien,
B = Bezugsrechtswert,
EK = Emissionswert der jungen Aktien,
BV = Bezugsverhältnis.

Beispiel: Ein Aktionär besitzt vier Aktien, die einen Kurswert von je DM 25,-- je 5-DM-Aktie haben. Bei der Kapitalerhöhung im Verhältnis 2:1 werden die jungen Aktien zum Kurs von DM 10,-- emittiert (gleicher Dividendenanspruch). Der Bezugsrechtswert berechnet sich damit auf DM 5,--. Der Aktionär kann jetzt zwei Bezugsrechte verkaufen und mit dem Verkaufserlös die restlichen zwei Bezugsrechte ausüben, d.h. eine junge

Aktie kaufen. Die Zahl seiner Aktien nimmt von vier auf fünf zu und der Wert seines Portefeuilles bleibt mit DM 100,-- unverändert.

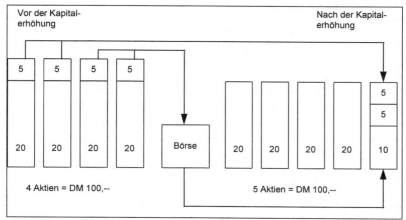

Abb. II-17: Wiederanlage der Bezugsrechte ohne Einsatz neuer Mittel bei einer Kapitalerhöhung im Verhältnis 2:1

Aufgrund der vorliegenden Angaben ergibt sich folgendes Ergebnis:

$$Q_j = \frac{4 \times 5}{10 + (5 \times 2 : 1)} = 1 \text{ Aktie}.$$

Mit der Opération Blanche erhält der Aktionär zwar die Substanz seines Portefeuilles aufrecht, die volle Teilnahme am Wachstum der Gesellschaft ist jedoch nicht gewährleistet. Veräußert er Bezugsrechte, deren Erlös zur Ausübung der übrigen Bezugsrechte erforderlich ist, geht sein Anteil am Unternehmen zurück. Nur durch Ausübung sämtlicher Bezugsrechte und damit durch Aufwendung zusätzlicher eigener Mittel kann der Aktionär diesen Rückgang verhindern.

<u>Lesehinweise</u>: *Büschgen* (1991, S. 214-236 und 289-294), *Coenenberg* (1997, S. 189-191) und *Süchting* (1995, S. 88ff).

6.4 Weitere Formen der Kapitalerhöhung

Neben der ordentlichen Kapitalerhöhung sind zwei weitere Formen zu unterscheiden. **Genehmigtes Kapital** bezeichnet die Ermächtigung des Vorstands durch die HV, Grundkapital bis zu einem bestimmten von der HV beschlossenen Nennbetrag durch Ausgabe junger Aktien gegen Einlagen zu erhöhen. Dabei ist zu **beachten**:

- Auflage an den Vorstand seitens des Gesetzgebers zur Durchführung der Kapitalerhöhung **innerhalb** von **fünf Jahren** (§ 202 AktG);
- der Nennbetrag der auf diese Weise ausgegebenen Aktien darf **50%** des bisherigen **Grundkapitals** nicht übersteigen.

In der Praxis ist diese Form der Kapitalerhöhung weit verbreitet, da durch ihre Flexibilität der Vorstand den jeweils günstigsten Zeitpunkt der Kapitalerhöhung kurzfristig bestimmen kann.

Kapitel II Beteiligungsfinanzierung

Laut AktG (§192-201) wird ferner in die **bedingte Kapitalerhöhung** bei folgenden drei Fällen unterschieden:

- Kapitalerhöhung zum Zweck der Gewährung von Umtauschrechten in oder Bezugsrechten auf Aktien an Gläubiger von Wandelschuldverschreibungen,
- Gewährung von Umtauschrechten bzw. Bezugsrechten zur Vorbereitung von Fusionen,
- Ausgabe von Belegschaftsaktien gegen Einlage eingeräumter Gewinnbeteiligungen.

Zustande kommt die Kapitalerhöhung erst, wenn die Aktionäre von ihrem **Umtausch- oder Bezugsrecht** Gebrauch machen. Der gesamte Nennbetrag von auf diesem Weg ausgegebenen Aktien darf 50% des bisherigen Grundkapitals nicht übersteigen.

Die rechtlichen, bilanziellen und finanzwirtschaftlichen Besonderheiten der einzelnen Formen der Kapitalerhöhung in der AG faßt nachfolgende Abb. II-18 zusammen (vgl. *Coenenberg* 1997, S. 191).

Form ⇒ Besonderheiten ⇓	Kapitalerhöhung aus Gesellschaftsmitteln	ordentliche Kapitalerhöhung	genehmigtes Kapital	bedingte Kapitalerhöhung
gesetzliche Regelung	§§ 207-220 AktG	§§ 192-201 AktG	§§ 202-206 AktG	§§ 192-201 AktG
Zuführung neuer Finanzmittel von außen	keine	in Form von Geld- oder Sacheinlagen		
Wirksamwerden der Kapitalerhöhung (= Ausweis des erhöhten Grundkapitals in der Bilanz)	bei Eintragung des HV-Beschlusses über die Kapitalerhöhung aus Gesellschaftsmitteln ins Handelsregister (§ 211 Abs. 1 AktG)	bei Eintragung der Durchführung der Kapitalerhöhung in das Handelsregister (§ 189 AktG)	bei Eintragung der Durchführung der Kapitalerhöhung in das Handelsregister (§ 203 Abs. 1 AktG i.V. mit § 189 AktG)	bei Ausgabe der Bezugsaktien (§§ 199, 201 AktG)
Ausgabe der jungen Aktien	nach Eintragung des Hauptversammlungsbeschlusses in das Handelsregister (§ 214 Abs. 1 AktG)	nach Eintragung der Durchführung der Kapitalerhöhung in das Handelsregister (§ 191 AktG)	nach Eintragung der Durchführung der Kapitalerhöhung in das Handelsregister (§ 203 Abs. 1 AktG i.V. mit § 191 AktG)	nach Eintragung der Durchführung der Kapitalerhöhung in das Handelsregister (§ 191 AktG)
Obergrenze des Nennbetrags der Kapitalerhöhung	Kapitalrücklagen und gesetzliche Rücklagen, soweit sie 10% des Grundkapitals oder den lt. Satzung höheren Betrag übersteigen, sowie andere Gewinnrücklagen unbegrenzt (§ 208 Abs. 1 AktG)	keine	Hälfte des Grundkapitals zum Zeitpunkt der Beschlußfassung über das genehmigte Kapital (§ 202 Abs. 3 AktG)	Hälfte des Grundkapitals zum Zeitpunkt der Beschlußfassunfg über das bedingte Kapital (§ 192 Abs. 3 AktG)

Abb. II-18: Formen der Beteiligungsfinanzierung in der AG

7 Finanzierungsbesonderheiten bei der "Kleinen AG"

Bei der "Kleinen AG" handelt es sich nicht um eine neue Rechtsform, sondern um ein Schlagwort. Es umschreibt das seit 01.08.1994 in Kraft befindliche **"Gesetz für kleine Aktiengesellschaften und zur Deregulierung des Aktienrechts"**. Damit wurde das Gesellschaftsrecht den besonderen Anforderungen mittelständischer Unternehmen angepaßt. Es stellt kein eigenes Gesetz neben dem Aktiengesetz von 1965 dar, sondern dereguliert jenes in bestimmten Bereichen. Die wesentlichen Merkmale mit Bedeutung für die Beteiligungsfinanzierung beziehen sich auf nichtbörsennotierte Unternehmen in der Rechtsform der AG. Nachfolgende Abb. II-19 zeigt die diesbezüglichen Neuerungen.

Kriterium	Kleine AG
Gründung	• Einpersonen-Gründung möglich ("Einpersonen-AG") • Wegfall der Einreichung von Gründungsberichten
Bekanntmachung/ Einberufung der HV	• mittels eingeschriebenem Brief möglich, • notarielle Beurkundung auf Grundlagenbeschlüsse beschränkt, • Verzicht auf sämtliche Einberufungsformalitäten, sofern alle Aktionäre anwesend sind
Aufsichtsrat	ab 500 Beschäftigte mind. 1/3 Arbeitnehmeranteil
Satzungsbesonderheiten	• Befugnis zur Rücklagendotierung unterliegt stärker der Aktionärsdisposition • Aktie als Einzelurkunde ausschließbar oder einschränkbar
Vorzugsaktien	per Gesetz stimmrechtslos

Abb. II-19: Neuerungen des Aktienrechts mit Qualifizierung der "Kleinen AG"

Zielsetzung dieser Bestimmungen für die "Kleine AG" ist, die Wahl der aktienrechtlichen Rechtsform kostengünstiger und flexibler zu gestalten. Der Gesetzgeber erhofft sich davon, daß die bisher aus diesen Gründen dominierende Rechtsform der GmbH an Attraktivität verliert. Mit einer verstärkten Hinwendung zur AG als Rechtsform soll ein **"Hineinwachsen"** und **"Eingewöhnen"** in die Bestimmungen der großen AG ermöglicht und so die Neigung zu einem späteren Börsengang des Unternehmens unterstützt werden.

<u>Lesehinweise:</u> Zur Vertiefung des Themas "Kleine AG" vgl. *Chmielewicz* (1995, S. 21 ff.). Erste Erfahrungen in der praktischen Umsetzung liefert *Claussen* (1996).

8 Beteiligungsfinanzierung über den US-Kapitalmarkt: American Depositary Receipt (ADR)

In den 90er Jahren ist bei deutschen Aktiengesellschaften ein verstärkter Trend zur Erschließung des US-Kapitalmarkts für die Beteiligungsfinanzierung und den dortigen Handel ihrer Aktien festzustellen. Im überwiegenden Fall handelt es sich um Aktiengesellschaften, die bereits an einer deutschen Wertpapierbörse eingeführt sind, in wenigen Ausnahmen erfolgte die erste Börseneinführung (sog. **"Listing"**) im US-Kapitalmarkt, ohne daß eine anschließende Einführung an einer deutschen Wertpapierbörse erfolgte.

8.1 Institutionelle Besonderheiten der US-Aktienmärkte

Der US-Kapitalmarkt weist im Vergleich zum deutschen Kapitalmarkt für Beteiligungskapital deutliche Unterschiede auf (vgl. *Zachert* 1994, S. 207-208):

- Nach **Marktkapitalisierung** (= Kurswert aller im Kapitalmarkt befindlichen Aktien) und der Anzahl von Aktionären stellt der US-Kapitalmarkt den weltweit bedeutendsten Kapitalmarkt dar. Hieraus resultiert eine vergleichsweise **hohe Markttiefe und -breite**.
- Das **amerikanische Anlageverhalten** ist deutlich aktienorientiert. Neben Privatanlegern haben insbesondere **institutionelle Investoren** wie Investmentfonds, Pensionsfonds und Versicherungsunternehmen hohe Bedeutung.
- Wachsendes **Interesse** zeigen amerikanische Anleger **an Wertpapieren ausländischer Aktiengesellschaften** im Zuge von Diversifikationsbemühungen in ihren Wertpapierportefeuilles.

Die Nutzungsmöglichkeit des amerikanischen Kapitalmarkts durch nicht-amerikanische ist vor dem Hintergrund der aufsichtsrechtlichen Bestimmungen und der institutionellen Ausgestaltung der amerikanischen Wertpapiermärkte zu sehen. Zu unterscheiden ist dabei zwischen

- dem reinen **Aktienhandel** ("**Trading**") im Sekundärmarkt, bei dem kein zusätzliches Eigenkapital dem Emittenten zufließt, sondern bereits emittierte Aktien oder ersatzweise geschaffene Zertifikate gehandelt werden; und
- der Eigenkapitalbeschaffung durch **Ausgabe junger Aktien** auf dem US-Kapitalmarkt (internationale Aktienemission), was den Primärmarkt betrifft ("**Public Offering**").

Der amerikanische Kapitalmarkt bietet für die Beteiligungsfinanzierung mittels Aktienemission und den Aktienhandel grundsätzlich folgende Aktienformen an (vgl. *Zachert* 1994):

- Als **American Shares** (auch New York Shares oder Common Shares genannt) werden US-Aktien bezeichnet, die auf US-$ lauten und speziell für den US-Kapitalmarkt bestimmt sind. Ausländische Unternehmen können über diesen Weg keinen Zugang zum US-Kapitalmarkt gewinnen, da der Nennbetrag ihrer Aktien auf die jeweilige ausländische Währung lautet. So schreibt § 6 AktG vor, daß der Nennbetrag deutscher Aktien auf DM zu lauten hat.
- **Ordinary Shares** stellen Aktien dar, die von ausländischen Unternehmen in ihrem juristischen Sitzland emittiert werden und am US-Kapitalmarkt gehandelt werden. Voraussetzung ist, daß ein kompliziertes und kostenintensives Abwicklungsverfahren vom Emittenten durchlaufen wird.
- **American Depositary Receipts** sind im Gegensatz zu den vorgenannten Formen keine Aktien, sondern handelbare Zertifikate, die die Aktie eines ausländischen Emittenten verkörpern und anstelle dieser an einer amerikanischen Börse notiert werden. Dort werden sie dann wie herkömmliche Aktien gehandelt. Vom ADR ist das **American Deposit Share** zu unterscheiden, das in Zusammenhang mit dem ADR steht und die Rechte an dem hinterlegten ausländischen Wertpapier verkörpert. Eine in den USA ansässige Depotbank übernimmt dabei zentrale Funktionen zwischen Emittenten und amerikanischen Aktionären in einem ADR-Programm: Auf der Grundlage des Depotvertrags gibt sie die ADR-Zertifikate aus, betreibt Programmpflege, konsultiert die Aktionäre zur Ausübung von Stimmrechten, leitet Dividendenzahlungen weiter, verwertet Be-

8 Beteiligungsfinanzierung über den US-Kapitalmarkt: ADRs

zugsrechte und verteilt Geschäftsberichte. Die Gründe, weshalb die Verwendung von ADR gegenüber den vorgenannten Aktienformen auf dem US-Kapitalmarkt von Vorteil ist, sind folgende:

- Für amerikanische Anleger bestehen zum Teil Anlagebeschränkungen.
- Das ADR ermöglicht die Schaffung von Aktien-Stückelungen, die am US-Kapitalmarkt üblich sind.
- Dividenden des deutschen Emittenten werden in US-$ gezahlt und die Depotbank gibt US-Anlegern Hilfestellung bei Anträgen auf Erstattung von Quellensteuern.
- Die Kommunikation zwischen den amerikanischen Aktionären und dem deutschen Emittenten wird durch die Zwischenschaltung der Depotbank verbessert (z.B. bei Einladungen für die Hauptversammlung).
- Der Emittent behält den Überblick über Anzahl und Struktur der amerikanischen Aktionäre.
- Die gesamte Abwicklung von Transaktionen der Inanspruchnahme des US-Kapitalmarkts wird für den deutschen Emittenten erleichtert, insbesondere was die Anforderungen an die amerikanische Rechnungslegung betrifft.

Die **Eintrittsbarrieren** für ausländische Aktiengesellschaften bestehen auf dem US-Kapitalmarkt nicht in den vorgenannten Aktiengattungen sondern in Bezug auf das gewählte **Segment** der **amerikanischen Wertpapierbörsen**. "Das öffentliche Angebot von Wertpapieren und der Wertpapierhandel unterliegen insbesondere dem Securities Act (SA) von 1933 und dem Securities Exchange Act (SEA) von 1934, durch den die amerikanische Aufsichtsbehörde Securities and Exchange Commision (SEC) eingerichtet wurde, die über die Einhaltung der Regeln beider Gesetze wacht. Konsequenz der Registrierung nach dem Securities Act ist, daß der Emittent grundsätzlich periodischen Berichtspflichten unterliegt. Soweit die Wertpapiere an einer US-Börse gelistet oder über das NASDAQ-System gehandelt werden, muß zusätzlich noch eine Registrierung nach dem Exchange Act erfolgen". (*Rosen/Prechtel* 1996, S. 478). Kernpunkt aller SEC-Bestimmungen ist die Einführung der US-amerikanischen Rechnungslegung **US-GAAP** (General Accepted Accounting Principles), die im Gegensatz zur gläubigerorientierten deutschen handelsrechtlichen Rechnungslegung deutlich eigentümer-, also **aktionärsbezogen** ist. Für deutsche Aktiengesellschaften besteht daher auch das **Haupthindernis** für den Gang an eine amerikanische Wertpapierbörse in den **hohen Kosten**, die eine Umstellung ihrer Rechnungslegung (oder Einführung einer parallelen Rechnungslegung) nach den US-GAAP mit sich bringt. Neben den Erfordernissen der SEC hat jede Wertpapierbörse in den USA noch ihre eigenen Berichts- und Offenlegungsanforderungen (z.B. hinsichtlich Angaben zum Aktionärskreis, Aktiva und Gewinn sowie Handelsvolumen und -wert). Insgesamt fallen diese Anforderungen gegenüber den SEC-Bestimmungen wesentlich geringer aus (vgl. *Zachert* 1993).

Lesehinweis: Zur US-GAAP findet sich zum Einstieg eine gute Einführung in *Bossert/Manz* (1996, S. 193 - 226). Die Anforderungen der SEC werden erläutert in *Küting/Hayn* (1993).

8.2 Ausgestaltung der ADR-Programme

Für die Emissionsform der ADR ist die Tatsache von Bedeutung, daß in den **USA** die **Namensaktie** die gängige Aktiengattung darstellt, während in Deutschland die Inhaberaktie vorherrscht. Mit dem ADR wird es möglich, daß eine amerikanische Depotbank (= **Depositary Bank**) die ADR-Aktionäre registriert und das ADR auf den Namen des jeweiligen US-Aktionärs ausstellt. Ferner wird die Übertragung in den Geschäftsbüchern der Depotbank festgehalten, sodaß nur der dort registrierte Inhaber als rechtmäßiger Eigentümer des ADR gilt (**Prinzip** der sog. **Registered Shares**). Der Wert eines ADR kann dabei ein Vielfaches oder einen Bruchteil der hinterlegten deutschen Aktie darstellen. Im Sekundärmarkt übertragen werden kann dieses Wertpapier dann durch Indossament. (vgl. *Bökkenhoff/Ross* 1993, S. 1783 und *The Bank of New York* 1996). Nachfolgende Abb. II-20 zeigt die zentrale Struktur eines ADR.

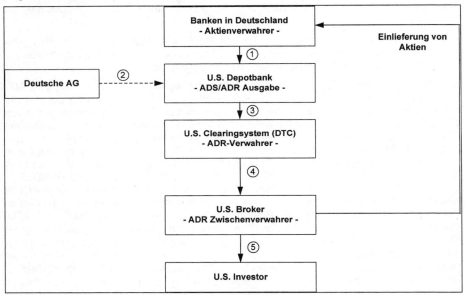

Abb. II-20: Struktur einer ADR-Konstruktion

Von ausschlaggebender Bedeutung ist die **amerikanische Depotbank**, da sie die mit der Organisation des ADR-Programms sowie die Ausgabe und Verwaltung der ADRs betraut wird. Sie ist zunächst diejenige, die sich über den Emittenten der Aktie sowie der Verbreitung der Aktie informiert und Vorstellungen über die zu erwartende Nachfrage nach möglichen ADRs auf dem amerikanische Kapitalmarkt entwickelt. Im nächsten Schritt - wenn es nach vorangegangener Prüfung zur Auflage eines ADR-Programms kommt - werden die dem zu emittierenden ADR zugrunde liegenden deutschen Aktien erworben. Dies erfolgt im Sitzland des ausländischen Emittenten durch eine sog. **Custodian Bank**, die i. d. R. ein Tochterinstitut der Depotbank ist. Von dieser Bank wird das erworbene Aktienpaket verwahrt. Die Custodian Bank informiert hierüber die Depotbank (Pfeil 1). Der **deutsche Emittent** („Deutsche AG") ist damit nur mittelbar mit der Depotbank in Berührung gekommen (Pfeil 2).

8 Beteiligungsfinanzierung über den US-Kapitalmarkt: ADRs

Die Depotbank emittiert daraufhin eine entsprechende Anzahl von ADRs und stellt sie dem **US-Clearingsystem** zur Verfügung (Pfeil 3). Über einen Broker, ansässig in den USA, kann ein Anleger dann an der jeweiligen **amerikanischen Wertpapierbörse**, an der das ADR eingeführt wurde, das Wertpapier erwerben (Pfeil 5). Der US-Broker verfügt seinerseits als ADR-Zwischenverwahrer über entsprechende Bestände des fraglichen ADR, die er über das **US-Clearingsystem** erhält (Pfeil 4). Die Rückgabe der ADR erfolgt auf dem umgekehrten Weg (vgl. hierzu *The Bank of New York* 1996).

Die Emission von ADRs wird nach mehreren **Formen** unterschieden, die sich im wesentlichen hinsichtlich der Verpflichtungen gegenüber der SEC und der Möglichkeit der Neuemission unterscheiden. Die nachfolgend vorgestellten Programme können als Ausdruck der grundsätzlichen Haltung der amerikanischen Börsenaufsicht hinsichtlich der Einführung von Aktien ausländischer Aktiengesellschaften interpretiert werden: die **schrittweise Heranführung** ausländischer Aktiengesellschaften an den US-Kapitalmarkt.

Bei einem **Unsponsored Program** geht die Initiative für die Emission von ADRs nicht vom Emittenten, sondern von einer US-Depotbank aus. Zudem ist der Emittent in keiner sonstigen Weise an der ADR-Emission beteiligt. Eine Einführung in eine amerikanische Wertpapierbörse ist durch die SEC nicht gestattet, da sie nicht den strengen Registrierungsanforderungen der Behörde unterliegen (daher sog. „Over-the-Counter"- bzw. OTC-Wertpapiere). Solche ADR-Programme werden kaum mehr durchgeführt (vgl. *Wunderlin* 1995, S. 23).

Die Auflegung eines sog. **Sponsored Program** für ADR kommt auf Initiative des ausländischen Emittenten zustande, der auch in erheblichem Umfang die dabei entstehenden Kosten übernimmt. Zu unterscheiden sind dabei mehrere Formen.

Bei **Sponsored Level I Programmen** werden den ADRs bereits emittierte, d.h. in Umlauf befindliche Aktien des Emittenten unterlegt. Die Melde- und Offenlegungspflichten der SEC sind relativ gering. Hinsichtlich der Pflicht des Emittenten zur Offenlegung von Unternehmensinformationen kann unter besonderen Umständen auf Antrag eine Befreiung erfolgen (vgl. *Bankers Trust* 1996). Ein Handel ist dann im OTC-Markt möglich (Handel am sog. **Pink-Sheet-Market** und/oder am **Bulletin Board**, d.h. Freiverkehrs- oder OTC-Märkte, die von der National Association of Securities Dealers - **NASD** - organisiert und beaufsichtigt werden, vgl. *Rasch* 1996, S. 144). Eine besondere Erleichterung ist darin zu sehen, daß die Verpflichtung zur Bilanzierung des Emittenten nach den US-GAAP entfällt. Stattdessen müssen lediglich die Unternehmensinformationen der Wertpapierbörse im Sitzland der AG eingereicht werden. Die Teilnahme an einem Level I-Programm gilt allgemein als erster Schritt für ausländische Unternehmen, sich auf den US-Kapitalmarkt zu begeben. **Neuemissionen** und damit die Beschaffung zusätzlichen Eigenkapitals über den US-Kapitalmarkt werden mit diesem Programm **nicht ermöglicht** (vgl. *Citiebank* 1995, S. 8).

Beim **Level II Program** wird einem ausländischen Unternehmen die öffentliche Notierung an der **NASDAQ** (National Association of Securities Dealers Automated Quotation) oder an einer nationalen amerikanischen Börse ermöglicht. Voraussetzung ist die Erfüllung **strengerer Registrierungserfordernisse**. So wird die Rechnungslegung nach US-GAAP vorausgesetzt und der Geschäftsbericht des Emittenten wird offiziell von der SEC geprüft. Dadurch gerät der Emittent in die Haftung für eventuelle Fehler oder falsche Darstellung von Informationen. Ferner verpflichtet sich der Emittent zu einer regelmäßigen Berichterstattung (vgl. *Rosen/Prechtel* 1996).

Ermöglicht das Level II Programm das sog. Listing, also die Einführung des ADR an den vorgenannten Wertpapierbörsen, so ist mit dem **Level III Program** die **Beschaffung** von **zusätzlichem Eigenkapital** möglich. Wegen der Plazierungsmöglichkeit von Neuemissionen ist ausschließlich mit diesem Programm ein sog. „Public Offering" möglich. Die ADR verkörpern in diesem Fall neu-emittierte Aktien und werden an einer US-Wertpapierbörse oder dem **NASDAQ** notiert. Voraussetzung für das **Public Offering** ist die Registrierung nach dem Securities Exchange Act und dem Securities Act, was die Offenlegung spezifischer Informationen des ausländischen Emittenten gegenüber der SEC bedingt (z. B. Offenlegung der stillen Reserven) (vgl. hierzu *Küting/Hayn* 1993). In diesem Sinn ist das ADR-Level III-Programm den Anforderungen für ein Listing von Ordinary Shares gleichgestellt. Die hohen Publizitätspflichten und die Kommunikation mit den potentiellen und späteren Aktionären (= **Investor Relations**) verursachen hohe Kosten dieser Eigenkapitalbeschaffung.

Ergänzend ist auf die **Rule 144a** hinzuweisen bzw. die sog. **Restricted ADRs**. Es handelt sich um sog. privat plazierte ADR, die nicht über ein öffentliches Angebot den Aktionären angeboten werden dürfen. Dementsprechend bestehen die Aktionäre ausschließlich aus institutionellen Investoren (sog. **Qualified Institutional Buyers** - QIBs), eine Registrierung bei der SEC entfällt dadurch. Voraussetzung für diese Plazierungsform ist, daß die Aktien des Emittenten noch an keiner amerikanischen Börse notiert sind. Eine Einführung dieser Form von ADR an amerikanischen Börsen ist nicht zulässig. Die 1990 erlassene Rule 144a ermöglicht die Aufbringung von neuem Beteiligungskapital für ausländische Emittenten. Die **Emissionsanforderungen** sind ähnlich niedrig **wie** bei einem **Level I Program**, wodurch die Kosten dieser Beteiligungsfinanzierung wesentlich geringer ausfallen als bei der Alternative des Level III Programms. Interessant ist, daß ein Austausch von Rule 144a-ADRs in solche nach Level I nach einer bestimmten Zeit möglich ist. Die SEC unterstützt dies durch die Einführung eines speziellen Handelssystems (Private Offerings, Resales and Trading through Automated Linkeages - **PORTAL**), an denen sie unter den QIBs gehandelt werden können (gilt im übrigen auch für ADRs aus den Sponsored Programs). Ansonsten stehen die ADR der Rule 144a unter einer zweijährigen Beschränkung bevor sie öffentlich angeboten werden dürfen (vgl. *Zachert* 1993 und *The Bank of New York* 1996).

Folgende Vorteile verbinden deutsche Aktiengesellschaften im allgemeinen mit einem Gang an eine amerikanische Wertpapierbörse (vgl. *Rosen/Prechtel* 1996):

- **Ausbau** der **Aktionärsbasis** durch Internationalisierung und eine gezielte Streuung der Aktien. Häufig wird damit auch das Ziel verfolgt, die **Liquidität** der zugrundeliegenden Aktien zu **erhöhen**.

- Bei einem hohen Anteil des Auslands, insbesondere den USA, an den geschäftlichen Aktivitäten einer Aktiengesellschaft kann ein **Finanzbedarf in US-$** durch die Neuemission am US-Kapitalmarkt gedeckt werden.

- Höhere Aufnahmefähigkeit von Erstemissionen von Aktien aufgrund der Kapitalmarktgröße und des breiten Anlegerspektrums.

- Höhere **Risikobereitschaft** der **amerikanischen Anleger** gegenüber deutschen Anlegern erleichtert die Eigenkapitalaufnahme von innovativen jungen Aktiengesellschaften.

- **Erhöhung** der **Transparenz** der Aktiengesellschaft gegenüber Dritten und insbesondere eine verstärkte Beachtung durch Finanzanalysten und die Berichterstattung in der Wirtschaftspresse.

8 Beteiligungsfinanzierung über den US-Kapitalmarkt: ADRs

- **Steigerung** des **Bekanntheitsgrads** der Aktiengesellschaft im Ausland und **Transfer** des **Imagegewinns** vom Kapitalmarkt auf die Absatz- und Beschaffungsmärkte im Ausland.

- **Reputationsgewinn**, wenn sich die AG freiwillig den US-**Rechnungslegungsnormen** unterwirft und damit finanzwirtschaftliche Solidität (auch dem inländischen Aktionärskreis) signalisiert.

Nachfolgende Aufstellung zeigt die nochmals grundlegenden börsenrechtlichen Ebenen für die Einführung nicht-amerikanischer Aktien im US-Kapitalmarkt im Überblick.

Aktivitäten im Bereich der Beteiligungsfinanzierung (Beispiele deutscher AG)	Institutionelle Ausgestaltung	Formelle börsenaufsichtsrechtliche Anforderungen
nichtorganisierter Handel (z.B. BASF AG, Siemens AG)	ausschließlicher Handel im amerikanischen Freiverkehr ("OTC")	Befreiung von den strengen SEC-Anforderungen, wenn nicht mehr als 300 US-Aktionäre die ausländische Aktie halten
Handeln von Aktien und ADRs (z.B. Deutsche Bank AG, SAP AG, SGL Carbon AG)	Notierung in Inter-dealer Pink Sheet Market oder OTC Bulletin Board Display Service	Rule 12g3-2(b), d.h. Befreiung zur Pflicht der Offenlegung von Unternehmensinformationen
Private institutionelle Plazierung nach Regel 144a (z.B. Dresdner Bank AG, Merck AG, Schwarz Pharma AG)	Handel zwischen QIBs im Sekundärmarkt im Rahmen des PORTAL-Systems	Anwendung der Rule 12g3-2(b) üblich, kann unter bestimmten Umständen erlassen werden
US-Listing oder öffentliche Plazierung (z.B. Daimler Benz AG, Deutsche Telekom AG)	• New York Stock Exchange (NYSE) • American Stock Exchange (AMEX) • NASDAQ	• vollständige SEC-Registrierung inkl. Geschäftsbericht und Formblatt 20-F/F-1, • Jahresabschlüsse in Übereinstimmung mit US-GAAP, • fortlaufende Berichterstattung als ausländischer privater Emittent ("Foreign Private Issuer")

Abb. II-21: Gegenüberstellung der verschiedenen Möglichkeiten der Inanspruchnahme des US-Kapitalmarkts für die Beteiligungsfinanzierung

Im Zuge der **Weiterentwicklung** deutscher und europäischer **Wertpapierbörsen** mit speziellen Segmenten für innovative wachstumträchtige Aktiengesellschaften (wie die EASDAQ in Brüssel oder der "Neue Markt" in Frankfurt a. M.) verbreitet sich die Palette der Kapitalmärkte außerhalb des amerikanischen Raums. Deutsche Aktiengesellschaften dürften daher in Zukunft in weit höherem Maße als bisher Kapitalmärkte für die Beteiligungsfinanzierung nutzen können.

Lesehinweis: Zur EASDAQ vgl. *Olislaegers/Haelterman* (1997).

9 Hybride Finanzinstrumente

Neben den reinen Instrumenten der Beteiligungsfinanzierung kennen die Finanzmärkte sog. **eigenkapitalähnliche Finanzmittel** oder **Eigenkapitalsurrogate**. Sie fallen in eine Kategorie zwischen Beteiligungs- und Kreditfinanzierung und werden als Misch- oder Zwischenformen bzw. hybride Finanzinstrumente bezeichnet. Vom Vorgang stellen sie sog. **"Mezzanine Finanzierungen"** dar, wozu vor allem die Emission von Wandelanleihen, Optionsanleihen und Genußscheine sowie die Bereitstellung von nachrangigem Haftkapital zählen. Der Vollständigkeit halber ist auch die stille Beteiligung hierunter zu fassen. Abb. II-22 zeigt einen einfachen Bilanzaufbau und verdeutlicht die zentralen Unterschiede zwischen dem durch Mezzanine Finanzierung entstandenen Eigenkapital (= Mezzanine Money) und dem bisher behandelten originären Eigenkapital.

Aktiva	Passiva
Vermögen	**Originäres Eigenkapital** • primäres Haftkapital gegenüber Gläubigern • Inhaber in der Stellung des Eigentümers **Mezzanine Money** • Haftkapital gegenüber Gläubigern nach Verzehr des originären Haftkapitals • Inhaber keine Eigentümer **Verbindlichkeiten**

Abb. II-22: Originäres Eigenkapital und Mezzanine Money im Vergleich

Finanzierungsinstrumente des Mezzanine Money kennzeichnet, daß ihre Inhaber im Fall der Unternehmensliquidation (z.B. wegen Konkurs) im Gegensatz zu originären Gläubigern, wie z.B. kreditgebende Banken, nachrangig bedient werden. Nachfolgende Abb.II-23 reiht die einzelnen Formen der Mezzanine Finanzierung gegenüber dem echten Instrument der Eigenfinanzierung, der Aktie und dem Fremdkapital, also den Verbindlichkeiten, in diesem Sinne vergleichend auf.

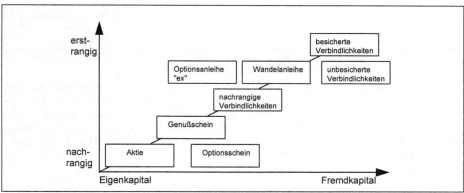

Abb. II-23: Einordnung von Mezzanine Finanzierung sowie Eigen- und Fremdfinanzierung nach ihrem Liquidationsrang (Quelle: *DG BANK Investment Banking* 1995)

9 Hybride Finanzinstrumente

Aus Sicht der Kapitalgeber beteiligen Mezzanine Money-Instrumente die Inhaber an den Verlusten des emittierenden Unternehmens. Auch hier liegt im Vergleich mit den traditionellen Finanzierungsinstrumenten eine Besonderheit von Mezzanine Money vor. Mezzanine Money ist heutzutage aus verschiedensten Gründen in der Praxis der Unternehmensfinanzierung nicht mehr wegzudenken. Drei Anwendungsbeispielfälle sollen dies illustrieren:

- Viele Großunternehmen nutzen die Möglichkeit der **Genußschein-Emission** mittlerweile weitreichend, um ihre Eigenkapitalbasis zu stärken, ohne Mitsprachen von neuen Eigentümern akzeptieren zu müssen. Insbesondere für viele Kreditinstitute sind Genußscheine eine willkommene Möglichkeit, die vom Bundesaufsichtsamt für das Kreditwesen gestellten Anforderungen an die Mindest-Eigenkapitalausstattung von Kreditinstituten zu erfüllen.

- Mittelständische Unternehmen und Tochtergesellschaften von Großunternehmen werden immer häufiger von Führungskräften aufgekauft. Solche sog. **Management-Buy Outs** (kurz MBO genannt) funktionieren im Regelfall nur, wenn die eigenen Finanzmittel der Kaufinteressenten um von einer Beteiligungsgesellschaft überlassene eigenkapitalähnliche Finanzmittel zeitweise ergänzt werden.

- In Zeiten niedriger Aktienkurse sind Kapitalerhöhungen für Aktiengesellschaften eine relativ teure Form der Eigenkapitalbeschaffung. **Mit** der Emission von **Genußscheinen** läßt sich in solchen Fällen die **Zeit** bis zu einer Besserung der Situation am Aktienmarkt **überbrücken**.

9.1 Wandelschuldverschreibung

Die Bezeichnung "Wandelschuldverschreibung" basiert rechtlich auf dem § 221 Abs. 1 Satz 1 des AktG. Sinngemäß verbrieft sie zum einen die gewöhnlichen Rechte einer Obligation und zusätzlich entweder ein **Umtauschrecht** in oder ein **Bezugsrecht auf Aktien**.

Als **Wandelanleihe** gibt sie dem Eigentümer des Wertpapiers das besondere Recht, innerhalb einer **bestimmten Frist** in einem festgelegten **Umtauschverhältnis** und ggfls. unter Leistung weiterer **Zahlungen** die Obligation in Aktien **zu tauschen**. Nach dem Umtausch (= Wandlung, Konversion) geht die Obligation unter und stattdessen verfügt der Anleger über Aktien. Für den Emittenten ist damit der Übergang von Fremd- in Eigenkapital, für den Anleger der rechtliche Wechsel vom Gläubiger zum Anteilseigner verbunden. Mit der Wandlung wird die emittierende AG der Verpflichtung zur Tilgung der Obligation enthoben. Aus einer zeitlich befristeten Kreditaufnahme wird eine unbefristete Bereitstellung von Eigenkapital. Es fließen ihr zudem durch das bei Wandlung zu entrichtende Agio liquide Mittel zu (vgl. *Perridon/Steiner* 1995, S. 357). Wegen diesen Eigenschaften lassen sich Wandel- und Anleiherecht nicht voneinander trennen.

Als **Optionsanleihe** kennzeichnet die Wandelschuldverschreibung das Sonderrecht auf **Bezug** von **Aktien** der emittierenden AG. Der Gläubiger ist berechtigt, Aktien innerhalb einer bestimmten Frist zum festgelegten Bezugskurs zu beziehen. Im Gegensatz zur Wandelanleihe geht die Optionsanleihe nach Ausübung des Bezugsrechts nicht unter, sondern bleibt bis zum Laufzeitende bestehen.

Wandelschuldverschreibungen können **nur** von einer **AG emittiert** werden, wenn folgende **Voraussetzungen** erfüllt sind (vgl. *Drukarczyk* 1993a, S. 592):

- Es ist die Zustimmung von mindestens **Dreiviertel** der anwesenden Aktionäre auf der Hauptversammlung erforderlich (§ 221 Abs. 1 Satz 2 AktG). Dies ist **nicht** für die Emission ausländischer Tochtergesellschaften deutscher Unternehmen am **Euro-Kapitalmarkt** vorgeschrieben.
- Die Kapitalerhöhung muß in der Form der **bedingten Kapitalerhöhung** nach §§ 192-201 AktG in Höhe des von den Wandelobligationären zu beanspruchenden Kapitals sein. Dabei ist zu beachten, daß die gesetzlichen Vorschriften nur einen maximalen Betrag der bedingten Kapitalerhöhung in Höhe der Hälfte des Grundkapitals zulassen.
- Den **Altaktionären** ist ein **Bezugsrecht** auf die Wandelobligationen einzuräumen. Dies ist wiederum nicht erforderlich für die Emission ausländischer Tochtergesellschaften deutscher Unternehmen am Euro-Kapitalmarkt. Daneben ist ein Bezugrechtsausschluß der Altaktionäre analog den Regelungen zur ordentlichen Kapitalerhöhung möglich. Der Umfang des Bezugsrechts bemißt sich nach dem Bezugsverhältnis.
- Das Bezugsrecht wird an der Börse gehandelt.

Für die Emission der Wandelanleihen sind vom Emittenten Sicherheiten zu stellen, wobei die **Negativklausel** im allgemeinen verwendet wird. Abb. II-24 liefert in einer Gegenüberstellung die wichtigsten Unterschiede und Merkmale der Wandelschuldverschreibung - einmal in der Ausgestaltung als Optionsanleihe und zum anderen als Wandelanleihe. Sie werden im einzelnen in den nachfolgenden Abschnitten erläutert.

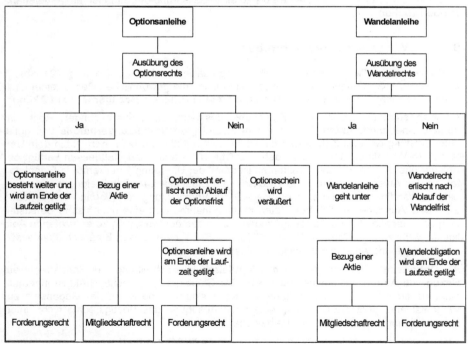

Abb. II-24: Wandelschuldverschreibung im Überblick

9.1.1 Wandelanleihe

Im Handelsblatt vom 25.06.1997 war hierzu auf S. 17 folgende Meldung zu lesen, die auszugsweise wiedergegeben ist:

"Daimler-Benz/Expansion aus eigener Kraft - Trennung von Cap Gemini (...) Der Konzern will seine Beteiligung über eine Daimler-Benz-Wandelanleihe bei internationalen Investoren plazieren. Diese sollen das Recht haben, die Anleihe bis zum Ende der viereinhalbjährigen Laufzeit in Cap Gemini-Aktien zu wandeln (...).

Eine **Wandelanleihe**, auch **Wandelschuldverschreibung i.e.S.**, **Convertible Bond** oder **Convertible** genannt, ist eine "zusammengesetzte" Obligation. Sie besteht aus einer

– mittel- bis langfristigen **Anleihe** mit fester oder variabler Verzinsung (= Straight Bond)
– und einem Recht, das **zur Wandlung** (bzw. Umtausch oder Konversion)
– primär in **Aktien** (ausnahmsweise auch in Anleihen) des gleichen Emittenten
– zu einem festgelegten Kurs (= **Umtauschpreis**)
– während einer **Umtauschfrist** in der Zukunft berechtigt.

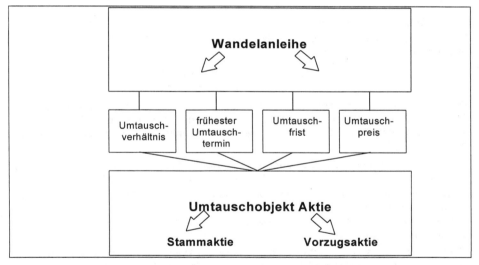

Abb. II-25: Charakteristika von Wandelanleihen

Neben den Merkmalen von Obligationen ohne Sonderrechte (vgl. Kapitel III, Abschnitt 6.4.1) weisen Wandelanleihen nachfolgende **Ausstattungsbesonderheiten** in ihren Anleihebedingungen auf (vgl. *Büschgen* 1991, S. 133-135). Sie sind über die gesamte Laufzeit der Wandelanleihe fixiert. I.d.R. verbrieft die Wandelanleihe den Umtausch der Obligation in Stammaktien der emittierenden AG, ausnahmsweise auch in Vorzugsaktien. Manche Anleihen können auch zur **Wandlung in Aktien** von Konzernunternehmen oder Unternehmen von dritter Seite berechtigen. Der Emittent darf die hierzu notwendigen Aktien nach § 71 AktG nicht durch den Aufkauf eigener Aktien beschaffen. Zwingend vorausgesetzt ist die **bedingte Kapitalerhöhung,** wodurch eine Zuführung zusätzlichen Eigenkapitals ermöglicht wird. Das **Umtauschverhältnis** zeigt die Anzahl der eintauschbaren Aktien, die man zum Nominalwert einer Wandelanleihe erhält.

$$\text{Umtauschverhältnis} = \frac{\text{Gezeichnetes Kapital der AG}}{\text{gesamter Nennwert ausgegebener Wandelanleihen}}$$

Auf jeder Wandelanleihe ist angegeben, ab welchem Datum **frühestens** gewandelt (= umgetauscht) werden kann (= frühester Wandlungs- bzw. Umtauschtermin). Der Zeitraum, innerhalb dessen der Umtausch vom Inhaber der Wandelanleihe beantragt werden kann, muß vom Emittenten in den Anleihebedingungen festgelegt werden. Es gibt unterschiedliche Handhabungen:

– **Jederzeitiger Umtausch**, was vor allem im Interesse des Wandelobligationärs ist, da es ihm volle Dispositionsfreiheit gibt.
– Festlegung einer **Sperrfrist** am Anfang der Laufzeit, nach deren Ablauf Wandlungen möglich sind und/oder Wandlungen sind nur bis zu einem bestimmten Jahr vor Laufzeitende der Emission zulässig.
– Bei einem **Vorbehalt** des Emittenten, die Anleihe **zu kündigen**, muß vorgesehen werden, daß die Inhaber gekündigter bzw. ausgeloster Obligationen bis zu einem bestimmten Zeitpunkt noch wandeln können.
– **Ausschluß** bestimmter Umtauschzeiträume innerhalb der Umtauschfrist.

Der **Umtauschpreis** (= Wandlungspreis), zu dem die Aktie durch den Umtausch der Anleihe erworben werden kann.

$$\text{Umtauschpreis} = \frac{\text{Nennwert Wandelanleihe}}{\text{Umtauschverhältnis}}$$

Die Wandlung der Obligation in die Aktie kann an eine **Zahlung** geknüpft sein. In der Praxis dominieren Wandelbedingungen, in denen der Anleiheinhaber Zahlungen bei Wandlung an den Emittenten zu leisten hat (sog. **Zuzahlungen**). Folgende Gestaltungsmöglichkeiten gibt es:

– Betraglich **ansteigende Zuzahlungen** in der Wandlungsfrist sollen die Wandlung möglichst beschleunigen. Dieser Typ von Wandelanleihe ist in der Praxis häufig vertreten.
– **Zuzahlungen** in fallenden Beträgen zielen darauf ab, die Wandlung möglichst in die Zukunft zu verlagern.
– Neben diesen Formen können die **Zuzahlungen** auch betraglich über die Umtauschfrist **konstant** gehalten werden.

Möglich ist ferner, daß bei Umtausch der Inhaber der Wandelanleihe **von Emittentenseite** eine zusätzliche **Zahlung** erhält. Die Zahlung, zu dem der Eigentümer einer Wandelanleihe den Umtausch in die Aktie vornimmt, kann zum Zeitpunkt der Emission der Wandelanleihe entweder **fixiert oder variabel** gehalten sein (z.B. Zuzahlungen in ihrer Höhe abhängig von der ausgeschütteten Dividende). Der Umtauschpreis ist unter Berücksichtigung der zusätzlichen Zahlungen wie folgt zu modifizieren:

$$\text{Umtauschpreis} = \frac{\text{Nennwert Wandelanleihe}}{\text{Umtauschverhältnis}} +/- \text{Zahlung / Aktie}$$

<u>Beispiel:</u> Es gelte eine Wandelanleihe, die zum Nominalwert von 100,-- DM von der Beta-AG emittiert wird. Ihre Tilgung zum Nominalwert ist nach Ablauf von 10 Jahren vorgesehen. Ihr Nominalzinssatz beträgt 6%.

9 Hybride Finanzinstrumente

Sie trägt ferner das Recht auf Umtausch in Stammaktien der Beta-AG im Verhältnis von zwei zu eins, d.h. man erhält für eine Wandelanleihe zwei Aktien der Beta-AG. Von den Anleiheinhabern ist bei Ausübung des Umtauschrechts eine Zuzahlung in Höhe von 105,-- DM zu leisten.

$$\text{Umtauschpreis} = \frac{100}{2} + 105,-- = 155,-- \text{ DM}.$$

Um die Altaktionäre teilweise gegen den Kursrückgang ihrer Aktien aufgrund der Emission von Wandelanleihen zu schützen, liegt der Umtauschpreis im Emissionszeitpunkt i. d. R. über dem Börsenkurs der Aktie.

Über eine frühe oder späte Wandlung entscheiden der früheste **Umtauschtermin**, die **Umtauschfrist** und der **Umtauschpreis**. Aus diesem Zusammenspiel können zwei Typen der Wandelanleihe faktisch unterschieden werden (vgl. *Süchting* 1995, S. 130):

Frühester Umtauschtermin gegen **Beginn** der Laufzeit der Wandelanleihe

+ **lange** Umtauschfrist

+ **günstiger** Umtauschpreis (u. U. verstärkt durch **steigende Zuzahlungen** in der Umtauschfrist)

= **Aktientyp** der Wandelanleihe, da mit dieser Konstruktion der Kapitalgeber den Gläubiger möglichst **schnell** zum **Umtausch** veranlassen will.

Frühester Umtauschtermin gegen **Ende** der Laufzeit der Wandelanleihe

+ **kurze** Umtauschfrist

+ **ungünstiger** Umtauschpreis (u. U. verstärkt durch **fallende Zuzahlungen** in der Umtauschfrist)

= **Obligationentyp** der Wandelanleihe, da mit dieser Konstruktion der Kapitalgeber den Umtausch möglichst **lange aufschieben** möchte.

Das Wandlungsrecht des Obligationärs kann u.U. beeinträchtigt, d.h. verwässert werden. So kann der Emittent nach Emission der Wandelanleihe eine Erhöhung des Grundkapitals vornehmen, bei der die Einzahlungen der Aktionäre niedriger sind als der Börsenkurs der Altaktien. Auch eine Kapitalerhöhung aus Gesellschaftsmitteln könnte zu einer Verwässerung des Wandlungsrechts führen. Zur Vermeidung solcher nachteiligen Effekte für die Obligationäre enthalten die Anleihebedingungen **Schutzklauseln**:

– Vorschlag an die Hauptversammlung, die Wandelobligationäre bei der Grundkapitalerhöhung zu berücksichtigen oder

– ihnen ein vorzeitiges Wandlungsrecht einzuräumen.

Bei **Kapitalerhöhungen** aus **Gesellschaftsmitteln** ist gem. § 218 AktG hinsichtlich des Verwässerungsschutzes vorgesehen, daß sich das bedingte Kapital im gleichen Verhältnis wie das Grundkapital erhöht.

Ergänzend sei auf einige **Innovationen** von Wandelanleihen auf den Euromärkten hingewiesen, was eine Vorstellung von den Möglichkeiten in der Ausgestaltung dieses Obligationstyps geben soll (vgl. *Burkart* 1985, S. 106-107). Bei "**Partially Convertibles**" darf nur ein vorher in den Anleihebestimmungen festgelegter Teil der Wandelanleihen auch tatsächlich in Aktien gewandelt werden. Wandelanleihen, die zum Umtausch in **Aktien**

eines anderen Unternehmens als die des Emittenten berechtigen. Desweiteren können Wandelanleihen auf Obligationen gestaltet werden (= **Harmless Debt Warrant Bonds**):

- **Festsatz- in Festsatz-Wandelanleihe** ermöglicht den Umtausch einer zu hohem Zinssatz emittierten Anleihe mit kurzer Laufzeit in eine Anleihe mit längerer Laufzeit und niedrigerer Verzinsung.
- **Variable- in Festsatz-Wandelanleihe** gewährt ein Umtauschrecht hinsichtlich der Zinssatzmodalität.
- **Wandelanleihen mit Wandlungsoptionen** ("Double Dips") bieten nicht nur ein Wandlungsrecht, sondern mindestens ein zusätzliches Recht, z. B. entweder in Aktien oder in weitere Obligationen mit veränderten Ausstattungsmerkmalen (s. o.) zu tauschen.

Bei Wandelanleihen kann die Bewertungsfrage nur unter Berücksichtigung der jeweiligen **Anleihebedingungen** betrachtet werden. Dort sind die für die Bewertung wichtigen Ausstattungsmerkmale der Anleihe wie Umtauschverhältnis, Zuzahlungshöhe und Art bei Umtausch sowie die Umtauschfrist festgelegt. Grundsätzlich ist zu berücksichtigen, daß sich in einer Wandelanleihe eine **Kombination** aus **Industrieobligation** mit fester Verzinsung p. a. **und** einem **Wandlungsrecht** befindet. Damit kann gedanklich eine **Zweiteilung** des **Werts** einer Wandelanleihe vorgenommen werden:

- Wert der zinstragenden Anleihe,
- Wert des Umtauschrechts.

Der **Wert** der **Obligation** bemißt sich nach dem herkömmlichen Present Value-Verfahren unter Berücksichtigung des gültigen Kalkulationszinsfuß (vgl. Kapitel III, Abschnitt 7.1.1). Insofern ergeben sich in der **Kursfindung** der Wandelanleihe gegenüber **Straight Bonds** keine Unterschiede. Der **marktmäßige Umtauschwert** einer Wandelobligation drückt den Kaufpreis der zugrundeliegenden Aktie aus unter der Bedingung, daß ein Anleger zum Umtauschzweck eine Wandelanleihe am Sekundärmarkt erwirbt und anschließend (im Rahmen der Umtauschfrist) in die zugrunde liegende Aktie umtauscht (der Einfachheit halber werden Stückzinsen nicht berücksichtigt):

$$\text{Umtauschwert marktmäßig} = \frac{\text{aktueller Kurs Wandelanleihe}}{\text{Umtauschverhältnis}} +/- \text{Zahlung / Aktie}$$

Beispiel: Es gelte eine von der Beta-AG emittierte Wandelanleihe mit Nominalwert von 100,-- DM, die zum Kurs von 95,50 DM notiert. Sie trägt das Recht auf Umtausch in Stammaktien der Beta-AG im Verhältnis von eins zu zwei, d.h. man kann eine Wandelanleihe in zwei Aktien der Beta-AG eintauschen. Von den Anleiheinhabern ist bei Ausnutzung des Umtauschrechts eine Zuzahlung in Höhe von 105,-- DM zu leisten.

$$\text{Umtauschwert} = \frac{95,5}{2} + 105,-- = 152,75 \, \text{DM}.$$

Erwirbt ein Anleger eine Wandelanleihe und möchte diese gegen Aktien des Emittenten eintauschen, kosten diese je nach Anleihebedingungen und Kursentwicklung mehr oder weniger als direkt an der Börse gekaufte Stücke.

$$\text{Umtauschprämie/Aktie} = \text{Umtauschwert (marktmäßig)} - \text{aktueller Aktienkurs}$$

Beispiel: Es gelten o. g. Angaben zur emittierten Wandelanleihe der Beta-AG. Der aktuelle Kurs der Aktie betrage 135,-- DM

Umtauschprämie pro Aktie: 152,75 DM - 135,-- DM = 17,75 DM.

9 Hybride Finanzinstrumente

Dieser Zu- oder Abschlag wird üblicherweise als Prozentwert ausgedrückt:

$$\text{Umtauschprämie} = \frac{\text{Umtauschprämie/Aktie}}{\text{aktueller Aktienkurs}} * 100$$

Beispiel: Es gelten die vorgenannten Daten:

$$\text{Umtauschprämie} = \frac{17,75}{135} + 100 = 13,15\%.$$

Eine Verfeinerung der Prämienberechnung erfolgt, wenn man die dem Anleiheinhaber zustehenden **Stückzinsen** mit berücksichtigt. Die Prämienberechnung lautet dann:

(II-29)
$$\text{Umtauschprämie (in DM)} = \frac{M + \left(\frac{P_{CB} + i_{SZ}}{100}\right)}{n} - P_A.$$

mit

M = Nominalwert der Wandelanleihe,
P_{CB} = aktueller Kurs der Wandelanleihe,
i_{SZ} = Stückzinssatz in Prozent,
n = Umtauschverhältnis,
P_A = aktueller Aktienkurs.

Die **Umtauschprämie** liegt i. d. R. **zwischen 10 und 20%**. Ist die Umtauschprämie niedrig oder negativ, ist der Umtausch attraktiv. Die Kurse der Wandelanleihe laufen dann parallel zu den entsprechenden Aktienkursen. Bei hohen Umtauschprämien ist ein Umtausch nicht mehr lohnend. Dadurch verhält sich die Wandelanleihe in ihrem Kurs wie ein Straight Bond und ihr aktueller Kurs orientiert sich am herrschenden Zinsniveau auf dem Rentenmarkt im jeweiligen Laufzeitbereich. Die Umtauschprämie/Aktie kann in diesem Sinne als **Preis** einer **Kaufoption** (= Call Option) verstanden werden.

Lesehinweise: Zu den vorgannten "Praktikermethoden" vgl. *Fabozzi* (1996, S. 376-378). Methodisch exaktere Wertermittlungen auf der Basis der Optionspreistheorie behandeln *Uhlir/Steiner* (1994, S 274ff.).

Die Emission von Wandelanleihen ist vor allem für solche Unternehmen eine kostengünstige Beschaffung von Finanzmitteln, die in Zukunft **ein nachhaltig hohes Wachstum** erwarten. Aussichten auf ein günstiges Wachstum ermöglichen es dem Emittenten, die Nominalverzinsung niedriger als bei Straight Bonds im gleichen Laufzeitbereich anzusetzen. Wandelanleihen werden vor allem dann emittiert, wenn die Börsenbedingungen für Straight Bonds oder Aktien erschwert sind. Daher werden Wandelanleihen auch häufig als Wertpapiere mit Sonderausstattungen (= **Sweetener**) verstanden, die die Kreditfinanzierung erleichtern bzw. eine zukünftige Beteiligungsfinanzierung ermöglichen sollen. **Situationen erschwerter Emissionsbedingungen** liegen z.B. vor, wenn die Aktienkurse im Niveau nachhaltig "gedrückt" sind und das Zinsniveau für Anleihen hoch ist oder eine AG ein niedriges KGV gegenüber vergleichbaren Gesellschaften aufweist.

Die **Vorteile** aus Anleger- und Emittentensicht gibt nachfolgende Abb. II-26 im Überblick.

Vorteile für Emittenten	Vorteile für Anleger
Niedrigere Nominalverzinsung gegenüber Straight Bond aufgrund des Umtauschrechts.	Kombination aus fixer Nominalverzinsung und dem Umtausch: • Entwickelt sich der Aktienkurs ungünstig, verbleibt dem Anleger die Zinszahlung und Tilgung bei Fälligkeit. • Insbesondere in Zeiten steigender Aktienkurse ist dagegen der Umtausch in die Aktie attraktiver.
Meist längere Laufzeit als andere Kreditformen, da bei positivem Wachstumsverlauf der AG der Wert des Umtauschrechts ansteigt.	In Zeiten gedrückter Aktienkurse ist es für Aktienanleger u. U. interessant, statt Aktien Wandelanleihen zu erwerben, da die Dividendenrendite unterhalb der Anleiheverzinsung sein dürfte. Bei ansteigenden Aktienkursen profitieren sie zusätzlich vom Aktienkursanstieg.
Ermöglicht die Beschaffung von Eigenkapital für die Zukunft zu einem Agio gegenüber dem Aktienkurs zum Emissionszeitpunkt.	

Abb. II-26: Vorteile der Wandelanleihe aus Emittenten- und Anlegersicht

Daneben sind mögliche **Nachteile** der Wandelanleihe zu berücksichtigen. Fällt der Aktienkurs des Emittenten deutlich bzw. kann die emittierende AG die in sie gesetzten Wachstumserwartungen im nachhinein nicht erfüllen, wird der Kurs der Wandelanleihe ebenfalls fallen. Dies kann als Signal für sinkende Kreditwürdigkeit des Emittenten bei Anlegern gewertet werden und zukünftige Anleiheemissionen erschweren bzw. verteuern. Die Bewertung von Wandelanleihen ist für Anleger relativ aufwendig, da der Anleihewert (wie bei Optionsanleihen auch) nicht ohne die Eigenkapitalkomponente ermittelt werden kann.

Lesehinweis: Eine weitergehende Diskussion über Vor- und Nachteile des Einsatzes von Wandelanleihen in der Unternehmensfinanzierung findet sich u. a. in *Fabozzi* (1996, S. 379-380).

9.1.2 Optionsanleihe

Eine Optionsanleihe, auch **Bond with Warrant** oder **Warrant Bond** genannt, ist wie die Wandelanleihe eine "zusammengesetzte" Obligation. Sie besteht aus einer

- mittel- bis langfristigen **Anleihe** mit fester oder variabler Verzinsung (= Straight Bond) und einem oder mehreren **Optionsscheinen** (= Warrants),

- die zum **Bezug** einer bestimmten Anzahl von Aktien (oder Anleihen des gleichen Emittenten oder von Rohstoffen bzw. Devisen)

- zu einem festgelegten Kurs (= **Optionspreis**) während einer begrenzten **Optionsfrist** berechtigen.

Während bei Wandelanleihen mit der Wandlung die Rechte aus der Anleihe untergehen, besteht die Optionsanleihe nach Aktienerwerb weiter. Für die Emission von Optionsanleihen gelten die gleichen **formellen Voraussetzungen** wie für die Ausgabe von Wandelschuldverschreibungen.

9 Hybride Finanzinstrumente

Im Prinzip lassen sich mit Optionsanleihen die unterschiedlichsten Bezugsmöglichkeiten ausüben, demzufolge kennt man auch verschiedene Bezeichnungen von Optionsanleihen. Abb. II-27 gibt hierzu einen Einblick.

Gegenstand des Optionsrechts	Bezeichnung der Optionsanleihe
Bezug junger Aktien	Aktienoptionsanleihe (Equity Warrant Bond)
Bezug einer Anleihe	Zinsoptionsanleihe (Debt Warrant Bond)
Bezug von Fremdwährung	Währungsoptionsanleihe (Currency Option Bond)
Bezug einer Anleihe in Fremdwährung	Zins-Währungsoptionsanleihe (Currency Option Warrant)
Bezug von Gold	Goldoptionsanleihe (Gold Option Bond)

Abb. II-27: Bezugsmöglichkeiten mittels Optionsanleihen

Die **Anzahl** der **Optionsscheine**, die zum Bezug einer Aktie erforderlich sind, gibt das **Bezugsverhältnis** an. Übt ein Optionsscheininhaber während der Optionsfrist seine Option gegen Hingabe der Optionsscheine entsprechend des Bezugsverhältnisses aus, bezieht er die ihm zustehende Anzahl Aktien und zahlt für diese Aktien den Bezugspreis (= **Optionspreis**).

Beispiel: Ein Bezugspreis von 100 DM bei einem Bezugsverhältnis von 2:1 bedeutet, daß bei Einreichung von zwei Optionsscheinen zum Bezug von einer Aktie zusätzlich 100 DM für den Erwerb dieser Aktie im Nennwert von 50 DM vom Optionsscheininhaber gezahlt werden müssen.

Optionsanleihen werden üblicherweise am DM-Kapitalmarkt zu einem Über pari-Kurs emittiert. Das Agio bezeichnet die Optionsprämie (= O_p). Als Prozentwert ausgedrückt gibt dieser Wert an, wieviel Prozent der Erwerb einer Aktie über den Optionsschein teurer ist als der direkte Bezug über die Börse.

(II-30) $$O_p = \frac{P_w}{n} + P_{AW} - (P_A - D)$$

mit

P_w = Optionsscheinkurs,
P_{AW} = Optionspreis,
P_A = Aktienkurs,
D = Dividende.

Beispiel (vgl. *Holschuh* 1996, S. 79): Eine Optionsanleihe gewähre ein Optionsverhältnis von 1:1 zu einem Optionspreis von 140,-- DM. Die Ausübung der Option sei jederzeit während der Laufzeit der Anleihe (01.12.1993 bis 01.12.2003) möglich. Der Kurs des Optionsscheins an der Börse betrage am 02.02.1996 170,-- DM und der aktuelle Börsenkurs der Aktie sei 290,-- DM. Die Dividendenhöhe beträgt 9,-- DM.

$O_P = \dfrac{170}{1} + 140 - (290 - 9)$ = 29,-- DM. Der Aktienerwerb mittels Optionsschein war also am 02.02.1996 um 29,-- DM teurer als der Direkterwerb der Aktie an der Börse. Den inneren Wert des Optionsscheins erhält man, indem man die Prämie vom Optionsscheinkurs abzieht (= 141,-- DM).

Die Optionsprämie läßt sich als Prozentwert ermitteln:

(II-31) $$O_P (\text{in Prozent}) = \dfrac{P}{P_A - D} * 100.$$

Beispiel: Auf der Grundlage der vorangegangenen Beispieldaten: Optionsprämie (in Prozent) = $\dfrac{29}{290 - 9} * 100$ = 10,3%. Es ist um 10,3% teurer, die Aktie durch die Ausübung der Option zu erwerben.

Wegen des relativ geringen Kapitaleinsatzes für den Erwerb des Optionsscheins gegenüber dem Erwerb der Aktie, weist der **Optionsscheinkurs** eine **überproportionale Änderung** auf, wenn sich der Kurs der zugrundeliegenden Aktie verändert. Es handelt sich um eine **Hebelwirkung**, die mit dem **Leverage-Faktor** gemessen wird (wobei eine 1%ige Aktienkursveränderung unterstellt wird). Der Leverage-Effekt erklärt sich aus dem Verhältnis des Aktienkurs zum Optionsscheinkurs, das allerdings nicht linear ist. Abweichungen in der tatsächlichen Entwicklung sind daher üblich. Erfahrungsgemäß liegt die tatsächliche Hebelwirkung ca. 10-20% unter dem rein rechnerischen Wert. Nachstehende "Praktiker-Formel" liefert einen relativ genauen Schätzwert des Leverage-Faktors (= L):

(II-32) $$L = \dfrac{P_W + n * P_{AW}}{P_W}.$$

Beispiel: Kalkuliert auf der Grundlage der zuvor verwendeten Beispieldaten ergibt sich L = $\dfrac{170 + 1*140}{170}$ = 1,8. Steigt (sinkt) der Aktienkurs um 1%, steigt (sinkt) der Optionsscheinkurs um 1,8%. Die Prämie bleibt von dieser Änderung unberührt.

Der **Unterschied** zwischen dem **rechnerischen Wert** des Optionsscheins und dessen **tatsächlichem Kurs** wächst, je höher das Kurspotential der Aktie im Vergleich zum aktuellen Kurs an der Börse eingeschätzt wird und je länger die Optionsfrist ist. Mit Annäherung an die Endfälligkeit des Optionsscheins sinkt das Agio. Der Optionsschein fällt dann auf seinen rechnerischen Wert.

Lesehinweis: Die vorgestellten Kennzahlen wurden nach Praktikermethoden ermittelt. Methodisch korrekt ist die Ermittlung auf der Grundlage der Optionspreistheorie (vgl. hierzu *Uhlir/Steiner* 1994, S. 286ff.).

Der **Kursverlauf** der Anleihe „**cum**" ("volle Stücke") richtet sich nach der **Rendite** der Obligation und nach der **Entwicklung** der zu beziehenden **Aktie** sowie der Verfassung des Aktienmarkts (vor Ausübung der Option). Interessant ist die Optionsanleihe cum für solche Anleger, die sich das Optionsrecht schon rechtzeitig sichern wollen, ohne Rücksicht darauf, zu welchem Kurs der später börsenmäßig gehandelte Optionsschein notiert wird.

Der Kurs der Anleihe „**ex**" ("leere Stücke") einer „normalen" Obligation, richtet sich nach dem Kursniveau des Rentenmarkts. Diese Anleihe kommt vorzugsweise für solche Anleger in Betracht, die (z.B. aus steuerlichen Gründen) Titel mit einem relativ hohen Disagio suchen.

9 Hybride Finanzinstrumente

```
┌─────────────────────────────────────┐
│       Optionsanleihe =              │
│  Anleihe mit ("cum") Optionsschein  │
│    Kurs ist Summe aus Rendite der   │
│    festverzinslichen Anleihe und des│
│           Optionsscheins            │
└─────────────────────────────────────┘
```

Anleihe ohne ("ex") Optionsschein	Optionsschein ("Warrant")
- herkömmliche festverzinsliche Anleihe	- Recht zum Kauf von Aktien zu festem Kurs innerhalb einer bestimmten Frist
- Kurs hängt ab von: • Laufzeit • Bonität des Emittenten • Modalitäten von Zins- und Kapitalrückzahlungen • Besicherung	- Wert hängt ab von: • aktuellem Aktienkurs • Optionsfrist • Schwankungsbreite des Aktienkurses • risikolosem Zins • Dividenden

Abb. II-28: Charakteristika der Optionsanleihe

Der **Optionsschein** ("Warrant") ist danach zu unterscheiden, welche **Art von Wertpapiere** mit ihm bezogen werden können. Berechtigen Optionsscheine zum Bezug von Aktien des Emittenten der Warrants, so spricht man von Aktienoptionsscheinen (= **Equity Warrants**). Üblicherweise werden sie nach Trennung von der Optionsanleihe in der Form gehandelt, daß sich das anhängende Optionsrecht auf genau eine Aktie bezieht (= Optionsverhältnis). Wie bei Optionskontrakten generell liegt auch der wirtschaftliche Vorteil des Warrants darin, daß man mit wesentlich geringerem Kapitaleinsatz als beim Direkterwerb der Aktie (= Basiswert, Underlying) vollständig an der Aktienkursentwicklung der betreffenden teilnimmt. Ein Verwässerungsschutz bei Kapitalerhöhung wird meist durch Gewährung von Bezugsrechten oder der Minderung des Optionspreises Rechnung getragen. Optionsscheine können auch auf Bezug von Obligationen des gleichen Emittenten bestehen. Warrants auf Renten (= **Bond Warrants**) gibt es an deutschen Wertpapierbörsen seit 1982. Der Vorteil für den Emittenten liegt vor allem darin, daß er sich den Bond Warrant vom Anleger mitbezahlen läßt. Im weiteren sollen ausschließlich Aktien-Optionsscheine betrachtet werden.

Für den Emittenten ist die Optionsanleihe ein vielseitiges Finanzierungsinstrument. Der **Nominalzins** liegt üblicherweise deutlich unter dem Marktniveau (wird durch Gewährung der Optionsrechte für den Kapitalgeber ausgeglichen). Eine spätere **Ausübung** der **Optionsrechte** auf Aktien entspricht in etwa einer Kapitalerhöhung zum Börsenkurs, wie er bei der Anleiheemission notierte. Als sog. **Going-public-Optionsanleihe** ermöglicht es solchen Unternehmen Zugang zum Kapitalmarkt, die zum Zeitpunkt der Anleiheemission die Börsenreife noch nicht erlangt haben. Ferner reduziert sich das Risiko der Plazierung von Aktien bei der dann erstmaligen Börseneinführung einer AG, da ein Teil der Aktien bereits im Rahmen der Optionsanleihe vorplaziert ist (vgl. *Büschgen* 1991, S. 138-139).

Eine Besonderheit in Zusammenhang der Optionsanleihen besteht in sog. **Covered Warrants**. Sie funktionieren zwar genauso wie die den herkömmlichen Optionsanleihen beigefügten Optionsscheinen, allerdings wird im Gegensatz zu den bisher vorgestellten traditionellen Warrants bei Ausübung kein neues Aktienkapital geschaffen. Covered Warrants berechtigen zum **Bezug** bereits **existierender Aktien** eines Unternehmens. Der Emittent dieser Aktien und der Emittent der Covered Warrants müssen keineswegs identisch sein. Der Emittent von Covered Warrants beschafft sich irgendeinen Bestand an Aktien, um ähnlich einem Stillhalter (analog herkömmlicher Optionsgeschäfte) im Falle der Ausübung die von ihm emittierten Covered Warrants bedienen zu können. Die Aktien sind hierzu in einem **Sperrdepot** festgelegt. Aufgrund dieses Deckungsbestands werden diese Art von Optionsscheine „gedeckte", eben „Covered" Warrants genannt.

Beispiel: Ausgabe von 20 000 Covered Warrants der CSFB Effektenbank, von denen je 4 zum Bezug einer Aktie der Mercedes-Holding zum Preis von 691,-- DM (= Optionspreis) in der Periode vom 26.09.89 bis 25.09.91 berechtigten. Der Ausgabepreis der Warrants betrug 45,-- DM (Prämie 26 %). Bei Emission wurden für die neuen Scheine dann von den Anlegern 54,-- DM bis 58,-- DM bezahlt.

Im Gegensatz zu den durch hinterlegte Aktien gedeckten Covered Warrants, handelt es sich bei sog. **Naked Warrants** um Optionsscheine, die dem Inhaber bestimmte Rechte einräumen. Statt der Lieferung effektiver Stücke werden Zahlungen geleistet.

Für eine AG lassen sich mit der Emission einer Optionsanleihe ganz bestimmte Sachverhalte und Effekte unterscheiden. Abb. II-29 gibt hierzu einen Überblick.

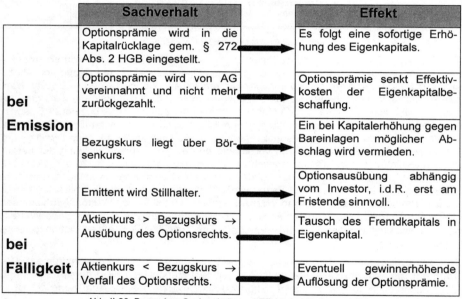

Abb. II-29: Besondere Sachverhalte und Effekte bei Optionsanleihen

9.2 Genußschein

"**Genußscheine** verbriefen Genußrechte. Genußrechte unterliegen keiner gesetzlichen Definition. Daher leitet sich ihre inhaltliche Bestimmung aus der allgemein üblichen Praxis ab. Genußrechte sind primär Gläubigerrechte. Diese können sehr unterschiedlich gestaltet sein." *(Glogowski/Münch* 1990, S. 60). Das durch die Emission von Genußscheinen beschaffte Kapital wird als **Genußrechtskapital** bezeichnet. Eine rechtliche Definition von Genußrechten existiert nicht. Einzig im **Aktienrecht** im § 221 Abs. 2 AktG werden sie erwähnt und den Vorschriften für Wandelanleihen und Gewinnschuldverschreibungen unterworfen. Genußscheine sind **überwiegend** bei **Aktiengesellschaften** verbreitet, obwohl sie auch von Nichtaktiengesellschaften ausgegeben werden können. Aktionären ist ein **Bezugsrecht** auf die Genußscheine einzuräumen.

Genußscheine weisen vor allem große Ähnlichkeiten mit (stimmrechtslosen) Vorzugsaktien und mit Gewinnobligationen auf. Die **Unterschiede** zwischen Genußschein und der (stimmrechtslosen) Vorzugsaktie werden in untenstehender Abb. II-30 verdeutlicht.

Wertpapier ⇒ Merkmal ⇓	Genußschein	Stimmrechtslose Vorzugsaktie
Stimmrechte	grundsätzlich nicht	grundsätzlich nicht, lebt nach zwei dividendenlosen Jahren auf
verbriefte Rechte	Gläubigerrechte	Eigentümerrechte
Höhe des Emissionsvolumens	unbegrenzt	auf die Höhe des gezeichneten Kapitals begrenzt
Art der Einkommenszahlungen	• festverzinslich • Mindestausschüttung und dividendenabhängiger Bonus • vollkommene Dividendenabhängigkeit • renditeabhängige Ausschüttung	Dividende mit Mindestanspruch oder Aufschlag gegenüber Stammaktie
bilanzielle Behandlung	Zinsaufwand stellt Betriebsausgaben dar	Dividenden sind aus dem versteuerten Gewinn zu zahlen

Abb. II-30: Genußschein und stimmrechtslose Vorzugsaktie im Vergleich

Während Genußscheine ursprünglich überwiegend in Zusammenhang mit der Gründung oder der Sanierung eines Unternehmens begeben wurden, stellen sie heute als sog. **Beteiligungs-(Finanzierungs-)Genußscheine** oder **Partizipationsscheine** immer häufiger eine Ergänzung zur rechtsformtypischen Beteiligungsfinanzierung dar. Insbesondere Kreditinstitute greifen auf diese Finanzierungsinstrumente seit Anfang der 90er Jahre mehr als Nichtbanken zurück, um so ihre Eigenkapitalbasis zu stärken.

Genußscheine sind vereinfachend als **Mischform** aus Beteiligungs- und Gläubigerpapieren zu betrachten. Ob ein Genußschein eher der einen oder der anderen Seite zuzuordnen ist, hängt bei der Ausgestaltung von der Gewichtung der **Eigen- und Fremdkapitalelemente** ab (vgl. *Drukarczyk* 1993a, S. 583-585). Ein Vergleich zwischen Stammaktie, Genußschein und Obligation wie in Abb. II-31 ist daher instruktiv.

(Stamm-)Aktie	Genußschein	Obligation
Aktionär: • Miteigentümer an der AG • eingezahlte Beträge = Eigenkapital	Genußscheininhaber: • Gläubiger des Unternehmens • eingezahlte Beträge = ∗ steuerrechtlich Fremdkapital ∗ bilanziell Eigenkapital	Obligationär: • Gläubiger des Unternehmens • eingezahlte Beträge = Fremdkapital
Aktionär: • Stimmrecht	Genußscheininhaber: • kein Stimmrecht	Obligationär: • kein Stimmrecht
Aktionär: • Anspruch auf Gewinnanteil • variable Höhe je nach Periodenerfolg	Genußscheininhaber: • festverzinslich • Mindestausschüttung und dividendenabhängiger Bonus • vollkommene Dividendenabhängigkeit • renditeabhängige Ausschüttung	Obligationär: • Anspruch auf Verzinsung • fix oder variabel
Dividende: • Gewinnverwendung der AG	Verzinsung des Genußscheins (Ausschüttung): • steuerlich: Betriebsausgaben, Voraussetzung: keine Beteiligung der Genußscheine am Liquidationserlös des Unternehmens • bilanziell Aufwand	Zinszahlung: • steuerlich: Betriebsausgaben • bilanziell: Aufwand
Eigenkapital: • durch Aktionär nicht kündbar	Genußrechtskapital: • durch Inhaber nach Ablauf einer bestimmten Frist kündbar • durch Emittent bedingt kündbar meist aus steuerlichen Gründen • jederzeit vom Emittenten kündbar	Fremdkapital: • durch Inhaber nicht kündbar • von vornherein in der Laufzeit beschränkt (Ausnahme: ewige Anleihen)
• keine Rückzahlung des Kapitals	• bei unbegrenzten Laufzeiten keine Rückzahlung des Kapitals • begrenzte Laufzeit kann vertraglich vorgesehen werden	• Rückzahlung zum Ende der Laufzeit oder vorher (z.B. durch Auslosung oder freihändigen Rückkauf)

Abb. II-31: (Stamm-)Aktie, Genußschein und Obligation im Vergleich

Aus **juristischer Sicht** gelten Genußscheine als **Gläubigerrechte schuldrechtlicher Art**. Sie beinhalten vermögensrechtliche Ansprüche, wie sie typischerweise auch einem Aktionär zustehen, beispielsweise eine Beteiligung am Jahreserfolg oder Liquidationserlös des emittierenden Unternehmens. Der Genußscheininhaber hat dagegen **keine mitgliedschaftlichen oder gesellschaftsrechtlichen Ansprüche** (also auch keine Mitwirkungs-, Teilnahme- oder Stimmrechte). Dies bildet sozusagen die Grenze der Ausgestaltbarkeit von Genußrechten. Genußscheine stellen andererseits gegenüber den übrigen Gläubigern Teil des haftenden Eigenkapitals des emittierenden Unternehmens dar, sofern sie bis zur vollen Höhe am Verlust teilnehmen. Dies deutet wiederum auf ihren eigenkapitalähnlichen Charakter hin. Allerdings kann die Form der Verlustteilnahme in den Emissionsbedingungen und aufgrund der Bestimmungen von Sondergesetzen sehr unterschiedlich ausgestaltet sein. Die Verlustteilnahme beruht auf der Nachrangabrede in den Genußscheinen: Zuerst werden alle bevorrechtigten Gläubiger in ihren Zinsforderungen bedient (z. B. Inhaber von Industrieobligationen oder eine kreditgebende Bank). Erst dann wären Zinsansprüche aus Genußscheinforderungen zu erfüllen und in der Rangordnung anschließend können verbliebene Teile eines Periodenerfolgs an die Eigenkapitalgeber gezahlt werden (z. B. Dividenden).

Die Nachrangabrede verleiht ein Merkmal von haftendem Kapital. Finanziell macht sich dies bei Genußscheininhabern bemerkbar, indem bei einem Verlust des Emittenten die laufende Ausschüttung oder Verzinsung entfallen kann. So sieht beispielsweise das Kreditwesengesetz (= KWG) nach seiner Neufassung aufgrund der 4. KWG-Novelle im § 10 Abs. 5 Nr. 1 KWG vor, daß sich ein emittierendes Kreditinstitut verpflichten muß, im Falle eines Verlusts die Zinszahlungen an die Genußscheininhaber aufzuschieben. Andernfalls wird ihm die Anrechnung des Genußscheinkapitals als sog. Ergänzungskapital versagt (vgl. *Boos/Arnold* 1993, S. 276). **Verlustteilnahme** macht damit u. a. den **Eigenkapitalcharakter** von Genußscheinen aus.

	Aktienkapital	Genußrechtskapital	
	(Dividende)	(Festzinssatz)	(dividendenorientiert)
Anlagesumme	1.000.000	1.000.000	1.000.000
Geforderte Rendite für Anleger	8%	8%	8%
erforderlicher Gewinn vor Steuern	112.473	80.000	81406
- Gewerbesteuer	23.013	-	686
- Vermögensteuer	4.730	-	360
- Körperschaftsteuer	33.530	-	360
Dividenden-/Genußrechtsausschüttung	51.200	80.000	80.000
- Kapitalerstragsteuer (25%)	12.800	20.000	20.000
Auszahlung durch Gesellschaft	38.400	60.000	60.000
Steuerguthaben der Anleger			
+ Kapitalerstragsteuer	12.800	20.000	20.000
+ Körperschaftsteuer	28.800	-	-
steuerpflichtige Einnahmen	80.000	80.000	80.000

Tab. II-7: Steuerbelastungsvergleich zwischen Eigenkapital und Genußrechtskapital
(vgl. *Frankenberger* 1990, S. 52)

Steuerlich werden Genußscheine unter ganz bestimmten Umständen wie **Fremdkapital** anerkannt und die Vergütungen an die Genußscheininhaber stellen für den Emittenten Betriebsausgaben dar:

- Gewinn- oder Dividendengrößen dienen lediglich als Orientierungsgrößen für die **Ausschüttung** an Genußscheininhaber, die Ausschüttung selbst stellt keine Gewinnverwendung dar;
- in den Genußscheinbedingungen ist ferner die Beteiligung des Inhabers am Liquidationserlös ausgeschlossen und
- die Laufzeit des Papiers ist befristet oder kündbar.

Ferner entfällt unter diesen Umständen die Erhebung von Körperschaftsteuer und Gewerbertragsteuer auf die Ausschüttungen. Darüberhinaus ist das Genußrechtskapital nicht im Einheitswert des Betriebsvermögens aufzuführen und somit auch nicht mit Vermögenssteuer belastet. Aufgrund dieser steuerlichen Vorschriften ist bei fast allen Genußscheinen die **Laufzeit befristet oder kündbar** und es wird eine **Tilgungszahlung** vom Emittenten versprochen. Dadurch weisen Genußscheine wesentliche Charakterzüge von **Fremdkapital** auf und es ergeben sich ganz bestimmte Unterschiede in den Kapitalkosten (vgl. nachfolgende Tab. II-7).

Die Anleger erhalten in beiden Fällen - Aktien- und Genußrechtskapital - einschließlich der anrechenbaren Steuerguthaben eine Bruttoeinnahme in Höhe von 80.000,-- DM. Die Gesellschaft benötigt für die Dividende einen Gewinn vor Steuern in Höhe von 112.473,-- DM gegenüber 80.000,-- DM an Zinsaufwand für die Ausschüttung auf das Genußrechtskapital mit Festverzinsung. Sie stellen in vollem Umfang steuerlich abzugsfähige Betriebsausgaben dar. Die **Steuerbelastung** bei der Dividendenzahlung beträgt 32.473,-- DM. Wird die Ausschüttung auf das Genußrechtskapital dividendenabhängig gestaltet, fällt wegen der Nichtabzugsfähigkeit der Ausschüttungsbeträge bei der Ermittlung des Gewerbekapitals und des Reinvermögens in geringerem Umfang Gewerbekapitalsteuer, Vermögenssteuer und Körperschaftsteuer an (= 1.406,-- DM). Aus Tab. II-7 ist ersichtlich, daß die mit der Aufnahme von Genußrechtskapital verbundenen **Kapitalkosten** erheblich geringer sind als die des Aktienkapitals. Verantwortlich ist für diesen Unterschied, daß das Steuerrecht die Aufnahme von Gläubigerkapital begünstigt. Wie ausgeführt kann unter ganz bestimmten Umständen diese Regelung auch für Genußrechtskapital in Anspruch genommen werden.

Der in der Vergleichsrechnung zugrunde gelegte einheitliche Satz für die Renditeforderung ist allerdings so nicht haltbar. Da **Inhaber** von **Genußrechten** keine Mitspracherechte besitzen, aber als Gläubiger nachrangig haften, gehen sie ein **höheres Kapitalanlagerisiko** ein als Aktionäre. Die vermehrte Risikoübernahme wird i. d. R. nur dann von Anlegern getragen, wenn sie hierfür eine **Kompensation** erhalten. Insofern ist der Satz für die geforderte Rendite beim Genußrechtskapital um eine Risikoprämie zu erhöhen. Dies relativiert die zuvor getroffene Aussage hinsichtlich der Vorteilhaftigkeit der Beschaffung von Genußrechtskapital als kostengünstigere Form der (substitutionalen) Eigenfinanzierung.

Folgende **Ausstattungsmerkmale** von Genußscheinen sind üblich:

- Genußrechtskapital stellt eine längerfristige Kapitalbereitstellung für ein emittierendes Unternehmen dar. Als **Orientierung** können die Regelungen bei Genußscheinen der Kreditinstitute angesehen werden: So erfordert die Anerkennung des Genußscheinkapitals (als nachrangiges Haftkapital) aufgrund der Vorschriften des KWG und des Steuerrechts eine Laufzeit zwischen **fünf und 30 Jahren**.
- Die Ausgestaltung der Genüsse kann individuell vom Emittenten festgelegt werden. Der Gesetzgeber läßt hier Gestaltungsfreiheit zu. Vorfindbar sind folgende Beteiligungsregelungen:

9 Hybride Finanzinstrumente

- **Beteiligung am Gewinn** mit oder ohne **Mindestverzinsung**,

  Beispiel: In den Bedingungen des Genußscheins der Bertelsmann AG findet man folgende Ausschüttungsregelung: "Die Ausschüttung der Bertelsmann-Genußscheine richtet sich nach der Gesamtkapitalrendite des Hauses Bertelsmann. Bei einer Gesamtkapitalrendite zwischen 12 Prozent und 16 Prozent beträgt die Ausschüttung 15 DM je Genußschein im Nennwert von 100 DM. Würde die Gesamtkapitalrendite in einem Jahr über 16 Prozent oder zwischen 0 und 12 Prozent liegen, beliefe sich die Ausschüttung auf den Satz der Gesamtkapitalrendite plus 1 Prozentpunkt. Die Gesamtkapitalrendite errechnet sich als das Verhältnis der Summe von Konzernjahresüberschuß vor Ertragsteuern und inländischer Mitarbeiter-Gewinnbeteiligung zur durchschnittlichen Konzernbilanzsumme." (*Bertelsmann AG o. J.*).

- **Beteiligung am Liquidationserlös**,
- Gewährung von **Bezugs- oder Umtauschrechten** in Aktien,

  Beispiel: Der Genußschein der ABB Deutschland sieht zwei Genußscheine im Tausch gegen eine ABB-Aktie vor und der Genußschein der Bayerischen Hypotheken- und Wechselbank berechtigt, im Genußscheinwert von 1.000 DM nominal drei Aktien zzgl. einer Zuzahlung von 23,43 DM zu beziehen.

- unentgeltliche Benutzung gesellschaftseigener Vermögensgegenstände bzw. **andere Formen der Nutznießung**.

  Beispiel: Frühere Genußscheine der Audi NSU AG verbrieften den Genußscheininhabern eine finanzielle Beteiligung an den Einnahmen aus Lizenzgebühren für den Wankelmotor.

– Die Verlustteilnahme der Genußscheine kann durch eine **Besserungsabrede** für den Anleger gemildert werden. Damit kann sich der Emittent verpflichten,

- **entgangene Ausschüttungen nachzuholen**, teilweise unter zusätzlicher Gewährung entgangener Zinsen auf den ausgefallenen Betrag oder
- die herabgesetzten Genußscheinverpflichtungen bis **zum ursprünglichen Nominalwert** wieder **aufzufüllen**.

– Auch bei den **Kündigungsmodalitäten** sind unterschiedliche Regelungen vorzufinden:

- **Ausschluß der Kündigung** während der gesamten Laufzeit durch den Emittenten und den Genußscheininhaber,
- **beiderseitiges Kündigungsrecht** abhängig von einer Mindestlaufzeit,
- **Ausschluß** des ordentlichen **Kündigungsrecht**s für den Genußscheininhaber,
- **bedingtes Kündigungsrecht** des Emittenten, vor allem für den Fall, daß sich die steuerrechtliche Behandlung der Genußscheine zum Nachteil des Emittenten ändert,
- Kündigungsrecht des Genußscheininhabers nach **Ablauf einer Mindestlaufzeit**.

– Genußscheinkapital kann im Regelfall erst nach Befriedigung der übrigen Gläubiger vom Genußscheininhaber zurückgefordert werden.

Genußscheine können an der Wertpapierbörse zum Handel eingeführt werden. Auf den Kurszetteln der deutschen Wertpapierbörsen finden sich mittlerweile eine ganze Reihe unterschiedlicher Emittenten (nicht nur in der Rechtsform der AG) und eine **Formenvielfalt** an Genußscheinen. Der börsenmäßige Handel von Genußscheinen bleibt auf die **deutsche Wertpapierbörse** beschränkt. Bei ausländischen Anlegern ist dieses Instrument weitestgehend unwillkommen, da seine Rechtskonstruktionen von ausländischen Anlegern als intransparent eingestuft werden. Allen börsennotierten **Genußscheinen ist gemeinsam**, daß sie mit einer mehr oder weniger **variablen Ausschüttung** und einem **Rückzahlungsversprechen** versehen sind. Es lassen sich anhand der Ausschüttungsbestimmungen vier Genußscheintypen unterscheiden:

Typ	Ausschüttung				Verlustteilnahme		
	MA	DPF	DPG	RND	AAF	KMZ	VTN
Typ A							
DG BANK v. 92	8,25	-	-	-	BV	nein	BV
Sixt v. 90	10	-	-	-	JF	nein	BVR
Edeka v. 93	7,125	-	-	-	JF	ja	BV
Typ B							
Commerzbank v. 85	8,25	0,5	6	-	BV	nein	BV
Typ C							
Allianz v. 86	0,5	0,24	-	-	nein	-	nein
ABB v. 84	5	1,6	-	-	nein	-	nein
Typ D							
Bertelsmann v. 92	-	-	-	EKRvST	JÜR	GA	nEKR
Stadtwerke Hannover v. 90	-	-	-	nach Formel	-	-	JF

<u>Legende:</u> AAF=Ausschüttungsausfall, JF=Jahresfehlbetrag, BV=Bilanzverlust, BVR=verbleibender Bilanzverlust nach Rücklagenauflösung, GA=Genußausschüttung, MA=Mindestausschüttung in DM, DPF=Dividendenpartizipationsfaktor, DPG=Dividendenpartizipationsgrenze, KMZ=kumulative Nachzahlung, VTN=Verlustteilnahmetatbestand, RND=Rendite, EKRvST=Eigenkapitalrentabilität vor Steuern, nEKR=negative Eigenkapitalrentabilität, JÜR=erforderliche Zuführung zu den gesetzlichen Rücklagen geht Ausschüttungsansprüchen der Genußscheininhaber vor (Quelle: *Kander/Thomae* 1995, S. 5-6).

Tab. II-8: Beispiele für Genußscheine und deren Ausstattungsmerkmale

Der überwiegende Teil der Genußscheine besteht mit Eigenschaften **festverzinslicher Anleihen** inkl. **Verlustbeteiligung (Typ A)**. Grundsätzliche Merkmale sind damit eine feste Verzinsung und ein fester Rückzahlungskurs. Eine weitere Variante von Genußscheinen **(Typ B)** beinhaltet eine **Mindestausschüttung und** einen **dividendenabhängigen Bonus**. Hilfreich ist für die Einschätzung solcher Genußscheine aus Anlegersicht der Dividendenpartizipationsfaktor (DPF). Er gibt an, wie der Genußscheininhaber an Dividendensteigerungen teilhaben wird. Ein weiterer Faktor ist die Dividendenpartizipationsgrenze (DPG), ab der eine Bonusausschüttung einsetzt.

<u>Beispiel:</u> Beim 85er Genußschein der Commerzbank AG betragen die Mindestausschüttung 8,25%, die DPG 6,-- DM und der DPF 0,5. Wenn die Commerzbank eine Dividende zahlt, die um 7,50 DM über der DPG liegt, ergibt sich eine Bonusausschüttung von 3,75 DM und insgesamt eine Ausschüttung für den Genußscheininhaber in Höhe von 12,-- DM [8,25 + 0,5 x (13,5 - 6)] (vgl. *Kander/Thomae* 1995, S. 2).

Genußscheine können auch eine Ausschüttung vorsehen, die vollkommen von der **Dividendenhöhe** des Emittenten abhängig ist **(Typ C)**. Eine weitere Form des Genußscheins sieht **"renditeabhängige" Ausschüttungen** vor. Die Rendite ist in den Genußscheinbedingungen im einzelnen geregelt und setzt sich aus dem Verhältnis von Bezugsergebnis zu Bezugskapital zusammen **(Typ D)** (vgl. *Kander/Thomae* 1995, S. 3-4).

<u>Lesehinweis:</u> Die Gemeinsamkeiten und Unterschiede zwischen einzelnen Ausgestaltungsformen von Genußscheinen werden mittels finanzanalytischer Kennzahlen instruktiv betrachtet bei *Nowak/Hartmann* (1995).

9.3 Nachrangiges Haftkapital

Nachrangiges Haftkapital, auch **nachrangige Verbindlichkeit** oder **Subordinated Debenture** genannt, bezeichnet Fremdkapital, das Kapitalgeber einem Unternehmen mit folgenden vertraglichen Vereinbarungen zuführen:

- Im **Konkurs- oder Liquidationsfall** wird es erst nach Befriedigung aller nicht nachrangigen Gläubiger zurückerstattet.
- Die Kapitalüberlassung erfolgt für eine längere Periode (i.d.R. mindestens fünf Jahre) und muß vom Kapitalnehmer **nicht** auf Verlangen des Gläubigers **vorzeitig zurückgezahlt** werden.
- Eine Aufrechnung des Rückerstattungsanspruchs gegen Forderungen des Unternehmens ist ausgeschlossen und für diese nachrangigen Verbindlichkeiten werden **keine vertraglichen Sicherheiten** durch das Unternehmen oder durch Dritte gestellt (vgl. Hagenmüller/Diepen 1993, S. 76-77).

Nachrangige Verbindlichkeiten können fest oder variabel verzinslich ausgestattet sein und in verschiedener Form, z.B. auch als Anleihe, verbrieft sein. Die vertraglichen Grundlagen können sehr speziell auf die **Bedürfnisse** von **Kapitalgeber** und **-nehmer** abgestellt sein. Erst aufgrund der konkreten Vertragsgestaltung und nur im Einzelfall kann daher beurteilt werden, ob es sich tatsächlich um nachrangiges Haftkapital handelt oder nicht. Ähnlich den Genußrechten sind die Ausgestaltungsvorschriften nachrangiger Verbindlichkeiten aufgrund steuerlicher und/oder sonstiger rechtlicher Grundlagen (z.B. KWG) zu sehen (vgl. *Arnold/Boos* 1993, S. 276):

- Es muß vereinbart werden, daß aufgrund des Darlehensvertrags eingezahltes Kapital im Falle des Konkurses oder der Liquidation erst nach Befriedigung aller nicht nachrangigen Gläubiger zurückerstattet wird (= **Nachrangabrede**). Allerdings geht die Haftung des (originären) Eigenkapitals dem nachrangigen Haftkapital voraus.
- Ferner müssen nachrangige Darlehensverträge **befristet oder kündbar** formuliert sein. Sie dürfen nicht vorzeitig auf Verlangen des Gläubigers zurückgezahlt werden.

Insofern sind die Konstruktionen des nachrangigen Haftkapitals Mischformen von Eigen- und Fremdkapital. Zu unterscheiden sind partiarisches Darlehen und Gesellschafterdarlehen.

Ein **partiarisches Darlehen** ist eine befristete Überlassung von Fremdkapital, wobei der Kapitalnehmer die Rückzahlung und eine gewinnabhängige Verzinsung verspricht. Eine Verlustbeteiligung des Kreditgebers ist ausgeschlossen. Es handelt sich um ein **Darlehen**, das anstelle einer festen Verzinsung eine **Gewinnbeteiligung** aufweist. Insofern ähnelt es der Gewinnobligation. Sie kann nach dem Jahresgewinn, dem Umsatz oder anderen Erfolgsgrößen des kapitalnehmenden Unternehmens bemessen werden. Das partiarische Darlehen ähnelt ebenfalls der stillen Gesellschaft; im Unterschied dazu ist aber beim partiarischen Darlehen die **Verlustbeteiligung** ausgeschlossen (vgl. *Büschgen* 1991, S. 140). Als Finanzierungsinstrument ist das partiarische Darlehen für Kapitalnehmer **steuerlich interessant**. Die gewinnabhängigen Vergütungsanteile zählen nicht zu den hinzurechnungspflichtigen Zinsen i.S.d. § 8 Nr. 1 GewStG, wodurch die Bemessungsgrundlage für die Gewerbeertragsteuer vollständig um diesen Vergütungsbetrag gekürzt wird. Ferner verkürzt ein partiarisches Darlehen die Bemessungsgrundlage der Vermögensteuer.

Im Gegensatz dazu wird ein Darlehen zu **50%** in die Bemessungsgrundlage der **Gewerbekapitalsteuer** eingerechnet. Hierbei ergibt sich also keine Steuervorteil. Das partiarische Darlehen ist daher mit Recht als **Mischform** zwischen Eigen- und Fremdkapital zu betrachten:

- **steuerlich** wird es als Fremdkapital eingestuft, allerdings mit gewerbeertragssteuerlichem Vorteil,

- aus **Haftungssicht** kann es je nach Vertragsgestaltung stärker Eigen- oder mehr Fremdkapitalcharakter annehmen (z.B. Eigenkapitalcharakter dann, wenn keine Besicherung vereinbart ist und keine außerordentlichen Kündigungsrechte seitens des Darlehensgebers bestehen)

- aufgrund der gewinnabhängigen Vergütungszahlungen ähnelt es dem **Eigenkapital** (vgl. *Drukaczyk* 1993, S. 582).

In der Realität der Unternehmensfinanzierung ist ferner das **Gesellschafterdarlehen** verbreitet. Die Eigentümer eines Unternehmens führen ihrer Gesellschaft durch ein Darlehen Fremdkapital zu und nehmen daraufhin eine Eigen- und Fremdkapitalgeberposition gegenüber dem Unternehmen ein.

Beispiel: Der Gesellschafter einer GmbH läßt sich nach Ablauf eines Geschäftsjahres seinen (am Jahresüberschuß bemessenen) Erfolgsanteil nicht ausschütten, sondern thesauriert ihn und wandelt ihn im Laufe des folgenden Geschäftsjahres in ein Darlehen um.

Den Charakter von haftendem Eigenkapital bekommt das Gesellschafterdarlehen aufgrund der seit einem **Urteil des BGH** vom 24.03.1980 vorherrschenden juristischen Betrachtungsweise: Das Darlehen hat bereits zum Zeitpunkt der Bereitstellung Eigenkapitalcharakter, wenn das kreditnehmende Unternehmen zum gleichen Zeitpunkt von dritter Seite (etwa einer Bank) keinen Kredit zu marktüblichen Bedingungen erhalten hätte und deshalb das Unternehmen ohne das Gesellschafterdarlehen hätte liquidiert werden müssen.

Auch beim Gesellschafterdarlehen sind die **steuerlichen Effekte** für diese Finanzierungsform nicht uninteressant, da diese Darlehen ähnliche Vorteile wie Fremdkapital eingeräumt bekommen. Sie vermindern die Bemessungsgrundlage der Vermögensteuer und der Gewerbekapitalsteuer. Die auf das Darlehen zu zahlenden Zinsen sind für das Unternehmen bei der Berechnung der Körperschaftsteuer vollständig und bei der Gewerbeertragsteuer hälftig abzusetzen.

Als Finanzierungsinstrument qualifiziert das Gesellschafterdarlehen weitere **Vorteile** wie geringere Kapitalkosten (Kreditwürdigkeitsprüfung und Kreditkontrolle seitens einer Bank entfallen) und individuelle Gestaltung der Vertragsbedingungen. Ferner kann eine drohende Insolvenz beseitigt werden, ohne daß Außenstehende wie Lieferanten oder Kunden das geschäftliche Vertrauen verlieren, was sonst meist zur Beantragung des Vergleichs- oder Konkursverfahrens führt (vgl. zu diesem Abschnitt *Drukarczyk* 1993a, S. 610-617).

9.4 Gewinnobligation

"Die **Gewinnschuldverschreibung** ist eine Obligation, bei der die Rechte der Gläubiger mit Gewinnanteilen der Aktionäre in Verbindung gebracht werden. " (*Büschgen* 1991, S. 139). Die Gewinnbeteiligung stellt das Sonderrecht der Gewinnobligation dar. Eine Beteiligung am Verlust ist dagegen ausgeschlossen. Die Emission von Gewinnobligationen steht nur Aktiengesellschaften offen. Die Gewinnobligation kann hinsichtlich der Vergütungsansprüche des Inhabers in folgender Weise geregelt sein. Zum einen ist eine Festverzinsung wie bei der festverzinslichen Industrieobligation möglich, allerdings nur im Sinne einer **Mindestverzinsung** (also unterhalb der Umlaufrendite von vergleichbaren festverzinslichen Anleihen). Zusätzlich erfolgt eine erfolgsabhängige **Zusatzverzinsung**. Zum anderen kann die Festverzinsung vollständig durch eine **gewinnabhängige Verzinsung** ersetzt werden, wobei diese in ihrer Höhe nach oben begrenzt ist.

Beide Formen der Gewinnbeteiligung müssen an bestimmten **Bezugsgrundlagen** ausgerichtet werden. Man findet die Orientierung der Verzinsung an der **Aktiendividende** oder Koppelung der Gewinnbeteiligung an die **Gewinnhöhe** des Emittenten (Gewinnobligation in der Eigenschaft als Income Bond). Auch eine erfolgsorientierte Beteiligung in Form eines Anspruchs am **Reingewinn** (Gewinnobligation als Participating Bond) kann vorkommen. In Deutschland dominiert die Variante der Gewinnschuldverschreibung mit **fester Grundverzinsung** und **dividendenabhängiger Zusatzverzinsung**.

Beispiel: Verzinsung der Gewinnobligation 5% plus 1% pro 2% Dividende auf Stammaktien oberhalb von 8% Dividende.

Das Aktienrecht fordert nach § 221 Abs. 1 Satz 2 AktG für die Emission von Gewinnschuldverschreibungen den Beschluß der Hauptversammlung mit einer **Dreiviertel-Mehrheit**. Den Aktionären steht ein Bezugsrecht zu. Die Emission von Gewinnobligationen wird in Deutschland nur in wenigen Fällen verwendet (vgl. *Süchting* 1995, S. 129). Am Verlust des emittierenden Unternehmens sind Gewinnobligationäre nicht beteiligt.

10 Ausgewählte Sonderanlässe der Beteiligungsfinanzierung

In den bisherigen Ausführungen zur Beteiligungsfinanzierung wurde nicht auf konventionell in der Literatur behandelte einmalige oder Sonderanlässe wie Unternehmensgründung, Fusion und Beteiligungspolitik, Sanierung und Kapitalherabsetzung, Umwandlung und Liquidierung eingegangen. Hierzu finden sich Darstellungen z. B. in *Süchting* (1995, S. 100-119) oder *Büschgen* (1991, S. 295-319). Nachfolgend sollen mit der Venture Capital- und der Buy Out-Finanzierung zwei ebenfalls den Sonderanlässen zuzurechnende Formen der Beteiligungsfinanzierung vorgestellt werden, die insbesondere für die Schaffung junger Unternehmen und die Erhaltung etablierter Betriebe (vor allem mit Nachfolgeproblemen) besondere Bedeutung haben.

10.1 Venture Capital-Finanzierung

Der Venture Capital-Begriff wird aus dem Englischen übersetzt häufig mit **Risiko-, Wagnis- oder Chancenkapital** gleichgesetzt. Kennzeichnend ist bei dieser Form der Beteiligungsfinanzierung, daß sie im Regelfall dazu dient, solches Eigenkapital zu ergänzen, das für **überdurchschnittlich riskante Investitionen** eingesetzt werden soll. Derartige Investitionsobjekte dominieren typischerweise in Branchen, die als innovativ gelten. Aus der Sicht der Eigenkapital gebenden Venture Capital-Gesellschaften sind diejenigen Unternehmen interessant, die neben dem erhöhten Risiko auch überdurchschnittliche Renditeerzielung erwarten lassen. Solchen Unternehmen fehlen i.d.r. andere Zugangsmöglichkeiten zu Eigenkapitalquellen (etwa durch den Börsengang). Für eine Abdeckung der Kapitallücke durch langfristige Bankdarlehen sind solche Unternehmen wiederum wegen ihres außergewöhnlich hohen Risikopotentials ungeeignet.

Risikokapital, welches oft zur Verdeutlichung des **Verlustrisikos** im **Konkursfall** als Synonym für Eigenkapital verwendet wird, kennzeichnet alle Finanzierungsmittel, bei denen keine Rückzahlungspflicht, kein Kündigungsrecht des Gläubigers, kein fester Zinsanspruch und keine Erstattungspflicht im Konkursfall bestehen (vgl. *Laub* 1985, S. 8). Die Ursache der Beteiligungsnahme kann in Unternehmensgründungen, Erweiterungen bestehender Unternehmen, Finanzierung von Buy Outs oder Spin Offs liegen. Auch anstehende Gesellschafterwechsel stellen Anlässe einer Finanzierung mittels Venture Capital dar (z.B. wurden in Folge des Systemwechsels in den neuen Bundesländern eine ganze Reihe ehemaliger volkseigener Betriebe oder Abspaltungen hiervon in dieser Form finanziert).

10.1.1 Abgrenzungen

Aus der Sicht der betrieblichen Finanzwirtschaft ist Venture-Capital-Finanzierung eine unter besonderer Intention der Kapitalgeber durchgeführte Beteiligungsfinanzierung, die zusätzlich dadurch gekennzeichnet ist, daß die Repräsentanten des Beteiligungskapitals oder deren Bevollmächtigte eine Managementbetreuungsfunktion mit übernehmen. Die Formen der Beteiligungsnahme können wie folgt unterschieden werden (vgl. *Kaminski* 1988, S. 12):

- **Direkte Beteiligung**, d.h., ein Venture Capital-Investor geht direkt einen Finanzkontrakt mit dem zu finanzierenden Unternehmen ein (erwirbt z.B. Kommanditanteile).

- **Indirekte Beteiligung**, bei der eine spezielle Finanzierungsgesellschaft - Venture Capital-Unternehmen - Intermediär zwischen Investor und kapitalnehmendem Unternehmen geschaltet ist.

- Von **projektorientiertem Ansatz** spricht man, wenn für jedes unternehmerische Projekt ein gesondertes Finanzkonzept gestaltet wird. Eine Risikoverteilung ist nicht möglich.

- Beim **fonds-orientierten** Ansatz kann dem extrem hohen Ausfallrisiko{ XE "Ausfallrisiko" } durch eine Streuung der finanzierten Projekte, als auch durch unternehmerische Betreuung und Beratung entgegengewirkt werden. Die optimale Fondsbildung wird durch Minderheitsbeteiligungen in mehrere unterschiedliche Branchen, sowie in verschiedene technologische Richtungen erreicht. Wesentlich ist die Gewährung des

10 Ausgewählte Sonderanlässe der Beteiligungsfinanzierung

auch durch die sorgsame Auswahl und Prüfung der Beteiligungsobjekte zum Ausdruck kommt.

In Deutschland ist die **indirekte Form** der Beteiligungsnahme vorherrschend, insbesondere weil die bei direkter Beteiligungsnahme erforderliche Risikostreuung in dem benötigten Umfang aufgrund fehlender Beteiligungsobjekte nicht existiert (vgl. *Fischer* 1987, S. 11). Bei der indirekten Beteiligung können zwei Gesellschaftsformen unterschieden werden **Kapitalbeteiligungsgesellschaften**, die seit 1965 entstanden sind und **Venture Capital-Gesellschaften**, die Ende der 70er Jahre von den Kapitalbeteiligungsgesellschaften abgespalten wurden. Da sich die Erscheinungsformen der Beteiligungsgesellschaften in den letzten Jahren immer mehr vermischen und es nicht mehr möglich ist, klare Konturen zu ziehen, soll im folgenden auf eine Unterscheidung der beiden Beteiligungsgesellschaftsformen verzichtet werden (vgl. auch zur Vorgehensweise *Fanselow/Stedler* 1988, S. 555).

Die Unterschiede zwischen beiden Gesellschaftsformen sind in der Praxis nicht scharf getrennt. Nachfolgende Abb. II-32 gibt einen Überblick über die gängigen Unterscheidungsmerkmale.

Kriterium	Venture Capital-Gesellschaft	Kapitalbeteiligungsgesellschaft
Merkmale der anvisierten Beteiligung (= Target)	• innovative Unternehmen • Existenz erst kurze Zeit • hohes Wachstumspotential • hohes Investitionsrisiko (hinsichtlich Verlust und Chance) • kleine/mittlere Unternehmen	• bereits über längere Zeit bestehende Unternehmen • ausgereifte technologische Grundlage vor allem in der Produktion
Branchenschwerpunkte	• High Tech-Branchen wie Kommunikationstechnik, Gen-Technik, Medizintechnik • Dienstleistungssektor	traditionelle Branchen wie Maschinen- und Anlagenbau, Eisen- und Metallverarbeitung
Zielsetzung der Beteiligungsnahme	Anteilswertsteigerung aufgrund des hohen Potentials in der Marktwertmaximierung (= Maximierung des eingesetzten Vermögens)	Gewinnausschüttung (= Maximierung des entnehmbaren Einkommensstroms)
Partizipationsumfang	Bereitstellung von Beteiligungskapital und Übernahme von Managementfunktionen, zumindest Beratung	Finanzierungsfunktion überwiegt, in Ausnahmen auch Managementfunktionen
Gemeinsamkeit in der Rechtsform	GmbH oder GmbH & Co KG	

Abb. II-32: Abgrenzung von Venture Capital- gegenüber Kapitalbeteiligungsgesellschaften (Quellen: *Albach/Hundsdiek/Kokalj* 1986, S. 1664 und *Fanselow/Stedler* 1988, S. 555)

Von diesen beiden institutionellen Ausprägungen der Beteiligungsgesellschaften sind die **Unternehmensbeteiligungsgesellschaften** (= UBG) abzugrenzen. Nach einem eigens für diese Beteiligungsgesellschaften geschaffenen Recht (Gesetz über Unternehmensbeteiligungsgesellschaften UBGG), weist der Gesetzgeber den UBGen in §1 Absatz 2 genaue **Anforderungen** an Rechtsform, Unternehmensgegenstand, Sitz und Kapital zu. So ist die ausschließlich zulässige Rechtsform für eine UBG mit der AG vorgeschrieben, das Grundkapital muß mindestens 2 Mio. DM betragen und Sitz sowie Geschäftsleitung der UBG muß im Inland sein. UBGen dürfen ferner ausschließlich Anteile an anderen Unternehmen in der Form der stillen Gesellschaft nehmen. Erwerb, Verwaltung und Veräußerung dieser Anteile oder Beteiligungen bilden den in der Satzung festzulegenden Unternehmensgegenstand. Die Beteiligungen dürfen nur solche Unternehmen betreffen, die weder an der Börse zum amtlichen Handel zugelassen sind, noch in einem anderen organisierten Finanzmarkt notiert werden. Der Sitz dieser Unternehmen und ihrer Geschäftsleitung muß im EU-Raum liegen.

Im Gegensatz zu Beteiligungsgesellschaften, die sich meist nach dem Fondsprinzip refinanzieren, erhält eine UBG ihr Beteiligungskapital durch die Emission von Aktien, die zumindest innerhalb von 10 Jahren zu sieben Zehntel an der Wertpapierbörse einem breiten Publikum angeboten werden müssen (§ 9 Abs. 1) (vgl. auch *Fischer* 1987, S. 121). Eine steuerfreie Veräußerung von Beteiligungen ist erst nach Ablauf einer sechsjährigen Bindungsfrist möglich. Diese Frist soll mit dem dritten Finanzmarktförderungsgesetz reduziert werden. Desweiteren soll die Frist für die steuerfreie Wiederanlage von Veräußerungsgewinnen von sechs Jahren auf eines verkürzt und die GmbH als Rechtsform für Unternehmensbeteiligungsgesellschaften zugelassen werden. Spezielle neue Regelungen sollen dazu beitragen, einen Mißbrauch von Unternehmensbeteiligungsgesellschaften als Holding zu vermeiden. Ferner sollen die Anlagegrenzen für Unternehmensbeteiligungsgesellschaften umfassend erweitert werden.

In diesem Zusammenhang ist auch zwischen öffentlichen und privatwirtschaftlichen Finanzierungsformen in der **Existenzgründung** zu unterscheiden. Bei den **öffentlichen Kapitalhilfen** ist zu allererst das Existenzgründungs- und Eigenkapitalhilfeprogramm des Bundes aus ERP-Mitteln zu nennen, was sich jedoch als eine Form von zinsverbilligten Darlehen und Bürgschaften darstellt. Daneben stellen die Länder öffentliche Finanzhilfen zur Verfügung. Auch stehen Technologieförderprogramme zur Verfügung, jedoch muß eine mangelnde Transparenz dieses Fördermarkts angemerkt werden, so daß die ERP-Hilfen deutlich überwiegen (vgl. *Büschgen* 1985, S. 223).

10.1.2 Merkmale der Venture Capital-Finanzierung

Venture Capital Finanzierung stellt Beteiligungskapital bereit. Sie ist neben der klassischen Kreditfinanzierung als ergänzende oder alternative Finanzierungsmöglichkeit anzusehen. Durch die **Stärkung der Eigenkapitalbasis** wird das unternehmerische Potential in einer starken Wachstumsphase, begleitet mit hohem Kapitalbedarf, erweitert und dem Unternehmen wird die Möglichkeit eines größeren Marktzugangs ermöglicht. Neben dem Finanzierungseffekt (**Innovationsfinanzierung**) ergibt sich der weitere Vorteil, daß Risiko auf neue Kapitalgeber überwälzt wird; die Bonität gegenüber Kreditinstituten verbessert wird; das Eigenkapital nicht wie Fremdkapital durch regelmäßige Zins- und Tilgungsverpflichtungen belastet wird (Sicherungseffekt) (vgl. *Büschgen* 1985, S. 222).

Die Venture Capital Finanzierung konzentriert sich idealerweise auf **junge, innovative Unternehmen** mit einem erkennbaren Wachstums- und Entwicklungspotential. Sie sind häufig auf einem Geschäftsgebiet tätig, welches zu den "Wachstumsbranchen" zählt. Dazu gehören u.a. die Mikroelektronik, die Kommunikationstechnik und die Biotechnologie. Junge Unternehmen zeichnen sich durch einen begrenzten Marktanteil und damit verbundenem relativ geringen Einfluß auf den Markt aus (vgl. *Giller* 1984, S.13). Als Innovation

10 Ausgewählte Sonderanlässe der Beteiligungsfinanzierung

werden sowohl der Vorgang einer Neuentwicklung, als auch sein Ergebnis bezeichnet, wobei es sich hierbei zum einen um Erzeugnisse (**Produktinnovationen**), zum anderen um Herstellungsverfahren (**Prozeßinnovationen**) handeln kann. Deshalb spricht man nur dann von einer Innovation, wenn es sich um die erstmalige Anwendung von neuem produktrelevanten Wissens in der Praxis handelt. Venture Capital Gesellschaften nutzen die Wachstumschancen, gemessen an der Steigerung des Veräußerungswertes der Beteiligung, die diese Unternehmen bieten. Allerdings muß bei der Auswahl der Unternehmen auch das hohe Ausfallrisiko bedacht werden.

"Das Ziel der Venture Capital Anbieter liegt in der Vervielfachung des Wertes ihrer (i.d.R. Minderheits-) Kapitalbeteiligung innerhalb eines mit fünf bis zehn Jahren relativ kurzen Zeitraumes. Auf eine laufende Gewinnbeteiligung wird verzichtet; die Realisierung des Wertzuwachses der Kapitalbeteiligung erfolgt möglichst durch Börseneinführung des Unternehmens und anschließende Veräußerung der Beteiligungsquote am Kapitalmarkt"(*Kaminski* 1987, S. 7). Mit der Orientierung an der **Marktwertsteigerung** stärken Venture Capital-Gesellschaften die Unternehmensliquidität, indem sie während der Dauer der Beteiligung keine Ausschüttungszahlungen verlangen, Gewinne und Cash Flows somit im Unternehmen verbleiben. Der Veräußerungsgewinn am Ende der Beteiligungszeit muß dann eine Rendite ausweisen, die dem Risiko und der Dauer des Kapitaleinsatzes entspricht.

Die **Kapitalhingabe** ist **verbunden** mit unternehmerischer **Betreuung und Beratung** durch die Venture Capital Gesellschaft in den Bereichen Strategieplanung, Organisation, Finanzen, Marketing und Personal. Ziel ist es durch das Venture Capital Management **betriebswirtschaftliches Know-how** zur Verfügung zu stellen. In die laufende Geschäftsführung soll nicht eingegriffen werden, jedoch bei strategischen Entscheidungen behält sich das Venture Management ein Kontroll- und Mitspracherecht vor, um die Kapitalverwendung zu beeinflussen (vgl. *Fischer* 1987, S. 10). Die **Managementunterstützung** durch das Venture Management für die Beteiligungsnehmer wird neben der Stärkung der Eigenkapitalbasis durch Hingabe von Eigenkapital als wichtigste Aufgabe für eine erfolgreiche Venture Capital Finanzierung angesehen. Die externe Fachkompetenz soll vorhandene Potentiale im Unternehmen konzentrieren und zur optimalen Leistungserstellung und -verwendung befähigen. Die konstruktiv-kritische Hinterfragung, die Kontaktherstellung zu Abnehmern oder Lieferanten sowie die Beschaffung von Informationen sind Hauptaufgaben des Venture Capital-Managements.

Die höhere Eigenkapitalausstattung erleichtert Investitionen. Innovationen stärken die Ertragskraft der Unternehmen, die Anfälligkeit bei wirtschaftlichen Schwankungen nimmt ab. Durch einen niedrigeren Zinsaufwand ergeben sich Wirtschaftlichkeitsvorteile, so daß trotz evtl. rezessiver Konjunktur eine expansive Unternehmensstrategie möglich ist. Nicht zu unterschätzen ist der psychologische Effekt, der sich hieraus ergibt. Eine wichtige Funktion von Venture Capital Finanzierungen ist, wie schon im voraus genannt, die Managementunterstützung, mit dem Ziel, durch unternehmerische Beratung Innovationshemmnisse abzubauen, sowie das unternehmerische Know-how zu stärken. So sollte das Venture Capital Management die Unsicherheit bei der Marktpotentialeinschätzung einer Neuentwicklung, Engpässe im Personalbereich, Mängel in der Effizienz kaufmännischer Umsetzungen eines technischen Konzepts beiseite räumen, wie auch durch Kontakte die Informationsgewinnung und den Technologietransfer verbessern. Bevor ein Unternehmen unterstützt wird, muß geprüft werden, ob dieses Projekt für eine Venture Capital-Finanzierung geeignet ist und ob es in den Rahmen der Venture Capital-Gesellschaft paßt. Dabei werden z.B. die Marktaussichten, Marktstrategien, Qualifikation des Managements etc. geprüft. Bei positiver Entscheidung wird in Form einer Minderheitsbeteiligung in dem entsprechenden Unternehmen investiert (vgl. *Nevermann/Falk* 1986, S. 52ff).

Die Finanzierung eines Unternehmensstarts (**Early-Stage-Financing**) läuft in drei verschiedenen Phasen ab:

1. Die **Phase des Seed-Financing** erstreckt sich auf die Zeit der Vorbereitung der Unternehmensgründung. Sie hat zum Gegenstand, das Unternehmenskonzept zu entwickeln (z.B. Unternehmensziele formulieren, anvisierten Markt mittels Marktforschungsanalysen untersuchen, Produktionspläne entwickeln etc.) sowie die Unternehmensgründung vorzubereiten. In der **Vorbereitungsphase** wird ein Unternehmensgründer i. d. R. nur einen relativ geringen Betrag an eigenen Mitteln selbst in die Eigenkapitalausstattung des Unternehmens einbringen können. Dennoch erfolgt in den meisten Fällen in dieser Entwicklungsphase eines Unternehmens noch keine Beteiligungsfinanzierung mit Venture-Capital. Die Finanzmittelausstattung wird zum Teil vom Unternehmensgründer und häufig noch ergänzend von öffentlichen Fördergesellschaften kommen. Diesem sogenannten Seed Money ist zu eigen, daß es für den Kapitalgeber eine Kapitalanlage mit überdurchschnittlich hoher Rendite und hohem Risiko darstellt, je nachdem, mit welchem Erfolg der Unternehmensstart verläuft

2. Dem Seed Financing folgt die Phase des **Start-Up-Financing**. Diese **Entwicklungsphase** des Unternehmens ist gekennzeichnet durch die technologische Reifung des Produkts bis zur Herstellung von Prototypen. In diesem Zeitraum erfolgt auch die Erstellung eines umfassenden Unternehmensplanungskonzepts und des detaillierten Marketingkonzepts. Die Unternehmensgründung wird ferner formaljuristisch durchgeführt. Die Phase des Start-Up-Financing ist gekennzeichnet durch erste Venture-Capital-Finanzierungen.

3. Die nächste Phase ist die des **First-Stage-Financing**. Das gegründete Unternehmen beginnt mit der Produktion seiner Produkte auf der Grundlage der Prototypen. Die Produkte werden am Markt eingeführt und erste Umsätze damit getätigt. Zum bisherigen Umfang bereitgestellten Beteiligungskapitals aus der ersten und zweiten Finanzierungsphase führt die Produktionsaufnahme und Produkteinführung zu zusätzlichem, je nach Absatzerfolgen, teilweise erheblichen Kapitalbedarf.

10 Ausgewählte Sonderanlässe der Beteiligungsfinanzierung

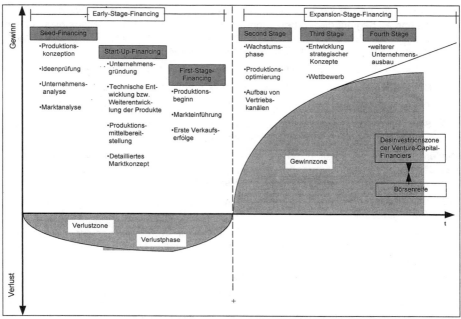

Abb. II-33: Phasenschema einer idealtypischen Venture-Capital-Finanzierung

Mit den drei ersten Phasen ist die des Early-Stage-Financing abgeschlossen. Normalerweise ist diese mit anfänglich zunehmenden Unternehmensverlusten verbunden. Oft kommen Probleme bei der Suche qualifizierter Führungs- und Fachkräfte hinzu. Diese Phase kann auch als **kritische Durchhaltephase** für den Venture-Capital-Finanzier bezeichnet werden. Sobald die "Talsohle der Verlustphase durchschritten ist", die Produktion begonnen hat und die Markteinführung erfolgreich verlaufen ist, wird das Unternehmen in die Gewinnzone gelangen. Die Finanzierung der dann einsetzenden Unternehmensexpansion wird als **Expansion-Stage-Financing** bezeichnet. Auch hier sind im idealtypischen Fall wiederum drei Phasen zu unterscheiden:

4. Phase des **Second-Stage-Financing**. Nach erfolgreichem Markteintritt erreicht das Unternehmen seine stärkste Wachstumsentwicklung. Produktionsprobleme, Kapazitätsauslastungsprobleme und Kostensenkung stehen im Vordergrund der Unternehmensführungsaufgaben. Organisationsstrukturen und insbesondere Vertriebskanäle werden geschaffen und ausgebaut. Der Umsatz entwickelt sich überdurchschnittlich im Wachstum. Die Finanzierungserfordernis richtet daher auch überwiegend auf die Kapitalbereitstellung, um das Unternehmenswachstum ermöglichen zu können.

5. **Third-Stage-Financing**-Phase. In dieser wirtschaftlichen Phase des Wettbewerbswachstums steht die strategische Ausschöpfung von Marktpotentialen im Vordergrund. Das Unternehmen befindet sich in einer nachhaltigen Gewinnzone. In dieser Phase erfolgen erstmals auch längerfristige Kreditfinanzierungen, die den expansiv betriebenen betrieblichen Umsatzprozeß kapitalmäßig begleiten.

6. Die Phase der **Fourth-Stage-Financing** (= Bridge-Financing) geht einher mit der wirtschaftlichen Expansionsphase des Unternehmens. Die Venture-Capital-Gesellschaft

hat ab dieser Phase der Unternehmensentwicklung ihre besondere Finanzierungsrolle erfüllt und es beginnt die Vorbereitung sowie Durchführung des Ausstiegs dieses Kapitalgebers aus der bisherigen Finanzierungsbeziehung (= Exit). Diese Desinvestitionsphase kann über folgende **Wege** beschritten werden:

- **Initial Public Offering** (= **IPO**): Einführung des Unternehmens an der Börse.
- **Buy Back**: Rückkauf der Unternehmensteile durch den/die Anteilseigner.
- **Trade Sales**: Veräußerung der Unternehmensteile an einen industriellen Investor.
- **Secondary Purchase**: Veräußerung der Unternehmensteile an eine andere Venture Capital-Gesellschaft oder einen Finanzinvestor.

Weitere Einsatzmöglichkeiten der Venture Capital-Finanzierung außerhalb dieser Stationen des idealtypischen Unternehmenslebenszyklus sind besondere Anlässe der Wagnisfinanzierung. Hierzu zählen (vgl. *Hoffmann/Ramke* 1990, S. 28):

- **Bridge Finance**: Einem Unternehmen wird zur Vorbereitung seines IPOs Kapital zur Verfügung gestellt.

- **Turnaround**: Einem Unternehmen wird Kapital zur Verfügung gestellt, welches sich nach der Überwindung von wirtschaftlichen Schwierigkeiten (z.B. einer Verlustphase) wieder erfolgreich entwickelt.

- **Management Buy Out** bzw. **Buy In**: Übernahme oder Kauf eines Unternehmens oder Unternehmensteils durch die bis dahin angestellten Manager (Buy Out) oder durch externe Manager (Buy In). Diese Variante wird meist bei Generationswechsel angewandt, wenn kein internes Management vorhanden ist, das der Aufgabe gewachsen ist.

- **Spin-Off/Spin-Out**: Spin-Offs sind Unternehmensgründungen durch Manager oder Wissenschaftler, die aus ihrem Unternehmen ausscheiden. Dies geschieht oft mit der Unterstützung des Unternehmens, da so Innovationen sich leichter entwickeln und durchsetzen lassen, wenn das Projekt nicht mehr unter der Kontrolle einer schwerfälligen Großunternehmung steht. Auf der anderen Seite bieten Bereiche wie Datenverarbeitung, Marktforschung, Logistik und andere Serviceleistungen ein großes Spin-Out-Potential, da diese Bereiche in kleinen Unternehmen nicht ausgelastet sind und nach Auslagerung durch die Konkurrenz am Markt kostengünstiger werden

Lesehinweis: Zur eingeschränkten Leistungsfähigkeit der deutscher Venture Capital-Gesellschaften liefert *Schmidt* (1988) wichtige Indizien.

10.2 Buy Out-Finanzierungen

Finanzierungstheoretisch gehört diese Form der Unternehmensübernahme und -finanzierung in den Problembereich der Kontrolle der Entscheidungen der Unternehmensführung durch die Kapitalgeber. So werden **Management Buy Outs** (= **MBO**) als eine Erscheinungsform des Buy Out vor allem unter dem Aspekt diskutiert, diskretionäre Handlungsspielräume von Managern und die damit möglichen Agency Costs zu reduzieren, indem mehr Konformität mit den Zielsetzungen der Unternehmenseigner hergestellt wird. Die Bedeutung von MBOs besteht in diesem Zusammenhang darin, daß sie verschiedene Formen von Disziplinierungsmechanismen kombinieren (z.B. Performance-orientierte Vergütung an Manager, ständiges Aussetzen von Übernahmerisiken). Nach erfolgtem Buy Out werden durch den Erwerb von Anteilen am bisherigen Unternehmen (= Zielgesellschaft) aus Managern Eigentümer. Neben dem Einsatz ihres Privatvermögens benötigen die erwerbenden Manager umfangreiche zusätzliche fremde Finanzmittel. Institutionelle Kapitalgeber stellen diese bereit. Vor allem die daraus resultierenden hohen Fremdkapitalquoten und die Bedienung des daraus erwachsenden hohen Kapitaldiensts zwingt die Manager zur Allokation des Cash Flow in Investitionsprojekte mit hohen Kapitalwerten (vgl. *Jensen* 1986).

10.2.1 Spektrum des Buy Out-Begriffs

Zentrale Rolle innerhalb der Gruppe von Buy Outs nimmt der **MBO** ein: "Unter Management Buyouts (MBO) wird der Erwerb eines Unternehmensteils (Geschäftsbereich, Tochtergesellschaft) oder des gesamten Unternehmens durch Manager des verkaufenden Unternehmens verstanden. Die kaufende Partei, die Manager, sind nach erfolgreicher Transaktion mit spürbaren Anteilen am Eigenkapital der neuen Gesellschaft beteiligt; die restlichen Eigenkapitalanteile werden von Investmentbanken, Venture-Capital-Gesellschaften, Buyout-Fonds, Beratern und anderen Drittparteien gehalten". (*Drukarczyk* 1990, S. 545). Manager oder ein Managerteam, das für MBO-Zwecke in Frage kommt, rekrutiert sich aus der bisherigen Unternehmensleitung und der darunter befindlichen Führungsstufe. Für diese Personen gibt es als potentielle Käufer ganz spezifische zahlreiche Vorteile, die eine Übernahme für sie attraktiv machen können. Manager besitzen aufgrund ihrer bisherigen Tätigkeit und Position im Unternehmen Insider-Kenntnisse über das zu erwerbende Unternehmen, insbesondere von seiner Risikostruktur und den Ertragsaussichten. So verfügt das Management gegenüber fremden Kaufinteressenten nicht nur spezifische über Informationen Absatz- und Beschaffungsmärkte, sondern insbesondere auch über die interne Mitarbeiter- und Organisationsstruktur, die finanzielle Verfassung, vorhandene Geschäftsverbindungen, Branchenkenntnisse und unternehmensinterne Informationen (z.B. Produktentwicklungsstand, Finanzlage, zu erwartende Ertragslage). Dieser Informationsvorteil verringert für das Management das Risiko des Wechsels in die unternehmerische Selbständigkeit und erleichtert die Einschätzung des zukünftigen Geschäftsverlaufs sowie die strategischen Planungen des Unternehmens, die mit dem Eigentumswechsel verbunden sind. Nicht-finanzielle Ziele wie der Gewinn an Prestige und Status als Unternehmer mögen im Einzelfall ein durchaus nicht zu unterschätzendes weiteres Motiv für den Erwerb von Eigentum am Unternehmen sein (vgl. *Hitschler* 1990, S. 1879).

Im einzelnen werden unter das Dach des Buy Out-Begriffs eigenständige Konzeptionen unterschieden, die nachfolgend im Überblick dargestellt werden:

- **Mitarbeiterbeteiligung** (= **MAB**). "Mitarbeiterbeteiligung ist ein Sammelbegriff für die Beteiligung von Mitarbeitern am/im Unternehmen bzw. in Betrieben, wobei der Mitarbeiterbegriff vom Arbeiter bis zum leitenden Angestellten reicht." (*Wagner* 1993, S. 19). Die MAB zielt auf eine stärkere Beteiligung von Mitarbeitern am Produktivvermögen der Wirtschaft ab und wird manchmal auch als Komponente erfolgsorientierter Anreizsysteme verstanden. Die MAB unterscheidet sich insofern von einem Buy Out, als letztgenannter das Eingehen einer Kapitalbeteiligung primär als Instrument zur Vermögens- oder Einkommensmaximierung der unternehmensexternen Kapitalgeber ansieht. Zu unterscheiden ist ferner der **Belegschafts Buy Out** (= **BBO**). Er stellt eine Erweiterung des Management Buy-Out dar, da sich zusätzlich zum Management ein erheblicher Teil der Belegschaft am Erwerb des Unternehmens beteiligt. BBO werden insbesondere aus Gründen einer ansonsten nicht realisierbaren Unternehmenssanierung durchgeführt (vgl. *Ballwieser/Schmid* 1990, S. 300).

Management Buy In (= MBI). "Beim MBI handelt es sich um einen Unternehmungskauf, bei dem externe Manager eine Unternehmung ganz oder teilweise übernehmen." (*Luippold* 1990, S. 16). Diese Form des Unternehmenskauf wird bei Unternehmen angewandt, in denen kein funktionsfähiges oder übernahmebereites Management vorhanden ist. Hierbei "kaufen" sich von außen Geschäftsführer ein. Häufig verfügen diese über geschäftliche Erfahrungen in der betreffenden Branche des MBI-Unternehmens. Ein Nachteil gegenüber einem MBO liegt aus Informationssicht im fehlenden betriebsspezifischen Insiderwissen der neuen von außen kommenden Eigentümer-Gesellschafter (vgl. *Hoffmann/Ramke* 1990, S. 24). MBI und MBO treten auch in Kombination als Konstruktion einer Buy Out-Finanzierung auf.

- **Leveraged Buy Out (= LBO)**. Eine Unternehmensakquisition, die zum Großteil auf dem Einsatz von Fremdkapital basiert, wird als Leveraged Buy Out bezeichnet. In Anlehnung an den Leverage-Effekt kann man bei dieser Finanzierung erwarten, daß der hohe Fremdkapitalanteil als Hebel auf die Eigenkapitalrendite wirkt, sofern die Gesamtkapitalrendite größer als der Fremdkapitalzins ist. LBOs dienen auch als Instrument für das "Going Private" einer Gesellschaft, daß bedeutet, daß vor einer Transaktion im Streubesitz befindlichen Aktien aufgekauft und fortan nicht mehr an der Börse gehandelt werden (vgl. *Milde* 1990).

- **Leveraged Management Buy Out (= LMBO)**. Der Leveraged Management Buy Out ist eine Kombination aus MBO und LBO, wobei der vom Management direkt oder indirekt gehaltene Anteil am Eigenkapital auf Grund der Größenordnung der Transaktion häufig verhältnismäßig gering bleibt. Häufig versuchen die Investoren auf diese Weise Insiderwissen und Motivation des MBO-Managerteams zu nutzen (vgl. *Hoffmann/Ramke*, 1990, S. 11-14).

Beispiel (vgl. *Honert*, 1995, S. 42f): Eine Management-Gruppe kann ihr Unternehmen für DM 10 Mio. erwerben. Der zu erwartende jährliche Gewinn beträgt DM 2 Mio. Wird der Kaufpreis ausschließlich mit Eigenkapital der Manager bestritten, beträgt die Eigenkapitalrendite mithin 20%. Stellt das Management dagegen nur DM 5 Mio. als Eigenkapital zur Verfügung, und nimmt DM 5 Mio. zu 10% Zinsen p.a. als Kredit auf, so reduziert sich zwar der Gewinn um DM 0,5 Mio., die Eigenkapitalrendite jedoch steigt bei einem verbleibenden Gewinn von DM 1,5 Mio. und DM 5 Mio. Eigenkapital auf 30%. Der Hebel wird deutlich, wenn das Management nur DM 1 Mio. Eigenkapital beisteuert und DM 9 Mio. als Fremdkapital aufnimmt: Die Eigenkapitalrendite steigt auf 110%.

Gemeinsam ist den Begriffen **LMBO**, **MBI** und **MBO**, daß ein Management die Käufer des Zielunternehmens verkörpert, während bei einem **LBO** lediglich auf den Finanzierungsaspekt einer Unternehmensübernahme abgestellt wird. Die Käufer sind im Regelfall keine Manager, sondern ausschließlich anlageorientierte Finanzierungsgesellschaften.

- **Spin-Off** bezeichnet einen Unternehmenserwerb, bei dem das Management einer Konzerngesellschaft oder eines Unternehmensbereichs den fraglichen Unternehmensbereich aus dem Ursprungsunternehmen herauskauft (vgl. *Nadig* 1992). Dabei werden nur Teile des Personals und der Aktiva übernommen, während die ursprüngliche Unternehmung weiterbesteht. Das besondere bei Spin-Offs gegenüber den bisherigen Buy Out-Formen ist, daß ein neues Unternehmen entsteht. Auszunehmen sind die Übernahmegesellschaften, die bei Buy Out-Transaktionen meist in Form einer GmbH gegründet werden. In der Regel liegt bei Spin-Offs kein umfangreiches Anlagevermögen vor, das für eine Fremdkapitalaufnahme als Sicherheit eingesetzt werden könnte. An dessen Stelle tritt deshalb die Kapitalhilfe der Muttergesellschaft. Meist erfolgt ohnehin eine finanzielle und wirtschaftliche Unterstützung der an der Fortführung dieses

Unternehmensteils aus strategischen Gründen nicht mehr interessierten Konzernleitung der Muttergesellschaft (vgl. *Luippold* 1991, S. 16).

- **Partieller Eigentümer Buy Out (= Owner Buy Out)**. Die Bezeichnung „Partieller Eigentümer Buy Out" markiert den Übergang der Geschäftsanteile des Eigentümers an eine Erwerbergesellschaft, an der sich der Veräußerer wiederum beteiligt. Diese Form des Buy Out beinhaltet parallel dazu, daß die Gestaltung des Anteilsübergangs und der Kapitalstruktur maßgeblich vom Verkäufer gestaltet wird (vgl. *Hoffmann/Ramke* 1990, S. 29).

10.2.2 Funktionsweise eines MBO

Bezüglich der praktischen Durchführung eines MBO existiert eine ganze Palette von Handlungsvarianten. Um diese überschaubar zu halten, beschränken sich die folgenden Ausführungen auf die Annahme, daß es sich bei der zu übernehmenden Zielgesellschaft um eine Kapitalgesellschaft in der Rechtsform einer GmbH handelt. Desweiteren wird angenommen, daß der MBO als indirekte Übernahme erfolgt, d.h., eine von den Managern und anderen Eigenkapitalgebern gehaltene GmbH-Holding wird zwischengeschaltet und fungiert als Übernahmegesellschaft. Die GmbH-Rechtsform stellt die in der Praxis am häufigsten eingesetzte Variante des MBO dar, weshalb auch nachfolgend diese indirekte Übernahmeform weiter behandelt wird (vgl. auch *Hitschler* 1990, S. 1880 ff.). Im Unterschied dazu treten bei der direkten Übernahme die Manager unmittelbar selbst als Käufer auf.

Bei den oben gemachten Annahmen existieren dann vier Möglichkeiten, wie sich der MBO vollziehen kann (vgl. *Honert* 1995, S. 66 ff.):

1. MBO durch Erwerb der Vermögensgegenstände der Ziel-GmbH (= Asset Deal),

2. MBO durch Erwerb der Anteile der Ziel-GmbH (= Share Deal),

3. MBO durch Erwerb der Anteile der Ziel-GmbH und anschließender Verschmelzung mit der Übernahme-Holding,

4. MBO durch Erwerb der Anteile der Ziel-GmbH und anschließendem Erwerb der Vermögensgegenstände.

MBO durch Erwerb der Vermögensgegenstände

Der Erwerb sämtlicher materieller und immaterieller Wirtschaftsgüter einschließlich eines eventuell vorhandenen Geschäftswerts der Zielgesellschaft durch die Akquisitionsgesellschaft kommt in erster Linie den Zielsetzungen der Käufer entgegen, da die übergegangenen Aktiva Vermögen der Übernahme-Holding werden. Dies hat zur Konsequenz, daß die Aktiva zu Sicherungszwecken für Verbindlichkeiten verwendbar sind, der Cash-Flow des Zielunternehmens zum Cash-Flow der GmbH-Holding wird und dort in vollem Umfang zur Tilgung der Verbindlichkeiten zur Verfügung steht. Die folgende Abb. II-34 verdeutlicht dies (vgl. *Honert* 1995, S. 70).

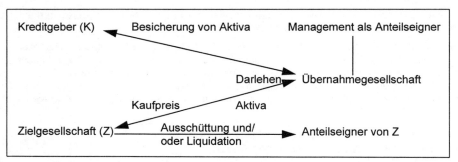

Abb. II-34: Grundkonstruktion des MBO durch Erwerb der Vermögensgegenstände

Durch den Erwerb der Aktiva zu den aktuellen Anschaffungskosten, die in aller Regel über den bisherigen Buchwerten der Zielgesellschaft liegen, erhöht sich die Ausgangsbasis des Abschreibungsvolumens der Übernahmegesellschaft und verbessert sich die Fremdkapitaltilgung aus dem Cash Flow des Unternehmens. Der Erwerb des Vermögens der Zielgesellschaft scheitert aber häufig an den Interessen der Verkäuferseite, die aus steuerlichen (Veräußerungsgewinnbesteuerung), haftungsrechtlichen oder aufwandstechnischen Gründen den Verkauf von Anteilen präferiert. Die Haftung der Verkäufer bleibt dann vollständig erhalten, da das Zielunternehmen bestehen bleibt. Die Kosten einer späteren Liquidation tragen vollständig die Verkäufer. Die Übertragung der Aktiva hat im Wege der Singularsukzession zu erfolgen, d.h., alle Vermögensgegenstände müssen einzeln übertragen werden. Aufgrund des sachenrechtlichen Bestimmtheitsgrundsatzes wird bestimmt in diesem Punkt gefordert. Der Aufwand ist mithin recht hoch.

Lesehinweise: Die steuerlichen Konsequenzen für den Verkäufer vgl. detailliert in *Honert* (1995, S. 72), zur Haftungsfrage vgl. *Hitschler* (1990, S. 1881) und zur aufwandstechnischen Seite, vgl. *Kessel* (1991, S. 101 ff.).

MBO durch Erwerb der Anteile

Bei dieser Transaktion erwirbt die Übernahmegesellschaft die Anteile des Zielunternehmens. Der Kaufpreis wird direkt an die ehemaligen Eigentümer gezahlt. Hält ein einzelner Verkäufer nur eine unwesentliche Beteiligung in seinem Privatvermögen (weniger als 25%), so ist diese, von eventuellen Spekulationsgewinnen einmal abgesehen, bei der Veräußerung steuerfrei. Sind die Anteile zu 100% einem Betriebsvermögen zugehörig, so gilt gemäß §34 EStG der halbierte Steuersatz (vgl. *Hitschler* 1990, S. 1881 f.). Ein Verkäufer wird also einen MBO mittels Erwerb von Anteilen favorisieren. Anders hingegen die Käufer: Sie können die Anschaffungskosten für Anteile an Kapitalgesellschaften nicht in steuerlich wirksame Abschreibungen umsetzen, da die Anteile zu den nicht abnutzbaren Wirtschaftsgütern zählen, und der Beteiligungserwerb nicht zu einer Aufstockung der Buchwerte in der Zielgesellschaft selbst führt. Abschreibungen können darüber hinaus nur auf der Basis historischer Buchwerte vorgenommen werden. Der in dieser Variante generierbare Cash Flow ist regelmäßig nicht ausreichend, um den Finanzbedarf für die Rückführung der Fremdfinanzierung zu decken. Außerdem fehlt der zusätzliche Cash Flow aufgrund der Steuerersparnis in Folge der Senkung der Ertragssteuerlast (vgl. *Honert* 1995, S. 79 ff.).

MBO durch Verschmelzung

Das Verschmelzungsmodell sieht nach der Übernahme der Anteile eine Verschmelzung von Ziel- und Übernahmeunternehmung vor, die ein Erlöschen der Zielgesellschaft unter

10 Ausgewählte Sonderanlässe der Beteiligungsfinanzierung

Ausschluß einer Liquidation zur Folge hat. Durch eine Verschmelzung der Ziel-GmbH mit der Erwerbsgesellschaft gemäß §§ 19 ff. Kapitalerhöhungsgesetz (= KapErhG) können die Vermögenswerte und der Cash Flow der Zielgesellschaft unmittelbar für die Besicherung der Verbindlichkeiten der Erwerbsgesellschaft genutzt werden. Die Verschmelzung hat jedoch auch Nachteile, die sie für die Praxis unattraktiv machen: Die Akquisitionsgesellschaft muß nach § 27 Abs. 1 KapErhG die Buchwerte des übernommenen Vermögens fortführen. Liegt der Kaufpreis für die Anteile über dem Buchwert der übernommenen Wirtschaftsgüter, muß die Erwerbs-GmbH in ihrer Handelsbilanz einen Verlust in Höhe des Differenzbetrags ausweisen, der infolge der MBO typischen niedrigen Eigenkapitalquote zur buchmäßigen Überschuldung führen kann. Vor diesem Hintergrund scheidet die Verschmelzung im Regelfall aus (vgl. *Honert* 1990, S. 82-84).

MBO durch Erwerb der Anteile der Ziel-GmbH und anschließendem Erwerb der Vermögensgegenstände

Hierbei erwirbt die Akquisitions-GmbH zunächst die Anteile der Zielunternehmung. Das Ziel für die Käufer ist es dann, einen Zustand zu erreichen, der dem eines Vermögenserwerbs gleichkommt. Deshalb werden im folgenden die Vermögensgegenstände der Zielgesellschaft auf die Übernahme-GmbH übertragen. Der bei der Zielgesellschaft entstehende Veräußerungsgewinn wird an die Übernahme-GmbH vollständig ausgeschüttet. Als Ausgleich führt diese eine Teilwertabschreibung der zum Anteilserwerbspreis bilanzierten Beteiligung an der Zielunternehmung in Höhe der Gewinnausschüttung durch, da die Beteiligung eben jenen Wert verloren hat. Bei der Zielgesellschaft findet entsprechend ein Aktivtausch statt: Anstelle des Vermögens wird ein Kaufanspruch gegen die Erwerbs-GmbH bilanziert. Um die doppelte Aufbringung des Kaufpreises zu vermeiden, kann eine Stundung des Kaufpreises und eine Erfüllung der Kaufpreisforderung im Wege der Aufrechnung mit dem Gewinnauszahlungsanspruch vereinbart werden. Die Aktiva werden zu Zeitwerten bilanziert, was eine höhere Abschreibungsbasis mit den entsprechenden Vorteilen für den Cash Flow mit sich bringt. Nun können immaterielle Wirtschaftsgüter genauso aktiviert werden wie der Firmenwert, der gemäß § 7 Abs. 1 Satz 3 EStG über 15 Jahre abgeschrieben wird (vgl. *Kessel* 1991, S. 122 ff. und *Hitschler* 1990, S. 1883).

<u>Lesehinweis:</u> Weitergehende Ausführungen anhand bilanzieller Wirkungen der vorgestellten Maßnahmen liefert *Fanselow* (1993, S. 389-394).

10.2.3 Besonderheiten in der Finanzierung eines MBO

Die Finanzierung des Kaufpreises stellt den finanzwirtschaftlichen Kern einer Buy Out-Transaktion dar. Für die Finanzierung eines MBO sind jeweils maßgeschneiderte Individualkonzepte erforderlich. Nicht nur die Kapitalaufnahme zur Finanzierung des Kaufpreises und der sonstigen Kosten muß ein Finanzierungskonzept zum Inhalt haben, sondern auch die Entschuldungsstrategie und eventuelle Folgefinanzierungen. Ein ausgewogenes Verhältnis zwischen Eigen- und Fremdkapital ist bei der Kaufpreisfinanzierung insofern zentral, um die Bedienbarkeit der Fremdmittel auch in Phasen konjunktureller Abschwünge zu gewährleisten (vgl. *Fanselow/Stedler* 1992, S. 397). Bei der MBO-Finanzierung ist eine Unterscheidung zwischen Darlehen in unbesicherter Form oder besicherter vorrangiger Form notwendig. Die Darlehen werden hierbei kurzfristig sowie im mittel- und langfristigen Bereich zur Verfügung gestellt. Im allgemeinen treten die Eigenkapitalgeber oder auch die Verkäufer mit nachrangigen oder gleichberechtigten Darlehen auf. Dabei versucht das Management einen möglichst hohen Anteil langfristiger Kredite mit festen Zinsen vertraglich zu sichern. Abb. II-35 gibt einen Überblick über die übliche Finanzierungsstruktur bei Buy Out-Transaktionen, sowie über die Anbieter dieser unterschiedlichen Kapitalformen und ihre durchschnittlichen Renditeerwartungen.

Struktur	Zielrendite	Finanzquellen
60% Senior Debt	10%	Kreditinstitute
20 - 30% Mezzanine Money	15 - 25%	• Kreditinstitute • Mezzanine-Fonds
10 - 20% Eigenkapital	25 - 45%	• Venture Capital-Gesellschaften • LBO-Fonds

Abb. II-35: Überblick über die übliche Finanzierungsstruktur bei Buy Out-Transaktionen

Vorrangige Fremdmittel (= Senior Debt)

Senior Debt ist das am wenigsten ausfallgefährdete Kapital bei einem Buy Out, da es bei einer Liquidation als erstes zurückgezahlt wird und zudem in der Regel mit den Vermögensgegenständen der Objektgesellschaft besichert ist. Die Höhe des Senior Debt ist auf die Beleihungsgrenze von etwa 50-75% des jeweiligen Werts der zur Besicherung eingesetzten Vermögensobjekte begrenzt. Das Senior Debt ist der rein pagatorisch gesehen kostengünstigste Teil des Fremdkapitals. Der Kapitalkostensatz setzt sich aus LIBOR zzgl. einer Marge von ca. 1 1/2 bis 2% zusammen (vgl. zu Details *Heidemann* 1994, S. 57). Senior Debt ist der wichtigste Bestandteil der Buy Out-Finanzierung und macht teilweise bis 60% des Kaufpreises aus. Die Laufzeit solcher Darlehen beträgt etwa 7 bis zu maximal 15 Jahren; die Kreditgeber sind Kreditinstitute. Die Kreditnehmer sichern sich häufig mittels Zinscap bzw. Zinscollar gegen das Risiko variabler Zinssätze ab (vgl. *Boxberg* 1991, S. 19 und Kapitel III, Abschnitte 7.4.2 und 7.4.3).

Mezzanine Money (= Subordinated Debt)

Kann der zu finanzierende Betrag des Kaufpreises der Zielgesellschaft durch Eigen- und vorrangiges Fremdkapital nicht ausreichend finanziert werden, setzt man ergänzend Mezzanine Money ein. Da es grundsätzlich unbesichert ist und nachrangiges Fremdkapital darstellt, wird das dadurch höhere Ausfallrisiko für die Kapitalgeber mit einem hohen Risikoaufschlag auf den Sollzinssatz kompensiert. Die geforderte Rendite für Mezzanine Money erreicht daher nicht selten Werte bis zu 45% p.a., bei einem Anteil an der Gesamtfinanzierung zwischen 20 und 30% (vgl. *Honert* 1995, S. 37-41). Bereitgestellt wird Mezzanine Money in Gestalt von nachrangigen Darlehen, stillen Beteiligungen oder Genußscheinen. Kapitalgeber sind zum einen Kapitalbeteiligungsgesellschaften mit Größenord-

10 Ausgewählte Sonderanlässe der Beteiligungsfinanzierung

nungen der Finanzierung zwischen DM 100.000 bis DM 200.000. Desweiteren engagieren sich LBO-Fonds mit Beträgen bis zu maximal DM 15 Mio. In der Regel liegen die Beteiligungsnahmen im Bereich von DM 5 bis 8 Mio. (vgl. *Fanselow/Stedler* 1992, S. 369). Einen Überblick gibt nachfolgende Abb. II-36 (vgl. *Klinz* 1992).

	Kapitalbeteiligungsgesellschaft	LBO-Fonds
Finale Kapitalgeber	Kreditinstitute	individuelle und institutionelle Investoren
Beteiligungsgrad	fast ausschließlich Minderheitsbeteiligung	überwiegend Mehrheitsbeteiligung
Beteiligungsführung	passiv	aktiv
Ziel der Beteiligung	Halten der Beteiligung mind. 5 Jahre	Verkauf nach 3-5 Jahren an der Börse oder an Dritte
Finanzierungsmerkmal	Nähe zu Fremdkapital	Nähe zu Eigenkapital
Management	eigenes Beteiligungsgesellschaftsmanagement	Vertragspartner mit Fondsmanagement und beauftragter Servicegesellschaft

Abb. II-36: Charakterisierung der Anbieter von Mezzanine Money im Buy Out

Einige Ausgestaltungsformen des Mezzanine-Kapitals werden steuerlich günstiger behandelt als Eigenkapital, von daher kann eine Steuerersparnis Ursache für die Substitution von Eigenkapital durch Fremdkapital sein. Ein weiterer Grund ist, daß MBO-Manager Eigen- und Fremdkapital nicht in benötigtem Umfang in Anspruch nehmen wollen oder können. Ein Managementteam legt höchstwahrscheinlich Wert darauf, die Kapitalmehrheit im Unternehmen zu halten, um seinen unternehmerischen Einfluß auf das Unternehmen zu sichern. Dadurch ist die Zuführung von externem Eigenkapital auf 49% des Eigenkapitals beschränkt. Da die den Managern zur Verfügung stehenden (privat aufgebrachten) Eigenmittel wahrscheinlich i. d. R. zu gering sein dürften, um zusammen mit dem maximal gleich hohen Betrag an externem Eigenkapital eine befriedigende Eigenkapitalquote zu erreichen bzw. die fehlenden Mittel als Fremdkapital beschaffen zu können, kann in diesem Fall die Inanspruchnahme von Mezzanine-Kapital von Vorteil sein.

Auch bei Risiken, die über das von den übrigen Fremdkapitalgebern akzeptierte Maß hinausgehen, geben Mezzanine-Kapitalgeber Finanzmittel. Die Konkurswahrscheinlichkeit bei einer Mezzanine-Finanzierung ist aufgrund ihrer flexiblen Regelung der Zins- und Tilgungsmodalitäten geringer, als bei einer alternativen Fremdkapitalfinanzierung (vgl. *Forst* 1992, S. 13-14).

MBO-Manager als Eigenkapitalgeber

Der Anteil der MBO-Manager am Eigenkapital beträgt im allgemeinen ca. 10-20%. Die Manager erwarten für das von ihnen eingesetzte Kapital eine besonders hohe Rendite, da sie beim MBO einen großen Teil ihres Humankapitals und ihres finanziellen Vermögens undiversifiziert in ein Unternehmen investiert haben, so daß sie im großen Umfang Risiko tragen. Neben der Maximierung ihres finanziellen Vermögens verfolgen die Manager das Ziel, sich mit ihrem Eigenkapitalbeitrag einen möglichst hohen unternehmerischen Einfluß zu sichern, der ihnen ermöglicht, im Unternehmen die einem selbständigen Unternehmer zumindest ähnliche Stellung zu erlangen. Dem umfangreichen Eigenmittelbedarf steht meist die begrenzte private Bereitstellungsmöglichkeit von Eigenkapital durch die Manager entgegen. Grundsätzlich besteht zwar die Möglichkeit die verfügbaren Mittel durch private Verschuldung zu erweitern, jedoch sind der Fähigkeit und Bereitschaft der Manager aus Gründen der Kreditwürdigkeit und der subjektiven Risikotragfähigkeit enge Grenzen gesetzt (vgl. *Forst* 1992, S. 86-88). Diese Umstände machen i. d. R. den Eintritt externer Kapitalgeber aus dem Eigenkapital-nahen Bereich unumgänglich.

10.2.4 Anforderungen an ein MBO-Unternehmen

Ein wesentliches Instrument für die Strukturierung und Finanzierung eines vom Management getragenen Buy Out bildet der mittel- bis langfristige zu erwartende Cash Flow. Für einen MBO kommen Unternehmen in Frage, die in den Geschäftsjahren der jüngsten Vergangenheit einen hohen Cash Flow aufgewiesen haben sowie einen hohen Cash Flow in der näheren Zukunft erwarten lassen. Es sollte insbesondere nicht mit aufgestautem, kurz- und mittelfristig notwendigem Investitionsbedarf belastet sein; es sei denn, diese Investitionen und ihre Finanzierung sind fest eingeplant und bei der Kaufpreisfindung berücksichtigt (vgl. *Ballwieser/Schmid* 1990, S. 359).

"Die schnelle Tilgung von Fremdkapitalbestandteilen der Buy Out-Finanzierung in Kombination mit der Nutzung des Leverage-Effektes können erhebliche Wertsteigerungen der Unternehmensanteile bewirken. Durch die Rückführung von Fremdkapital mittels Cash Flow erfährt das Eigenkapital einen Wertanstieg". (*Schwenkedel* 1991, S. 29). Die Manager zeigen sich bei einem MBO bestrebt, den Cash Flow nach erfolgter Übernahme zu nutzen und zu erhöhen. Hierzu stehen ihnen verschiedene Möglichkeiten zur Verfügung. Maßnahmen bestehen u.a. in der Unternehmensrestrukturierung, der Veräußerung nicht betriebsnotwendiger Vermögensteile und der Realisierung sonstiger stiller Reserven. Überdies erfordert die hohe Fremdkapitalaufnahme ausreichende dinglich unbelastete Aktiva, die sich für Sicherungszwecke eignen (z.B. Grundstücke, Maschinen, Geschäftsausstattung, Tochtergesellschaften). Aus der Erfordernis, mittel- bis langfristig einen möglichst hohen Cash Flow zu generieren, sind bestimmte **wirtschaftliche Anforderungen** an einen "MBO-Kandidaten" offenkundig (vgl. *Kessel* 1991, S. 24):

- Die Güter bzw. Dienstleistungen des Zielunternehmens sollten ausgereift sein und keine hohen Forschungs- und Entwicklungskosten erfordern.

- Die Branche, in der das Unternehmen tätig ist, sollte keinen erheblichen saisonalen oder konjunkturellen Schwankungen unterliegen, um die Beständigkeit und Gleichmäßigkeit des Cash Flow zu gewährleisten.

- Es sollte ein hoher Grad an liquider Verfügbarkeit der Umsatzerlöse bestehen.

- Aufgrund der anfänglichen Belastung des Cash Flow durch die Bedienung des extern zur Verfügung gestellten Kapitals, darf der anstehende Investitionsbedarf nicht zu hoch sein. Das MBO-Unternehmen sollte daher bereits mit zeitgemäßen Anlagegütern ausgestattet sein.

Wegen des zu Beginn meist sehr hohen Anteils der Fremdfinanzierung bei einem MBO sollte der **Verschuldungsgrad** des Unternehmens so niedrig wie möglich sein. Die Tendenz, einen MBO mit einem hohen (dynamischen) Verschuldungsgrad (10 und mehr Jahren) durchzuführen, erhöht das Risiko eines Mißerfolgs für alle Beteiligten dann ganz besonders, wenn die Verschuldung in einem Mißverhältnis zur Ertragskraft der Unternehmung steht. In der deutschen MBO-Praxis bewegt sich der akzeptierte dynamische Verschuldungsgrad zwischen sieben und acht Jahren.

Branchen mit hoher **Kapitalintensität** sind für ein MBO weniger geeignet. Da sich der Fertigungsprozeß in diesen Branchen unter einem großen Einsatz von Anlagen, Maschinen usw. und einem hohen Automatisierungsgrad vollzieht und somit hier Umsatzminderungen aufgrund der hohen ausgabewirksamen Fixkosten zugleich Einbußen in Gewinn- und Cash Flow nach sich ziehen.

Neben der Finanzverfassung spielen **unternehmensstrategische Anforderungen** für die Beurteilung eines potentiellen MBO-Kandidaten eine große Rolle (vgl. *Ballwieser/Schmid* 1990, S. 359 und *Hoffmann/Ramke* 1990, S. 60-63):

– Ein Aspekt betrifft die **Wettbewerbsintensität** (strategische Branchenposition), die sich auf die vorherrschenden Marktverhältnisse bezieht, in denen das Unternehmen operiert. Die relevanten Marktgegebenheiten werden in erster Linie durch die unter den konkurrierenden Unternehmen herrschende Rivalität, die Bedrohung neu in den Markt eintretender Unternehmen sowie die Verhandlungsstärke des Unternehmens gegenüber Lieferanten und Kunden bestimmt. Günstige Konstellationen sind für einen MBO-Kandidaten Märkte mit niedriger Wettbewerbsintensität und hohen Markteintrittsbarrieren, da insbesondere die langfristige Entwicklung des Gewinnpotentials des Markts von der Wettbewerbsintensität einer Branche abhängig ist. Im Blickpunkt der Betrachtung steht dabei die Prüfung der Lieferanten- und Kundenbeziehungen. Um die Kontinuität nach erfolgtem MBO zu gewährleisten, sind eine stabile Auftragslage sowie gute Geschäftsbeziehungen zu den Kunden und Lieferanten erforderlich. Ein MBO-Unternehmen sollte von daher möglichst unabhängig von wesentlichen Kunden und Lieferanten sein.

– Die **Wettbewerbsstärke** bezieht sich auf das Unternehmen selbst und ist Ausdruck seiner Durchsetzungsfähigkeit gegenüber Mitbewerbern und seiner Teilnahme am Gewinnpotential einer Branche. Kennzeichnende Größen sind z.B. die Marktstellung, die sich in Produkttreue und Preiselastizität im Absatzmarkt ausdrückt sowie die Konkurrenzstellung, etwa gemessen am relativen oder absoluten Marktanteil. Eine überdurchschnittliche Wettbewerbsstärke ist unter strategischen Gesichtspunkten für eine MBO-Zielgesellschaft erforderlich, um die Nachhaltigkeit eines hohen Cash Flow zu stützen.

– Ist eine gesicherte **Marktposition** vorhanden, ist das Risiko bei einer Übernahme durch Mitbewerber begrenzt, da die Marktposition in engem Zusammenhang mit einer stabilen Ertragslage steht. Durch die gesicherte Kontinuität der Unternehmensführung nach einem MBO wird die bisherige Marktposition von der unternehmensorganisatorischen Seite durch den Eigentümerwechsel nicht untergraben. Voraussetzung für die in der Zeit nach erfolgtem MBO günstige Entwicklung des Umsatzes und des Cash Flow ist hinsichtlich der Marktposition ein wettbewerbsfähiges Produktprogramm und eine breitgefächerte Produktpalette. Die Produkte des Unternehmens sollten auf einem schnell wachsenden Markt gut positioniert sein, so daß mit einem stetigen Wachstum gerechnet werden kann sowie die erreichte Marktposition verteidigt werden kann.

– Die Produkte des MBO-Unternehmens sollten sich ferner bezüglich ihrer Position im **Produkt-Lebenszyklus** am Ende der Wachstumsphase bzw. dem Beginn der Reifephase befinden, da hier der Cash Flow sein Maximum erreichen kann. Daß die Produkte anschließend auf der Lebenszykluskurve in die Degenerationsphase eintreten und der Cash-Flow dadurch sinkt oder sogar negativ wird bleibt dabei allerdings unberücksichtigt.

10.2.5 Anlässe für die Durchführung eines Buy Out

Einen vorläufigen "Boom" erlebte der Buy Out zu Beginn der 90er Jahre, als mit dem Systemwechsel in der ehemaligen DDR Bereiche oder ganze Einheiten ehemaliger staatseigener Betriebe durch Buy Out-Konstruktionen privatisiert wurden. Sieht man von diesem einmaligen Anlaß einmal ab, so konzentriert sich in Deutschland der Einsatz von Buy Out-Finanzierungen vor allem auf die Möglichkeit, mit ihnen **Nachfolgeregelungen** bei überwiegend eigentümerorientierten mittelständischen Unternehmen bewerkstelligen zu können. Gründe für diese Probleme liegen meist darin, daß in der Eigentümerfamilie keine Nachkommen vorhanden sind oder Familienmitglieder nicht zur Übernahme des Unternehmens bereit bzw. in manchen Fällen nicht befähigt sind. Ein Unternehmer sieht sich dann vor die Erfordernis gestellt, möglichst rechtzeitig Führungsnachfolge für sein Unternehmen zu suchen. Der hohe Wettbewerbsdruck, unter dem die meisten mittelständischen Unternehmen operieren, lassen Nachfolgefriktionen umgehend in wirtschaftliche Mißerfolge bis hin zur Existenzgefährdung einmünden (vgl. *Meier-Preschany/Schäfer* 1990, S. 147-148). Durch den Ersatz der Altgesellschafter mit dem bisherigen Management kann die Unternehmenskontinuität erhalten bleiben und spezifisches unternehmenspolitisches Wissen, das meist entscheidend die Wettbewerbsvorteile in der Vergangenheit begründet und gesichert haben, auch nach dem Eignerübergang eingesetzt werden. Außerdem wird von der Verkäuferseite häufig darauf Wert gelegt, daß der Veräußerungsgewinn möglichst steuerbegünstigt bzw. vollständig steuerfrei vereinnahmt werden kann (Tarifbegünstigung gem. § 34 EStG, Grenze DM 30 Mio. Veräußerungsgewinn pro Kopf und Veranlagungszeitraum, unwesentlich sind im Privatvermögen gehalten Beteiligungen sofern diese kleiner als 26% sind).

Ein weiteres Einsatzgebiet für Buy Out-Finanzierung besteht in Deutschland bei Unternehmenssanierungen. Mit dem sog. Sanierungs-Buy Out soll durch den Übergang der Unternehmung in die Hände des neuen Eigentümers die Gesundung des Unternehmens ermöglicht werden. Dabei findet nicht selten ein Verkauf im Rahmen eines MBO unter Beteiligung der Belegschaft statt. Die Sanierung über einen MBO stößt allerdings häufig auf Kritik, da das Unternehmen von den gleichen Führungskräften übernommen werden soll, die meist in nicht unerheblichem Umfang für den Zustand der Gesellschaft verantwortlich zeichnen. In derartigen Fällen wird denn auch eher auf externe Manager im Rahmen eines MBI zurückgegriffen (vgl. *Schwenkedel* 1991, S. 16).

Kapitel III Kreditfinanzierung

1   Wesensmerkmale von Kredit und Kreditrisiko

Der Begriff "**Kredit**" ist auf das lateinische Wort "credere" zurückzuführen, das mit "**glauben**", auch "**vertrauen**" übersetzt wird. Den Begriff Kredit abschließend zu definieren gelingt nicht, da in der Literatur und der kreditwirtschaftlichen Praxis eine Vielzahl von Begriffsbestimmungen bestehen. Je nach Verwendungszweck oder Betrachtungsweise kommen unterschiedliche Definitionen zum Tragen. Im wesentlichen sind zu unterscheiden:

- Mit "Kredit" wird im allgemeinen der **Ruf** einer Person bzw. Institution beschrieben, den diese hinsichtlich ihres **Willens** und ihrer **Fähigkeit** genießt, eingegangene Verpflichtungen zu erfüllen. Kredit wird hier im Sinne von **kreditwürdig** verstanden.

- In der weiteren Bedeutung wird Kredit als **Versprechen** interpretiert, einem Dritten finanzielle Mittel zur Verfügung zu stellen. Kredit wird als **Zusage** angesehen.

- In einer anderen Interpretation wird unter Kredit der **Vorschuß** einer finanziellen Leistung verstanden: die Verpflichtung des Kreditnehmers, einem Kreditgeber einen in der Gegenwart zur Verfügung gestellten Geldbetrag zu einem vereinbarten zukünftigen Zeitpunkt zurückzuzahlen. Zu unterscheiden ist in Kreditbeziehungen zwischen Unternehmen untereinander und in Kredittransaktionen zwischen Finanzintermediären, vor allem zwischen Kreditinstituten und Unternehmen. **Kredittransaktionen zwischen Unternehmen** sind i.d.R. an ein zugrunde liegendes Waren- oder Dienstleistungsgeschäft gebunden. Bei einer **Kreditvergabe** seitens eines **Finanzintermediärs** fehlt eine solche Verknüpfung. Man spricht bei solchen Kreditbeziehungen von **Geldleihe**, da eine reine Übertragung von Finanzmitteln erfolgt.

- Demgegenüber kann Kredit ohne Einschaltung von Finanzmitteln vergeben werden. Gemeint ist die sog. **Kreditleihe**, bei der die **Bonität** des Kreditgebers durch ein entsprechendes Rechtsgeschäft auf den Kreditnehmer **übertragen** wird. Solche Kreditgeschäfte stellen etwa Aval- und Akzeptkredite von Kreditinstituten dar.

- Speziell für Kreditinstitute hat das **KWG** im § 19 Abs. 1 und das **Bundesaufsichtsamt für das Kreditwesen** im Grundsatz I der Grundsätze über das Eigenkapital und die Liquidität der Kreditinstitute den Kreditbegriff festgelegt. Er erfolgt durch Aufzählung einzelner **Kreditarten** (z.B. Barkredite, Leasing etc.).

Die definitorische Breite des Kreditbegriffs wird durch die in der Praxis des Kreditgeschäfts von Finanintermediären und Unternehmen geschaffene Formenvielfalt von Kreditarten unterstrichen. Abb. III-1 gibt eine erste Vorstellung hiervon, indem sie die in der Literatur und Praxis gängigen **Einteilungen** von Krediten aufführt.

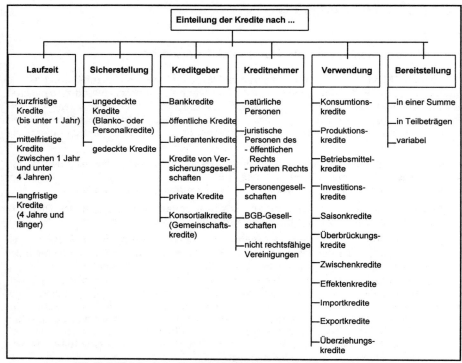

Abb. III-1: Einteilung von Krediten (Quelle: *Hagenmüller/Diepen* 1993, S. 413)

Charakteristisch für den Kredit ist das **zeitliche Auseinanderfallen** der Leistung des Kreditgebers und der Gegenleistung des Kreditnehmers. Diese gilt als erbracht, wenn Zinsen und Tilgung vollständig und termingerecht an den Kreditgeber zurückgeflossen sind. Damit handelt es sich bei einem Kreditgeschäft um

- eine **Fristentransformation** von Liquidität (d.h. Kreditvergabe in der Gegenwart, Rückzahlung in der Zukunft), unter

- **Informationsproblemen**, wobei der Kreditgeber in der Regel über die Investition und die Rückzahlungsmöglichkeit weniger gut informiert ist, als der Kreditnehmer. Es besteht bei Kreditgeschäften daher regelmäßig eine **asymmetrische Informationsverteilung** zwischen Kreditnehmer und -geber.

Die Tatsache, daß die Vergabe von Kredit eine in die Zukunft gerichtete Handlung darstellt, bedeutet insbesondere aus der Sicht des Kreditgebers, daß er Zahlungsmittel (oder Bonität) zu einem späteren Zeitpunkt zurückerhält. In einer Umwelt, in der in der **Gegenwart** keine Sicherheit über den Eintritt von Ereignissen in der Zukunft vorliegt, ist auch jede Kreditvergabe i.d.R. **Unsicherheiten** ausgesetzt, bzw. einem Risiko unterworfen: Es stellt die Gefahr für den Kreditgeber dar, daß der Kredit nicht fristgerecht getilgt wird und/oder Zinszahlungen ausbleiben. Derartige Unsicherheiten im Kreditgeschäft unterscheidet man in **aktives** bzw. **rückzahlungsbedingtes** Kreditrisiko und **passives Kreditrisiko**.

1 Wesensmerkmale von Kredit und Kreditrisiko

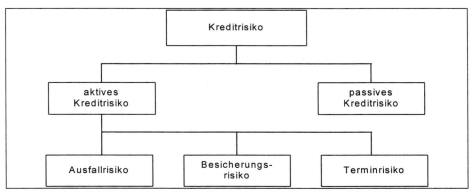

Abb. III-2: Formen der Kreditrisiken (in Anlehnung an *Zellweger* 1987, S. 12)

Das **passive Kreditrisiko** beruht auf zwei **Komponenten**:

- **Zinsänderungsrisiken**, d.h., beim Kreditgeber verringert sich durch Marktzinsänderungen die kalkulierte Verdienstspanne zwischen den Zinsen, die er für die Kreditvergabe vom Kreditnehmer erhält (= Zinserlöse) und den Zinsen, die er den Anlegern (z.B. Sparern) für deren Überlassung von Finanzmitteln zahlen muß (= Zinskosten).
- Das **Risiko**, daß die **Anleger vorzeitig** ihre beim Kreditgeber angelegten **Gelder zurückfordern**.

Das passive Kreditrisiko hat für die Vergabe von Krediten keine unmittelbare Auswirkung. Dagegen ist mit der Kreditvergabe direkt das **aktive Risiko** verbunden. Es beinhaltet die Gefahr, daß ein dem Kreditnehmer gewährter Kredit nicht fristgerecht oder nicht vollständig zurückgezahlt wird. Folgende drei Komponenten sind hierbei zu unterscheiden:

- Vom **Ausfallrisiko** spricht man, wenn sich die wirtschaftliche Lage eines Kreditnehmers derart verschlechtert, daß er seine Pflichten aus dem Kreditvertrag nicht mehr mit Sicherheit erfüllen kann.
- Als **Besicherungsrisiko** wird die Gefahr bezeichnet, daß im Fall der Zahlungsunwilligkeit oder -unfähigkeit eines Kreditnehmers die notwendig gewordene Verwertung von Sicherheiten seitens des Kreditgebers niedrigere Verwertungserlöse ergibt, als bei Kreditbewilligung geschätzt wurde.
- Erfolgen vertraglich vereinbarte Zahlungen seitens des Kreditnehmers erst verspätet, so spricht man von einem **Terminrisiko**.

Gängig ist ferner die Unterscheidung in Bonitäts- und Länderrisiko. Hierbei wird auf die Eigenschaft der Kreditnehmer abgestellt. Beim **Bonitätsrisiko** wird auf den einzelnen Kreditnehmer Bezug genommen. Es beinhaltet die Gefahr der mangelnden Kreditrückführung, die sich aus der fehlerhaften Beurteilung seiner aktuellen und zukünftigen Zahlungsfähigkeit und -willigkeit durch den Kreditgeber ergibt. Das **Länderrisiko** betrifft Bonitätsrisiken im Kreditgeschäft mit internationalen Schuldnern, d.h. Staaten, die in ihrer Gesamtheit Zins- und Tilgungszahlungen nicht leisten können.

Kreditrisiken stellen sich demnach als **Bonitätsrisiken** dar, die in den Ausprägungen Termin-, Besicherungs- und Ausfallrisiko auftreten (vgl. *Brakensiek* 1991, S. 14-16).

2 Informations- und Anreizprobleme bei Finanzierung mit Fremdkapital

Asymmetrische Informationsverteilung und Verhaltensunsicherheiten kennzeichnen wie andere Formen der Beziehungen zwischen Kapitalgebern und -nehmern auch die Kreditbeziehung. In einer Kreditbeziehung ist das herkömmliche Rollenmuster dergestalt, daß der **Kreditgeber** den **Prinzipal** darstellt und der Kreditnehmer die Funktion des **delegierten Agenten** übernimmt. Der Kreditgeber überläßt dem Kreditnehmer Kreditmittel, die dieser für Investitionszwecke einsetzt. Aus den Erträgen der realisierten Investitionen beansprucht der Kreditgeber seinen Anteil in Form von kontraktbestimmten Einkommenszahlungen. Der Kreditgeber ist bei der so zu verstehenden Wahl seiner Einkommensquelle auf die Informationen über zeitliche Struktur, Breite und Sicherheitsgrad der zukünftigen Zahlungsströme auf die Informationen und Verhaltensweisen des Kreditnehmers angewiesen. Der Kreditnehmer nimmt typische Aufgaben einer delegierten Auftragsfunktion wahr: Auswahl und Realisierung von Investitionsobjekten, die die von ihm dem Kreditgeber in Aussicht gestellten Zahlungsstromeigenschaften aufweisen. Für den Kreditgeber sind die Informationsstände und Verhaltensweisen des Agenten nicht oder nur unvollständig bekannt.

2.1 Ausprägungen des Prinzipal-Agent-Problems

In Anlehnung an die Dreiteilung der damit verbundenen neo-institutionenökonomischen Problemlagen lassen sich darauf aufbauend folgende Spezifikationen vornehmen.

Mit der **Qualitätsunsicherheit** wird in Kreditbeziehungen das Problem gekennzeichnet, daß Kreditgeber vor Abschluß von Kreditverträgen keine Kenntnis über das unbeobachtbare Risiko des Ausfalls des Kredits während der Vertragslaufzeit nach Kreditvergabe haben. Sie stehen vor dem Problem, zwischen guten und schlechten Kreditnehmern unterscheiden zu müssen. Nur dadurch können sie jeden Nachfrager nach Kredit hinsichtlich der **risikoadäquaten Zinsgestaltung** und der **sonstigen Vertragsinhalte** mit einem entsprechenden Kreditangebot bedienen. Ohne bestimmte Maßnahmen und Instrumente zur Separation der Kreditnachfrager entsprechend ihrer individuellen Risikostruktur sehen sich die Anbieter von Kredit einem gepoolten Kreditmarkt gegenüber.

Jaffee/Russel (1976) und *Stiglitz/Weiss* (1981) haben gezeigt, welche Folgen die Übertragung des Qualitätsunsicherheitsansatzes auf Kapitalmärkte hat: Kreditgeber müssen ihre Konditionsangebote aufgrund der unvollständigen Kenntnis über das Ausfallrisiko der einzelnen Kreditnachfrager (oder positiv gewendet, deren Bonität) auf die **durchschnittliche Kreditwürdigkeit** abstellen. Damit verlangen sie einen durchschnittlichen Kapitalkostensatz, unabhängig davon, ob ein Kreditnehmer ein überdurchschnittlich gutes oder schlechtes Risiko darstellt. Insofern subventionieren die guten Kreditnehmer wegen des für sie zu hohen Kapitalkostensatzes die Kreditnehmer mit hohem Risiko, die ihre Kreditverträge zu relativ zu niedrigen Kapitalkosten angeboten bekommen.

Kreditnehmer guter Bonität ziehen sich vom Markt zurück, wenn für sie im Fall einer zu hohen Subventionierung schlechter Kreditnachfrager keine Vorteile mehr aus der Kreditfinanzierung bestehen. Dadurch sind Kreditnehmer guter Qualität benachteiligt, da Kreditgeber nur die Nachfrager mit relativ hohem Ausfallrisiko bedienen. Dies zeigt, daß auf einem **gepoolten Kreditmarkt** mit potentiellen Schuldnern **kaum** eine **Bonitätsdifferenzierung** existiert. Dadurch erhalten einige Nachfrager keinen Kredit oder nur zu einem gerin-

2 Informations- und Anreizprobleme bei Finanzierung mit Fremdkapital

geren Volumen, als sie zu einem gedachten markträumenden Zinssatz nachfragen würden (vgl. *Schmidt,* 1983). Das **Problem** der **Qualitätsunsicherheit** auf Kreditmärkten ist dann aus zweierlei Sicht zu betrachten:

- Die Kreditgeber werden durch den Rückzug von überdurchschnittlich guten Kreditnachfragern in ihren Kreditvergabemöglichkeiten (potentiellen Anlagemöglichkeiten) rationiert. Um dies zu vermeiden oder um sich eine größere Anzahl von Kreditvergaben zu erschließen, müssen sie zwischen den guten und schlechten Kreditnachfragern sortieren bzw. filtern, also ein Screening vornehmen. Dies verursacht **Überprüfungskosten**, die aus Such- und Auswahlkosten vor dem Abschluß des Kreditvertrags bestehen. Sie resultieren aus Aktivitäten der **Informationsgewinnung** und -verarbeitung sowie der **Kreditnehmerselektion**. Nach der Kreditvergabe und während der Kreditlaufzeit folgen dann Kontrollkosten. Solche Transaktionskosten werden bei der Kreditvergabe- bzw. Anlageentscheidung mit ins Kalkül gezogen.

- Auf der Seite der **Kreditnachfrager** besteht bei denjenigen mit **hoher Bonität** ein Anreiz, die Kreditgeber von ihrer überdurchschnittlichen Qualität zu überzeugen. Hierzu bedarf es **Signale** an die Kreditgeber, die ausschließlich von Unternehmen mit guter Kreditqualität ausgesendet werden können (vgl. Abschnitte 2.3.1 und 2.3.2). Sie sind dann verläßlich, um von den Kreditgebern zur Extrapolation auf die für sie nicht beobachtbare objektive Höhe des Ausfallrisikos guter Schuldner verwendet werden zu können. Die Produktion solcher Signale ist daher für die Kreditnachfrager kostenpflichtig (eine wichtige Bedingung im übrigen, um die Funktionsfähigkeit und Effizienz dieses Prozeß gewährleisten zu können). Eine andere Möglichkeit, entsprechend des Extrapolationsprinzips Informationen über die hohe Kreditwürdigkeit zu generieren, wäre der Aufbau von **Reputation**.

Liegt asymmetrische Informationsverteilung vor, ist für die Zeit während der Kreditvertragslaufzeit opportunistisches Verhalten nicht auszuschließen. Es entsteht durch die Unmöglichkeit, bereits mit Vertragsabschluß alle zukünftigen Umwelteinflüsse und Handlungen der Kreditvertragsparteien im Kreditvertrag festzuschreiben und entsprechende Handlungsvorschriften zu fixieren. Mögliche Konsequenzen solcher verbliebenen **diskretionären Handlungsspielräume** des Agenten "Kreditnehmer" können Hold Up und Moral Hazard sein.

Wie in Kapitel I ausgeführt, besteht das Problem des **Hold Up** in der **Irreversibilität von Investitionen**: Kreditnehmer haben Kreditverträge gezeichnet und Finanzmittel bereitgestellt bekommen. Ihre Kapitalanlagen sind über die Kreditvertragslaufzeit wie irreversible Investitionen zu charakterisieren. Wie der Kreditvertrag in dieser Zeit umgesetzt wird, hängt sehr stark von der Willensbildung des Kreditnehmers ab. Nutzt dieser seine vertraglichen Freiräume zu Lasten der Wohlfahrt des Kreditgebers, so ergeben sich für diesen **Sunk Costs**. Ein solches Verhalten des Kreditnehmers muß nicht zwangsläufig auf wohl kalkulierten Absichten beruhen, den Kreditgeber im Rahmen zulässiger Vertragsspielräume zu schädigen, sondern kann sich auch aus Mißverständnissen aufgrund fehlender expliziter Vertragsformulierungen ergeben.

Ähnliche Grundlagen wie im Hold Up sind für das Entstehen von **Moral Hazard** in Kreditbeziehungen verantwortlich. Der zentrale Unterschied ist, daß der Kreditgeber beim Hold Up ex post, also nach Eintritt der Verhaltensweisen des Kreditnehmers, den Vertragsverstoß erkennt, während er bei Moral Hazard zwischen exogenem Risiko aufgrund von Umwelteinflüssen und Verhaltensrisiko des Kreditnehmers nicht unterscheiden kann. Ist dem Kreditgeber beim Hold Up durch Kontrolle und Überwachung (Monitoring) während der

Kreditvertragslaufzeit das Erkennen von Vertragsverletzungen grundsätzlich zugänglich, so entzieht sich der Kreditnehmer demgegenüber in Moral Hazard-Situationen einer solchen Kontrolle. Der Kreditgeber kann in diesem Fall bestimmte Bedingungen dem Kreditnehmer setzen, auf die er dann im Interesse des Kreditgebers reagieren müßte. Solche anreizorientierten Kooperationsdesigns stellen letztendlich **Entlohnungsschemata** dar.

Bei der Analyse von Kreditbeziehungen ist demnach ein erster zentraler Schritt, gedanklich zwischen der Vorvertrags- und der Nachvertragsphase zu unterscheiden. Beide sind eng miteinander verbunden, da die im Laufe der Vorvertragsphase durch das Identifizieren des Kreditrisikos gewonnenen Informationen die Grundlagen dafür bilden, in welcher Form Kompensationen für das einzugehende Kreditrisiko vom Kreditgeber gefordert werden. Als Ergebnis der Verhandlungen mit dem Kreditnehmer resultiert ein Kreditvertrag, dessen Komponenten mehr sind, als reine kreditartenbezogene Merkmalsbeschreibungen: Sie verkörpern explizit formulierte Kontroll-, Überwachungs- und Sanktionsregeln, mit denen eine Ausgleich der (häufig konfliktären) Interessen von Kreditnehmer und -geber für die Funktionsfähigkeit der Beziehung in der Nachvertragsphase festgeschrieben sind und die durchgesetzt werden müssen. Neben den expliziten Vertragselementen werden eine Reihe von Unvollständigkeiten verbleiben und manche Regelung wird nur impliziter Natur sein können.

2.2 Kooperationsdesigns in Kreditbeziehungen

Kreditgeber und -nehmer oder Prinzipale und Agenten stehen bei der Optimierung ihrer individuellen Finanzentscheidungen vor einem Identifikationsproblem, da sie auf informationsineffizienten Märkten operieren (vgl. grundsätzlich hierzu *Zweifel* 1988). Es können bestimmte **Kategorien von Kooperationsdesigns** identifiziert werden, die (kombinierbare) Lösungsansätze zur Überwindung von Informationsasymmetrien und teilweise ein Anreizsystem zur Vermeidung von opportunistischem Verhalten darstellen:

- **Informations-/Kommunikationspolitik.** Informationsübertragung und -beschaffung wird in der informationsökonomischen Literatur mit den Begriffen Signaling und Screening beschrieben. Screening läßt sich durch zwei Varianten differenzieren: "**Self Selection**" und "**Examination**". **Signaling** bezeichnet den Vorgang der Informationsübertragung, **Screening** dagegen den der Informationsbeschaffung zur Darstellung von Charakteristika der Kreditnehmer, wie Solvenz, Seriosität und Kooperationsbereitschaft. Self Selection bietet eine Selbsteinordnungs- oder Selbstbindungsmöglichkeit vor allem in Kreditverträgen mit vorgegebenen Kategorien und bekannten Eigenschaften, die für den Kreditnehmer unveränderliche Kontraktelemente darstellen. Dies erfordert Vorgaben der weniger informierten Partei der Kreditgeber an die besser informierte Seite der Kreditnehmer, Informationen durch **Wahlhandlungen** offenzulegen. Die Prüfung wiederum bezieht sich auf die entsprechend vorgegebenen Sucheigenschaften. **Examination** bezeichnet die Möglichkeit der Überprüfung der Kreditnehmerqualitäten. Der Vorgang ist mit unterschiedlichen Schwierigkeiten und Kosten verbunden, je nachdem welche Eigenschaften des Kreditnehmers zu überprüfen sind. Das **Signaling** beinhaltet die Überwindung der Informationsasymmetrie durch die Initiative der informierten Marktseite, d.h. hier muß die Aktivität von Kreditnehmern ausgehen. Sie signalisieren den Kreditgebern i. d. R. ihre überdurchschnittliche Bonität, etwa durch die gezielte Einhaltung von bei Kreditgebern beachteten Bilanz- und Finanzierungskennziffern in der Bilanz. Im Gegensatz dazu vollzieht sich Screening (Informationsbeschaffung) durch die schlechter informierte Marktseite, also durch die Kreditgeber.

Reputation: Dieses Kooperationsdesign repräsentiert einen impliziten Kontrakt. Der **Aufbau** von **Reputation** in Kreditbeziehungen, auch als Soft Incentive System bezeichnet, erfordert, daß Kreditnehmer ein individuelles **Brand Equity** aufweisen. Sie erhalten dies, indem sie in der Vergangenheit irreversible Investitionen getätigt haben, die sie anschließend vergleichbar mit einem **Pfand** in die Kreditbeziehungen mit dem Kreditgeber einbringen. Dadurch erhält diese Beziehung ihre Form der Exklusivität. Der Bruch von Bestandteilen des Kreditvertrags in einer solchen Kooperation führt zum Verlust dieses Pfands, d.h., die Reputation muß für den Kreditnehmer abgeschrieben werden. Dies wirkt dann wie eine **Bestrafung**, insbesondere weil Kosten, zukünftige Vertragsbeziehungen aufzubauen (Problem der Gewinnung neuer Kreditgeber) und bisherige Kreditbeziehungen zu erhalten, steigen werden. Ferner wird in den Kapitalkosten zukünftiger Kreditkontrakte die Risikoprämie ansteigen, was im Ergebnis den Verlust von vormals vorhandenen Reputationsrenten ausdrückt. Die Rate der **Abschreibung des Reputationskapitals** von Kreditnehmern wird durch die Schnelligkeit der Informationsübertragung auf Kapitalmärkten bestimmt (vgl. *Diamond*, 1989b und *Klein*, 1985, S. 596). Je entwickelter Kapitalmärkte sind, um so effizienter ist die Informationsübertragung an Kreditmarktteilnehmer. Die härteste Strafe wäre dann für einen Kreditnehmer der **Ausschluß vom Kapitalmarkt**. Sofern Kreditgeber erkennen oder der Kreditnehmer glaubhaft machen kann, daß es sich um eine einmalige Verletzung von Kreditvertragsbedingungen handelt, können **Kreditgeber "verzeihen"**. Dies ist dann wahrscheinlich, wenn der Schuldner mit den Erträgen eines neuen Investitionsprojekts seine Altschulden wieder begleichen kann. Für die Realisierung dieser neuen Investition hätten dann die bisherigen Kreditgeber einen Finanzierungsanreiz.

Dieser Ausschlußmechanismus ist dann funktionsfähig, wenn das schädigende Verhalten für die Kreditgeber und potentielle Vertragspartner einwandfrei beobachtbar ist. Kann nämlich nicht geklärt werden, ob schädigendes, vom Kreditnehmer zu verantwortendes Verhalten zu einem Ausfallrisiko führte oder es durch Zufall zustandekam (sog. "Noise" im identifizieren der Risikoverursachung), würde der Kreditnehmer u. U. zu Unrecht bestraft. Damit sinkt dessen Bereitschaft zur Kooperation in der Kreditbeziehung (vgl. *Kreps* 1990, S. 515).

- **Autoritäre Maßnahmen:** Solche Möglichkeiten bieten langfristige Rahmenverträge, in denen sich ein Kreditnehmer gegenüber dem Kreditgeber verpflichtet, von Fall zu Fall auf dessen Anweisungen hin Handlungen auszuführen, z. B. aktuelle Finanz- und Investitionspläne bereitzustellen. Es ist eng gekoppelt mit dem Recht zur laufenden **Überwachung des Finanzmitteleinsatzes** durch den Kreditgeber oder einen durch ihn Beauftragten. Dies ist z.B. Praxis in der Unternehmensberatung, wenn Kreditnehmer von einer Bank oder ihrer Consulting-Tochtergesellschaft Sanierungspläne erstellt bekommen und die Umsetzung entweder von diesen begleitet oder deren Ergebnisse überwacht werden (vgl. *Schäfer* 1993). Aus der Informationsökonomik ist durch die Arbeiten von *Klein/Crawford/Alchian* (1978) bekannt, daß insbesondere bei ausgeprägtem Hold Up autoritäre Maßnahmen bis zur **vertikalen Integration** führen können. Der Kreditgeber erwirbt dann die Produktionsfaktoren des Kreditnehmers mit dem Ziel, durch ein eigenes Investitionsmanagement die erwarteten und durch Mißmanagement des Kreditnehmers in Gefahr geratenen Investitionserträge zu realisieren bzw. befürchtete Verluste zu verringern.

- **Kompensationen:** Während Reputation eine vorbeugende Wirkung für die Kreditbeziehung hat (es soll nicht zum Kreditrisiko kommen), erhalten Kompensationen ihre Bedeutung für den Fall, daß das Kreditrisiko eingetreten ist. Der Prinzipal begrenzt den ihm entstandenen Schaden durch teilweise oder vollständige Verwertung von Vermögensgegenständen, die ihm der Agent (oder für ihn Dritte) überlassen hat. Der Begriff Kompensation umfaßt neben Kreditsicherheiten auch Ausfallbürgschaften u. ä. . Wichtig ist, daß damit zwar der Verlust aus dem Eintritt des Kreditrisikos für den Kreditgeber reduziert werden kann, aber die Varianz des Investitionsergebnisses nicht beeinflußt wird.

Bisher wurde unterstellt, daß die Kreditbeziehung direkt zwischen den finalen Kreditgebern und -nehmern erfolgt. Die Überlegungen verdeutlichen, daß eine Kreditbeziehung unter neo-institutionenökonomischen Rahmenbedingungen unvermeidbar **Kosten** der Informationsgewinnung und -auswertung, Vertragsverhandlungen und -gestaltungen sowie Kontrolle und Durchsetzung mit sich bringt. Diese Transaktionskosten können prohibitiv hoch sein und sind für jeden Kreditgeber abhängig von seiner **individuellen Transaktionstechnologie** (vgl. *Kurz* 1974, S. 3). Dies hat zur zentralen Konsequenz, daß sich zwischen Kreditnehmern und -gebern Wirtschaftssubjekte etablieren können, die **komparative Transaktionskostenvorteile** aufgrund spezifischer Skalenerträge in ihrer Transaktionstechnologie aufweisen. In Kapitel I wurde bereits auf die diesbezügliche Schlüsselfunktion von Finanzintermediären hingewiesen. Aufgrund der bereits genannten Informationsineffizienzen in Kreditbeziehungen ist gerade hier zu unterscheiden, ob Kreditbeziehungen

- **direkt** zustande kommen und die vorgenannten Prozesse des Risikomanagements weitestgehend beim Kreditgeber verbleiben, oder
- eine **indirekte** Kreditbeziehung durch die Zwischenschaltung von Finanzintermediären erfolgt.

Aus der statistischen Darstellung im ersten Kapitel zur Kapital- und Finanzierungsstruktur von Unternehmen wurde deutlich, daß Unternehmen in erheblichem Umfang untereinander Kreditbeziehungen aufweisen, d.h. keine Kreditinstitute zwischengeschaltet sind. Das schließt nicht aus, daß während der Kreditvertragslaufzeit oder in Ergänzung zum Kredit Finanzintermediäre in Anspruch genommen werden:

- So kann ein kreditvergebendes Unternehmen seine Kreditforderungen (= Forderungen aus Lieferungen und Leistungen) vor Fälligkeit an eine **Factoringgesellschaft** verkaufen und sich aus der Kreditgeberrolle lösen (vgl. hierzu Abschnitt 4.1.4 in diesem Kapitel).
- Im **Exportgeschäft** besteht die ergänzende Sicherungsmöglichkeit kurzfristiger Kredite durch den Abschluß von Warenkreditversicherungen.

Unternehmen (= "Nichtbanken") treten als **direkte Kreditgeber** gegenüber ihren Kunden auf, d.h., die Kreditvergabe ist gekoppelt an ein zugrunde liegendes Warengeschäft und steht in Verbindung mit der **Absatzpolitik**. Kurzfristige Handelskredite erfolgen meist durch Einräumung eines Zahlungsziels, sind weitgehend vertraglich standardisiert und durch Eigentumsvorbehalte besichert. Im mittel- bis langfristigen Bereich existiert das Lieferantendarlehen, besonders verbreitet z.B. bei Brauerein, im Großhandel und bei der Händlerfinanzierung durch Hersteller (vgl. *Löffler* 1991, S. 16-17).

Das **Kreditrisikomanagement** von **Unternehmen** ist organisatorisch gesehen Teil des (aktiven) Kredit- und Risikomanagements des Finanz-Controllings, das sich zwischen Absatzinteressen der Vertriebseinheiten und den eigenen finanzwirtschaftlichen Zielen bewegt. Kreditrisikomanagement in Unternehmen ist als eine "Gradwanderung" zwischen der Minimierung von Kreditrisiken und Absatzunterstützung zu verstehen. Die Funktionen

2 Informations- und Anreizprobleme bei Finanzierung mit Fremdkapital 195

des Risikomanagements sind meist organisatorisch verselbständigt, um weder dem Vertriebs- noch dem Finanzinteresse ein unangemessenes Übergewicht in Fragen der Kreditgewährung zu ermöglichen. **Funktionen** des Kredit- und Risikomanagements in Unternehmen sind allgemein Entwurf der Zahlungsbedingungen, Prüfung von Kreditfähigkeit und -würdigkeit der Kunden, Lieferfreigabe, Forderungsüberwachung, Kontrolle des Mahnwesens, Forderungs-Inkasso. Kredit- und Risikomanagement hat daher eine fortlaufende Aufgabe inne, die auch der direkte Kundenkontakt und ggf. die Einwirkung auf die Behebung von Mängelanzeigen des Kunden als Begründung für eine Zahlungsverzögerung einzubeziehen hat (vgl. *Seibel* 1975, S. 407-408).

Die **indirekte Kreditbeziehung** kommt zwischen dem Kreditnehmer und dem Delegated Monitor "Kreditinstitut" zustande, der im Auftrag des finalen Kreditgebers (= Einleger) handelt. Hier obliegt die Kreditprüfung (gemäß bankinternen Kompetenzrichtlinien) zum Teil den Vertriebsstellen vor Ort, ab bestimmten Größenordnungen ist entsprechend des **"Vier-Augen-Prinzips"** eine Gegenkontrolle in der hierarchisch übergeordneten Stelle gängig. Der Prozeß der Kreditüberwachung obliegt der kreditgewährenden Stelle, u.U. ebenfalls ab bestimmten Kreditbeträgen mit Rückmeldung an die übergeordnete Instanzen. Begleitend erfolgt ein Sparten- und/oder Gesamtbank-**Controlling**, entweder im Kredit- und Risikomanagement der Bank als eigenständiger Organisationseinheit oder innerhalb des Controllingbereichs (vgl. *Schierenbeck* 1991, S. 5ff.). Mit den Kreditvergabe- und Überwachungsregeln sollen **Prinzipal-Agent-Probleme**, die zwischen der **Leitung eines Kreditinstituts** und den **hierarchisch Weisungsgebundenen** im Institut bestehen, reduziert werden. Kreditvergaberegeln engen die Entscheidungsspielräume der Kreditsachbearbeiter ein und verringern für das Kreditinstitut gleichzeitig Überprüfungskosten. Eine weitere Möglichkeit stellt die Einschränkung der Eigenständigkeit von Kreditsachbearbeitern in ihrer Kreditvergabekompetenz dar.

Begleitend wird zur Begrenzung der Risiken aufgrund von Mängeln in der Betriebsorganisation und des Personals bei Kreditinstituten noch eine zusätzliche Kontrollinstanz im Kreditvergabeprozeß eingebaut, die interne **Kreditrevision**. Zumindest bei allen größeren Kreditinstituten wird diese formale und materielle Überwachung des Kreditvergabeprozesses von dieser Einrichtung durchgeführt. Das gesamte Kreditgeschäft von Banken unterliegt regelmäßig im Rahmen der Abschlußprüfung einer externen Prüfung (vgl. *Kreim* 1988, S. 51).

<u>Lesehinweis:</u> Risikopolitische Instrumente zur Steuerung des Ausfallrisikos beschreibt *Schierenbeck* (1991, S. 668ff.)

2.3 Management von Qualitätsunsicherheit vor Kreditvergabe

Bei **Kreditvergaben durch Unternehmen** wird die Einschätzung des Bonitätsrisikos der Kreditnehmer durch die Besonderheit geprägt, daß meist Erfahrungen mit dem Kreditnehmer als Kunden aus bisherigen Waren- und Dienstleistungsgeschäften bestehen. Sie übernehmen quasi eine Vehikelfunktion, indem sie indirekt auch auf das Bonitätsrisiko Signale abgeben. Hierzu zählt insbesondere das bisherige Zahlungsverhalten und damit die Erfüllung von Forderungen des Lieferanten. Wegen der **Liefer- und Leistungsverflechtung** des Unternehmens mit den Kreditnehmern sind spezifische Branchenkenntnisse vorhanden, z. B. wie Schwankungen in der Abnahmemenge zu beurteilen sind, ob sie eventuell ein Indiz für nachhaltige wirtschaftliche Schwierigkeiten darstellen. Ferner verfügen die Unternehmen zusätzlich über **private Informationen**, die ihnen bei längerer Geschäftsbeziehung durch die Auswertung der Transaktionshistorien aufgrund vergangener Aufträge zur Verfügung stehen. Bei mittel- bis längerfristigen Lieferantendarlehen ist es darüberhinaus gängig, sich über die laufende Absatzentwicklung beim Schuldner von diesem Berichte zukommen zu lassen (vgl. *Löffler* 1991, S. 16-18).

Kreditinstitute verfügen wegen der fehlenden leistungswirtschaftlichen Verflechtung über keine vergleichbaren Informationsquellen wie Nichtbanken in ihrer Eigenschaft als Kreditgeber. Allerdings können sie ebenfalls über **längerfristige Geschäftsbeziehungen** Informationen für die Risikobeurteilung generieren, etwa durch Beobachtung des **Zahlungsverkehrs** auf dem Zahlungsverkehrskonto des Kreditnehmers. Eine herausgehobene Bedeutung als Informationsquelle nimmt aber für die Beurteilung des Kreditrisikos die **Rechnungslegung** des Kreditnehmers als Mindestinformationsquelle ein. Mit dem Jahresabschluß soll insbesondere Aufschluß gewonnen werden über die speziellen zukünftigen Bestimmungsfaktoren der Kreditwürdigkeit des Kreditnehmers. Die Durchführung des Screenings erfolgt in der Praxis mittels der Kreditprüfung, für die sich einige Kernelemente unabhängig von der kreditinstitutsindividuellen Handhabung herausgebildet haben.

2.3.1 Screening- und Monitoringprozesse im Risikomanagement

Risikomanagement kann also verstanden werden als Prozeß, der sich in Hinblick auf die Phasen eines Kreditvertrags in zwei Bereiche unterteilen läßt:

- In der **Vorvertragsphase** besteht das Erfordernis für den Kreditgeber, das ihm unbekannte Ausfallrisiko des Kredit nachfragenden Unternehmens zu identifizieren. Hier ist der Prozeß des Screening einzuordnen. In der Praxis wird dies mit der Kreditprüfung beschrieben. Hierzu zählt ferner die Verfügbarkeit und Werthaltigkeit geeigneter **Kreditsicherheiten** zu analysieren.
- Nachdem es zum Abschluß eines Kreditvertrags gekommen ist, setzt die **Nachvertragsphase** ein. Tätigkeitsinhalt dieses Teils des Risikomanagements ist die Kreditüberwachung und -überprüfung. Die **Kreditüberwachung** (Monitoring) ist darauf gerichtet, die Erfüllung der Vertragsbedingungen insbesondere der Zins- und Tilgungsverpflichtungen zu kontrollieren. Die **Kreditüberprüfung** hat zum einen zum Zweck, den Kreditnehmer zur Realisierung ertragreicher und wenig risikobehafteter Investitionsobjekte zu veranlassen. Ferner ist sie darauf gerichtet, bei erkennbaren getätigten Investitionen mit schlechten Ertrags-Risiko-Aussichten eine Umkehr der zukünftigen Investitionspolitik zu erreichen (vgl. *Diamond* 1991).

Die nachfolgende Abb. III-3 gibt einen Überblick über den Zusammenhang von Screening und Monitoring.

2 Informations- und Anreizprobleme bei Finanzierung mit Fremdkapital

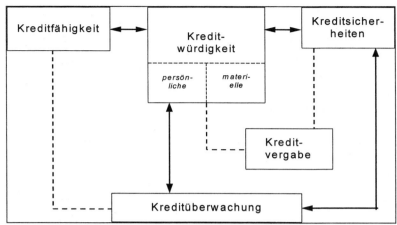

Abb. III-3: Überblick über die Komponenten des Kreditrisikomanagements

Kreditwürdigkeits- und Kreditfähigkeitsprüfung sind die Bestandteile der Kreditprüfung. Wegen der Bedeutung der Sicherheiten in ihrer Garantiefunktion zählt die Sicherheitenprüfung neben der Kreditprüfung ebenfalls zu den Komponenten des Risikomanagements vor Kreditvergabe. Die drei Komponenten stehen in Zusammenhang mit der Risikoüberwachung des Kredits nach Vergabe.

Bei der **Kreditfähigkeit** werden im Rahmen einer Kreditantragstellung vor allem zwei Aspekte geprüft:

– die Fähigkeit des Kreditnehmers, **rechtswirksame Geschäfte** abzuschließen, d.h., ob er juristisch in der Lage ist, sich rechtswirksam gegenüber dem Kreditgeber zu verpflichten;

– die **Haftungsgrundlagen**, die zur Besicherung des Kredits dienen sollen.

In beiden Fällen kommt der **Rechtsform** von **Unternehmen** die zentrale Bedeutung zu - bei der Haftungsfrage dominiert sie. Die **Gründe** hierfür sind (vgl. Buchner 1993, S. 180):

– Es gibt je nach gesellschaftsrechtlichen und vertraglichen Rahmen unterschiedliche Möglichkeiten, Eigenkapital zu verändern. Dies beeinflußt nachhaltig den Gläubigerschutz und damit vor allem die Kreditgeberstellung.

– Regelungen hinsichtlich der Erfolgsermittlung und -verwendung (bedeutend für die Sicherung des haftenden Eigenkapitals) weichen in einzelnen Rechtsformen voneinander ab.

– Kontrollbestimmungen der Rechnungslegung (z.B. bezüglich Einsatzes unabhängiger externer Prüfer) können sich unterscheiden.

Kreditfähig sind generell:

– **Natürliche Personen**, wenn sie voll geschäftsfähig sind. Bei beschränkt Geschäftsfähigen bedarf es zur Rechtswirksamkeit des Kreditvertrags der Zustimmung des gesetzlichen Vertreters (z.B. Eltern, Vormund, Pfleger) nach vorheriger Zustimmung des Vormundschaftsgerichts.

- **Juristische Personen** des öffentlichen und privaten Rechts, sowie Personenhandelsgesellschaften sind Kraft Gesetz kreditfähig. Dies gilt auch für ihre gesetzlichen Vertreter, z.B. Geschäftsführer und Prokuristen. Nicht rechtsfähige Personenvereinigungen (z.B. BGB-Gesellschaften, nichtrechtsfähige Vereine und Erbengemeinschaften) können Kredite nur aufnehmen, wenn die Mitglieder gemeinschaftlich handeln und sich als Gesamtschuldner verpflichten.

Nachweise der **Kreditfähigkeit** erfolgen z.b. mittels Vorlage von persönlichen Legitimationspapieren (z.b. Reisepaß), Registerauszügen, Verträgen, Vollmachten etc.

Von der Kreditfähigkeit ist die **Kreditwürdigkeit** zu unterscheiden. Kreditwürdig ist, von wem erwartet werden kann, daß er seine Kreditverpflichtung vertragsgemäß erfüllt. Diese Bonitätsproblematik ist in **zwei Ausprägungen** zu sehen (vgl. *Buchner* 1993, S. 180):

- **Persönliche Kreditwürdigkeit**. Man bezeichnet sie auch als **Vertrauenswürdigkeit**. Sie ergibt sich aus der **Zuverlässigkeit** (u.a. den charakterlichen Merkmalen) und der Fähigkeit (berufliche bzw. fachliche Qualifikation oder unternehmerische Fähigkeiten) eines Kreditnehmers, Rückzahlungsvereinbarungen aus einem Kreditvertrag einhalten zu können. Signale bzw. Indizien hierfür sind z.b. das bisherige Zahlungsverhalten gegenüber dem Kreditgeber bzw. Dritten, die Lebensgewohnheiten oder beispielsweise auch das Betriebsklima in einem kreditsuchenden Unternehmen.

- **Materielle (wirtschaftliche) Kreditwürdigkeit**. Hierunter werden pauschal die gegebenen **wirtschaftlichen Verhältnisse** des Kreditnehmers hinsichtlich seiner Rückzahlungsfähigkeit gesehen. Die zentrale Informationsquelle ist der Jahresabschluß, dessen Analyse der Gesetzgeber vor Kreditvergabe durch ein Kreditinstitut als wichtigstes Instrument zur Offenlegung der wirtschaftlichen Verhältnisse des Kreditnehmers vorschreibt, wenn der Kredit eine Freigrenze von 100.000,00 DM übersteigt (§18 KWG).

Der Jahresabschluß und seine Analyse nimmt die wichtigste Rolle zur Einschätzung des Kreditrisikos für Kreditinstitute ein. Mit dem **Jahresabschluß** soll insbesondere Aufschluß gewonnen werden über die speziellen **Bestimmungsfaktoren** der **Kreditwürdigkeit** des Kreditnehmers. Hierzu zählen:

(1) **Vermögensverhältnisse**, die von Bedeutung sind unter den Gesichtspunkten Erfolgserzielung, Liquidierbarkeit (welcher Betrag ist bei zwangsweiser Liquidation von Vermögen des Kreditnehmers zu erwarten), Kreditsicherheiten (Feststellung von Art und Ausmaß bisher vom Schuldner gegebener Sicherheiten und Ermittlung des Rests des noch für weitere Besicherungen freien Vermögens).

(2) Desweiteren ist die **Ertragslage** ausschlaggebend, da der Ertrag des Unternehmens die Bedienung des Schuldendienstes (Tilgungs- und Zinszahlungen) sichert.

(3) Die **finanziellen Verhältnisse** sind zu analysieren, z.B. um zu ermitteln, ob die Kreditnachfrage ausreicht, um den Gesamtkapitalbedarf des Kreditnehmers zu decken.

Die Komponenten einer Kreditprüfung liefert Abb. III-4. Obwohl die Vorgehensweise von Kreditinstitut zu Kreditinstitut abweicht, kann die Darstellung als allgemeingültiger „roter Faden" angesehen werden. Gemeinsamkeiten liegen auch in den dabei zu verwendenden Informationsquellen, wobei deren Gewichtung je nach Institut, aber auch je nach Kreditantragsteller, abweichen kann.

2 Informations- und Anreizprobleme bei Finanzierung mit Fremdkapital 199

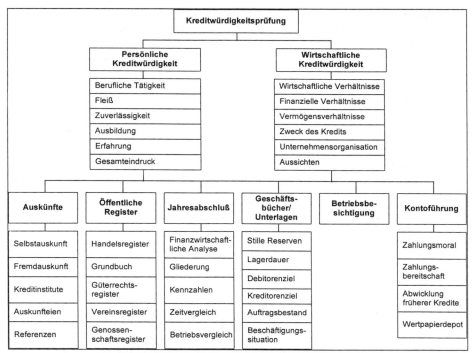

Abb. III-4 Komponenten der herkömmlichen Form der Kreditprüfung

Lesehinweise: Die Kreditwürdigkeitsprüfung basiert weitestgehend noch auf der Jahresabschlußanalyse, die üblicherweise in Werken zur externen Rechnungslegung mitbehandelt wird, so z.B. bei *Coenenberg* (1997) oder *Baetge* (1994). Einen Einblick in die von Banken praktizierte Bonitätsanalyse geben empirisch *Sperber/Mühlenbruch* (1995); zum Risikomanagement-Gedanken vgl. *Brakensiek* (1994). Über die Weiterentwicklungen innerhalb der traditionellen Kreditwürdigkeitsprüfung informiert *Kreim* (1988).

2.3.2 Signaling durch Selbstselektion mittels Standardkreditverträgen

Die Kreditwürdigkeitsprüfung ist für Kreditinstitute mit **Transaktionskosten** verbunden, die sich noch erhöhen, wenn nach der Kreditprüfung individuelle Kreditverträge konstruiert werden, die Ergebnis von **Verhandlungen** mit dem Kreditnehmer sind. Als Alternative zum Screening des Kreditrisikos durch Kreditprüfung können Signale dienen, die Kreditnehmer durch Selbstdeklaration (Selbstselektion) aussenden. Im Grunde erfolgt eine Kreditvergabe ohne Bonitätsprüfung. Aus dem Entscheidungsverhalten des Kreditnehmers bezüglich alternativ angebotener **Standardkreditverträge** mit unterschiedlichen Kapitalkostensätzen und Kreditbedingungen können Kreditinstitute auf dessen verborgenes Risikopotential Rückschlüsse ziehen.

So kann ein Kreditinstitut allen Kreditnachfragern prinzipiell eine bestimmte Anzahl **alternativer Kreditkontrakte zur Auswahl** stellen. Jeder Kontrakt ist durch eine **fest vorgegebene Kombination** von mindestens zwei Vertragskomponenten gekennzeichnet (z.B. relativ niedriger Zinssatz und hohe Sicherheitenstellung). Der Kreditnachfrager wählt gemäß seines individuellen Verlustrisikos den für ihn optimalen Kontrakt aus. Da der **Kredit-**

nachfrager nicht frei Bestandteile des Kontrakts zusammenstellen kann, **offenbart** er **indirekt** durch seine Auswahlhandlung für das Kreditinstitut, welches unbeobachtbare **Ausfallrisiko** in seinem Einzelfall vorliegt.

Dieser Prozeß der Selbstselektion offenbart meist, daß **gute Risiken systematisch andere Kontrakte** auswählen als schlechte Risiken. Zudem weisen Kreditkontrakte um so höhere Risikoaufschläge auf, je geringer die Informationsoffenbarungen durch zusätzlich vom Kreditnachfrager vorzulegende Informationsquellen sind. Durch die Selbstselektion können dann die Kreditnachfrager ex post nach Risikoaspekten getrennt und klassifiziert werden. Gute Risiken sind bemüht, ihre gute Bonität zu signalisieren und sich von den schlechten Risiken zu unterscheiden, da sie dadurch in den Genuß niedriger Risikoprämien gelangen und so ihre Kapitalkosten senken (vgl. *Bester* 1985). So findet man bei Autokäufen häufig den Fall, daß Kunden mit geringem Ausfallrisiko bei einem Kreditinstitut Kredit beantragen, um den Autokauf zu finanzieren. Sie unterwerfen sich dabei zwar einer Kreditwürdigkeitsprüfung, was sich aber für sie als gute Risiken in einem niedrigeren Zinssatz positiv auswirkt. Bei alternativer Inanspruchnahme des Kreditangebots des Autohändlers ohne Kreditwürdigkeitsprüfung, wird ihm der Kredit meist zu einem höheren Zinssatz (aufgrund des Risikozuschlags) angeboten.

Lesehinweis: *Milde* (1987).

2.3.3 Signaling durch Kreditnehmer

In Kapitel I, Abschnitt 5.3.5 wurde bereits auf die Übertragung der Signaling-Theorie auf die Finanzmärkte durch *Ross* hingewiesen. Er interpretiert den Verschuldungsgrad eines Unternehmens als Ergebnis der Politik der Unternehmensleitung und dem Verschuldungsgrad kommt eine Signalfunktion für unternehmensexterne Kreditgeber zu (direktes Signal). *Leyland/Pyle* (1977) entwickelten Ansätze des **indirekten Signalisierens**, d.h. Signalbildung mittels Finanzintermediären. Potentielle Kreditgeber warten im Gegensatz zu direkten Signalen nicht passiv auf das von der Unternehmensleitung ausgesendete Signal, sondern werden aktiv, um Information über den Unternehmenswert zu erhalten. Das ökonomische Kalkül führt zu einer Kooperation mit Finanzintermediären, die, wie gezeigt, niedrigere Transaktionskosten der Informationsgewinnung und -verarbeitung im Rahmen der Kreditwürdigkeitsprüfung aufweisen. Die Zwischenschaltung des Intermediärs hilft dem finalen Kreditgeber, Such- und Analysekosten einzusparen und ermöglicht den zusätzlichen Verkauf der so gewonnenen Informationen an andere Kapitalgeber.

Lee/Thakor/Vora (1983) argumentieren, daß eine Kreditwürdigkeitsprüfung aller potentiellen Kreditnehmer zwar prinzipiell möglich ist, aber vergleichsweise zu hohe Kosten impliziert. Gerade bei Unternehmen, die neue und für Unternehmensexterne schwer zu beurteilende Produktpaletten bzw. Produktionstechnologien aufweisen, ist diese Problematik von hoher Tragweite. Zur Informationskostenreduktion prüft nur ein Kreditinstitut die Bonität des Kreditnachfragers, die Konditionen für Kapitalüberlassung werden dann als Signal für den Kapitalmarkt interpretiert. Die daraus resultierende Glaubwürdigkeit ist durch die Gefahr des falschen Pricing bedingt.

Diese Theorieansätze im Bereich des indirekten Signaling erscheinen plausibel, sind aber nur schwierig zu operationalisieren. Daraus läßt sich die Signalingproblematik auf Finanzmärkten folgendermaßen skizzieren:

– Die genaue Bestimmung der Signaling-Kosten für das Unternehmen ist kaum möglich (vgl. *Ross* 1987).

2 Informations- und Anreizprobleme bei Finanzierung mit Fremdkapital

- Da die Diskretion von Kreditprogrammen im Gegensatz zu der Publizität von öffentlichen Aktienemissionen eine externe Beurteilung erschwert, ist die Übermittlung der Unternehmensinformation von den Finanzintermediären zu den Kapitalmärkten problematisch.
- Eine zentrale Bonitätsprüfung durch nicht-monetäre Finanzintermediäre, d.h. Informationsspezialisten wie Rating-Agenturen, erfordert nicht eine Kapitalunterlegung des Kredits, wird aber trotzdem als glaubwürdiges Signal angesehen, da ansonsten die Kapitalmarktakzeptanz der Bonitätseinschätzung gefährdet wäre.

2.3.4 Reputation in Kreditbeziehungen

Innerhalb betriebswirtschaftlicher Publikationen wird der Nutzen mehrperiodiger Verträge zwischen Vertragspartnern darin gesehen, daß der Agent Reputation in langfristigen Geschäftsbeziehungen aufbauen kann. Durch die langfristige Kreditbeziehung erhält der Prinzipal die Möglichkeit, sich ein zunehmend vollständigeres Bild über die Qualität und das Verhalten des Agenten zu verschaffen. So erhält ein kreditgebendes Kreditinstitut wertvolle Informationen vor allem durch regelmäßige Analyse (möglichst) aller Zahlungsvorgänge des Kreditnehmers zentrale Informationen über die Entwicklung der Liquidität, fristgemäßigen Zins- und Tilgungszahlungen sowie teilweise auch über die Wertentwicklung gestellter Sicherheiten. Damit kann das Institut kostenintensivere Monitoringaktivitäten immer mehr reduzieren (vgl. *Kreps/Wilson* 1992). Im Gegensatz dazu kann ein Kreditinstitut bei einem Kreditnachfrager, der keine weiteren (vor allem Zahlungsverkehrs-) Dienstleistungen bei diesem Institut in Anspruch nimmt, schwieriger verborgene Ausfallrisiken einschätzen und es steigt die Wahrscheinlichkeit, Kreditrationierung bei solchen Kreditanträgen betreiben zu müssen (vgl. *Cukierman* 1978).

Die Reputation eines Agenten rechtfertigt und fördert eine gewisse Erwartung hinsichtlich seiner Handlungen im Sinne des Prinzipals. Der **Reputationsaufbau** wird nur durch bestimmtes Verhalten ermöglicht, dessen Fortsetzung auch für die Zukunft angenommen wird. Dieses **Extrapolationsprinzip** wird durch frühere Sorgfalt und Berechenbarkeit des Vertragsverhaltens des Agenten gerechtfertigt. Der Prinzipal hat ein Interesse daran, daß er sich auch in Zukunft auf seine Vorhersagen bezüglich des Kreditnehmers verlassen kann und unterstützt die Fortsetzung kontraktkonformer Handlungen des Agenten. Dieser erlangt dadurch einen wirtschaftlichen Vorteil, da er nicht in jedem Kreditantrag erneut Signaling-Kosten für seine Qualitätsdarstellung aufbringen muß. Reputation wird zum immateriellen Vermögensobjekt für den Agenten (vgl. *Diamond* 1989b, S. 831).

Der Erwerb von Reputation durch einen Kreditnehmer basiert also auf einem **Anreizsystem**. Reputation kann sich der Kreditnehmer in erster Linie durch kontraktkonformes Verhaltend erwerben, d. h. vor allem durch Erfüllung regelmäßiger Zins- und Tilgungsverpflichtungen. Reputation wird vergleichbar mit **Standing**, **Bonität** und **Kreditwürdigkeit** bezüglich eines finanziell guten Rufs (vgl. *Nippel* 1992, S. 1008). Der zunehmende Wert der Reputation wird als Schutz vor unerwünschten Handlungen betrachtet. Wenn dadurch im Zeitablauf der Kreditbeziehung bei Unternehmensfinanzierungen der durchschnittliche Kreditzinssatz abgenommen hat, erhöhen sich c.p. aufgrund niedrigerer Kalkulationszinsfüße die Barwerte der zukünftigen Einnahmeüberschüsse aus ihrem Investitionsprogramm. Mit steigender Bonität wird das Unternehmen stärker davor zurückschrecken seine Kreditwürdigkeit zu gefährden (vgl. *Diamond* 1984 und 1989a). Allerdings besteht dadurch auch die Möglichkeit des „Melkens" der Reputation (vgl. *Nippel* 1992, S. 991): Das Unternehmen kann zur Kreditfinanzierung alternativ Kapitalmarktfinanzierungen nutzen, da seine Reputation bei anderen potentiell im Wettbewerb befindlichen Kapitalgebern (Prinzipalen) verbreitet wird.

Mit dem **Hausbankprinzip** wird eine besonders plastische Reputationsdarstellung ermöglicht: Durch die dauerhafte enge Bindung zwischen Kreditinstitut und Kreditnehmer betreut die Hausbank nicht nur das Finanzierungsgeschäft, sondern auch weitere Geschäfte aus dem Anlage-, Risikomanagement- und Beteiligungsbereich eines Unternehmens. Auf diese Weise erhält ein Kreditinstitut durch seine Hausbankfunktion mittels der Anzahl und Artenbreite der Geschäftskontrakte über gesetzlich vorgeschriebene Informationen hinaus einen umfassenden Einblick in ein Unternehmen. Dieser gegenüber anderen Fremdkapitalgebern höhere Grad an Insiderinformationen und -wissen stellt das immaterielle Vermögensobjekt eines Kreditinstituts aus seiner Hausbankfunktion dar (vgl. *Black* 1975). Zusätzliche Aspekte der besonderen Informationsqualifikation einer Hausbank können aus einer hohen Anzahl branchenübergreifender Geschäftskontakte auf Basis des Hausbankprinzips sein (vgl. *Chan/Greenbaum* 1986) sowie der exklusive Informationszugang zu sensiblen, vertraulichen Unternehmensdaten wie z. B. Innovationen oder Strategien gegenüber Wettbewerbern (vgl. *Campbell* 1979). In diesem Zusammenhang sieht die bankwissenschaftliche Literatur einen Kredit auch als **"Inside Debt"** (vgl. *Fama* 1985, S. 36-38) im Gegensatz zu „**Arm's-Length-Debt**" (vgl. *Rajan* 1992, S. 1367), wie es eine Industrieobligation verkörpert. Zwar sind "Long Term-Relationships" nicht immer "like marriage" (vgl. *Haubrich* 1989, S. 18), doch wird die Hausbank über die Dauer der Absatzbeziehung "(...) familiar... with financial histories." (*Fama* 1990, S. 85). Solche Kontakte bewirken eine verbesserte Unternehmensbeurteilung, d.h., ob dauerhaft schlechte Unternehmensergebnisse durch exogene Einflüsse oder Fehlverhalten der Unternehmensleitung bedingt sind (vgl. *Crabbe* 1986, S. 99). Zudem können die häufig mit den längerfristigen Kreditbeziehungen einhergehenden **persönlichen Beziehungen** nach einer empirischen Erhebungen z.B. zu frühzeitigem Erkennen drohender Insolvenzen beitragen (vgl. *Druckarzyck et. al.* 1985, S. 125). In langfristigen Kreditbeziehungen aufgebaute Reputation ist für Kreditnehmer positiv, z. B. indem einem solchen Unternehmen Kredite ohne Besicherung gegeben werden (vgl. *Hauschild* 1972, S. 7) oder während Unternehmenskrisen Kreditunterstützung durch die Hausbank zuteil wird (vgl. *Fischer* 1990, S. 132 und 140ff.).

Anreize zur Sorgfalt, Fleiß und Anstrengung der Unternehmensleitung ergeben sich bei Hausbankbeziehungen aus der Kündbarkeit der Kreditbeziehung (vgl. *Fama* 1990, S. 85), d.h., einer Sanktionsdrohung, wenn das Unternehmen "informationally captured" ist (vgl. *Sharpe* 1990, S. 1070). Das mit Dauer der Kreditbeziehung erworbene Standing läßt sich nicht wie ein materieller Sicherungsgegenstand in andere Kreditbeziehungen mit einbringen (**Lock-in-Effekt**). Langjährige Erfahrungen stellen exklusive Informationen dar, so daß das Unternehmen beim Wechsel des Kreditgebers eventuell Konditionen hinnehmen müßte, die seiner Bonität nicht gerecht würden.

3 Zentrale Komponenten von Kreditkontrakten

Die Ausgestaltung von Kreditkontrakten stellt aus der Sicht des Kreditgebers mehr als nur die juristische Fixierung zentraler Vetragsbestandteile dar. Für ihn repräsentiert er eine Institution, mit der er die der Kreditvergabe zu eigenen Verhaltensunsicherheiten des Kreditnehmers begrenzen kann. Damit besteht mit der Gestaltung des Kreditvertrags die Möglichkeit des Risikomanagements, die zudem abgestützt werden kann durch weitere Maßnahmen. So kann sich ein Kreditnehmer zur **Risikobeschränkung** mit anderen zu-

3 Zentrale Komponenten von Kreditkontrakten

sammenschließen. Sie bilden dann ein Kreditkonsortium, in dem jedes Konsortialmitglied einen zuvor vereinbarten Teil an der gesamten Kreditsumme dem Kreditgeber befristet überläßt. Diese Vorgehensweise ist insbesondere bei großvolumigen Krediten üblich. Eine weitere Strategie zur Beschränkung des Risikos besteht in der **Diversifikation** des Kreditportefeuilles durch einen Kreditgeber. Unter Ausschöpfung der Erkenntnisse der Portfolio-Selection-Theorie wäre eine Portefeuille-Struktur so zu gestalten, daß die Einzelrisiken der Kreditverträge so miteinander verbunden sind, daß sie das Gesamtrisiko des Kreditportefeuilles minimieren. I. d. R. versuchen Kreditgeber über die Preisgestaltung des Kredits eingegangene Risiken entsprechend ihres zu erwartenden Umfangs durch Risikoaufschläge zu kompensieren. Je nach Risikograd bemißt sich die Höhe der **Risikoprämie**. Aus der Sicht des Kreditnehmers stellt die Risikoprämie einen Bestandteil der **expliziten Kapitalkosten** dar. Je nach Verschuldungsgrad oder Umfang der gesamten Kreditvergabe eines Kreditgebers an einen Kreditnehmer können noch **implizite Kapitalkosten** entstehen. Die einzelnen Möglichkeiten der Besicherung von Krediten werden anschließend erläutert.

3.1 Sicherheiten

Vermögenswerte als Sicherheiten sind für den Schutz vor den Folgen des Ausfallrisikos geeignet, wenn sie werthaltig sind. Mit dem Verlangen von Sicherheiten einher geht daher für den Kreditgeber vor Beginn des Kreditkontrakts die **Überprüfung der Sicherheiten**. Ist die erforderliche Werthaltigkeit gegeben und kommt es zum Abschluß des Kreditvertrages, verlagert sich das Prüferfordernis auf die Werthaltigkeit während der Kreditlaufzeit. Vor allem bei vom Kreditnehmer genutzten Gütern als Sicherungsobjekte kann es durch **Moral Hazard** zu mangelnder Sorgfalt kommen. Wertverluste können die Folge sein. Eine Schutzhandlung des Kreditgebers ist daher häufig, zur Antizipation befürchteter Sicherheitenverluste **höhere Besicherungen** zu verlangen (vgl. *Igawa/Kanatas* 1990).

Lesehinweis: Die Beurteilung der Eignung von Kreditsicherheiten ist u.a. vor dem Hintergrund des Vergleichs- und Konkursrechts zu sehen. Die Insolvenzordnung ändert sich mit der Jahrtausendwende in Deutschland. Einen Überblick über die Auswirkungen der Insolvenzrechtsreform auf die Kreditsicherheiten gibt *Obermüller* (1994).

Werden Sachwerte zur Sicherung vom Kapitalnehmer bereitgestellt, haben diese die Eigenschaften von Realsicherheiten und stellen das Objekt der Besicherung dar. Man spricht dann von **Realsicherheiten** oder von **Sicherungsobjekten**. Eine andere oder ergänzende Besicherungsmöglichkeit ist die Haftung für den Kredit durch eine dritte Person. Hierfür sind die Begriffe **Personalsicherheiten** und **Sicherungssubjekte** gebräuchlich. Die Arten der Besicherungsmöglichkeiten werden in Abb. III-5 im Überblick dargestellt.

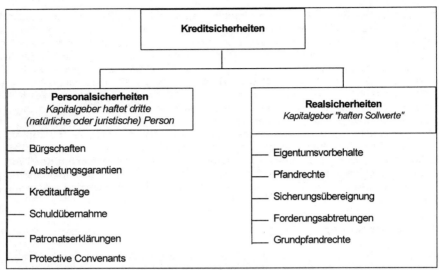

Abb. III-5: Kreditsicherheiten im Überblick

Sicherheiten können ferner danach unterschieden werden, ob sie mit der zugrunde liegenden Kreditforderung juristisch eine Verbindung haben oder losgelöst davon sind. So stellen Bürgschaften, Garantien, Eigentumsvorbehalte, Pfandrechte und Hypotheken **akzessorische Sicherheiten** dar. Rechtlich sind sie als Sicherheit nur dann und solange zu betrachten, wie die zugrunde liegende Forderung besteht. Demgegenüber fehlt **fiduziarischen Sicherheiten** eine solche Eigenschaft: Sicherungsübereignungen, Sicherungsabtretungen und Grundschulden bestehen ohne die Kreditforderung als Sicherheiten im juristische Sinne.

3.1.1 Personalsicherheiten

Unter Personalsicherheiten werden Bürgschaften, Garantien, Kreditaufträge, Schuldübernahmen, Patronatserklärungen und Protective Convenants subsumiert.

3.1.1.1 Bürgschaft

„Durch den Bürgschaftsvertrag verpflichtet sich der Bürge gegenüber dem Gläubiger eines Dritten, für die Erfüllung der Verbindlichkeit des Dritten einzustehen." (§ 765 Abs. 1 BGB). Der Vertrag verpflichtet also nur den Bürgen (= **einseitig verpflichtender Vertrag**). Folgende Grundkonstellation zwischen dem Bürgen, dem Gläubiger (= Kreditgeber) und dem Schuldner (= Kreditnehmer) ist zu unterscheiden:

3 Zentrale Komponenten von Kreditkontrakten

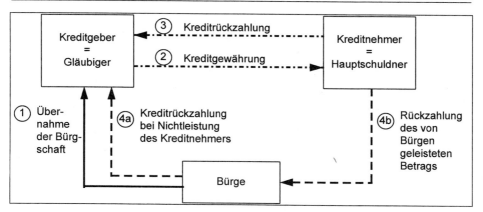

Abb. III-6: Grundsätzliche Rechts- und Geschäftskonstellation der Bürgschaft

Im Ablauf gesehen wird eine Kreditvergabe, die durch eine Bürgschaft besichert werden soll, erst dann erfolgen, wenn ein Bürge die **Bürgschaft** für diesen Kredit (= **Hauptschuld**) übernommen hat (Pfeil 1). Ist der Bürge **kein Vollkaufmann**, muß die **Bürgschaftserklärung schriftlich** abgegeben werden (§ 766 BGB). Bei Vollkaufleuten entfällt diese Formvorschrift (§ 350 HGB), doch wird aus Gründen einer möglichen späteren Beweisführung regelmäßig eine schriftliche Bürgschaftserklärung von Kreditinstituten verlangt. Nach **Unterzeichnung** der Bürgschaftserklärung durch den Bürgen erfolgt die Kreditgewährung durch den Kreditgeber (Pfeil 2). Hieran schließt sich planmäßig die Rückzahlung des Kredits (= Tilgung) nebst den Zinszahlungen an (Pfeil 3). Sofern bis zum Ende der Kreditlaufzeit dieser Vorgang störungsfrei verläuft, wird der Bürge nicht in Anspruch genommen. Die Besicherung wird dann für den Gläubiger wichtig, wenn der **Schuldner nicht** die planmäßigen Zins- und Tilgungsleistungen **vertragsgemäß** erbringt. In diesem Fall ist der Gläubiger berechtigt, aufgrund der Bürgschaftserklärung vom **Bürgen die Zahlung** der säumigen Leistungen zu verlangen (Pfeil 4a). Der Bürge ist daraufhin seinerseits berechtigt, die von ihm anstelle des Schuldners geleisteten Zahlungen vom Kreditnehmer, für den er bürgt, zurückzuverlangen (Pfeil 4b).

Die Bürgschaft setzt als akzessorische Sicherheit das Bestehen der Forderung aus dem Kreditvertrag voraus (= Hauptschuld). Daraus folgen bestimmte Merkmale der Bürgschaft:

− Ohne **Hauptschuld** ist die Bürgschaft wirkungslos.

− Auch für **künftige** Verbindlichkeiten kann vom Bürgen eine Bürgschaft übernommen werden (§ 765 BGB).

− Die **Höhe** des Bestands der **Hauptschuld** ist wiederum für die **Höhe** der **Bürgschaftsverpflichtung** maßgebend (§ 767 BGB).

Beispiel: Steigt die Schuld des Kreditnehmers, weil er fällige Zinsen nicht zahlen konnte, so erhöht sich um den Betrag der säumigen Zinszahlung die Höhe der Bürgschaft. Dagegen verringert sich die Bürgschaftsverpflichtung beträglich, wenn im Rahmen planmäßiger Tilgungen die Hauptschuld reduziert wurde.

Bürgschaften können in der Praxis, aufbauend auf der Grundkonstellation aus Abb. III-7, in verschiedenen Formen vorkommen. Zum einen kann nach der Anzahl der bürgenden Personen unterschieden werden:

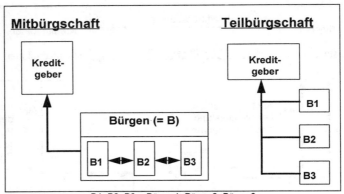

B1, B2, B3 = Bürge 1, Bürge 2, Bürge 3
Abb. III-7: Rechtsbeziehungen in der Mit- und Teilbürgschaft

- Als **Mitbürgschaft** bezeichnet man eine gemeinschaftliche Bürgschaft von mehreren Personen für die gleiche Verbindlichkeit eines Schuldners (§ 769 BGB). Die Bürgen haften **gesamtschuldnerisch** (§ 421 BGB), d.h., der Gläubiger kann nach seiner Wahl jeden Bürgen ganz oder in Teilbeträgen in Anspruch nehmen. Daraufhin hat der oder haben die Bürgen neben ihrer Forderung gegenüber dem Hauptschuldner einen Ausgleichsanspruch gegenüber den übrigen Mitbürgen.

- Bei der **Teilbürgschaft** handelt es sich zwar auch um eine gemeinschaftliche Bürgschaft mehrerer Personen für dieselbe Verbindlichkeit, doch **haftet** jeder **Bürge** nur **für den von ihm in der Bürgschaftserklärung fixierten Betrag**.

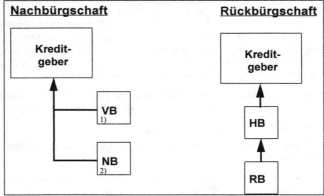

VB = Vorbürge, NB = Nachbürge, HB = Hauptbürge, RB = Rückbürge
Abb. III-8: Rechtsbeziehungen in der Nach- und Rückbürgschaft

- Eine **Nachbürgschaft** ist durch einen **Haupt-** bzw. **Vorbürgen** und einen **Nachbürgen** gekennzeichnet. In dieser Reihenfolge hat der Gläubiger zuerst den Hauptbürgen in Anspruch zu nehmen. Erst wenn dieser nicht leisten kann, ist der Gläubiger berechtigt, den Nachbürgen zu belangen.

- Bei der **Rückbürgschaft** haftet ausschließlich der Hauptbürge dem Gläubiger. Kann der Hauptschuldner nach Inanspruchnahme des Hauptbürgen nicht leisten, so haftet der Rückbürge dem Hauptbürgen für die Begleichung von dessen Forderungen gegenüber dem Hauptschuldner.

Von den **Arten der Bürgschaft** unterscheidet man folgende Ausprägungen:

- Als **gewöhnliche Bürgschaften** bezeichnet man Regelungen, in denen keine besonderen Vereinbarungen getroffen wurden, d.h., dem Bürgen steht laut § 771 BGB das Recht zu, vom Gläubiger die Vorausklage gegen den Hauptschuldner zu verlangen (= **Einrede der Vorausklage**). Wird der Hauptschuldner mit seiner Zahlung säumig und bringt der Bürge eine solche Einrede der Vorausklage dem Gläubiger vor, muß der Gläubiger beweisen, daß er erfolglos eine Zwangsvollstreckung in das Vermögen des Hauptschuldners betrieben hat. Diese Pflicht bezieht sich ausschließlich auf bewegliche Objekte des Hauptschuldners. Erst aufgrund eines solchen Nachweises ist der Gläubiger berechtigt, Leistungen vom Bürgen zu verlangen.

- Verwandt damit ist die **Ausfallbürgschaft** (= Schadlosbürgschaft). Sie ist im BGB nicht geregelt, bedeutet in der Praxis aber, daß der Gläubiger erst dann den Bürgen in Anspruch nehmen kann, wenn er nachweist, daß er bei der verbürgten Forderung einen Verlust (= Forderungsausfall) erlitten hat. Ein solcher Ausfall ist eingetreten, wenn der Gläubiger versucht hat, durch Zwangsvollstreckung in das gesamte Vermögen des Hauptschuldners Befriedigung zu erlangen, dabei aber nicht oder nicht in voller Höhe zum Zuge kam. Der Unterschied zur gewöhnlichen Bürgschaft ist:
  - Der Bürge haftet nur für den durch den Gläubiger nachgewiesenen Ausfall und
  - auch ohne die Einrede der Vorausklage ist der Gläubiger verpflichtet, die erfolglose Zwangsvollstreckung nachzuweisen.

- Ausfallbürgschaften haben vor allem Bedeutung als Kreditsicherungsmittel von sog. **Kreditgarantiegemeinschaften** (Bürgschaftsgemeinschaften des Handwerks, des Handels, der Industrie und des Hotel- und Gaststättengewerbes). "Insbesondere bei mittel- und langfristigen Krediten an mittelständische Betriebe nehmen die Banken Ausfallbürgschaften von Kreditgarantiegemeinschaften als Sicherheiten herein, wenn andere geeignete Sicherheiten nicht zur Verfügung stehen, wobei die Kreditgarantiegemeinschaften sich für einen Teilbetrag von höchstens 80% des Kredits verbürgen." (*Hagenmüller/Diepen* 1993, S. 449). Ihre Anwendung findet sich vor allem bei der Subventionsfinanzierung etwa durch die Deutsche Ausgleichsbank AG. Ausfallbürgschaften werden hier für den endgültigen Ausfall erteilt, der sich nach Verwertung aller Sicherheiten für das Kreditinstitut ergibt. Bei der **modifizierten Ausfallbürgschaft** wird im Bürgschaftsvertrag die Vereinbarung getroffen, wann der Ausfall genau als eingetreten gelten soll.

- Die für Kreditinstitute **wichtigste Art** der Bürgschaft ist die **selbstschuldnerische Bürgschaft**. Bei ihr muß der Bürge auf Verlangen des Gläubigers sofort zahlen, sofern der Hauptschuldner seine Verpflichtungen nicht vertragsgemäß erfüllt hat. Die Einrede der Vorausklage ist in dieser Art der Bürgschaft nicht möglich. Der Bürge wird so behandelt, als wenn er selbst der Hauptschuldner wäre. Vollkaufleute können als Bürgen nach § 349 HGB grundsätzlich nicht die Einrede der Vorausklage geltend machen; sie gehen immer eine selbstschuldnerische Bürgschaft ein.

- **Höchstbetragsbürgschaften** sind grundsätzlich bei allen bisher beschriebenen Arten von Bürgschaften denkbar. Damit erklärt der Bürge, daß er nicht für den gesamten betraglichen Forderungsumfang gegen den Hauptschuldner haftet, sondern nur für einen bestimmten Höchstbetrag.

Die **Qualität** einer **Bürgschaft** als Kreditsicherungsmittel hängt entscheidend von der Kreditwürdigkeit des Bürgen ab. Um diese Qualitätsunsicherheit zu reduzieren wird der Kreditgeber zuvor vom Bürgen Nachweise über seine materielle Situation wie Einkommens- und Vermögensverhältnisse verlangen. Die Kreditprüfung und Kreditüberwachung des Kreditnehmers wird damit zusätzlich ergänzt um die gegenüber des Bürgen.

3.1.1.2 Sonstige Personalsicherheiten

Eine der Bürgschaft vergleichbare Funktion übernimmt die **Ausbietungsgarantie**. Sie ist im Gegensatz zur Bürgschaft nicht akzessorischer Natur. Es ist ebenfalls ein einseitig verpflichtender Schuldvertrag. In ihm verpflichtet sich der Garantiegeber gegenüber dem Garantienehmer, für den Eintritt eines bestimmten Erfolgs bzw. bei Ausbleiben eines Mißerfolgs Gewähr zu leisten. Angewendet wird die Ausbietungsgarantie z.B. bei dinglichen Pfandrechten. Hier übernimmt ein Dritter die Verpflichtung dafür einzustehen, daß der Gläubiger einer Hypothek oder Grundschuld im Falle der Zwangsversteigerung einer Immobilie keinen Verlust erleidet (vgl. *Hagenmüller/Diepen* 1993, S. 451).

Beim **Kreditauftrag** wird ein möglicher Kreditgeber von einer Person beauftragt, einem Dritten (= Kreditnehmer) im eigenen Namen und auf eigene Rechnung Kredit zu gewähren (§ 778 BGB). Dies begründet seitens des Kreditgebers zwei **Ansprüche**: gegenüber dem Kreditnehmer auf Tilgung des Kredits und Zahlung der Zinsen und gegenüber dem Auftraggeber in seiner Rolle als Bürgen. Der Kreditauftrag wird vor allem bei der Finanzierung von Außenhandelsgeschäften verwendet.

Bei der **Schuldübernahme** (= Schuldbeitritt) wird ein Vertrag geschlossen, in dem sich ein Dritter gegenüber dem Gläubiger verpflichtet, zusätzlich zu dem Schuldner für dieselbe Verbindlichkeit zu haften. Der Dritte ist wie ein zusätzlicher Schuldner zu behandeln (gesamtschuldnerische Haftung gem. § 421 HGB). Er haftet als Mitantragsteller des Kredits für eine eigene Schuld, während er im Vergleich dazu als Bürge für eine fremde Schuld haftet. Schuldbeitritte werden z.B. von Kreditinstituten bei Ratenkrediten an Verheiratete vom jeweils anderen Ehepartner verlangt, der dadurch Mitantragsteller wird.

Patronatserklärungen und **Garantien** von Muttergesellschaften gegenüber Verpflichtungen der Konzerntöchter aus Obligationen sind bei internationalen Emissionen üblich. Wichtige **Ausprägungen** sind:

- Zusage der Konzernmutter, daß keine Änderung, Aufhebung oder Kündigung des Unternehmensvertrags mit der Konzerntochter während der Anleihelaufzeit erfolgt. Ferner sichert die Muttergesellschaft zu, die finanzielle Ausstattung der Tochtergesellschaft nicht zu verändern, so daß die Konzerntochter ihren aus der Emission resultierenden Verpflichtungen nachkommen kann.

- Auch sind vereinzelt Erklärungen der Konzernmutter vorzufinden, in denen sie die Aufrechterhaltung einer Mindestkapitalausstattung der Tochtergesellschafft garantiert.

Den Charakter subsidiärer bzw. **ergänzender Kreditsicherungsinstrumente** haben sog. "**Protective Convenants**". Grob gesagt handelt es sich bei dieser Gruppe von Absicherungsinstrumenten um Wohlverhaltensregeln, die sich ein Schuldner gegenüber Gläubigern auferlegt. Sie sind insbesondere an Euro-Finanzmärkten gängig und stellen eine kostengünstigere und flexiblere Besicherungsform vor allem gegenüber dinglichen Sicherheiten dar. Von besonderer Bedeutung sind **Negativklauseln**. Mit ihnen verpflichtet sich der Emittent

- von nun an keinem seiner bisherigen oder zukünftigen Gläubiger bessere Sicherungsrechte zu gewähren als bisherigen Gläubigern, die diese Verpflichtung erhalten und
- dem Schuldner ist untersagt, Vermögen oder Teile davon zu verkaufen, zu belasten, in fremde Unternehmen einzubringen oder in einer sonstigen Weise dem Zugriff der vorhandenen Gläubiger zu entziehen.

Lesehinweis: Zur Patronatserklärung und Protective Convenants vgl. *Büschgen* (1993, S. 72-75).

3.1.2 Realsicherheiten

Werden vom Kreditnehmer **Sachwerte als Sicherheiten** für einen Kredit zur Verfügung gestellt, so spricht man von Realsicherheiten. Sie bestehen aus Formen des Eigentumsvorbehalts, der Verpfändung von Sachwerten und Rechten, Sicherungsübereignung, der Forderungsabtretung sowie den Grundpfandrechten.

3.1.2.1 Eigentumsvorbehalt

Ein Eigentumsvorbehalt liegt vor, wenn ein Käufer einer beweglichen Sache zum Besitzer, nicht aber zum Eigentümer geworden ist. Das Eigentum an der Sache verbleibt bis zur vollständigen Zahlung des Kaufpreises beim Verkäufer. Der Eigentumsvorbehalt ist eine vielfach verwendete Form der **Kreditbesicherung** vor allem bei **Lieferantenkrediten**, d.h. wenn ein Lieferant (= Verkäufer) einem Käufer ein Zahlungsziel eingeräumt hat. Rechtsgrundlagen sind § 454 BGB ff.. Im Gegensatz zu anderen Formen der Sicherheiten wie Pfandrecht und Sicherungsübereignung gewährt der Eigentumsvorbehalt kein Verwertungs- und Befriedigungsrecht. Dagegen steht im Konkursfall ein **Aussonderungsrecht** zu. Dieses Sicherungsmittel wird in der Praxis äußerst vielfältig gestaltet:

- Vom **einfachen Eigentumsvorbehalt** spricht man, wenn sich analog § 454 BGB ein Verkäufer das Recht vorbehält, bei Zahlungsverzug des Käufers seinen Rücktritt vom Geschäft zu erklären und nach § 985 f. BGB die Herausgabe der Sache zu fordern. Hier sind allerdings Fälle zu unterscheiden, in denen ein solcher Eigentumsvorbehalt unwirksam wird und daher das Eigentum doch vom Verkäufer auf den Käufer übergeht. Dies ist dann der Fall, wenn der Käufer die Sache verarbeitet (§ 950 BGB) oder mit einer anderen Sache verbindet (§ 947 Abs. 2 BGB). Auch wenn der Dritterwerber einer unter Eigentumsvorbehalt stehenden Sache gutgläubig war (§§ 932 ff. BGB, 366 f. HGB) wird der Vorbehalt unwirksam. Die gleiche Wirkung ergibt sich ferner für Eigentumsvorbehalte an Sachen, wenn sie mit einem Grundstück verbunden werden (§ 946 BGB).

- Aus diesen Gründen findet man in der Praxis am häufigsten den **verlängerten Eigentumsvorbehalt**. Mit ihm soll verhindert werden, daß der Sicherungseffekt des Eigentumsvorbehalts mit der Weitergabe der Sache entfällt. Man **unterscheidet** dabei:
  - Der **Käufer tritt** dem Verkäufer im voraus alle **Forderungen ab**, die der Käufer durch die Weiterveräußerung der unter Eigentumsvorbehalt stehenden Sachen erwerben wird (§ 398 BGB).
  - Der Verkäufer vereinbart einen Eigentumsvorbehalt, durch den der Käufer zur Weiterverarbeitung der an ihn gelieferten Erzeugnisse ermächtigt wird, allerdings mit einer zentralen **Zusatzvereinbarung**: das Eigentum an den damit vom Käufer hergestellten Erzeugnissen geht abweichend vom § 950 BGB auf den Verkäufer über.

- Eine Stufe weiter geht der **erweiterte Eigentumsvorbehalt**. Der Eigentumsübergang einer Sache wird jetzt davon abhängig gemacht, daß der Käufer auch die Zahlungsverpflichtungen für die anderen vom Verkäufer bezogenen Sachen erfüllt hat (= **Kontokorrentvorbehalt**).

3.1.2.2 Pfandrecht

"Eine bewegliche Sache kann zur Sicherung einer Forderung in der Weise belastet werden, daß der Gläubiger berechtigt ist, Befriedigung aus der Sache zu suchen (Pfandrecht)" (§ 1204 Abs. 1 BGB). Im Rahmen von Kreditsicherheiten spricht man von einem **vertraglichen Pfandrecht**. Es ist vom **gesetzlichen Pfandrecht** zu unterscheiden, das bestimmten Personen Kraft gesetzlicher Bestimmungen zur Sicherung von Forderungen zusteht (z.B. Vermietern und Verpächtern aufgrund des BGB oder beispielsweise Spediteuren nach HGB). Zweck einer Verpfändung ist die Sicherung einer Forderung in ihrer jeweiligen Bestandshöhe, zzgl. Zinsen und Vertragsstrafen (§ 1210 Abs. 1 BGB). Mit dem Besitz des Pfands besteht ein **Zurückbehaltungsrecht** des Gläubigers bis der Schuldner im Sinne des Vertrags geleistet hat. Das Pfandrecht kann sich auf eine bewegliche Sache, auf Grundstücke oder auf Rechte beziehen. Vorerst werden in diesem Abschnitt bewegliche Sachen zugrundegelegt. Der Inhaber des Pfandrechts hat hierbei im Konkursfall ein **Absonderungsrecht**. Im Rahmen einer Kreditbeziehung unterscheidet man dabei folgende Grundkonstellation des Pfandrechts:

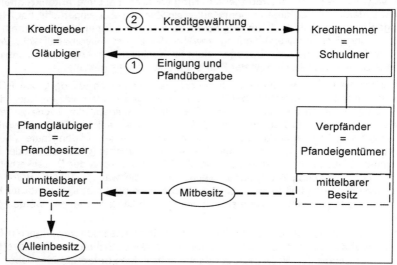

Abb. III-9 Grundsätzliche Rechts- und Geschäftskonstellation des Pfandrechts

Vor der eigentlichen Kreditgewährung steht die Bestellung eines Pfandrechts an beweglichen Sachen (vgl. Abb. III-9). Hierzu sind erforderlich:

- **Einigung** (= Vertrag) zwischen dem Eigentümer (= Verpfänder, d.h. Kreditnehmer) und dem Gläubiger (= Pfandgläubiger, d.h. Kreditgeber) über die Entstehung des Pfandrechts (also auch darüber, was als Pfand dienen soll) und

3 Zentrale Komponenten von Kreditkontrakten

- **Übergabe** der Sache an den Pfandgläubiger (= **Faustpfandprinzip**) (Pfeil 1).

Praktisch vereinbaren Kreditgeber und -nehmer auf der Basis dieser Grundsätze eine **Verpfändungserklärung**. Das Pfandrecht im Rahmen der Kreditbesicherung bei Kreditinstituten basiert auf deren Allgemeinen Geschäftsbedingungen (AGB), das sog. AGB-Pfandrecht: Es regelt, welche Vermögenswerte eines Kreditnehmers bei einem Kreditinstitut der Verpfändung unterliegen.

Zentrale Voraussetzungen für die rechtliche Wirksamkeit des Pfandrechts ist die Akzessorietät. Das **Pfand an beweglichen Sachen** muß grundsätzlich in den unmittelbaren Besitz des Gläubigers übergehen. Er übt als **Alleinbesitzer** die tatsächliche Verfügungsgewalt aus (§ 868 BGB). Der Eigentümer des Pfands (= Schuldner bzw. Kreditnehmer) wird zum mittelbaren Besitzer. Er hat als Mitbesitzer gemeinschaftlich mit dem Pfandgläubiger eine mittelbare Verfügungsgewalt über das Pfandobjekt. Im Gegenzug erfolgt die Kreditgewährung durch den Kreditgeber (Pfeil 2). Bei der Übergabe des Pfandobjekts sind verschiedene Möglichkeiten zu berücksichtigen, wobei nachfolgend nicht auf die Bestellung des Pfandrechts an einem Grundstück eingegangen wird, da dies Gegenstand des Abschnitts 3.1.2.5 ist. Bei der **Bestellung** eines **Pfandrechts** an beweglichen Sachen sind folgende **Fälle** zu unterscheiden (vgl. *Hagenmüller/Diepen* 1993, S. 454-455):

Unmittelbarer Besitzer des Pfandobjekts vor Verpfändung	Beispiel	Einigung über die Entstehung des Pfandrechts und	Rechtliche Wirkung
Eigentümer	Edelmetalle, die vom Eigentümer verwahrt werden.	Übergabe des Pfandobjekts (§ 1205 Abs. 1 Satz 1 BGB)	Pfandgläubiger wird unmittelbarer Besitzer.
Eigentümer	Ware im Lager des Eigentümers, die nicht in den Alleinbesitz des Pfandgläubigers übergehen soll.	Einräumung des Mitbesitzes durch Mitverschluß (§ 1206 BGB)	Mitverschluß ersetzt die Übergabe, da Pfandgläubiger unmittelbarer Besitzer wird und mit dem Eigentümer gemeinschaftlichen Besitz erlangt.
Pfandgläubiger	Schmuck, der vom Pfandgläubiger verwahrt wird (z.B. im Tresor der kreditgebenden Bank).	keine Übergabe erforderlich, da Pfandobjekt bereits im Besitz des Pfandgläubigers (§ 1205 Abs. 1 Satz 2 BGB)	Pfandgläubiger ist bereits unmittelbarer Besitzer.
Dritter	Ware, die sich auf den Namen des Kreditnehmers in einem Lagerhaus befindet.	• Übertragung des mittelbaren Besitzes durch Abtretung des Herausgabeanspruchs und • Anzeige der Verpfändung an den direkten Besitzer (§ 1205 Abs. 2, § 870 BGB)	Die Übertragung des mittelbaren Besitzes und die Anzeige an den unmittelbaren Besitzer ersetzen die Übergabe.

Abb. III-10: Bestellung eines Pfandrechts an einer beweglichen Sache

Bei der **Verpfändung von Rechten** (z.B. Forderungen) ist ebenfalls eine Einigung (= Vertrag) zwischen dem Rechtsinhaber und dem Pfandgläubiger über die Entstehung des Pfandrechts notwendig (§1274 BGB).

Art der Rechte	Beispiel	Einigung über die Entstehung des Pfandrechts und	Rechtliche Wirkung
Forderungen	Forderungen aus Warenlieferungen	Anzeige an den Schuldner (§ 1280 BGB)	Benachrichtigung macht das Pfandrecht erkennbar und schützt den Pfandgläubiger vor unberechtigten Verfügungen des Gläubigers.
Inhaberwertpapiere	Industrieobligation, Sparbuch	Verpfändung wie bewegliche Sache (§ 1293 BGB)	Nicht das Recht aus dem Papier, sondern das Papier selbst wird verpfändet (das dem Wertpapier verbriefte Recht folgt dem verpfändeten Wertpapier).
Orderwertpapier	Namensaktie, Ladeschein z.B. von Waren, die sich auf See befinden.	Übergabe des indossierten Wertpapiers (§ 1292 BGB)	Nicht das Recht aus dem Papier, sondern das Papier selbst wird verpfändet. Ein Pfand- oder Blankoindossament macht die Übertragung erst rechtlich wirksam.

Abb. III-11: Bestellung eines Pfandrechts an Rechten

Die **Verwertung des Pfands** ist nur unter ganz bestimmten gesetzlich vorgeschriebenen Voraussetzungen möglich: Fälligkeit der Forderung des Gläubigers (= Pfandreife nach § 1228 BGB), Androhung der Verwertung des Pfandobjekts gegenüber dem Eigentümer (§ 1234 BGB) und Verwertung des Pfandobjekts nach Ablauf einer Wartefrist, (bei Vollkaufleuten nach § 368 HGB: eine Woche; ansonsten gem. § 1234 BGB: ein Monat, jeweils ab Datum der Androhung). Auch die Wege der **Verwertung** sind gesetzlich vorgeschrieben. Bei beweglichen Sachen ist grundsätzlich deren öffentliche Versteigerung erforderlich. Sachen (und Wertpapiere) mit einem Börsen- oder Marktwert können freihändig durch einen öffentlich bestellten Makler verkauft werden. Verpfändete Forderungen zieht der Pfandgläubiger ein und befriedigt sich aus dem Erlös (§ 1282 BGB). Ein **Pfandrecht erlischt**, wenn die Forderung nicht mehr besteht (§ 1252 BGB), das Pfand an den Eigentümer zurückgegeben wird (§ 1253 BGB) oder der Gläubiger ausdrücklich auf das Pfandrecht verzichtet (§ 1255 BGB).

Das Pfandrecht spielt als Besicherungsinstrument bei Banken eine wichtige Rolle. So dienen nach **Ziffer 19** der **AGB** von Banken und Sparkassen alle bei einem Kreditinstitut unterhaltenen Werte als Pfand für Ansprüche des Kreditinstituts gegen den Kunden. Die Verpfändung von Wertpapieren, Waren und sonstigen Vermögenswerten ist die Grundlage des Lombardkredits. Auch Kontokorrent- und Diskontkredite werden häufig durch Pfandobjekte gesichert. Eine eingeschränkte Einsetzbarkeit des Pfandrechts als Kreditsicherungsmittel liegt vor, wenn zwar Vermögensteile zur Besicherung vorhanden sind, diese aber für den Geschäftsablauf des Kreditnehmers zwingend notwendig sind. Eine dann praktizierte Alternative zur Verpfändung stellt die Sicherungsübereignung dar.

Beispiel: Probleme bei Verpfändungen können ganz spezifischer Natur sein: Ein Kredit wurde mit Edelsteinen (Rubine) besichert. Bei Hereinnahme der Steine wurde eine Expertise erstellt, die wertmäßig etwa der Höhe des Kredits entsprach. Es wurde seitens der Bank dem Kunden überlassen, die Edelsteine in einem Bank-/Kundensafe zu verbringen. Bei der später folgenden Kundeninsolvenz sollten die Steine wie vorgesehen verwertet werden. Es stellte sich bei dem Verkauf heraus, daß es sich nicht um Rubine, sondern um geschliffenes Glas handelte. Der Schuldner hatte geschickterweise die mit der Expertise bestätigten Steine gegen

3 Zentrale Komponenten von Kreditkontrakten

Dupletten aus Glas getauscht. Der Nachweis konnte nicht geführt werden. Insofern ist die Pfandsache i. d. R. gemeinsam von Verpfänder und Bank zu verpacken und zu versiegeln.

3.1.2.3 Sicherungsübereignung

"Das Sicherungseigentum ist das durch die Übereignung einer beweglichen Sache seitens des Sicherungsgebers (Veräußerers) an dem Sicherungsnehmer (Erwerber) begründete und zur Sicherung einer Forderung bestimmte Eigentum an einer Sache, welche der Erwerber zu verwerten berechtigt ist, um aus dem Erlös die gesicherte Forderung zu tilgen." (*Hagenmüller/Diepen* 1993, S. 459). Im Gegensatz zur Verpfändung ist es dem Kreditnehmer bei der Sicherungsübereignung möglich, die sicherungsübereignete **Sache weiter zu nutzen**. Der Kreditgeber hat seinerseits nicht das Problem der Verwahrung der sicherungsübereigneten Sache. Eine **gesetzliche Regelung** der Sicherungsübereignung gibt es **nicht**; sie hat sich aus der Praxis heraus entwickelt. Rechtliche Grundlagen bestehen im Rahmen der allgemeinen Vorschriften des BGB über das Eigentum, die Leihe, die Miete usw. Daneben sind die höchstrichterlichen Entscheidungen zu beachten. Im Konkursfall besteht ein Absonderungsrecht. Die Grundkonstellation soll auch wieder anhand einer Abbildung erläutert werden:

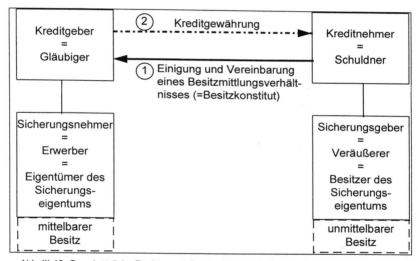

Abb. III-12: Grundsätzliche Rechts- und Geschäftskonstellation der Sicherungsübereignung

Der Kreditgewährung geht bei der Sicherungsübereignung eine vertragliche Einigung zwischen Sicherungsgeber und -nehmer voraus. In ihr muß eindeutig geregelt sein, daß die Übertragung des Eigentums ernsthaft gewollt ist. Der Vertrag hat den Charakter eines **Leih**- oder **Verwahrvertrags**: Der Sicherungsgeber (= Kreditnehmer) leiht sich vom Sicherungsnehmer (= Kreditgeber) das Sicherungseigentum oder verwahrt es für den Sicherungsnehmer. Dem Kreditgeber wird lediglich vorübergehend das treuhänderische Eigentum an einer beweglichen Sache übertragen. Auf die Übergabe der Sache selbst wird ausdrücklich verzichtet und stattdessen wird ein Besitzmittlungsverhältnis vereinbart (= **Besitzkonstitut** gem. § 930 BGB). Mit dessen Hilfe bleibt der Kreditnehmer weiterhin unmittelbarer Besitzer der Sache und der Kreditgeber mittelbarer Besitzer (nach § 868

BGB). Die Übergabe der Sache wird durch die Abtretung des Herausgabeanspruchs (§ 931 BGB) (Pfeil 1) ersetzt. Anschließend erfolgt die Kreditgewährung (Pfeil 2).

Voraussetzungen für die Entstehung der Sicherungsübereignung sind die **Einigung** über die Eigentumsübertragung an einem bestimmten Sicherungsgut und die genaue Feststellung des Sicherungsguts (= **Individualisierung**). Bei der **Individualisierung** sind je nach Art des Sicherungseigentums verschiedene Vorgehensweisen zu beachten:

– Sicherungsübereignung einer einzelnen Sache. Bei dieser auch **Einzelübereignung** genannten Form der Bestimmung eines Sicherungsguts ist eine genaue Bezeichnung der Sache erforderlich.

– Sicherungsübereignung mehrerer Sachen (= **Sachgesamtheit**). Eine Bestimmung des Sicherungsguts erfolgt durch spezielle Vertragsgestaltungen:

- **Markierungsvertrag.** Diese Vertragsform wird bei der Sicherungsübereignung von Maschinen praktiziert. An den Sicherungsobjekten werden Schilder mit bestimmten Buchstaben, Zahlen oder Zeichen angebracht, die sie als sicherungsübereignet kennzeichnen. Zusätzlich werden im Sicherungsvertrag Fabriknummern, Typebezeichnungen und Herstellernummern jeder einzelnen markierten Maschine notiert.
- **Raumsicherungsvertrag** (= **Bassinvertrag**). In ihm werden die Waren oder Vorräte genau bezeichnet und ihr Aufbewahrungsort angegeben. U. U. wird dem Vertrag zur genauen Bestimmung des Lagerorts eine Skizze beigefügt.
- Bei **Raumsicherungsverträgen** mit einem **wechselnden Bestand** wird ergänzend vereinbart, wann und wodurch Lagerauffüllungen in das Sicherungseigentum des Kreditgebers übergehen. Der Kreditnehmer hat monatliche Bestandsmeldungen an den Kreditgeber vorzunehmen.

Die **Verwertung** einer sicherungsübereigneten Sache ist einfacher als beim Pfandrecht, da der Kapitalgeber berechtigt ist, die Sache selbst, d.h. **freihändig** zu **verkaufen**. Die Sicherungsübereignung ist eine sehr flexible Form der Besicherung und in der Kreditpraxis sehr gebräuchlich. Allerdings sind mit ihr im Gegensatz zur Verpfändung für den Kreditgeber wesentlich mehr **Probleme** verbunden, da sich das Sicherungsobjekt in der Verfügungsgewalt des Schuldners befindet. Die Wahrscheinlichkeit von Hold Up und Moral Hazard ist hier höher als in anderen Realsicherheiten. So kann die sicherungsübereignete Sache

– unter Eigentumsvorbehalt stehen (Abhilfe: Vereinbarung im Sicherungsübereignungsvertrag, daß dem Kreditgeber ein Anwartschaftsrecht auf Eigentumserwerb übertragen wird),

– bereits einem anderen Gläubiger übereignet sein (Gefahr der Doppelübereignung),

– dem gesetzlichen Pfandrecht eines Vermieters oder Verpächters unterliegen (Abhilfe: Vermieter oder Verpächter gibt gegenüber Kreditgeber eine Verzichtserklärung ab),

– nicht ausreichend bestimmbar sein,

– Wertminderungen durch Preisrückgänge oder Verwertungsschwierigkeiten aufweisen (Abhilfe: Überdeckung durch zusätzlich sicherungsübereignete Sachen).

Beispiel: Ein Kiesgrubenbesitzer übereignete seinen Radbagger als Kreditsicherheit an die Bank. Das Fahrzeug wurde gemäß den internen Vorschriften ordnungsgemäß gekennzeichnet und zum Gebrauch dem Kiesgrubenbesitzer überlassen (...). Da nach einiger Zeit Zahlungsunfähigkeit vorlag, sollte der Radbagger verwertet werden. Zum Erstaunen der Mitarbeiter der Bank, die den Radbagger sicherstellen sollten, waren nur noch Fragmente, d. h. die Karosserie, die Achsen und eine Hydraulik vorhanden, der Rest (Motor, Baggerschaufel, Greifmechanismus, Reifen, Führerstand) war ab- und ausgebaut und vor Sicherstellung abtransportiert worden. Begründung: der Radbagger wurde zur technischen Überwachung und zur Betriebsbereitschaft von einer Spezialwerkstatt gewartet. Es entstanden Rechnungen (wurden gegenüber der Bank nachgewiesen), die nicht beglichen wurden, das Zurückbehaltungsrecht trat ein. Der Werkunternehmer baute kurzerhand seine Teile wieder aus.

3.1.2.4 Sicherungsabtretung

"In der an keine Formvorschrift gebundenen Abtretungserklärung des Kreditnehmers tritt der bisherige Gläubiger (Zedent) dem neuen Gläubiger (Zessionar) seine Forderung gegenüber einem Dritten (Drittschuldner) zur Sicherung eines Kredits ab." (*Hagenmüller/Diepen* 1993, S. 466). Der Zessionar erhält dadurch die uneingeschränkte Rechtsstellung eines Gläubigers. Die abgetretene Forderung hat für den Kreditgeber den Charakter einer Deckung für seine Ansprüche aus dem Kredit. Sicherungsabtretungen haben fiduziarischen Charakter. Bei **mehrfach abgetretenen Forderungen** dominiert die **älteste Zession** alle anderen. **Abtretbar** sind **Forderungen** (z.B. Forderungen aus Warenlieferungen und -leistungen oder Guthaben bei Kreditinstituten) und **andere Rechte** (z.B. Gesellschaftsrechte, wie GmbH-Anteile oder Grundpfandrechte, Ansprüche aus Kapitallebensversicherungsverträgen). Die **Rechtsgrundlagen** hierzu bilden die Vorschriften des BGB über die Übertragung von Forderungen (= Abtretung) der §§ 398 und 413 BGB. Nicht abtretbar sind Forderungen, bei denen diesbezüglich Verbote bestehen:

- **Vertragliches Abtretungsverbot.** Zwischen Gläubiger und Schuldner ist die Abtretung ausgeschlossen, was häufig bereits in den AGB des Gläubigers enthalten ist.

- **Gesetzliches Abtretungsverbot.** Es besteht für alle unpfändbaren Forderungen ein Verbot der Abtretung, z.B. unpfändbarer Teil von Lohn- und Gehaltseinkommen sowie bei höchstpersönlichen Ansprüchen.

- **Kollektives Abtretungsverbot**, z.B. wenn durch Betriebsvereinbarungen das Abtreten von Lohn- und Gehaltsforderungen von Beschäftigten ausgeschlossen wurde.

Der Zessionar kann dem Drittschuldner die Abtretung offen anzeigen (= **offene Zession**) oder Stillschweigen darüber bewahren (= **stille Zession**). Die Grundkonstellation der **offenen Zession** zeigt Abb. III-13:

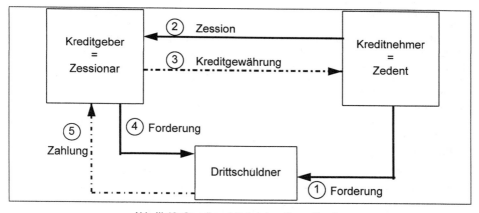

Abb. III-13: Grundkonstellation der offenen Zession

Ausgangspunkt der Zession ist, daß ein Kreditnehmer (= Zedent) gegenüber einem Dritten Forderungen hat (Pfeil 1). Im Rahmen eines Zessionsvertrags zwischen dem Kreditnehmer und -geber tritt der Zedent solche Forderungen an den Zessionar ab (Pfeil 2). Bei der offenen Zession wird der **Drittschuldner von** dieser **Abtretung benachrichtigt.** Der Kreditgeber gewährt gegen diese Besicherung den Kredit (Pfeil 3). Die Ansprüche aus der Forderung liegen jetzt beim Zessionar (Pfeil 4). Im Fall der offenen Zession kann der Drittschuldner mit schuldbefreiender Wirkung ausschließlich an den Zessionar - und nicht an den Zedenten - zahlen (Pfeil 5).

Im Interesse des Kreditnehmers wird im allgemeinen nur in Ausnahmefällen die offene Zession vereinbart. Eine offene Zession hat für den Kreditnehmer die Gefahr, daß er gegenüber seinen Kunden eine Schädigung seiner Reputation befürchten muß. Daher ist die **Praxis** der Sicherungsabtretung vor allem die **stille Zession.** Deren Konstellationen zeigt Abb. III-14.

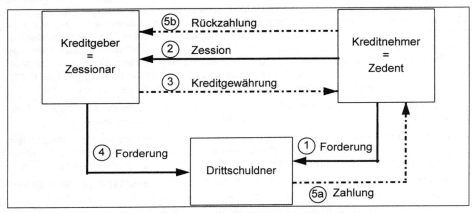

Abb. III-14: Grundkonstellation der stillen Zession

Die stille Zession unterscheidet sich von der offenen Sicherungsabtretung dadurch, daß der **Drittschuldner keine Anzeige** der Zession erhält. Unterschiede zur offenen Zession und damit zum Ablauf in Abb. III-14 ergeben sich in Hinblick auf die Zahlungsverläufe. Zwar ist der Kreditgeber anstelle des Kreditnehmers Gläubiger aus den Forderungen (Pfeil 4), doch der **Drittschuldner** hat hierüber keine Information. Bei Fälligkeit zahlt der Drittschuldner mit befreiender Wirkung an den Zedenten (Pfeil 5a), der verpflichtet ist, die empfangene Zahlung an den Kreditnehmer abzuführen (Pfeil 5b). Aus dieser Beschreibung wird bereits eine Problematik ersichtlich: Der Zessionar ist bei einer stillen Zession auf das vertragskonforme Verhalten des Zedenten angewiesen. Kreditinstitute als Kreditgeber verlangen üblicherweise daher, daß der gesamte Zahlungsverkehr des Kreditnehmers hinsichtlich der abgetretenen Forderungen ausschließlich über ihre Konten läuft abgewickelt wird. Zusammengefaßt sind die **Probleme** bei einer stillen Zession:

- **Forderungen** sind **bereits** an einen anderen Zessionar **abgetreten.**
- Forderungen werden nach Zahlungseingang **nicht** an den **Kreditnehmer abgeführt.**
- Der Zedent tritt **Forderungen** ab, die **nicht existieren.**
- Der Drittschuldner hat die **Abtretbarkeit vertraglich ausgeschlossen.**

Bis auf die letzte Problematik resultieren die vorangegangenen Punkte aus Moral Hazard und Hold Up des Kreditnehmers. **Probleme** können sich sowohl bei der stillen als auch bei der offenen Zession für den Zessionar ergeben, wenn Forderungen abgetreten werden oder abgetreten werden sollen, die mit einem **verlängerten Eigentumsvorbehalt** belastet sind. Erheben nämlich ein Lieferant aus seinem Eigentumsvorbehalt und ein Kreditgeber aus seiner Sicherungsabtretung Ansprüche, gilt der Grundsatz der zeitlichen Vorrangigkeit (= **Prioritätsprinzip**). Dies gilt auch für Globalzessionen, so daß im Endergebnis der Begünstigte aus einem Eigentumsvorbehalt nach höchstrichterlicher Rechtsprechung Vorrang vor dem Kreditgeber, d.h. dem Zessionar hat. Wegen solcher möglichen Probleme wird bei einer Sicherungsabtretung vom Kreditgeber meist ein Betrag der abzutretenen Forderungen angesetzt, der um 20 bis 30% über dem gewährten Kreditvolumen liegt.

Die Sicherungsabtretung kann in unterschiedlichem **Umfang** erfolgen:

- Verpflichtet sich der Kreditnehmer, eine einzelne Forderung an den Kreditgeber abzutreten, spricht man von einer **Einzelzession**. Der Kreditgeber kann die ihm angediente Forderung ablehnen, wenn er Zweifel an der Bonität des Schuldners hat. Der Kreditgeber kann anschließend die Abtretung neuer Forderungen verlangen.

- Werden fortlaufend Forderungen in einer bestimmten Gesamthöhe abgetreten, handelt es sich um eine **Mantelzession**. Bei dieser Form der Sicherungsabtretung verpflichtet sich der Kreditnehmer gegenüber dem Kreditgeber, in vereinbarten Zeitabständen Rechnungskopien und Debitorenlisten einzureichen. Erst mit den Einreichungen ist die tatsächliche Abtretung rechtlich wirksam geworden. Die Mantelzession erfordert die ständige Einreichung von Forderungsbelegen (= Rechnungen). In der Praxis herrscht die **Globalzession** vor. Der Zedent verpflichtet sich in einem solchen Vertrag, seine zukünftigen und gegenwärtigen Forderungen gegenüber einer bestimmten, genau umrissenen Kundengruppe abzutreten (z. B. spezifiziert nach Verkaufsregionen).

3.1.2.5 Grundpfandrechte

Pfandrechte, die die Verpfändung von unbeweglichem Vermögen regeln, werden Grundpfandrechte genannt. Sie erstrecken sich auf Grundstücke, einschließlich deren Bestandteile (z.B. die Montagehalle eines Automobilherstellers) und dem Zubehör (z.B. die fertigen sowie halbfertigen Fahrzeuge des Herstellers). Im Gegensatz zum Pfandrecht an beweglichen Sachen entsteht das Grundpfandrecht durch Einigung und Eintragung im Grundbuch.

Das Grundbuch ist ein im **Grundbuchamt** beim Amtsgericht geführtes Verzeichnis aller Grundstücke des betreffenden Amtsgerichtsbezirks. Das sog. materielle Grundbuchrecht ist im BGB enthalten, das formelle in der Grundbuchordnung (GBO). So regelt z. B. § 12 GBO, daß derjenige in das Grundbuch einsehen darf, der ein berechtigtes Interesse hat:

- Dies umfaßt zunächst all diejenigen, denen ein **Recht am Grundstück** oder ein Grundstücksrecht zusteht.

- Daneben sind tatsächliche, vor allem **wirtschaftliche Interessenten** einsichtsberechtigt. Dies trifft bei Kreditbeziehungen beispielsweise auf ein Kreditinstitut zu, das einem Grundstückseigentümer einen Kredit einräumen möchte bzw. eingeräumt hat.

Kein Recht auf Einsicht in das Grundbuch hat ein möglicher Kaufinteressent einer Immobilie, der dadurch erst den Namen des Grundstückseigentümers erfahren möchte. Eine

Berechtigung zur Einsichtnahme hat er erst nach Eintritt in Kaufverhandlungen mit dem Eigentümer.

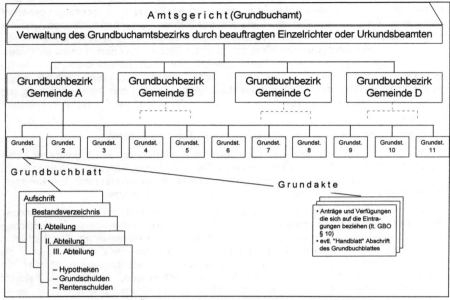

Abb. III-15: Überblick über die Organisation des Grundbuchamtes

Bei Kreditsicherheiten übernimmt das Grundbuch bei unbeweglichen Sachen im Rahmen des Pfandrechts eine ganz zentrale **Funktion**: Da im Gegensatz zu beweglichen Sachen die Übergabe für die rechtliche Wirksamkeit des Pfandrechts nicht möglich ist, findet das Faustpfandprinzip ersatzweise durch bestimmte Rechtsinstitutionen im Grundbuch statt. Daher ist es erforderlich, sich kurz mit dem Inhalt des Grundbuchs vertraut zu machen, bevor die eigentlichen Grundpfandrechte erläutert werden können.

Ein Grundbuch wird für jedes Grundstück angelegt und besteht aus folgenden **Bestandteilen**:

- **Aufschrift**. Sie weist den Grundbuchbezirk sowie die Nummer des Bands und des Grundbuchblatts aus.
- **Bestandsverzeichnis**. In ihm sind die Lage, Art und Größe des Grundstücks sowie die mit dem Eigentum verbundenen Rechte bezeichnet.
- **Erste Abteilung**. Sie enthält die Namen der Eigentümer sowie die Rechtsgrundlage und den Zeitpunkt des Grundstückserwerbs.
- **Zweite Abteilung**. In ihr sind die Lasten und Beschränkungen des Grundstückseigentums eingetragen (z.B. Wohnrechte Dritter).
- **Dritte Abteilung**. Diese Abteilung ist für die weitere Behandlung der Grundpfandrechte von Bedeutung, weil hier die Grundpfandrechte eingetragen und Veränderungen sowie Löschungen vorgenommen werden.

3 Zentrale Komponenten von Kreditkontrakten

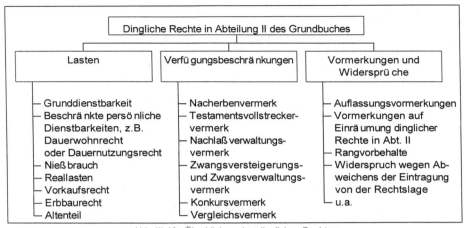

Abb. III-16 : Überblick zu den dinglichen Rechten

Für das Grundbuch gelten bestimmte **materielle Grundsätze**:

- Das **Spezialitätenprinzip** erfordert, daß eingetragene Grundstücke und Rechte genau bestimmt sind.

- Mit dem **Eintragungsgrundsatz** wird gefordert, daß jede rechtsgeschäftliche Begründung, Änderung oder Übertragung von Grundstücksrechten eine inhaltlich gleiche Eintragung im Grundbuch erfährt.

- Durch das materielle **Konsensprinzip** gem. § 873 BGB ist zur Änderung von Grundstücksrechten neben der Eintragung die Einigung des Berechtigten mit der anderen Rechtspartei erforderlich.

- Im § 892 BGB wird das materielle **Publizitätsprinzip** geregelt: Das Grundbuch genießt öffentlichen Glauben. Jedermann muß demzufolge von der Richtigkeit seines Inhalts ausgehen, sofern nicht der Erwerber eine Unrichtigkeit kennt.

Ein Grundstück kann mit mehreren Rechten belastet sein. In diesem Fall sind die Bestimmungen nach dem **Prioritätsgrundsatz** (§ 879 BGB) ausschlaggebend: Bei **Rechten** in der **derselben Abteilung** geht das Rangverhältnis nach der Reihenfolge der Eintragungen. Sind **Rechte** in **verschiedenen Abteilungen** betroffen, so wird das Rangverhältnis nach dem Datum der Eintragung der Rechte bestimmt (Rechte mit Eintragung am gleichen Tag haben den gleichen Rang). Dies ist für die Verwertung der Sicherheit und damit für die Qualität der Grundpfandrechte als Sicherungsmittel bedeutend.

Die **Arten** der **Grundpfandrechte** sind Hypothek und Grundschuld sowie die Rentenschuld. Letztgenannte sichert einem Begünstigten das Recht zu, aus einem Grundstück in regelmäßigen Zeitabständen eine bestimmte Geldsumme (= Rente) zu erhalten (§ 1199 BGB). Die Rentenschuld spielt heutzutage für die Besicherung eines Kredits keine Rolle. Die **Hypothek** ist eine dingliche, Belastung eines Grundstücks, ohne daß der Nutznießer hierzu sich im Besitz des Grundstücks befindet. Sie hat zum Inhalt, daß das Grundstück für eine bestimmte Forderung eines Gläubigers (= **Hypothekengläubiger**) haftet sowie ein dingliches Verwertungsrecht einräumt (§ 1113 BGB). Damit ist auch die Verpflichtung für den Schuldner verbunden, an denjenigen zu dessen Gunsten die Belastung erfolgt eine bestimmte Geldsumme zur Befriedigung wegen einer ihm zustehenden Forderung aus dem Grundstück zu zahlen. Die Hypothek ist **akzessorisch**. Geht der Kreditnehmer in Konkurs, verfügt der Hypothekengläubiger über ein **Absonderungsrecht**.

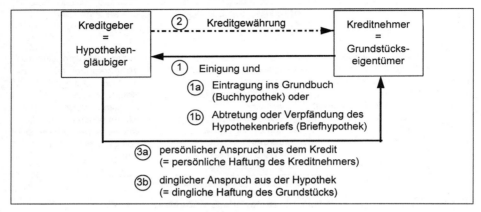

Abb. III-17: Grundkonstellation der Hypothek

Bei der Entstehung (und dem Erwerb) einer Hypothek sind zu unterscheiden:

- **Buchhypothek** - hierbei wird nur eine Eintragung in das Grundbuch vorgenommen, ohne daß der Gläubiger eine Urkunde über sein Pfandrecht erhält. Eine Weitergabe im Sinne einer Abtretung seines dinglichen Pfandrechts bedarf einer Umschreibung im Grundbuch, die vom Gläubiger notariell bewilligt werden muß (Pfeil 1a in Abb. III-17).

- **Briefhypothek** - die Grundbucheintragung wird vom Grundbuchamt durch den Hypothekenbrief (= öffentliche Urkunde) bestätigt. Der Brief kann schriftlich abgetreten und verpfändet werden, ohne daß eine Grundbucheintragung zur Rechtswirksamkeit erforderlich ist (Pfeil 1b). Allerdings muß einschränkend darauf hingewiesen werden, daß nicht alle Arten von Hypotheken in dieser Form bestehen können (vgl. die Ausführungen weiter unten).

Mit der anschließenden Kreditgewährung (Pfeil 2) ist die Hypothek aufgrund der Akzessorietät zustande gekommen. Die Hypothek gewährt dem Hypothekengläubiger während ihrer Laufzeit einen persönlichen Anspruch aus dem Kredit gegenüber dem Kreditnehmer und einen dinglichen Anspruch aus der Hypothek, d.h. die **dingliche Haftung** des Grundstücks. Der persönliche Anspruch aus dem Kredit erstreckt sich auf das gesamte Vermögen des Schuldners und stellt eine **persönliche Haftung** des Schuldners dar (Pfeil 3a). Zusätzlich umfasst der **dingliche Anspruch** den Kredit, die gesetzlichen Zinsen sowie die Kosten der Rechtsverfolgung. Gerichtet ist der dingliche Anspruch auf Zahlung aus dem Grundstück: Der Schuldner hat im Fall der Säumigkeit seiner Zahlungsverpflichtungen aus dem Kreditvertrag die Zwangsvollstreckung in sein Grundstück durch den Hypothekengläubiger zu dulden (Pfeil 3b). Dabei erstreckt sich die Zwangsvollstreckung neben dem Grundstück auch auf Zubehör und Bestandteile des Grundstücks, Miet- und Pachtforderungen, Versicherungsforderungen und sonstige Ansprüche, die zugunsten des Grundstückseigentümers bestehen.

Hypotheken werden in der Praxis in verschiedenen **Formen** vereinbart. Als Brief- oder als Buchhypothek kann die sog. **Verkehrshypothek**, auch gewöhnliche Hypothek genannt,

3 Zentrale Komponenten von Kreditkontrakten

bestehen. Die Höhe der Forderung richtet sich nach der Eintragung im Grundbuch; der Gläubiger braucht die Höhe seiner Forderung nicht separat nachzuweisen, wenn er sein Pfandrecht geltend machen will. Der Grundstückseigentümer hat nur beschränkte Möglichkeiten der Einreden (z.B. es sei Stundung vereinbart worden, wenn Zahlungsversäumnisse entstehen). Erlischt die zugrundeliegende Forderung (z.B. aufgrund vollständiger Rückzahlung des Kredits), lebt die Hypothek nicht wieder auf. Sie wird zur **Eigentümergrundschuld**. Bei einer **Sicherungshypothek** bedarf es des Nachweises des Gläubigers, daß er eine bestimmte Forderung hat und in welcher Höhe sie besteht. Erst dann kann er sein Pfandrecht in Höhe der bestehenden Forderung geltend machen. Die Sicherungshypothek ist immer eine Buchhypothek, da eine Briefausstellung ausgeschlossen ist. Der Erwerber des Sicherungshypothek muß zudem Einreden des Eigentümers gegen sich gelten lassen. Die Sicherungshypothek kann in Sonderform als **Höchstbetragshypothek** bestehen. Das Grundstück haftet bis zur Höhe des im Grundbuch eingetragenen Höchstbetrags. Nach Rückzahlung des Kredits entsteht eine Eigentümergrundschuld. Sie lebt als Hypothek mit der erneuten Inanspruchnahme eines Kredits wieder auf. Auch die Höchstbetragshypothek ist eine Buchhypothek. Der Gläubiger hat die Höhe seiner Forderung nachzuweisen, wenn er sein Pfandrecht geltend machen will. Ferner gibt es noch die Form der **Gesamthypothek**, bei der für eine einzige Forderung mehrere Grundstücke haften.

Die **Verwertung** der Sicherheit aus einer Hypothek setzt einen **vollstreckbaren dinglichen Titel** gegen den Eigentümer voraus. Er kann entweder im Mahn- und Klageverfahren durch ein vollstreckbares Urteil (Klage auf Duldung der Zwangsvollstreckung) oder durch Ausfertigung einer vollstreckbaren Urkunde erworben werden. Die vollstreckbare Urkunde entsteht durch einen Notar oder das Gericht, wenn sich der Eigentümer bei der Bestellung der Hypothek der sofortigen Zwangsvollstreckung vertraglich unterworfen hat (= Zwangsvollstreckungsklausel nach § 794 ZPO, die im Grundbuch eingetragen wird). Die anschließende **Zwangsvollstreckung** kann dann in eine der beiden Formen erfolgen:

- Bei der Zwangsversteigerung erhält der Gläubiger den Versteigerungserlös bis zur Höhe seiner Forderung. Die Versteigerung muß öffentlich erfolgen.

- Statt der Zwangsversteigerung ist auch eine Zwangsverwaltung möglich. Das Gericht bestellt dann einen Verwalter, der dem Gläubiger die Erträge des Grundstücks (z.B. Mietzinsen) nach Abzug seiner Kosten zuführt.

Die Hypothek dient in Form der Verkehrshypothek zur Besicherung von vor allem langfristigen Krediten.

Ähnlich der Hypothek gewährt die **Grundschuld** dem Grundschuldgläubiger das Recht, im Fall der Nichtzahlung der Forderung, das belastete Grundstück zu verwerten. Im Gegensatz zur Hypothek ist die Grundschuld gemäß § 1191 BGB in Entstehung und Bestand nicht von einer Forderung abhängig und hat daher **fiduziarischen Charakter**. Im Konkursfall besteht für den Gläubiger ein **Absonderungsrecht**. Gesetzlich geregelt ist die Grundschuld in §§ 1191 - 1198 BGB. Die Grundkonstellation der Rechtsbeziehung ist im Grundsatz mit derjenigen der Hypothek aus Abb. III-17 vergleichbar, was aus den gleichen rechtlichen Vorschriften resultiert. Man unterscheidet daher u.a. auch zwischen Brief- und Buchgrundschuld. Grundschulden für Kreditsicherheiten werden als **Sicherungsgrundschulden** bezeichnet. Wegen der fehlenden Akzessorietät handelt es sich um eine abstrakte Schuld. In der Praxis des Kreditgeschäfts von Kreditinstituten werden Grundschulden meist mit folgenden **Vermerken notariell beurkundet**: Grundschuldbetrag zzgl. Zinsen, Unterwerfung unter die sofortige Zwangsvollstreckung (ermöglicht dem

Kreditgeber die schnelle Zwangsvollstreckung in das Grundstück) sowie persönliche Haftung (ermöglicht dem Kreditgeber eine unverzügliche Zwangsvollstreckung in das private Vermögen) (vgl. *Hagenmüller/Diepen* 1993, S. 493).

Eine Besonderheit ist die **Eigentümergrundschuld** (§ 1196 BGB). Sie entsteht, indem die Rückzahlung einer Hypothek immer in Höhe des Werts der Rückzahlungen zu einer Eigentümergrundschuld wird, oderein Grundstückseigentümer die Eigentümergrundschuld im Grundbuch eintragen läßt. Absicht ist meist, auf diese Weise einen bevorzugten Rangplatz für einen später aufzunehmenden Kredit freizuhalten.

Die Grundschuld dient insbesondere als Sicherheit im kurzfristigen Kreditgeschäft (z.B. beim Kontokorrentkredit).

3.1.3 Rating als direkter Informationsverkauf zu Kreditrisiken

Im Handelsblatt vom 11./12.08.1995 war hierzu eine Pressenotiz zu lesen, die auszugsweise wiedergegeben ist:

"Phantasie für sinkende Zinsen bleibt erhalten

(...) Die Europäische Gesellschaft zur Finanzierung von Eisenbahnmaterial (Eurofima), Basel, begibt unter der Federführung des Bankhauses Trinkaus & Burkhardt eine Euroanleihe über 100 Mill. DM. Der Titel ist mit einer Laufzeit von zwei Jahren und einem Kupon mit 5% ausgestattet worden. Der Ausgabepreis beträgt 101,30%, woraus sich eine Rendite von 4,31% errechnet. Eurofima ist ein erstklassiger Schuldner und wird von den Ratingagenturen Moody's bzw. Standard & Poor's mit der bestmöglichen Note von AAA bewertet. (...)".

Rating stellt eine **Bewertung** dar und bezeichnet zum einen den **Vorgang** und zum anderen das **Ergebnis** einer Bewertung. Sie ist vor allem im internationalen Kredit- und Anleihegeschäft zur **Bonitätsermittlung**, hinsichtlich von **Schuldtiteln** (vor allem Anleihen) und/oder der **Schuldner** selbst üblich. Rating wird darüber hinaus auch für Staaten als Ganzes vorgenommen. Im sog. "**Länderrating**" werden die Auslandskreditverpflichtungen aller Schuldner eines Landes beurteilt. Ratings werden von speziellen Finanzintermediären, Rating-Agenturen, durchgeführt.

Rating-Agenturen vergeben im Gegensatz zu Kreditinstituten oder anderen monetären Finanzintermediären **keine Kredite** und nehmen auch **keine Einlagen** entgegen. Ihre Existenz ist einzig auf die eingangs dargestellte Tatsache zurückzuführen, daß Kapitalüberlassungen in erster Linie ein Informationsproblem darstellen. Dieses zu lösen, erfordert in funktionsfähigen Finanzmärkten nicht zwingend Kreditinstitute, andere Informationsproduzenten können sich an Kapitalmärkten etablieren. Die Tätigkeit von Rating-Agenturen kann in diesem Sinne als **direkter Informationsverkauf** verstanden werden (vgl. *Rühle* 1994). Die Qualität der Informationen wird danach bemessen, inwieweit sie verläßliche Grundlagen für die Entscheidung der Kreditgeber sind, um eine Einschätzung über das für sie nicht beobachtbare Ausfallrisiko des Kreditnehmers zu erhalten. Rating-Agenturen stehen daher grundsätzlich vor einem **Glaubwürdigkeitsproblem** (wie im Grunde alle Finanzintermediäre). Vereinbart der Intermediär mit dem Kreditnehmer, daß er unter bestimmten Umständen seine Einschätzung wieder überprüfen kann, so wird die Glaubwürdigkeit von Rating-Agenturen aufgebaut bzw. gestärkt. Den gleichen Zweck erfüllen eine hohe Reputation der Rating-Agentur und ganz bestimmte Vergütungsstrukturen, mit denen die Tätigkeit der Agentur entlohnt wird (vgl. *Campbell/Kracaw* 1980). In

3 Zentrale Komponenten von Kreditkontrakten

diesem Zusammenhang verfahren Rating-Agenturen häufig nach dem Prinzip der **Joint Contracts**: Es wird ein Unternehmen als Kreditnehmer nicht einmalig, sondern über mehrere Perioden beurteilt. Ziel dieser langfristigen Bindung ist, daß im Fall wiederholter korrekter Beurteilung von Kreditnehmern durch Rating-Agenturen bei guten Risiken eine Reputation aufgebaut wird. Die Kreditnehmer profitieren davon durch niedrigere Kapitalkosten und die Rating-Agentur erhält dadurch steigende Provisionseinnahmen vom beurteilten Unternehmen.

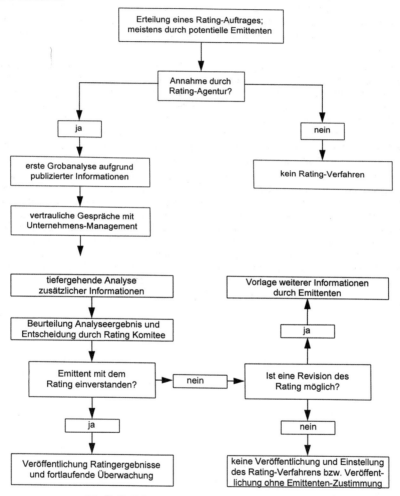

Abb. III-18: Schematisierter Ablauf des Rating-Verfahrens

Grundlage für das Rating bilden Bonitätsbeurteilungen. Sie können grob mit Methoden verglichen werden, die der herkömmlichen Kreditwürdigkeitsprüfung des Kreditgeschäfts von Banken ähneln. Initiieren Schuldner eine Einstufung oder die Überprüfung einer solchen selbst, so überlassen sie hierzu einer Agentur Unternehmensdaten, die teilweise oder gänzlich aus öffentlich verfügbaren Informationen bestehen können (z.B. Jahresabschlüsse). Das Ergebnis der Analyse und die Klasseneinstufung wird dem **Schuldner** mitgeteilt. Er hat **direkt keinen Einfluß** auf die Einstufung. Besteht zwischen ihm und der Rating-Agentur hinsichtlich der Bonität **Dissens**, kann er durch **weitere Informationen** seine abweichende Haltung fundieren und so eine neuerliche Analyse auslösen. Bei daraufhin noch verbleibendem Dissens wird keine Bewertung vorgenommen. Nachfolgende Abb. III-18 liefert eine Vorstellung vom Rating-Prozeß. Rating-Agenturen nehmen auch **unaufgefordert Bonitätseinschätzungen** vor. Sie bedienen sich dabei der gleichen Methoden, sind aber in der Beschaffung des Analysematerials auf sich angewiesen (vgl. *Glogowski/Münch* 1990, S. 415).

Rating wird von guten Schuldnern initiiert, um mit der Einordnung in eine bonitätsmäßig gute Schuldnerklasse, momentanen oder potentiellen Gläubigern ihre hohe Qualität als Kreditrisiko signalisieren zu können. Sie haben dann meist eine berechtigte Aussicht auf eine **Finanzmittelbeschaffung** zu risikoadäquaten Kapitalkosten, weil Anleger nur geringe oder **keine Risikozuschläge** ihren Renditeforderungen zugrundelegen werden. Gängig ist auch eine aktive **Aufbesserung der eigenen Bonität** durch die Schuldner selbst. Kreditausfallgarantien oder Patronatserklärungen werden dann entweder von Muttergesellschaften für Tochtergesellschaften abgegeben oder Banken geben Bürgschaften.

Im Kredit- bzw. Anleiherating werden technisch gesehen nicht die Kreditnehmer, sondern die Schulden beurteilt. Die Bewertung erstreckt sich auf Aussagen über den Grad der **Wahrscheinlichkeit**, daß ein Emittent von Wertpapieren seinen **Schuldendienst** (Zinszahlung und Kredittilgung) **termingerecht nachkommen** kann. Häufig wird mit dem Ergebnis des Urteils aber auf die **Qualität des Schuldners** geschlossen. Einstufungen in **Rating-Klassen** haben dann zur Folge, daß ein Emittent generell seine Konditionen, vor allem die Rendite, daran ausrichten muß: Die Einstufungen werden publiziert und es ist für Anleger erkennbar, wie hoch das Ausfallrisiko ist. Nachfolgende Abb. III-19 zeigt deren Bedeutung anhand des Symbolsystem der Agentur Standards & Poor`s.

3 Zentrale Komponenten von Kreditkontrakten

Rating-Symbol	Rating-Definition
AAA	Außergewöhnlich große Fähigkeit zur Zins- und Tilgungsleistung.
AA+ AA AA-	Sehr große Fähigkeit zur Zins- und Tilgungsleistung. Nur geringfügige Unterschiede zur höchsten Bewertungsstufe.
A+ A A-	Starke Fähigkeit zur Zins- und Tilgungsleistung. Etwas anfälliger gegenüber Veränderungen der äußeren Umstände und wirtschaftlichen Bedingungen.
BBB* BBB BBB-	Ausreichende Fähigkeit zur Zins- und Tilgungsleistung. Ausreichende Schutzparameter vorhanden, jedoch könnten nachteilige wirtschaftliche Bedingungen zu verminderter Zahlungsfähigkeit führen.
BB* BB BB-	Aktuelle Unsicherheiten oder Risiken durch nachteilige Geschäfts-, Finanz- oder Wirtschaftsbedingungen vorhanden, die zu einer unzulänglichen Fähigkeit zur Zins- und Tilgungsleistung führen könnten. Geringere kurzfristige Anfälligkeit als bei den schlechteren Einstufungen.
B* B B-	Höhere Anfälligkeit. Gegenwärtig Fähigkeit zur Zins- und Tilgungsleistung vorhanden. Jedoch ist es wahrscheinlich, daß nachteilige Geschäfts-, Finanz- oder Wirtschaftsbedingungen die Fähigkeit oder Bereitschaft zur Zins- und Tilgungsleistung beeinträchtigen würden.
CCC CC C	Aktuell nachweisbare Anfälligkeit für Zahlungsverzug. Zur fristgerechten Zins- und Tilgungsleistung sind günstige Geschäfts-, Finanz- oder Wirtschaftsbedingungen zwingend erforderlich. Sonst ist es unwahrscheinlich, daß Zins- und Tilgungsleistungen erbracht werden können.
D	Zahlungsverzug vorhanden oder Konkursverfahren beantragt. Zins- und Tilgungsleistungen sind am Fälligkeitsdatum nicht erfolgt.

Abb. III-19: Langfristige Ratingklassen und ihre Bedeutung nach Standard & Poor's

Es gibt drei international nennenswerte **Rating-Agenturen**. 1909 begann der Amerikaner John Moody damit, Obligationen von US-Eisenbahngesellschaften auf ihr Risiko hin zu beurteilen. Hieraus entstand die älteste, weltweit derzeit zweitgrößte Rating-Agentur - Moody's Investors Service (kurz "Moody's" genannt). Sieben Jahre nach Moody's erstem Rating veröffentlichte die amerikanische Poor's Publishing Company ebenfalls statistische Zahlen, mit denen die Bonität von Kreditnehmern bzw. deren Schuldtitel beurteilt werden konnten. 1941 fusionierte das Unternehmen und nimmt als Standard and Poor's Corporation (kurz "S&P") heute den ersten Rang in der Weltspitze ein. Fitch Investors Service (kurz "Fitch"), ebenfalls mit Sitz in den USA betreibt das Rating seit 1924 und dürfte weltweit auf Platz drei anzusiedeln sein. Außerhalb der USA bestehen weitere Rating-Agenturen z.B. in Kanada, Japan, Korea und Indien (vgl. *Cantor/Packer* 1994). In Europa ist die britische Agentur IBCA für das Anleiherating von Bedeutung. Alle Rating-Agenturen klassifizieren die von ihnen beurteilten Schuldner mittels eines Buchstabensystems hinsichtlich der Risikoeinschätzung. Die Symbolverwendung weicht zwischen den Rating-Agenturen nur geringfügig ab. Nachfolgende Abbildung III-20 zeigt dies anhand der Gegenüberstellung von Symbolen der drei Agenturen Standard & Poor`s, Moody`s und IBCA.

Standard & Poors's langfristiges Rating	Standard & Poor's kurzfristiges Rating	Moody's langfristiges Rating	Moody's kurzfristiges Rating	IBCA's langfristiges Rating	IBCA's kurzfristiges Rating
AAA	A-1+	Aaa	Prime-1	AAA	A1+
AA+ AA AA-	A-1	Aa1 Aa2 Aa3		AA	A1
A+ A A-	A-2	A1 A2 A3	Prime-2	A	A2
BBB+ BBB BBB-	A-3	Baa1 Baa2 Baa3	Prime-3	BBB	B1
BB+ BB BB-	B	Ba1 Ba2 Ba3		BB	B2
B+ B B-	C	Caa Ca	Not Prime	B	C1
CCC CC C	D	C		CCC CC	D1
D				C	

Abb. III-20: Ratingklassen und Rating-Agenturen mit ihren Testatbezeichnungen in der Gegenüberstellung

Lesehinweis: Einen Überblick über Rating-Agenturen liefern *Glogowski/Münch* (1990, S. 412-416) und *Steiner* (1992).

3.2 Die Ausgestaltung von Kreditkontrakten

Der Kreditkontrakt hat in der Finanzierung zentrale **Funktionen**. Er enthält **Kontroll- und Sanktionsrechte** des Kreditgebers gegenüber dem Kreditnehmer, um das Ausfallrisiko zu begrenzen oder zu vermeiden. Für Kreditinstitute als wichtigste Gruppe der delegierten Finanzintermediäre ermöglicht der Kreditkontrakt zudem die **Verminderung** der **eigenen Insolvenzgefahr**, die durch Kreditausfälle entstehen können. Die Kombination verschiedener Vertragsbestandteile wie Zinssätze, Gebühren etc. ermöglicht das **sortieren** von Kreditnehmern **in Risikoklassen**.

Nach Abschluß der Kreditprüfung (und hier insbesondere der Kreditwürdigkeitsprüfung) sowie nach Analyse der einsetzbaren Sicherungswerte hat der Kreditgeber ein objektiviertes Bild vom möglichen Risiko der Kreditvergabe gewonnen. Vom Ergebnis dieser Prüfungen hängt es ab, ob es zu einer Kreditvergabe kommt. Wird das Kreditrisiko aufgrund interner Vorgaben des Kreditgebers als im jeweiligen Einzelfall zu hoch eingestuft, unterbleibt die Kreditvergabe und das Kreditgeschäft. Der Kreditantragsteller wird rationiert. Wird mit dem Kreditantragsteller dagegen Einigkeit erzielt, so wird üblicherweise von Kreditinstituten mit einem Kreditzusageschreiben die Kreditvergabe in Gang gesetzt. Dieses Schreiben beinhaltet im wesentlichen Angaben über Art und Höhe des Kredits, Verwendungszweck der Kreditmittel, Kreditlaufzeit, Tilgungsform (= Rückzahlungsweise), Kündigungsmöglichkeiten und -rechte, Kreditkosten (= Kapitalkosten), Besicherung, Gerichtsstand, sowie Anerkennung der AGB.

Aus dem Katalog von Vertragsbestandteilen kommt den Positionen Sicherheiten, Verwendungszweck, Kapitalkosten, Kreditlaufzeit, Tilgungsformen und Kündigungsregelung eine herausgehobene Bedeutung zu. Durch eine geeignete Kombination dieser Komponenten lassen sich Ausfallrisiken begrenzen und gleichzeitig positive Anreizeffekte für den Kreditnehmer erzielen.

Lesehinweis: *Terberger* (1987) analysiert ausführlich den Kreditvertrag als Instrument zur Lösung von Anreizproblemen. Rechtliche Aspekte der Kreditgewährung bespricht *Nirk* (1992).

In diesem Zusammenhang ist darauf hinzuweisen, daß zwischen dem Kreditbetrag im eigentlichen Kreditvertrag und Kreditlinien unterschieden werden muß:

- Kreditlinien können zum einen als betragliche **Kreditrahmen** vergeben werden, bis zu der der Kreditnehmer maximal Finanzmittel des Kreditgebers in Anspruch nehmen darf. Diese Regelung ist z. B. im Kontokorrentkredit von vornherein vorgesehen. Er kann dann bis zum vereinbarten **Kreditlimit** in Anspruch genommen werden. Zwischenzeitlich können zu vertraglich festgelegten Terminen vollständige oder teilweise **Tilgungen** erfolgen. Aber auch andere Kredite stellen Kreditlinien dar, wenn sie nicht mit Zeitpunkt der Bewilligung in einem Betrag in Anspruch genommen werden (sog. „Drawdown-Variante"). Als **Stand-by-Kredit** werden insbesondere Kredite bezeichnet, wenn sie von vornherein vorsorglich für Ausnahmefälle vom Kreditnehmer vereinbart wurden (z.B. für den Fall auftretender Liquiditätsengpässe).

- Kreditlinien können sich aber auch auf die **intern** beim Kreditgeber **festgelegte maximale Höhe** der kumulierten Kredite an einen einzelnen Kreditgeber beziehen. Bei Erreichen dieses Limits werden die Konditionen der bisherigen und der neuen Kredite dem gestiegenen Risiko des „Gesamtengagements" angepaßt. Unter Umständen kommt es bei ausgeprägter Risikozunahme zu Kreditrationierung.

Die Einräumung von Kreditlinien durch Kreditinstitute **signalisieren** zudem **Informationen** über nicht beobachtbare Eigenschaften des Kreditnehmers an den Kapitalmarkt: „Indeed large corporations often purchase lines of credit from banks for the sole purpose of providing a signal about outside debt (...) to be issued publicly rather than held by the bank." (*Fama* 1985, S. 37). In diesem Sinne ist der Stand-by-Charakter von Kreditlinien zu sehen: In Verbindung mit einer beabsichtigten Emission von vor allem kurz- bis mittelfristig laufenden Anleihen signalisiert er durch die hohe potentielle Liquidität den Anlegern, die Bereitschaft und Möglichkeit, Zins- und Tilgungsleistungen für die emittierten Gläubigerpapier zu erfüllen. Diesen Zweck kann bereits auch eine nur teilweise betragliche Ausschöpfung eingeräumter Kreditlinien erfüllen (vgl. *Greenbaum/Hong/Thakor* 1981).

3.2.1 Verwendungszweck und Kreditlaufzeit

In der Finanzierungslehre und -theorie existiert die Vorstellung einer bestimmten Laufzeitunterteilung, die sich i. d. R. an der Methodik der Statistiken der Deutschen Bundesbank anlehnt. Demzufolge gelten Kredite als **kurzfristig**, wenn sich ihre Laufzeit zwischen einem Tag und unter einem Jahr bewegt, **mittelfristig** bei einer Laufzeit von einem Jahr bis zu vier Jahren und **langfristig** ab dem vierten Jahr und darüber. Zu unterscheiden ist zwischen der **vereinbarten** Laufzeit eines Kredits und seiner **effektiven Laufzeit**. So kann durch Prolongation oder vorzeitige (i. S. einer außerplanmäßigen) Tilgung die effektive von der vereinbarten Laufzeit abweichen. **Prolongation** und vorzeitige **Tilgungsmöglichkeit** sind nur möglich, wenn sie im Kreditvertrag vereinbart wurden. Hiervon eine Ausnahme bildet die vorzeitige Tilgung nach Kündigung durch den Kreditnehmer gemäß § 247 BGB oder durch den Kreditgeber aus wichtigem Grunde.

Von der statistischen Einteilung der Kreditlaufzeit im Sinne von kalendarischer Zeit ist die **ökonomische Einteilung** zu unterscheiden. Die Fristigkeiten können als Periode bis zum Eintreffen neuer Informationen zu Erträgen und Risiken der mit Krediten finanzierten Investitionsobjekte beim Kreditgeber verstanden werden. Ferner läßt sich die Zeitdauer an die Ausreifungszeit von Investitionsprojekten koppeln, die mit diesen Finanzmitteln finanziert wurden.

Die Festlegung eines **Verwendungszwecks** für die vergebenen Kredite wird in erster Linie seitens des Kreditgebers aus Gründen der **Risikobegrenzung** verlangt. Mit der Zweckfestlegung können die Risiken besser vom Kreditgeber eingeschätzt werden, die mit der Finanzmittelverwendung (der Investition) einhergehen. Dadurch **sinkt** für den Finanzintermediär die **Gefahr der Insolvenz**. Trotz Fixierung des Verwendungszwecks kann aufgrund zunehmender Kreditlaufzeit die Wahrscheinlichkeit des Ausfallrisikos steigen. Längere Laufzeiten erhöhen die Dispositionsspielräume der Kreditnehmer. Aus Sicht der Kreditgeber wäre dann eine lange Kreditlaufzeit vorzuziehen, wenn die mit einer Investition verbundenen Sunk Costs hoch sind und damit der Grad deren Irreversibilität und die Selbstbindung des Kreditnehmers (vgl. *Krahnen* 1991).

3.2.2 Kündigungsmodalitäten

Eine Kreditzusage ist i. d. R. zeitlich befristet. Lediglich bei Kontokorrentkrediten ist eine zeitliche Befristung nicht von vornherein vorgesehen. Eine Kündigungsfrist fehlt daher im Regelfall. Die Kündigungsmöglichkeiten von Kreditgebern und -nehmern unterliegen gesetzlichen und vertraglichen Regelungen. Bei Kreditinstituten sind vor allem deren AGB zu berücksichtigen. Zu unterscheiden ist zwischen dem ordentlichen und außerordentlichen Kündigungsrecht. Beim **ordentlichen Kündigungsrecht** gelten folgende Bestimmungen:

- Jederzeit von beiden Vertragsparteien können **Kontokorrentkredite** gekündigt werden (§ 355 HGB). Die AGB der Kreditinstitute sehen darüberhinaus eine **Kündigungsrecht** für die **Geschäftsverbindung im Ganzen** vor, wenn für Kredite und Kreditzusagen weder eine Laufzeit noch eine abweichende Kündigungsregelung vereinbart wurde.

- Für **andere Kreditformen** gelten die Regelungen des § 609a BGB, sofern die Verträge nach dem 01.01.1987 geschlossen wurden:

  • Der Kreditnehmer kann jederzeit Darlehen kündigen, bei denen eine **variable Verzinsung** vereinbart wurde. Er hat eine dreimonatige Kündigungsfrist einzuhalten.

  • Von beiden Seiten nicht gekündigt werden dürfen Darlehen mit einer **Festzinsvereinbarung** während der Dauer der Zinsbindungsfrist. Dies gilt für Zinsbindungen von maximal 10 Jahre Dauer. Innerhalb dieses Zeitrahmens gelten zum Ablauf der **Zinsbindung** folgende Kündigungsfristen: Zinsbindungsdauer kleiner als zehn Jahre: Kündigungsfrist ein Monat, bei einer Zinsbindung von 10 Jahren und mehr: Kündigungsfrist sechs Monate.

Außerordentliche Kündigungsrechte liegen in folgenden Fällen vor:

- Für den Schuldner besteht nach § 274 BGB bei Kreditverträgen, die bis zum 31.12.1986 geschlossen wurden, in folgendem Fall ausnahmsweise ein Kündigungsrecht: der vereinbarte Zinssatz betrug mehr als 6% p.a. Die Bestimmungen dieses sog. "Wucherparagraphen" gemäß § 274 BGB, sahen dann vor, daß

- frühestens sechs Monate nach Inanspruchnahme des Kredits,
- mit einer Kündigungsfrist von weiteren sechs Monaten

der Kreditvertrag seitens des Kreditnehmers gekündigt werden durfte. Dieses Recht durfte vertraglich nicht ausgeschlossen werden. Seine Anwendung erstreckte sich allerdings nicht auf Darlehen von Hypothekenbanken und Landesbanken, wenn diese die Darlehen durch Ausgabe von Pfandbriefen refinanziert haben.

- Für den Kreditgeber besteht gem. § 610 BGB dann ein Kündigungsrecht, "(...) wenn in den Vermögensverhältnissen des anderen Teils eine wesentliche Verschlechterung eintritt, durch die der Anspruch auf die Rückerstattung gefährdet wird." (§ 610 BGB). Kreditinstitute haben auf der Basis dieses Paragraphen in ihren AGB üblicherweise ein solches Kündigungsrecht verankert, zudem **ohne** Einhaltung einer **Kündigungsfrist**.

  Beispiele: Anlässe für ein Kündigung nach § 610 BGB können beim Kreditnehmer sein: Unrichtige Angaben über die Vermögenslage, wesentliche Verschlechterung der Einkommens- oder Vermögenslage, Vermögensgefährdung, pflichtwidriges Unterlassen der Aufklärung der Bank über die tatsächlichen Vermögensverhältnisse, Durchführung von Zwangsmaßnahmen durch Dritte (etwa die Abgabe der eidesstattlichen Versicherung), Kreditüberziehung trotz wiederholter Abmahnung, Verweigerung der Stellung oder Verstärkung von Sicherheiten.

Diese Regelungen werden seit 1990 in ganz bestimmten Fällen durch das **Verbraucherkreditgesetz** (VerbrKrG) ergänzt: Es ist grundsätzlich für alle Kreditvergaben an natürliche Personen anzuwenden, sofern der Kredit nicht zum Zweck einer selbständigen oder freiberuflichen Tätigkeit verwendet wird. Eine Ausnahme hiervon bilden Darlehen, die im Rahmen der Existenzgründung vergeben werden. Bei der Unternehmensfinanzierung spielt daher das VerbrKrG nur in Ausnahmefällen eine Rolle, weshalb desweiteren nicht auf seine Regelungen eingegangen werden soll.

Lesehinweis: Die Bestimmungen des VerbrKrG erläutert u.a. *Wagner-Wieduwilt* (1992).

Kündigungsklauseln üben eine wichtige **ökonomische Funktion** im Prinzipal-Agent-Verhältnis von Kreditgeber und -nehmer aus. Bei der Einräumung von Kreditlinien (vor allem in Form von Kontokorrentkrediten, vgl. Abschnitt 5.1.1 in diesem Kapitel) tragen die Kreditverträge Klauseln, die den Kreditgeber von der Vertragserfüllung entbinden, wenn sich die Schuldnerverhältnisse "drastisch" verschlechtert haben. Dies stellt eine implizite Vereinbarung dar und der Kreditgeber kann bei Neuverhandlung über eine Kreditverlängerung dem Kreditnehmer drohen und von der Verpflichtung des Schuldners zur Einhaltung der Kreditvertragsbestandteile die Kreditverlängerung abhängig machen.

3.2.3 Tilgungsvereinbarungen

Zu unterscheiden ist zwischen planmäßigen und außerplanmäßigen Formen der Rückzahlung, d.h. der Tilgung, von Krediten. **Plänmäßige Tilgungen** können wie folgt ausgestaltet sein. Bei der **Annuitätentilgung** zahlt der Kreditnehmer jährlich einen gleichbleibenden Betrag, die sog. Annuität, an den Kreditgeber. Die Annuität besteht aus einem Tilgungs- und einem Zinsanteil. Bei der Anteil des jährlichen Rückzahlungsbetrags ist zu Beginn der Laufzeit des Kredits gering; der Zinsanteil weist den größeren Anteil auf. Das **Verhältnis zwischen Zins- und Tilgungsbeträgen** verändert sich jährlich über die Laufzeit des Kredits. Gegen Ende der Kreditlaufzeit haben die Anteile von Zins und Tilgung gegenüber dem Laufzeitbeginn gewechselt: der Zinsanteil ist dann sukzessive geringer und der Tilgungsanteil steigt kontinuierlich, bis er gegen Ende der Laufzeit fast ausschließlich die Annuität ausmacht.

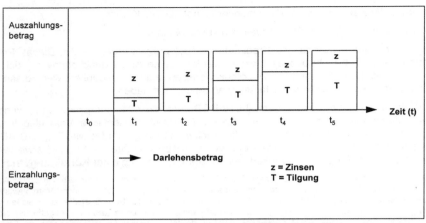

Abb. III-21: Verlauf einer Annuitätentilgung (Sichtweise des Kreditnehmers)

Rechnerisch ermittelt werden Annuitäten, indem der Darlehensbetrag mit dem sog. **Kapitalwiedergewinnungsfaktor** multipliziert wird. Dadurch wird der Darlehensbetrag finanzmathematisch zum Gegenwartszeitpunkt t_0 in eine in der Zukunft über die gesamte Kreditlaufzeit liegende gleichförmige Zahlungsreihe (= **uniforme Rente**) durch Diskontierung auf den Gegenwartszeitpunkt t_0 überführt.

$$\text{Kapitalwiedergewinnungsfaktor (= WGF)} = \frac{i*(1+i)^n}{(1+i)^n - 1}$$

wobei gilt:
i = Zinssatz in Prozent/100,
n = Laufzeit des Kredits.

Die Annuität (AN) entsteht dann durch Multiplikation des Darlehensbetrags mit dem Kapitalwiedergewinnungsfaktor.

Beispiel : Ein Darlehen wird in Höhe von 100.000 DM mit einer Laufzeit von vier Jahren zu einem Zinssatz von 10% gewährt.

1. Ermittlung des Kapitalwiedergewinnungsfaktors: $\text{WGF} = \frac{0{,}10*(1+0{,}1)^4}{(1+0{,}1)^4 - 1} = 0{,}315471$.

2. Berechnung der Annuität: AN = 100.000 * 0,315471 = 31.547,10 DM.

Jährlich ist fünf Jahre lang eine gleichhohe Rate von 31.547,10 DM, bestehend aus einem Zins- und einem Tilgungsanteil, vom Kreditnehmer an den Kreditgeber zu zahlen. Am Ende des fünften Jahres ist der Kredit vollständig getilgt. Nachfolgende Tabelle veranschaulicht dies.

Jahr	Restschuld am Jahresanfang	Zinsen	Tilgung	Annuität	Restschuld am Jahresende
1	100.000,--	10.000,--	21.547,10	31.547,10	78.452,90
2	78.452,90	7.845,29	23.701,81	31.547,10	54.751,09
3	54.751,09	5.475,10	26.072,--	31.547,10	28.679,09
4	28.679,09	2.867,91	28.679,19	31.547,10	-0,10[*)]
		26.188,30	100.000,10[*)]	126.188,40	

*) aufgrund von Rundungsdifferenzen

Tab. III-1: Tilgungsplan eines Annuitätendarlehens

3 Zentrale Komponenten von Kreditkontrakten

Eine weitere Möglichkeit der Kreditrückzahlung ist die Tilgung in **gleichbleibenden Teilbeträgen** vom ursprünglichen Kreditbetrag. Hierbei sind Konstruktionen mit sinkender periodischer Gesamtbelastung infolge geringer werdender Zinsen und solche mit gleichbleibender periodischer Gesamtbelastung aufgrund gleichbleibender Zinsen (= Ratenkredite) am gebräuchlichsten.

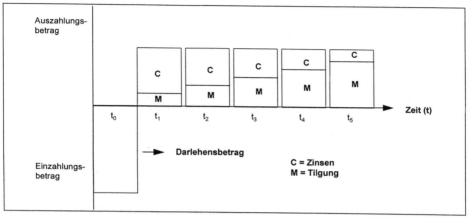

Abb. III-22: Verlauf einer Ratentilgung (Kreditnehmersicht)

Die Ratentilgung zeichnet sich demgegenüber durch über die Laufzeit des Darlehens **fallende Annuitäten** aus. Verantwortlich ist hierfür der sinkende Zinsanteil und der betraglich gleichbleibende Tilgungsanteil pro Jahr. Die fortschreitende jährlich gleichbleibende Tilgung des Darlehens sorgt dafür, daß der Zinsaufwand geringer wird, die gesamte Jahresleistung des Schuldners an Zins- und Tilgungszahlungen sinkt dadurch jährlich.

Beispiel: Ein Darlehen wird in Höhe von 100.000 DM mit einer Laufzeit von vier Jahren zu einem Zinssatz von 10% gewährt und soll in gleichen Beträgen getilgt werden.

Tilgungsbetrag: 100.000 DM/4 Jahre = 25.000,-- DM

Jahr	Restschuld am Jahresanfang	Zinsen	Tilgung	Annuität	Restschuld am Jahresende
1	100.000,--	10.000,--	25.000,--	30.000,--	75.000,--
2	75.000,--	7.500,--	25.000,--	28.000,--	50.000,--
3	50.000,--	4.250,--	25.000,--	26.000,--	25.000,--
4	25.000,--	1.325,--	25.000,--	24.000,--	-,--
		23.075,00	100.000,--	123.075,--	

Tab. III-2: Tilgungsplan eines Abzahlungsdarlehens

Bei Tilgung in einer **Summe** am **Laufzeitende** (= gesamtfällige Kredite oder Festkredite) erfolgt eine Rückzahlung in einem Betrag am Ende der Kreditlaufzeit. Während der Laufzeit werden also keine Tilgungen vorgenommen, sondern ausschließlich Zinsen vom Kreditnehmer gezahlt.

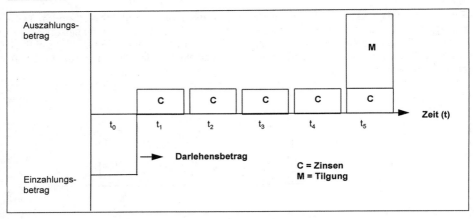

Abb. III-23: Verlauf einer Gesamttilgung (Kreditnehmersicht)

<u>Beispiel :</u> Ein Darlehen wird in Höhe von 100.000 DM mit einer Laufzeit von vier Jahren zu einem Zinssatz von 10% gewährt und soll am Ende der Laufzeit getilgt werden.

Tilgungsbetrag: 100.000 DM * 0,10 = 10.000,-- DM

Jahr	Restschuld am Jahresanfang	Zinsen	Tilgung	Annuität	Restschuld am Jahresende
1	100.000,--	10.000,--	-,--	-,--	100.000,--
2	100.000,--	10.000,--	-,--	-,--	100.000,--
3	100.000,--	10.000,--	-,--	-,--	100.000,--
4	100.000,--	10.000,--	100.000,--	-,--	-,--
		40.000,--	100.000,--	-,--	

Tab. III-3: Tilgungsplan eines Festdarlehens

Bei Krediten in sog. "laufender Rechnung" (= Kontokorrent) erfolgt eine **automatische Tilgung** durch Zahlungseingänge aus i. d. R. dem regelmäßigen Zahlungsverkehr. Eine Wiederinanspruchnahme des Kredits erfolgt, wenn die Zahlungsausgänge die -eingänge betraglich überwiegen. Dadurch wird im Rahmen eines gesetzten Kreditlimits die Kredittilgung und -inanspruchnahme nach dem jeweiligen Bedarf des Kreditnehmers ausgerichtet. Bei langfristigen Kreditverträgen (Laufzeit von mehr als 10 Jahren) kommen **tilgungsfreie Jahre** zu Beginn der Kreditlaufzeit vor. Die tilgungsfreie Zeit kann zwischen 3 und 5 Jahren liegen.

Neben den planmäßigen sind **außerplanmäßige Tilgungen** zu unterscheiden. Sie können einerseits aus Vereinbarungen bestehen, die bereits im Kreditvertrag von vornherein zwischen Kreditgeber und -nehmer getroffen wurden. Dabei muß es nicht zwingend zu einer Kündigung des Kredits kommen. Die meisten Vereinbarungen sehen eine betraglich fixierte jährliche **Sondertilgung** vor, die alle weiteren Vertragsbestandteile unberührt läßt. Eine außerplanmäßige Tilgung kann durch **Kündigung des Kreditvertrags** ausgelöst werden. Hierbei sind insbesondere die in Abschnitt 3.2.2 behandelten Kündigungsrechte des Kreditgebers maßgebend.

3.2.4 Kapitalkosten des Kredits

Grundsätzlich ist bei Kapitalkosten zwischen fixen Zinssätzen und variablen Zinssätzen zu unterscheiden. Aus der Sicht der Kreditgeber hat eine **Vereinbarung variabler Zinsätze** den Vorteil, daß sie Schwankungen im Marktzinssatz, den sie im Sinne des Opportunitätskostenkonzepts der Marktzinsmethode als Kalkulationsgrundlage für das Kreditgeschäft ansehen sollten, ausgleichen können. Sie können sich dadurch vor dem Zinsänderungsrisiko schützen. Bei Zugrundelegung eines fixen Zinssatzes im Kreditvertrag besteht noch ein weiteres Problem: Um Zinssatzänderungen nach oben bis zu einem gewissen Grad im fixen Zinssatz abfangen zu können, dürfte der Kreditvertrag mit festem Zinssatz gegenüber einem vergleichbaren mit variablen Zins betraglich höher sein. Der Unterschiedsbetrag erklärt sich vor dem Hintergrund, quasi automatisch Zinsanstiege während der Kreditlaufzeit kompensieren zu können. *Stiglitz/Weiss* (1981) weisen für diesen Fall daraufhin, daß dadurch grundsätzlich riskante Investitionsprojekte in der Finanzierung bevorzugt werden. Nur sie können durch ihre höheren erwarteten Renditen die höhere Renditeforderung der Kreditgeber erfüllen.

Variable Zinssätze können auch für Kreditnehmer unter gewissen Umständen gegenüber festen Zinssätzen präferiert werden. Weist ein Unternehmen eine geringe Bonität auf, so wird es gegenüber einem Unternehmen mit besserer Bonität für den gleichen Kreditbetrag und Laufzeit einen höheren fixen Zinssatz entrichten müssen. Bei normaler Zinsstrukturkurve, d.h., wenn die kurzfristigen unter den mittel- und langfristigen Zinssätzen liegen, kann das Unternehmen mit schlechterer Bonität auf den variablen Zinssatz ausweichen. Dieser orientiert sich an einem Referenzzinsat des Geldmarkts (z. B. LIBOR, vgl. Abschnitt 6.4.4 in diesem Kapitel). Durch regelmäßige Prolongation einer kurzfristig laufenden Kreditlinie (z. B. 6 Monate) läßt sich die vom Kreditnehmer benötigte längere Gesamtdauer des Kredits (z. B. 4 Jahre) darstellen. Dadurch gerät der Kreditnehmer in das Zinsänderungsrisiko, da bei steigendem Zinsniveau zu jedem Zinsanpassungstermin automatisch der zwischenzeitliche Zinsanstieg auf ihn übertragen wird. Dies ist sogar sehr wahrscheinlich, denn eine normale Zinsstrukturkurve läutet einen Prozeß des Zinsniveauanstiegs ein (vgl. Abschnitt 7.2.2 in diesem Kapitel). Um sich vor dem Zinsänderungsrisiko zu schützen hat der Kreditnehmer die Möglichkeit, Zins-Derivate einzusetzen. (vgl. Abschnitt 7.4 in diesem Kapitel).

4 Kontraktregelungen im Rahmen der Absatzfinanzierung

Die Kapitalausstattung deutscher Unternehmen wie sie in den statistischen Erhebungen in Kapitel I vorgestellt wurde zeigte bereits, daß Unternehmen untereinander in nicht geringerem Umfang Finanzmittel ausleihen als es Kreditinstitute vornehmen. Zentraler Unterschied zwischen den rein finanziell im ersten Moment gleichwertig erscheinenden Vorgängen ist, daß Mittelausleihungen zwischen Unternehmen in erster Linie **an Güter- oder Leistungsströme gebunden** sind, denen keine zeitgleichen Zahlungsströme gegenüberstehen, so daß eine Finanzierung notwendig wird. Die Koppelung der Mittelausleihungen an zugrunde liegende Absatz- und Beschaffungsprozesse ist der Grund, weshalb eine eigenständige Einteilung von Finanzierungskontrakten zur Absatzfinanzierung sinnvoll erscheint. "Absatzfinanzierung ist kein selbständiges Finanzierungsinstrument. Sie kommt nur im Zusammenhang mit einem Grundgeschäft, der Lieferung von Gütern oder der Erbringung von Dienstleistungen, vor." (*Ullsperger* 1988, S. 245).

Vor allem beim Absatz von **dauerhaften langlebigen Gebrauchsgütern** und **Investitionsgütern** nimmt die Absatzfinanzierung eine immer größere Bedeutung für Anbahnung und Zustandekommen von Geschäftsabschlüssen ein. Die hierbei eingesetzten Instrumente umfassen Kreditformen, in neuerer Zeit nehmen jedoch sog. Kreditsubstitute wie **Leasing, Factoring** und der **Forfaitierung** sowie die **Warenkreditversicherung** eine immer wichtigere Rolle ein. Der zunehmende Einsatz von Finanzierungsinstrumenten, die Kredite ersetzen können, also Kreditsubstitute, kennzeichnen denn auch die moderne Absatzfinanzierung. Die Absatzfinanzierung emöglicht meist gegenüber herkömmlichen Bankkrediten eine generell auf die individuelle finanzielle und wirtschaftliche Situation zugeschnittene Finanzierung, häufig zudem verbunden mit niedrigeren Kapitalkosten. Solche **Kosten- und Konditionenunterschiede** werden nicht selten im Rahmen der Absatzförderung von Anbietern getragen (ähnlich wie etwa Kosten für Werbung oder Vertriebsorganisation).

Man unterscheidet grob folgende zwei **Bereiche** der modernen Absatzfinanzierung, in denen Kreditsubstitute zum Einsatz kommen (vgl. *Kirstein* 1995):

– Mit der **direkten Absatzfinanzierung** bezeichnet man die unmittelbare Finanzierungsvereinbarung **zwischen** dem **Käufer einer Ware** und dem **Finanzierungsinstitut**. Absicht ist es, mittels der (meist individuell auf die Käuferbedürfnisse zugeschnittenen) Finanzierung den Produktkauf zu ermöglichen oder zu erleichtern. Typische Finanzierungsformen, die dabei zum Einsatz kommen können, sind der mittelfristige objektgebundene Ratenkredit, Lieferantenkredite, Kundenkredite sowie Leasing- oder Mietkaufverträge. Die Besonderheit dieser **Finanzinstrumente** als Absatzfinanzierung ist darin zusehen, daß sie i. d. R. vom Anbieter des Produkts (Hersteller oder Händler) **ausschließlich in Verbindung** mit dem **Produktverkauf** angeboten werden.

– Im Gegensatz dazu richten sich Finanzierungsinstrumente der **indirekten Absatzfinanzierung** nicht an den Verkäufer von Waren, sondern an **Hersteller und Händler**. Sie sollen mit den Finanzierungsmöglichkeiten in die Lage versetzt werden, ihrerseits Kunden Finanzierungsmöglichkeiten in eigener Regie anbieten zu können. Es handelt sich um Instrumente der **Finanzmittelbeschaffung** aber auch des **Risikomanagements**: Einkaufs-/Lagerfinanzierungen, Refinanzierung von Vermietgeschäften (im Rahmen des Mietkaufs), Sale-and-lease-back-Vereinbarungen, Ankauf von Liefer-, Kredit- und Leasingforderungen im Rahmen von Factoring und Forfaitierung.

Nachfolgend werden sowohl die reinen Kreditkontraktformen als auch die Kreditsubstitute als Komponenten der Absatzfinanzierung dargestellt.

4.1 Kurz- bis mittelfristige Formen

Handelskredite umfassen alle Formen der Kreditfinanzierung, bei denen Kredite von Handelspartnern eines Unternehmens gewährt werden. Sie sind immer mit einem Waren- oder Dienstleistungsgeschäft gekoppelt. Man unterscheidet diese Kredite in Lieferantenkredite (bzw. Zielverkäufe oder Lieferungskredite) und Kundenkredite (bzw. Vorauszahlungskredite oder Kundenanzahlungen).

4.1.1 Lieferantenkredit

Lieferantenkredite **entstehen**, indem ein Lieferant **freiwillig** einen Kredit gewährt, d.h., er räumt dem Käufer ganz bestimmte Zahlungsbedingungen ein. I.d.R gestatten diese dem Käufer, die Ware erst einige Wochen nach Erhalt zu bezahlen. Aber auch **unfreiwillig** können Lieferantenkredite entstehen: Wenn der Käufer mit Zeitverzögerungen oder in Teilbeträgen zahlt, ohne daß hierzu entsprechende Zahlungsbedingungen vereinbart wurden. Die Bedeutung des Lieferantenkredits liegt in seiner von Lieferanten freiwillig gewährten Form. Seine klassische Eigenschaft ist die eines Kredits zur **Überbrückung** des **Zeitraums** zwischen der Beschaffung und dem Verkauf von Waren. Daher wird die Tilgung auch typischerweise aus den Umsatzerlösen der kreditierten Waren vorgenommen. Es erfolgt keine Bereitstellung von Geldmittel, sondern eine Kreditierung in Form der **Stundung** des Kaufpreises einer Ware. Heutzutage wird der Lieferantenkredit vom Lieferanten überwiegend als absatzpolitisches Instrumentarium und weniger als reines Finanzierungsinstrument eingesetzt. Als Marketinginstrument - also die Gestaltung der Zahlungsbedingungen - besitzt der Lieferantenkredit in manchen Branchen die gleiche Bedeutung wie andere preisliche Aktionsparameter.

Am häufigsten kommt der Lieferantenkredit als **Buchkredit** vor. Ausgangspunkt ist die Lieferung einer Ware oder die Erstellung einer Dienstleistung. Die gelieferte Ware oder Dienstleistung ist mit bestimmten Zahlungsbedingungen verbunden. Meist kann die Zahlung innerhalb eines bestimmten Zeitraums (= **Skontofrist**) unter Abzug des **Skontosatzes** vom Rechnungsbetrag oder innerhalb der Zahlungsfrist ohne Abzug des Skontosatzes vom Rechnungsbetrag geleistet werden. Die Skontofristen reichen in der Praxis meist bis zu 14 Tage, die Skontosätze variieren zwischen ein und drei Prozent, die Zahlungsfristen liegen zwischen 10 und 40 Tagen. Auch Staffelungen von Skontosätzen in den Zahlungsbedingungen werden praktiziert. Mit der Zahlung des Rechnungsbetrags am Ende des Zahlungsziels ist der Kredit getilgt und seine Laufzeit beendet.

Eine andere Erscheinungsform des Lieferantenkredites ist der **Wechselkredit**. Der Lieferant zieht einen Wechsel auf den Käufer, der diesen akzeptiert. Der Wechselkredit wird meistens eingesetzt, wenn der Lieferant einen Wechsel für die eigene Finanzierung im Rahmen eines Diskontkredits bei seiner Bank einreichen möchte (vgl. zum Diskontkredit Abschnitt 5.1.3) oder der Lieferant Zweifel an der Bonität des Käufers hat.

Vom **Lieferantenkredit i. e. S.** zu trennen ist der **Einrichtungs-** oder **Ausstattungskredit** (= Lieferantenkredit i.w.S.). Er ist langfristiger Natur und dient dazu, Geschäftsausstattungen eines potentiellen Abnehmers zu finanzieren (z. B. Kredite einer Brauerei für die Einrichtung von Restaurants und Gaststätten). Die Rückzahlung erfolgt entweder in bar oder über die gelieferten Waren durch einen Aufschlag auf den sonst üblichen Warenpreis oder in Form einer Verpflichtung zur Abnahme von Mindestmengen.

Die Kosten des Lieferantenkredits i.e.S. ergeben sich als Kosten der Nicht-Ausnutzung eines eingeräumten Skontos und stattdessen Zahlung im Endzeitpunkt des eingeräumten Zahlungsziels. Die Kapitalkosten des Lieferantenkredits tragen damit den Charakter von **Opportunitätskosten**, die durch den Ertragsverlust, d.h. **Skontoverlust**, entstehen. Die Skontosätze beziehen sich i.d.R. auf kurze unterjährige Zeiträume. Zum Zweck der Vergleichbarkeit mit alternativen Finanzierungsformen zum Lieferantenkredit, z.B. dem Kontokorrentkredit von Banken, müssen die Skontosätze auf Jahressätze umgerechnet werden. Eine vereinfachte Umrechnungsformel hierzu lautet:

(III-1a)
$$k_L = \frac{S}{z-s} * 360 * 100$$

bzw. bei Berücksichtigung unterjähriger Zahlungsweise

(III-1b)
$$k_{Leff} = \left[\left(1 + \frac{k_L}{\frac{360}{z-s}}\right)^{\frac{360}{z-s}} - 1\right] * 100$$

Es gelten:

k_{Leff} = effektiver Kapitalkostensatz (in % p.a.),
k_L = Kapitalkostensatz des Lieferantenkredits (in % p.a.),
S = Skontosatz,
z = Zahlungsziel (in Tagen),
s = Skontofrist (in Tagen).

Beispiel: Die XY GmbH verkauft der ABC GmbH Rohstoffe, die binnen 10 Tagen abzgl. 3% Skonto oder innerhalb 30 Tage netto Kasse zu zahlen sind. Die Kapitalkosten bei Inanspruchnahme dieses Lieferantenkredits betragen: $k_L = \frac{0,03}{30-10} * 360 * 100 = 54\%$.

Verantwortlich für die Höhe des Kapitalkostensatzes p.a. ist (neben anderen Faktoren) der Zeitraum zwischen dem Zahlungsziel und der Skontofrist, (= Skontobezugsspanne). Sie stellt die eigentliche Kreditlaufzeit dar. Eine **Verlängerung** der **Skontobezugsspanne** kommt des öfteren dadurch zustande, daß der Abnehmer zwar den Lieferantenkredit gemäß den Zahlungsbedingungen beansprucht, das Zahlungsziel aber überschreitet. Kann der Lieferant z.B. wegen einer schwachen Marktstellung dafür keine Verzugszinsen in Rechnung stellen, reduzieren sich die Kapitalkosten für den Abnehmer. Allgemein kann die Schlußfolgerung gezogen werden, daß der Kapitalkostensatz des Lieferantenkredits mit zunehmendem Skontosatz und abnehmender Skontobezugsspanne steigt.

Beispiel: Zahlt der Abnehmer aus obigem Beispiel erst nach 45 Tagen, dann vermindern sich seine Kapitalkosten von 54% auf 30,9%. Möchte der Abnehmer auf einen Kapitalkostensatz kommen, der einem Sollzinssatz eines vergleichbaren Bankkredits entspricht, müßte er das Zahlungsziel bei gleicher Skontofrist auf 100 bis 145 Tage ausdehnen. Dann ergäbe sich ein Kapitalkostensatz zwischen 8 und 12%.

Weshalb der Lieferantenkredit trotz des im Durchschnitt wesentlich höheren Kapitalkostensatzes gegenüber vergleichbaren Bankkrediten eine sehr hohe Akzeptanz unter Kreditnehmern hat, läßt sich unter Prinzipal-Agent-Aspekten erklären. Werden Lieferanten- und Kontokorrentkredit als gleichwertige Finanzierungssubstitute angesehen, so läßt sich die Instrumentenauswahl als Selbstwahlprozeß des Kreditnehmers verstehen. Das Ergebnis der Selbstwahl durch den Schuldner gibt Aufschluß über sein nicht beobachtbares Ausfallrisiko. Mit der Entscheidung für den Lieferantenkredit gibt der Schuldner ein Indiz für sein hohes Ausfallrisiko, z. B. weil er unter hohen Liquiditätsengpässen leidet. Mit seiner Wahlhandlung entzieht er sich der Kreditprüfung, die andernfalls bei einem Bankkredit der Vergabe vorausgehen würde. Bei schlechter Ertrags-, Vermögens- oder Liquiditätslage könnte dies zur Kreditrationierung führen. Unter diesem Aspekt relativiert sich auch der hohe Kapitalkostensatz (und die hohe Sicherheitsstellung durch den Eigentumsvorbehalt): Der **Kapitalkostensatz** rechtfertigt sich vor dem Hintergrund der Vermutung, daß es sich bei Schuldnern des Lieferantenkredits um solche mit **hohem Ausfallri-**

siko handeln muß. Die Höhe des Kapitalkostensatzes ist dann zu einem erheblichen Anteil mit der darin enthaltenen hohen **Risikoprämie** zu erklären. Zudem weisen Lieferantenkredite als Sicherheitenerfordernis i.d.R. **Eigentumsvorbehalte** auf, meist in der weitestgehenden Form. Hoher Kapitalkostensatz und rechtlich umfassende Sicherheitenstellung charakterisieren den Lieferantenkredit als Standardkreditvertrag, der eine Selbstdeklaration des Schuldnerrisikos hervorruft und wie ein **Sortiermechanismus** zwischen schlechten und guten Kreditnehmern wirkt (vgl. *Berkovitch/Greenbaum* 1991). Jeder **Käufer** einer Ware, der ein **gutes Risiko** darstellt, wird den Lieferantenkredit des Verkäufers nicht in Anspruch nehmen, durch Kreditprüfung bei einer Bank einen laufzeitgerechten Kredit zu niedrigeren Kapitalkosten erhalten und mit der so gewonnenen Liquidität die **Skontierung** der Warenrechnung ausnutzen.

In Anbetracht der hohen Kapitalkostensätze stellt sich die Frage nach den Vorteilen dieser Finanzierungsform für den Käufer. In einer Gegenüberstellung mit den Nachteilen beantwortet dies Abb. III-24.

Vorteile	Nachteile
schnelle, formlose und bequeme Kreditgewährung	hohe Kapitalkosten
keine systematische Kreditwürdigkeitsprüfung	Gefahr der Abhängigkeit vom Lieferanten
Entlastung von Kreditlinien bei der Bank	Unkenntnis der effektiven Kapitalkostensätze
Kreditbeschaffung trotz ausgeschöpfter Kreditlinien	
einfache Kreditsicherung durch Eigentumsvorbehalt	

Abb. III-24: Vor- und Nachteile des Lieferantenkredits

4.1.2 Kundenkredit

Ganze Branchen wie der Anlagenbau, der Wohnungs- und Industriebau oder Dienstleister sind dadurch gekennzeichnet, daß sie überwiegend **singuläre, komplexe** und **hochwertige Güter** bzw. **Leistungen** erstellen. Ohne Spezifizierung durch den Käufer oder seine Mitwirkung ist ihre Herstellung selten möglich. Im Grunde werden sie verkauft, bevor sie hergestellt sind. Dies kann technisch-organisatorisch bedingt sein, etwa weil bestimmte Sachleistungen des Käufers in die Erstellung eingebracht werden müssen (z. B. Komponenten für eine Industrieanlage). Ein anderer Grund kann sein, daß eine ökonomisch bedingte Auftragsfertigung vorliegt, da Produkte nach Art, Menge oder Lieferungstermin ganz auf die speziellen Bedürfnisse eines Käufers vom Hersteller zugeschnitten werden. In diesem Fall ist für den Verkäufer eine anderweitige Verwendung nicht oder nur zu hohen Preisabschlägen möglich (z. B. eine sondergefertigte Spezialmaschine). Der Käufer bringt in solche Güterproduktionen meist (**externe**) **Informationen** ein, die Sachverhalte betreffen, die nur ihm bekannt sind. Aus der Sicht der Dienstleistungsproduktion stellt der Käufer externe Produktionsfaktoren bereit.

Liegen solche Merkmale der **Spezifität** und **Plastizität** von Investitionen vor, handelt es sich um **Kontraktgüter**. Der Güter- und Dienstleistungsaustausch ist dadurch gekennzeichnet, daß sowohl Verkäufer als auch Käufer einen Input einbringen (vgl. *Kaas* 1992). Neben exogenen Unsicherheiten bei der Herstellung (z. B. zwischenzeitlich wird ein kostengünstigeres substitutionales Produkt von einem Konkurrenten entwickelt) zeichnet sich diese Absatzbeziehung durch ihre speziellen **endogenen** und **Verhaltensunsicherheiten** (auf der realen Sphäre!) aus. So besteht für den Verkäufer das Risiko, daß er spezifische Vorleistungen beschafft, die ausschließlich für diesen speziellen Kundenauftrag verwertbar sind. Damit tätigt er **irreversible Investitionen**. Zieht der Auftraggeber plötzlich den Auftrag zurück oder ändert er Auftragsbestandteile, entsteht für den Hersteller eine **Hold Up-Situation**: Die beschafften Vorleistungen sind für keine andere Verwendung geeignet, **Sunk Costs** entstehen. Der Kundenkredit ist in diesem Sinn als Garantie und damit als Kooperationsdesign für ein **Prinzipal-Agent-Problem** zu interpretieren. Der Kundenkredit kann also über seine Finanzierungsfunktion hinaus vor allem als **Kooperationsdesign** zur Regelung von Verhaltensunsicherheiten gesehen werden. Mit der Zahlung aus dem Kundenkredit sichert sich der Hersteller gegen die Gefahr eines Vermögensschadens durch vertragswidriges Verhalten des Auftraggebers ab.

Der Kundenkredit wird auch **Abnehmer-, Kundenanzahlungs-** oder **Vorauszahlungskredit** genannt. Rein technisch gesehen leistet der Käufer bei einem Kundenkredit Zahlungen, bevor die Lieferung der Ware erfolgt. Die Vorauszahlung des Abnehmers stellt einen Kredit an den Lieferanten dar. Mit ihm tritt also im Gegensatz zum Lieferantenkredit nicht der Lieferant, sondern der Besteller (= zukünftiger Abnehmer) als Kreditgeber auf. Er leistet im voraus teilweise oder vollständig eine Zahlung an den Produzenten bzw. zukünftigen Lieferanten. Nach der Leistungserstellung erfolgt der Ausgleich des Restbetrags, sofern die Höhe der Rechnung nicht bereits vollständig durch die Anzahlung beglichen wurde (vgl. *Perridon/Steiner* 1995, S. 380).

Beispiel: Die Auftragserteilung zum Bau eines Heizkraftwerks besteht aus folgenden Zahlungsbedingungen: 25% der Gesamtkosten zahlbar bei Vertragsabschluß, 25% der Gesamtkosten zahlbar bei Rohbaufertigstellung, 50% der Gesamtkosten zahlbar bei Übergabe.

Die Anzahlungen können **zinslos** zur Verfügung gestellt werden. Letztendlich ist die Frage, ob Zinsen in Rechnung gestellt werden oder nicht, durch die Marktstellung des Lieferanten zu beantworten - bei starker Marktstellung wird der Besteller keine Zinsforderungen durchsetzen können. Als **Sicherheiten** dienen dem Kreditgeber Konventionalstrafen und Garantien sowie die im Fertigungsprozeß befindlichen Zwischenerzeugnisse. Auch können Bankgarantien zusätzlich seitens des Kreditnehmers beigestellt werden.

4.1.3 Kreditversicherung

Die Einordnung eines Versicherungskontrakts in den Finanzierungskontext mag im ersten Augenblick inkonsistent erscheinen, wird Versicherungsgesellschaften doch im Regelfall keine eigentliche Finanzierungs- sondern eine reine **Risikoschutzfunktion** in Theorie und Praxis zugewiesen: "(...) "reserve theory" is based essentially on the application (and feasibility) of the law of large numbers (...). (...) the "mutuality theory, insurance companies are then intermediaries which sell to every agent the prefered set of contingent claims (...). (...) the "capital market theory, on the one hand, selling insurance contracts is considered as selling contingent securities, the proceeds of which are invested in the capital market, on the other hand." (*Eisen/Müller* 1985, S. 1). Versicherungsunternehmen zahlen in diesem Sinne einen vertraglich festgelegten Betrag, wenn die im Kontrakt zugrunde gelegten Umweltzustände, gegen die sich der Versicherte schützen will, eintreten. In einer informationsökonomischen Sichtweise werden Versicherungsgesellschaften in erster Linie als

Informationsproduzenten betrachtet. Der Versicherer gibt zum Zeitpunkt des Kontraktabschlusses eine bestimmte **finanzielle Garantie** über den **gegenwärtigen Zustand** des versicherten **Vermögensobjekts** (z. B. Haus, Menschenleben, PKW). Ändert sich während der Laufzeit des Versicherungsvertrags dieser Anfangszustand, indem die versicherten Vermögenswerte vom Verlust bedroht sind, zahlt der Versicherer für die Wiederherstellung des vereinbarten Zustands.

In einer Welt **begrenzter Rationalität** und der **Unsicherheit** gewinnt eine solche Zustandsgarantie für den Versicherungsnehmer einen eigenständigen **Informationswert**, wenn für ihn davon weitergehende wirtschaftliche Entscheidungen abhängen. Beispielsweise mag sich eine Person erst dann für eine Urlaubsreise nach Taschkent entschließen, wenn sie sicher sein kann, daß dort im Krankheitsfall auch ihre private Krankenversicherung die Kosten der medizinischen Behandlung übernimmt. Ohne Mühe sind Situationen mit Finanzierungsaspekten in ähnlicher Weise konstruierbar: Ein mittelständischer Anlagenbauer entscheidet sich nur dann dazu, einem Interessenten in Taschkent ein Angebot abzugeben, wenn er sicher gehen kann, daß er im Fall des Auftragszuschlags den Forderungswert gegen politische Risiken absichern kann. Versicherungsgesellschaften nehmen damit einen Platz in der Gruppe der Informationsproduzenten ein, indem sie ganz spezifische Informationen aufgrund ihrer speziellen **Transaktionstechnologie** zu niedrigeren Transaktionskosten herstellen können als andere Informationsanbieter (vgl. *Müller* 1981, S. 164ff.).

> *In der FAZ vom 19.06.1995 war hierzu eine Pressenotiz zu lesen, die auszugsweise wiedergegeben ist:*
>
> *"Gerling verdient mit der Kreditversicherung wieder Geld"*
>
> *In Deutschland fördern die Konjunkturerholung und die zu immer neuen Negativrekorden eilende Zahl der Unternehmenszusammenbrüche gleichermaßen das Geschäft der Gerling-Kreditversicherung. Der Anstieg der Firmeninsolvenzen verstärkt bei den Lieferanten das Bedürfnis, ihre Außenstände zu versichern. (...)"*

Für Gläubiger von Warenforderungen, also Kreditgebern in Handelskrediten, besteht die Unsicherheit in der Gefahr des Ausfallrisikos. Wie bereits mehrfach aufgezeigt, stellt dies ein Informationsproblem dar. Neben den bisher besprochenen Möglichkeiten für den Gläubiger, selbst Screening- und Monitoringprozesse durchzuführen oder sie alternativ an einen Finanzintermediär zu delegieren, stellt die Einschaltung von Versicherungsunternehmen eine weitere Möglichkeit dar.

Instruktiv ist der **historische Vergleich** zwischen Finanzierung und Versicherung wie ihn *Rudolph* nachvollzieht: "Von alters her gibt es starke inhaltliche und institutionelle Verbindungen zwischen der Kredit- und Versicherungswirtschaft. Als Beispiel ist es nützlich, auf das in der Antike bei den Griechen und Römern übliche und dann bis ins 12. Jahrhundert gepflegte Seedarlehen hinzuweisen, das Kreditvergabe und Kreditversicherung in einem war. (...) Beim Seedarlehen wurde die gesamte Sicherungssumme für das Schiff und seine Ladung bereits beim Auslaufen des Schiffs an den Eigner übergeben. Kam das Schiff wohlbehalten zurück, mußte der Schiffseigner die ganze Summe wieder zurückgeben und dazu noch einen erheblichen Aufschlag als Zins. (...) Typisch für das Seedarlehen ist die Rückführung des Kredits aus dem erwirtschafteten Cash Flow (...). Wird kein Cash Flow erwirtschaftet, weil Freibeuter das Schiff kapern und sich die Schiffsladung sozusagen unentgeltlich aneignen oder wenn das Schiff untergeht, dann braucht der Kaufmann den

Kredit nicht zurückzuzahlen; er ist versichert und trägt das Unternehmenerrisiko für sein Projekt nur als möglichen Gewinnentgang." (*Rudolph* 1987, S. 656).

Der in heutiger Zeit maßgebende Versicherungskontrakt bezüglich des Ausfallrisikos von Güter- und Leistungstransaktionen stellt die **Kreditversicherung** dar. In einer ersten Kennzeichnung stellt sie einen **Versicherungsvertrag** dar, der den Ausfall von Waren- und Dienstleistungsforderungen absichert und der von einem **Versicherungsnehmer** (= Lieferant oder Exporteur) mit einem **Versicherer** (= Versicherungsgesellschaft) abgeschlossen wird. Private Kreditversicherungsgesellschaften übernehmen für Lieferanten innerhalb des deutschen Markts dadurch das **Ausfallrisiko** aufgrund einer **Insolvenz** von Abnehmern. Man spricht dann von einer **Warenkreditversicherung**. Wird von einer Versicherungsgesellschaft das Risiko von grenzüberschreitenden Forderungen gegen Ausfall für einen Exporteur versichert, handelt es sich um eine **Ausfuhrkreditversicherung**. In beiden Fällen (= Versicherungssparten) wird mit Eintritt des Risikoereignisses "Forderungsausfall" **Liquidität** von der Versicherungsgesellschaft bereitgestellt. Damit wird, um in der informationsökonomischen Darstellungsweise zu bleiben, der Zustand wieder hergestellt, der zum Zeitpunkt des Vertragsabschlusses bestand: Die hundertprozentige nominale Werthaltigkeit der vom Versicherungsvertrag gedeckten Forderung. Dies stellt auch die **Zustandsgarantie** des Versicherungsunternehmens dar. Der Zustand wird aber nicht in derselben Weise wieder hergestellt werden können, sondern nur in wertmäßiger Form.

Die Abgabe der Zustandsgarantie durch das Versicherungsunternehmen basiert auf einer vorherigen Einschätzung, wie wahrscheinlich und in welcher Höhe die zu versichernden Forderungen einem **Ausfallrisiko** unterliegen. Damit steht das Versicherungsunternehmen vor dem gleichen Problem wie jeder Kreditgeber: Es liegt eine asymmetrische Informationsverteilung vor, das Versicherungsunternehmen ist schlechter informiert als der Schuldner bezüglich der Rückzahlungsmöglichkeiten, d.h. deren Rückzahlung speisenden Investitionserträge. Zudem ist für das Unternehmen eine Verhaltensunsicherheit der Schuldner nicht von vornherein auszuschließen. Das Versicherungsunternehmen betrachtet also ebenfalls einen **gepoolten Kapitalmarkt** und muß die zu versichernden Forderungen in einzelne Risikoklassen **separieren**. Das Versicherungsunternehmen bedient sich jetzt ähnlicher Kooperationsdesigns wie andere Finanzintermediäre. Der dabei vorhandene Vorteil in der Transaktionstechnologie basiert bei Versicherungsunternehmen wie bei Kreditinstituten auf den Erfahrungen, die aus **Versicherungshistorien** gemacht wurden. Von seiner Struktur her verdeutlicht nachfolgende Abb. III-25 die **Beziehungen**, die in einem typischen Kreditversicherungsvertrag bestehen. Die Bereitschaft zur Übernahme eines Versicherungsschutzes durch das Versicherungsunternehmen hängt denn auch zuerst von einer vorausgegangenen **Bonitätsprüfung** der Schuldner (= Abnehmer, Debitoren des Versicherungsnehmers) ab (Pfeil 1). Bis an diese Stelle der Betrachtungen mag zwischen Versicherungsvertrag und Kreditvertrag kaum ein Unterschied gesehen werden. Versicherungsunternehmen stehen aber noch vor einem weiteren Informationsproblem: Zwischen ihnen und den Versicherungsnehmern besteht meist eine **asymmetrische Informationsverteilung** hinsichtlich der **Schadeneintrittswahrscheinlichkeit**, wenn der Versicherungsnehmer über diese informiert ist. Desweiteren kann bei Versicherungsnehmern **Moral Hazard** vorliegen: Dies ist immer dann möglich, wenn das Ausmaß eines Schadens im Entscheidungsbereich des Versicherungsnehmers liegt; es für die Versicherungsgesellschaft unmöglich ist, dessen Handlungen von der exogenen Unsicherheit zu trennen und der Versicherungsnehmer diesen diskretionären Handlungsspielraum in seinem Interesse und gegen das Versicherungsunternehmen ausbeutet (vgl. *Ei*-

sen 1979, S. 111-121). Neben der Prüfung der Reputation des Versicherungsnehmers kommt vor allem der Vertragsgestaltung eine besondere Rolle im Rahmen der Kooperationsdesigns bei Versicherungsverträgen zu. Abzugsfranchisen oder Selbstbehaltspolicen stellen einige mögliche anreizorientierte Varianten in diesem Prinzipal-Agent-Problem dar.

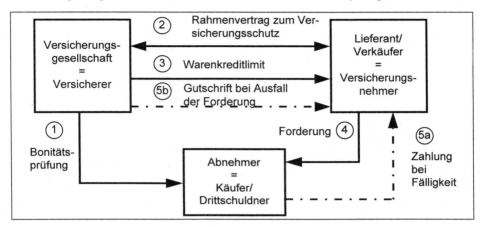

Abb. III-25: Beziehungen im Rahmen einer Kreditversicherung

Zentrale Rolle in der Kreditversicherung kommt daher der Ausgestaltung des Versicherungsvertrags zu, der als Rahmenvertrag zwischen einem Versicherer und einem Lieferanten als Versicherungsnehmer abgeschlossen wird. Hierin werden die generellen **Bedingungen** des **Versicherungsschutzes** festgelegt, z.B. Gesamtbetrag der zu versichernden Forderungen, Prämienhöhe und Selbstbeteiligung im Schadensfall (Pfeil 2). Der Versicherungsnehmer erhält damit ein generelles Warenkreditlimit für die vom Versicherer überprüften Abnehmer. Bis zum jeweiligen Limit kann der Versicherungsnehmer im Forderungsausfall max. Versicherungsschutz ausschöpfen (Pfeil 3).

Welche konkreten Forderungen in den Versicherungsschutz einbezogen werden, wird in der Regel erst unmittelbar vor der Lieferung des Lieferanten an den Kunden im einzelnen festgelegt. Anschließend erfolgt die Warenlieferung bzw. Dienstleistungserstellung durch den Lieferanten, wodurch die Forderung gegenüber dem Abnehmer entsteht (Pfeil 4). Zahlt der Abnehmer bei Fälligkeit der Forderung, wird die Versicherungsgesellschaft vom Lieferanten nicht in Anspruch genommen (Pfeil 5a). Kommt es dagegen zu einem vollständigen oder teilweisen Forderungsausfall wegen Zahlungsunfähigkeit des Abnehmers, begleicht die Versicherungsgesellschaft im Rahmen der Vertragsvereinbarungen den ausgefallenen Forderungsbetrag (Pfeil 5b). Die **Höhe** des **übernommenen Ausfallrisikos** liegt zwischen **70 bis 80%** des zuvor eingeräumten Warenkreditlimits für einen Debitor. Voraussetzung für die Auszahlung der Schadenssumme ist der gerichtliche Nachweis der Zahlungsunfähigkeit des Abnehmers. Durch die Schadensvergütung im Insolvenzfall gleicht der Versicherer nach Abzug der Selbstbeteiligung den Liquiditätsverlust des Lieferanten aus.

Aus der Informationsproduktion der Versicherungsgesellschaft im Rahmen der Risikoüberprüfungen entstehen quasi als Kuppelprodukt Datenbänke, die einen aktiven zusätzlichen Informationsverkauf ermöglichen. Anders als ein Lieferant und ähnlich einem Kreditinstitut gewinnt auch ein **Kreditversicherer**, der auf unterschiedlichen Märkten und Branchen **spezialisiert** ist, vielfältige Informationen über die zu beliefernden Unternehmen. Die Kreditversicherung bietet über diesen eigentlichen Vertragszweck hinaus weitere Leistungen, die dem Risikomanagement dienen. Der Kreditversicherer, der häufig mehrere, teilweise sogar fast alle Lieferanten eines bestimmten Unternehmens (man spricht auch von dem "Risiko") versichert, kann unter Kostengesichtspunkten u. U. eine **intensivere Analyse** im Rahmen der Bonitätsprüfung betreiben als der jeweilige einzelne Lieferant. Der Kreditversicherer kann teilweise auch häufig besser unmittelbar vom Abnehmer (= "Risiko") Informationen erhalten, z.B. in Form von Jahresabschlüssen, oder er verfügt über eigene versicherungsinterne Datenquellen.

Zwei besondere **Vorteile der Kreditversicherung** sind zu nennen:

- Der Kreditversicherer gewährleistet durch seine ständige Überwachung der einzelnen Risiken eine kontinuierliche Sicherheit in der Bonitätseinschätzung. Aus dieser permanenten **Kenntnis der Risiken** (= der Abnehmer) heraus kann der Versicherer den Antrag des Versicherungsnehmers in der Regel innerhalb kurzer Zeit entscheiden, und das unternehmenseigene **Kreditmanagement** kann der Abwicklung eines Auftrags sofort zustimmen. Führt die Bonitätsprüfung des Versicherers dagegen zur Befürchtung, daß das Ausfallrisiko überdurchschnittlich hoch sein dürfte, wird ein Lieferant möglicherweise von vornherein keine Geschäftsbeziehung in Erwägung ziehen. Dadurch lassen sich nicht notwendige, u.U. aufwendige **Vertragsanbahnungskosten** im Vorfeld der Geschäftbeziehung **vermeiden**.

- Der Kreditversicherer hat als **neutraler Dritter** anders als das unternehmenseigene Kreditmanagement eines Versicherungsnehmers (= im einfachsten Fall die Debitorenbuchhaltung) eine unabhängige Stellung gegenüber dem Verkaufsmanagement des liefernden Unternehmens. Verkaufspolitischen Zwängen ist der Kreditversicherer nicht unterworfen und kann deshalb eher die „objektiv richtige" Kreditentscheidung vorbereiten. Der Versicherungsnehmer hat damit die Gewähr für eine ausgewogene Verkaufspolitik, die nicht nur die Maximen des Verkaufsmanagements, sondern auch denen des Risikomanagements Rechnung trägt.

Lesehinweis: *Wagner* (1985, S. 41ff.)

Diese Vorteile der Kreditversicherung werden in der **Ausfuhrkreditversicherung** noch verstärkt. Die Möglichkeiten gerade für mittelständische Unternehmen, jeden einzelnen zu beliefernden **Auslandsmarkt** mit der erforderlichen Sachkenntnis zu durchdringen, sind häufig gering bzw. verursachen prohibitiv hohe Kosten. Demgegenüber hat der Kreditversicherer die Möglichkeit, in seinen spezialisierten Länderabteilungen Fachleute in rechtlicher und wirtschaftlicher Hinsicht bei der **Bonitätsüberprüfung** einzusetzen. Kontakte zu lokalen Banken, Auskunfteien und kooperierenden ausländischen Kreditversicherungsgesellschaften verschaffen dem Versicherer einen entsprechenden Informationsvorsprung. Dieser ermöglicht eine schnellere und risikoärmere Abwicklung des Exportgeschäfts.

4.1.4 Factoring

Eine in finanzierungs- und versicherungstheoretischer Sicht grundsätzliche Ähnlichkeit zur Kreditversicherung besteht beim Factoring (und der Forfaitierung). Diese auch als dynamische Absatzfinanzierung bezeichnete Form von Kreditsubstitut bezeichnet den **Ankauf von Forderungen** aus Warenlieferungen und Dienstleistungen. Wie bei der Kreditversicherung werden diesbezüglich betragliche **Limite** festgelegt, innerhalb derer ein Lieferant Forderungen gegen gewerbliche und private Abnehmer im Inland und Ausland an den

4 Kontraktregelungen im Rahmen der Absatzfinanzierung

Factor (Factoringgesellschaft, Bank oder Sparkasse) vor Fälligkeit verkaufen kann. Es erfolgt beim Factoring als eine **Bevorschussung** des **Kaufpreises** einer Forderung. Damit wird nach Zustandekommen des Factoringvertrags nicht durch den Schadenseintritt "Forderungsausfall" ein Zahlungsstrom ausgelöst, sondern durch einen Forderungsverkauf. Mit dem Ankauf der Forderung vor Fälligkeit übernimmt der Factor wie die Kreditversicherung die Deckung des Forderungausfalls, nur mit dem Unterschied einer 100%igen **Übernahme** des **Ausfallrisikos** (= Delkredererisiko).

Neben dieser Einordnung des Factoring aus finanzierungstheoretischer Sicht ist sein spezifisches **Einsatzfeld** in der Unternehmensfinanzierung zu sehen. Ziel des Factoring ist vor allem, den Forderungsverkäufer in die finanzielle Lage zu versetzen, Rechnungen seiner Vorlieferanten wieder unter Abzug von Skonto, Rabatten und Preisnachlässen begleichen zu können. Insofern kommt Factoring in der Pecking Order der Finanzinstrumente spätestens dann in Frage, wenn kurzfristige Kreditlinien bei Kreditinstituten nicht mehr erweiterbar sind und der weitere Finanzbedarf nur durch (kostenintensive) Lieferantenkredite gedeckt werden kann: Wenn für Betriebsmittelkredite für die Bank keine Grundschulden mehr als Sicherheit vom Kreditnehmer vorgelegt werden, bleibt als Sicherheit häufig nur noch das kurzfristig gebundene Betriebsvermögen aus Warenlager und Kundenforderungen. Wegen des darauf teilweise lastenden Eigentumsvorbehalts der Vorlieferanten und der schwierigen Ermittlung des Sicherungswerts ist der Beleihungsspielraum des Umlaufvermögens eingeschränkt. Es hat sich für diese Situationen folgende Praktikerformel herausgebildet: Bewertungsspielraum Umlaufvermögen = max. 50% der Summe Warenbestände und Kundenforderungen abzgl. Lieferantenschulden. Die Beleihung von Waren und Warenforderungen geht daher zu Lasten von Liquidität. Der Verkauf von Forderungen aus Warenlieferungen und Leistungen im Rahmen des Factoring ermöglicht dagegen Liquiditätsschöpfung.

Lesehinweis: Ein anschauliches Beispiel zur liquiditätsstrategischen Rolle des Factoring findet sich bei Swoboda (1994, S. 144-147).

Abb. III-26 zeigt die Beziehung der Beteiligten im Überblick.

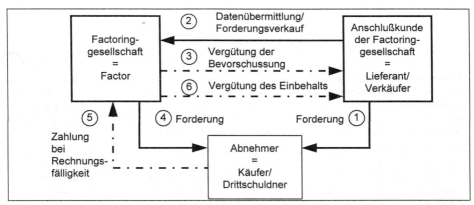

Abb. III-26: Grundstruktur des Factoring

Ausgangspunkt ist die Warenlieferung bzw. Dienstleistungserstellung eines Lieferanten (= Anschlußkunde, Factoringkunde, Klient) an einen Abnehmer und die Rechnungsstellung (Pfeil 1). Besteht zwischen dem Klient und einer Factoringgesellschaft (= Factor) ein Factoringvertrag, so übermittelt der Lieferant die Rechnungsdaten an den Factor und veräußert die Forderung (Pfeil 2). Der Factor kauft im Rahmen von Kauflimiten die Forderung an und bevorschußt diese, d.h., er vergütet dem Klienten bis zu **max. 90% des Rechnungsbetrags** (Pfeil 3). Der **Einbehalt** wird bis zu etwa vier Wochen nach dem Fälligkeitstag der jeweiligen Rechnung auf einem **Sperrkonto** gehalten. Sollte es beim Begleichen der Rechnungen zu Beanstandungen seitens des Drittschuldners kommen (z.B. Geltendmachen von Abzügen wegen schadhafter Ware, d.h. Mängelrüge) und der Rechnungsbetrag gekürzt werden, verrechnet der Factor diese Minderung mit dem Sperrkonto-Betrag. Im übrigen behält sich der Factor das Recht vor, einzelne eingereichte **Forderungen** gegenüber Schuldnern, die aus seiner Sicht von mangelnder Bonität sind, **auszusondern** und den Ankauf abzulehnen. Kauft der Factor Forderungen an, so ist er jetzt anstelle des Klienten Gläubiger aus der Forderung gegenüber dem Kunden (Pfeil 4). Bei Rechnungsfälligkeit zahlt der Abnehmer im Rahmen des offenen Factoring an den Factor (Pfeil 5). Nach Zahlungseingang vergütet der Factor dem Klienten den Einbehalt (mind. 10%) (Pfeil 6). Den Liquiditätsfluß für einen Forderungsverkauf bei Zahlung durch den Abnehmer verdeutlicht Abb. III-27.

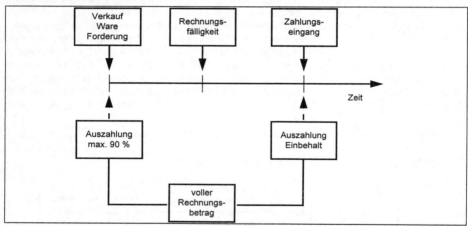

Abb. III-27: Liquiditätsfluß bei Zahlung durch Abnehmer

Kommt es zum teilweisen oder vollständigen Forderungsausfall, übernimmt bei vertraglich vereinbarter **Delkrederefunktion** die Factoringgesellschaft das Eintreiben der Forderung. Sie setzt für den Klienten das Mahnwesen in Gang und überwacht den Forderungseingang. In der Factoringbranche ist es üblich, daß **120 Tage** nach einem **erfolglosen Mahnverfahren** der Einbehalt an den Klienten ausgezahlt wird.

In der Regel ist die Grundlage des Factoringgeschäfts ein Vertrag zwischen einem Factor und einem Klient. Der Vertrag hat eine **Grundlaufzeit** von gewöhnlich zwei bis vier Jahren. Für Factoring sind Forderungen geeignet, die auf dauerhaften Geschäftsverbindungen beruhen, da dies für einen kontinuierlichen Informations- und Forderungsfluß sorgt. Rechtliche Grundlage des Factoring, also des Forderungsankaufs durch einen Factor, ist dann die Forderungsabtretung in der Form der **Globalzession**. In der umfassendsten Vertragsausgestaltung ist der Factor verpflichtet, diese Forderungen im Rahmen der vorher festgelegten Kauflimite zu kaufen und zu bevorschussen sowie das Risiko des Forde-

4 Kontraktregelungen im Rahmen der Absatzfinanzierung

rungsausfalls zu übernehmen. Häufig wird er vom Klient auch mit der Verwaltung der Forderungen beauftragt.

Vor Abschluß des Factoring-Vertrags prüft der Factor zunächst die Geschäfts- und Bilanzunterlagen des künftigen Klienten. Der Factor verfügt dabei gegenüber einem Kreditinstitut über den Vorteil, **direkte** eigene **Erfahrungen** mit Zahlungen von Rechnungen durch abgetretene Forderungen zu verfügen, da die **Zahlungen** der **Abnehmer** i.d.R. **direkt** an den Factor geleistet werden. Der Factor erhält ferner eine Liste der Abnehmer des Klienten, denen ein Kreditrahmen eingeräumt und Zahlungsziele von 90 Tagen im Inland und 180 Tagen im Ausland zugestanden wurden. Vom Ausgang dieser **Bonitätsprüfung** ist es abhängig, ob der Factor den Vertrag mit dem Klienten abschließt, welches Limit er anbietet, d.h., bis zu welcher Betragshöhe er insgesamt eingereichte Rechnungen ankauft (= Kauflimit) und wie hoch der Einbehalt ist.

Kommt der Vertrag zustande, wird der Klient bis zur maximalen Limithöhe insgesamt Rechnungen an den Factor verkaufen können.

Beispiel: Der Firma Mustermann, ein Unternehmen des Großhandels, wurde von einer Factoringgesellschaft ein Limit in Höhe von 20.000 DM bei einem Einbehalt von 10% eingeräumt. Die Firma Mustermann reicht zwei Rechnungen ein, die wie folgt abgerechnet werden:

eingereichte Rechnung 1 Ankauf	15.000 DM 15.000 DM
Auszahlung	13.500 DM
eingereichte Rechnung 2 Ankauf	10.000 DM 5.000 DM
Auszahlung	4.500 DM
Zahlungseingang 1	15.000 DM
Auszahlung Einbehalt Nachkauf Rechnung 2	1.500 DM 5.000 DM
Auszahlung Nachkauf	4.500 DM

Tab. III-4: Die Funktion des Kauflimits am Beispiel

Man unterscheidet drei Funktionen des Factoring, die aber nicht zwingend alle von Klienten in Anspruch genommen werden müssen (vgl. *Süchting* 1995, S. 196-197):

Finanzierungsfunktion	Ankauf und Bevorschussung (= Kreditierung) der Forderungen	unechtes	echtes
Dienstleistungsfunktion	Verwaltung der Forderungen, d.h. Erstellung von Rechnungen für den Klienten, Führen der Debitorenbuchhaltung und des Mahnwesens, Inkasso auch von nicht abgetretenen Rechnungen, Beratungsaufgaben (z.B. Analyse von Absatzmärkten)	Factoring (non-recourse Factoring)	Factoring
Delkrederefunktion	Übernahme des Risikos einer möglichen Zahlungsunfähigkeit von Abnehmern (= Käufern von Güter und Dienstleistungen, Gläubiger), d.h. Übernahme des Bonitätsrisikos zu 100%		(recourse Factoring, Full service Factoring)

Abb. III-28: Funktionen des Factoring und die Art des Factoringgeschäfts

Für die Unterscheidung der Factoringgeschäftsarten ist die **Delkrederefunktion** ausschlaggebend (vgl. *Perridon/Steiner* 1995, S. 401):

- Beim unechten Factoring handelt es um ein Kreditgeschäft seitens der Factoringgesellschaft an einen Klienten. Die Besicherung erfolgt durch eine Globalzession. Man bezeichnet das unechte Factoring daher auch in der Rechtsprechung als **Zessionskredit**. In diesem Fall wird der Drittschuldner wie bei der **stillen Forderungsabtretung** von der Übertragung der Forderung auf den Factor nicht in Kenntnis gesetzt. Kennzeichnend für den Zessionskredit ist, daß mit ihm Forderungen in Höhe von 30 bis 50% vorfinanziert werden. Nach § 19 KWG zählen daher auch die im Rahmen des unechten Factoring angekauften Rechnungen zu den "**entgeltlich erworbenen Geldforderungen**", die gesetzlich als Kredite bezeichnet sind. Die Unterschiede zwischen Factoring und Zessionskredit werden in nachfolgender Abb. III-29 gegenübergestellt.

Factoring	Zessionskredit
kein bilanzieller Forderungsausweis beim Verkäufer der Forderungen	bilanzieller Forderungsausweis beim Kreditnehmer
Forderungsverkauf, d.h. rechtliche Grundlage ist ein Kaufvertrag	rechtliche Grundlage ist ein Kreditvetrag mit anteiliger Abtretung von Forderungen als Kreditsicherheiten
sofortiger hoher Finanzierungsgrad, da i.d.R. bis auf den Einbehalt von 90% die gesamte Forderungshöhe bevorschußt wird	Höhe der Finanzmittelbereitstellung abhängig von der Beleihungsgrenze, die etwa 60% der eingereichten Forderungshöhe liegt
Übernahme zusätzlicher Dienstleistungen	keinerlei weitere Dienstleistungen zusätzlich zur Kreditvegabe
keine Regreßpflichten des Verkäufers der Forderungen im Fall säumiger Drittschuldner aus den verkauften Forderungen	vollständige Regreßpflicht des Kreditnehmers für die von ihm abgetretenen Forderungen
umsatzkongruente Finanzierung	keine umsatzkongruente Finanzierung
keine Selbstbeteiligung bei Forderungsausfall	grundsätzlich bis zu 30% ausschließbar, wenn zusätzlich vom Kreditnehmer eine Warenkreditversicherung abgeschlossen wird
laufende Bonitätsüberwachung der Dritschuldner durch den Factor	Bonitätsüberwachung der Schuldner verbleibt beim Kreditnehmer
Rechtsform des Eigentümerwechsels beim Forderungsübergang: Globalzession	Rechtsform des Eigentümerwechsels beim Forderungsübergang: i.d.R. Mantelzession

Abb. III-29: Gegenüberstellung der Unterschiede von Factoring und Zessionskredit

- Das echte Factoring zeichnet sich dadurch aus, daß der **Factor** die Forderungen des Klienten **ohne Rückgriffsrecht** ankauft. Im Fall, daß eine der vom Factor angekauften Forderungen am Fälligkeitstermin vom Schuldner nicht beglichen werden kann, trägt der Factor das Risiko des teilweisen oder vollständigen Ausfalls dieser Forderung. Der Klient hat hingegen bereits vor Fälligkeit den anteiligen Rechnungsbetrag erhalten. Für ihn ergibt sich durch das echte Factoring die Möglichkeit, sich vor der steigenden Insolvenzgefahr und dem dadurch gewachsenen Ausfallrisiko zu schützen.

Factoringgeschäfte können sich hinsichtlich der **Finanzierungsfunktion** unterscheiden. Beim Maturity Factoring vereinbart der Factor den Ankauf von Forderungen zu einem individuellen oder durchschnittlichen Fälligkeitszeitpunkt. Es liegt daher **keine Finanzierung** vor. Demgegenüber **bevorschußt** der **Factor** beim **Standard Factoring** (= Advanced

Factoring) die Forderung ab dem Zeitpunkt des Ankaufs. Zu diesem Zweck übermittelt der Klient dem Factor jeweils seine ausgehenden Rechnungen, die er seinen Abnehmern (= Drittschuldner) schickt. Wenn der Factor die Debitorenbuchhaltung im Rahmen einer vereinbarten Dienstleistungsfunktion ausübt, werden ausschließlich die erforderlichen Kundendaten (z.B. Rechnungsbetrag und Fälligkeit) übermittelt.

Eine weitere Unterscheidung betrifft die **Art** der **Forderungsabtretung** - also wie die Voraussetzung für die Rechtswirksamkeit des Factoringvorgangs erfüllt wird. Beim **offenen Factoring** (= notifiziertes Factoring, Notification-Factoring) wird dem Abnehmer in der Rechnung vom Klienten die Forderungsabtretung angezeigt. Dies entspricht der offenen Zession und erfolgt praktisch durch einen entsprechenden Aufkleber auf der Rechnung an den Abnehmer. Gleichzeitig wird die Bankverbindung des Factors angegeben, an welche die Zahlung zu leisten ist. Der Drittschuldner hat an den Factor zu zahlen. Dem **stillen Factoring** (= nichtnotifiziertes Factoring, Non-Notification-Factoring) liegt dagegen eine stille Zession zugrunde; der Abnehmer wird nicht von der Forderungsabtretung informiert. Er leistet bei Fälligkeit der Forderung Zahlung an den Klienten des Factors, der den Betrag an diesen weiterleitet. Zwischen beiden Formen besteht die Möglichkeit des halboffenen Factoring: Der Klient informiert den Abnehmer in der Rechnung über seine Zusammenarbeit mit dem Factor. Da der Klient nicht die Abtretung der Forderung als solches erklärt, hat der Abnehmer die Wahl, an den Klienten oder an den Factor zu leisten (vgl. *Hagenmüller/Diepen* 1993, S. 598).

Die finanzwirtschaftliche Eignung des Factoring aus Unternehmenssicht faßt die nachstehende Abb. III-30 in einer Gegenüberstellung zusammen (vgl. *Perridon/Steiner* 1995, S. 403, *Süchting* 1995, S. 197 und *Büschgen* 1991, S. 95).

Vorteile	Nachteile
Ertragsvorteile im Einkauf (Skonti, Boni, Mengenrabatte, Sonderkonditionen).	Bei umfassendem Factoring (z.B. Auslagerung der Buchhaltung zur Factoringgesellschaft) ist eine Abhängigkeit vom Factor unvermeidlich.
Einsparung von Personal- und Sachkosten bei der Debitorenbuchhaltung, der Kreditprüfung und dem Mahnwesen durch Outsourcing.	Verkauf von Forderungen kann im Rahmen der Abtretung zu Rechtsproblemen führen (z.B. Kollision mit verlängertem Eigentumsvorbehalt).
Schnellere und pünktlichere Zahlung vom Factor erlaubt genauere Finanzdisposition und ggfs. Ausdehnung des Umsatzes, insbesondere, wenn vor Aufnahme des Factoring ein Kreditengpaß bestand. Kongruente oder dynamische Anpassung des Finanzierungsvolumens mit der Umsatzentwicklung.	Im Rahmen des notifizierten Factoring möglicherweise negative Standing-Effekte (z.B. Imageverluste) des Klienten gegenüber dem Drittschuldner, wenn dieser nicht zwischen Factoring und Abtretung im Rahmen eines Bankkredits unterscheiden kann und daher beim Klienten Liquiditätsengpässe vermutet.
Liquiditätszufuhr z.B. durch freigewordene Finanzmittel aufgrund des Abbaus von Außenständen und umsatzkongruente Finanzierung.	Erschwerte Kundenpflege, wenn das Mahnwesen ausgelagert und dann u.U. nicht mehr kundenspezifisch steuerbar ist.
Bilanzpolitische Verbesserungen, z.B. bei Bilanzrelationen aufgrund des Abbaus von Verbindlichkeiten und dadurch höhere Bonität.	Ungeeignet für Unternehmen, die weitgehend bar Geschäfte abwickeln oder sehr kurze Zahlungsziele haben (z.B. Einzelhandel).
Vermeidung von Forderungsverlusten wegen Insolvenzen von Abnehmern, da 100%ige Übernahme des Ausfallrisikos durch Factor.	Kapitalfreisetzungseffekt durch Factoring ist nur einmal realisierbar.
Keine Nachweispflicht über Zahlungsunfähigkeit bei Forderungsausfall.	Finanzierung auf Wechselbasis kann u.U. günstiger sein.

Abb. III-30: Vor- und Nachteile des Factoring

Lesehinweis: Einen Überblick zum Factoring liefert *Schepers* (1995).

Factoring eignet sich vor allem für **junge wachstumsstarke Unternehmen**, sofern sie einen **Jahresumsatz** von mindestens **1 Mio. DM** haben und einen festen Kundenstamm aufweisen. Die Spannweite der in Frage kommenden Unternehmen, für die sich Factoring eignet, reicht bis zu etablierten **multinationalen Konzernen**. Klassische **Branchen**, aus denen Factoring-Nutzer kommen, sind das Textilgewerbe, die Möbel- und Elektronikbranche sowie die Bereiche Unterhaltungselektronik und Baumaterial.

Die **Kapitalkosten** des Factoring richten sich u.a. nach der Bonität der Abnehmer, der Beurteilung des Klienten durch den Factor und dem Geschäftsumfang. Für die Finanzierung aufgrund der Bevorschussung werden **Zinsen** nach Marktlage in Rechnung gestellt. Bei Übernahme des Ausfallrisikos wird eine **Delkrederegebühr** in Höhe von etwa 0,2-0,5% des Umsatzes fällig, für zusätzliche Dienstleistungen (z.B. Debitorenbuchhaltung) kommt eine **Factoringgebühr** in Höhe von ca. 0,5-2,5% gemessen am Umsatz hinzu. Gängig ist auch, Dienstleistungs- und Delkrederegebühr als einheitliche Gebühr vom Rechnungsbetrag zu erheben. Die laufende **Prüfung** der **Bonität** der Abnehmer wird mit **Limitgebühren** pro Limit und Jahr in Rechnung gestellt.

Beispiel: Die Werkzeug GmbH hat einen monatlichen Umsatz von 800.000,-- DM. Das durchschnittliche Zahlungsziel beträgt 30 Tage. Ein Factor unterbreitet folgendes Angebot:

Dienstleistungsgebühr: 1,5% des Umsatz
Delkrederegebühr: 0,8% des Umsatz
Zinsen: 10,8% p.a.

Die monatlichen Kosten des Factoring betragen in diesem Fall für die Werkzeuge GmbH bei vollständigem Verkauf der Forderungen:

Dienstleistungsgebühr:	800.000 * 0,015 =	12.000,-- DM
Delkrederegebühr:	800.000 * 0,008 =	6.400,-- DM
Zinsen:	800.000 * 0,108/12 =	7.200,-- DM
Kosten des Factoring pro Monat		**25.600,-- DM.**

Bei den Anwendern von Factoring handelt es sich überwiegend um mittelständische Unternehmen; sie kommen schwerpunktmäßig aus den Branchen Textil- und Bekleidungsindustrie, Zellstoff- und Papierverarbeitung, Fahrzeug- und Maschinenbau, Möbelherstellung, Kunststoffverarbeitung, Nahrungsmittelverarbeitung sowie aus dem Bereich der Elektronik, z.B. Herstellung von Geräten für die Datenverarbeitung oder Herstellung von Tonträgern. Nicht nur viele Hersteller, sondern auch eine Reihe von Großhandelsunternehmen der genannten Branchen nutzen Factoring bereits seit Jahren.

Der Bekanntheitsgrad von Factoring in der Wirtschaft ist in den letzten Jahren merklich gestiegen. Zunehmend sind mittelständische Unternehmer an Factoring interessiert und prüfen, ob die komplexe Finanzdienstleistung auch für ihr Unternehmen rentabel ist. Vor allem mit "Full-Service-Factoring" wird gleichzeitig kontinuierlich, mit dem Umsatz wachsende Finanzierung der Außenstände, der 100%ige Schutz vor Forderungsausfall und die Entlastung von Debitorenmanagement gesenkt. Je nach Bedarf der Kunden bieten die Factoring-Institute individuelle Leistungskombinationen an, wie z.B. Bulk-Factoring, das Finanzierung und Schutz vor Zahlungsausfällen umfaßt, während das Debitorenmanagement von dem Unternehmen weiterhin selbst geleistet wird. Als Export-Factoring wird der Forderungsverkauf zunehmend auch als Kreditsubstitut in der Außenhandelsfinanzierung eingesetzt.

Wahrscheinlich aufgrund der **Aufhebung** des sog. **"Abtretungsverbots"** durch die Reform des § 354a HGB im Juli 1994 dürfte sich der Factoringumsatz in Deutschland daraufhin ausgeweitet haben. Demzufolge wird Vollkaufleuten grundsätzlich die Abtretung ihrer Forderungen erlaubt, auch wenn ein Verbot in den Allgemeinen Geschäftsbedingungen der Drittschuldner besteht. So wird nach Angaben des Deutschen Factoring Verbands geschätzt, daß vor allem in der mittelständischen Zulieferindustrie durch die Aufhebung des Abtretungsverbot in den Einkaufsbedingungen von Großabnehmern ein **Liquiditätspotential** von mehr als **200 Mrd. DM** mobilisiert werden kann.

Nach ihrer **Entstehungsgeschichte** betrachtet wurde die Technik des Forderungsverkaufs bereits im Mittelalter gehandhabt. In **Deutschland** faßte das Factoring erst Ende der **fünfziger Jahre** nach und nach Fuß. Seit den **achtziger Jahren** ist in Deutschland ein **kontinuierlicher Anstieg** zu verzeichnen. So lag der Umsatz der Factoringgesellschaften in Deutschland im Jahr 1993 bei gut 19 Mrd. DM, von denen der größte Teil auf Inlandsforderungen entfiel (69%). Die ausländischen Forderungen nahmen einen Anteil von 31% ein und betrifft das Export-Factoring, das die größten Wachstumsraten verzeichnet. In Fachkreisen wird vermutet, daß in dieser Sparte auch in Zukunft das größte **Wachstumspotential** des Factoringgeschäfts liegen dürfte. Nachfolgende Abb. III-31 gibt eine Vorstellung vom Wachstumstrend des Factoringgeschäfts Ende der 80er, Anfang der 90er Jahre.

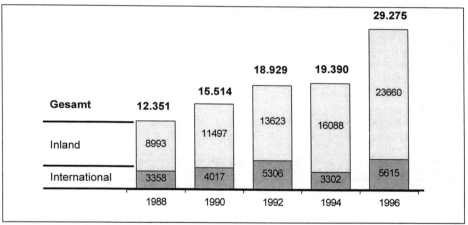

Abb. III-31: Umsatzentwicklung des Factoringgeschäfts in Deutschland
(Quelle: *Deutscher Factoring-Verband* 1997)

Die **Auswirkungen** von **Factoring** auf **Bilanz und GuV** eines Verkäufers von Forderungen sollen nachfolgend beispielhaft dargestellt werden. Die "Muster-GmbH" ist ein Großhandelsunternehmen in der Damenoberbekleidung. Vor fünf Jahren wurde sie gegründet. Aufgrund qualitativ guter und ansprechender Produkte ist es dem Unternehmen schnell gelungen, das Umsatzvolumen auf 17 Mio. DM auszudehnen. Die Bonität der Abnehmer kann als normal bezeichnet werden. Im Unternehmen wurde bereits eine Bonitätskontrolle der Debitoren eingerichtet. Trotzdem konnten Forderungsausfälle von 25.000 DM p.a. nicht vermieden werden. Die Muster-GmbH erwirtschaftet Gewinne und hat überaus positive Zukunftsperspektiven. Sofern die nötigen Mittel vorhanden wären, könnte der Umsatz nochmals erheblich gesteigert werden. Die Hausbank des Unternehmens steht dem Unternehmen seit seiner Gründung mit einem Betriebsmittelkredit zur Verfügung. Die enorme Wachstumsrate hatte zur Folge, daß doch erheblich mehr Finanzmittel in Forderungen und im Warenlager gebunden werden mußten als zunächst geplant. Wie so oft bei Handelsunternehmen stehen keine zusätzlichen klassischen Kreditsicherheiten dem Unternehmen mehr zur Verfügung, was die Hausbank an einer weiteren Ausweitung der Betriebsmittelkreditlinie hindert. Somit finanzierte das Unternehmen die Ausweitung des Umsatzes durch die Inanspruchnahme von Lieferantenkrediten. Hierdurch verlor das Unternehmen die Möglichkeit der Skontierung und mußte hohe Finanzierungskosten durch Lieferantenverbindlichkeiten hinnehmen. Es ist durchaus üblich, daß in solchen Fällen die Hausbank den Kontakt zu einer mit ihr kooperierenden Factoringgesellschaft herstellt.

Nach einem Analysegespräch unterbreitet der Factor folgendes **Angebot**:

- Factoring-Gebühr: 0,9%

  Zinsen: 12,0% auf die in Anspruch genommenen Gelder

- ankaufbare Forderungen: 1,7 Mio. DM (vom gesamten Forderungsbestand über 1,85 Mio. DM)

  Sperrkonto: 10% des Betrags der angekauften Forderungen

- anteilige Limitprüfgebühren: 3.750 DM.

Durch die zusätzliche Liquidität aufgrund der an die Factoringgesellschaft verkauften Forderungen wird die Muster-GmbH in die Lage versetzt, Lieferantenverbindlichkeiten wieder zu skontieren (Skontosatz 4%, Wareneinsatz 11,9 Mio. DM). Das Unternehmen kalkuliert weiterhin, daß durch die verbesserte Liquiditätsausstattung Einkaufsvorteile, wie z.B. durch Postenkäufe in Höhe von 15.000 DM, wahrgenommen werden können. Die Kosten der Bonitätsprüfung und -überwachung der Debitoren betrugen im Unternehmen bisher 6.000 DM.

Die Aufnahme des Factoring soll in ihren Auswirkungen auf die Bilanz und einer Art GuV der Muster-GmbH verdeutlicht werden. Zunächst sei die Bilanz betrachtet, die den Status vor und nach der Aufnahme des Factoring aufzeichnet.

Aktiva	vorher	nachher	Passiva	vorher	nachher
I. Anlagevermögen			I. Eigenkapital		
Fuhrpark	150	150	Stammkapital	250	250
Einrichtungen	110	110			
II. Umlaufvermögen			II. Langfr. Fremdkap.	180	180
Warenbestände	1.000	1.000			
Forderungen	1.850	150	III. Kurzfr. Fremdkap.		
III. Liquide Mittel					
Bankguthaben	5	175	Verbindl. L.u.L.	1.800	270
Kasse	15	15	Verbindl. Bank	900	900
Bilanzsumme	3.130	1.600	**Bilanzsumme**	3.130	1.600
			Eigenkapitalquote	8,0%	15,6%
			Umschlag Kreditoren	55 Tage	9 Tage

Abb. III-32: Auswirkungen von Factoring auf die Bilanz der Muster-GmbH (in TDM)

Folgende Wirkungen sind in Abb. III-32 bilanziell dokumentiert:

- Der Forderungsverkauf in Höhe von 1,7 Mio. DM reduziert die Position "Forderungen" um den gleichen Betrag.

4 Kontraktregelungen im Rahmen der Absatzfinanzierung

- Dier hierdurch verfügbare Liquidität beträgt 1,53 Mio. DM, da vom Gesamtbetrag des verkauften Forderungsbestands 10% als Einbehalt die Liquidität schmälern. Mit diesen 1,53 Mio. DM Liquiditätszufluß werden umgehend Lieferantenverbindlichkeiten zurückgezahlt ("Kreditorenbestand" sinkt). Die Position "Verbindlichkeiten aus Lieferungen und Leistungen" (= Verbindl. L.u.L.) reduziert sich daher entsprechend auf 270.000 DM.
- Der Einbehalt der Factoringgesellschaft in Höhe von 170.000 DM befindet sich auf einem Sperrkonto, dessen Kontoinhaber die Muster-GmbH ist und daher der Betrag als Zunahme in der Bilanz der Muster-GmbH in der Position "Bankguthaben" erscheint.
- Insgesamt betrachtet **verkürzt sich** also die **Bilanzsumme** um 1,53 Mio. DM, woraufhin die **Eigenkapitalquote** von 8 auf 15,6% **steigt**.
- Der **Umschlag** der **Kreditoren** hat sich von 55 auf 9 Tage **verbessert**.

Die Aufnahme des Factoring wirkt sich auch positiv auf den Periodenerfolg aus, was in Abb. III-33 aus der GuV der Muster-GmbH erkennbar wird.

Aufwendungen	DM	Einsparungen	DM
0,9% Factoringgebühren aus 1,7 Mio. DM Umsatz	153.000	4% Skonto aus 11,9 Mio. DM Wareneinsatz	476.000
12% Sollzinsen aus 1,53 Mio. DM Factoring	183.600	Vermeidung von Delkredereverlusten	25.000
Limitgebühren u.ä.	3.750	Kosten der Bonitätsbeurteilung	6.000
		Konditionenverbesserung im Einkauf	15.000
Summe Aufwendungen	340.350	**Summe Einsparungen**	522.000
Netto-Einsparung	181.650		
	522.000		

Abb. III-33: Erfolgsauswirkungen von Factoring bei der Muster-GmbH

Stellt man Aufwendungen und Einsparungen dieses Fallbeispiels gegenüber, erkennt man, daß die Muster GmbH in der Lage ist, durch die Anwendung von Factoring ihre Ertragskraft zu stärken: Sie kann einen finanziellen Vorteil von gut 180.000 DM erwarten.

Als Fazit läßt sich für dieses Unternehmen sagen, daß sich durch Factoring Liquidität und Rentabilität nachhaltig verbessert haben und sich das Unternehmen überdies administrativ in der Debitorenbuchhaltung entlastet hat.

4.1.5 Forfaitierung

Forfaitierung ist dem Factoring in vielen Merkmalen sehr ähnlich. Grundlage des Forderungsankaufs bilden aber meist (mittel- und langfristige) **Exportforderungen** und ein wesentlicher Unterschied liegt darin, daß der Forfaiteur **keine Dienstleistungsfunktionen** übernimmt. Mit dem Forderungsankauf vor Fälligkeit (à forfait - "in Bausch und Bogen") ist wiederum ein Kreditvorgang verbunden, eine Rückgriffsmöglichkeit nach Forderungsankauf ist dabei für das Kreditinstitut stets ausgeschlossen. Für den Käufer der Forderungen stellen deren Zahlungseingänge bei Fälligkeit die hauptsächliche Sicherheit dar, u. U.

werden zusätzliche Sicherheiten vom Verkäufer gefordert. Daraus ergibt sich die Bedeutung ihrer Werthaltigkeit hinsichtlich des Ausfalls, die vom Käufer im voraus zu beurteilen ist. Es hat sich in der Praxis die Usance eingestellt, daß aufgrund der den **Forderungen** meist zugrunde liegenden Auslandsgeschäfte, nur Forderungen zu kaufen, die in ihrer **Qualität erstklassig** sind, also kaum ausfallgefährdet sind. Das Verfahren der Forfaitierung wird in nachfolgender Abb. III-34 im Überblick dargestellt und anschließend erläutert (vgl. *Glogowski/Münch* 1990, S. 179-181).

Ausgangspunkt einer Forfaitierung ist ein Warengeschäft zwischen **Exporteur** und Importeur, das mit einem **Lieferantenkredit** verbunden ist (Pfeil 1). Diesen Lieferantenkredit möchte im Regelfall der Exporteur durch die Forfaitierung ersetzen, also eine **Umfinanzierung** vornehmen. Der Exporteur wird jetzt als **Forfaitist** bezeichnet. Meist ist dies vom Exporteur bereits vor dem eigentlichen Warengeschäft beabsichtigt; und es ist daher üblich, bereits vorher mit dem Forfaiteur (= i.d.R. die Hausbank) zusammen zu arbeiten. Im Rahmen der Forfaitierung übergibt der **Importeur** anstelle der Zahlung ein Kreditinstrument. Am häufigsten wird hierzu ein **Solawechsel** (= Eigenwechsel, Promissory Note) eingesetzt - also ein verbrieftes Zahlungsversprechen, das der Importeur zugunsten des Exporteurs ausstellt.

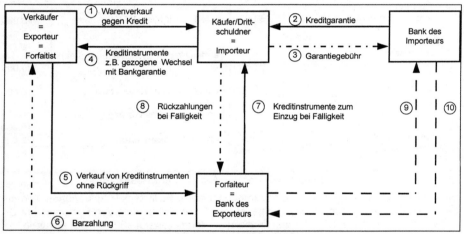

Abb. III-34: Ablauf der Forfaitierung

Ziel des Forfaitisten ist es, den Solawechsel nach Erhalt vom Importeur an den **Forfaiteur** zu verkaufen. Hierzu muß der Forfaitist den Wechsel mittels **Indossament** an die Bank übertragen. Er indossiert hierzu blanko mit dem Zusatz "**without recourse**" (= ohne Regreß). Damit ist für den Forfaiteur ein Rückgriff auf den Forfaitisten im Fall mangelnder Zahlung bei Fälligkeit durch den Importeur nicht möglich. Um sich seinerseits gegen einen möglichen Forderungsausfall zu schützen, stellt der Forfaiteur eine bestimmte **Anforderung** an den **Wechsel**: Der Importeur muß den Wechsel mit der Bürgschaft oder Garantie einer **im internationalen Standing erstklassigen Bank** versehen. Daher geht der eigentlichen Beschaffung von Liquidität durch den Wechselverkauf ein Zwischenschritt voraus: Der Importeur läßt sich von seiner Hausbank eine Bürgschaft oder Garantie geben (Pfeil 2). Im Fall mangelnder Zahlungsfähigkeit des Importeurs zahlt an seiner Stelle die

Importeurbank. Die Importeurbank begibt einen Avalkredit und läßt sich dies mit einer Garantiegebühr vergüten (Pfeil 3).

Nach diesem Vorgang erhält der Forfaitist den Solawechsel vom Importeur bzw. ist der Forfaitist bereit, einen solchen Wechsel zu akzeptieren (Pfeil 4). Anschließend findet der bereits erwähnte **Verkauf** des **Solawechsels** beim Forfaiteur statt (Pfeil 5) und im Gegenzug erfolgt die Vergütung abzgl. eines Disagios in Höhe des zugrunde zu legenden Diskontsatzes (Pfeil 6). Zum **Fälligkeitstermin** legt der Forfaiteur dem Drittschuldner (Importeur) den auf ihn gezogenen Wechsel vor und führt damit das **Inkasso** durch (Pfeil 7). Verläuft alles **ordnungsgemäß**, so leistet der Importeur daraufhin die Zahlung des geschuldeten Forderungsbetrags (Pfeil 8). Sollte es zu dem Fall kommen, daß der **Importeur** zum Fälligkeitstermin bei Vorlage des Wechsels **zahlungsunfähig** ist, legt der Forfaiteur der Bank des Importeurs den fälligen Wechsel vor (Pfeil 9). Sie ist dann aufgrund ihrer **Bürgschafts- oder Garantieerklärung** an Stelle des Importeurs zur Zahlung verpflichtet (Pfeil 10). Im Rahmen ihres Avalkreditvertrags geht sie ihrerseits mit dieser Forderung auf den Importeur zu bzw. wenn dieser nicht zahlen kann, an die Verwertung der für diesen Kredit vom Importeur gestellten Sicherheiten.

Der beschriebene Verfahrensablauf macht neben dem **fehlenden Rückgriffsrecht** des Forfaiteurs gegenüber dem Forfaitisten ein weiteres Unterscheidungsmerkmal zum Export-Factoring deutlich: Meist werden nicht Forderungen abgetreten, sondern Kreditinstrumente wie **Solawechsel** übernehmen diese Funktion. Als alternative Kreditinstrumente zum Solawechsel sind gebräuchlich:

- **Gezogener Wechsel** (= Bill of Exchange), hierbei ist der Exporteur der Aussteller; der Importeur erkennt durch **Akzept** (= Querzeichnung) seine Zahlungsverpflichtung an.

- **Verkauf von Buchforderungen**, also Rechnungen des Exporteurs an den Importeur.

- Bei einer anderen Möglichkeit, dem **Deferred Payment-Akkreditiv**, räumt der Exporteur, d.h. der Begünstigte, dem Importeur (= Akkreditiv-Auftraggeber) ein **offenes Zahlungsziel** ein (z.B. Fälligkeit der Zahlung 90 Tage nach Verladedatum der Ware). Für den Exporteur ergibt sich der Vorteil, daß er einen Zahlungsanspruch hat, dessen Datum von ihm selbst bestimmt werden kann.

Forfaitierung wird vor allem in Außenhandelsgeschäften von Industrieländern mit Entwicklungs- und Schwellenländern eingesetzt. Forfaitierungen können sich allgemein auf Warengeschäfte beziehen, in der Praxis ist der Einsatz von Forfaitierungen vor allem im Handel mit Investitionsgütern üblich. Die zu finanzierenden Exporte sollten einen **Mindestauftragswert** von 100.000 bis 200.000 DM haben. Nach oben sind betragsmäßig keine Grenzen gesetzt. Bei hohen Beträgen besteht der Forfaiteur wegen des größeren Ausfallrisikos meist aus einem **Bankensyndikat**. Die Laufzeiten der auf diese Weise angekauften Forderungen sind variabel und reichen von kurzen (unter 180 Tagen) bis zu langen Laufzeiten von bis zu zehn Jahren. Bevorzugte **Währungen** sind gängige Währungen der Euro-Finanzmärkte wie US-$, britische Pfund oder DM.

Forfaitierung bietet gegenüber dem Exportfactoring einige **Vorteile**. Der Exporteur trägt kein Kursrisiko und es fallen keine Kreditversicherungskosten an. Zudem wird sofort vollständig auf den Forderungsbetrag Liquidität bereitgestellt, weil Einbehalte, wie sie für das Factoring typisch sind, nicht zum Tragen kommen.

4.2 Leasing als bedeutende langfristige Kontraktform der Absatzfinanzierung

Allgemein versteht man unter **Leasing** ein Rechtsgeschäft, bei dem Wirtschaftsgüter mittel- bis langfristig entgeltlich zum Gebrauch oder zur **Nutzung** überlassen werden. Häufig ist damit ein **Paket von Dienstleistungen** verbunden. Der Begriff „Leasing" tauchte **erstmals 1877** auf, als in den **USA** die Bell Telephon Company ihre Telefonendgeräte nur noch zum Leasing und nicht mehr zum Verkauf anbot. Seinen weltweiten Siegeszug trat Leasing nach dem zweiten Weltkrieg an, als spezielle Leasinggesellschaften gegründet wurden, die Herstellern die Vermietung und Finanzierung von mobilen Gegenständen und die damit verbundenen Risiken abnahmen. 1962 wurde in Deutschland die erste Leasinggesellschaft gegründet. Leasing gilt mittlerweile als eine bedeutende Form unter den Kreditsubstituten.

Während bei einem kreditfinanzierten Kauf Kreditinstitut und Verkäufer in keinerlei **Rechtsbeziehung**, im Regelfall nicht einmal in geschäftlichen Kontakt stehen, liegt eine solche Verbindung bei einem Leasinggeschäft vor. Für das Leasinggeschäft kennzeichnend sind dann zwei voneinander losgelöste Vertragsbeziehungen. Der **Kaufvertrag** zwischen dem Verkäufer bzw. Lieferant und dem Käufer. Der Käufer ist sowohl Eigentümer als auch Nutzer. Wird anstelle einer Barzahlung der erworbene Vermögensgegenstand durch einen Kredit finanziert, so besteht zwischen dem Kreditgeber, meist einer Bank oder Sparkasse, und dem Käufer (= Kreditnehmer) ein **Darlehensvertrag**.

Einem Leasinggeschäft liegt eine **eigenständige Rechtskonstellation** zugrunde. Ausgangspunkt ist, daß ein Unternehmen oder eine Privatperson einen Vermögensgegenstand benötigt und sich bei einem Anbieter (= Lieferant, Verkäufer) bezüglich eines Angebots erkundigt. Will der Interessent das Objekt nicht bar oder durch Kredit bezahlen, so wird ihm häufig die Möglichkeit angeboten, durch Leasing den Vermögensgegenstand zu nutzen. Zu diesem Zweck schließt man zuerst einen Leasingvertrag mit einer Leasinggesellschaft ab. In ihm wird u.a. geregelt, um welchen Vermögensgegenstand (= Leasingobjekt) es sich handelt, daß die Leasinggesellschaft nach Auftragserteilung durch den Leasingnehmer Eigentümerin des Leasingobjekts ist und zu welchen finanziellen Modalitäten dem Leasingnehmer das Objekt zur Nutzung überlassen wird.

Der Nutzer wird daraufhin zum Leasingnehmer und erteilt dem Lieferanten den Auftrag, an ihn die Ware zu liefern. Die **Leasinggesellschaft** tritt daraufhin in die Bestellung des Nutzers ein und erlangt das zivilrechtliche und wirtschaftliche **Eigentum** an dem Objekt, soweit die entsprechenden steuerlichen Voraussetzungen erfüllt sind (gem. §§ 903 ff. BGB und § 39 AO). Dem Leasingnehmer wird von der Leasinggesellschaft das Recht zur Nutzung des Leasingobjekts auf Zeit eingeräumt. Wie bei jedem erworbenen Vermögensgegenstand bestehen damit für den Eigentümer gegenüber dem Lieferanten bestimmte **Gewährleistungsansprüche**. Originäre Gewährleistungsansprüche bestehen zwischen dem Leasinggeber als Eigentümer des Leasingobjekts. Der Leasingnehmer als Nutzer des Leasingobjekts übt gegenüber dem Lieferanten diese Gewährleistungsrechte aus, da er sie zuvor im Regelfall vom Leasinggeber abgetreten bekommt (= derivative Gewährleistungsansprüche). Die **Abwicklung** eines Leasinggeschäfts hinsichtlich der Lieferung des Leasingobjekts beginnt damit, daß der Lieferant das Leasingobjekt an den Leasingnehmer liefert. Damit entsteht eine Forderung gegenüber dem Eigentümer, also der Leasinggesellschaft, die auch die Rechnung vom Lieferanten erhält. Die Leasinggesellschaft begleicht die Rechnung, wenn ihr vom Leasingnehmer eine Abnahmebestätigung vorliegt. In ihr unterrichtet der Leasingnehmer die Leasinggesellschaft, daß er das Leasingobjekt

4 Kontraktregelungen im Rahmen der Absatzfinanzierung

mängelfrei übernommen hat oder, daß Mängelrügen vom Lieferanten behoben wurden. Die Rechnung wird dann anschließend von der Leasinggesellschaft beglichen.

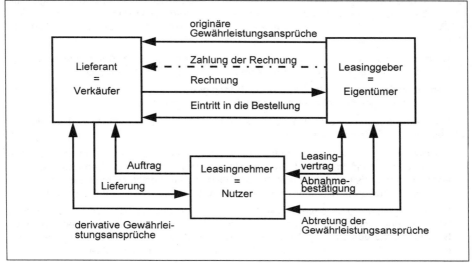

Abb. III-35: Struktur des Leasinggeschäfts

Abb. III-35 faßt die vorgenannten Einzelbetrachtungen zusammen und zeigt die komplexe Struktur des Leasinggeschäfts.

<u>Lesehinweis:</u> Eine Einführung in die rechtlichen Grundlagen des Mobilien-Leasing wie es hier vorgestellt wurde liefert *Seifert* 1992. Auf dieser Quelle basieren auch weite Teile der vorangegangenen Ausführungen.

Ausgehend von diesen grundsätzlichen Merkmalen des Leasinggeschäfts sind Leasingverträge zivilrechtlich und steuerrechtlich hinsichtlich der Art der Leasingobjekte zu unterscheiden (vgl. *Süchting* 1995, S. 170-171). **Zivilrechtlich** werden Leasingobjekte getrennt in Mobilien, d.h. bewegliche Sachen gemäß § 90 BGB und Immobilien, also Grundstücke und Grundstücksbestandteile gem. § 94 BGB sowie Erbbaurechte als grundstücksgleiche Rechte gem. Erbbaurechtsverordnung, sowie Zubehör, das dinglich gem. § 97 BGB zu den Mobilien und haftungsrechtlich gem. § 1120 BGB zu den Immobilien zu rechnen ist. **Steuerrechtlich** erfolgt die Einordnung insbesondere hinsichtlich der Vorschriften zur „Absetzungen für Abnutzung" (= AfA) gemäß § 7 EStG. Leasingobjekte sind bewegliche Wirtschaftsgüter - Sachen i.S. von § 90 BGB, und solche, die wesentlicher Bestandteil eines Grundstücks sind sowie Betriebsvorrichtungen. Im Investitionsgüterbereich spricht man von Equipment-Leasing i.e.S.. Bilden unbewegliche Wirtschaftsgüter - Grund und Boden, Gebäude sowie Gebäudebestandteile - die Leasingobjekte, spricht man von **Immobilien-Leasing** (z.B. Leasing von Verwaltungsgebäuden) und **Plant-Leasing**, wenn komplette Industrieanlagen bei einer Laufzeit von regelmäßig 20 bis 30 Jahren das Leasingobjekt darstellen.

Eine der wichtigsten Unterscheidungen von Leasingverträgen ist die nach dem **Verpflichtungscharakter**. Die darauf aufbauenden beiden Grundformen des Leasinggeschäfts sind Operate Leasing und Finance Leasing.

4.2.1 Operate Leasing und Finance Leasing

Das **Operate Leasing** (auch unechtes Leasing genannt) ist durch eine kurzfristige Nutzungsüberlassung gekennzeichnet und ähnelt einem **Mietverhältnis** im Sinne des § 553 BGB. Folgende Merkmale kennzeichnen es im einzelnen (vgl. *Perridon/Steiner* 1995, S. 406):

- Kurzfristige Nutzungsüberlassung mit kurzfristiger oder jederzeitiger Kündigungsmöglichkeit im Rahmen eines Mietvertrags gem. den Bestimmungen des BGB.
- Vereinbarung einer von der Laufzeit unabhängigen Leasingrate. Kalkulationsgrundlage ist die betriebsgewöhnliche Nutzungsdauer des Leasingobjekts.
- Das Leasingobjekt wird im Unternehmen für eine wesentlich kürzere Zeit als die betriebsgewöhnliche Nutzungsdauer benötigt.
- Überwälzung der mit dem Eigentum behafteten Risiken auf den Leasinggeber. Die Leasinggesellschaft trägt damit das Investitionsrisiko: Sie muß sich bemühen, das Objekt u.U. mehrmals bis zum Ablauf der betriebsgewöhnlichen Nutzungsdauer zu vermieten. Sie betreibt dann mit einem solchen Leasingobjekt sog. "Second Hand-Leasing".
- Mietverträge nach dem Operate Leasing werden wie übliche Miet- und Pachtverträge beim Leasingnehmer nicht bilanziert, da es sich um schwebende Geschäfte handelt. Die Aktivierung des Leasingobjekts (genauer: des Mietobjekts) erfolgt beim Leasinggeber. Es ist dort mit der betriebsgewöhnlichen Nutzungsdauer abzuschreiben.
- Für den Leasingnehmer stellen die Leasingraten Aufwand dar.
- Operate Leasing erfolgt vorwiegend bei Gütern, die einer schnellen technologischen Entwicklung unterliegen.

Als sog. "**echtes Leasing**" bezeichnet man das **Finance Leasing**. Seine wichtigsten Merkmale sind:

- Mietvertrag für einen längeren Zeitraum ohne Kündigungsmöglichkeiten durch Mieter oder Vermieter. Man nennt diesen Zeitraum Grundmietzeit.
- Eine Grundmietzeit ist i.d.R. kürzer als die betriebsgewöhnliche Nutzungsdauer des Leasingobjekts.
- Leasingraten werden in der Regel in der Grundmietzeit entweder so kalkuliert, daß sie das Objekt amortisieren (= Vollamortisation) oder ein Restwert verbleibt (= Teilamortisation). Amortisation bedeutet, daß für den Leasinggeber am Ende der Vertragszeit die Leasing-Wertkosten durch die Summe der Leasingraten gedeckt werden.
- Der Leasingnehmer erwirbt das gesamte Nutzungspotential des Leasingobjekts.
- Die Höhe der Leasingrate wird meist als Annuität mit monatlicher Zahlweise festgesetzt.

Auf der Grundlage von sog. Vollamortisationsverträgen lassen sich folgende unterscheidende Merkmale feststellen: Der Entscheidung für **Operate Leasing** liegt ein Kalkül in **Investitionsalternativen** zugrunde: Soll ein Unternehmen einen Vermögensgegenstand anschaffen oder leasen, d.h., die Leasingmöglichkeit ist wie ein Investitionsanreiz zu verstehen. Das **Finance Leasing** ist hingegen als **Finanzierungsalternative** zu verstehen: Die Investitionsentscheidung wurde bereits getroffen, der Vermögensgegenstand wird in jedem Fall angeschafft, die Art der Finanzierung steht noch zur Disposition. Der Leasing-

4 Kontraktregelungen im Rahmen der Absatzfinanzierung

nehmer trägt in dieser Überlegung das volle Investitionsrisiko; der Leasinggeber übernimmt die Finanzierung. Die beiden Leasingformen unterscheiden sich also vor allem hinsichtlich des **Verpflichtungscharakters** der Leasingverträge, d.h., ob der Leasingnehmer oder der Leasinggeber das mit der Anschaffung verbundene Risiko (= Investitionsrisiko) trägt. Im Überblick kann hierzu folgende Unterscheidung getroffen werden:

Operate Leasing	Finance Leasing
i.d.R. unbestimmte Laufzeit	feste, unkündbare Laufzeit
Kündigungsmöglichkeit seitens Leasingnehmer vor Amortisation möglich, keine vollständige Amortisation des Kaufpreis beim Leasinggeber	keine Kündigungsmöglichkeit seitens Leasingnehmer, vollständige oder teilweise Amortisation des Kaufpreis beim Leasinggeber je nach Vertragsregelung
Objektrisiken*) zumindest z.T. beim Leasinggeber	Objektrisiken beim Leasingnehmer
Leasinggeber auf Anschlußverwertung**) angewiesen	Leasinggeber auf Anschlußverwertung nicht angewiesen
⇒ Investitionsalternative (Alternative zum Kauf)	⇒ Finanzierungsalternative (Alternative zur Kreditfinanzierung)

*) Objektrisiken = zufälliger Untergang, Verschlechterung oder vorzeitiger Verschleiß des Leasingobjekts
**) Anschlußverwertung = z.B. Weiterverkauf eines Leasing-PKW auf dem Gebrauchtwagenmarkt

Abb. III-36: Vergleich von Operate und Finance Leasing bei Vollamortisationsverträgen

Für Leasinggesellschaften, die ausschließlich das Finance Leasinggeschäft betreiben, ist das Risiko des geringen Restwerts besonders groß. Im Gegensatz zu Leasinggesellschaften von Handels- oder Produktionsunternehmen (allen voran die Automobilhersteller) wird an **herstellerunabhängige Leasinggesellschaften** eine ausreichende Fach- und Sachkenntnis über den zukünftig erzielbaren Restwert eines Leasingobjekts (= Restwertrisiko) benötigt. Leasingobjekte sind meist sehr unterschiedlich technisch beschaffen und erfordern ständige Aktualisierung des wirtschaftlichen Werts eines Leasingobjekts. Aus diesem Grund haben sich Vertragsvarianten durchgesetzt, die eine Beteiligung des Leasingnehmers am Restwertrisiko zum Inhalt haben.

Leasing wird häufig mit dem **Mietkauf** in Verbindung gebracht und Mietkauf wird auch als **Leasing i.w.S.** interpretiert. Zwischen beiden Geschäftsarten bestehen jedoch erhebliche **Unterschiede**. Bei Mietkauf werden Gebrauchsgüter von einem Vermieter dem Mieter gegen Mietzins überlassen. Nach Ablauf des Mietvertrags können die vormals vermieteten Gebrauchsgüter unter Anrechnung der bis dahin gezahlten Mietbeträge vom Mieter käuflich erworben werden. Damit stellt der **Mietkauf** einen **Mietvertrag** zwischen einem Vermieter und einem Mieter dar, der aber hinsichtlich **Aufgaben- und Risikoverteilung** zwischen den beiden Vertragsparteien gegenüber dem Leasing, genauer dem Finance Leasing, **Unterschiede** aufweist. Abb. III-37 stellt diese in den beiden Vertragsarten vergleichend gegenüber. Die jeweiligen Aufgaben und Risikoarten werden durch die Kreuzmarkierungen hinsichtlich der Beteiligten beim Finance Leasing und derjenigen beim Mietkauf unterschieden.

Aufgabe/Risikoart	Finance Leasing		Miete nach BGB	
	Leasing-geber	Leasing-nehmer	Vermieter	Mieter
wirtschaftliche Beschaffung des Objekts bestimmt ...		X	X	
rechtliche Beschaffung des Objekts (Kaufvertrag) legt fest ...	X		X	
Objektrisiko während der Vertragsdauer trägt ...		X	X	
Instandhaltung während der Vertrags-dauer obliegt ...		X	X	
Gewährleistungsansprüche gegen Liefe-ranten machen geltend und setzen durch ...		X	X	
Gewährleistungsansprüche (Lieferant in Konkurs = Lieferantenrisiko) liegen bei ...	X		X	
volle Amortisation der Investition durch ...		X	X	
Anzahlungen an Lieferanten vor Beginn der Vertragsdauer von ...	X (kann ggfls. übertragen werden)		X	

Abb. III-37: Aufgaben- und Risikoverteilung bei Finance Leasing und Miete

4.2.2 Vertragsgestaltungen des Finance Leasing

Eine zentrale Unterscheidung der Leasingverträge betrifft die bereits angeschnittene Frage nach dem Umfang der **amortisierten Wertkosten**. Wertkosten ist eine besondere Bezeichnung von bestimmten Kapitalkosten im Leasinggeschäft. Sie bestehen im einzelnen aus Anschaffungskosten, Vertriebs- und Verwaltungskosten, Finanzierungskosten (Zinsen und Risikokosten), Steuern und Gewinn. Leasingverträge, die die Wertkosten **vollständig amortisieren**, d.h. dem Leasinggeber zurückfließen, nennt man Vollamortisationsverträge (= **Full Pay Out-Verträge**). Sie dominierten lange Jahre in Deutschland. Im Gegensatz dazu erhält der Leasinggeber bei Vertragstypen mit **Teilamortisationsvereinbarungen** während der unkündbaren Vertragslaufzeit keinen vollen Ausgleich seiner Wertkosten (= **Non Full Pay Out-Verträge**). Zu diesen beiden grundsätzlichen Möglichkeiten von Vertragsvereinbarungen gibt es zahlreiche Optionen, die im einzelnen getrennt nach Voll- und Teilamortisationsverträgen vorgestellt werden.

Wegen des Problems des Restwertrisikos haben Leasinggesellschaften beim Finance Leasing Vertragsvarianten ständig weiterentwickelt. Abb. III-38 zeigt im Überblick die Typen von Grundvereinbarungen, die sich hinsichtlich der **Behandlung** des **Leasingobjekts** nach **Ablauf der Grundmietzeit** am Markt durchgesetzt haben.

4 Kontraktregelungen im Rahmen der Absatzfinanzierung

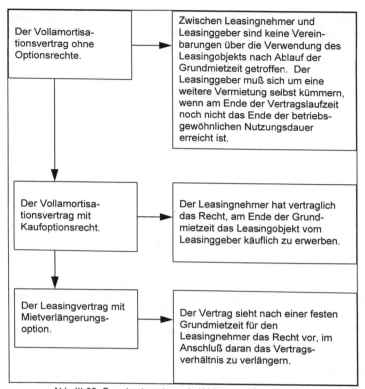

Abb. III-38: Grundvertragstypen bei Vollamortisationsverträgen

Die Verwendung solcher Optionen hat in **Vollamortisationsverträgen** ganz entscheidende Bedeutung für die steuerliche Zurechnung des Leasingobjekts. Sie kann entweder beim Leasingnehmer oder beim Leasinggeber erfolgen. Hierzu hat das Urteil des Bundesfinanzhofs (**BFH-Urteil** vom 26.01.1970) grundsätzliche Richtlinien vorgegeben. Hinsichtlich der praktischen Durchführbarkeit gilt als Grundlage der sog. **Leasingerlaß** des BMF vom 19.04.1971. Nachfolgende Abb. III-39 faßt die Bestimmungen und ihre Zurechnungsvorschriften im Überblick zusammen. Unabhängig von der Wahl des Vertragstyps gilt grundsätzlich für alle Leasingverträge, daß die Leasinggegenstände immer dann dem Leasinggeber zuzurechnen sind, wenn die Chance einer Wertsteigerung bei ihm verbleibt und er auch das Risiko einer Wertminderung vor Erreichen der vollen Amortisation trägt. Hingegen müssen in Fällen eines "Spezial-Leasing" die Leasinggegenstände immer dem Leasingnehmer zugerechnet werden. "Es handelt sich hierbei um Verträge über Leasing-Gegenstände, die speziell auf die Verhältnisse des Leasing-Nehmers zugeschnitten und nach Ablauf der Grundmietzeit regelmäßig nur noch beim Leasing-Nehmer wirtschaftlich sinnvoll verwendbar sind. Die Verträge kommen mit oder ohne Optionsklausel vor". (*Bundesministerium der Finanzen, BMF* 1971, S. 1).

Grundtyp des Leasingvertrags	Besonderheiten des Vertrags	Leasingobjekt ist zuzurechnen bei
1. Verträge ohne Option	Grundmietzeit **zwischen 40-90%** der betriebsgewöhnlichen Nutzungsdauer	Leasinggeber
	Grundmietzeit **weniger als 40%** der betriebsgewöhnlichen Nutzungsdauer	Leasingnehmer
	Grundmietzeit **mehr als 90%** der betriebsgewöhnlichen Nutzungsdauer	Leasingnehmer
2. Verträge **mit Kaufoption** für Grundmietzeit zwischen 40-90% der betriebsgewöhnlichen Nutzungsdauer	Kaufpreis **niedriger** als der Restbuchwert (nach linearer AfA) bzw. geringerer gemeiner Wert (= Marktwert)	Leasingnehmer
	Kaufpreis **mindestens** Restbuchwert (nach linearer AfA) bzw. geringerer gemeiner Wert (= Marktwert)	Leasinggeber
3. Verträge **mit Mietverlängerungsoption** für Grundmietzeit zwischen 40-90% der betriebsgewöhnlichen Nutzungsdauer	Anschlußmiete **niedriger** als der Wertverzehr auf der Basis des Restbuchwerts bzw. des geringeren gemeinen Werts (= Marktwerts)	Leasingnehmer
	Anschlußmiete **entspricht** dem Wertverzehr auf der Basis des Restbuchwerts bzw. des geringeren gemeinen Werts (= Marktwerts)	Leasinggeber

Abb. III-39: Ertragssteuerliche Behandlung von Leasing bei Vollamortisationsverträgen

Bei **Teilamortisationsverträgen** wird die Höhe der einzelnen Raten durch die Grundmietzeit und die Höhe des nicht amortisierten Kostenanteils (= **Restwert**) bestimmt. Nach Ablauf des Leasingvertrags muß der Restwert durch den Objektwert abgedeckt sein und daher anhand des zu diesem Zeitpunkt erwarteten Verkehrswerts kalkuliert werden. Hier liegt das besondere Problem der Teilamortisationsverträge, sowohl für den Leasinggeber als auch für den Leasingnehmer. Abb. III-40 zeigt im Überblick die Typen von Grundvereinbarungen, die sich hinsichtlich der **Behandlung** des **Leasingobjekts** nach **Ablauf der Grundmietzeit** am Markt durchgesetzt haben.

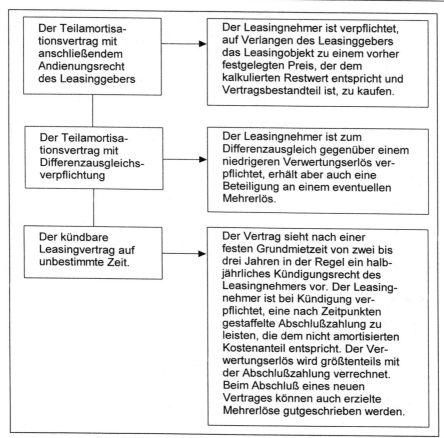

Abb. III-40: Grundvertragstypen bei Teilamortisationsverträgen

<u>Lesehinweis:</u> Zur weiteren Erläuterung steuerrechtlicher und handelsrechtlicher Fragen vgl. *Ullrich* (1992). Dieser Beitrag ist auch Grundlage vorgenannter Ausführungen zu Voll- und Teilamortisationsverträgen.

Auch im Fall der Teilamortisationsverträge hat der BMF auf der Grundlage des Urteils des BFH einen Katalog an Leasingvertragstypen und der daraus folgenden Zurechnung des Leasingobjekts herausgegeben. In der nachfolgenden Abb. III-41 sind wieder die Optionen und die Zurechnungsvorschriften hinsichtlich des Leasingobjekts dargestellt.

Grundtyp des Leasingvertrags	Besonderheiten des Vertrags	Leasingobjekt ist zuzurechnen bei
1. Verträge mit Andienungsrecht des Leasinggebers	Grundmietzeit **zwischen 40-90%** der betriebsgewöhnlichen Nutzungsdauer	Leasinggeber
	Grundmietzeit **weniger als 40%** der betriebsgewöhnlichen Nutzungsdauer	Leasingnehmer
	Grundmietzeit **mehr als 90%** der betriebsgewöhnlichen Nutzungsdauer	Leasingnehmer
2. Verträge mit Aufteilung des Differenzerlös	Differenzerlösbeteiligung des Leasinggebers **weniger als 25%**	Leasingnehmer
	Differenzerlösbeteiligung des Leasinggebers **mindestens 25%**	Leasinggeber
3. Verträge mit Kündigungsrecht des Leasingnehmers (und Anrechnung von max. 90% des Veräußerungserlöses auf dessen Schlußzahlung)	Kündigungsrecht **nach Ablauf von 40%** der betriebsgewöhnlichen Nutzungsdauer	Leasinggeber
	Kündigungsrecht **vor Ablauf von 40%** der betriebsgewöhnlichen Nutzungsdauer	Leasingnehmer

Abb. III-41: Ertragssteuerliche Behandlung von Leasing bei Teilamortisationsverträgen

In Bezug auf die Einordnung des Leasingobjekts beim Vermögen des Leasinggebers oder -nehmers kann zusammenfassend folgendes aus steuerlicher und handelsrechtlicher Sicht festgehalten werden:

- Während bei der handelsrechtlichen Bilanzierung zu prüfen ist, ob sich aus den Grundsätzen der ordnungsmäßigen Buchführung und den Vorschriften der handelsrechtlichen Rechnungslegung Zurechnungsnormen ergeben oder ableiten lassen, muß bei der steuerrechtlichen Zuordnung auf die **wirtschaftliche Zugehörigkeit** des Leasingobjekts abgestellt werden.

- In der derzeitigen Bilanzierungspraxis nach HGB wird weitgehend den steuerrechtlichen Vorschriften gefolgt und damit gilt das **umgekehrte Maßgeblichkeitsprinzip**.

- Steuerrechtlich ist demnach zu **prüfen**, wer der beim Leasingvertrag beteiligten Vertragsparteien als **wirtschaftlicher Eigentümer** anzusehen ist.

- Von wesentlicher Bedeutung für die Frage des wirtschaftlichen Eigentums und damit für die Zurechnung ist meist das **Verhältnis** von **Grundmietzeit** und **betriebsgewöhnlicher Nutzungsdauer** sowie der diesbezüglichen Vertragsregeln.

4.2.3 Formen und Umfang des Leasinggeschäfts

Zur Zusammenfassung und Ergänzung der bisher besprochenen Leasingformen dienen nachfolgende Übersichten in Abb. III-42a und Abb. III-42b (vgl. *Süchting* 1995).

Gliederungs- kriterien	Leasingformen	Wichtigste Merkmale
Wirtschaftliche Stellung des Leasinggebers	– direktes Leasing – indirektes Leasing	– Herstellerleasing – herstellerunabhängiges Leasing/ Direct-Leasing
Art des Leasingobjekts	– Konsumgüterleasing – Investitionsgüterleasing • Mobilien-Leasing • Immobilien-Leasing	Gegenstand kann von vielen genutzt werden (z.B. Pkw)
	Spezialleasing	Gegenstand ist so speziell auf die Bedürfnisse des Nutzers zugeschnitten, daß er nach Ablauf der Mietzeit nur von diesem sinnvoll genutzt werden kann (Bilanzierung in jedem Fall beim Leasingnehmer).
Anzahl der Leasingobjekte	Equipment Leasing	Leasing von Ausrüstungsgegenständen.
	Plant Leasing	Leasing ganzer Betriebsanlagen.
Anzahl bisheriger Nutzer	• First Hand Leasing	Leasing neuer Gegenstände
	• Second Hand Leasing	Leasing bereits genutzter Gegenstände
Geschäftssitze Leasingpartner	Cross Border Leasing	Leasinggesellschaft und Leasingnehmer befinden sich in unterschiedlichen Ländern.
Verpflichtungscharakter des Vertrags	Operate Leasing	Kurzfristige Verträge, unter Einhaltung bestimmter Fristen, jederzeitiges Kündigungsrecht des Leasingnehmers
	Finance Leasing	Mittel- und langfristige Verträge (ab ca. 24 Monate), in der Regel keine Kündigungsmöglichkeit während der gesamten Grundmietzeit.
	– Vollamortisationsvertrag	a) Leasingzahlungen decken in der Grundmietzeit alle Wertkosten der Leasinggesellschaft.
	– Teilamortisationsvertrag	b) Während der unkündbaren Grundmietzeit werden die gesamten Wertkosten der Leasinggesellschaft nur teilweise gedeckt. Restdeckung durch Wiedervermietung des Gegenstandes oder durch Verkaufserlös.
	• Full Service Leasing/ Maintenance Leasing	• Leasinggesellschaft übernimmt Wartung, Reparaturen, Versicherungen und ähnliches für Leasingobjekt.
	• Revolving Leasing	• Leasingnehmer kann Gegenstand nach Ablauf einer Frist austauschen.
	• Null Leasing	• Leasingkosten entsprechen dem Kaufpreis. Keine darüber hinausgehende Finanzierungskosten für den Leasingnehmer.

Abb. III-42: Überblick über ausgewählte Leasingformen

Das Leasinggeschäft in Deutschland verzeichnete in den 80er Jahren eine kontinuierliche Expansion. Der Anteil der gesamtwirtschaftlichen Investitionen, die auf Mobilien- und Immobilienleasingverträge basieren (= **Leasingquote**), schwankt in Deutschland leicht zwischen 10 und 11%. Leasing wurde ursprünglich von Finanzinstituten angeboten, die unabhängig von den Herstellern der Investitionsobjekte operieren. Zu diesem sog. **herstellerunabhängigen Leasing** (= Direct Leasing) hat sich das Vermietungs- und Leasing-Angebot der Hersteller gesellt. Sein Anteil beträgt seit Mitte der 80er Jahre etwa 38 %. Nachfolgende Abb. III-43 zeigt den Verlauf der durch Leasingverträge finanzierten Investitionen in Deutschland und unterscheidet dabei zwischen den beiden eben erläuterten Anbietergruppen des Leasinggeschäfts.

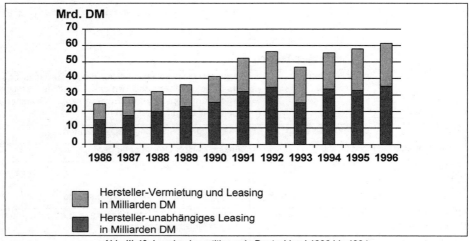

Abb. III-43: Leasing-Investitionen in Deutschland 1986 bis 1994
(Quelle: *Bund deutscher Leasinggesellschaften* 1997)

Auf das Mobilien-Leasing entfallen die meisten Leasingverträge. Mit etwa 18% weist das Immobilien-Leasing demnach eine geringere Bedeutung auf als das Mobilien-Leasing. Beim Mobilien-Leasing werden vor allem Verträge über Straßenfahrzeuge abgeschlossen. Dieses Geschäft wird insbesondere von den Automobilherstellern und den ihnen angeschlossenen Leasinggesellschaften getragen (sog. **herstellerabhängiges Leasinggeschäft**). Sie haben das Leasing mittlerweile zu einem wichtigen Bestandteil ihrer marketingpolitischen Instrumente im Absatz von Kraftfahrzeugen gemacht. Mit weitem Abstand folgen den Leasingverträgen mit Straßenfahrzeugen Verträge aus dem Bereich der Büromaschinen und der Informationsverarbeitung mit weiteren nennenswerten Anteilen.

Nach Branchen unterschieden **dominieren** auf der Kundenseite das **verarbeitende Gewerbe und** der **Handel** die Leasinggesellschaften. Die Branchen "Verkehrs- und Nachrichtenübermittlung" weisen einen Anteil von gut 10 % auf, der sich aber in der Zukunft wegen der allgemeinen Dynamik der Telekommunikation und ihren Möglichkeiten für den Einsatz von Leasing erhöhen dürfte. **Bemerkenswert** ist, daß der Bereich der **privaten Haushalte** gemessen an den Wirtschaftsbranchen einen durchaus beachtlichen Anteil hat, insbesondere wenn man berücksichtigt, daß der Wert des durchschnittlichen Leasingobjekts im Privatbereich wesentlich niedriger sein dürfte als in der restlichen Wirtschaft.

5 Kreditkontraktformen von Kreditinstituten

Kreditfinanzierungen durch Kreditinstitute werden i.d.R. in zwei Unterscheidungen behandelt:

- Ein Kreditinstitut erbringt seine Finanzierungsleistung in **Geldformen** und der Kreditnehmer erfüllt seine Rückzahlungsverpflichtung am Ende der vereinbarten Laufzeit ebenfalls durch eine Geldleistung. Es handelt sich um **Geldleihe** durch Kreditinstitute.

- Kreditinstitut schließen daneben mit Kreditnehmern Kontrakte ab, die nicht zwingend zu einem Zahlungsmittelfluß führen und meist ist beabsichtigt, daß es hierzu nur in ganz bestimmten, vertraglich geregelten Fällen überhaupt kommt. Bilanziell stellen sie bei Kreditinstituten **Eventualverbindlichkeiten** dar, ökonomisch bezeichnet man sie als **Kreditleihe**. Ausgangslage ist immer, daß ein Kreditnehmer eine Leistungsverpflichtung einem Dritten gegenüber hat - dieser Gläubiger aber unsicher hinsichtlich der Erfüllung ist. Mit der Kreditleihe bietet ein Kreditinstitut einem Kreditnehmer die Möglichkeit, gegenüber dem Dritten ihre Reputation einzusetzen. Sie besteht darin, daß der Gläubiger einer Leistung darauf **vertrauen** kann, diese bei Fälligkeit zu erhalten, auch wenn der eigentliche Schuldner (= Kreditnehmer) nicht leisten kann.

5.1 Kreditformen der Geldleihe

Bankkredite als Geldleihe bedeutet, daß ein Kreditinstitut einem kreditsuchenden Unternehmen liquide Finanzmittel (= Geld) zur Verfügung stellt. Kontokorrentkredit, Lombardkredit, Diskontkredit und Umkehrwechsel sind die in der Praxis des inländischen Kreditgeschäfts wichtigsten kurz- bis mittelfristigen Formen.

5.1.1 Kontokorrentkredit

"Der Kontokorrentkredit (Kredit in laufender Rechnung) als "klassische" kurzfristige Kreditform ist ein Buchkredit, den die Bank auf der Basis eines bei ihr geführten Girokontos in der Weise zur Verfügung stellt, daß die kreditsuchende Unternehmung berechtigt ist, dieses Konto bis zu einem vertraglich vereinbarten Limit debitorisch zu führen." (*Büschgen* 1991, S. 78). Im Gegensatz zu einem Darlehen (gemäß §§ 607-610 BGB) kann ein Kreditnehmer bei einem Kontokorrentkredit im Rahmen des eingeräumten Kreditlimits beliebig innerhalb der Kreditlaufzeit verfügen. Rechtlich geregelt ist der Kontokorrentkredit in den §§ 355-357 HGB. **Grundlage** des Kontokorrentkredits ist das vom Kreditinstitut für das kreditsuchende Unternehmen eingerichtete **Girokonto**. Es dient nicht nur als Kreditkonto, sondern über das Konto wird im Regelfall vollständig oder in wesentlichen Teilen der gesamte Zahlungsverkehr des kreditsuchenden Unternehmens abgewickelt. Nach vorangegangener Kreditprüfung und der Bestellung erforderlicher Sicherheiten wird dem Kreditnehmer eine maximale Betragshöhe (= **Kreditlimit** des Kreditrahmens) eingeräumt, bis zu der er das Konto "überziehen" darf (das Konto debitorisch führen darf). Die Kontoverfügungen erfolgen mit Überweisungsaufträgen, Scheckziehungen, Barabhebungen etc.. Wegen der engen **Koppelung an** den **Zahlungsverkehr** weist der Kontokorrentkredit über die Kreditlaufzeit (meist täglich) **schwankende Salden** auf. Die Tilgung erfolgt nicht planmäßig im Sinne im voraus festgelegter Rückzahlungsraten, sondern aufgrund der laufenden Einzahlungsüberschüsse, z.B. durch Überweisungseingänge, Scheckgutschriften oder Bareinzahlungen. Die Kapitalkosten werden ebenfalls nicht im Rahmen einer besonderen ratierlichen Vereinbarung berechnet, sondern erfolgen mit der monatlichen oder vierteljährlichen Abrechnung zum Kontoabschluß. Das besondere Konstruktionsmerkmal des Kontokorrentkredits ist also seine wechselnde Inanspruchnahme. In Abb. III-44 ist ein solcher Verlauf einmal beispielhaft abgebildet.

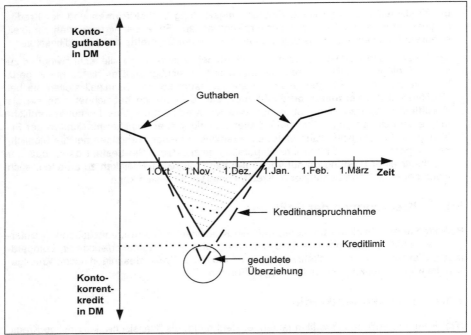

Abb. III-44: Entwicklung eines Kontokorrentkredits im Zeitablauf

Man betrachte ein Einzelhandelsunternehmen zum Jahreswechsel. Kennzeichnend für Geschäfte im Einzelhandel sind deren saisonalen Absatz- und Beschaffungsschwankungen, was sich in einem variablen Finanzierungsbedarf niederschlägt. So ist etwa denkbar, daß im September, Oktober und November Waren für das Weihnachtsgeschäft auf Lager eingekauft werden, mit der Folge steigender Auszahlungen, die nicht in gleichem Umfang von Einzahlungen gedeckt werden. Wird davon ausgegangen, daß keine Lieferantenkredite in Anspruch genommen werden, so weist das Girokonto nach einem Guthabenstand im September (**kreditorische Kontoführung**, "Konto ist im Haben") eine über die Zeit gesehene Veränderung zum Kreditkonto auf (ab Oktober bis Mitte Dezember). Dies ist nur möglich aufgrund der vorherigen Einräumung eines Kontokorrentkredits auf diesem betrachteten Konto für den Kreditnehmer möglich.

Die laut Kreditvertrag maximal zulässige Überziehung des Kontos, d.h. die maximale Höhe des Kreditrahmens (= **Kreditlimit**) zeigt die gestrichelte Linie parallel zur Abszisse. Häufig wird in Kontokorrentkreditverträgen auch ein Passus aufgenommen, der es zuläßt, daß der Kreditnehmer in Ausnahmefällen auch das vereinbarte Kreditlimit für kurze Zeit überziehen darf (= sog. **geduldete Überziehungen**, vgl. gestrichelte Linie). Aufgrund des erfolgreichen Verlaufs des Weihnachtsgeschäfts soll sich im Beispiel die Kreditinanspruchnahme im Laufe des Novembers und Dezembers verringern. Ab Mitte Dezember wird das Konto wieder auf Guthabenbasis geführt. Der Kontokorrentkredit ist dann zwar eingeräumt, wird aber vom Kreditnehmer nicht in Anspruch genommen.

Die Eigenschaften des Kontokorrentkredits haben nachhaltigen Einfluß auf die Zusammensetzung der **Kapitalkosten**. Kreditinstitute verlangen für diesen Kredit ein Entgelt, das sich nach der sog. Teilpreispolitik bestimmt, d.h. aus mehreren Preiskomponenten zusammensetzt. Die Kapitalkostenbestandteile eines Kontokorrentkredits sind Bereitstellungsprovision (auf den zugesagten, nicht in Anspruch genommenen Kredit), Sollzinsen (auf den in Anspruch genommenen Kredit), Kreditprovision, gegebenenfalls Überziehungsprovision (auf den Höchst-saldo der Periode), Umsatzprovision (auf den Umsatz der größeren Kontoseite) oder Kontoführungsgebühren (auf die Zahl der Buchungsposten) sowie Ersatz von Spesen und Auslagen (z.B. Porto).

Aufgrund der Möglichkeit einer schwankenden Inanspruchnahme des Kredits haben sich bestimmte **Formen** des Kontokorrentkredits herausgebildet. Betriebskredite dienen dazu, Zahlungen z.B. für Löhne und Gehälter zu leisten, oder zur Ausnutzung von Skonti im Rahmen der Beschaffung von Vorräten. Mit Hilfe von Saisonkredite werden Beschäftigungsspitzen im Unternehmen (z.B. zur Erntezeit) finanziert. Zwischenkredite werden bei Bauvorhaben häufig bis zur regulären Finanzierung vorab mit Kontokorrentkrediten finanziert. Bei Überziehungskrediten kann der Inhaber eines Girokontos ohne besondere Absprache mit dem Kreditinstitut sein Konto bis zu dem ihm von der Bank eingeräumten Kreditlimit überziehen.

Zwar beträgt die Laufzeit des Kontokorrentkredits meist drei bis sechs Monate, doch **i.d.R.** wird der Kredit **prolongiert**, so daß er **häufig langfristiger Natur** ist. Die **Besicherungsmöglichkeiten** von Kontokorrentkrediten sind vielfältig. Im Einsatz sind in der Praxis vor allem Bürgschaften, Pfandrechte, Sicherungsübereignungen, Zessionen und Grundschulden (seltener Höchstbetragshypotheken).

5.1.2 Lombardkredit

Der Lombardkredit bezeichnet ein kurzfristiges Darlehen, das gegen Verpfändung beweglicher, marktgängiger Vermögensobjekte des Kreditnehmers gewährt wird. Verpfändet werden Vermögensobjekte, die sich durch hohe Wertbeständigkeit, schnelle Liquidierbarkeit und einfache Bewertbarkeit auszeichnen. Zu solchen Objekten zählen i.d.R. Wertpapiere, Waren, Wechsel, Forderungen, Edelmetalle. Der Ansatz der Höhe des verpfändbaren Wertes (= **Beleihungsgrenze**) schwankt je nach Art des Vermögensobjekts. Der Lombardkredit wird häufig auch als Beleihungskredit bezeichnet.

Der Lombardkreditvertrag enthält i. d. R. die Vereinbarung, daß der Kredit in einer Summe, d.h. als Darlehen zur Verfügung gestellt wird. Zusätzlich muß zwischen Kreditgeber und -nehmer Einigung über die Art der zu verpfändenden Vermögensobjekte, ihre Werte und die notwendige Form des Besitzübergangs (**Faustpfandprinzip**) vorliegen. Anschließend ist das Pfand zu übergeben. Der Kreditnehmer kann den Kredit in einer Summe oder in Teilbeträgen in Anspruch nehmen. Eingeräumt wird der Lombardkredit als festterminierter Einzelkredit. Die **Rückzahlung** des Lombardkredits erfolgt (im Gegensatz etwa zum Kontokorrentkredit) ebenfalls in voller Höhe, **in einem Betrag** und meist zu einem **festen Termin**. Je nach Vereinbarung im Kreditvertrag kann der Rückzahlungsbetrag die aufgelaufenen Zinsen noch zusätzlich enthalten oder während der Kreditlaufzeit werden in regelmäßigen Abständen Zinszahlungen geleistet. Je nach den verpfändeten Vermögensobjekten unterscheidet man die **Arten** des Lombardkredits (vgl. *Perridon/Steiner* 1995, S. 386-389):

- Mit der Verpfändung von fungiblen, i.S. von handelbaren Wertpapieren (= Effekten) wie Aktien, Obligationen, Pfandbriefen, Anleihen der öffentlichen Hand u.a. wird ein **Effektenlombardkredit** begründet. Bei festverzinslichen Wertpapieren liegt die Beleihungsgrenze bei ca. 80%, bei Aktien dagegen wegen der höheren Wahrscheinlichkeit von Kurs- und damit Wertschwankungen zwischen 50 bis 70%. Sind die Wertpapiere nicht an der Börse notiert, liegen deren Beleihungswerte meist unter den vorgenannten Sätzen. Der Effektenlombard ist für einen Kreditnehmer immer dann dem tatsächlichen Verkauf der Wertpapiere vorzuziehen, wenn er nur einen kurzfristigen vorübergehenden Finanzbedarf hat.

- Hinterlegt der Kreditnehmer beim kreditgewährenden Kreditinstitut zur Besicherung seiner Verbindlichkeit Wechsel, so handelt es sich um einen **Wechsellombardkredit**. Da der Wechsellombard aufgrund des Verhältnisses von höherem Lombard- zum niedrigeren Diskontsatz der Deutschen Bundesbank auch bei den durch die Bank in Rechnung gestellten Kapitalkostensatz immer teurer als der Diskontkredit einer Bank ist, hat er für die Kreditpraxis kaum eine Bedeutung.

- Wird ein Lombardkredit gegen Hinterlegung marktfähiger Waren beim Kreditinstitut gewährt, so spricht man von einem **Warenlombardkredit**. Häufig wird statt der stofflichen Übergabe dem Kreditinstitut ein Lagerschein eines Lagerhauses übergeben, indem sich die Waren befinden. Werden die Waren beim Kreditnehmer für seine Produktion benötigt, so findet statt einer tatsächlichen Übergabe eine Sicherungsübereignung der Ware statt. Die Beleihungsgrenze liegt bei ca. 50%.

- Da auch Rechte verpfändet werden können, gibt es Lombardkreditverträge, in denen Forderungen die Sicherungsobjekte darstellen (= **Forderungslombardkredit**). Grundsätzlich kommen zwar alle Arten von Forderungen in Betracht, in der Kreditwirtschaft hat sich aber vor allem die Verpfändung von Policen von Kapitallebensversicherungen (in Höhe ihres Rückkaufwerts) als Pfand etabliert.

- Grundsätzlich können auch Edelmetalle, Schmucksteine und -stücke als Sicherheit für einen Lombardkredit hinterlegt werden (= **Edelmetallombardkredit**). Für die Unternehmensfinanzierung hat dies Ausnahmecharakter.

Als "unecht" bezeichnet man einen Lombardkredit, wenn es sich um einen Kontokorrentkredit handelt, der entweder durch das Pfandrecht an Vermögensobjekten gesichert ist oder die Vermögensobjekte sicherungsübereignet sind.

Die **Kapitalkosten** des Lombardkredits sind in ihrer Höhe etwa vergleichbar mit denjenigen des Kontokorrentkredits. Sie bestehen zum einen aus dem Lombardsatz, der sich nach dem Lombardsatz der Deutschen Bundesbank oder dem Zinssatz für kurzfristige Kredite unter Banken (= Geldmarktsatz) richtet. Daneben wird eine Kreditprovision fällig. Sonstigen Kosten werden zusätzlich z.B. für Bewertungsgutachten sowie die Verwahrung und Verwaltung der verpfändeten Vermögensobjekte von den Kreditinstituten erhoben.

Der Lombardkredit ist zur Deckung eines **kurzfristigen Finanzbedarfs** geeignet. Im Gegensatz zum Kontokorrentkredit bietet er aber nicht die flexible Inanspruchnahmemöglichkeit, und es fehlt im auch die schnelle Prolongationsmöglichkeit nach Ablauf der vereinbarten Kreditlaufzeit. Sein Verwendungszweck liegt primär in der **Überbrückungsfinanzierung** kurzfristiger Liquiditätsanspannungen im Unternehmen. Er wird zudem meist dann eingesetzt, wenn die Beschaffung von kurzfristigen Finanzmitteln im Rahmen eines Kontokorrentkredits nicht mehr möglich ist. Auch vom Volumen her gesehen wird der Lombardkredit gegenüber anderen kurzfristigen Finanzierungsformen nur gering in Anspruch genommen.

5.1.3 Diskontkredit

In Anlehnung an die Merkmale des Lieferantenkredits bedeutet der Diskontkredit Finanzierung durch Verkauf noch nicht fälliger, in Wechselform verbriefter Forderungen eines Lieferanten an ein Kreditinstitut. **Grundlage** des Diskontkredits bildet der **Wechsel** - ein Wertpapier, mit vorgeschriebenen gesetzlichen Bestandteilen (§§ 1 ff. Wechselgesetz):

- Üblicherweise zieht ein Lieferant von Waren (= Gläubiger aus dem Warengeschäft) als sog. Aussteller einen Wechsel in Form einer **Tratte** (= Zahlungsanweisung) auf den Abnehmer, den sog. **Bezogenen** (= Schuldner aus Warengeschäft und Wechsel). Hierdurch entsteht ein gezogener Wechsel. Der Wechsel enthält die Anweisung an den Bezogenen, die eingetragene Geldsumme bei Fälligkeit des Wechsels an einem bestimmten Ort demjenigen zu zahlen, der ihm den Wechsel als Inhaber vorlegt (= Remittenten). Schuldner eines Wechsels ist der Bezogene, d.h. der Abnehmer von Waren (= Käufer), wenn er den Wechsel mit seiner Unterschrift akzeptiert ("querschreibt"). Aus dem Wechsel ist dann eine **Zahlungsanweisung** und eine Zahlungsverpflichtung geworden.

- Beim **Eigenwechsel** (= **Solawechsel**) liegt keine Zahlungsanweisung, sondern ein **Zahlungsversprechen** vor. Dieses Versprechen gibt der Aussteller gegenüber dem Wechselinhaber ab. Schuldner des Solawechsels ist der Aussteller, insofern sind Bezogener und Aussteller dieselbe Person.

Der Wechsel ist losgelöst vom zugrunde liegenden Waren- oder Dienstleistungsgeschäft, (= **abstrakte Zahlungsverpflichtung**). Daraus folgt der für den Gläubiger aus dem Wechsel willkommene Umstand, daß im Falle der Zahlungsverweigerung des Schuldners der Wechsel „zu Protest geht" und im **beschleunigten Urkundenprozeß** eingeklagt werden kann. Der Vorteil für den Gläubiger liegt darin, daß in diesem Verfahren nur noch die formellen Erfordernisse des Wechsels, nicht aber etwaige Mängel im zugrunde liegenden Geschäft überprüft werden (= Wechselstrenge) (vgl. *Süchting* 1995). Eine besondere zusätzliche **Besicherung** von Diskontkrediten ist wegen der Strenge des Wechselrechts **nicht üblich**.

<u>Lesehinweis:</u> Zur näheren Erläuterung des Wechsels vgl. *Hagenmüller/Diepen* (1993, S. 299ff.).

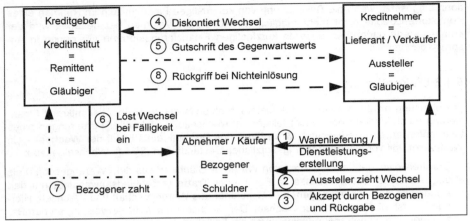

Abb. III-45: Grundkonstellation des Diskontkredits

Der Aussteller kann diesen Wechsel zur Beschaffung von Finanzmitteln einsetzen. Sofern er einen Vertrag mit seiner Bank über den Ankauf von Wechseln (= diskontieren) hat, reicht er den (indossierten) Wechsel zum Diskont bei einer Bank ein (Pfeil 4). Die Bank kauft den Wechsel dann vor Fälligkeit unter Abzug von Zinsen für die Zeit vom Ankaufstag bis zum Fälligkeitstag an. Der Abzug erfolgt nach einem Zinssatz, der als Diskontsatz bezeichnet wird. Die Vergütung für den Kreditnehmer (= **Gegenwartswert** des Wechsels) liegt unter dem **Nominalwert** des **Wechsels** (Pfeil 5). Zum Fälligkeitstermin legt die Bank dem Bezogenen den Wechsel vor und fordert ihn zur Zahlung des geschuldeten Nominalbetrags auf (Pfeil 6). Zahlt daraufhin der Bezogene, so ist der Vorgang abgeschlossen (Pfeil 7). Andernfalls geht die Bank auf den Aussteller zu und verlangt von ihm die Zahlung (Pfeil 8).

Der Diskontkredit (auch Wechseldiskontkredit genannt) weist gegenüber anderen Krediten eine **Besonderheit** auf: Der Diskontkredit wird normalerweise nicht vom Kreditnehmer an die Bank zurückgezahlt, sondern vom Wechselschuldner (Bezogener oder Aussteller), bei dem die Bank den Wechselbetrag bei Fälligkeit einzieht. Damit handelt es sich wirtschaftlich gesehen beim **Diskontkredit nicht** um einen **Kredit, sondern** um einen **Forderungsverkauf**, bei dem der Gläubiger wechselt, der Schuldner aber die gleiche Person bleibt. Der eigentliche Kreditnehmer, d.h. der Einreicher des Wechsels, ist nur noch ein **Eventualschuldner**. Auf ihn kann die Bank zurückgreifen, wenn der Bezogene nicht zahlt.

Der Diskontkreditvertrag enthält neben dem Diskontsatz, zu dem Wechsel vom Kreditinstitut angekauft werden, auch die betragliche Höhe, bis zu der das Kreditinstitut zum Wechselankauf bereit ist (= **Diskontlinie** bzw. Wechselobligo). Banken können die von ihnen im Rahmen des Diskontkredits angekauften Wechsel wiederum selbst zur Beschaffung von Finanzmitteln einsetzen: die Deutsche Bundesbank kauft von Kreditinstituten im Rahmen ihrer Diskontpolitik ebenfalls bis zu einem je nach Kreditinstitut unterschiedlichen Limit Wechsel an (= "Banken **rediskontieren** ihre Wechsel"). Dabei gibt die Bundesbank **qualitative Anforderungen** an das einzureichende Wechselmaterial den Kreditinstituten vor. Diese stellen darauf aufbauend an das einzureichende Wechselmaterial von Unternehmen i.d.R. die gleichen Anforderungen wie die Deutsche Bundesbank an **rediskontfähige Wechsel** (vgl. *Deutsche Bundesbank* 1993, S. 52-53):

- Dem Wechsel muß ein Handels- oder Warengeschäft zugrunde liegen.
- Seine Restlaufzeit darf nicht mehr als 90 Tage betragen.
- Der Wechsel muß Unterschriften von mindestens drei als "gute Adressen" (= hohe Bonität) bekannten Zahlungsverpflichteten tragen.

Die Laufzeit des Diskontkredits orientiert sich an der maximalen Laufzeit der rediskontfähigen Wechsel. "Gleichwohl kann dem Diskontkredit, gemessen am dauerhaften Bestand der jeweils an die Bank veräußerten Abschnitte, durchaus auch längerfristiger Charakter zukommen, indem die Bank ihrem Kreditnehmer eine Diskontlinie einräumt, bis zu deren Höhe die Unternehmung laufend Wechselabschnitte zum Diskont einreichen kann (...) und diese Diskontkreditlinie zumindest für die Dauer eines halben bzw. vollen Jahres aufrechterhalten und zumeist darüber hinaus prolongiert wird." (*Büschgen* 1991, S. 81).

Die **Kapitalkosten** des Diskontkredits bestehen in erster Linie aus dem Diskont und den Diskontspesen. Letztere sind relativ gering und fallen vor allem für das Einlösen des Wechsels (= Inkasso) zum Fälligkeitstermin an. Der Diskont orientiert sich in seinem Satz am Diskontsatz der Deutschen Bundesbank. Bei bundesbankfähigen Wechseln lautet die Faustregel "Diskontsatz der Bundesbank plus 1 bis 3% Zuschlag der Bank". Für nicht bundesbankfähige Wechsel gilt der Diskontsatz der Bundesbank plus ca. 4% Bankenzuschlag.

Der Diskotkredit wird vor allem als **Betriebsmittelkredit** zur **Umsatzfinanzierung** verwendet. Er wird auch als **"sich selbst liquidierender" Kredit** bezeichnet, da er aus dem Erlös des Umsatzes getilgt wird, der aus dem zugrunde liegenden Waren- oder Handelsgeschäft entsteht.

5.2 Arten der Kreditleihe

"Im Gegensatz zu den bisher skizzierten kurzfristigen Kreditarten, bei denen der kapitalsuchenden Unternehmung Zentralnotenbankgeld bzw. Giralgeld zur Verfügung gestellt wird (Geldleihgeschäft), handelt es sich beim Akzept- und Avalkredit um Kreditleihgeschäfte: Hier wird dem Kreditnehmer gegen Zahlung einer Provision gewissermaßen die Kreditwürdigkeit der Bank verliehen, m.a.W.: der Kredit, den die Bank bei anderen Geldgebern genießt. Diese Kreditwürdigkeit versetzt die Unternehmung in die Lage, sich Zahlungsmittel zu verschaffen." (*Büschgen* 1991, S. 84).

5.2.1 Akzeptkredit

Der Akzeptkredit ist ein Kredit, den ein Kreditinstitut gewährt, indem es innerhalb einer festgesetzten Kreditgrenze vom Kreditnehmer ausgestellte Wechsel akzeptiert. Durch die Akzeptierung stellt das Kreditinstitut die eigene Kreditwürdigkeit zur Verfügung (Kreditleihe).

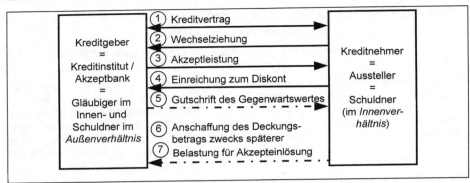

Abb. III-46: Grundkonstellation des Akzeptkredits

Ausgangspunkt des Akzeptkredits ist ein Kreditvertrag zwischen Kreditgeber und -nehmer. Darin verpflichtet sich der Kreditnehmer, spätestens einen Werktag vor Fälligkeit des Wechsels betragliche Deckung für die von der Bank akzeptieren Wechsel anzuschaffen. Die Bank verpflichtet sich, die ihr vom ausstellenden Kreditnehmer vorgelegte Tratte zu akzeptieren (Pfeil 1). Anschließend zieht der Aussteller eine Tratte auf die Akzeptbank und übergibt in ihr zum Zweck der Akzeptleistung (Pfeil 2). Nachdem die Bank das Akzept geleistet hat, reicht sie den Wechsel (jetzt Bankakzept genannt) an den Aussteller zurück (Pfeil 3). Im **Innenverhältnis** ist der Kreditnehmer (= Aussteller) aufgrund des Kreditvertrags Schuldner der Akzeptbank. Dies resultiert nicht aus dem Wechsel, sondern aus dem zugrunde liegenden Kreditvertrag, der eine Geschäftsbesorgung zum Inhalt hat. Im Verhältnis gegenüber Dritten (= **Außenverhältnis**) ist die Bank durch ihre Akzeptleistung eine wechselrechtliche Verpflichtung eingegangen. Sie ist gegenüber jedermann, der ihr diesen Wechsel vorlegt, zur Einlösung ihres Akzeptes verpflichtet. Dies gilt auch, wenn der Kreditnehmer nicht rechtzeitig für Deckung zur Wechseleinlösung bei der Bank gesorgt hat.

Der Kreditnehmer hat mit dem Bankakzept drei **Verwendungsmöglichkeiten**:

– Weitergabe als Zahlungsmittel an einen Lieferanten,

– Diskontierung bei einem anderen Kreditinstitut im Rahmen eines dort bestehenden Diskontkredits,

– Diskontierung des Bankakzepts im Rahmen eines Diskontkredits bei der Akzeptbank selbst (= Selbstdiskontierung).

In der **Praxis** ist die **Selbstdiskontierung** üblich, d.h., der Akzeptkredit wird mit einem Diskontkredit verbunden: Der Kreditnehmer reicht das Bankakzept bei der Akzeptbank zum Diskont ein (Pfeil 4) und erhält den Gegenwartswert gutgeschrieben (Pfeil 5). Vor Fälligkeit hat der Aussteller rechtzeitig den Deckungsbetrag (= Nominalwert des Bankakzepts) für die Akzeptbank anzuschaffen (Pfeil 6). Zum Fälligkeitstermin belastet die Akzeptbank dann den Aussteller für die Akzepteinlösung (Pfeil 7).

Der Akzeptkredit weist eine **Laufzeit** von 30 bis 90 Tagen auf. Die üblichen **Wechselsummen** liegen zwischen 100.000 DM und 1 Mio. DM. Eine **Besicherung** des Akzeptkredits findet nicht statt. Es wird Wert gelegt auf das Akzept für Tratten von **Ausstellern mit höchster Bonität**. Die Bedeutung des Diskontkredits liegt in der Finanzierung des Warenumsatzes, insbesondere im Rahmen der Außenhandelsfinanzierung. Die **Kapital-**

kosten des Akzeptkredits bestehen aus der Akzeptprovision (zwischen 1,5 und 2,5% p.a.) und der Bearbeitungsgebühren mit ca. 0,5%. Im Fall der (Selbst-)Diskontierung kommen noch die Kapitalkosten des Diskontkredits hinzu.

5.2.2 Umkehrwechsel

In der Praxis ein häufig benutztes Verfahren der Finanzierung von Warenlieferungen ist das **Scheck-Wechsel-Tauschverfahren**, das auch als Umkehrwechsel bezeichnet wird. Es handelt sich der Form nach um eine Kreditleihe, die ebenfalls wie häufig beim Akzeptkredit an einen Diskontkredit gekoppelt ist. Abb. III-47 stellt die Zusammenhänge im Überblick dar.

Ausgangspunkt ist die Lieferung einer Ware des Verkäufers an den Käufer (Pfeil 1). Anschließend zahlt der Käufer die Warenlieferung unter **Ausnutzung** des **Skontos** durch Scheck (oder in Ausnahmefällen bar) (Pfeil 2). Gleichzeitig zieht der Verkäufer einen Wechsel auf den Käufer, der diesen akzeptiert (Pfeil 3). Der **Käufer** hat sich zuvor einen **Diskontkredit** bei seiner Bank einräumen lassen (Pfeil 4). Den Wechsel indossiert der Käufer anschließend und reicht ihn seiner Bank zum Diskont ein (Pfeil 5). Zweck der Diskontierung ist ausschließlich, von der Bank Finanzmittel bereitgestellt zu bekommen, um den später vom Verkäufer zur Einlösung vorgelegten Scheck decken zu können (Pfeile 6 und 7) (bzw. in Ausnahmefällen, um sich die Finanzmittel für die Barzahlung zu beschaffen). Dem Umkehrwechsel liegt ein **Diskontkreditverhältnis** zugrunde. In seltenen Fällen behält der Käufer den Wechsel in seinem Bestand, um seine Liquiditätsreserven aufzufüllen. Zum Zeitpunkt der Fälligkeit des Wechsels legt die diskontierende Bank dem Bezogenen (= Käufer) den Wechsel zur Einlösung vor (Pfeil 8).

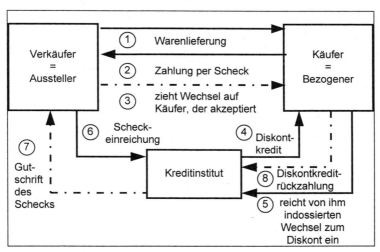

Abb. III-47: Grundkonstellation des Umkehrwechsels

Der Vorteil dieses Verfahrens liegt in der Ausnutzung des Skontos durch den Käufer und der Finanzierung mittels eines zinsgünstigen Wechseldiskontkredits. Für den Lieferanten besteht insofern ein Risiko, als er im Rahmen seiner Haftung als Aussteller bei mangelnder Bonität gegenüber der diskontierenden Bank wechselrechtlich verpflichtet ist, wenn der Bezogene wegen Zahlungsunfähigkeit ausfällt. Hieran wird auch der Charakter der Kreditleihe deutlich. Der Kreis der Käufer, die an einem solchen Verfahren teilnehmen, ist daher meist auf solche mit guter Bonität begrenzt.

5.2.3 Avalkredit

Beim Avalkredit handelt es sich um ein **abstraktes Leistungsversprechen** eines Kreditinstituts. Es verpflichtet sich, für gegenwärtige Verbindlichkeiten unterschiedlicher Kategorien gegenüber einem Dritten (= Avalbegünstigter) einzustehen. Da sie ihr Versprechen erst einlösen muß, wenn der dem Aval zugrunde liegende Fall eintritt, handelt es sich für die Bank um eine sog. **Eventualverbindlichkeit**. Es kommt in der Praxis vor allem in Auslandsgeschäft vor, daß sich dieses Leistungsversprechen auf einen Wechsel bezieht: Bei der Wechselbürgschaft unterschreibt die Aval gebende Bank auf dem Wechsel einen Vermerk wie z.B. "als Bürge" oder "per aval" und verbessert dadurch die Qualität des Wechsels, d.h., die Wahrscheinlichkeit für den Aussteller, daß der Wechsel bei Fälligkeit eingelöst wird - entweder regulär vom Bezogenen oder ausnahmsweise durch die Bank aufgrund der Bankbürgschaft.

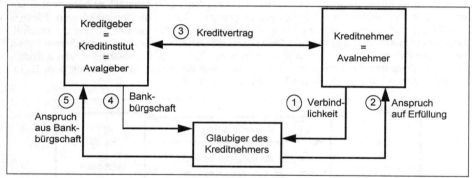

Abb. III-48: Grundkonstellation des Avalkredits

Die Beziehungen beim Avalkredit sind wie folgt. Ausgangspunkt ist die Verbindlichkeit des Kreditnehmers gegenüber einem Gläubiger (Pfeil 1). Der Gläubiger hat Anspruch auf Erfüllung von vertraglich durch den Kreditnehmer zugesagten Leistungen, wenn die zwischen den beiden im Vertrag formulierten Ereignisse eintreten (Pfeil 2). Als Sicherheit dafür, daß im "Fall des Falles" der Kreditnehmer tatsächlich seinen versprochenen Verpflichtungen nachkommt, zumindest ein geldwerter Ersatz gezahlt wird, verlangen Gläubiger die Sicherheit für die Verbindlichkeit durch die Bürgschaft oder Garantie einer Bank. Zu diesem Zweck schließt der Kreditnehmer mit einer Bank einen **Kreditvertrag** ab (Pfeil 3). Sie wird dadurch zum Avalgeber und verpflichtet sich gegenüber dem Gläubiger, für die Verbindlichkeiten des Kreditnehmers (= Avalnehmer) einzustehen (= Bankbürgschaft) (Pfeil 4).

Der Avalkredit kann auch die Abgabe einer **Bankgarantie** zum Gegenstand haben. Damit verpflichtet sich der Avalgeber gegenüber dem Gläubiger, für einen bestimmten künftigen Erfolg einzustehen oder Gewähr zu übernehmen für einen künftigen, noch nicht entstandenen Schaden. Der Gläubiger hat in beiden Fällen jetzt einen Anspruch gegenüber der

Bank (Pfeil 5). Die avalgebende Bank muß in dem vertraglich von ihr versprochenen Umfang an den Gläubiger leisten, wenn der Avalnehmer ihm gegenüber nicht seinen Verpflichtungen nachkommt. Andererseits erlischt die Verpflichtung der Bank aus dem Avalkredit, wenn die verbürgte oder garantierte Forderung des Gläubigers erlischt.

Beispiel: Eine Paketsortieranlage funktioniert bei Inbetriebnahme nicht wie vom Hersteller versprochen. Der Käufer wird vertraglich vom Verkäufer im Rahmen eines Garantieversprechens dann die ihm zugesicherte Garantiezahlung von der Bank verlangen.

Die Praxis unterscheidet etliche **Formen** von Avalkrediten. Beabsichtigt ein Steuerpflichtiger, Steuern und Zölle nicht in einem Betrag zu zahlen, sondern sie zu stunden, so setzt dies eine Sicherheitsleistung voraus. Hierfür wird meist eine Bankbürgschaft gestellt (= **Steuer-** und **Zollbürgschaft**). Unternehmen mit einem hohen Frachtaufkommen können fällige Frachtgelder im Rahmen von **Frachtstundungsbürgschaften** gegenüber der Deutschen Bahn AG stunden. Voraussetzung ist, u.a. daß als Sicherheit eine Bankbürgschaft vorliegt. Bei Ausschreibungen, insbesondere durch die öffentliche Hand, soll der Bietende an sein Angebot für den Fall der Zuschlagserteilung gebunden werden. Durch die **Bietungsgarantie** (= **Bietungsaval**) verpflichtet sich ein Kreditinstitut zur Zahlung einer Vertragsstrafe, falls der Bietende bei Zuschlag diesen entweder nicht oder zu veränderten Konditionen annimmt. Häufig wird vor allem im **Außenhandel** eine Anzahlung seitens eines Abnehmers vorgenommen (= Kundenkredit). Das anzahlende Unternehmen möchte dann seinerseits sichergestellt haben, daß die vereinbarte Leistung erbracht wird. Zu diesem Zweck stellt das Unternehmen, das die Anzahlung erhält, durch ein Kreditinstitut ein Aval. In einer solchen Anzahlungsgarantie (= **Anzahlungsaval**) verpflichtet sich der Avalgeber gegenüber dem Abnehmer oder Besteller des Avalnehmers, den angezahlten Betrag zurückzuzahlen, wenn der Avalnehmer nicht seinen Liefer- oder Leistungsverpflichtungen gegenüber dem Abnehmer nachkommt. Im Fall einer nicht vertragsgemäß erbrachten Leistung oder Lieferung sollen Leistungs- und Lieferungsgarantie (= **Leistungs-** und **Lieferungsavale**) die Zahlung von Vertragsstrafen garantieren. Ihre Höhe beträgt im allgemeinen 5 bis 10% des Auftragswertes. Als besondere Form des Leistungs- und Lieferungsavals soll das **Gewährleistungsaval** sicherstellen, daß der Verkäufer während der vertraglichen Gewährleistungsfrist gegenüber dem Käufer seine Vereinbarung einhält - ohne daß hierzu für die Gewährleistungsdauer eine Sicherheit in Geld gestellt werden muß.

Die Formen des Avalkredits zeigen auch die Anlässe und die Verwendungszwecke dieser Kreditart. Ebenso richtet sich danach die Laufzeit eines Avalkredits. Avalkredite werden nur an Kreditnehmer mit **hoher Bonität** vergeben. Meist wird verlangt, daß der Bank eine entsprechende betragliche Deckung durch den Avalnehmer hinterlassen wird. Die **Kapitalkosten** des Avalkredits bestehen aus der Avalprovision in Höhe von 1 bis 2,5% des verbürgten bzw. garantierten Betrags.

5.3 Investitionskredite

Investitionskredite dienen zur Herstellung oder zur Beschaffung von Anlagegütern (Gebäude, Produktionsanlagen, Maschinen, Transporteinrichtungen) und zur Vergrößerung von Vorräten. Diese Kreditart wird daher meist **zweckgebunden** vergeben. Aufgrund der Zweckbindung ist die Gestaltung der Tilgungs- und Laufzeitvereinbarung an die jeweiligen Kapitalbindungs- bzw. -freisetzungsrhythmen der finanzierten Investitionsobjekte geknüpft. Sie richtet sich vor allem nach der Dauer der Abschreibungen des finanzierten Investitionsobjekts. Ziel ist es, die Tilgungen aus den Abschreibungserlösen zu finanzieren. Üblich sind Zeiträume der Investitionskredite von 10, mitunter auch bis zu 15 Jahren. Die Besicherung erfolgt meist durch Grundschulden oder Bürgschaften. Von Bedeutung sind für die mittelständische Wirtschaft standardisierte Investitionskredite, sog. **Programmkredite**. Andere Bezeichnungen der Praxis sind gewerblicher Anschaffungskredit, Mittelstandskredit und Industriedarlehen. Die häufigsten anzutreffenden **Kreditlaufzeiten** liegen hier bei bis zu zwölf Jahren, bei sehr großen Investitionsfinanzierungen auch bis zu 20 Jahre. Die Verzinsung kann variabel oder fest vereinbart sein. Als **Sicherheiten** dienen Sicherungsübereignung oder Grundschuld.

5.4 Schuldscheindarlehen

"Im wörtlichen Sinne ist darunter zu verstehen, daß der Darlehensnehmer den Empfang des Geldes in einem Schuldschein bestätigt; der Schuldschein ist damit lediglich Beweismittel, nicht jedoch Wertpapier. (...) Die rechtliche Bedeutung des Schuldscheins liegt ausschließlich in der Übertragung der Beweislast, die gewöhnlich dem Gläubiger obliegt, auf den Schuldner." (*Büschgen* 1991, S. 105). Diese Kreditform kommt zwischen Kreditnehmer und Kreditgeber **ohne Zwischenschaltung** einer **Börse** oder eines **Kreditinstituts** zustande. Schuldscheindarlehen werden als Kredite von Sozialversicherungsträgern (z.B. Bundesversicherungsanstalt für Angestellte), öffentlichen Stellen, Kreditinstituten mit Sonderaufgaben (z.B. Kreditanstalt für Wiederaufbau) und anderen Kapitalsammelstellen (vor allem Versicherungsunternehmen) kreditnehmenden Unternehmen gewährt. In hohem Umfang nehmen **Lebensversicherungsgesellschaften** Schuldscheine ab. Sie legen in ihnen das durch ihre Prämieneinnahmen angesammelte Kapital, das nicht zur Risikoabdeckung verwendet wird, langfristig an. Rechtliche Voraussetzung hierfür ist, daß Schuldscheine deckungsstockfähig sind.

Der **Deckungsstock** ist ein Teil der Kapitalanlagen von vor allem Lebens- und Krankenversicherungsunternehmen. Hier werden die Gelder, die zur Erfüllung der Versicherungsverträge notwendig sind, gesammelt und mit dem Rechnungszins (meist 4%) verzinst. Das Deckungsstockvermögen muß getrennt vom übrigen Vermögen des Versicherungsunternehmens verwaltet werden und ist bei Konkurs nicht pfändbar. Überwacht wird der Deckungsstock vom Bundesaufsichtsamt für das Versicherungs- und Bausparwesen (= BAV), weitere Einzelheiten zur Deckungsstockbildung regelt § 54 Versicherungsaufsichtsgesetz (= VAG). Dort sind die zulässigen Vermögensanlagen abschließend aufgeführt und prozentual in ihrem maximal erlaubten Anteil festgelegt.

Schuldscheindarlehen werden wegen der Anforderungen der Deckungsstockfähigkeit und der Lebensversicherungen als die hauptsächlichen Kapitalgeber i.d.R. mit Grundpfandrechten besichert (**Briefgrundschulden**). Besichert werden kann ansonsten **auch** mit einer **Negativerklärung**. Da dies zur Deckungsstockfähigkeit nicht ausreicht, ist bei Plazierung eines solchen Schuldscheins bei Versicherungsgesellschaften eine Einzelgenehmigung durch das BAV notwendig, um die Deckungsstockfähigkeit zu erlangen.

Als Kreditnehmer kommen im Rahmen des Schuldscheindarlehens alle Unternehmen in Frage, insbesondere solche, die die Anforderungen der **Deckungsstockfähigkeit** erfüllen. Hierdurch besteht die größte faktische Aussicht, einen Kapitalgeber zu gewinnen. Eingeschränkt wird der Kreis potentieller Kreditnehmer dadurch, daß **Mindestbeträge** von 100.000 DM und **höchste Bonität** der Schuldner Voraussetzungen sind. Die tatsächliche (= effektive) Ausstellung eines Schuldscheins begründet (konstituiert) diese Kreditart nicht, sondern die dahinter stehende Kreditvereinbarung. Da der **Schuldschein** lediglich

5 Kreditkontraktformen von Kreditinstituten

der **Beweissicherung** dient und die Kreditnehmer meist von höchster Bonität sind, wird häufig auf die Ausstellung des Schuldscheindokuments verzichtet. Dann basiert das Schuldscheindarlehen ausschließlich auf einem **Darlehensvertrag**. Besteht ein Schuldscheindokument, so kann es durch Zession übertragen werden.

Abb. III-49 zeigt, nach welchen beiden Kriterien Schuldscheindarlehen grundsätzlich zu unterscheiden sind.

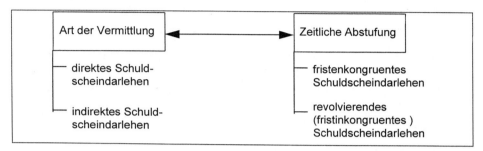

Abb III-49: Arten von Schuldscheindarlehen

Unter einem **fristenkongruenten Schuldscheindarlehen** versteht man ein Darlehen, bei dem die Dauer der Kapitalbereitstellung durch den Kreditgeber der Dauer der Kapitalnutzung durch den Kreditnehmer entspricht. Beide Seiten vermeiden dadurch ein Fristentransformationsrisiko. Der Zinssatz eines Schuldscheindarlehens kann entweder über die Laufzeit fest oder variabel sein. Zu unterscheiden ist bei fristenkongruenten Schuldscheindarlehen die Art und Weise wie sich Gläubiger und Schuldner "treffen". Beim **direkten fristenkongruenten Schuldscheindarlehen** kommen Kapitalgeber und -nehmer direkt, d.h. ohne Einschaltung einer vermittelnden Institution (wie z.B. Finanzmakler oder Kreditinstitut) zusammen. Sie schließen den Vertrag über das Schuldscheindarlehen direkt miteinander ab. Die Tilgung und die Zinszahlung erfolgt im Rahmen der Darlehensvereinbarungen direkt an den Kreditnehmer. Dieses Vorgehen ist in der Praxis weniger gebräuchlich.

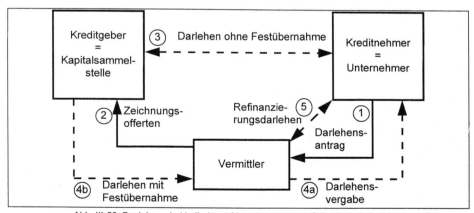

Abb. III-50: Beziehung bei indirektem fristenkongruenten Schuldscheindarlehen

Die in der Praxis übliche Entstehungsform des Schuldscheindarlehens basiert auf der Zwischenschaltung eines Vermittlers (vgl. Abb. III-50). Es handelt sich um ein **indirektes fristenkongruentes Schuldscheindarlehen**. Das kapitalsuchende Unternehmen wendet sich hierzu an einen Finanzintermediär (= Vermittler), der die wirtschaftlichen Voraussetzungen der Darlehensgewährung prüft, mit dem potentiellen Schuldner die Darlehensmodalitäten festlegt (Pfeil 1) und anschließend Offerten zur Zeichnung des Darlehens oder Teilen davon an Kapitalgeber abgibt (Pfeil 2). Dabei können nach der **Funktion des Vermittlers** unterschieden werden:

– Der Vermittler beschränkt sich auf seine Vermittlungsfunktion (Darlehen ohne Festübernahme). Somit wird er selbst kein Kapitalgeber und trägt nicht das Risiko einer fehlgeschlagenen Plazierung, also eines mangelnden Absatzes von Betragsteilen oder des Schuldscheindarlehens insgesamt (Pfeil 3).

– Beim Darlehen mit Festübernahme wird der Vermittler selbst zum Kapitalgeber (Pfeil 4a). Er trägt das Plazierungsrisiko, bis die Kapitalbereitstellung abgewickelt ist. Danach tritt er seine Forderungen an die Kapitalsammelstelle, d.h. den endgültigen Gläubiger, ab (Pfeil 4b).

Als Refinanzierungsdarlehen wird das Schuldscheindarlehen bezeichnet, wenn der Vermittler über die gesamte Laufzeit rechtlich Kapitalgeber ist (Pfeil 5).

Fristeninkongruente Schuldscheindarlehen oder sog. **revolvierende Schuldscheindarlehen** weisen einen Unterschied zwischen der Dauer der Kapitalbereitstellung durch den Kreditgeber und der Kapitalnutzung durch den Kreditnehmer auf. Dieser Umstand erfordert, daß zur langfristigen Finanzierung bei einem Kreditgeber mehrere zeitlich befristete Darlehen von Kapitalsammelstellen unmittelbar aneinandergereiht werden. Dabei trägt der Kreditnehmer grundsätzlich das Risiko des rechtzeitigen Kapitalanschlusses (= **Fristentransformationsrisiko**) und dadurch auch das Zinsänderungsrisiko. Auch beim revolvierenden Schuldscheindarlehen kann zwischen einer direkten und einer indirekten Form des Zustandekommens unterschieden werden. Das früher weit verbreitete revolvierende Schuldscheindarlehen ist **kaum mehr in Gebrauch**.

Die **Laufzeiten** umfassen meist 10 Jahre und in Ausnahmefällen bis zu 15 Jahre. Der Grund hierfür liegt ebenfalls in den Anforderungen der Deckungsstockfähigkeit: Das BAV akzeptiert Schuldscheine mit einer längeren Laufzeit nicht als deckungsstockfähig. Grundsätzlich ist dieser Kreditform eine sehr individuelle Laufzeitenregelung zu eigen. Die Kündigung ist, falls überhaupt, nur ausnahmsweise zulässig.

Die vorherrschenden **Tilgungsmodalitäten** bei Schuldscheindarlehen sehen überwiegend planmäßige Rückführungen nach einem Tilgungsplan vor. Tilgungsfreie Zeiten sind möglich. Der Nominalzinssatz, der i.d.R. mit einem Aufschlag zwischen ¼ bis ½% über dem Satz einer vergleichbaren Industrieobligation liegt (Grund für den Aufschlag: geringere Liquidierbarkeit im Vergleich zur Obligation) und die Nebenkosten stellen die Komponenten der **Kapitalkosten** dar. Nebenkosten von ca. 1 bis 2% bestehen vor allem aus Vermittlerprovision bei den indirekten Formen des Schuldscheindarlehens und Kosten für die Sicherheitenstellung (vgl. *Büschgen* 1991, S. 109).

Aus der Sicht der Finanzmittelbeschaffung bietet das Schuldscheindarlehen den **Vorteil** hoher **Flexibilität** der Kapitalbeschaffung, insbesondere für nicht-emmissionsfähige Unternehmen sowie kleinen und mittleren Gesellschaften aufgrund der erforderlichen niedrigen Mindestsummen. Ein Vorzug gegenüber Obligationen ist, daß bei Schuldscheindarlehen **keine Wartefristen** für die **Börsenzulassung** zu beachten sind.

Die höheren Kapitalkosten des Schuldscheindarlehens werden zum Teil dadurch kompensiert, daß die Emissionskosten des Schuldscheindarlehens erheblich unter denen einer Anleihe liegen und **laufende Kosten** wie z.B. Kuponeinlösungskosten **entfallen**.

6 Finanzmarktorientierte Finanzierungsformen

Seit den 90er Jahren verfügen vor allem große deutsche und multinationale Unternehmen über eine zunehmend breiter werdende Palette an verbrieften Finanzinstrumenten. Dabei zeigt es sich, daß einige Formen eher zeitweise eine hohe Bedeutung erlangen (z.b. in Abhängigkeit bestimmter Zinsstrukturen), während andere sich dauerhaft als effizientes Finanzierungsinstrument bewährt haben. Hierzu sollen ausgewählte Formen behandelt werden. Die Entwicklung der verstärkten Substitution des Buchkredits durch verbriefte Finanzierungsformen (Prozeß der sog. **Securitization**) ist vor allem auf den Euromärkten gut nachvollziehbar. Euro-Finanzmärkte haben keine eigene (originäre) Währung, sondern es werden abgeleitete (derivative) Währungen verwendet (z. B. Euro-Dollar, Euro-DM, Euro-Pfund) verwendet. Zur Verdeutlichung mag folgende Aussage für den Euro-Dollar dienen, die heute noch so aktuell ist wie vor gut 30 Jahren: "Ein Eurodollar kann als Dollar bezeichnet werden, den eine außerhalb der Vereinigten Staaten befindliche Bank erworben und unmittelbar oder nach Umtausch in eine andere Valuta zur Kreditgewährung an einen Nichtbankenkunden verwendet hat, unter Umständen nach ein- oder mehrmaliger Plazierung von Bank zu Bank". (*Bank für Internationalen Zahlungsausgleich (BIZ)* 1964, S. 142, zit. nach *Schäfer* 1983, S. 10-11). Die Euro-Finanzmärkte werden von Kreditinstituten (= Eurobanken), multinationalen Unternehmen und Währungsbehörden frequentiert.

<u>Lesehinweis:</u> Einen Überblick über die Entstehungsgeschichte und die Eigenarten der Euromärkte liefert *Schäfer* (1983).

6.1 Securitization

Ausgangspunkt zunehmender Verbriefung von Buchkrediten an Unternehmen stellt u. a. der Securitizations-Prozeß auf den **Euro-Notemärkten** dar. Anhand dessen läßt sich ein mehrstufiger Verlauf erkennen (vgl. *Storck* 1995, S. 267 ff.):

1. Als Prozeßbeginn kann die Schaffung der **Committed Note Purchase Facility** angesehen werden. Sie basiert auf einer vertraglichen Regelung zwischen einem Kreditnehmer und einer kreditgebenden Eurobank, daß ein sog. **unterbeteiligter Dritter** (i.d.R. eine weitere Eurobank) in Teilen oder in Höhe des gesamten Kreditbetrags, den die kreditgebende Bank gewährt, das Ausfallrisiko und alle anderen Risiken übernimmt. Mit einer solchen **stillen Unterbeteiligung** wird eine Durchleitung des Risikos zu oder Haftungserklärung von einem Dritten bewerkstelligt, die im Innenverhältnis zwischen den beteiligten Kreditinstituten gilt. Im Außenverhältnis zum Kreditnehmer bleibt die kreditgebende Bank in der Rechtsposition des originären Kreditgebers.

2. Das beschriebene Verhältnis läßt sich erweitern, wenn die **Kreditforderung** der originären Kreditbank auch **abtretbar und handelbar** wird: Bereitstellung des Kredits, i.d.R. auf Roll-Over-Basis und vertraglich vereinbarte Möglichkeit, daß die kreditgebende Bank im Bedarfsfall den Kredit als Forderung an eine andere Bank verkaufen kann. In dieser Konstruktion spricht man von einer "**Transferable Loan Facility**" (=TLF). Der Vorteil für die Bank ist, daß sie bei bevorstehenden eigenen Refinanzierungsproblemen

den Kredit aus ihrer Bilanz nehmen kann und so ein Refinanzierungsproblem in Bezug auf den jeweiligen Kredit lösen kann.

3. Wird bei der TLF originär noch ein Buchkredit zugrunde gelegt und nur eventuell weiterveräußert, so wird in einer nächsten Stufe der eigentliche Buchkredit durch eine verbriefte Forderung substituiert und nur noch in Form einer "**Auffanglinie**", d.h. Fazilität, für den Fall fehlgeschlagener Plazierungen von Wertpapieren des Emittenten (= Kreditnehmer) beigestellt. Eine solche Kreditvergabe besteht aus der Bereitstellung der **Kreditlinie** und **Plazierung** eines Wertpapiers (Inhaberpapier mit dem Kreditnehmer als Emittenten), das die eigentliche Funktion der Mobilisierung von Finanzmitteln übernimmt. Solche verbrieften Kreditforderungen stellen (meist kurzfristig laufende) **Euronote-Fazilitäten** dar. Trotz ihrer kurzen Laufzeiten von 30 Tagen oder drei bis sechs Monaten ermöglichen sie eine Bereitstellung von Finanzmitteln für mittel- bis langfristige Investitionen. Realisierbar wird die Plazierung der Notes durch Ergänzung der Fazilität auf der Basis eines Roll-Over-Kredits. Diese **Stand By- oder Back Up-Fazilität** sichert die jeweilige Prolongation der Finanzmittel nach Auslaufen der Note-Laufzeiten und damit die Anschlußfinanzierung bis zur erneuten Plazierung weiterer Papiere. Ersatzweise kann dann die Kreditlinie eingesetzt werden, entweder um damit den Aufkauf der nicht plazierbaren Notes zu finanzieren oder als Ergänzung der fehlenden Finanzmittel aus einer wenig erfolgreichen Plazierung. Die Sicherstellung der Finanzmittel übernimmt entsprechend den angelsächsischen Gepflogenheiten von Wertpapieremissionen eine sog. **Underwriter-Bankengruppe** (vgl. hierzu Abschnitt 6.3). Man bezeichnet Notes mit Auffanglinie daher auch als **Underwritten-Facilities**.

4. Im Gegensatz zur beschriebenen Konstruktion kann vereinbart werden, daß sich die beteiligten Kreditinstitute zu keiner Übernahme von Notes verpflichten und keine ergänzenden Finanzmittel aus einer Fazilität bereitstellen. In diesem Fall trägt der Emittent, d.h. Kreditnehmer, das vollständige Risiko des mangelnden Absatzes seiner Notes. Vom technischen Prozedere der Emission her gesehen gibt es bei der Plazierung dieser Wertpapiere keine Underwriter-Banken. Man bezeichnet diese Kreditformen daher auch als **Non-Underwritten Facilities**. Solche Konstruktionen kennzeichnen **Euro-Commercial Paper** (= CP) und **Medium Term Notes** (= MTN). Seit Januar 1991 werden auch auf dem deutschen Geldmarkt wegen des Wegfalls der Börsenumsatzsteuer und dem vereinfachten Genehmigungsverfahren CPs in Deutschland aufgelegt.

5. Eine weitere Form der Notes stellen die **Certificates of Deposit** (= CDs) dar. Der Unterschied zu den bisher beschriebenen Papieren liegt vor allem darin, daß die Emittenten Kreditinstitute sind, und es sich um eine Verbriefung ihrer Termineinlagen handelt (Laufzeiten zwischen 30 und 270 Tagen). Seit Mai 1986 sind CDs auch auf dem deutschen Geldmarkt zugelassen, davor waren sie vor allem in den USA und auf den Euromärkten wesentlicher Bestandteil der Finanzproduktpalette. Die Mindestreservebelastung hat die Marktentwicklung deutscher CDs bisher gehemmt.

Lesehinweis: Zur Entwicklung der Verbriefung im Kurzfristbereich durch Notes vgl. *Storck* (1995, S. 268ff).

Aus der Sicht kreditgebender Kreditinstitute haben Notes gegenüber buchmäßigen Kreditforderungen den Vorteil leichter Mobilisierbarkeit und Plazierungsmöglichkeit bei institutionellen Investoren (= Großanleger wie Kapitalsammelstellen und Großunternehmen). Zudem lassen sie sich hervorragend in Programm-Finanzierungen integrieren. Solche Programme können sich zum einen ausschließlich auf eine Wertpapierart bzw. ein Finanzinstrument beziehen, wie dies z. B. bei Commercial Paper-Programmen der Fall ist. Immer häufiger werden gerade bei Export- und Projektfinanzierungen verbriefte Finanzinstrumente und Buchkreditinstrumente kombiniert und in ein Programm eingestellt, das dann aus verschiedenen Finanzierungsformen besteht. **Multi Option Facilities** (MOFs) z. B. bauen auf den Euronote-Facilities auf und erweitern das Spektrum der vom Emittenten periodisch einsetzbaren Instrumente der Finanzmittelbeschaffung. Sie ähneln den **Multiple Component Facilities**, die zudem das Recht zur Inanspruchnahme kurzfristiger Überbrückungskredite beinhalten (Bridge Financing). Wird zusätzlich noch eine Flexibilität in den verschiedenen Währungen zugelassen, so ergibt sich eine Konstruktion der **Multi-Currency Facilities**. Diese Programme sind immer dann von Nutzen für die Unternehmensfinanzierung, wenn mit ihnen die Kapitalkosten gegenüber den isolierten Instrumenten und ihrer Inanspruchnahme niedriger sind.

Seit den 70er Jahren hat sich auf dem Euro-Kreditmarkt die **Projektfinanzierung** als ein weiteres innovatives Kreditinstrument etabliert. Projektfinanzierungen unterscheiden sich in wesentlichen Aspekten vom konventionellen Kreditgeschäft. Da es sich grundsätzlich um die Finanzierung großer Neuinvestitionen zum Abbau von Rohstoffvorkommen oder infrastrukturellen Vorhaben handelt, ist die Risiko- und Bonitätsbeurteilung gegenüber der vorwiegend vergangenheitsbezogenen Einschätzung von Unternehmensabschlüssen im Rahmen der üblichen Kreditgewährung deutlich zukunftsorientiert. Projektfinanzierungen sind in der Regel großvolumig und für die Kreditnehmer mit relativ hohen Kapitalkosten belastet, da sie im Screening arbeitsaufwendiger, komplexer und risikoreicher als konventionelle Finanzierungen sind. Sie beanspruchen zudem eine längere Vorbereitungszeit. Kennzeichnend ist zwar die hohe Individualität der (langfristigen) Kreditverträge, gemeinsam ist aber allen, daß keine Sicherheitenstellung erfolgt. Stattdessen wird die Zins- und Tilgungszahlung an den Cash Flow geknüpft, der mit dem finanzierten Investitionsobjekt erzielt werden kann. Damit lösen Projektfinanzierungen die Eigenfinanzierung ab, mit der sonst üblicherweise Großprojekte realisiert werden. Auch hierbei werden überwiegend Finanzierungsprogramme eingesetzt (vgl. *Backhaus/Uekermann* 1990, S. 106).

<u>Lesehinweis:</u> Ein Beispiel zur Programmfinanzierung im oben beschriebene Sinne findet sich bei *Breuer* (1987). Zur Technik der Projektfinanzierung vgl. *Uekermann* (1990).

6.2 Roll-Over-Kredite

Der Roll-Over-Kredit wird mittel- bis langfristig von einem Kreditinstitut einem Kreditnehmer bereitgestellt. Die **Refinanzierung** der Bank erfolgt **kurzfristig** am Eurogeldmarkt, wodurch sich über die Kreditlaufzeit durch die Art der Refinanzierung **Anpassungen** in den aktuell gültigen **Geldmarktzinssätzen** ergeben. Der Kredit wird in diesem Sinn zeitlich am „Roll Over Date" (= Zinstermin) periodisch, d.h. meist viertel- oder halbjährlich **"weitergerollt"**, d.h. angepaßt.

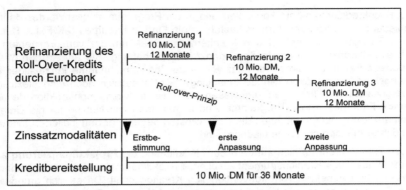

Abb. III-51: Merkmale des Roll-Over-Kredits

Bezugsgrößen der Zinsanpassungen sind **Basiszinssätze** der Euro-Geldmärkte in kurzfristigen Laufzeitbereichen und den gängigen Euro-Währungen. Der zentrale Geldmarktsatz für Roll-Over-Kredite ist die London Interbank Offered Rate (= **LIBOR**), der zudem auch eine Referenzfunktion als Basiszinssatz generell für variabel verzinsliche Finanzkontrakte (z. B. variabel verzinsliche Anleihen) ausübt. Der LIBOR wird für Drei- und Sechs-Monats-Geld ermittelt, das in einer der gängigen Euro-Währungen wie US-$ oder DM unter Kreditinstituten am Geldmarkt in London gehandelt wird (sog. Interbankenhandel). Anfänglich wurde als Basiswert nicht LIBOR, sondern **LIMEAN** (= London Interbank Mean Rate) und der Geldnachfragesatz **LIBID** (= London Interbank Bid Rate) zugrunde gelegt. Beide Sätze haben ihre Referenzfunktion mittlerweile zugunsten des LIBOR eingebüßt.

Satz für Euro-Geldnachfrage (Geldsatz für Geldhereinnahme im Interbankenhandel)	Arithmetisches Mittel zwischen LIBID und LIBOR	Satz für Euro-Geldangebot (Briefsatz für Geldausleihungen im Interbankenhandel)
LIBID	LIMEAN	LIBOR
London Interbank Bid Rate	*London Interbank Mean Rate*	*London Interbank Offered Rate*
Differenz: i.d.R. 0,125% (1/8) unter LIBOR	Differenz: i.d.R. 0,063% (1/16) unter LIBOR	
Weitere wichtige Sätze anderer Euro-Geldmarktplätze: Paris: PIBOR, Mailand: MIBOR, Luxemburg: LUXIBOR, Singapur: SIBOR		

Abb III-52: LIBOR und Struktur verwandter Geldmarktsätze

- Der **FIBOR** (**F**rankfurt **I**nter**b**ank **O**ffered **R**ate) für Drei- und Sechs-Monats-DM-Geld stellt ein arithmetisches Mittel von Zinssätzen dar, zu denen führende Kreditinstitute des Interbankenhandels am Frankfurter Geldmarkt bereit sind, liquide Mittel für standardisierte Laufzeiten an andere Kreditinstitute mit zweifelsfreier Bonität (**erste Adressen**) auszuleihen bzw. bei ihnen anzulegen. Ermittelt wurde dieser Geldmarktzins erstmals im August 1985. Bis Mitte 1990 wurde von der Privatdiskont AG in Frankfurt a. M. das "**FIBOR-Fixing**" durchgeführt, seither übernimmt diese Aufgabe der Informationsanbieter Dow Jones Telerate: handelstäglich melden 19 Kreditinstitute die Briefseiten (Angebotssätze) für Buchgeld des Interbankenhandels in den o.g. Laufzeitbereichen. Von diesen Meldungen werden die beiden höchsten und die zwei niedrigsten Zinssätze zur Vermeidung von Verzerrungen gestrichen. Der FIBOR wird anschließend aus einem Durchschnittssatz der verbliebenen 15 Sätze, gerundet auf fünf Nachkommastellen nach der Zinsmethode 360/365 Tage errechnet.

<u>Lesehinweis</u>: Zur Bestimmung von LIBOR und FIBOR vgl. *Gerhardt* (1986) und *Guthoff* (1993).

Gegenüber konventionellen Krediten auf nationalen Kreditmärkten unterscheiden sich Roll-Over-Kredite also vor allem durch ihre Form der Zinsgestaltung. Bedingt durch die regelmäßigen Zinssatzanpassungen zum Roll Over-Termin ist die **Zinszahlung** von der Länge der Zinsperiode (= Interest Period) abhängig, die ihrerseits von der Fristigkeit der Refinanzierungsgelder der kreditgebenden Bank bestimmt wird. Festgesetzt werden kann diese Fristigkeit im Kreditvertrag von vornherein oder jeweils vor jeder Refinanzierungsperiode. Als Fristen kommen Zinsperioden zwischen **drei und zwölf Monaten** in Frage. Sie können in einem Kredit auch wechselweise gewählt werden (vgl. *Storck* 1995, S. 26ff.).

Der Kreditbetrag wird meist in der Basiswährung US-$ festgesetzt, kann aber auch alternativ aufgrund eines im Kreditvertrag eingeräumten Wahlrechts andere Euro-Währungen zum Inhalt haben (= **Optional Currency-Klausel**). Die typische **Kreditdauer** für einen Roll-Over-Kredit ist wegen der Verlängerungsmöglichkeit nicht genau zu bestimmen. Sie dürfte derzeit zwischen vier und zehn Jahren liegen. Hinsichtlich der **Inanspruchnahme** werden Roll-Over-Kredite in drei **Grundformen** unterschieden. Er kann sofort in voller Summe bereitgestellt werden; der Roll-Over-Kredit stellt dann von Anfang an eine feste Schuld des Kreditnehmers dar (= Eurocurrency Term Loan). In der Drawdown-Variante wird der Kreditbetrag sofort in vollem Umfang vom Kreditnehmer in Anspruch genommen. Möglich ist auch eine Inanspruchnahme zu einem späteren Zeitpunkt. Roll-Over-Kredite können auch als Kreditrahmen vergeben werden. Ähnlich wie ein Kontokorrentkredit revolviert der Kredit mit jeder Inanspruchnahme bis zum vereinbarten **Kreditlimit**. Zwischenzeitlich können zu vertraglich festgelegten Terminen vollständige oder teilweise **Tilgungen** erfolgen. Als **Stand By-Kredit** wird der revolvierende Roll-Over-Kredit bezeichnet, wenn er von vornherein vorsorglich für Ausnahmefälle vom Kreditnehmer vereinbart wurde (z.B. für den Fall auftretender Kreditengpässe) (vgl. *Glogowski/Münch* 1991).

Bei der **Rückzahlung** von Roll-Over-Krediten haben sich ebenfalls unterschiedliche Möglichkeiten in der Praxis herausgebildet:

- **nach Ablauf** der Kreditdauer in einer **Gesamtsumme** oder
- durch **regelmäßige Tilgung**, meist nach Ablauf einiger **Freijahre** oder
- durch niedrige Tilgungen während der Darlehensdauer und der Rückzahlung des Restbetrags zum Ende der Darlehenszeit (= **Balloon Payment**).

Die typischen Kreditnehmer von Roll-Over-Krediten sind mittlere und große Exportunternehmen sowie multinationale Unternehmen, große Staatsunternehmen, staatliche Organisationen und Währungsbehörden. Die Kredite werden vor allem für mittel- bis langfristige Zwecke aufgenommen (z.B. Investitionsfinanzierung im Ausland, Finanzierung von Großprojekten). Wegen der in den 70er Jahren durchschnittlich hohen Beträge in den Kreditverträgen (teilweise im Einzelfall bis zu 1 Mrd. US-$), vergeben Eurobanken seither **verstärkt Konsortialkredite** anstelle der zuvor üblichen individuellen Kredite durch ein einzelnes Euro-Kreditinstitut.

Die **Kapitalkosten** dieses Kredits bestehen aus dem variablen Marktzinssatz (LIBOR oder vergleichbare Basissätze, evtl. zzgl. Marge, auch Spread genannt) und der Frontend Fee für die Dienstleistungen der Konsortialbank, die je nach Beitrag diese wieder auf sich und andere beteiligte Konsortialbanken aufteilt. Die Chancen und Risiken des Roll-Over-Kredits zeigt Abb. III-53 im Überblick.

Chancen	Risiken
Inanspruchnahme eines längerfristigen Kredits zu Geldmarktbedingungen, was bei normaler Zinssatzstrukturkurve (kurzfristige Geldmarktsätze niedriger als langfristige Kapitalmarktsätze) kostengünstig ist.	Kreditnehmer trägt das Zinsrisiko. Höhe der gesamten Kapitalkosten von vornherein nicht genau kalkulierbar.
Kreditgeber kann sich im Rahmen seiner Refinanzierungsmöglichkeiten flexibel auf die Wünsche des Kreditnehmers einstellen.	

Abb. III-53: Chancen und Risiken des Roll-Over-Kredits

Lesehinweis: Einen Einblick in die Komplexität des Roll-Over-Kreditgeschäfts liefert Storck (1995, S. 26-30).

6.3 Verbriefte kurz- und mittelfristige Finanzierungsformen (Notes)

Bereits mit dem Roll-Over-Kredit sind einige Komponenten insbesondere hinsichtlich der Unterbringung von Krediten verbunden, die in der Vergangenheit für die Emission von Notes übernommen und weiterentwickelt wurden. So hat sich insbesondere bei hohen Kreditbeträgen und/oder Kreditrisiken anstelle der Kreditbereitstellung durch eine einzelne Bank die Kreditvergabe im Rahmen von **Eurobankkonsortien** in Syndikatform entwickelt. Solche Konsortien werden entweder von einer einzelnen Bank geleitet (= Konsortialführerin) oder durch eine Führungsgruppe, innerhalb deren einem Lead Manager die Federführung zusteht. Er koordiniert die Mitwirkung der übrigen Mitglieder der Gruppe (= Co-Manager), um den Kredit mit ihnen abzuwickeln und bei kreditgebenden Banken in einzelnen Tranchen unterzubringen.

Die Übertragung, Anpassung und Verfeinerung dieses Grundmusters der Abwicklung von Roll-Over-Krediten findet sich bis heute bei der Begebung von Notes. Sie verkörpern nicht nur aus diesen Wurzeln heraus Kreditkomponenten. Insbesondere Underwritten Facilities weisen durch die Koppelung mit Back Up-Krediten eine enge Nähe zu Kreditkontrakten auf. Dagegen verkörpert die Verbriefung der Notes deren Unterschied gegenüber einem Buchkredit: Die Kreditnehmer nehmen Finanzmittel außerhalb der Bilanzen von Eurobanken direkt am Kapitalmarkt auf, Eurobanken fungieren dabei als "Absatzscharnier" zwischen Kreditnehmern und Kreditgebern. Sie nehmen in dieser Rolle zwar nicht mehr ihre traditionelle Funktion als Kreditgewährer wahr, übernehmen aber wichtige Dienstleistungen im Rahmen der Koordination der Marktteilnehmer und der Abwicklung der Notes-Emissionen. Abb. III-54 zeigt die beiden zentral zu unterscheidenden Formen von in Notes verbrieften Fazilitäten.

6 Finanzmarktorientierte Finanzierungsformen

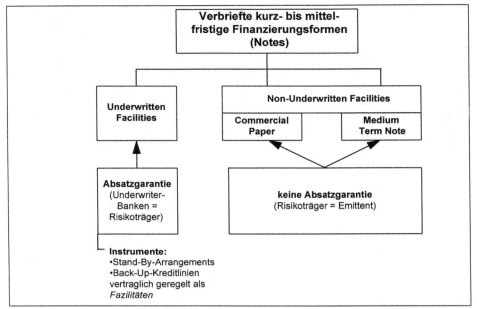

Abb. III-54: Überblick über die Finanzierungsinstrumente des Euronotes-Markts

6.3.1 Underwritten Facilities

In diese Kategorie fallen alle verbrieften Finanzierungsinstrumente, die eine Absatzgarantie von Seiten der (Underwriter-)Kreditinstitute tragen. Diese Banken sind auch in manchen Fällen identisch mit den plazierenden Kreditinstituten. In besonderer Weise werden diese Papiere als Euronotes bezeichnet. "Bei **Euronotes** handelt es sich um **nicht börsennotierte kurzfristige Papiere** (1-6 Monate) emissionsfähiger Kreditnehmer. Der rechtliche Charakter des Notes ist der eines **voll übertragbaren Zahlungsversprechens** (Fully Negotiable Promissory Note), vergleichbar einem umlauffähigen Sola-Finanzwechsel". (*Perridon/Steiner* 1995, S. 164).

Die Papiere sind **fungible Inhaberschuldpapiere**. Schuldner sind erste Adressen am Euromarkt; es erfolgt i.d.R. **keine Besicherung**. Die Verzinsung ist für die Laufzeit fest und orientiert sich überwiegend an LIBOR mit einer Marge als Abschlag bis zu ¼ % und einem Aufschlag bis zu 1/16 %, je nach Bonität des Emittenten und Marktlage. Die Zinszahlung erfolgt bei Fälligkeit der Notes, in Einzelfällen werden auch diskontierte Varianten begeben. Als **Emissionswährung** fungiert meist der US-$, alle anderen gängigen Euro-Währungen sind aber ebenso möglich. Die **Volumina** von Euronote-Emissionen liegen i.g.R. zwischen 100 - 300 Mio. US-$, die Stückelungen zwischen 0,5 - 1 Mio. US-$.

Euronotes können im Rahmen von Euronote-Fazilität begeben werden, was für Unternehmen ein besonders flexibles Finanzierungsinstrument darstellt: Gegen Zahlung einer Provision räumt ein **Bankenkonsortium** langfristige Refinanzierungsgarantien (bis zu 10 Jahren) dem Kreditnehmer ein. Innerhalb dieser Zeit kann ein Unternehmen benötigte

Finanzmittel durch **revolvierende Emissionen von Euronotes** am Euromarkt aufnehmen. Die Eurobanken treten nicht direkt als Kreditgeber im Rahmen der Underwritten Euronotes auf, sondern vermitteln an Anleger. Erst im Falle des mangelnden Absatzes der Euronotes werden Kreditinstitute indirekt als Kreditgeber aktiv: Emissionen für Euronotes werden von **Stand By-Arrangements** bzw. **Back Up-Kreditlinien** des Emissionskonsortiums begleitet. Mit ihnen verpflichtet sich das Konsortium für den Fall einer fehlgeschlagenen Emission **restliche Euronotes** des Schuldners (= Unternehmens) zu **übernehmen** und ihm auf diese Weise die ansonsten fehlende Liquidität bereitzustellen oder **anstelle des Euronotes-Absatzes** einen **Kredit** an den Emittenten in Höhe des fehlenden Emissionsrestbetrags zu **gewähren**. Solche kreditgebenden Kreditinstitute bezeichnet man als sog. „Underwriter".

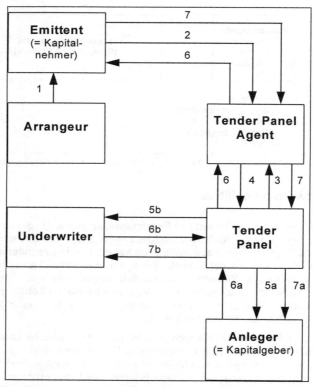

Abb. III-55: Tender Panel- Verfahren bei der Emission von Euronotes
(Quelle: *Eilenberger* 1993, S. 198)

Kennzeichnend für Euronotes ist auf der Grundlage vorgenannter grundsätzlicher Aspekte vor allem deren spezielle Form der Emission. Sie ist durch besondere Organisation der Bankenkonsortien, der dortigen Arbeitsteilung und die Zuteilungsverfahren geprägt wird (vgl. *Storck* 1984):

- Ein oder mehrere Kreditinstitute fungieren als **Arrangeure**. Analog der Federführung bei einem Anleihe-Konsortium erstellt der Arrangeur die Dokumentation, handelt die

Konditionen aus und stellt die Bankengruppe der Underwriter und der Placing Agents zusammen (vgl. Pfeil 1 in Abb. III-55, die das sog. **Tender Panel-Plazierungsverfahren** zeigt).

- Kreditinstitute als **Placing Agents** (= Plazeure) übernehmen den Absatz der Euronotes bei den Anlegern.

- Dem Übernahmekonsortium einer Anleiheemission vergleichbar gibt die Gruppe der **Underwriter-Banken** eine langfristige Übernahmezusage für diejenigen Notes ab, die nicht zu den mit dem Emittenten vereinbarten Konditionen abgesetzt werden konnten (= Stand By-Facilities).

Es gibt damit eine eindeutige **Trennung** zwischen **Plazierung und Übernahmeverpflichtung**. Beim **Tender Panel-Verfahren** überträgt der Emittent grundsätzlich einem Tender Panel Agent die Aufgabe, von plazierenden Banken innerhalb des Konsortiums Gebote für die Emission einzuholen (Pfeil 2). Die Einrichtung des Tender Panel Agent besteht aus den Plazeuren. Sie lassen sich dann im Rahmen eines Bietungsverfahrens (= Tender) Zinsangebote, d.h. Referenzzinssatz (z.B. LIBOR mit Aufschlag), für die zu Emission anstehenden Euronotes abgeben (Pfeil 3). Den Zuschlag erhalten diejenigen Institute mit dem niedrigsten Gebot. Der durch dieses Verfahren initiierte Wettbewerb unter den Konsortialbanken soll beim Emittenten zu einer Kapitalaufnahme mit niedrigsten Kapitalkosten führen. Anschließend teilt der Tender Panel Agent den Plazeuren Notes zu (Pfeil 4); d.h., die plazierenden Banken erwerben Euronotes aufgrund ihrer zuvor abgegebenen Gebote. Die übernommenen Euronotes werden von den Plazeuren an die Anleger veräußert. An dieser Stelle sind **zwei Fälle** zu unterscheiden.

Sind die Plazeure erfolgreich, werden die übernommenen Euronotes von ihnen vollständig bei den Anlegern untergebracht (Pfeil 5a). Die Underwriter-Banken werden nicht in Anspruch genommen und der Emittent erhält den Emissionserlös vom Konsortium (Pfeil 6a). Die Kapitalkosten des Emittenten setzen sich dann zusammen aus einem Referenzzinssatz (z.B. LIBOR) zzgl. eines bestimmten Auf- oder Abschlags (= Market spread). Zu diesem Satz hat der Emittent dann die Rückzahlungen zu leisten (Pfeil 7 in Verbindung mit 7a).

Können die Euronotes nicht oder nicht im geplanten Umfang plaziert werden, übernehmen die Underwriter diese Papiere (Pfeil 5b). Vergütet wird dem Emittenten jetzt nicht ein Emissionserlös, sondern er kann eine ihm eingeräumte Back Up-Fazilität beim Konsortium in Anspruch nehmen (Pfeil 6b). Die Konditionen setzen sich dann zusammen aus einem Referenzzinssatz (meist LIBOR) und einem beim Arrangement der Fazilität vereinbarten Auf- bzw. Abschlag (= Predetermined Spread). Die Höhe der Rückzahlungen richtet sich dann für den Emittenten nach diesem Satz (Pfeil 7 in Verbindung mit 7b). Statt des Tender-Placing-Verfahrens gibt es verschiedene weitere Methoden:

- **Sole-Placing-Agent-Methode** (= SPA-Methode): Plazierung erfolgt durch ein einziges Kreditinstitut.

- **Multiple-Placing-Agent-Methode** (= MPA-Methode): die Underwriter erhalten die Notes zum Verkauf entsprechend ihrer Übernahmeverpflichtung.

- **Continous-Tender-Panel**, eine Variante des reinen Tender Panels, wonach die Underwriter das Recht haben, vom Arrangeur während des Bietungsverfahrens Euronotes vom Arrangeur zu Konditionen zu erhalten, zu denen die Papiere auch den Anlegern angeboten werde. Das Verfahren eignet sich besonders dann, wenn Underwriter auch zugleich Plazeure sind.

Lesehinweis: *Storck* (1995, S. 30ff.)

Die langfristige Übernahme des Plazierungsrisikos von Euronotes durch Kreditinstitute, die i.d.R. revolvierend emittiert werden, kennt mittlerweile etliche Vertragskategorien. Sie werden ebenfalls als Fazilitäten bezeichnet und stellen die vertragliche Möglichkeit der Kreditmobilisierung durch die Ausgabe garantierter Euronotes dar. Sie betreffen Regelungen der Kreditbereitstellung durch die Underwriter-Bankengruppe für den Fall, daß Euronotes nicht vollständig abgesetzt werden konnten (= **Underwriter Euronote Facilities**). Als Oberbegriff fungieren die **Note Issuance Facilities** (= NIF): Sie stellen eingeräumte Kreditlinien dar, innerhalb derer kurzfristig Notes begeben werden können. Die Marge über dem Referenzzinssatz bei Plazierung wird von den Kreditinstituten bestimmt. **Revolving Underwriting Facilities** sind der bedeutendste Unterfall der NIFs. Bei ihnen bestimmt der Schuldner selbst die Höhe der Marge, die über dem Referenzzinssatz liegen soll und zu dem die Notes plaziert werden solen. Die Underwriter-Bankengruppe übernimmt die mittel- bis langfristige Verpflichtung, die Euronotes zu einem vorab festgelegten Zinssatz (LIBOR zzgl. Spread) aufzukaufen, wenn die Emission der Euronotes zu diesem oder einem niedrigeren Zinssatz nicht möglich ist. Bei **Transferable Revolving Underwriting Facilities** haben die Underwriter-Banken vertraglich das Recht, ihre Übernahmeverpflichtung auf andere Kreditinstitute zu übertragen. Bei **Short Term Issuance Facilities** werden kurzfristige Wertpapiere mit Laufzeiten von einem Monat bis zu drei Monaten emittiert. Im Gegensatz zu den vorgenannten Versionen übernehmen die Underwriter bei **Note Standby Facilities** keine Rückkaufsverpflichtung. Sie räumen statt dessen dem Kreditnehmer eine Kreditlinie ein, die es ihm ermöglicht, die Papiere bei Nichtplazierung selbst aus dem Markt zu nehmen.

Der Kreditgeber profitiert von den Absicherungsfazilitäten durch die gegenüber herkömmlichen Anlagen (z.B. Termingelder) **höhere Verzinsung** und von der **Fungibilität** der Euronotes. Die **Vorteile** bestehen für die Kreditnehmer in der

- Flexibilität durch **Anpassung der Laufzeit** der Wertpapiere an die Zinserwartung und dem Finanzbedarf,
- festen langfristigen **Liquiditätszusage** mit Übernahmeverpflichtung der Underwriter,
- langfristigen Finanzierung zu **Geldmarktsätzen** auf revolvierender Basis. Die **Kapitalkosten** dieser Finanzierungsform **hängen vom Plazierungserfolg ab**. Davon unabhängig erhält der Kreditnehmer immer Finanzmittel zu geldmarktnahen Sätzen verbunden mit einer langfristigen Finanzierung.

Beispiel: (vgl. *Storck* 1984, S. 504)
1. Kosten bei voller Plazierung der Notes:

Verzinsung der Notes (Maximalkupon LIBOR + 0,25%)	LIBOR +	0,100%
Frontend Fee (= Arrangement Fee + Provision der Tender Panel Agents, linear verteilt auf die Laufzeit der Zusage)		0,021%
Underwriting Fee für Eurobanken		0,125%
Kosten insgesamt	**LIBOR +**	**0,246%**

2. Kosten bei Nichtplazierung der Notes:

Verzinsung der Notes (Maximalkupon LIBOR + 0,25%)	LIBOR +	0,250%
Frontend Fee		0,021%
Underwriting Fee		0,125%
Kosten insgesamt	**LIBOR +**	**0,396%.**

6.3.2 Non-Underwritten Facilities

Im Gegensatz zur vorgenannten Gruppe von Fazilitäten wird bei Non-Underwritten Facilities das Plazierungsrisiko von keiner Underwriter-Bankengruppe getragen, sondern verbleibt beim Emittenten. Non-Underwritten Facilities setzen sich aus sog. Programmemissionen zusammen, die im kurzen Laufzeitbereich (bis zu zwei Jahre) durch Commercial Paper und im darüberhinausgehenden Laufzeitenspektrum als Medium Term Notes Bezeichnet werden.

6.3.2.1 Commercial Paper

Commercial Paper sind fungible Inhaberpapiere, die in erster Linie von großen Industrie-, Handels- und Dienstleistungsunternehmen (sowie öffentlichen Emittenten) zur kurzfristigen Fremdmittelaufnahme emittiert werden. In **Deutschland** werden CPs als **Inhaberschuldverschreibungen** gegeben. Insbesondere in den **angelsächsischen Ländern** und am Euromarkt haben CPs die rechtliche Form von **Promissory Notes**. CPs werden deshalb auch als Eigenwechsel, Schuldscheine oder Schuldbriefe bezeichnet (vgl. *Hasewinkel* 1993, S.177).

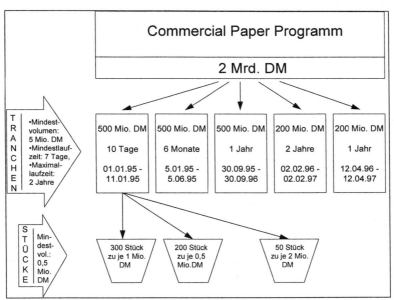

Abb. III-56: Grundstruktur des Commercial Paper-Programms

Die Begebung von CPs erfolgt typischerweise als **Daueremission** im Rahmen eines CP-Programms (= CPP), da die Notes in mehreren Tranchen und über einen längeren Zeitraum hinweg emittiert werden sollen. Die **Rahmenvereinbarung** wird zwischen dem Emittenten und dem arrangierenden Kreditinstitut (= Arrangeur) getroffen. Sie räumt dem Emittenten das Recht ein, jederzeit innerhalb des Programmvolumens CPs in einzelnen Tranchen zu begeben. Ein CPP ist i.d.R. nicht vornherein zeitlich befristet und läuft meist über **mehrere Jahre**. Die **durchschnittliche Laufzeit** von CPs am deutschen Geldmarkt schwankt von Jahr zu Jahr, beträgt aber in etwa 30 Tage bis drei Monate. Laufzeiten von über einem Jahr sind für privatrechtliche Emittenten in Deutschland aufgrund der steuerlichen Behandlung als Dauerschuld (nur zu 50 % abziehbar) uninteressant. (vgl. *Hasewinkel* 1993, S. 222). Das Programm regelt in seinen Bedingungen einmalig alle Details und rechtlichen Grundlagen der nachfolgenden Emissionen. Der Emittent hat das **Recht**, aber nicht die Pflicht, jederzeit nach Finanzbedarf **Notes** auf abgezinster Basis unter Einhaltung der Betragsobergrenze des Programms zu begeben (vgl. *Hasewinkel* 1993, S. 178).

Es handelt sich damit bei CPs um **Diskontpapiere**, d. h., die Zinsen entsprechen der Differenz zwischen Ausgabe- und Nennwert. Im Ausland kommen in seltenen Fällen auch CPs mit Zinskupon vor. Der **Ausgabekurs** der einzelnen Tranchen wird dem jeweils aktuellen Niveau der **Geldmarktrendite** angepaßt. CPs orientieren sich bei den erforderlichen Plazierungsrenditen wegen ihrer kurzfristigen Laufzeit an Geldmaktzinssätzen. Als Referenzzinssätze dienen der jeweilige DM-LIBOR- bzw. DM-FIBOR-Satz für den in Frage kommenden Laufzeitenbereich. Je nach Bonität des Schuldners weist die erforderliche Plazierungsrendite einen **Spread** zum entsprechenden Referenzzinssatz auf (vgl. *Alworth/Borio* 1993, S. 21).

Kalkulation von Commercial Paper (in diskontierter Form):

a) Ermittlung des Ausgabewerts

Formel: $\text{Ausgabewert} = \text{Nennwert} * 1 - \left(\dfrac{\text{Diskontierungssatz}}{100} * \dfrac{\text{Laufzeit}}{360} \right)$

(Zinskonvention actual/360)

Beispiel a):

Ein Investor A kauft zur Anlage seiner liquiden Mittel ein CP eines Industrieunternehmens über einen Nennwert von DM 1,0 Mio.. Der Diskontierungssatz beträgt 10% und die Laufzeit ist 90 Tage.

$\text{Ausgabewert} = 1.000.000 * 1 - \left(\dfrac{10}{100} * \dfrac{90}{360} \right) = \text{DM } 975.000$

Formel: $\text{Rendite} = \left(\dfrac{100 * \text{Diskontierungssatz} * 360}{(100 * 360) - (\text{Laufzeit} * \text{Diskontierungssatz})} \right)$

Beispiel b):

Der Investor A möchte das CP mit Geldmarktpapieren vergleichen, die auf Renditebasis gehandelt werden. Dazu muß er den Diskontierungssatz in eine Rendite umrechnen.

$\text{Rendite} = \left(\dfrac{100 * 10 * 360}{(100 * 360) - (90 * 10)} \right) = 10{,}2564\%$

Abb. III-57: Zentrale Berechnungsformeln für CPs
(Quellen: *Walmsley* 1992, S. 156-161 und *Eller* 1990, S. 41)

Das CP hat in den **USA** schon frühzeitig eine wichtige Rolle gespielt: Zu den ersten CP-Emissionen, die ebenfalls wie die Entstehung US-amerikanischen CD-Markts auf die Umgehung von Restriktionen im Kreditinstitutesystem zurückgehen, kam es dort bereits um 1820 (vgl. *Stigum* 1990, S. 1026). Der weltweit älteste und heute bei weitem wichtigste CP-Markt stellt der US-Markt dar. Die Plazierung von Commercial Paper für deutsche Unternehmen als Emittenten erfolgte **lange Zeit** ausschließlich auf dem **Euronotes-Markt**; da die Deutsche Bundesbank jahrelang die Emission von CPs in Deutschland untersagte. Vor allem mit der Aufhebung der staatlichen Genehmigungspflicht für inländische Wertpapieremissionen gemäß §§ 795, 808a BGB und dem Wegfall der Börsenumsatzsteuer Anfang 1991 besteht seit Anfang der 90er Jahre im **DM-Inlandsgeldmarkt** die Möglichkeit, DM-Commercial-Paper-Programme zu emittieren. Mit der am 1. August 1992 in Kraft getretenen "Erklärung der Bundesbank zu DM-Emissionen" wurde der Kreis der zulässigen **Emittenten** einer derartigen Fazilität neben **deutschen Gesellschaften** um ausländische Unternehmen erweitert (vgl. *Rohleder/Schäfer* 1991, S. 204).

Eine **Börseneinführung** von CPs ist wegen der kurzen Laufzeiten aus Kostengesichtspunkten **nicht üblich**. Im Regelfall werden CPs bis zur Endfälligkeit von den Anlegern gehalten, da die Laufzeiten von CPs im Regelfall schon bei der Emission zwischen Emittent und Anleger abgestimmt werden. Lediglich zwischen Kreditinstituten und Brokerhäusern besteht ein Handel im sog. **Telefonverkehr**, und es fehlt bislang noch ein liquider Sekundärmarkt (vgl. *Deutsche Bank AG*, 1990, S. 11 und *Stigum* 1992, S. 48).

Wegen seines Charakters als Daueremission eignet sich das Instrument der CPs in erster Linie für **Emittenten** mit **gleichbleibend guter Bonität** und **wiederkehrendem umfangreichen Finanzbedarf** im kurzen Laufzeitbereich. Nur auf diese Weise wird eine **kontinuierliche Verfügbarkeit** von Papieren **für Anleger** sichergestellt, was ihre besondere Attraktivität gegenüber alternativen Kurzfristanlagen ausmacht und ihre Plazierung sichern hilft.

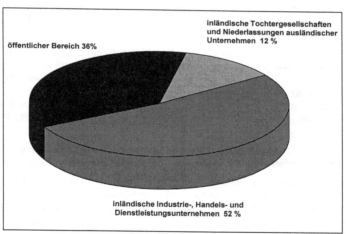

Abb. III-58: Emittentenstruktur bei DM-CPs (Stand: Jahresultimo 1992, Quelle: *Deutsche Bundesbank*, 1995, S. 40)

CPs kommen für Teilnehmer aus dem **professionellen Wholesale-Anlegerkreis** in Frage (Zentralbanken, Versicherungen, Pensionsfonds, Kreditinstitute und große Industrieunternehmen). Diese Anleger gehen aufgrund von Performance- und Renditeüberlegungen dazu über, kurzfristig überschüssige Gelder nicht mehr nur in traditionellen Bankeinlagen "zu parken", sondern alternativ auch Notes ihren Anlageentscheidungen zugrunde zu legen. Einen weiteren Anlegerkreis bilden **indirekt** auch **Privatpersonen**, indem sie Investmentzertifikate von **Geldmarktfonds** erwerben, die seit 01.08.1994 von Investmentgesellschaften emittiert werden dürfen.

Die **Plazierung** der CPs und die **technische Abwicklung** der Emission wird meistens durch Kreditinstitute übernommen. Eine Emission kann auf Initiative des Emittenten wie auch durch Investorenanfragen bei den Plazeuren ausgelöst werden. Letzteres ist z.B. der Fall, wenn ein Investor Anlagebedarf für eine bestimmte, nicht gängige Laufzeit hat, für die er am Markt weniger Ertrag erzielt. Dabei besteht eine ganz bestimmte **Arbeitsteilung**, die sich an das angelsächsische Emissionsverfahren anlehnt:

- Der Emittent beauftragt zu Beginn den **Arrangeur** mit der Auflegung des Programms, das als **Rahmenvereinbarung** die Daueremission von Teilschuldverschreibungen (Tranchen) vorsieht. In dieser Vereinbarung werden u.a. zeitlicher Rahmen des Programms, Gesamtvolumen und Mindesttranchenvolumen geregelt (vgl. *Deutsche Bank AG* 1990, S. 4). Bei einer **konkreten Emission** werden dann zwischen Emittent und Arrangeur die **Konditionen** einer Tranche abgesprochen. Darüber hinaus ist der Arrangeur für die Emission der einzelnen Tranchen verantwortlich. Ferner wickelt er als sog. Zahlstelle die Tilgung ab.

- Der Arrangeur wählt in Abstimmung mit dem Emittenten anschließend einen Kreis von weiteren Kreditinstituten aus, die den Absatz der CPs übernehmen (= **Plazeure** oder **Dealer**), an dem der Arrangeur häufig auch selbst noch mitwirkt. Die Plazeure erhalten die CPs vom Arrangeur angeboten und haben den Auftrag, die einzelnen Tranchen des CP-Programms zu den vom Emittenten gewünschten Konditionen am Markt zu verkaufen. Die Anzahl der Plazeure hängt von Art und Umfang des Programms ab. In einer Plazierungsvereinbarung (= **Dealer's Agreement**) werden die Beziehungen zwischen Emittent, Arrangeur und Plazeuren hinsichtlich der jeweiligen Verpflichtungen unter diesem Programm geregelt.

Gegenüber den bisher besprochenen Fazilitäten übernehmen die plazierenden Kreditinstitute bei CPs **keine Übernahmeverpflichtung** und geben (formell) keine Übernahmegarantie. Die Plazierung erfolgt auf der sog. "Best-Effort-Basis". Wegen der geringeren Dienstleistungen der Kreditinstitute entfallen teilweise Provisionen der Kreditinstitute, weshalb dieses Finanzierungsinstrument für den Emittent gegenüber einem vergleichbaren Buchkredit kostengünstiger sein wird. Allerdings muß er dafür auch das **Plazierungsrisiko** tragen.

Bei CPs, die an Euromärkten plaziert werden, sind eigene **Plazierungsverfahren** zu unterscheiden, die in Teilen auch für Emissionen in Deutschland Bedeutung haben:

- Wenn der Emittent den Mitgliedern des Plazierungskonsortiums den maximal zu zahlenden Zinssatz und das gewünschte Emissionsvolumen vorgibt, spricht man von einem **Issuer-Set-Yield-Verfahren**. Die Konsorten bemühen sich dann anschließend, die Plazierung des gewünschten Volumens zu den geringsten Zinssätzen durchzuführen, maximal jedoch zum Satz, den der Emittent genannt hat.

- Beim **Competitive-Dealership-Verfahren** fordert der Emittent anstelle eigener Vorgaben die Mitglieder des Plazierungskonsortiums auf, Zinsgebote mit dem gewünschten Volumen zu unterbreiten.

Lesehinweis: *Rohleder/Schäfer* (1991, S. 205-207).

Grundsätzlich sind CPP, die auf dem deutschen Geldmarkt begeben werden durch eine **Negativerklärung** des Emittenten besichert. Ähnlich der Praxis auf den Euronotes-Märkten verlangen auch zunehmend Anleger von den Emittenten der CPs auf dem deutschen Geldmarkt eine Einstufung durch Rating-Agenturen. Zudem läßt sich durch das Rating eines CPP der mögliche Anlegerkreis erweitern.

"Ein Rating ist eine durch bestimmte Ratingsymbole (...) ausgedrückte Meinung einer auf Bonitätsrisikoanalyse spezialisierten Agentur über die Fähigkeit und rechtliche Bindung eines Emittenten, rechtzeitig und vollständig den mit dem Commercial Paper verbundenen, zwingend fälligen Zahlungsverpflichtungen nachkommen zu können". (*Everling*, 1991, S. 369). Quantitative Untersuchungen an entwickelten CP-Märkten haben gezeigt, daß statistisch **signifikante Korrelationen** zwischen **Marktrenditen und Rating-Einstufungen** bestehen. Gute Schuldner haben daher einen Anreiz, ihre Programme einem Rating unterziehen zu lassen. Die Programme erhalten ein "**kurzfristiges Rating**", das ausschließlich den Laufzeitenbereich bis zu einem Jahr abdeckt, sich somit ausschließlich auf die emittierten Geldmarktpapiere eines Unternehmens (und nicht beispielsweise auf seine Anleihen) beziehen.

Aufgrund der kurzfristigen Struktur und der häufigen Fälligkeiten von Geldmarkttiteln ist es für die meisten Unternehmen kaum möglich, alle Verbindlichkeiten aus dem "**originären**" **Cash-Flow** abzudecken. Üblich ist vielmehr eine Anschlußfinanzierung durch Auflegung neuer Tranchen (Roll Over-Prinzip). Die Rating-Agenturen untersuchen daher insbesondere die einem Emittenten im Falle einer Nichtplazierbarkeit der Geldmarktpapiere zuverlässig zur Verfügung stehenden externen Liquiditätsquellen. Dies sind vor allem **unausgeschöpfte Kreditlinien** bei Kreditinstituten.

Commercial Paper-Rating Symbole Standard & Poor's		Rating-Symbole für kurzfristige Verbindlichkeiten (bis 1 Jahr) Moody's	
A-1	Sehr starke Zahlungskraft	Prime-1	Sehr starke Zahlungskraft
A-2	Gute Zahlungskraft	Prime-2	Gute Zahlungskraft
A-3	Befriedigende Zahlungskraft	Prime-3	Noch akzeptable Zahlungskraft
B	Ausreichende Zahlungskraft	Not Prime	Nicht Prime-fähig, spekulativ
C	Zweifelhafte Zahlungskraft		
D	Zahlungsunfähigkeit		

Abb. III-59: Ratingklassen für CP (Quelle: *Steiner* 1992, S. 510)

Für die Einschätzung des Ausfallrisikos bei Commercial Paper ist demzufolge für die Investoren die Höhe der von Kreditinstituten dem Emittenten eingeräumten Kreditlinien ein außerordentlich wichtiges **Signal**, quasi ein Gütesiegel. Zwar stützen sich auch die Einschätzungen der Rating-Agenturen auf diese Komponente, doch stellen Kreditlinien bereits einen eigenständigen Signalwert dar (der Vorteil der Zwischenschaltung von Rating-Agenturen liegt darin, daß sich das Signal schneller und kostengünstiger bei den Investoren verbreiten kann). Die Einräumung von Kreditlinien dient dazu, die Wahrscheinlichkeit der Tilgung dieser Papiere in der Einschätzung durch die Investoren zu erhöhen. Dafür spricht weniger die Tatsache, daß der Emittent über kurzfristig bereitgestellte und verfügbare Liquidität verfügt, somit laufzeitkongruente Liquidität hat. Vielmehr ist es die Tatsache, daß die Bereitschaft eines Kreditinstituts, eine Kreditlinie zu vergeben, auf der vorangegangenen Kreditprüfung des Instituts basiert. Die Einräumung der Kreditlinie ist ein glaubwürdiges Signal für Dritte (= Investoren), daß die Bonität des Emittenten geprüft wurde.

Daneben existieren am Markt auch Commercial Paper, die nicht durch Bereitstellung von Kreditlinien emittiert wurden. Hier handelt es sich entweder um

- Papiere von Schuldnern mit hoher Qualität, die für Investoren gut zu beobachten ist (z. B. Großunternehmen in der Rechtsform der AG, die entsprechend hohe Publizitätsanforderungen durch die Rechnungslegungsvorschriften erfüllen) oder um
- Commercial Paper von Schuldnern, die keine Kreditlinie erhielten oder erst keine nachfragten (vgl. *Kanatas* 1987).

Lesehinweis: *Rühle* (1994, S. 109-110).

Eine andere Sicherheit mag für Investoren in Garantierklärungen von Kreditinstituten für bestimmte CPs gesehen werden: Mit sog. **Credit** bzw. **Dated Repos** sichert die die Erklärung plazierende Bank dem Anleger zu, den Nominalbetrag und die Zinszahlung bzw. eine künstliche Fälligkeit, d.h. vorfälligen Rückkauf eines CPs zu garantieren.

Das CP-Programm ist aufgrund seiner **Flexibilität** und den vergleichsweise **niedrigeren Kapitalkosten** in besonderer Weise für die Finanzierung von kurzfristigen Vermögensteilen eines Unternehmens (aber auch staatlicher Stellen) geeignet. Von herausragendem Vorteil ist dabei die Möglichkeit, Laufzeit und Emissionsvolumen dem Finanzbedarf des Emittenten sehr genau anzupassen. Als **Vorteile** aus der Sicht **des Emittenten** lassen sich anführen (vgl. *Hasewinkel* 1993, S. 296 ff.):

- Aufgrund des Vertriebs der Papiere auf Vermittlungsbasis fällt **keine** Übernahme- oder Bereitstellungsprovision (sog. **Underwriting Fee**) an.
- Die **einmaligen Kosten** der Etablierung eines CP-Programms sind relativ **gering**.
- Wird bei den Emissionsbedingungen auf spezifische Bedürfnisse des Investors abgestellt, so kann der Emittent im Gegenzug bzgl. der geforderten Zinssätze Zugeständnisse erwarten.
- Auch kleinere Beträge mit variierenden Laufzeiten, die exakt auf die **unternehmensspezifischen Finanzierungsbedürfnisse** abgestellt sind, können aufgenommen werden.
- Dem Emittenten wird eine **betrags- und laufzeitkongruente Refinanzierung** von Bilanzaktiva ermöglicht.
- Der Emittent kann sehr **schnell** auf sich ändernde Gegebenheiten an den Finanzmärkten **reagieren**.
- Im Rahmen einer Privatplazierung kann eine Mittelaufnahme völlig ohne öffentliche Bekanntmachung erfolgen (= **Geräuschlosigkeit**).
- Die kontinuierliche Präsenz am Markt erlaubt eine optimale **Marktdurchdringung** und sensibilisiert potentielle Anleger für den Emittentennamen. Dadurch wird es dem Emittenten auch möglich, einen großen und unterschiedlichen Kreis von Anlegern zu erreichen.

Da das Plazierungsrisiko bei CPs beim Emittenten verbleibt und somit die Mittelaufnahme von den Nachfrageverhältnissen am Geldmarkt abhängig ist, können CPs allerdings nicht immer als Finanzierungsinstrument genutzt werden. Sie stellen insofern eher eine **Alternative**, denn ein Substitut **zu kurzfristigen Bankkrediten** dar.

Für **Anleger** bieten sich ebenfalls eine Reihe von **Vorteilen**. So können außergewöhnliche Bedürfnisse hinsichtlich Anlagedauer, Betrag und Zinsbasis mit CP-Emissionen erfüllt werden. Mit zunehmender Verfeinerung der Portfoliomanagement-Techniken wird sich der Bedarf nach **betrags- und laufzeitkongruenten Papieren** ohnehin bei institutionellen Anlegern erheblich erhöhen. Die **Initiative** zur Ausgabe von CPs im Rahmen eines bestehenden Programms kann durchaus von potentiellen Anlegern ausgehen, die für ihre freien Mittel eine entsprechende Anlage suchen. Über die plazierende Bank wird ein solcher Bedarf dem Emittenten mitgeteilt, der sich überlegen muß, inwieweit sein eigener Finnazierungsbedarf dem Anlageersuchen entspricht.

6.3.2.2 Medium Term Notes

Unter **Medium Term Notes** sind Schuldverschreibungen zu verstehen, die bei einer Laufzeit in der Regel zwischen ein und zehn Jahren die Lücke zwischen den kurzfristigen Commercial Paper und den langfristigen Anleihen schließen. "Most MTNs are noncallable, unsecured, senior debt securities with fixed coupon rates and investment-grade credit ratings. In these features, MTNs are similar to investment-grade corporate bonds. However, they have generally differed from bonds in their primary distribution process." (*Crabbe* 1993, S. 751). **Wichtigstes Abgrenzungskriterium** von herkömmlichen Varianten der Fremdkapitalaufnahme ist das **Emissionsverfahren**, das aufgrund der Best-Effort-Basis dem CP sehr ähnlich ist. Ferner liegt den MTN-Programmen wie bei CPP eine (zeitlich unbefristete) **Rahmenvereinbarung** zwischen Emittent und Arrangeur zugrunde, die eine Obergrenze für das gesamte Emissionsvolumen vorsieht. Dadurch erhält der Emittent quasi den Status eines **Daueremittenten**. Die dem CPP zu eigene Flexibilität und günstige Kostenstruktur wird für MTN-Emissionen anwendbar.

Der Markt für MTNs entstand wie der für CPs in den **USA** und erlebte zunächst dort, und dann nahezu weltweit eine dynamische Wachstumsphase. Die **Liberalisierungen** der **Deutschen Bundesbank** vom Juni 1989 (Zulassung des Handels von Fremdwährungswertpapieren in Deutschland) und die staatlichen Deregulierungen wie die Aufhebung der Börsenumsatzsteuer sowie der Wegfall der staatlichen Zulassungspflicht für Wertpapiere ebneten den MTN-Programmen am DM-Kapitalmarkt den Weg. Analog zur Abgrenzung zwischen Eurobonds und Inlandsanleihen könnte man auch zwischen Euro MTN-Programmen (EMTN) und reinen Inlandsprogrammen differenzieren. Da MTN-Programme erst mit Währungsoptionen ihre Flexibilität entfalten, wird im folgenden ausschließlich auf EMTN-Programme abgezielt.

Das **Laufzeiten- und Währungsspektrum** von MTNs ist weit gefächert. Die Fälligkeiten der unter einem MTN-Programm begebbaren Tranchen reichen von einem Monat bis zu 30 Jahren. Die Zinssätze werden meist je nach Marktlage zwischen dem Emittenten und den plazierenden Kreditinstituten abgestimmt. Sie können **fest oder variabel** sein. Die Zinsen werden je nach Ausstattung **jährlich bzw. halbjährlich** abgerechnet **oder bei Rückzahlung** im Fall der Null-Kupon-Variante. Die Laufzeiten sind von vornherein vertraglich festgelegt, vorzeitige Kündigungen durch den Emittenten bilden die Ausnahme.

Voraussetzung für die Wahrnehmung der vielfältigen Vorteile des MTN-Programms ist die regelmäßige Inanspruchnahme des Programms, was beim Emittenten einen periodisch **wiederkehrenden Finanzierungsbedarf** voraussetzt. Die Emission von MTN erfordert (wie beim CPP) seitens des Emittenten Kapazitäten für ein **aktives Finanzmanagement**, um mit der Vielfalt und Komplexität der verschiedenen Notes umgehen und das Kapitalmarktgeschehen laufend verfolgen zu können. Dies ist erforderlich, damit kurzfristige Plazierungschancen vom Emittenten erkannt und wahrgenommen werden. Zudem werden bei einer wirtschaftlichen Nutzung des MTN-Programms häufig Swapverträge eingegangen. Das Finanzmanagement des Emittenten muß daher auch über ein funktionierendes **Risikomanagementsystem** verfügen, um die daraus resultierenden Kreditrisiken überwachen und limitieren zu können (zu Grundlagen der Zinsswaps vgl. Abschnitt 7.4.2). Emittenten von MTN-Programmen sind u.a. aufgrund der Anforderungen an das Finanzmanagement i.d.R. international operierende Industrieunternehmen, Versicherungen, Kreditinstitute und öffentliche Stellen. Da **keine Sicherheitenstellung** üblich ist, kommen i.d.R. nur Emittenten mit **erstklassiger Bonität** in Frage, d.h. mit einem entsprechenden Rating in der Kategorie AAA bzw. Aaa. Nachfolgende Abb. III-60 zeigt exemplarisch anhand des MTN-Programms der Daimler Benz AG die innerhalb eines Programms bestehende Tranchen-Vielfalt.

Programmbeschreibung	
Emittent:	Daimler Benz AG
Rating:	AA S&P
Gesamtvolumen:	3 Mrd. US-Dollar
Anleihetypen:	• Festsatz • Nullkupon
	• Floater • Index linked
Währungsoptionen:	multi Currency

Ausgewählte Beispiele der Ausstattung einzelner Tranchen für den Zeitraum (02/1993 bis 03/1994)			
Betrag in Mio.	Emissionsdatum	Fälligkeit	Zinssatz
US$ 10	02/93	02/95	
Hfl 20	02/93	02/95	
US$ 60	02/93	02/95	
LS 2	02/93	10/96	
US$ 10	03/93	03/95	
C$ 100	03/93	03/95	
LS 3	03/93	07/96	
Lit 14.000	07/93	07/94	
US$ 10	08/93	02/95	Lib - 12,5 bp
LS 10.0	10/93	10/95	Lib + 3 bp
US$ 13	11/93	11/94	
Hfl 25	11/93	11/98	
LS 3	11/93	11/98	
DM 30	01/94	01/04	
LS 5	02/94	02/97	Lib + 6 bp
LS 5	02/94	02/97	Lib + 10 bp
Lit 30.000	03/94	03/96	

Legende: Lib = LIBOR, bp = Basic Points, Hfl = holländische Gulden, US$ = US-Dollar, Lit = italienische Lira, C$ = kanadischer Dollar, DM = Deutsche Mark, LS = Luxemburgische Francs, S&P = Standard & Poor's

Abb. III-60: Inanspruchnahme eines MTN - Programms exemplarisch anhand der Daimler Benz AG (Quelle: *DG BANK* 1995b)

Plaziert werden die Notes **von Kreditinstituten** (= Dealer) **auf Vermittlungsbasis** (= Agency Basis). Sie haben die Aufgabe, Anleger ausfindig zu machen, für deren spezielle Anlagebedürfnisse dieses Finanzierungsinstrument paßt. Dabei sind sie **nicht verpflichtet, für** den **Plazierungserfolg einzustehen** und einen entsprechenden Kreditbetrag bereitzustellen. Das Plazierungsrisiko verbleibt dadurch allein beim Emittenten. Abgesehen von diesem Begebungsverfahren auf Vermittlungsbasis ist die Emission großvolumiger konsortialgeführter Anleihen, die von einem **Kreditinstitutenkonsortium** fest zur **Weiterplazierung** übernommen werden, im Rahmen eines MTN Programms zunehmend gebräuchlich.

Die **Kapitalkosten** liegen aufgrund der speziellen Emissionverfahren unter denen der herkömmlichen Kreditaufnahme und setzen sich zusammen aus den laufenden Kapitalkosten in Form des Sollzinssatzes bzw. einmalig am Ende der Laufzeit im Fall der Zerobond-Variante, Sachkosten für die Rechtsberatung, Druck der Notes etc. sowie Vermittlungsprovisionen der plazierenden Kreditinstitute (wegen der Vermittlung der Händler-Kreditinstituten auf Provisionsbasis entfällt die Underwriting Fee). Durch die Zugrundelegung eines Rahmenvertrags mit Gültigkeit für alle unter dem Programm zu ziehenden Tranchen werden die Kapitalkosten durch die Verringerung des administrativen Aufwands bei Emission einer Teilschuldverschreibung erheblich vermindert. Es entfällt das Erfordernis, ausführliche Börsenzulassungsprospekte zu erstellen. Der **Rechtsrahmen** einzelner Emissionen ist von vornherein festgelegt und bedarf keiner weiteren Verhandlungen. Nach Abschluß der Dokumentation, können einzelne **Tranchen** aufgrund der kurzen Abwicklungszeit **kurzfristig plaziert** werden. Dies gestattet kurzfristige Finanzdispositionen beim Emittenten. Durch flexible Ausgestaltung von Laufzeit, Volumen, Struktur und Währung ist es möglich, günstige Kapitalmarktkonstellationen unmittelbar umzusetzen oder eine betrags- und fristenkongruente Bilanzsteuerung zu betreiben. Auch lassen sich aus dem Auslandsgeschäft des Emittenten resultierende **Währungsrisiken** im Rahmen von Multi Currency MTN-Programmen **managen** ("Hedging"). Medium-Term Note Programme eignen sich darüberhinaus, der **Internationalisierung** von Unternehmen in ihren Geschäftsfeldern entsprechend auf der Finanzierungsseite Rechnung zu tragen (vgl. *DG BANK* 1995b).

Die Begebung von Papieren unter einem MTN-Programm gewinnt durch die vorgenannten Aspekte einen Charakter, der über den der eigentlichen Finanzierung hinausgeht. Unterstützend wirkt die Kapitalmarkt-Reputation, die sich ein Emittent von MTN-Programmen aufbaut und auch bei sonstigen Mittelaufnahmen vorteilhaft auswirkt:

- Der Emittent erschließt durch die mit der Auflegung eines Programms verbundene Publizität **neue Anlegerschichten**.

- Seine ständige Präsenz im Emissionsgeschäft vergrößert die **Marktdurchdringung**.

Medium-Term Note Programme stellen gegenwärtig eine der **flexibelsten Methoden** dar, Fremdmittel aufzunehmen. Die Auflegung eines MTN-Programms **erweitert** grundsätzlich den **Spielraum** des Emittenten bei seinen **Kapitalmarktdispositionen** deutlich. Mit der situationsbezogenen Emission von MTNs ist es zudem möglich, kurzfristig günstige Gelegenheiten am Kapitalmarkt wahrzunehmen.

1993 wurden mit über 2.094 Tranchen 63,98 Mrd. US-$ Finanzmittel auf dem Euronotes-Markt aufgenommen. Dies macht einen **Anstieg** gegenüber dem Vorjahr von **178%** aus und übertraf damit die ohnehin in den Vorjahren zu verzeichnenden starken Zuwächse. Die **bevorzugte Emissionswährung** war mit 34,5% der US-$, gefolgt von der italienischen Lira (23,8%) und dem japanischen Yen (16,5%). Es wird erwartet, daß die verstärkte Finanzmittelaufnahme deutscher Unternehmen mittels MTN-Programmen den Anteil der DM an den bevorzugten Währungen erhöhen wird. Bisher haben vor allem multinationale Unternehmen davon Gebrauch gemacht (vgl. *Crabbe* 1993). Dies liegt vor allem an den vergleichsweise höheren Vorteilen solcher Programme gegenüber den herkömmlichen Anleiheemissionen:

- Vergleichsweise großen Beträgen der emittierten Papiere mit jeweils gleicher Fälligkeit und gleichem Zinskupon erleichtert die **Austauschmöglichkeit** der Papiere und ihren **Handel**.

- Gibt der Emittent den Plazeuren Kriterien für die Emission von Notes vor (z.B. einen bestimmten Spread zu einer Benchmark), **erhöht** er die **Geschwindigkeit** des **Zugriffs** auf Finanzierungsmöglichkeiten. Die wird verstärkt durch die Möglichkeit der Privatplazierung, mit denen eine öffentlichkeitswirksame Mittelaufnahme ein fester Investorenkreis erreicht wird (sog. "**geräuschlose Finanzierungen**").

Neben den Emittentenvorteilen wiegen die der **Anleger**. Die große Vielfalt möglicher Konstruktionen erweitert das **Anlagespektrum**. Wie bei einem CPP auch können Anleger Emittenten in Eigeninitiative dazu veranlassen, ein für sie als Anleger auf ihren Bedarf hin **maßgeschneidertes Papier** (ungerade Laufzeiten, Währung, Konstrukte, etc.) zu begeben.

Lesehinweise: Ausführungen zu Medium Term Notes mit starker Betrachtung des US-Kapitalmarkts findet man bei *Crabbe* (1993), einen Überblick unter Betonung der Euromarkt-Variante liefern *Glogowski/Münch* (1990, S. 395-398).

6.4 Langfristige verbriefte Finanzierungsinstrumente

Mit den vorgestellten MTN wird auch die Verbindung zwischen der kurz- und mittelfristig verbrieften Finanzierung hin zu langfristigen Formen gewiesen. MTN basieren in ihren Rechtskonstruktionen überdies ähnlich dem CP auf Vertragskonstruktionen, die denen der Anleihe angelehnt sind. Nachfolgend werden Anleihen, auch Obligationen oder Schuldverschreibungen genannt, vorgestellt. Dabei handelt es sich im Grundsatz aus Emittentensicht um Industrieobligationen. Die mittlerweile auch an den deutschen Finanzmärkten existierende Formenvielfalt, vor allem hinsichtlich der Gestaltung des Kupons, also der Art und Weise, wie Anleihegläubiger Einkommenszahlungen aus dem Anleihebesitz erhalten, sowie die Anreicherung der klassischen Anleihe mit Zusatzaustattungen, ist für alle anderen Emittentenkreise übertragbar (vor allem für Kreditinstitute).

6.4.1 Grundlegende Merkmale von Industrieanleihen

Industrieanleihen sind **langfristige Darlehen in verbriefter Form**, die Großunternehmen der Industrie, des Handels oder des Verkehrs an der Börse aufnehmen. Der **Eigentümer** einer Industrieobligation befindet sich in der Rechtsstellung eines originären **Gläubigers**. Damit verbunden ist, daß er nicht für Verbindlichkeiten des Emittenten (= Schuldner aus der Obligation) haftet. Der Gläubiger hat Anspruch auf Zinszahlung während der Laufzeit und auf Rückzahlung des Nominalwerts zum Laufzeitende. Diese Forderung ist an die Obligation gebunden (= verbrieft). Industrieobligationen werden i.d.R. an Wertpapierbörsen gehandelt. Sie sind **fungibel**, d.h. vertretbar, weil bei gleichem Nennwert bzw. gleicher Stückelung jedes Papier die gleichen Rechte verkörpert. Die Stücke können untereinander ausgetauscht werden, ohne daß der neue Eigentümer der Urkunde eine Minderung oder Mehrung seiner Rechte erfährt.

Obligationen können als Inhaber- oder Namenspapiere vorkommen. **Namenspapiere**, (= Orderpapiere) lauten auf einen namentlich Berechtigten. Nur der durch den Aussteller benannte Berechtigte oder eine vom Berechtigten durch Indossament benannte Person können die verbrieften Rechte geltend machen. Die Übertragung erfolgt durch Einigung, Indossament und Übergabe des Papiers. Bei **Inhaberpapieren** kann jeder, der das Papier in seinen Händen hält, das darin verbriefte Recht geltend machen. Die Übertragung erfolgt durch Einigung und Übergabe (§ 929 BGB). Industrieobligationen sind i.d.R. als Inhaberpapiere ausgestaltet.

Die Schuldverschreibung dient dem **Aussteller** (= **Emittent**) zur Beschaffung mittel- und langfristiger Fremdmittel. Der Gesamtbetrag des benötigten Kapitals (= **Anleihe**) wird in Teilbeträge gestückelt (= **Teilschuldverschreibungen**). Der Emittent ist der **Anleiheschuldner**. Die Anleihe ermöglicht ihm, große Finanzbeträge bei einer Vielzahl von Kreditgebern (auch bei Anleihekäufern unterer Einkommensklassen) zu mobilisieren. Eine bestimmte Unternehmensrechtsform ist rechtlich nicht vorgeschrieben: Industrieobligationen können von jedem Unternehmen ausgegeben werden; es dominieren auf Emittentenseite Kapitalgesellschaften (AG, KGaA und sehr große GmbH).

Lesehinweis: *Hagenmüller/ Diepen* (1993, S. 627ff).

Die Teilschuldverschreibung besteht aus zwei Bestandteilen. Die eigentliche **Urkunde** nennt man **Mantel**. Auf ihrer Vorderseite ist das Schuldanerkenntnis sowie das Verzinsungsversprechen der emittierenden Unternehmung u.a.m. aufgeführt. Auf den weiteren Seiten befinden sich vor allem Rückzahlungs- und sonstige Vertragsbedingungen. Die Zinsscheine und bei längerfristigen Schuldverschreibungen der Erneuerungsschein (= Talon) zur Entgegennahme weiterer Zinscoupons sind auf dem zweiten Bestandteil der Obligation, dem sog. **Bogen**, aufgedruckt.

Die klassische Anleihe ist die festverzinsliche Industrieobligation ohne Sonderrechte. Mittlerweile gängig ist auch der angelsächsische Begriff "**Straight Bond**" bzw "**Fixed Income Bond**", wenn die über die Laufzeit gleichbleibende Kuponzahlung betont wird. Anleihen, die einen rechtswirksamen Bezug zum Eigenkapital aufweisen, sind Industrieobligationen mit Sonderrechten. Es handelt sich um Wandelschuldverschreibungen, entweder in Gestalt einer Wandelanleihe oder einer Optionsanleihe (nach § 221 AktG). Neuere Formen von Anleihen gelten als **Sonderformen** von Industrieobligationen. Hierzu sollen ausgewählte neuere Finanzierungsinstrumente nachfolgend vorgestellt werden, die für deutsche Unternehmen mittlerweile eine Bedeutung erlangt haben. Es handelt sich hierbei um Zero Bonds, Floating Rate Notes und Fremdwährungsanleihen mit Sonderausstattungen. Diesen Anleihen ist gemeinsam, daß die Zins- und Tilgungszahlungen des Emittenten aus dem vorhandenen investierten Gesamtvermögen gespeist werden. Damit steht dem Gläubiger sozusagen ein Durchschnittswert von Vermögensqualität gegenüber, da die Vermögensteile hinsichtlich ihrer Liquidierbarkeit nicht als äquivalent zu betrachten sind.

Mit neueren Anleiheformen versucht man mittlerweile auch verstärkt in Deutschland der Tatsache Rechnung zu tragen, daß insbesondere Forderungen als Bestandteile des haftenden Unternehmensvermögens meist unterschiedlich hinsichtlich ihrer Werthaltigkeit sind, dafür aber auch meist schneller als z. B. Sachanlagen liquidiert werden können. Überträgt man diesen Gedanken auf den Wertpapierbereich, so gelangt man zur Idee der

Asset Backed Securities (= ABS). "Das Ziel von ABS ist es, Vermögensgegenstände durch Einbringung in einen Forderungspool (Pooling) und Strukturierung (Repackaging und Restructuring) in festverzinsliche Wertpapiere zu überführen, die im Sekundärmarkt gehandelt werden können." (*Peters* 1995, S. 750). Der Emittent ist dann eine i. d. R. vom originären Schuldnerunternehmen (= Forderungsbegründer) eigens für diesen Zweck gegründete (rechtlich selbständige) Finanzierungsgesellschaft. Der Geschäftszweck der Gesellschaft besteht ausschließlich im Ankauf der für die Besicherung vorgesehenen Vermögensgegenstände der Schuldnerunternehmung und in deren Refinanzierung durch die Emission von Wertpapieren, also verbrieften Ansprüchen gegen diese Gesellschaft. Da sie ausschließlich diesem Zweck dient, wird sie oft als „**Special Purpose Vehicle**" (= SPV) oder Zweckmedium bezeichnet. Der Emittent der ABS verkörpert damit die im Pool eingebrachten Vermögensgegenstände, die vor allem aus in sich ähnlichen Forderungen aus Lieferungen und Leistungen, die in der bisherigen Praxis von ABS-Emissionen vor allem aus Kreditkarten-, Telefon- oder Leasingforderungen bestanden. Setzen sich die Forderungen aus einer Anzahl von Hypothekendarlehen, die ein Kreditinstitut vergeben hat, zusammen, werden diese zu einem Hypothekenpool zusammengefaßt und dann direkt Anteile der SPV an Investoren verkauft, so handelt es sich um **Mortgage-Backed Securities** (= MBS).

Lesehinweise: Zur Konzeption von ABS und eine neo-institutionenökonomische Analyse zu ABS liefert *Paul* (1994). Erläuterungen der MBS-Konstruktion finden sich u. a. bei *Munsberg* (1996).

Nach dem Sitzland des Emittenten charakterisiert, müssen Industrieobligationen seit 1985 in **Inlandsanleihen** (juristischer Sitz des Emittenten innerhalb des deutschen Rechtsgebiets) und in **Auslandsanleihen** (juristischer Sitz außerhalb des Bundesgebiets) unterschieden werden. Praktisch findet man Industrieobligationen in der Gestalt einer Inlandsanleihe so gut wie nicht mehr an den deutschen Wertpapierbörsen notiert. Industrieobligationen, die als Finanzierungsform ohnehin in Deutschland eine im internationalen Maßstab sehr untergeordnete Finanzierungsrolle spielen, werden seit der "Erklärung der Bundesbank zur Begebung von DM-Auslandsanleihen" fast ausschließlich als **DM-Auslandsanleihe** emittiert. Im Gegensatz zu einer "herkömmlichen" Industrieobligation erfolgt die Emission einer DM-Auslandsanleihe durch eine **Tochtergesellschaft** eines deutschen Unternehmens, das **im Ausland** seinen juristischen Sitz hat. Letztere weisen den Charakter von insbesondere zu reinen Finanzzwecken gegründeten Tochtergesellschaften deutscher Großunternehmen auf. Die **Besicherung** erfolgt nicht durch eine dingliche Sicherheit - wie bei einer in Deutschlands begebenen Industrieobligaion üblich - sondern i. d. R. ausschließlich durch eine unwiderrufliche Garantie der deutschen Muttergesellschaft (**Patronatserklärung**). Eine solche Anleihe wird meist auf dem deutschen Rentemarkt zum Handel an einer deutschen Börse eingeführt. Die Auslandsanleihen lauten auf DM und sind im Regelfall als Festsatzanleihe ausgestattet. Die Emission von DM-Auslandsanleihen ist an die Erfüllung bestimmter Anforderungen geknüpft, die die **Deutsche Bundesbank** auferlegt (vgl. *Deutsche Bundesbank* 1992c):

– Begebung nur unter **Konsortialführung** eines **deutschen Kreditinstituts**,

– **Meldepflicht** der Emissionsdaten bei der Deutschen Bundesbank,

– neue Anleihekonstruktionen erfordern eine zuvorige Stellungnahme der Deutschen Bundesbank.

Die Kapitalbeschaffung durch Emissionen von DM-Auslandsanleihen erfreuen sich einer zunehmenden Beliebtheit, worauf die steigenden Emissionsvolumina in DM-

Auslandsanleihen in den vergangenen Jahren schließen lassen. Gründe hierfür dürften sein:

- Der Vorteil niedrigerer DM-Zinsen aufgrund der Währungsstabilität gegenüber wichtigen international verwendeten Währungen. Durch anschließende Währungsswaps tauschen vor allem ausländische Emittenten ihre durch DM-Auslandsanleihen erlösten DM-Beträge der Emission unmittelbar anschließend in die benötigte Fremdwährung.
- Die Verwendung der emittierten Erlöse an DM-Beträgen zur Finanzierung von in DM denominierten Kapital- und Gütertransaktionen der Emittenten.
- **Niedrigere Kapitalkosten** durch geringere Sicherheitenunterlegung und niedrigeren Verwaltungsaufwand bei Erstemissionen.

Von der DM-Auslandsanleihe ist die Währungsanleihe zu trennen. Den Unterschied zeigt nachfolgende Abb. III-61 im Überblick.

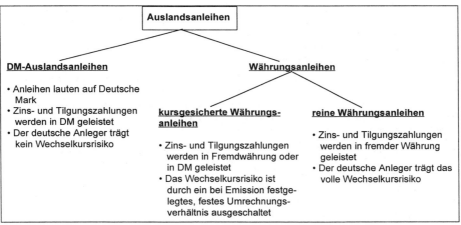

Abb.III-61: Unterscheidung von DM-Auslands- und Währungsanleihen

Bei **Währungsanleihen** handelt es sich um Anleihen, die nicht auf DM, sondern i. d. R. auf eine der international gängigen Währungen wie US-$ lauten. In jüngster Zeit werden auch vermehrt Fremdwährungsanleihen in Währung sog. Emerging Markets, d.h. aufstrebender Wirtschaften wie z. B. Tschechien, aufgelegt.

6.4.2 Straight Bonds

Die überwiegende Anzahl der national und international von Unternehmen emittierten Anleihen weisen eine feste Verzinsung und keine weiteren Sonderrechte auf. In regelmäßigen Abständen erfolgen Zinszahlungen entweder in jährlichem Zahlungsrhythmus (in Deutschland üblich) oder jeweils am Ende des Halbjahres (z. B. in den USA gängig). Bezeichnend ist für solche Anleihen auch der Begriff **"Straight Debt Security"**. Der **Nominalzinssatz**, sog. **Kupon**, ist auf der Urkunde aufgedruckt. Er orientiert sich an dem herrschenden laufzeitgerechten Kapitalmarktzinsniveau zum Zeitpunkt der Emission. Er wird üblicherweise zinstheoretisch als Preis für den Verzicht des Anleihekäufers auf anderweitige Verwendung seiner Finanzmittel (z.B. für Konsum) interpretiert. Zusätzlich wird der

Nominalzinssatz eine **Geldentwertungsprämie** enthalten, wenn Inflationserwartungen der Anleger für den jeweiligen Laufzeitbereich bestehen. Desweiteren trägt der Nominalzinssatz eine **Risikoprämie** in sich, wenn die Bonität des Emittenten unterhalb der Kriterien für beste Bonität vergleichbarer Schuldner liegt (i. d. R. repräsentiert durch Bundesobligationen bzw. -Anleihen). Traditionell werden Industrieobligationen als Inlandsanleihen dinglich besichert (erstrangige Grundpfandrechte innerhalb einer Beleihungswertgrenze von 40% des Werts der Sicherungsobjekte). Wegen der geringen Verbreitung der Industrieobligation als Inlandsanleihe und der stattdessen dominierenden Form der DM-Auslandsanleihe ist die dingliche Besicherung in den vergangenen Jahren kaum mehr anzutreffen. Bei Industrieobligationen herrschen **Bürgschaften** bzw. Garantien (in Form von Patronatserklärungen) oder **Negativklauseln** vor.

Ausgabe- und Rückzahlungskurs von Obligationen fallen häufig auseinander, i.d.R. ist der Ausgabekurs niedriger als der Rückzahlungskurs, der wiederum meist mit dem Nennwert identisch ist (= 100%-Wert). Die Differenz zwischen Ausgabe- und Rückzahlungskurs wird (wie bei Aktien) als **Agio** bezeichnet. Da im Regelfall Obligationen von Kreditinstituten übernommen und (im Wege der Fremdemission) bei den Anlegern ("im Publikum") plaziert werden, ist vom Ausgabekurs der abweichende **Übernahmekurs** zu unterscheiden. Er liegt unterhalb des Ausgabekurses, da er die Vergütung der Kreditinstitute für ihre Emissionstätigkeit enthält (= **Bonifikation**).

Die Emission sowie die **Zins-** und die **Rückzahlung** erfolgt bei Inlands- und Auslandsanleihen am deutschen Kapitalmarkt in DM (= **Denomination**). Grundsätzlich kann auch in anderen Währungen eine Emission aufgelegt werden. Die Auswahl der Anleihedenominations-, Zins- und Rückzahlungswährung wird durch die Höhe des Wechselkursrisikos einer Währung und die interessierbaren Anlegerkreise bestimmt.

Üblich ist die **Ausgabe** von Obligationen **in Stücken** zu einem Nominalwert von 100, 1.000, 5.000, 10.000 DM und z.T. auch höher. Kriterium ist das vom Emittenten anvisierte Anlegerpublikum. Niedrige Nennwerte ermöglichen den Verkauf an Anleger mit geringeren anlagefähigen Mitteln. Stücke mit hohem Nennwert erhalten i.d.R. größere Kapitalsammelstellen angeboten, womit der Emittent auch die Emissionskosten (insbesondere für Verwahrung und Verwaltung der Papiere) reduziert.

Der Verwendungszweck des Anleiheerlöses bestimmt grundsätzlich die **Laufzeit** der Obligation, da üblicherweise die Zins- und Tilgungsverpflichtungen aus dem Cash Flow der damit finanzierten Investitionen geleistet werden. Daneben sind die Usancen des Kapitalmarkts zu berücksichtigen; die Praxis kennt heutzutage Laufzeiten von bis zu zehn Jahren.

Es haben sich in der Praxis verschiedene **Formen der Rückzahlung**, d.h. der **Tilgung**, der Anleihe entwickelt. Obligationen enthalten in ihren Anleihebedingungen häufig nicht nur eine, sondern mehrere, sich ergänzende Tilgungsformen. Grundsätzlich finden die Tilgungsformen für Kredite auch in Anleihebedingungen Anwendung. Die Anleihen, die in der Praxis vorherrschen, weisen in ihren Bedingungen planmäßige Tilgungen auf, weshalb man sie auch **Tilgungsanleihen** nennt (vgl. Abb. III-62):

- **vollständige Rückzahlung** nach Kündigung der Anleihe durch den Emittenten,
- Rückzahlung in gleichen Raten (= Ratentilgung), wobei die jährlichen Zahlungsbeträge durch die sinkende Zinsbelastung zurückgehen,
- dagegen bleiben bei der **Annuitätentilgung** die jährlichen Zahlungsbeträge des Emittenten gleich,

- praktiziert werden auch **Auslosungen** von Anleihen (nach Serien, Reihen, Gruppen oder Endziffern) zu bestimmten Terminen und die Rückzahlung dieser ausgelosten Stücke. Pflicht ist die Veröffentlichung dieser Papiere im Bundesanzeiger.

Bei **gesamtfälligen Anleihen** kann die Tilgung mittels einer speziell vorher gebildeten Rücklage erfolgen (= **"Sinking Fund"-Tilgung**). Der Emittent bildet dann über die Laufzeit der Obligation aus den anfallenden Abschreibungserlösen und Gewinnenanteilen der durch die Anleihe finanzierten Investitionen eine zweckgebundene Rücklage.

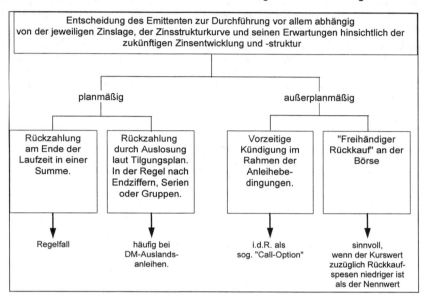

Abb. III-62: Überblick über die Tilgungsformen

Zwar ist die Tilgungsregelung grundsätzlich von den Erwartungen des Emittenten hinsichtlich der zukünftigen Zinsentwicklung und der Zinsstrukturkurve abhängig, doch in besonderer Weise liegen diese Überlegungen bei Anleihen mit **außerplanmäßigen Tilgungsformen** zugrunde:

- Der Emittent kauft die Anleihe an der Börse (freihändig) zurück. Dies wird meist zur Verstärkung parallel verlaufender Tilgungformen (z.B. Verlosung) angewendet.

- Vor allem bei ewig laufenden Anleihen, die ohne Endfälligkeit gekennzeichnet sind, verfügt der Emittent häufig über ein Kündigungsrecht (sog. Call-Option). Eine solche Tilgungsbedingung findet man aber auch bei endfälligen Stufenzinsanleihen (vgl. Abschnitt 6.4.3).

6.4.3 Kombizinsanleihen

Unter diese Gruppe von Anleihen werden alljene Obligationen zusammengefaßt, die folgende Eigenschaften aufweisen: "Die jährlichen Zinszahlungen sind in ihrer absoluten Höhe festgelegt, im Gegensatz zu klassischen Kuponanleihen ist der Kupon jedoch **nicht** während der gesamten Laufzeit **konstant**. (...) Die jährlichen Kupons sind derart aufeinander abgestimmt, daß eine Emission der Anleihe **nahe bei pari möglich** ist." (*Bühler/Ayasse* 1993, S. 89). Da solche Anleihen "den Kupon" durch die Kombination verschiedener Nominalzinssätze darstellen, werden sie auch als Kombi(nations)zinsanleihen bezeichnet.

Kombizinsanleihen zeichnen sich im einfachsten Fall dadurch aus, daß für die Gesamtlaufzeit zwei verschiedene Nominalzinssätze festgelegt werden. Der erste, regelmäßig sehr niedrig oder teilweise auch Null betragende Nominalzinssatz, gilt für eine bestimmte Periode zu Beginn der Laufzeit. Innerhalb der folgenden zweiten Periode wird ein zweiter recht hoher Nominalzinssatz festgelegt.

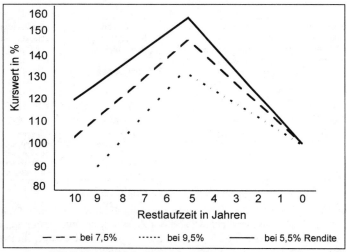

Abb. III-63: Verlaufsprofil der Rendite einer Kombizinsanleihe

Durch den niedrigen Kupon wird in den ersten Laufzeitjahren ein steigender Kurs erzielt, der für den Anleger bei vorzeitigem Verkauf Kursgewinne ermöglicht. Behält der Anleger das Wertpapier bis zum Laufzeitende in seinem Portefeuille, so verlagert er durch den Zinsabschlag die Besteuerung von Zinseinkünften in die Zukunft.

Beispiel: Die erste Anleihe dieser Art auf dem deutschen Rentenmarkt emittierte die Hamburgische Landesbank am 28.1.1992. Sie war mit einer Laufzeit von 10 Jahren ausgestattet. Die Regelung der Zinszahlung: in der ersten fünf Jahren keine, bis zur Endfälligkeit dann pro Jahr 19%. Die Rückzahlung erfolgt am 7.2.2002 zu 100%. Der Emissionskurs betrug 101,70 DM. Als Rendite errechnete man 7,54%.

Verwandt mit dieser Form der Kombizinsanleihe ist die Gleitzinsanleihe. Bei **Gleitzinsanleihen** (= **Stufenzinsanleihe, Staffelzinsanleihe**) wird von Emissionsbeginn statt einer über die Laufzeit festen einheitlichen Nominalverzinsung eine steigende oder sinkende Zinssatzstaffel vereinbart. Häufig erfolgt die Anpassung im Jahresrhythmus (vgl. *Steiner/Bruhns* 1996, S. 226). Folgende **Varianten** sind am Finanzmarkt zu unterscheiden:

– Eine Gleitzinsanleihe, die zum Laufzeitbeginn mit niedrigen Zinssätzen beginnt und bis zum Ende der Laufzeit ansteigende Zinssätze aufweist, kennzeichnet die **Step Up-Variante**. Damit werden aus Anlegersicht Zinserträge auf spätere Zeiten verlagert. Es sind Typen am Markt, bei denen der Zinssatz jährlich um einen gleichen betraglichen Abstand ansteigt. Die Grundkonstruktion ähnelt dem Bundesschatzbrief Typ A. Auf der anderen Seite findet man auch Papiere mit anfangs sehr geringem Zinsanstieg und später sehr hohen Zuwächsen. Die letzten Typen weisen in der Niedrigzinsphase ihrer Laufzeit meist sehr hohe Kursgewinne auf, die einen vorzeitigen Verkauf für Anleger u.U. (besonders aus steuerlicher Sicht) attraktiver erscheinen lassen, als das Papier bis in die Hochzinsphase zu halten.

Beispiel: So legte im Mai 1992 die Berliner Bank AG eine Step Up-Anleihe mit 10 Jahren Laufzeit bei einem Emissionskurs von 94,50 DM auf. In den ersten 8 Jahren werden jährlich 2,75% Zinsen gezahlt, in den letzten beiden Jahren 30%.

– Werden in einer Gleitzinsanleihe Zinssatzvereinbarungen getroffen, die über ihre Laufzeit von anfangs hohen zu sinkenden Zinssätzen führen, spricht man von der **Step Down-Variante**. Bei diesen Anleihen ist der Kurs anfangs hoch. In den folgenden Jahren fallender Zinssätze sinken die Kurse meist weit unter den Nominalwert. Für Anleger, die dann das Wertpapier erwerben, kann ein Kursgewinn realisiert werden, da die Anleihe am Laufzeitende zu 100% getilgt wird. Dieser Kursgewinn ist zudem im Rahmen der Spekulationsfrist steuerfrei.

Beispiel: In einer von Trinkaus & Burkhardt begebenen ersten Step-down-Anleihe waren für die Laufzeit von 10 Jahren folgende Zinssätze pro Laufzeitjahr fixiert: 15%, 12,5%, 10%, 8%, 6%, 5%, 4%, 3%, 2,5%, 2%.

Häufig sind mittlerweile Step Up-Varianten mit **Call-Vereinbarung** ausgestattet, was ein einseitiges im voraus in den Anleihebedingungen festgelegtes Kündigungsrecht des Emittenten beschreibt. Es ermächtigt ihn, ab der in den Anleihebedingung festgeschriebenen Zeit nach Emission die Anleihe vorzeitig zu tilgen. Analog der Denkweise bei Optionen übernimmt der Anleihegläubiger die Rolle des Stillhalters, während der Emittent sozusagen bei Ausübung seines Calls die Lieferung der Anleihe i. S. einer Rückgabe gegen Zahlung des Tilgungsbetrags akzeptieren muß. Die Call-Vereinbarung dient dem Management des Zinsänderungsrisikos seitens des Emittenten. Meist kann nach zwei bis drei Jahren ab Emissionszeitpunkt der Call ausgeübt werden. Der Emittent wird seine Option wahrnehmen, wenn er bei gesunkenem Zinsniveau oder veränderter Zinsstrukturkurve die Anschlußfinanzierung zu niedrigeren Zinssätzen und damit geringeren Kapitalkosten bewerkstelligen kann.

Lesehinweis: *Bühler/Ayasse* (1993).

6.4.4 Anleihen mit variablem Zinssatz

Bei diesem Anleihetyp - auch als **Floating Rate Note**, **FRN** oder **Floater** bezeichnet - handelt es sich um eine **langfristige Anleihe**, deren Zinssatz im voraus am „Roll Over Date" periodisch, d.h. meist viertel- oder halbjährlich angepaßt wird. Dadurch haben diese Anleihen eine prinzipielle Verwandtschaft zum Roll-Over-Kredit der Euromärkte. Der Nominalzinssatz einer FRN besteht aus dem jeweiligen **Basiszinssatz** LIBOR oder FIBOR, zzgl. einer **Marge** (= „**Spread**"). Sie wird in Basispunkten gemessen. Ein Prozentpunkt entspricht 100 Basispunkten, auch Basic Points, was mit "bps." abgekürzt wird. Der Spread orientiert sich in seiner Höhe an der Bonität des Schuldners und kann mit Aufschlag (gängig sind Margen von 1/16% bis 1/2%) oder mit Abschlag (z.B. abzgl. 1/10%) ausgestaltet sein. Möglich ist auch, daß ein Spread auf den Basiszinssatz ganz entfällt. FRN ohne Marge werden mit "**flat**" bezeichnet. Während der Basiszinssatz je nach Fristigkeit der Bezugsbasis unterjährig angepaßt wird (und die Höhe der Zinszahlung bestimmt), bleibt der Spread bei der herkömmlichen FRN-Konstruktion während der gesamten Laufzeit konstant. Im Unterschied dazu sehen „**Variable Rate Notes**" vor, daß die Margenhöhe nach jeder abgelaufenen Zinszahlung für die kommende Zinsperiode neu festgelegt werden kann. Änderungen in der Bonität des Schuldners oder der Zinsspannen auf dem in den Anleihebedingungen festgelegten Referenz-Finanzmarkt können Gründe hierfür sein.

Während mit FIBOR und LIBOR ein Geldmarktzinssatz als **Basiszinssatz** gewählt wird, gibt es insbesondere auf den Euromärkten auch Konstruktionen von FRN, die den Zinssatz an einen **Kapitalmarktzinssatz** binden. Bei sog. **SURF-Anleihen** (Constant Maturity Treasury Step Up Recovery Floating Rate Note) wird der Zinssatz zehnjähriger US Treasury-Notes zugrundegelegt: Er wird zum Zeitpunkt der Zinsfestlegung halbiert und um den in den Anleihebedingungen fixierten Spread ergänzt. Eine solche Zinssatzkonstruktion ist für Anleger besonders interessant, wenn die Geldmarktzinsen deutlich unter den langfristigen Zinssätzen liegen (vgl. *Eller/Spindler* 1994, S. 181-182.). Mittlerweile befinden sich auch Anleihen im Kapitalmarkt, die die kapitalmarktorientierte Verzinsung an den deutschen Rentenmarktindex (**REX**) gekoppelt haben.

FRN werden häufig als **Inhaberpapiere** emittiert, sind **fungibel** und werden am Sekundärmarkt gehandelt. Der Emissionskurs beträgt regelmäßig 100%. Als **Emittenten** treten emissionsfähige Unternehmen und Kreditinstitute sowie staatliche Organisationen auf. Die Käufer setzen sich - wegen der überwiegenden **Stückelung** von 100.000 DM oder deren Gegenwert in ausländischer Währung - meist aus Kreditinstituten und institutionellen Anlegern zusammen, immer häufiger werden Floater auch in niedrigeren Nominalbeträgen zum Ansatz an die Privatkundschaft von Kreditinstituten emittiert. Mittlerweile gibt es auf dem Kapitalmarkt eine ganze Reihe von Variationen des klassischen Floaters, wovon einige hier kurz vorgestellt werden sollen (zu den Derivatgrundlagen vgl. Abschnitt 7.4.3):

- Unter „**Perpetual Floater**" versteht man FRNs, die keine festgelegte Höchstlaufzeit aufweisen und dafür mit Put-Optionen für den Anleger ausgestattet sind. Er kann dann vor Endfälligkeit vom Schuldner die Rückzahlung verlangen.

  Beispiel: Die erste Anleihe des US-Kreditinstituts Citiecorp bot dem Anleger nach 2 ½ Jahren alle 6 Monate Put-Optionen und gleichzeitig wurde die Verzinsung von Drei-Monats-LIBOR auf Drei-Monats-LIBID (ohne Margen) reduziert. Damit wurde vom Emittenten die Ausübung der Put-Optionen auf diesem Zeitraum hingesteuert. Der Schuldner Citiecorp hatte dann ab 1986 Call-Optionen, die bis 1990 über pari erfolgen konnten und ab dann zu pari möglich waren.

- **Drop Lock-Bonds** sind mit einer sog. "**Trigger Rate**" ausgestattet: Wenn der relevante Basiszinssatz (z.B. LIBOR) unter den in den Anleihebedingungen festgelegten Satz sinkt, wird die FRN automatisch in eine Festzinsanleihe zu diesem Satz gewandelt. Damit wird ein Mindestzinssatz garantiert, weshalb auch die Bezeichnung "**Floor Note**" gängig ist. Bei steigendem Zinsniveau paßt sie sich nach oben wieder an. Varianten sind Fixed Rate Convertibles, bei denen nicht in den Anleihebedingungen von vornherein die Zinsfestschreibung festgelegt ist, sondern der Anleger bestimmt, wann die Zinsfestschreibung erfolgt.

Das Gegenstück der Zinsbegrenzung nach unten ist der **Cap Floater**, der eine Höchstzinssatzbegrenzung aufweist. Kombinierte Anleihen, die von vornherein einen

Mindestzins- (= "Mini" oder "Floor") oder Höchstzinssatz (= "Maxi" oder "Cap") in ihren Vertragsbestandteilen aufweisen, werden **"Mini-Maxi-Floater"** oder **Collar** genannt. (Werden die Zinsen wöchentlich neu festgelegt, spricht man von **"Mismatch-FRN"**.)

- Beim **Reverse-Floater** steigt die **Verzinsung mit sinkendem** allgemeinen **Zinsniveau** (z.B. repräsentiert durch sinkenden FIBOR). Für Anleger (Emittenten) ist (sind) in Niedrigzinsphasen die Rendite (Kapitalkosten) daher überdurchschnittlich hoch. Die Emissionen sind meistens - je nach Schuldner - in den ersten ein bis vier Jahren mit einem über den Marktzinsen liegenden Festzinssatz ausgestattet; daran schließt sich für die restliche Laufzeit eine variable Verzinsung z. B. nach der Formel „Festzinssatz minus Sechs-Monats-LIBOR (oder FIBOR)" an. Je einschneidender sich also der Zinsrückgang darstellt, desto höher wird der Zinsertrag für den Anleger.

<u>Beispiel:</u> Der Reverse-Floater der Deutsche Bank BV, Amsterdam, wies mit seiner Emission Anfang 1993 eine Laufzeit von 10 Jahren auf. Im ersten Jahr war der Nominalzinssatz mit 8,5% und im zweiten Jahr mit 8,0% festgesetzt. Danach galten 13% abzgl. Sechs-Monats-LIBOR für DM-Geldanlagen. Liegt der DM-LIBOR ab dem dritten Jahr im Durchschnitt bei 4% erhält der Anleger im Durchschnitt 9% Nominalverzinsung. Sofern gleichzeitig die Zinssätze für andere DM-Obligationen mit vergleichbaren Laufzeiten unter 9% liegen, müßte der Kurs des Reverse-Floater über dem Rückzahlungskurs liegen.

Was die Kurschancen des Reverse-Floater anbetrifft, dürften sie in einer **Niedrigzinsphase** höher als bei üblichen FRN sein. Anders hingegen in **Zeiten steigender Zinsen**: Die Verzinsung des Reverse-Floaters sinkt und damit steigt das Risiko des Kursverlusts. Anleger in diesem Anleihetyp dürften - im Gegensatz zum traditionellen Floater - mehr spekulativen Kreisen zuzuordnen sein.

Bei **fallendem Zinsniveau** wird ein Floater vom Emittenten mit **sinkenden Zinsen** bedient, wodurch die Kapitalkosten einer solchen Fremdkapitalbeschaffung fallenden Zinssätzen am Kapitalmarkt angepaßt werden können (**umgekehrt** liegt hierin ein **Risiko**, wenn sich entgegen der Erwartungen des Emittenten Zinssteigerungen während der Laufzeit einstellen). Wird ein **Zinszyklus am Tiefpunkt** vermutet, wird der Emittent vorzugsweise einen **Straight Bond** auflegen, um sich den historisch niedrigen Zins auf längere Zeit zu sichern. Zu diesen Vorteilen für den Emittenten kommt hinzu, daß niedrigere Kapitalkosten als bei internationalen Konsortialkrediten anfallen.

Als Vorteile für den **Anleger** in FRN sind das geringe Zinsänderungsrisiko bzw. Kursrisiko aufgrund der variablen Zinsfestschreibung, die meist höheren Rendite gegenüber vergleichbaren kurzlaufenden Bankeinlagen und die Möglichkeit der vorfälligen Liquidierbarkeit auf in der Regel funktionsfähigen Sekundärmarkten zu nennen.

6.4.5 Zerobonds (Null-Kupon-Anleihen)

Zerobonds, auch Null-Kupon-Anleihen genannt, sind langfristige Schuldverschreibungen, die **ohne Zinsschein** begeben werden und anstelle einer laufenden Zinszahlung einen Kapitalzuwachs in Form einer **Thesaurierung** der **Zinszahlungen** aufweisen. Zerobonds werden mit einem **hohen Abschlag** abgezinst emittiert und zum **Laufzeitende** mit dem rechnerischen Zins und Zinseszins zurückgezahlt. Die Verzinsung dieser Obligation liegt in der Differenz zwischen Rückzahlungsbetrag und Ausgabekurs. Durch den Aufzinsungseffekt sichert sich der Anleger die Verzinsung der Emissionsrendite für die gesamte Laufzeit und hat als weiteren Vorteil kein Wiederanlagerisiko aus Zinszahlungen. Die Laufzeit der Papiere liegt zwischen 3 und 35 Jahren (vgl. *Eller* 1995, S. 155ff.).

Historisch gesehen verdanken Zerobonds ihre Entstehung der hohen Inflation und der damit verbundenen Hochzinspolitik in den **USA** Anfang der 80er Jahre. So wurden zuerst **1981** in den USA sog. **"Original Issue Deep Discount Bonds"** und danach Null-Kupon-Anleihen aufgelegt. Anschließend erfolgte ihre **Einführung am Euromarkt**. In **Deutschland** gab die Deutsche Bundesbank ihre anfangs geäußerten Bedenken im Mai **1985** auf und schaffte durch die "Erklärung über die Begebung von DM-Auslandsanleihen" die Möglichkeit der Emission von Zerobonds (sog. Rest-Liberalisierung des DM-Anleihemarkts).

Bei einem **echten Zerobond** handelt es sich um eine sog. **Abzinsungsanleihe**, auch Zerobond „Issued With Discount" genannt. Der Ausgabekurs liegt wesentlich unter dem Nennbetrag. Er entpricht dem abgezinsten Barwert in Abhängigkeit von Laufzeit und Emissionsrendite. Die Rückzahlung erfolgt am Laufzeitende zu pari.

Beispiel: Die erste Null-Kupon-Anleihe dieser Art wurde auf dem US-Kapitalmarkt im Frühjahr 1981 für das US-Unternehmen J.C. Penney aufgelegt. Im Juni 1981 wurde am Euromarkt erstmals eine Null-Kupon-Anleihe emittiert, die folgende Merkmale aufwies (vgl. *Burkart* 1985):

Emittent:	PepsiCo Capital Corp. N.V
Emissionserlös:	75 Mio. US-$ (Nennwert)
Laufzeit:	3 Jahre
Zinszahlungen:	keine
Emissionskurs:	67 1/4%
Tilgung:	100%
Rendite bis Fälligkeit:	14,14% .

Von einem **unechten Zerobond** (= **Kapitalzuwachsanleihe, Aufzinsungsanleihe**) spricht man hingegen, wenn der Ausgabekurs dem Nennwert der Anleihe entspricht. Bei der Rückzahlung erhält der Gläubiger zum Tilgungsbetrag die kumulierten Zinsen und Zinseszinsen ausgezahlt. Diese amerikanische Konstruktion ist in Deutschland eng verwandt mit dem seit 1985 ausgegebenen Bundesschatzbrief vom Typ B, den unverzinslichen Schatzanweisungen und einigen Sparbriefformen von Kreditinstituten.

Beispiel:
Emittent:	Republik Österreich-Anleihe von 1985/1995
Emissionskurs:	100 %
Emissionserlös:	100 Mio. DM.
Rückzahlungskurs:	200 %
Emissionsrendite:	7,18%

Zwischen dem echten und dem unechten Zerobond gibt es **Mischformen**. Insbesondere aufgrund der vielfältigen Kreationen von Finanzprodukten zur Vermeidung der deutschen Zinsabschlagsteuer hatten in Deutschland kurzzeitig die in den **USA** bereits seit 1972 gängigen **"Stripped Bonds"** (= **"abgestreifte Anleihen"**) Konjunktur. Der echte Stripped Bond zeichnet sich dadurch aus, daß auf ein Portfolio von Festzinssatz-Anleihen von einem Kreditinstitut die Zinszahlungen einbehalten werden und die Anleger bei Fälligkeit eine einmalige Auszahlung von Zins, Zinseszins und Tilgungsbetrag erhalten. Hierdurch kommt es faktisch zur Schaffung eines Zerobonds. Die Ansprüche sind durch emittierte Urkunden der das Stripping betreibenden Bank verbrieft. Die Bank trägt das Wiederanlagerisiko, dem Anleger kommt ein hoher Grad an Sicherheit zugute, da die zugrundeliegenden Festzinssatz-Portfolios aus öffentlichen Anleihen bestehen. Die ersten im Rahmen von Stripped Bonds vermarkteten Produkte waren in den USA

– **"Certificates of Accruel on Treasury Securities"** (= CATS), die vom Investmenthaus Salomon Brothers entwickelt wurde und sich am Kapitalmarkt am stärksten durchsetzen konnten; sowie andere Entwicklungen wie z. B.

- **"Treasury Investment Growth Receipts"** (= TIGRs) der Investmentbank Merrill Lynch, die allerdings weniger erfolgreich vom Kapitalmarkt aufgenommen wurden als CATS.

In **Deutschland** hat 1986 erstmals die Commerzbank AG Stripped Bonds auf der Basis langfristiger Schuldscheindarlehen öffentlicher Hände (anstelle der öffentlichen Anleihen wie in den USA) angeboten (vgl. *Glogowski/Münch* 1990, S. 278-282). Vorbehalte der Deutschen Bundesbank und der Finanzbehörden haben das Anleihestripping aber in Deutschland an einer weiteren Entwicklung gehemmt. Seit Mitte 1997 ist dagegen das Strippen von Bundesanleihen durch eine Verordnung der Deutschen Bundesbank gestattet.

Emittenten von Zerobonds sind vor allem Kreditinstitute und Industrieunternehmen. Abb. III-64 faßt die Chancen, aber auch die Risiken einer Null-Kupon-Anleihe für den Emittenten zusammen:

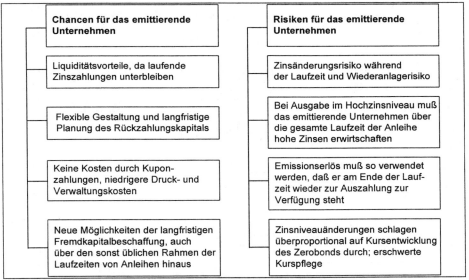

Abb. III-64: Chancen und Risiken eines Zerobond für den Emittenten

Für den Anleger sind Zerobonds vor allem wegen ihres **Steuerstundungs- und Steuereinsparungseffekts** eine interessante Alternative zu Straight Bonds. Dieser Vorteil ergibt sich, weil nach geltendem Steuerrecht eine **Ertragsbesteuerung** von im **Privatvermögen** befindlichen Zerobonds erst im Zeitpunkt des Verkaufs bzw. der Rückzahlung der Anleihe erfolgt. Dadurch wird der steuerliche Gewinn erst in der Zukunft realisiert, was einen zinslosen Steuerkredit darstellt. Liegt der **persönliche Steuersatz** eines Anlegers darüberhinaus zum Zeitpunkt der Rückzahlung (etwa wegen Pensionierung des Anleihegläubigers) unter dem Satz vor dem Rückzahlungstermin, so ergibt sich eine geringere Steuerschuld. Allerdings weist ein Zerobond für Anleger auch ein höheres Risiko auf: Das Bonitätsrisiko beschränkt sich nicht nur auf den Anleihebetrag, sondern schließt auch die aufgelaufenen Zinsen ein (vgl. *Eller* 1995, S. 159-160).

Lesehinweis: *Zwerenz* (1997).

6.4.6 Anleihen mit Währungsbesonderheiten

Bei Doppelwährungsanleihen (= Dual Currency Bonds) sehen die Anleihebedingungen **Zahlungsströme** in **zwei** unterschiedlichen **Währungen** vor. Beim Grundtyp dieser Anleihe werden vom Kapitalgeber der Anlagebetrag und vom Emittenten die Zinsen in einer Währung (z.B. DM), die Rückzahlung dagegen in einer **anderen Währung** (z.B. US-$) vom Emittenten geleistet. Dabei wird der Rückzahlungskurs beispielsweise in US-$ in der Regel über dem Ausgabekurs festgelegt. Der höhere Rückzahlungsbetrag sichert die US-$/DM-Kursrelation und damit eine mögliche US-$-Abwertung per Termin in gewissem Umfang ab. Man bezeichnet diese Anleiheform auch als **"hybride Anleihe"**. Kennzeichnend ist die Art der Aufteilung von **Wechselkursrisiken** zwischen Gläubiger und Schuldner einer Anleihe. Nachfolgende Abb.III-65 verdeutlicht die Zusammenhänge.

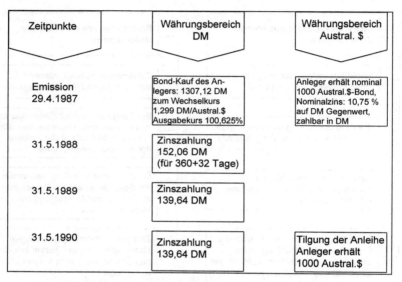

Abb. III-65: Grundbeziehungen einer Doppelwährungsanleihe

Die **Konstruktion** der Doppelwährungsanleihe wie sie in Abb. III-65 dargestellt ist, basiert auf einer Emission DM/Austral-$-Anleihe des schwedischen Unternehmens Volvo AB. Beim Kauf dieser Doppelwährungsanleihe leistete der Kapitalgeber für eine nominal auf 1000 Austral-$ lautende Anleihe Zahlung in DM aufgrund folgender Wertverhältnisse (vgl. *Walz/Menichetti*, 1987, S. 553ff.): Der **Emissionskurs** betrug 100,625%, die **Emissionsparität** war mit 1299 DM/Austral-$ fixiert. Mit einer Laufzeit von drei Jahren war eine Nominalverzinsung von 10,75% p.a. verbunden. Die Kuponzahlungen erfolgten während der Laufzeit in DM. Am Laufzeitende erfolgte die Pari-Rückzahlung in Austral-$.

Wirtschaftlich gesehen ist eine Doppelwährungsanleihe mit einer **Risikostreuung in zwei Anleihewährungen** vergleichbar. Das Ausmaß der Streuung ergibt sich aus der Aufteilung des Kaufkurses der Doppelwährungsanleihe in die (z.B.) DM- und Austral-$-Bestandteile. Die Aufteilung läßt sich vornehmen, indem die Barwerte der Zinszahlungen (in DM) und der Tilgung (in US-$) bestimmt werden. Die Doppelwährungsanleihe tritt in verschiedenen Varianten auf:

- Beim **Reverse Dual Currency Bond** wird die Tilgung in der gleichen Währung wie die der Obligationsbegebung (z.B. DM) gezahlt. Die Zinsen werden in der zweiten Währung (z.B. US-$) geleistet. Als Produkt haben diese Konstruktionen vor allem in der Schweiz als sog. "**FIPS**" (= Foreign Interest Payment Securities) Bedeutung erlangt, wobei sie hier als **ewige Anleihen** begeben werden (z.B. 1986 für die US-Fa. Pepsi-Co.).

- Im Vorfeld der geplanten Einführung des "Euro" im Rahmen der Europäischen Wirtschafts- und Währungsunion wurden **Duoanleihen** begeben. Bei diesen hat der Inhaber das Recht, während einer bestimmten Frist zu entscheiden, ob die Anleihe in der Währung, in der sie ursprünglich von ihm erworben wurde (DM), zurückgezahlt werden soll oder in einer anderen Währung, vor allem in US-$. Die Emission richtet sich an Anleger, die der Euro-Einführung skeptisch gegenüberstehen und dem hohen Kursrisiko von Fremdwährungsanleihen teilweise entgehen möchten.

<u>Beispiel:</u> Die Duoanleihe der SGZ-Bank wies folgende Merkmale auf: Laufzeit 6 Jahre, Kupon 4,5%, Emissionskurs 96,9%, Gläubigerwandlungsrecht am 17.12.1998 in US-$ zu einem bei Emission festgelegten Wechselkurs von 1,60 DM/US-$. Stückelung in 1000 DM bzw. 625, Wandlungsfrist vom 7. bis 15.12.1998. Wird vom Anleger eine Wandlung in US-$ vorgenommen, beträgt der Dollar-Kupon ebenfalls den Zinssatz von 4,5% (o.V. 1996).

Der **Risikostreuungsaspekt** der (originären) Doppelwährungsanleihe wirkt auf Anleger und Emittent asymmetrisch: Bei **Aufwertung** der ausländischen (Rückzahlungs-)Währung erzielt der Anleger zusätzlich zur Anleiherendite **Kursgewinne** aus dem Währungsbereich der Anleihe. **Währungsverluste** erleidet der Anleger dagegen, wenn bei Fälligkeit der Anleihe die Rückzahlungswährung gegenüber der **Währung** seines Sitzlands **abgewertet** wurde. Die Rendite einer Doppelwährungsanleihe ist daher wegen des Währungsrisikos nicht ausschließlich vom Zinssatz bzw. Kurs der Anleihe abhängig. In unten dargestellter Abbildung wird der Einfluß der Wechselkursänderung auf die Anleihe-Rendite dargestellt.

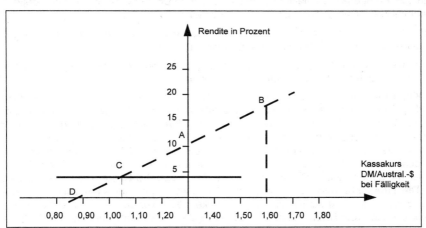

Abb. III-66: Wechselkurselastizität von Doppelwährungsanleihen
(Quelle: *Menichetti/Walz* 1987, S. 555)

Mit der Geraden DCAB in Abb. III-66 lassen sich folgende Aussagen ablesen:

- **Punkt A** bezeichnet den Fall, in dem der Rückzahlungskurs gegenüber dem **Emissionkurs unverändert** ist. Der Anleger erzielt eine Rendite von 10,20%, die wegen des Agios zum Emissionszeitpunkt geringfügig niedriger ist als die Nominalverzinsung von 10,75%.
- Bei **Aufwertung** der Schuldnerwährung bis auf beispielsweise 1,60 DM/Austral-$ erzielt der Anleger eine erhöhte Effektivverzinsung von 18,05% (**Punkt B**).
- **Wertet** dagegen die **Schuldnerwährung ab**, reduziert sich die Rendite. **Punkt C** zeigt den "kritischen Wechselkurs" (1,056 DM/Austral-$). Zu diesem Kurs erzielt der Anleger eine Rendite, die laufzeitgerecht und bei gleicher Schuldnerbonität mit einer Inlandsanlage erzielen könnte. Bei dieser Vergleichsrendite von 4,5% besteht ein "**Break-Even-Kurs**" von 1,056 DM/Austral-$. Eine Rendite von Null liegt im Fall von Punkt D vor, die sich ergibt, wenn der Wechselkurs auf 0,876 DM/Austral-$ fällt. Bei weiterem Kursverfall wäre die Rendite negativ.

Doppelwährungsanleihen verdanken ihre Entstehung der Tatsache, daß es zwischen verschiedenen Währungen **Unterschiede in** den nationalen **Zinsniveaus** geben kann. Für Emittenten von Anleihen läßt sich dieser Umstand nutzen: Schuldner mit Sitz in Ländern wo ein vergleichsweise hohes Zinsniveau herrscht, sind bestrebt, Kapital aus Ländern zu beschaffen, in denen vergleichsweise geringere Zinsen zu zahlen sind. Der besondere **Vorteil** einer Doppelwährungsanleihe liegt dann darin, daß

- der Kapitalnehmer einen Kredit in der Währung eines Landes beschafft, in dem ein niedriges Zinsniveau herrscht und auch in dieser Währung dann die Zinsen zahlt,
- die Tilgung jedoch in der eigenen Landeswährung, d.h. des Landes, in dem der Sitz des Emittenten ist.

Die Tatsache, daß die Tilgung in der Währung des Kapitalgebers erfolgt, hat einen entscheidenden Effekt für den Kapitalgeber: Er trägt damit das Risiko einer Aufwertung der niedrigverzinslichen Währung seines Sitzlands, was sich für ihn als Wertverlust darstellen kann. Zur Kompensation dieses Risikos verzeichnen Doppelwährungsanleihen gegenüber herkömmlichen Währungen weitere **Besonderheiten**:

- Meist ist die Rendite wegen eines Risikoaufschlags um ca. 2 bis 5% höher als gegenüber herkömmlichen Obligationen mit gleicher Laufzeit.
- Ebenfalls zur Risikobegrenzung werden häufig Kündigungsrechte des Gläubigers als auch Rücktrittsrechte des Schuldners vereinbart.

Die **Kursnotierung** einer Doppelwährungsanleihe (wie im obigen Beispiel in DM/Austral-$) erfolgt in Prozent des Nominalwerts **in ausländischer Währung**. Stückzinsen sind bereits im Kurs enthalten, d.h., die Notierung erfolgt *flat*. Die Kursbewegungen der Anleihe selbst werden - abgesehen von dem Einfluß der Zinsentwicklung - maßgeblich von Währungsschwankungen bestimmt. So würde sich ein fallender DM/Austral-$ zunächst spürbar positiv auf den Austral-$-Kurs der Anleihe auswirken, da der DM-Teil aufgewertet würde. Mit abnehmender Restlaufzeit nimmt der „**Austral-$-Bestandteil**" des Papiers zu (da „**DM-Zinsbestandteil**" abnimmt). Zunehmend würde sich somit ein fallender Austral-$-Kurs weniger stark auf die Kursfindung auswirken. Kurz vor der Fälligkeit stellt das Papier eine fast reine Fremdwährungsanlage dar, bei Fälligkeit wird der Kurs (in Austral-$) 100 % (= Austral-$ 100) erreichen. In jedem Fall erfordert eine Kursanalyse der Doppelwährungsanleihe eine laufende Bewertung der jeweiligen „Währungsbestandteile".

7 Bewertung von Anleihe- und Kreditkontrakten

Die Grundlage der Bewertung von Kreditverträgen und Obligationen stellen einige zentrale Zusammenhänge der Finanzmathematik dar. Im Zentrum stehen Barwertmethoden.

7.1 Barwertkonzept

Anleihen werden auf der Grundlage der Finanzmathematik berechnet, indem sie ausschließlich als Zahlungsstrom betrachtet werden. Grundsätzlich ergibt sich die Betrachtung einer geometrischen Reihe von Cash Flows (= CF): CF_0, CF_1, CF_2, , ..., CF_t, ..., CF_T. Den Zeitpunkt, auf den die Ein- und Auszahlungen mit dem Kalkulationszinsfuß i auf- oder abgezinst werden, bezeichnet man als **Bezugszeitpunkt**. Liegt der Bezugszeitpunkt am Ende einer Zahlungsreihe (= T), ermittelt man den **Endwert** (= **Future Value**) der Zahlungen (= FV_T).

(III-2) $$FV_T = \sum_{t=0}^{T} CF_t(1+i)^{T-t} = \sum_{t=0}^{T} CF_t q^{T-t}.$$

Gewöhnlich wird dabei aus Vereinfachungsgründen mit dem **Aufzinsungsfaktor** gearbeitet: $(1+i)^{T-t} = q^{T-t}$. Wird als Bezugszeitpunkt ein beliebiger Zeitpunkt gewählt (z. B. Zeitpunkt t^+), so handelt es sich bei der kalkulierten Größe der Zahlungsreihe um den **Barwert** (= DV_{t+}):

(III-3) $$DV_{t^+} = \sum_{t=0}^{T} CF_t(1+i)^{t^+-t} = (1+i)^{t^+} DV_0.$$

Legt man der Wertermittlung den Zeitpunkt unmittelbar vor der ersten Zahlung CF_0 zugrunde, erhält man den **Barwert** (= **Present Value**, PV), der für die weiteren Betrachtungen von herausgehobener Bedeutung ist:

(III-4) $$PV = \sum_{t=0}^{T} CF_t(1+i)^{-t} = \sum_{t=0}^{T} CF_t q^{-t}.$$

Zentrale Rolle in der Present Value-Ermittlung spielt der Diskontierungsfaktor $(1+i)^{-t} = q^{-t}$.

7.1.1 Present Value

Die Bestimmung des Present Value basiert auf der Anwendung des Barwertmodells für eine Zahlungsreihe und dem Diskontieren der Zeitwerte zukünftiger Zahlungen auf den Gegenwartszeitpunkt. Zahlungsreihen von Anleihen sind i. d. R. solche vom Typ **Point Output Continues Input**:

Tab. III-5: Typische Struktur der Zahlungsreihe einer Anleihe

Die zentrale Frage der Anleihebewertung, die mittels Anwendung der Barwertmethode beantwortet werden soll, lautet: Welchen Wert weisen die zukünftigen Rückflüsse einer Anleihe zum Gegenwartszeitpunkt auf? Daran anschließend kann die nächste Frage beantwortet werden, ob der aktuelle Kurs einer Anleihe mit dem Present Value übereinstimmt. Damit wäre die Bewertung fair und es wäre kein Anlaß zu Portfolioumschichtungen oder sonstigen Dispositionen (wie im Fall der Unter- bzw. Überbewertung).

Zentrale Rolle für den Diskontierungsvorgang spielt neben der Zeitperiode (t = 1,...,T) der Kalkulationszinsfuß "i". Ökonomisch erklärt wird er als geforderte Rendite der Anleger vor dem Hintergrund der Finanzierung eines Anleihekaufs:

– Verfügt der Anleger über eigene Mittel zur Anlage (= **Eigenfinanzierung**), richtet sich die Erklärung des Kalkulationszinsfuß auf die vergleichbare Rendite einer Alternativanlage, die durch den beabsichtigten Anleihekauf ausgeschlossen werden muß. Dies stellt ein Denken in **Opportunitätskosten** dar. Der Kalkulationszinsfuß rekrutiert sich dann aus der Umlaufrendite alternativer festverzinslicher Wertpapiere gleicher Eigenschaften, insbesondere hinsichtlich Risikoklasse und Restlaufzeit.

– Setzt der Anleger für den Anleihekauf dagegen einen Kredit ein, so repräsentiert der Kalkulationszinssatz den Kapitalkostensatz der Finanzmittelbeschaffung, d. h. den Effektivzinssatz der Fremdfinanzierung.

Kann man von einem vollkommenen Kapitalmarkt ausgehen, so fallen beide Repräsentanten des Kalkulationszinfuß in einer Wertgröße zusammen. Bei unvollkommenem Kapitalmarkt ist der Satz gespalten, im einfachsten Fall nach einem Sollsatz (Kreditfinanzierung) und einem Habensatz (Eigenfinanzierung). Da die Höhe der Sätze anlegerindividuell verschieden ist (z. B. ist die Höhe des Sollzinssatz vom individuellen Ausfallrisiko abhängig), behilft man sich i. d. R. dadurch, daß als Kalkulationszinsfuß eine Marktrendite eingesetzt wird (Yield to Market, YTM).

Die Anleihebewertung nach dem Present Value-Konzept geschieht dann wie folgt:

(III-5) $$PV = \sum_{t=0}^{T} C_t (1+i)^{-t} + M_T (1+i)^{-T}.$$

Es gelten folgende Notationen:

C_t = Nominalzinszahlung (Kupon) pro Laufzeit t (Planungsperiode),
M_T = Rückzahlungswert (= Maturity Value, Redemption) im Zeitpunkt T,
T = Fälligkeitstermin der Anleihe (= Maturity),
i = Kalkulationszinsfuß (= Yield to Market, YTM).

Beispiel:
Auf der Grundlage nachfolgender Zahlungsstromangaben sind die Present Values von zwei Anleihen zu ermitteln (vgl. Steiner/Bruhns 1996, S. 137): Es gilt ein Kalkulationszinsfuß von i = 0,1.

	t_0	t_1	t_2
Anleihe 1	-100	12	112
Anleihe 2	-100	60	60

Die Gegenwartswerte für die beiden Anleihen errechnen sich wie folgt:

$PV_1 = 12/1,1 + 112/1,1^2$
$PV_1 = 103,47$
$PV_2 = 60/1,1 + 60/1,1^2$

7 Bewertung von Anleihe- und Kreditkontrakten

$PV_2 = 104,13$.

Der **Present Value** ist unter Bezugnahme auf die Werte des vorangegangenen Beispiels wie folgt **ökonomisch** zu interpretieren:

– Beide Werte von PV stellen Ertragswerte im Gegenwartszeitpunkt dar.
– Da $PV_2 > PV_1$ empfiehlt es sich, Anleihe 2 bei einer Auswahlfragestellung dem Kauf der Anleihe 1 vorzuziehen.
– Bei einer Einzelinvestitionsentscheidung wäre eine zu beurteilende Anleihe dann zu erwerben, wenn ihr PV größer als ihr aktueller Kurs ist, d.h., die Anleihe wäre unter diesem Umstand am Markt unterbewertet.

Üblicherweise werden für die finanzmathematische Anleihenbewertung ausschließlich Anleihen vom **Typ** des **Straight Bond** mit **fester Nominalverzinsung** zugrundegelegt, da sie folgende Merkmale aufweisen, die für eine Bewertungsvereinfachung sorgen: unkündbare, in ihrer Bonität hochwertige (Rating AAA oder A11) und einen über die Laufzeit festen Kupon zahlende Anleihen (Fixed Income Bonds). Dadurch wird es möglich, die Eigenschaften eines **sicheren zukünftigen Zahlungsstroms** der PV-Berechnung zugrunde zu legen. Finanzmathematisch hat dies zur Folge, daß in Gleichung (III-5) der Rentenbarwertfaktor $\dfrac{(1+i)^T - 1}{i(1+i)^T}$ eingesetzt werden kann. Demzufolge ändert sich die Formel zur Barwertermittlung wie folgt:

(IIII-6)
$$PV = C_t \cdot \frac{(1+i)^T - 1}{i(1+i)^T} + M_T(1+i)^{-T}$$

und wird meist zu folgendem Ausdruck vereinfacht:

(III-7)
$$PV = \frac{C_t}{i} + (1+i)^{-T}\left(M_T - \frac{C_t}{i}\right).$$

Beispiel (vgl. *Uhlir/Steiner* 1994, S. 9): Eine endfällige Anleihe mit Nennwert 100 % hat eine Restlaufzeit von 4 Jahren. Die jährliche Kuponzahlungen betragen 8% vom Nennwert; die Tilgung erfolgt mit 101, YTM beträgt 8,5%. Es ist der heutige Marktwert der Anleihe zu errechnen:

$$PV = \frac{8}{0,085} + (1,085)^{-4}\left(101 - \frac{8}{0,085}\right) = 99,0838.$$

Neben der PV-Berechnung wird für manche Zwecke auch eine **Endwertermittlung** von Zahlungsströmen erforderlich, was nach folgender Gleichung geschieht:

(III-8)
$$FV = PV(1+i)^T = \frac{C_t}{i}\left[(1+i)^T - 1\right] + M_T.$$

Beispiel (vgl. *Uhlir/Steiner* 1994, S. 9): Unter Verwendung obiger Daten soll ermittelt werden, über welches Endvermögen ein Investor verfügt, der die Anleihe bis zur Tilgung hält und sämtliche Kuponzahlungen reinvestiert.

$$FV = \frac{8}{0,085}\left[(1,085)^4 - 1\right] + 101 = 137,3161.$$

Zur Ermittlung der **Bewertung zu beliebigem Zeitpunkt** wird der Rentenbarwertfaktor wie folgt modifiziert:

(III-9) $$DV_{t^+} = PV(1+i)^{t^+} = \frac{C_t}{i}(1+i)^{t^+} + (1+i)^{t^+ - t} \cdot (M_T - \frac{C_t}{i}).$$

Wird der **Kupon** nicht einmal jährlich, sondern **halbjährlich** gezahlt, also in Quoten (= m), hat dies die PV-Berechnung zu berücksichtigen:

(III-10) $$PV = \frac{\frac{C_t}{m}}{i_m} + (1+i_m)^{-T*m} \cdot \left(M_T - \frac{\frac{C_t}{m}}{i_m} \right),$$

mit $i_m = (1+i)^{\frac{1}{m}} - 1$, was den periodenkonformen Kalkulationszinsfuß darstellt. Bei m = 1 geht Gleichung (III-10) über in Gleichung (III-11).

<u>Beispiel:</u> Unter weiterer Fortsetzung des obigen Beispiels soll der Present Value bei m=2 ermittelt werden.

$$i_m = (1{,}085)^{\frac{1}{2}} - 1 = 0{,}04163, \text{ d.h., } PV = \frac{\frac{8}{2}}{0{,}04163} + (1{,}04163)^{-4*2} \cdot \left(101 - \frac{4}{0{,}04163} \right) = 99{,}6293.$$

Die Anleihebewertung nach dem Present Value-Konzept kann ebenfalls durchgeführt werden, wenn **unterjährige Zeitperioden** vorliegen:

(III-11) $$PV = \sum_{t=0}^{T} C_t (1+i)^{-\frac{t}{365}} + M_T (1+i)^{-\frac{T}{365}}.$$

Bei Bewertung einer Anleihe unmittelbar nach dem Kupontermin oder zu einem beliebigen Zeitpunkt aber "ex aufgelaufener Stückzinsen" gilt: Je höher der Kupon (bzw. je höher der Tilgungsbetrag), um so höher ist auch der Marktwert der Anleihe. Normiert man die Kuponzahlungen über den Tilgungsbetrag und bezeichnet dies mit C* (C* = C_t/M), so gelten folgende Fallunterscheidungen aufgrund der Variation des Kalkulationszinsfußes (hier: YTM):

Beziehungen			Anleihewert		
C*	=	Kalkulationszinsfuß (YTM)	↔ PV	=	100%
C*	>	Kalkulationszinsfuß (YTM)	↔ PV	>	100% (= Premium Bond)
C*	<	Kalkulationszinsfuß (YTM)	↔ PV	<	100% (= Discount Bond)

Tab. III-6: Bewertungskonstellationen in Abhängigkeit von Nominalzinssatz
(unterstellt: Tilgung zu 100%), Kalkulationszinsfuß und Anleihekurs

Ferner läßt sich der Present Value mit dem tatsächlichen Marktwert der Anleihe vergleichen, d.h. mit welchem Kurs sie an der Börse notiert wird:

7 Bewertung von Anleihe- und Kreditkontrakten

Beziehungen			Handlungen
PV	<	Marktwert der Anleihe (P_0)	kein Anleihekauf, Verkauf der Anleihe
PV	=	Marktwert der Anleihe (P_0)	indifferent
PV	>	Marktwert der Anleihe (P_0	Kauf der Anleihe

Tab. III-7: Handlungskonstellationen

Während die Kuponhöhe wegen der unterstellten Eigenschaften des Festzinssatz und des Straight Bonds gleich bleibt und dies auch für die Tilgungszahlung gilt, können nicht von ihnen, wohl aber von der Laufzeit des Bonds nach dessen Erwerb Änderungen auf seinen Marktwert ausgehen:

Beziehungen			Anleihewert
C^*	=	Kalkulationszins- fuß (YTM) →	• Marktwert entspricht dem Tilgungsbetrag, • keine zeitlaufbedingten Marktwertänderungen
C^*	>	Kalkulationszins- fuß (YTM) →	• Marktwert liegt über dem Tilgungsbetrag, • Verringerung sukzessive über Laufzeit bis am Laufzeitende erreicht, • Grundregel: Langläufer haben höheren Marktwert als Kurzläufer • Über-pari-Notierung, daher • konkaver Kurvenverlauf des Marktwerts in Abhängigkeit von der Restlaufzeit
C^*	<	Kalkulationszins- fuß (YTM) →	• Marktwert liegt unter dem Tilgungsbetrag, • Vergrößerung sukzessive über Laufzeit bis am Laufzeitende erreicht, • Grundregel: Langläufer haben geringeren Marktwert als Kurzläufer • Unter-pari-Notierung, daher • konvexer Kurvenverlauf des Marktwerts in Abhängigkeit von der Restlaufzeit

Tab. III-8: Bewertungskonstellationen in Abhängigkeit von der Restlaufzeit

Grafisch lassen sich die Zusammenhänge wie folgt veranschaulichen, wobei fünf Anleihen (A1 bis A5) beispielhaft mit nachfolgenden Daten zugrunde gelegt werden (vgl. *Uhlir/Steiner* 1994, S. 15):

Anleihe	Kupon	Restlaufzeit
A 1	10	8
A 2	10	2
A 3	8	5
A 4	6	2
A 5	6	8

Tab. III-9: Beispieldaten für Kupon und Restlaufzeit

Gemäß Gleichung (III-11) erhält man auf der Basis obiger Angaben folgende PV-Werte:

Anleihe	Present Value zu				
	t = 0	t = 0,5	t = 1	t = 1,5	t = 2
A 1	111,49	110,96	110,41	109,84	109,25
A 2	103,57	102,73	101,85	100,94	100
A 3	100	100	100	100	100
A 4	96,43	97,27	98,15	99,06	100
A 5	88,51	89,04	89,59	90,16	90,75

Tab. III-10: PV in Abhängigkeit von unterschiedlichen Planungshorizonten (= t)

Die Aussagen aus Tab. III-10 lassen sich mittels der Werte anschaulich grafisch darstellen:

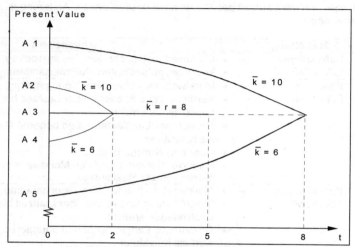

Abb. III-67: Marktwerte in Abhängigkeit der Restlaufzeit
(Quelle: *Uhlir/Steiner* 1994, S. 15)

Lesehinweise: *Fabozzi* (1995, Kap. 2), *Uhlir/Steiner*, (1994, S. 14 16).

7.1.2 Duration

Mit der Ermittlung des PV erhält man auch finanzmathematische Grundlagen, um die Empfindlichkeit von Aktiv- sowie Passivpositionen der Bilanz - einzelner Vermögens- und Schuldenteile oder deren Gesamtheit - auf Änderungen der Marktzinssätze zu ermitteln. Damit wird die Grundlage beschrieben für die weitere Betrachtung der Anleihebewertung, die das Zinsänderungsrisiko zum Gegenstand hat. Hierunter wird verstanden:

– Das **Zinsänderungsrisiko i. e. S.** beschreibt als **Endwertrisiko** die Gefahr, daß bei bestehendem Marktzinsniveau der zum Erwerbszeitpunkt der Anleihe erwartete Endwert einer Anleihe im Tilgungszeitpunkt nicht erreicht wird.

– Mit dem **Zinsänderungsrisiko i. w. S.** kommt das **Markt- oder Kurswertänderungsrisiko** zum tragen, wenn der Planungshorizont des Anlegers nicht der Anleihelaufzeit entpricht. Hieraus resultieren Vermögensverluste.

7 Bewertung von Anleihe- und Kreditkontrakten

Betrachtet man eine Marktzinsänderung in Form einer Parallelverschiebung einer flachen Zinsstrukturkurve, so werden zwei gegenläufige **Vermögenseffekte** in Hinblick auf die o.g. Risikoarten wirksam:

- Der **Endwert** (FV) ändert sich **in gleicher Richtung** wie die Änderung der YTM, da die dem Anleger zufließenden Zinserträge nach Zinsänderung zu niedrigeren (höheren) Marktzinsen bis Anleihefälligkeit angelegt werden können.
- Der **Present Value** (PV) verhält sich gegenüber Zinsänderungen **entgegengesetzt**. Bei einem Anstieg (Rückgang) der YTM erhöht (senkt) sich der Abdiskontierungseffekt.

Die Wirkungen einer Änderung der YTM sind also in Hinblick auf den PV und den FV gegenläufig. Letztendlich versucht die Duration diese Gegenläufigkeit zu erfassen. Die Duration wurde von *Macaulay* (1938) entwickelt und gilt gemeinhin als das Maß für das **Zinsänderungsrisiko** bei Anleihen. Sie wird auch auf die Analyse der Zinsempfindlichkeit von Kreditpositionen übertragen. Nachfolgende Abbildung gibt eine gängige Vorstellung wieder, die die Duration als **Balance-Konstruktion** von Zahlungsströmen versteht.

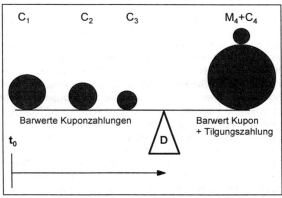

Abb. III-68: Balancevorstellung der Duration

Für die Herleitung der Duration bildet die PV-Gleichung den Ausgangspunkt, indem der **Vermögenswert** zum **Gegenwartszeitpunkt** t_0 (= V(0)) ermittelt wird.

(III-12)
$$V(0) = \sum_{t=1}^{T} CF_t(1+i)^{-t} \equiv \sum_t CF_t \cdot q^{-t}.$$

Gesucht wird anschließend der Vermögenswert im **Durations-Zeitpunkt** (= D):

(III-13)
$$V(D) = V(0) \cdot q^D = \left[\sum_t CF_t \cdot q^{-t}\right] \cdot q^D.$$

Der Zeitpunkt ist gefunden, wenn folgende Bedingung gilt (Wert für die Duration, D, als Nullstelle):

(III-14)
$$\frac{dV(D)}{dq} = V(0) \cdot D \cdot q^{D-1} - q^D \frac{\sum_t t \cdot CF_t \cdot q^{-t}}{q} = !\, 0,$$

woraus durch Auflösung der Gleichung nach der gesuchten Größe D die Duration ermittelbar ist:

(III-15)
$$D = \frac{\sum_t t \cdot CF_t \cdot q^{-t}}{\sum_t CF_t \cdot q^{-t}},$$

mit

(III-16)
$$\frac{d^2V(D)}{dq^2} > 0.$$

Sofern **unterjährige Kuponzahlungen** vorliegen, ist D um die Anzahl der Zinszahlungen pro Jahr (= m) zu korrigieren:

(III-17)
$$D = \frac{D}{m}.$$

Synonyme Bezeichnungen für die Duration sind durchschnittliche Selbstliquidationsperiode, Zahlungsschwerpunkt, mittlere Kapitalbindungsdauer, durchschnittliche Fristigkeit und ökonomische Laufzeit eines Zahlungsstroms. Sie alle bezeichnen letztendlich den optimalen Haltezeitpunkt einer Anleihe mit Blick auf das Endwertrisiko. Die Duration eines Zerobonds ist stets gleich seiner Restlaufzeit. Die **Durationsanalyse** wird vor allem von Portfolio-Managern eingesetzt. Sie kann aber auch auf die Analyse der **Bilanzsensitivität** gegenüber Zinsänderungen übertragen werden. Die Durationsanalyse ermöglicht die Risikobestimmung der gesamten Bilanz oder einzelner Aktiva und Passiva und gibt insofern die durchschnittliche Kapitalbindungsdauer einer Anleihe bzw. eines Kredits an. Außerdem ist sie ein qualitatives Maß für die Zinssensitivität und gibt den Zeitpunkt an, zudem das Zinsänderungsrisiko (= Preisrisiko) einer Finanzanlage das Wiederanlagerisiko der empfangenen Zinszahlungen gerade wieder aufhebt. Eine **hohe Duration** eines Kredits bedeutet, daß der Kreditnehmer gegen steigende Zinsen gesichert ist. Allerdings verteuert sich seine Finanzierung bei fallenden Zinsen. Eine **niedrige Duration** eines Kredits bewirkt das Gegenteil. Der Kreditnehmer nimmt bei fallenden Zinsen an den günstiger werdenden Finanzierungskonditionen teil, mit steigenden Zinsen wird seine Finanzierung dagegen teurer. Die Duration muß verlängert werden, wenn z. B. **zinsvariable Kredite** auf der Passivseite gegen steigende Zinsen abgesichert werden sollen. Umgekehrt muß der zinsfix finanzierte Kreditnehmer die Duration verringern, wenn er fallende Zinsen antizipieren will. Mithilfe von Finanzinnovationen im Zinsmanagement ist es möglich, die Duration zu verändern, da die zugrunde liegende Bilanzposition selbst nicht verändert werden muß.

Beispiel: Es gelten folgende Daten einer Anleihe: Kupon 8%, Laufzeit 5 Jahre, Ausgabekurs 100%. Es gelte ein Kalkulationszinsfuß von i = 0,08.

#1	#2	#3	#4	#5
t	CF_t	$CF_t*(1+i)^{-t}$	t	$t*CF_t*(1+i)^{-t}$
t_1	8	7,41	1	7,41
t_2	8	6,86	2	13,72
t_3	8	6,35	3	19,05
t_4	8	5,88	4	23,52
t_5	108	73,50	5	367,51
		100 (= PV)		431,21

D = #3 / #4 ⇔ 431,21/100 = 4,31 Jahre.

7 Bewertung von Anleihe- und Kreditkontrakten

Die Duration reagiert wie folgt auf die Änderung nachfolgend genannter Einflußgrößen auf den Present Value:

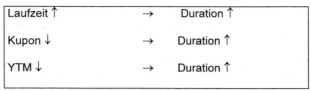

Abb. III-69: Einflüsse und Richtungen ausgelöster Durationsänderungen

Eine weitere Bedeutung der Duration liegt in ihrer Eigenschaft als Kursänderungsmaß. Gegeben sei eine **Parallelverschiebung der Renditekurve** unmittelbar nach t_0, d.h. eine flache Renditekurve. Folgende Wirkungen können auf den barwertigen Kurs einer Anleihe festgestellt werden, Ausgangspunkt bilde wiederum die Barwertformel:

(III-18)
$$P_0 = \sum_{t=1}^{T} CF_t (1+i)^{-t}.$$

Die Veränderung des Anleihekurses aufgrund der Zinssatzänderung:

(III.19)
$$\frac{dP_0}{di} = \sum_{t=1}^{T} t \cdot CF_t (1+i)^{-t-1}$$

bzw.

(III-20)
$$= -\sum_{t=1}^{T} t \cdot CF_t (1+i)^{-t} \cdot \frac{i}{1+i}.$$

Die Erweiterung mit i/P_0 führt zur Größe ε, die als Maß der Elastizität des Anleihekurses auf die Änderung des Zinssatzes gilt:

(III-21)
$$\varepsilon_i^{P_0} \equiv \frac{dP_0}{di} \cdot \frac{i}{P_0} = \underbrace{\frac{\sum t \cdot CF_t (1+i)^{-t}}{\sum CF_t (1+i)^{-t}}}_{\equiv D \, (\text{Duration})} \cdot \frac{i}{1+i}.$$

Bei diskreter Variation von i also Δi folgt:

(III-22)
$$\frac{\Delta P_0}{\Delta i} \cong -D \frac{P_0}{1+i}$$

und nach Isolierung von ΔP_0

(III-23)
$$\Delta P_0 \cong -\frac{P_0}{1+i} \cdot D \cdot \Delta i.$$

Aus Gleichung (III-23) folgt der **inverse Effekt der Zinssatzveränderung** auf die Kursänderung: Bei einer Zinserhöhung ist die resultierende Kurssenkung direkt proportional zur Duration D.

Zusammenfassend läßt sich zur Duration folgendes aussagen:

- Duration ist ein Maß für (bzw. ist proportional zu) die/der Zinselastizität des Anleihekurses.
- Der Zusammenhang gilt für kleine Veränderungen der Zinskurve (genauer: Parallelverschiebung einer flachen Zinskurve).
- Die Duration von Barliquidität ist Null, da kein Marktrisiko besteht.
- Die Duration einer 7 Jahre laufenden FRN mit halbjährlicher Zinsanpassungsklausel beträgt 6 Monate. Das Marktrisiko besteht jeweils bis zur nächsten Zinsanpassung.
- Es kann gezeigt werden, daß die maximale Duration jeder Kuponanleihe 13 Jahre beträgt. Darüber hinausgehende Cash Flows liefern einen Beitrag von nahezu Null aufgrund ihrer hohen Abdiskontierung bzw. niedrigen Barwerte.

Die Duration liefert eine Wertangabe in der Dimension "Zeit". In der Praxis der Anleihebewertung überwiegt jedoch eine modifizierte Version der Duration, die **adjustierte** oder **modifizierte Duration** (= D_A):

(III-24)
$$D_A = \frac{D}{1+i}$$

bzw. bei mehrmaliger unterjähriger Kuponzahlung:

(III-25)
$$D_A = \frac{D}{1+i/m}.$$

Die modifizierte Duration ist wie folgt zu interpretieren:

- Sie zeigt die prozentuale Änderung des Present Values (d.h. Kurswert der Anleihe inkl. Stückzinsen, sog. "Flat Price") oder der nicht antizipierten Rendite einer festverzinslichen Anleihe aufgrund einer Veränderung der YTM um ±1 Prozentpunkt bzw. ±100 Basispunkten.
- Je höher D_A, desto größer die Kursrisiken bei sinkender oder steigender YTM. Möglicherweise wäre bei hoher Unsicherheit über zukünftige Renditen der Erwerb von Anleihen mit niedriger D_A die geeignete Strategie für einen risikoaversen Anleger.

Ein hauptsächlicher **Problembereich** der Durationsanalyse liegt im **Schätzfehler** der Barwertänderung. Solange die Änderungen der YTM klein sind, ist dieser Fehler vernachlässigbar gering. Als **Faustregel** gilt, daß die Veränderung nicht größer als 100 bps betragen dürfen. Daher ist die Ermittlung der Preisänderung einer Anleihe mithilfe des Duration-Konzepts in der Praxis auf der Basispunkt-Variante vorherrschend:

(III-26)
$$\Delta PV = -\frac{D_A}{100} \cdot 1bp * PV,$$

bzw. auf den Anleihekurs bezogen:

(III-27)
$$\Delta P = -\frac{D_A}{100} \cdot 1bp * P_0.$$

Beispiel: Für eine Anleihe mit einer D_A von 3,24% und einen PV von 100,-- DM soll die Kursentwicklung eines Anstiegs der YTM um 1 bp. ermittelt werden.
$\Delta PV = (-3,24/100) * 0,01 * 100$

ΔPV = -0,0324 DM bzw. -3,24 Pfennige. Der Anleihekurs sinkt um 3,24 Pfennige, wenn die YTM um 1bp. ansteigt.

Sobald größere Änderungen der YTM auftreten und man ganze Portefeuilles hinsichtlich des Zinsänderungsverhaltens abschätzen will, werden die Schätzfehler untragbar hoch. Der Fehler entspricht dem Unterschied zwischen der PV-Kurve und der YTM-Kurve.

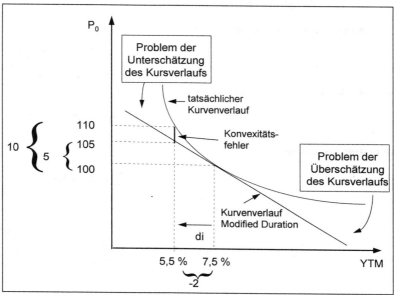

Abb. III-70: Tangentiallösung im Zusammenhang von Marktzinssatz und Anleihekurs
(Quelle: Steiner/Bruhns 1996, S. 160)

Der Fehler der Duration wächst, wenn sich die Zinsänderung vergrößert. Er könnte vollständig eliminiert werden, wenn die **Nicht-Linearität der Preis-/Zinsfunktion** mathematisch zu erfassen wäre. Das ist fast vollständig durch die Einbeziehung der Konvexität (= zweite Ableitung des Barwerts dividiert durch den Barwert) möglich. Die modifzierte Duration, gewonnen aus der ersten Ableitung der Barwertfunktion, bietet eben nur eine lineare Approximation des Preiseffekts einer Zinsänderung und ist genau nur für kleine Veränderungen des Kalkulationszinsfuß i. Der **Schätzfehler** entsteht, da das Preisverhalten der Anleihe aus mathematischer Sicht über eine Taylor-Reihe bestimmt wurde, die nach dem ersten Term abgebrochen ist. Daher ist auch die Krümmung der Barwertfunktion nicht berücksichtigbar. Eine Korrektur bietet die Integration der Konvexität in die Berechnung der modifzierten Duration. Mathematisch gesehen wird mit der Konvexität eine mathematische Funktion gesucht, die mithilfe der **Taylor-Reihen-Expansion** um einen gegebenen Punkt der Kurve herum approximiert wird. Die Taylor Formel für die ersten drei Terme einer Taylor-Reihen-Expansion für eine Funktion f(i+h) in der Region von i wenn h gegen Null geht, lautet:

$$f(i+h) = f(i) + \frac{f(i) \cdot h}{1} + \frac{f'(i) \cdot h}{2} + \frac{f''(i)(h)^2}{2*1} + \ldots,$$

wobei die f' und f'' die Ableitungen der Funktion darstellen. Wird mit P(i) der Preis der Anleihe mit einem Nominalzinssatz i beschrieben, so läßt sich der Kurs einer Anleihe beim neuen Marktzinssatz (Δi) mittels der Reihen-Expansion von P an der Stelle i wie folgt darstellen:

$$P(i + \Delta i) = P(i) + P'(i) \cdot \Delta i + \frac{1}{2} \cdot p''(i) \cdot (\Delta i)^2 .$$

Nun ist der **Anleihekurs** barwertig definiert als

(III-28) $$P(i) = \sum \frac{CF_t}{(1+i)^t} .$$

Die **erste Ableitung** von (III-28) nach (1+i) ist:

(III-29) $$P'(i) = -\sum t \cdot CF_t \cdot (1+i)^{-t} \frac{1}{1+i} .$$

Die **zweite Ableitung** lautet:

(III-30) $$P''(i) = \sum_{t=1}^{T} t \cdot (t+1) \cdot CF_t \cdot (1+i)^{-t} \frac{1}{(1+i)^2} .$$

Woraus folgt:

(III-31) $$\frac{P(i+\Delta i) - P(i)}{P(i)} = \frac{\sum \frac{CF_t \cdot t}{(1+i)^t} \cdot \frac{\Delta i}{1+i} + \frac{1}{2} \sum \frac{t \cdot (t+1) \cdot CF_t}{(1+i)^t} \cdot \frac{\Delta i^2}{(1+i)^2}}{P(i)} =$$

bzw.

(III-32) $$\frac{P(i+\Delta i) - P(i)}{P(i)} = \frac{\sum \frac{CF_t \cdot t}{(1+i)^t}}{\sum \frac{CF_t}{(1+i)^t}} * \frac{\Delta i}{1+i} + \frac{\sum t*(t+1)*CF_t*(1+i)^{-t}}{(1+i)^2 * \sum CF_t *(1+i)^{-t}} * \left(\frac{\Delta i}{1+i}\right)^2$$

und vereinfacht zu

(III-33) $$-D_i \cdot \frac{\Delta i}{1+i} + K_i \cdot \left(\frac{\Delta i}{1+i}\right)^2 .$$

$\qquad\qquad\qquad\qquad\qquad\qquad\qquad\qquad\qquad$ ↑ $\quad$ ↑
$\qquad\qquad\qquad\qquad\qquad\qquad\qquad\qquad$ Duration Konvexität

Beispiel: Folgende Zahlungsströme einer Anleihe liegen vor: in t_1 Zufluß in Höhe von 300 und in t_2 Zufluß in Höhe von 1000. Der Present Value betrage bei einer YTM von 5% den Wert 1192,74 und bei einer YTM von 15% ergäbe sich ein entsprechend niedrigerer Wert von 1017,00. Als prozentualer Wert der Zinssatzänderung (= Δi_1) errechnet man:

$$\Delta i_1 \equiv \frac{P_0(15\%) - P_0(5\%)}{P_0(5\%)} \Leftrightarrow \frac{1017,00 - 1192,74}{1192,74} = -0,1473 .$$

7 Bewertung von Anleihe- und Kreditkontrakten

Eine Schätzung des Preiseffekts mittels der Duration ergibt:

$$D = \frac{1 \cdot \frac{300}{1{,}05} + 2 \cdot \frac{1000}{(1{,}05)^2}}{1192{,}74} = 1{,}76 \text{ und als Modified Duration (= MD), d.h. als Zinsänderungsmaß:}$$

$$MD \cong -D \cdot \frac{\Delta i}{1+i} = -1{,}76 \cdot \frac{0{,}1}{1{,}05} = -0{,}16762 \; (= \Delta i_2).$$

Der betragliche Unterschied zwischen Δi_1 und Δi_2 macht im Beispielfall 0,02 bzw. 14% Abweichung des Werts von Δi_2 gegenüber Δi_1 aus. Dieser Unterschied bezeichnet den Schätzfehler, der mittels Konvexität reduziert werden kann. Unter Fortführung der Zwischenergebnisse errechnet sich der Wert für die Konvexität wie folgt:

$$K = \frac{1 \cdot 2 \cdot \frac{300}{1{,}05} + 2 \cdot 3 \cdot \frac{1000}{1{,}05^2}}{1192{,}74} \cdot \left(\frac{1}{2}\right) = 2{,}52, \quad \text{d.h. ein verbesserter Wert für die Zinsänderung (= } \Delta i_3\text{):}$$

$$-D \cdot \frac{\Delta i}{1+i} + K \cdot \left(\frac{\Delta i}{1+i}\right)^2 \Leftrightarrow -0{,}1676 + 2{,}52 \cdot 0{,}009 \Leftrightarrow -0{,}1447.$$

Vergleicht man Δi_3 mit Δi_1, so ergibt sich ein wesentlich reduzierter Abweichungsbetrag von -0,0026, bzw. auf Δi_1 bezogen, nur noch eine Abweichung von 1,8%.

<u>Lesehinweis:</u> *Elton/Gruber* (1995, Kap. 21), worauf sich auch die vorangegangenen Ausführungen inhaltlich stützen und *Fabozzi* (1996, S. 57ff.). Zum Einsatz der Duration im Rahmen einer Absicherungsstrategie vor Zinsänderungsrisiken vgl. *Holzer* (1990, S. 68ff.).

7.2 Effektivzinsberechnung

Besteht bei einer Anleihe eine wertmäßige Identität zwischen ihrem Preis und der Höhe der Tilgungszahlung bei Endfälligkeit, so läßt sich auf einfachem Weg die **laufende Verzinsung (= Current Yield)** ermitteln:

(III-34) $$r = \frac{C_t}{P_0}$$

mit

P_0 = gegenwärtiger Kurs der Anleihe, ersetzt den bisherigen PV,
r = gesuchter Effektivzinssatz.

Entsprechen sich der Kurs einer Anleihe und Tilgungsbetrag nicht, so ist die **Effektivverzinsung (= Yield to Maturity/Yield to Call)** zu ermitteln:

(III-35) $$P_0(1+r)^T - \sum_{t=1}^{T} C_t(1+r)^{T-t} - M_T = 0.$$

Nach Erweiterung und Umformung mit $\dfrac{r}{P_0\left[(1+r)^T-1\right]}$ wird die Gleichung wie folgt darstellbar:

(III-36)
$$r = \frac{C_t}{P_0} + \frac{r}{(1+r)^T - 1}\left(\frac{M_T}{P_0} - 1\right).$$

Auch bei Berechnung der Effektivverzinsung ist die Tatsache zu berücksichtigen, daß bei Anleihebewertung an einem Stichtag, der nicht mit dem Kuponzahlungstermin identisch ist, **Stückzinsen** (= SZ) anfallen. Nimmt man eine lineare Berechnung vor, so gilt:

(III-37)
$$SZ = C_t * \frac{d}{365 \text{ bzw. } 360}$$

mit d = Anzahl der Tage.

Exakter ist die finanzmathematische Berechnung:

(III-38)
$$SZ = \frac{C_t}{r}\left[(1+i)^\tau - 1\right], \quad \text{mit } \tau = \frac{d}{365 \text{ bzw. } 360}.$$

In der Praxis von Anlagenberatung und z.T. auch im Finanzmanagement wird statt der finanzmathematischen Formel der Effektivzinsberechnung mit der sog. Praktikerformel gearbeitet:

(III-39)
$$r \approx i_{\text{eff}} = \frac{C + \dfrac{(M_T - P_0)}{mRLZ}}{P_0}$$

mit

mRLZ = mittlere/durchschnittliche Restlaufzeit [tilgungsfreie Perioden + (Tilgungsperioden +1/2],

$M_T - P_0$ = Agio/Disagio.

Betrachtet man den Effektivzinssatz von **Zerobonds**, so wird im Grunde die finanzmathematisch einzig richtige Umsetzung der der Effektivzinsmethode inhärenten Wiederanlageprämisse umgesetzt: Es wird dann unterstellt, daß die während der Laufzeit bis zur Endfälligkeit der Anleihe freigesetzten Cash Flows jeweils wieder zum Effektivzinssatz reinvestiert werden. Diese Annahme ist ausschließlich im Fall eines Zerobonds erfüllt: Nachfolgender Zahlungsstrom verdeutlicht dies als **Yield to Maturity eines Zerobond**:

(II-40)
$$r = \left(\frac{M_T}{P_0}\right)^{\frac{1}{T}} - 1$$

mit
T = Zeitpunkt der Fälligkeit des Zerobond.

7 Bewertung von Anleihe- und Kreditkontrakten

Beispiel: Ein Unternehmen überlegt, ein Investitionsobjekt durch die Ausgabe festverzinslicher Wertpapiere zu finanzieren. Die Papiere sollen zu einem Preis von 50,00 DM ausgegeben werden und nach 10 Jahren mit 100,00 DM rückzahlbar sein. Zwischenzeitlich entstehen für das Unternehmen durch diese Fremdfinanzierung keine Auszahlungsverpflichtungen. Hierzu sind die Kapitalkosten der Finanzierung zu errechnen.

$P_0 = 50,$
$M_T = 100,$
$T = 10.$

$r = \left(\dfrac{100}{50}\right)^{\frac{1}{10}} - 1 \Leftrightarrow r = \sqrt[10]{\dfrac{100}{50}} - 1 \Leftrightarrow r = 0,07177$. Die Finanzierungskosten betragen 7,177%.

Lesehinweise: Fabozzi (1996, Kap. 2 und 3), Steiner/Bruhns (1995, S. 228-236), Uhlir/Steiner (1994, S. 20ff).

Bei der Berechnung der Effektivverzinsung im unterjährigen Bereich liegen die Unterschiede in den gebräuchlichen Renditeberechnungsmethoden in der Behandlung des **Jahresbruchteils**, d.h. des Zeitraums der aufgelaufenen Stückzinsen. Zwei Verfahrensweisen sind im wesentlichen zu unterscheiden (vgl. auch Abschnitt 7.3):

- Bei der sog. **linearen Methode** wird der Jahresbruchteil wie folgt integriert: $(1+r^*\text{Jahresbruchteil})$.
- Dagegen erfolgt bei der **Potenzmethode** die Berücksichtigung gem. $(1+r)^{\text{Jahresbruchteil}}$.

Der Jahresbruchteil wird nachfolgend mit m bezeichnet und es gilt:
- m: Zeitraum bis zum nächsten Kupontermin (= Jahresbruchteil),
- (1-m): Zeitraum seit dem letzten Kupontermin (= Jahresbruchteil).

Die gängigen Renditeberechnungsmethoden unter Berücksichtigung unterjähriger Zahlungen lassen sich in den beiden Verfahrensweisen nach **Braeß/Fangmeyer** und **ISMA** (= International Securities Market Association) darstellen (wobei sich die Restlaufzeit aus n + m Jahre zusammensetzt). Ausgangspunkt zur Berechnung der Effektivverzinsung bildet die Present Value-Formel, die nach r aufgelöst den gesuchten Effektivzinssatz ergibt.

Als Methode unter Verwendung des Jahresbruchteils in linearer Weise ist nachfolgende Formel in der Finanzmathematik gängig, die nach ihren Autoren **Braeß/Fangmeyer-Methode** benannt wurde:

(III-41) $$PV = \dfrac{1}{(1+r \cdot m)}\left(\dfrac{(1+r)^T - 1}{r(1+r)^T}C_t + \dfrac{M_T}{(1+r)^n}\right) + \dfrac{C_t}{(1+r \cdot m)} - (1-m)C_t.$$

Gegenüber der Berechnungsweise nach Braeß/Fangmeyer operiert die **ISMA-Methode** mit dem Jahresbruchteil in potenzierter Form. Diese Methode gilt als **internationaler Standard**:

(III-42) $$PV = \dfrac{1}{(1+r)^m}\left(\dfrac{(1+r)^m - 1}{r(1+r)^m}C + \dfrac{N}{(1+r)^m}\right) + \dfrac{C}{(1+r)^m} - (1-m)C.$$

Bei beiden Methoden ergibt sich für **m = 0** (d.h. keine unterjährige Zahlung) die herkömmliche Formel zur Berechnung der Effektivverzinsung und somit im Ergebnis **keinerlei Un-**

terschiede. Folgende zusammengefaßte Gegenüberstellung der Methoden nach der Art des Kupons kann getroffen werden:

Jahreskupon		
bei ganzjährigen Restlaufzeiten:	Braeß/Fangmeyer	= ISMA
bei gebrochenem Jahresanteil:	Braeß/Fangmeyer	< ISMA
Halbjahreskupon		
halb- oder ganzjährigen Restlaufzeiten:	Braeß/Fangmeyer	= ISMA
bei Bruchteilen von Halbjahren:	Braeß/Fangmeyer	< ISMA

Abb. III-71: Gegenüberstellung der Effektivverzinsung nach der Methode Braeß/Fangmeyer und ISMA bei unterschiedlichen Kupon- und Laufzeitkonstellationen

Die Verhältnisse lassen sich instruktiv in einem beispielhaften Vergleich aufzeigen:

Kupon	Stück-zins	Restlaufzeit	Kurs	Braeß/Fangmeyer	ISMA
5	3,75	3 Monate	99,50	6,779	6,954
6	2,00	8 Monate	98,50	8,228	8,342
10	2,50	9 Monate	101,25	8,032	8,084
7	-	1 Jahr	98,00	9,184	9,184
6	3,00	1,5 Jahre	97,70	7,591	7,640
10*)	-	1,5 Jahre	103,00	7,942	7,995
10*)	-	2,5 Jahre	105,00	7,881	7,912
6*)	-	8,5 Jahre	89,00	7,937	7,946

*) Halbjahreskupon

Tab. III-11: Vergleich der Ergebnisse der unterschiedlichen Renditeformeln

Lesehinweis: *Weick* (1993).

Bisher wurden mit der Ermittlungsweise des PV sowie der Effektivverzinsung klassische Bewertungsverfahren vorgestellt, die entweder unterstellen, daß es **keine Zinsstrukturkurve** gibt oder eine **flache Zinsstrukturkurve** implizit zugrunde legen, bei der in allen Laufzeiten ein einheitlicher Zinssatz (i) besteht. Besonders wird diese implizite Annahme für die Wiederanlageprämisse der Effektivverzinsungsmethode von Bedeutung: Hierbei wird unterstellt, daß die während der Laufzeit einer Anleihe dem Anleger zufließenden Cash Flows bis zum Ende der Laufzeit zum Effektivzinssatz der Anleihe wiederangelegt werden (Wiederanlageprämisse). An Kapitalmärkten sind nun i.d.R. keine flachen, sondern gekrümmte Zinsstrukturkurven vorzufinden. Es lassen sich drei typische Verlaufsformen von Zinsstrukturkurven systematisieren:

– **Normale Zinsstrukturkurve** (positive Steigung), langfristige Renditen liegen über den kurzfristigen. Für den Kurs einer Anleihe hat dies die Folge, daß er sich mit Annäherung an die Endfälligkeit der Anleihe dem Tilgungsbetrag nähert.

– Eine **flache** Zinsstrukturkurve zeigt, daß unabhängig von der Laufzeit die Renditen weitestgehend gleich sind.

- Bei **inverser** Zinsstrukturkurve liegt ein negativer Verlauf vor. Ein Anleger muß dann ggf. mit seiner Anleihe bei Annäherung an die Endfälligkeit mit einem Kursverfall rechnen.

Renditestrukturkurven können auch einen Wendepunkt aufweisen, der häufig auf einen Wechsel im Trend der Marktzinsentwicklung hinweist - den Übergang von einer Hochzinsphase in eine Phase sinkender Zinssätze (vgl. *Perridon/Steiner* 1995, S. 187-188).

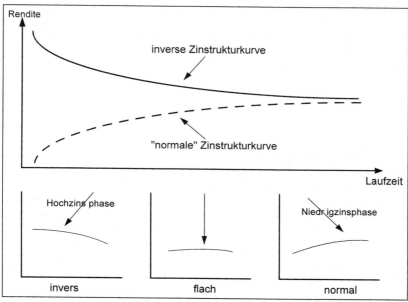

Abb. III-72: Zinsstruktur und Zinsniveau

Zur Erklärung der Verlaufsformen sind vor allem drei Theorien anzuführen, von denen lediglich die Erwartungstheorie alle drei Verlaufsformen der Zinsstrukturkurve erklären kann. Untersuchung der Zinsstruktur führten zu drei unterschiedlichen **Erklärungsansätzen**. Die **Zinserwartungstheorie** sieht die Erwartungen der Marktteilnehmer als bestimmend für den Verlauf der Zinsstrukturkurve an. Professionelle Marktteilnehmer geben durch ihre Entscheidung, variabel zu finanzieren oder fest anzulegen und umgekehrt, ihrer Zinserwartung Ausdruck. So werden Marktteilnehmer, die mit einem Ansteigen der Zinsen rechnen, langfristige Mittel aufnehmen und variabel anlegen. Die Zinserwartungstheorie kann jede vorstellbare Zinsstrukturkurve erklären:

- Eine **ansteigende** (= normale) Zinsstrukturkurve, bei der die Zinsen für längerfristige Geldanlagen und Kredite über den kurzfristigen liegen, zeigt an, daß die dominierenden Marktteilnehmer von in der Zukunft steigenden Zinsen ausgehen.

- Ein **gerader** Verlauf zeigt die Meinung der Marktteilnehmer, daß die erwarteten zukünftigen Zinsen mit gleicher Wahrscheinlichkeit{ XE "Wahrscheinlichkeit" } sowohl über als auch unter dem derzeitigen Zinsniveau sein werden.

- Ein **inverser** Verlauf reflektiert die Erwartung eines zurückgehenden Zinsniveaus.

Die **Liquiditätspräferenztheorie** der Zinsstrukturkurve geht davon aus, daß die Unsicherheit über mögliche Zinsveränderungen mit der Laufzeit steigt. Bei einer längerfristigen Anlage und steigenden Zinsen können Anleger keine Umschichtung in Wertpapiere mit aktuellen, höheren Verzinsungen vornehmen, ohne Kapitalverluste zu erleiden. Für dieses Liquiditätsrisiko verlangen Anleger folglich eine Kompensation, d.h., je länger die Laufzeit einer Anlage ist, desto höher ist auch die Verzinsung. Die **Marktsegmentierungstheorie** stellt einen weiteren Erklärungsansatz dar. Sie basiert darauf, daß sich die Preisbildung für unterschiedliche Laufzeiten am Kapitalmarkt aus der jeweiligen Angebots- und Nachfragestruktur für ein Laufzeitsegment ergibt. Dabei haben dominierende Marktteilnehmer Präferenzen für Anlagen und Kredite mit bestimmten Laufzeiten, die z.T. durch aufsichtsrechtliche Vorgaben (z.B. bei Kreditinstituten und Versicherungen) mitbestimmt werden. Solche Verhaltensweisen lassen sich durchaus im Markt beobachten:

- Unternehmen mit überschüssigen liquiden Mitteln investieren diese vorzugsweise kurzfristig;
- Versicherungsunternehmen bevorzugen vielfach sehr langfristige Anlagen.

Lesehinweis: Erläuterungen der unterschiedlichen Verläufe von Zinsstrukturkurven liefern *Walz/Weber* (1989, S. 133-137).

Der Umstand gekrümmter Zinsstrukturkurven wird im Konzept der Effektivverzinsung und der Effektivzins- und Present Value-Berechnung nicht berücksichtigt. Folgende zwei Problembereiche treten daraufhin bei Berechnung der Effektivverzinsung auf:

- **Problem unterschiedlicher Zinssätze zwischen den Laufzeiten**: Die Effektivverzinsung wird ausschließlich aus dem Zahlungsstrom einer Anleihe und seiner Charakteristik gebildet. Es handelt sich um einen Durchschnittswert der für die einzelnen Fristigkeiten geltenden Zinssätze auf der Zinsstrukturkurve. Liegen gekrümmte Zinsstrukturkurven in der Realität zum Zeitpunkt der Effektivzinsberechnung vor, so können Anleihen mit unterschiedlichen (Rest-)Laufzeiten nicht miteinander verglichen werden. In den jeweiligen Laufzeitbereichen weichen die Zinssätze voneinander ab.

- **Problem unterschiedlicher Zinssätze innerhalb eines Laufzeitenbereichs**: Entsprechend seiner mathematischen Grundlage tendiert der Effektivzins immer in seiner Höhe in die Fristigkeit, bei der die höchste Zahlung stattfindet. Bei endfälligen Kuponanleihen tendiert der Effektivzinsatz zum Zinssatz des Laufzeitendes. Je gleichmäßiger Zahlungen in einem Zahlungsstrom über die Laufzeit verteilt sind (= je höher die Kupons sind), desto ausgeprägter ist diese Verzerrung.

Die Konsequenzen dieser Überlegungen mit Blick auf die Verwertbarkeit der Effektivzinsmethode zur Anleihenbewertung sind:

- Die **Effektivverzinsung** stellt einen **Durchschnitt der fristigkeitsbezogenen Zinssätze** (= Spot Rates) dar. Im besonderen wird dabei der jeweilige Zahlungsstromcharakter berücksichtigt. Zuverlässige Bewertungsaussagen kann die Methode nur dann liefern, wenn die Zahlungsstromcharakteristik der zu vergleichenden Anleihen identisch ist (d.h. hinsichtlich Laufzeit, Kuponhöhe und Tilgung). In diesem Fall benötigt man aber keine Effektivzinsberechnung, da der Börsenpreis der Anleihen selbst das Selektionskriterium für Anleger darstellt.

- Da die Effektivverzinsung eine **Durchschnittsbetrachtung** ist, kann sie nicht in jedem Fall anzeigen, ob Preisunterschiede zwischen Anleihen "richtig" oder "falsch" sind. Damit liefert sie auch keine verläßliche Grundlage zur Anleihenselektion für Anleger,

7 Bewertung von Anleihe- und Kreditkontrakten

d.h. zum Auffinden unterbewerteter oder überbewerteter Anleihen, die zu Portfolioumschichtungen führen können.

Zur Vermeidung solcher Ergebnisverzerrungen empfiehlt es sich, bei Vorliegen gekrümmter Zinsstrukturkurven mit sog. **Forward Rates**, also Einjahres-Zinssätzen oder mit **Spot Rates** aus der **Nullkuponstrukturkurve** zu arbeiten.

Lesehinweise: *Uhlir/Steiner* (1994, S. 30-33) und *Elton/Gruber* (1995, Kap. 20).

7.3 Grundzüge der Ermittlung von Kapitalkosten bei Krediten

Die Kapitalkosten eines Kredits bestehen im Regelfall aus mehreren Bestandteilen. Neben dem **Nominalzinssatz** sind dies das Disagio sowie u.U. weitere Kostenkomponenten. Vereinheitlicht zu einer Kostengröße werden sie mit dem Effektivzinssatz ausgedrückt. Es ist zwischen statischem und dynamischem Effektivzinssatz zu unterscheiden.

Beim **statischen Effektivzinssatz** werden die einzelnen Kostenkomponenten des Kredits durchschnittlich pro Jahr ermittelt und dem im Durchschnitt ausstehenden Kreditbetrag gegenübergestellt. Grundlage bildet die Ermittlung einer durchschnittlichen Kreditlaufzeit $n_\varnothing$ (vgl. *Schierenbeck* 1992, S. 143-145):

(III-43)
$$n_\varnothing = \sum_{t=1}^{n} \frac{KD_t - F_N}{i_N \cdot F_N}$$

mit
KD_t = Kapitaldienst der Periode t,
F_N = Nennwert bzw. Rückzahlungsbetrag des Kredits,
i_N = Nominalzinssatz.

Im Fall der **Ratentilgung** gilt:

(III-44)
$$n_\varnothing = \frac{n - n_F + 1}{2} + n_F$$

mit
n = Gesamtlaufzeit des Kredits,
n_F = Tilgungsfreijahre.

Nach Ermittlung der Größe $n_\varnothing$ gilt für die Errechnung des **statischen Effektivzinssatzes** r_S:

(III-45)
$$r_S = \frac{i_N + \dfrac{k_{dis} + k_e + k_l \cdot n}{n_\varnothing}}{1 - k_{dis} - k_e}$$

mit
i_N = Nominalzinssatz (bezogen auf F_N),
k_{dis} = Disagio (bezogen auf F_N),
k_e = einmalige Kreditgebühr (bezogen auf F_N),
k_l = laufende Kreditgebühren (bezogen auf F_N).

Besteht ein zeitlicher Unterschied zwischen der Kreditlaufzeit und einer sog. **Disagioverbrauchszeit**, so ersetzt letztgenannte Periode die **Gesamtlaufzeit** des Kredits. Bei Krediten mit festen Nominalzinssätzen handelt es sich dabei um die Periode, für die der Nominalzinssatz fixiert wurde. Die durchschnittliche Kreditlaufzeit wird dann durch die durchschnittliche Festzinskreditlaufzeit ersetzt:

(III-46)
$$n_\varnothing = \sum_{t=1}^{n} \frac{KD_t - M_t}{i_N \cdot F_N}$$

mit
M_t = Tilgung in der Periode t,
n = Festzinsperiode.

Beispiel (vgl. *Schierenbeck* 1992, S. 145): Ein Kredit mit einer Laufzeit von 2 Jahren und einem Kreditbetrag von 2.000,00 DM wird zu 90% ausgezahlt. Vereinbart wurde im Kreditvertrag eine jährliche Zins- und Tilgungsleistung. Die Tilgung soll in zwei gleichen Raten am Ende des ersten und am Ende des zweiten Jahres erfolgen. Als Nominalzinssatz wurden 5% vereinbart.

Die Lösung errechnet man aus Formel (III-45) in Verbindung mit (III-44):

$$r_S = \frac{0,05 + \frac{0,1}{0,5}}{1 - 0,1} = \frac{0,116}{0,9} = 12,963\%.$$

Während die statische Effektivzinsmethode nach dem Durchschnittsprinzip arbeitet und den zeitlichen Anfall von Rückzahlungen aus einem Kredit nicht berücksichtigt, erfaßt die **dynamische Effektivzinsmethode** die gesamte Zahlungsreihe eines Kredits. Sie ist die Anwendung der **internen Zinsfußmethode**. Nachfolgende Gleichung zeigt ihre Bestandteile und Zusammensetzung:

(III-47)
$$KD_t = \sum_{t=1}^{T} M_t (1+r)^{-t} = 0.$$

Die interne Zinsfußmethode gibt an, mit welchem Zinsfuß die Rückzahlungen in t abgezinst werden müssen, damit die Summe der Rückzahlungsbarwerte den Kreditauszahlungsbetrag ergeben. Nachfolgende Abb. III-74 verdeutlicht anhand der Beispieldaten das Verständnis des internen Zinsfußes als interne Verzinsung des jeweils noch eingesetzten Restkapitals (vgl. *Schierenbeck/Rolfes* 1986).

7 Bewertung von Anleihe- und Kreditkontrakten

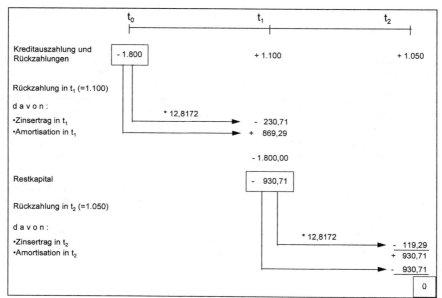

Abb. III-73: Interner Zinsfuß eines Kredits

Liegen bei den Kreditrückzahlungen (im Gegensatz zur Zahlungsreihe des vorgenannten Beispiels) **unterjährige Zahlungen** oder sog. **"gebrochene" Laufzeiten** (z.B. 1 ¼ Jahre oder 1 ½ Jahre) vor, so ist dies bei der Effektivzinsberechnung nach der internen Zinsfußmethode zu berücksichtigen. Mehrere Methoden sind zu unterscheiden (Abb. III-74).

Unterscheidungskriterium \ Praxisvarianten	Braeß/ Fangmeyer	"PAngV"	"US"	ISMA
(1) Unterjährige Zinsverrechnung		linear		exponentiell
(2) Zinskapitalisierung	jährlich		unterjährig	
			abhängig von den Zahlungs- bzw. Zinskapitalisierungsterminen	unabhängig von den Zahlungsterminen tägliche Zinskapitalisierung
(3) "Gebrochene" Laufzeiten	am Anfang	am Ende	nicht relevant	

Abb. III-74: Übersicht zu den Varianten der Effektivzinsberechnung im unterjährigen Bereich
(Quelle: *Schierenbeck* 1992, S. 148)

Die Methodenvarianten lassen sich im wesentlichen danach unterscheiden, wie der gebrochene Laufzeitanteil in der Effektivzinsformel berücksichtigt wird:

- Bei der sog. **linearen Methode** wird ohne die Berücksichtigung von Zinseszinsen gerechnet. Der Jahresbruchteil wird in linearer Weise integriert. Zu dieser Methodengruppe zählen die Berechnungsweisen der **PAngV** (erste Zinsverrechnung erfolgt nach Ablauf eines ganzen Jahres, danach in Einjahres-Abständen bis der "gebrochene" Teil der Gesamtlaufzeit erreicht wird) und diejenige nach **Braess/Fangmeyer** (die erste Zinsbelastung erfolgt nach Ablauf des gebrochenen Laufzeitanteils, danach wird zur jährlichen Zinsverrechnung übergegangen, vgl. auch Abschnitt 7.2.1).

- Die sog. "amerikanische" Effektivzinsmethode wird durch **frei** wählbare **Zinskapitalisierungszeitpunkte** bestimmt. Die Zinseszinsrechnung wird mit **exponentieller Vezinsung** durchgeführt.

Aus den beiden vorgenannten Gruppen (lineare und Potenzmethode) sollen nachfolgend stellvertretend die Methode nach der PAngV und nach ISMA (heute noch als AIBD-Methode bekannt) anhand der Daten nachfolgenden Beispiels vorgestellt werden:

Beispiel: Auszahlung eines Kreditbetrags am 1.10.1995 in Höhe von 2.000,-- DM, abzüglich eines Disagios von 10%. Vereinbart wurden endfällige Tilgung, Zinszahlungen zum Ende und zur Mitte des Kalenderjahres undeine Laufzeit von 1 ¼ Jahren. Der Nominalzins beträgt 5%. Als Zahlungsreihe ergibt sich:

1.10.1995	31.12.1995	1.7.1996	31.12.1996
-1.800	+25	+50	+2.050

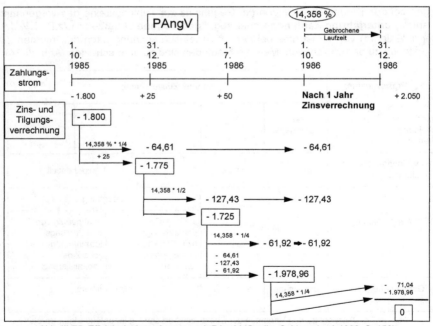

Abb. III-75: Effektivzinsberechnung nach PAngV (Quelle: *Schierenbeck* 1992, S. 150)

7 Bewertung von Anleihe- und Kreditkontrakten

Die **Methode nach ISMA** unterstellt gegenüber der Methode nach der PAngV, daß **täglich Zinseszinsen** anfallen. Damit wird nicht die Vorstellung der PAngV erforderlich, willkürlich Zinsverrechnungszeitpunkte festzulegen. Durch die Abzinsung von einem Tag auf den anderen sind die Abzinsungsschritte der ISMA-Methode wesentlich kürzer. Nachfolgende Abb. III-77 zeigt die Zins- und Amortisationsrechnung der ISMA-Methode.

Lesehinweis: Zur Darstellung und Kritik der Methoden der Effektivzinsberechnung vgl. *Schierenbeck* (1991, S. 142-155).

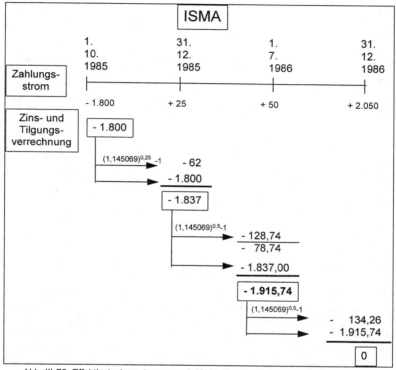

Abb. III-76: Effektivzinsberechnung nach ISMA (Quelle: *Schierenbeck* 1992, S. 153)

7.4 Ansätze zu Methoden des Zinsrisikomanagements

"In the last few years both borrowers and lenders have souhgt protection from the risk arising from volatile, generally high and unpredictable interst rates. (...) Meanwhile, large corporate borrowers have been placing market issues which have to compete with other forms of financial investments so as to attractiv to investors and at the same time meet the borrower's needs with respect to liquidity, risk and maturity. All these efforts have let to a widespread use of (1) variable rate lending by financial institutions, (2) floating rate or other unconventional issues by large borrowers in financial markets and/or (3) maturity shortening of bank loan contracts as well as of bond issues." (*Akhtar* 1983, S. 11 und 13). Dieses Zitat kennzeichnet eine umwälzende Veränderung, die die Unternehmensfinanzierung bis heute und auch in absehbarer Zeit durchleben wird: Die zunehmenden Risiken aus Zinssatzänderungen und ihre Wirkungen auf Vermögens- und Schuldenpositionen in den Unternehmensbilanzen und der GuV. Nachfolgende Abb. III-77 verdeutlicht die Wirkungen und zeigt erste Ansatzpunkte von Instrumenten des Zinsrisikomanagements auf.

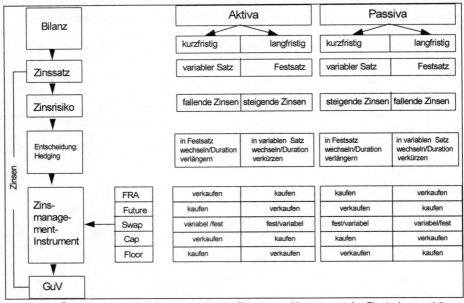

Abb. III-77: Überblick zu den Derivat-Instrumenten im Einsatz zum Management des Zinsänderungsrisikos (in Anlehnung an: *Dresdner Bank AG* 1994, S. 13)

Zinsänderungsrisiken treten auf, weil zukünftige Zinssätze in der Gegenwart nicht mit Zuverlässigkeit vorausgesagt werden können. Diese Vorstellung wird theoretisch aufgrund der in der Kapitalmarkttheorie allgemein akzeptierten **Markteffizienzhypothese** postuliert. Kurse von Wertpapieren folgen demzufolge einem Zufallspfad (= Random Walk), mit der Konsequenz, daß aus historischen Kursdaten keinerlei Rückschlüsse auf zukünftige Kursentwicklungen gezogen werden können. Damit dürften auch keine Prognosen von Anleihekursen und Marktzinssätzen möglich sein.

7.4.1 Grundriß der Markteffizienztheorie

Auf Finanzmärkten werden Preise, d.h. Kurse für dort gehandelte verbriefte Gläubiger- und Beteiligungsrechte aufgrund von Angebot und Nachfrage als Gleichgewichtswerte festgestellt. Von **effizienten Märkten** wird gesprochen, wenn eine optimale Allokation knapper Ressourcen durch vollständige und richtige Berücksichtigung von objektiv vorhandenen Informationen zustande kommt. Untersucht werden hochorganisierte **Auktionsmärkte** wie Finanzmärkte als Koordinationsstellen dezentraler Allokationsentscheidungen unter der Arbeitshypothese, diese Märkte seien informationseffizient. Der effiziente Kapitalmarkt ist insofern als vollkommener Kapitalmarkt anzusehen, als sichergestellt sein muß, daß auf ihm **Informationseffizienz** hinsichtlich der Preisbildung besteht. Hinter dieser Vorstellung steht nun wiederum ein Paradigma, das man als die Hypothese vom effizienten Kapitalmarkt bezeichnet: "(...) market in which prices fully reflect available information is called efficient" (*Fama* 1970, S. 383).

Fama formulierte die entsprechenden Arbeitshypothesen und baute auf die Arbeiten von *Bachelier* (Theorie de la Speculation) aus dem Jahre 1900 sowie den nachfolgenden Arbeiten von *Working* und *Cowles* in den 30er Jahren auf. Diese Arbeiten waren primär statistische Analysen des Marktverhaltens und postulierten, daß Markterträge unabhängig und identisch verteilte (= independent identically distributed) Zufallsvariablen (= Random Variables) darstellten. *Cootners* Arbeit Mitte der 60er Jahre basierte hierauf und legte den Grundstein für die These *Famas* vom effizienten Kapitalmarkt. Zentral ist als Ausgangspunkt die Grundlage, daß Marktteilnehmer ihre **Erwartungen rational** bilden: "Expectations, since they are informed predictions of future events, are essentially the same as the prediction of the relevant economic theory". (*Muth* 1961, S. 316). Rational bedeutet auch, alle verfügbaren Informationen so nutzen, daß sie konsistent sind mit einem zugrunde liegenden ökonomischen Modell (z.B. hinsichtlich des kausalen Zusammenhangs zwischen Unternehmensdividende und hohen Lohnabschlüssen der Branche, in dem das betrachtete Unternehmen tätig ist).

Rationale Erwartungsbildung ist zum einen ein **Verhaltenspostulat**, zum anderen auch ein **Gleichgewichtskonzept**. Die Bildung von Erwartungen hinsichtlich endogener Variablen wie Wertpapierkurse setzt voraus, daß die Marktteilnehmer eine Vorstellung von der kausalen Verknüpfung der endogenen mit den exogenen Variablen haben. Eine solche Strukturabhängigkeit wird durch das Verhalten aller Marktteilnehmer und ihrem mehrheitlichen Verständnis von den Zusammenhängen gebildet. Die **rationale Erwartungshypothese** (= REH) geht davon aus, daß der Einzelne wegen der Komplexität eines solchen Modells lediglich eine reduzierte Form des jeweiligen ökonomischen Modells besitzt. "In other words the expectations formation underlying the behaviour of any agent is consistent with the expectation formation and hence behaviour of all other agents, i.e. the rational expectations hypothesis is an equilibrium concept". (*Andersen* 1985, S. 349-350). Dies wird gemeinhin auf folgende zwei Weisen sichergestellt:

– Marktteilnehmer sind in der Lage, die Struktur des für ihre Entscheidungen relevanten ökonomischen Modells über die Zeit zu erlernen. Letzten Endes verfügen sie so über das **tatsächliche Strukurmodell** und bilden rationale Erwartungen. Dies ist besonders gut in Märkten möglich, die ständig, zumindest regelmäßig geöffnet sind und keine häufigen Strukturverschiebungen aufweisen.

– In einer anderen Vorstellung unterstellt die REH, daß Marktteilnehmer Informationen optimal und in **Übereinstimmung mit der Modelltheorie** einsetzen und disponieren. Dies dürfte zumindest näherungsweise auf Finanzmärkten erfüllt sein.

Famas Modell legt dem Kapitalmarkt bestimmte Axiome zugrunde. Als zentrale Bedingungen für die Gültigkeit des Modells sind zu nennen: sämtliche objektiv vorhandenen Informationen sind jedermann kostenlos verfügbar, keine Transaktionskosten und Steuern, alle Marktteilnehmer sind Preisnehmer und handeln rational.

So sind in einer Welt der Gewißheit oder der vollständigen Sicherheit Ertrag und Preis eines jeden Wertpapiers j wie folgt miteinander verbunden:

(III-48) $$P_{j,t} = (P_{j,t+1} + C_{j,t+1})/(1 + i_{j,t+1})$$

bzw.

(III-48a) $$P_{j,t+1} = P_{j,t+1} + C_{j,t+1}$$

und

(III-48b) $$P_{j,t} = P_{j,t+1}/(1 + i_{j,t+1}).$$

Gleichung (III-48) bringt zum Ausdruck, daß der Marktpreis $P_{j,t}$ der abdiskontierten Summe von bekannten, zukünftigen Marktpreisen $P_{j,t+1}$ und den bekannten, anfallenden Kupon- oder Dividendenzahlungen $C_{j,t+1}$ entspricht (sofortige Wiederanlage unterstellt). Der Diskontierungsfaktor $i_{j,t+1}$ ist durch eine ebenfalls bekannte Periodenertragsrate

(III-49) $$i_{j,t+1} = (C_{j,t+1} + P_{j,t+1} - P_{j,t})/ P_{j,t}$$

definiert. Weil es in einer realen Welt keine Gewißheit über zukünftige Realisationsmöglichkeiten gibt, muß die deterministische Gleichung (III-49) in eine stochastische reformuliert werden. Über die Zukunftswerte lassen sich ausschließlich Verteilungen von Zukunftswerten mit unterschiedlichen Wahrscheinlichkeiten der Realisierung darstellen:

(III-50) $$P_{j,t} = E^*(P_{j,t+1} \mid \phi_t^*)/(1 + E^*(i_{j,t+1} \mid \phi_t^*)).$$

Die Größe E^* ist der bedingte Erwartungswert einer von den Marktteilnehmern angenommenen Wahrscheinlichkeitsverteilung. Die Größe ϕ_t^* steht für den jeweiligen (subjektiven) Informationsstand der Marktteilnehmer. Er besteht aus Informationen über die jeweiligen $P_{j,t}$ sowie die früheren Zustände der Welt und über Vorstellungen zu den stochastischen Entwicklungsprozessen.

Zentral für das Verständnis der effizienten Markthypothese ist, wie sich der Gleichgewichtspreise $P_{j,t}$ bildet. Grundlage bildet der subjektive Informationsstand ϕ_t^*. Er schließt für den Preis des betrachteten Wertpapiers j eine marginale Verteilung $f^*(P_{j,t+1} \mid \phi_t^*)$ ein, aus der die Marktteilnehmer den subjektiven Erwartungswert $E^*(P_{j,t+1} \mid \phi_t^*)$ ableiten. Geht man davon aus, daß es eine solche Erwartung gibt, so hängt die Höhe des markträumenden Preises davon ab, welche Periodenertragsrate die Marktteilnehmer für das Gleichgewicht erwarten. Stellt man die Art der Erwartungsmodellbildung zurück, so wird *Famas* Markteffizienz ableitbar: Bei einem Preis sind sämtliche vorhandene Informationen "vollständig und richtig reflektiert". Der subjektive Informationsstand der Marktteilnehmer muß hierzu dem objektiv gegebenen Informationsstand entsprechen:

(III-51) $$f^*(P_{j,t+1} \mid \phi_t^*) = f(P_{j,t+1} \mid \phi_t),$$

was wiederum bedeutet:

(III-52) $$\phi_t^* = \phi_t.$$

Damit erhält die Preisgleichung (III-50) die folgende spezielle Form:

(III-53) $$P_{j,t} = E(P_{j,t+1} \mid \phi_t)/[(1 + E(i_{j,t+1} \mid \phi_t)].$$

Ist am Markt der objektive Informationsstand vollständig und wird er richtig genutzt, dann ist der Erwartungswert der Differenz von Realisation und Erwartungswert des Marktpreises gleich Null. Dieses Ergebnis bezieht sich auch auf den Erwartungswert der Differenz von Realisation und Erwartungswert der Periodenertragsrate. Man spricht von einem fairen Spiel der Marktteilnehmer relativ zum gegebenen Informationsstand. Nach *Famas* Definition des effizienten Markts sind sämtliche in ϕ_t enthaltenen Informationen bereits in den jeweiligen markträumenden Preisen eingegangen. Daraus folgt, daß auf der Grundlage des jeweiligen Informationsstands bzw. einer Teilmenge daraus kein Investor eine Anlagestrategie entwickeln kann, die dauerhaft zu überdurchschnittlichen Periodenerträgen (= Überrenditen) führt. Damit gilt auch folgende Tautologie: Wenn sämtliche vorhandenen Informationen vollständig genutzt sind, sind sie vollständig genutzt; wenn ein Markt effizient ist, ist er effizient.

Alle genannten Bedingungen implizieren, daß sämtliche Marktteilnehmer homogene rationale Erwartungen bilden. Das bedeutet, daß Konsens zwischen sämtlichen Marktteilnehmern über den jeweiligen Preis eines Wertpapiers besteht. Es gibt deshalb keine dauerhaften spekulativ bedingten Umsätze. Der Konsens beruht auf der rationalen Nutzung des allen bekannten objektiven Informationsstands durch jeden einzelnen Finanzmarktteilnehmer. Der resultierende Preis reflektiert den Informationsstand also vollständig. "In einem informationseffizienten Kapitalmarkt reflektieren die Marktpreise (Wertpapierkurse) ohne Verzögerung (d.h. die Anleger disponieren sofort) und vollständig alle relevanten Informationen." (*Perridon/Steiner* 1995, S. 237). In diesem Fall repräsentiert ein Wertpapierkurs den inneren Wert (= **Intrinsic Value**) des gehandelten Wertpapiers. Dies besagt, daß der Kurs durch interne und externe relevante Daten bestimmt wird.

Sind zukünftiger Zinssatz und Kurs eine Zufallsvariable, so ist die Finanzierungsentscheidung als Entscheidung unter Risiko zu kennzeichnen. Die Entscheidungssituation ist in einer Entscheidungsmatrix abbildbar, in der das Risiko der Entscheidungsalternativen durch die Ermittlung von Streuungsmaßen gemessen wird. "Als Management von Zinsrisiken kann in diesem Sinne die zielorientierte Auswahl einer bestimmten aus der Vielzahl der möglichen Wahrscheinlichkeitsverteilungen der Finanzierungskosten verstanden werden." (*Jokisch* 1996, S. 95). Traditionell wird mit der fristenkongruenten langfristigen Finanzierung von Investitionen zu fixierten Zinssätze bereits eine einfache Form des Zinsrisikomanagements betrieben. Nach wie vor stellen solche Finanzierungsformen auch einen hohen Anteil an der gesamten Finanzierung von Unternehmen dar. Solche Finanzierungen sind jedoch bei normaler Frisitgkeitsstruktur der Zinssätze um ca. 2% bis 2,5% teurer als Finanzierungen zu Geldmarktkonditionen. Die Attraktivität niedrigerer Geldmarktkonditionen kann jedoch nur "um den Preis steigender Variabilität der Kapitalkosten" und dem Eingehen eines Zinsänderungsrisikos realisiert werden.

Das **moderne Zinsmanagement** steht daher vor allem vor der Frage, wie die niedrigen kurzfristigen Zinssätze für langfristige Finanzzwecke gewonnen werden können und das damit verbundene Zinsänderungsrisiko minimiert, wenn nicht gar eliminiert wird. Mit der **Entwicklung derivativer Finanzinstrumente** auf den Finanz-Terminmärkten ist den 80er Jahren eine bis heute anhaltende Dynamik in Finanzinnovationen in Gang gesetzt worden, die im Grunde in folgende Instrumentengruppen grob eingeteilt werden kann:

- Mit **Forward Rate Agreements** (= FRA) werden Zinstermingeschäfte bezeichnet, die hinsichtlich ihrer Kontraktbestandteile (z. B. Anfangs- und Fälligkeitszeitpunkt, Zinssatz oder Volumen) zwischen den Vertragsparteien individuell vereinbart werden können.

- Ebenfalls Zinstermingeschäfte stellen Zinsfutures dar. Sie unterscheiden sich im wesentlichen von den FRA durch ihre Standardisierung und dem Handel an börslich organisierten Terminmärkten.

- Bei **Swaps** werden Vereinbarungen über den gegenseitigen Austausch von Zahlungsströmen zwischen den Vertragsparteien getroffen. Grundlage bildet ein zugrunde liegender Nominalbetrag.

- **Cap** und Floor stellen Vereinbarungen dar, die Optionscharakter haben und eine Begrenzung des Zinsänderungsrisikos durch Festschreiben eines Maximalzinsatzes (Cap) oder eines Minimalzinssatz (Floor) bewirken. Gegen Zahlung einer Prämie an den Verkäufer eines solchen Vertrags sichert sich der Käufer beim Cap gegen steigende Zinssätze und beim Floor gegen sinkende Zinsen. Beide Kontraktformen lassen sich kombinieren und bezeichnen u. a. den **Collar**.

Nach einer Erhebung der *Group of Thirty* werden von Nichtbanken, also im wesentlichen privatwirtschaftlich operierende Unternehmen, folgende Derivate für das Zinsmanagement eingesetzt (vgl. *Group of Thirty* 1993): zu 87% Zinsswaps und zu 40% Zinsbegrenzungsverträge. Daneben werden zu 64% Währungsswaps, zu 78% Devisentermingeschäfte und zu 31% Devisenoptionen eingesetzt, d.h. ein weiteres Risikogebiet - Wechselkursrisiken - stellt eine ebenfalls wichtige Grundlage für die Inanspruchnahme von Finanzderivaten dar. Wechselkursrisiken werden im folgenden nicht weiter betrachtet. Im wesentlichen (82%) werden die Zinsderivatinstrumente aus dem sog. **Over-the-Counter-Bereich** (= OTC-Produkte) bezogen, d.h., es werden auf Finanz- und Risikobedarfe individuell zugeschnittene Absicherungskontrakte eingesetzt. Im folgenden sollen zum einen wegen ihrer statistischen Bedeutung Zinsswap- und Zinsbegrenzungsvereinbarungen vorgestellt und ihr Einsatz für das Risikomanagement dargestellt werden. Ein anderer Grund für diese Beschränkung liegt darin, daß Forward Rate Agreements und Financial Futures zwar grundsätzlich Zinsrisiken von kurzfristig aufgenommenen Finanzmitteln (mittels Bund-Future) und mittelfristigen Krediten (durch Forward Rate Agreement) sichern können, nicht aber langfristige Kapitalaufnahmen (vgl. *Jokisch* 1996, S. 103-104). Zu kurzfristig wirkenden Zinsänderungsrisiken können alternative Finanzinstrumente wie Commercial Paper eingesetzt werden, zudem dürfte in dieser Fristigkeit das Zinsänderungsproblem nicht derart gravierend wie im Langfristbereich sein.

7.4.2 Zinsswap

Generell versteht man unter einem Swap einen Kontrakt, in dem die beiden Kontraktparteien für einen festgelegten Zeitraum **Zahlungsströme austauschen** (Hin- und Rücktausch). Ein Zinsswap (= Interest Rate Swap) ist die einfachste Form des Swaps, indem Zinszahlungen in einer Währung bezogen auf einen definierten nominellen Kapitalbetrag (z. B. Kreditbetrag) ausgetauscht werden. Es erfolgt also kein Austausch von Kapitalbeträgen, sondern lediglich von Zahlungsströmen zum Ausgleich von Zinsdifferenzen. Zu unterscheiden ist zwischen

- **Kuponswap**, bei dem Festsatzzinsen (Kapitalmarktzinssatz, d.h. Kupon) gegen variable Zinsen (Geldmarktzinssatz) und umgekehrt ausgetauscht werden sowie

- **Basis-** oder **Indexswaps**, in denen die Zinssätze variabel bleiben, aber der Referenzzinsatz oder die Fristigkeit innerhalb eines Referenzzinsatzes wechselt.

Zerlegt man Zinsswaps in ihre Zahlungsstromkomponenten, so können sie entweder als eine Kombination aus einem Kassa- und einem Termingeschäft angesehen werden oder als Zusammenfügung zweier Termingeschäfte mit unterschiedlichen Laufzeiten. Es werden desweiteren ausschließlich Kuponswaps betrachtet. Sie eignen sich zum Einsatz in der Absicherung (= Hedging) von Aktiv- und Passivpositionen und in der Zinsarbitrage.

7 Bewertung von Anleihe- und Kreditkontrakten

Die **klassische** Arbitrage{ XE "Arbitrage" }- und **Risikomanagementmöglichkeit** mit Kuponsswaps ergibt sich aufgrund von Unterschieden in den Wahrscheinlichkeiten, mit denen Kapitalgeber das Ausfallrisiko eines Kreditnehmers beurteilen. So können Großunternehmen wegen ihrer größeren Informationstransparenz und höheren Eigenkapitalquote auf (internationalen) Kapitalmärkten meist niedrigere langfristige Kapitalkosten realisieren als **kleinere mittelständisch geprägte Unternehmen**, die meist auch ausschließlich auf dem inländischen Kapitalmarkt und bei Kreditinstituten nur als Kreditnehmer auftreten können. Bei einer normalen Zinsstrukturkurve kann das mittelständische Unternehmen dadurch seine Kapitalkosten in der Kreditaufnahme senken, indem es statt der höheren Kapitalmarktzinsen dem Kreditvertrag einen **Geldmarktzinssatz** zugrunde legt. Dieser sorgt über einen mittel- bis längerfristigen Kreditzeitraum für Variabilität der Kapitalkosten aufgrund des Zinsänderungsrisikos.

Mit der Möglichkeit des Kuponswaps ließe sich für das mittelständische Unternehmen (= Unternehmen A) eine **Risikoprämienarbitrage** durchführen und eine **Kapitalkostenfixierung** erreichen, wenn es gelänge, ein Großunternehmen (= Unternehmen B) zu finden, für das der Austausch der Zinszahlungen vorteilhaft wäre (vgl. *Dresdner Bank AG* 1994, S. 14). Angenommen Unternehmen A könnte einen benötigten 8 jährigen Festsatzkredit über 100 Mio. DM zu einem Kapitalkostensatz von 8 1/2% und unter Bereitstellung von dinglichen Sicherheiten erhalten. Alternativ wäre eine Finanzierung auf der Basis eines Roll-Over-Kredits mit einer Marge von 1% möglich. Da das mittelständische Unternehmen A kein auf Zinsrisikomanagement ausgebautes Finanzmanagement besitzt, aber zu niedrigeren Kapitalkosten als 8 1/2% finanzieren möchte, sucht es nach Alternativen. Diese bietet sich im Großunternehmen B, das international auf Kapitalmärkten operiert, dort eine hohe Reputation besitzt und niedrige Kapitalkostensätze akquirieren kann. Angenommen einer solcher Satz läge für einen 8 jährigen Kredit bei 7%. Unternehmen B würde die Emission einer FRN in Höhe von 100 Mio. DM erwägen, die sie zu LIBOR zzgl. einer Marge von 0,375% ausgeben könnte. Unter den gewählten Datenkonstellationen ergeben sich für Unternehmen A und B Kostenvorteile der Finanzierung, wenn sie in den Austausch ihrer originären Zinszahlungsströmen eintreten:

Unter-nehmen	Konditionen variabler Kredit	Kapitalbedarf	Konditionen Festsatzkredit/ Anleihe
A	6-Monats-DM-LIBOR + 1% Marge	100 Mio. DM	8,5%
B	- 6-Monats-DM-LIBOR + 3/8% Marge	100 Mio. DM	-7,0%
	= 0,625%		= 1,5%
	• relativer Kostenvorteil von Unternehmen A • absoluter Kostenvorteil von Unternehmen B		absoluter Kostenvorteil von Unternehmen B

Abb. III-78: Kapitalkostenverhältnisse zweier Unternehmen mit unterschiedlicher Bonität und Kapitalmarktzugang

Aus dieser Grundkonstellation ergibt sich ein wirtschaftlicher Anreiz für beide Unternehmen, in eine Swapvereinbarung einzutreten:

– **Unternehmen B** emittiert einen **Straight Bond** zu 7% Kapitalfestkostensatz,

- **Unternehmen A** nimmt einen **variabel verzinslichen Roll-Over-Kredit** am Euromarkt zu 6-Monats-DM-LIBOR + 1% Marge auf und
- beide Unternehmen **tauschen** die **Zinszahlungsströme** zu einem Swapsatz von 7,15% aus.

Nachfolgende Abb. III-79 zeigt die Zahlungsströme im Überblick.

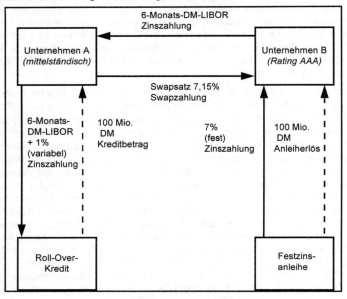

Abb. III-79: Grundbeziehung beim Zinsswap

Aus obiger Grundbeziehung ergeben sich folgende Resultate:

Unternehmen A		Unternehmen B	
Zinsauszahlung wegen Roll-Over-Kredit	- (LIBOR +1%)	Zinsauszahlung wegen Festsatzanleihe	-7,0%
Swap-Zufluß	+ LIBOR	Swap-Zufluß	+7,15%
Swap-Abfluß	- 7,15%	Swap-Abfluß	- LIBOR
Nettokosten	-8,15%	Nettokosten	-LIBOR -0,05%
Kosten ohne Swapgeschäft	-8,50%	Kosten ohne Swapgeschäft	- (LIBOR +3/8%)
Zinsersparnis	0,35%	Zinsersparnis	0,425%

Abb. III-80: Vergleich der Finanzierungskosten bei einem Zinsswap

Im gewählten Beispiel realisieren beide Unternehmen durch den Austausch ihrer Zahlungsströme Kapitalkostenvorteile. Unternehmen A kann den gewünschten Kredit über die benötigte Laufzeit zu niedrigeren Kapitalkosten und zu einem über die Laufzeit festen

Satz erreichen. Unternehmen B senkt seine Kapitalkosten unter den Satz alternativer variabler Finanzierungsinstrumente. Dabei bedienten sie sich einer einfachen Zinsswapkonstruktion, des Generic Swap (Straight Swap oder Plain Vanilla Zinsswap).

Lesehinweis: Zu den verschiedenen Formen und Einsatzmöglichkeiten von Zinsswaps über die Möglichkeiten des Zinsrisikomanagement hinaus vgl. *Eller/Spindler* (1994, S. 143-168).

7.4.3 Zinsbegrenzungsverträge

Zinsbegrenzungsverträge werden auch als Zinsoptionen bezeichnet und können einmal die Begrenzung der Zinsentwicklung im Kredit- und Anleihekontrakt nach oben (= **Cap**-Vereinbarung) oder nach unten (= **Floor**-Vereinbarung) bezeichnen. Desweiteren sind zur Senkung der mit Zinsbegrenzungsverträgen verbundenen Kapitalkosten Kombinationen dieser Grundvertragsformen gängig. Aus Kreditnehmersicht ist die Zinsbegrenzung nach oben relevant - der Cap bezeichnet dann eine vertragliche Vereinbarung zur Absicherung einer Zinsobergrenze über einen bestimmten Zeitraum (i. d. R. zwischen einem und 10 Jahren). Man unterscheidet zwei Parteien:

- Der **Käufer** erwirbt eine Versicherung gegen steigende Zinsen (= **Long Cap**). Gleichzeitig erhält er sich die Möglichkeit, von einem niedrigen oder fallenden Marktzinsniveau im Geldmarktbereich entlang der Zinsstrukturkurve zu profitieren. Er erwirbt insofern eine Zinsoption (**Inhaber** der Zinsoption) und zahlt eine **Cappprämie** bezogen auf einen vereinbarten Nominalbetrag an den Verkäufer. Dies stellt den Kostensatz der Zinssicherung für den Käufer des Cap dar.

- Der **Verkäufer** (= Stillhalter, auch i. d. R. M in der Option) eines Caps (= **Short Cap**) zahlt dem Käufer einen Ausgleichsbetrag zwischen der vertraglich festgelegten **Zinsobergrenze** (= Basispreis, Cap-Satz, Capzins) und dem vertraglich zugrunde gelegten Referenzzinssatz. Dies ist dann der Fall, wenn der **Referenzzinssatz** den Basispreis übersteigt.

Das Gegenstück zum Cap ist der **Floor**, da er eine vertragliche Vereinbarung über eine Zinsuntergrenze verkörpert. Man unterscheidet die gleichen Parteien:

- Der **Käufer** erhält eine Versicherung gegen **sinkende Zinsen** (= Long Floor) und die Möglichkeit, von einem steigenden oder hohem Marktzinsniveau im Geldmarktbereich der Zinsstrukturkurve zu profitieren. Auch hierbei erwirbt er eine Zinsoption (**Inhaber** der Zinsoption) gegen Zahlung einer Floorprämie auf den vereinbarten Nominalbetrag an den Verkäufer (= Kostensatz der Zinssicherung für den Käufer des Floor).

- Der **Verkäufer** nimmt eine Short-Position ein (= **Short-Floor**). Er zahlt dem Käufer eine Differenz zwischen der vertraglich festgelegten **Zinsuntergrenze** (= Basispreis, Floor-Satz, Floorzins) und dem vertraglich zugrunde gelegten Referenzzinssatz. Dies ist dann der Fall, wenn der **Referenzzinssatz** unter dem Basispreis liegt.

Der **Referenzinsatz** wird in beiden Vertragsformen durch einen **Geldmarktsatz** dargestellt, der aus dem LIBOR- oder FIBOR-Satz bestehen kann und meist entweder den Drei- oder Sechs-Monats-Zeitraum umfaßt. Die vom Stillhalter zu erbringende Zahlung erfolgt jeweils am Ende einer Zinsperiode. Dabei wird die Differenz zwischen Referenzsatz und Basispreis p. a. berechnet und auf die tatsächliche Anzahl der Zinstage umgerechnet. Cap-Verträge können jeweils zu den vereinbarten Erfüllungsterminen ausgeübt werden (= European Style Option).

Beispiel: Ein Unternehmen benötigt zur Finanzierung einer Investition einen Kredit mit einer Laufzeit von 5 Jahren, Laufzeitbeginn ist der 01.01.1994. Aufgrund seiner Bonität ist der für ihn derzeit günstigste Zinssatz bei unterstellter normaler Zinsstukurkurve ein Geldmarktsatz. Das Unternehmen vereinbart mit der Bank einen solchen variablen Zinnsatz auf der Basis des 6-Monats-DM-LIBOR. Um sich gegen zwischenzeitlich eintretende Zinssteigerungen abzusichern, schließt das Unternehmen ergänzend zum variabel verzinslichen Kredit eine Cap-Vereinbarung ab und zahlt hierfür eine Cappprämie. Folgende Kontraktspezifikationen weist der Cap auf: Zeitraum: 5 Jahre, Zinsobergrenze 8,00%, fällige einmalige Capprämie: 0,8% auf den vereinbarten Kreditbetrag von 1 Mio. DM (= annualisierter Satz von 0,2%).

Die Folge der Cap-Vereinbarung ist, daß die Bank in ihrer Stillhalter-Position bei Überschreiten der aktuellen Zinsobergrenze (im Beispiel 8%) in Höhe der Zinsdifferenz eine Ausgleichszahlung an das Unternehmen leistet.

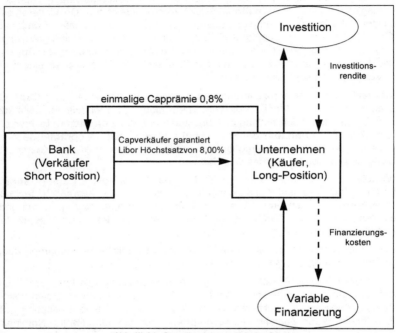

Abb. III-81: Grundbeziehungen beim Cap

Mit dieser Vertragsgestaltung werden **drei finanzwirtschaftliche Vorgänge** kombiniert:

- Die Beschaffung eines Investitionskredits auf der Basis eines variablen Kapitalkostensatzes, der sich an den Geldmarktsatz im Sechsmonats-Bereich orientiert.
- Der gleichzeitige Abschluß eines Caps, der als Finanzkontrakt das Zinsmanagement ermöglicht, ohne daß hierzu nochmals separates Kapital beschafft werden muß.
- Der dadurch finanzierbare und gegen zukünftige Zinsrisiken abgesicherte Investitionsvorgang, d.h. die Realisierung des Investitionsobjekts und die dadurch in Zukunft erzielbare Investitionsrendite bzw. die Einzahlungen aus dem Investitionsobjekt.

Im Beispiel wurde technisch betrachtet der Cap mittels einer Reihe von Optionen mit zunehmend langer Vorlaufzeit auf den 6- (oder 3-) Monats-Zinssatz durchgeführt. Über eine

7 Bewertung von Anleihe- und Kreditkontrakten

solche Aneinanderreihung lassen sich grundsätzlich maßgeschneiderte Laufzeiten realisieren. Sie ermöglichen eine Kongruenz mit abzusichernden variabel verzinslichen Verbindlichkeiten.

Kernpunkt des Capkontrakts ist, daß an jeweils im voraus festgelegten **Roll-Over-Terminen**, die sich nach der Fristigkeit des Referenzzinsatzes orientieren, festgestellt wird, ob der jeweils aktuelle Referenzzinsatz die aktuelle Zinsobergrenze übersteigt. Sofern dies der Fall ist, werden vom Stillhalter Ausgleichszahlungen geleistet. Dies beschreibt wie bei einer Option den asymmetrischen Charakter des Zinssicherungsvertrags. Für den Käufer ergibt sich die Sicherheit, daß sein maximal zu leistender Kapitalkostensatz nie höher ist als der Basispreis. Bei Rückgang des Zinsniveaus nimmt er an sinkenden Kapitalkosten teil, da diese an den Geldmarktsatz gekoppelt sind. Sein **Aufwand** besteht in der Zahlung der **Cap-Prämie**, die den Kapitalkostensatz entsprechend des annualisierten Betrags erhöht. Im Beispiel bedeutet dies, daß der Kostensatz 6-Monats-DM-LIBOR + Cap-Prämie p.a. beträgt. Nachfolgende Abb. III-82 zeigt, daß dadurch der effektive Kapitalkostensatz bei einem Cap immer um die Differenz der annualisierten Cap-Prämie über dem Referenzsatz verläuft, aber beim Basispreis zzgl. Cap-Prämie verharrt, wenn der aktuelle Referenzsatz darüber verläuft.

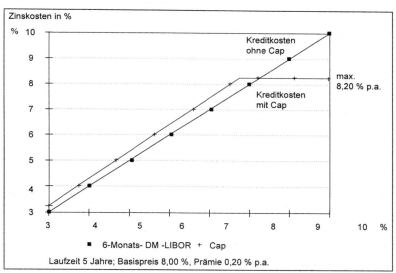

Abb. III-82: Absicherungsprofil eines Cap

Die fällige Ausgleichszahlung bemißt sich nach folgender Formel:

(III-54)
$$CF_c = \frac{KD_{nominal} * (i_R - X) * t}{\frac{100}{360}}$$

mit

CF_c	=	Ausgleichszahlung,
$Kd_{nominal}$	=	Nominalbetrag des Kredits,
i_R	=	Referenzzinssatz,

X = Basispreis,
t = Tage der abgesicherten Periode.

Zur Veranschaulichung der Cap-Wirkung werden nachfolgend auf der Grundlage der Daten aus dem Beispiel zwei Zinsszenarien durchgespielt.

Zinsszenario A

Der Referenzinssatz liegt zu einem Roll-Over-Termin 31.12.1994 über der Zinsobergrenze, z. B. 8,75%. Bei einer Periodenlänge von 182 Tagen (1.7.1994 bis 31.12.1994) löst dies eine **Ausgleichszahlung** des Stillhalters an den Käufer in folgender Höhe aus:
[(8,75% - 8%)* 1.000.000 * 182]/(100 360) = 3.795,-- DM.

Der Vorgang der Ausgleichszahlung kann in zwei Zahlungsströmen zerlegt betrachtet werden: Der eine verkörpert den variablen Zinssatz und der andere den festen Satz. Nachfolgende Abb. III-83 stellt die einheitliche Ausgleichszahlung und die aufgesplittete Form gegenüber.

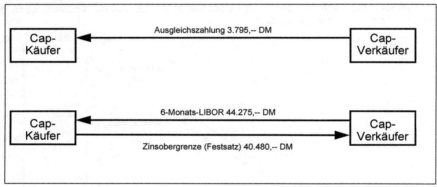

Abb. III-83: Zahlungstrom-Betrachtung eines Cap

Die Darstellung zeigt, daß der Käufer eines Cap gedanklich dem Verkäufer des Festsatzes einen Zahlungsbetrag leistet, wie er sich aufgrund des Basispreis ergibt (1.000.000 * 0,08 * 0,506 = 40.480,-- DM). Der Verkäufer des Cap zahlt dem Käufer zum Ausgleich den aktuellen 6-Monats-LIBOR (1.000.000 * =,0875 * 0,506 = 44.375,-- DM). Betrachtet man die Zahlungsströme netto, so verbleibt als Saldo-Zahlung des Verkäufers an den Käufer der Betrag von 3.795,-- DM (= Praxisverfahren des **Zinsnetting**).

Diese Betrachtungsweise hat Ähnlichkeit mit der Abwicklung eines Zinsswaps. Der Käufer eines **(Plain Vanilla) Zinsswaps** zahlt ebenfalls einen Festsatz an den Verkäufer und erhält den variablen 6-Monats-LIBOR. Geht man davon aus, daß der Einfachheit halber zu Vergleichszwecken der Swapsatz 8 % sei, so wird die Zinsswap-Beziehung und ihre Ähnlichkeit zur Cap-Beziehung in Abb. III-84 deutlich:

7 Bewertung von Anleihe- und Kreditkontrakten

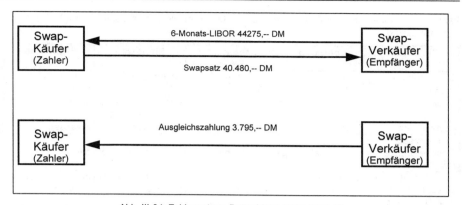

Abb. III-84: Zahlungstrom-Betrachtung eines Swap (I)

In diesem Fall, indem der aktuelle 6-Monats-LIBOR über dem Basispreis liegt, sind die Zahlungsströme von Cap- und Zinsswap identisch.

Zinsszenario B

Der Referenzinssatz liegt zu Roll-Over-Termin mit 7% unter der Zinsobergrenze, was für die zurückliegende Halbjahresperiode **keine Ausgleichszahlungen** beim Cap-Kontrakt auslöst. Anders ist die Situation wenn man wiederum zu Vergleichszwecken den Zinsswap betrachtet:

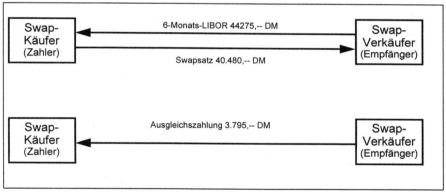

Abb. III-85: Zahlungstrom-Betrachtung des Swap (II)

Beim Zinsswap-Kontrakt erhält also der Verkäufer des Swaps eine Ausgleichszahlung in Höhe von DM 3.795,-- DM (auf der Basis des Zinsnetting). Vergleicht man Zinsszenario A und Zinsszenario B wird der entscheidende Unterschied zwischen Zinscap- und Zinsswap-Verträgen erkennbar. **Zinsswaps** weisen ein **symmetrisches Zahlungsstromprofil** auf. Käufer und Verkäufer haben mit dem Kontraktabschluß ein Zinsänderungsrisiko, beide Seiten unterliegen in grundsätzlich gleicher Weise der Gewinnchance und der Verlustgefahr. **Asymmetrisch** wirkt hingegen der Abschluß eines **Zinscaps**. Aus der Sicht des Käufers ist das Zinsänderungsrisiko beschränkt, sein höchstmöglicher Verlust kann nur in Höhe der Cap-Prämie entstehen. Die zentralen Unterschiede zeigt Abb. III-87 überblicksartig.

Zinsswap	Long Cap	Long Zins-Swap	Short Cap	Short Zins-swap
Zinsinstrument	asymmetrisch	symmetrisch	asymmetrisch	symmetrisch
Prämie	zahlt	keine	erhält	keine
Zinserwartung	steigende Zinsen		sinkende/ gleichbleibende Zinsen	sinkende Zinsen
Festzinssatz	Zinsobergrenze	Swapsatz	Zinsobergrenze	Swapsatz
Referenzsatz > Zinsobergrenze bzw. Swapsatz	erhält Ausgleichszahlung		zahlt Ausgleichszahlung	
Referenzsatz < Zinsobergrenze bzw. Swapsatz	keine Ausgleichszahlung	zahlt Ausgleichszahlung	keine Ausgleichszahlung	erhält Ausgleichszahlung
Gewinnchance	steigende Zinsen		Prämie	fallende Zinsen
Verlustgefahr	Prämie	fallende Zinsen	steigende Zinsen	

Abb. III-86: Vergleich von Zinscap und -swap (in Anlehnung an *Eller/Spindler* 1994, S. 175)

Die asymmetrische Wirkung des Caps kann mit den üblichen **Gewinn-Verlust-Profilen**, die für die Charakterisierung von Optionspositionen verwendet werden, beschrieben werden. Nachfolgende Abb. III-87 zeigt das typische Profil für den **Cap-Käufer**, das dem Verlauf der Call-Option gleicht.

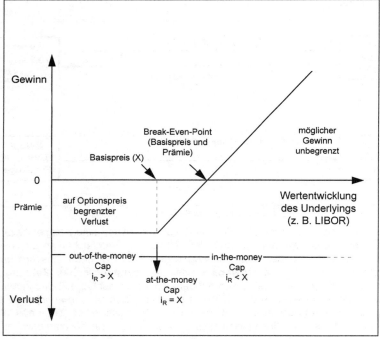

Abb. III-87: Gewinn- und Verlust-Profil des Long Cap

7 Bewertung von Anleihe- und Kreditkontrakten

Generell ist bei der Bestimmung der Zinsobergrenze folgende Fallunterscheidung zu treffen:

- **At-the-money-Cap:** Die vereinbarte **Obergrenze** liegt bei Abschluß **auf** der **Höhe** des **Referenzzinssatzes**. Die Zinssicherung des Cap-Käufers bezieht sich auf die Höhe des aktuellen Zinsniveaus.
- **Out-of-the-money-Cap:** Die vereinbarte Obergrenze liegt bei Abschluß **über** dem Referenzzinssatz. Die Absicherung gilt für den Worst-Case, d.h. für den Fall, daß die Zinsen entgegen der Erwartung des Entscheidungsträgers stärker steigen sollten.
- **In-the-money-Cap:** Die vereinbarte Obergrenze liegt bei Abschluß **unter** dem Referenzzinssatz. Der Cap-Käufer zahlt dem Stillhalter einen Zinssatz, der bei Abschluß unter dem Marktniveau liegt. Fällt der Referenzzinssatz unter die vereinbarte Zinsobergrenze, partizipiert der Kreditnehmer entsprechend vom Zinsrückgang. Dieser Cap ist als eine Kombination von Festsatz- und variablem Kredit zu interpretieren.

Die Gegenposition zum Long-Cap wird durch den **Short Cap** beschrieben, den der Verkäufer als Stillhalter innehält. Auch hierzu läßt sich das Gewinn-Verlust-Profil darstellen, aus dem das theoretisch unbegrenzte Verlustrisiko des Stillhalters ersichtlich wird.

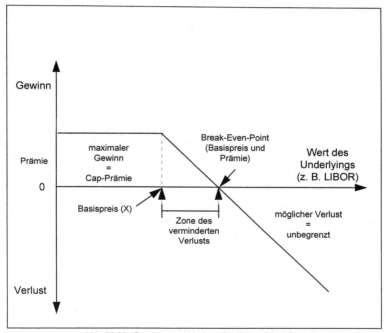

Abb. III-88: Gewinn- und Verlust-Profil des Short Cap

Von der technischen Seite ergeben sich über die Laufzeit des Kredits und des Cap **Roll-Over-Termine**, an denen die vereinbarte Zinsobergrenze mit dem Referenzzinssatz verglichen wird. Im Beispiel lagen 9 Roll-Over-Termine vor.

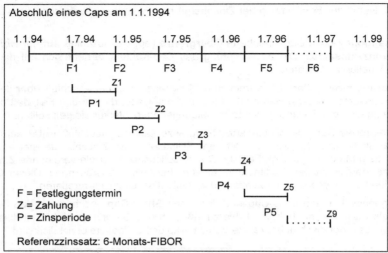

Abb. III-89: Zusammenhang von Roll-Over-Termin, Zinsperiode und Zahlung

Übertragen auf die Angaben des Beispiels: Für die erste Periode (= erstes Halbjahr) wird kein Differenzbetrag ermittelt, da der Referenzzins für diesen Zeitraum bei Abschluß des Cap-Vertrags bekannt ist. Die erste Zins-Periode beginnt erst nach Ablauf eines halben Jahres, d.h. in obiger Abbildung am 1.7.1994 und läuft bis zum 31.12.1994. Die Zinsfeststellung (= Fixing) erfolgt jeweils zwei Geschäftstage vor Beginn der neuen Periode. Daher fand im obigen Beispiel die Zinsfeststellung für die erste Periode (= P1) zwei Tage vor dem 1.7.1994, d.h. bereits am 29.06.1994, statt.

Der (Erst-)Verkäufer eines Cap ist i.d.R. auch bereit, **Cap** vor Fälligkeit wieder **zurückzukaufen**. Damit besteht für die meisten Cap eine sog. Marktpflege. Für den Käufer eines Caps kann ein vorzeitiger Verkauf z. B. dann interessant sein, wenn sich seine Bilanzsituation durch Tilgung eines größeren Kreditvolumens reduziert und sich das Zinsrisiko des Unternehmens insgesamt geändert hat. Der Wert des Cap, seine Capprämie, ist dann aktuell aufgrund folgender Determinanten zu berechnen (gilt auch für die Ermittlung der Prämie bei erstmaligem Kontraktabschluß):

Laufzeit	Zinsobergrenze
Je länger die Laufzeit, desto höher die Cap-Prämie	Je höher die Zinsobergrenze, desto niedriger die Cap-Prämie
Differenz zwischen Obergrenze und Marktzins	**Zinsvolatilität**
Je größer die Differenz zwischen Zinsobergrenze und impliziertem Marktzinsniveau, desto niedriger die Cap-Prämie	Je größer die erwarteten Zinsschwankungen, desto höher die Cap-Prämie

Abb. III-90: Determinanten der Cap-Prämie

7 Bewertung von Anleihe- und Kreditkontrakten

In der Praxis wurden **Sonderformen** des Cap vor allem entwickelt, um in hohem Maße Bedarfsadäquanz für jeweilige Absicherungsfälle zu erzielen und dadurch letztendlich Kapitalkosten zu reduzieren.

Mit dem **Corridor** wird eine Kontraktkonstruktion beschrieben, bei der über den identischen Nominalbetrag und Laufzeit gleichzeitig ein Cap mit niedrigem Basispreis gekauft und ein Cap mit hohem Basispreis verkauft werden. Zweck des Cap-Verkaufs ist, es die Cap-Prämie zu erlösen und dadurch die Aufwendungen für die Prämie des Cap-Kaufs zu reduzieren. Die Durchführung des Geschäfts wird von der Erwartung getragen, daß während der Vertragslaufzeit eine Erhöhung des Referenzzinssatzes über den Basispreis des verkauften Cap nicht erfolgt bzw. höchst unwahrscheinlich ist. Andernfalls entsteht hierdurch ein Zinsänderungsrisiko.

Beispiel (vgl. *Dresdner Bank AG*, 1994, S. 37):
Kauf eines Cap mit 5 Jahren Laufzeit,
Zinsobergrenze: 6%
Aufwand in Höhe der Cap-Prämie: 2,9%

Verkauf eines Cap mit 5 Jahren Laufzeit,
Zinsobergrenze: 8%
Ertrag in Höhe der Cap-Prämie: 0,9%
Nettoaufwand der Absicherung (Netto-Cap-Prämie): 2,0%.

Nachfolgende Abb. III-91 zeigt den Verlauf der Zinskosten eines Corridors. Der schraffierte Bereich kennzeichnet den Fall, bei dem der Referenzzinssatz über den Basispreis der Short Cap-Position verläuft und steigende Zinskosten auslöst. Zwischen dem niedriegeren Basispreis des Long-Cap und dem höheren Basispreis des Short Cap besteht dagegen eine Festschreibung der Zinskosten in Höhe der Summe aus Basispreis und Netto-Cap-Prämie.

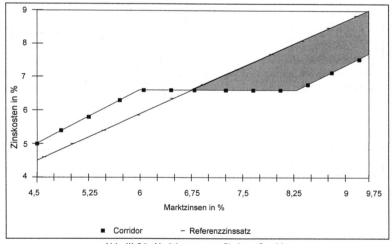

Abb. III-91: Absicherungsprofil eines Corridor

Lesehinweise: *Jahn* (1989) und *Zugehör* (1987).

Genereller **Anwendungsbereich** des Caps ist dort, wo ein zinsvariabler Kredit oder eine Floating Rate Note gegen das Zinsänderungsrisiko nach oben hin abgesichert werden soll

(= Management der Bilanzpassiva). Gleichzeitig wird die Möglichkeit erhalten, Minderungen in den Kapitalkosten durch niedrige oder fallende Marktzinssätze zu realisieren. Im Gegensatz zu einem Zinsswap hat der Cap den Vorteil der Zinssicherung, ohne daß eine Erwartung des Entscheidungsträgers über die zukünftige Zinsentwicklung benötigt wird. In der Praxis werden Capvereinbarungen meist direkt zum Bestandteil des Kreditvertrags bzw. der Anleihebedingungen gemacht.

Für den Emittenten einer FRN ergibt sich folgende Situation, wenn man folgenden Beispielwerten ausgeht: Emission einer FRN mit Bindung an 6-Monats-DM-LIBOR + Aufschlag von 0,3125% sowie Zinscap bei einem Basispreis von 7,5%, Zinsobergrenze (= maximaler Zinskostensatz) für den Emittenten: 7,8125% (7,5% zzgl. 0,3125% Aufschlag), Cap-Prämie anteilig im Aufschlag zu LIBOR enthalten.

Zahlungsstrom-Komponenten	- Cap FRN =	- FRN	- Annuität	+ Cap
Merkmal	6-Monats-LIBOR + 0,3125 % Höchstzinssatz 7,8125	6-Monats-LIBOR	0,3125 %	Basispreis 7,5

Abb. III-92: Ausgangsdatenkonstellation einer FRN

Damit korrespondieren folgende **Zahlungsstrombeziehungen**:

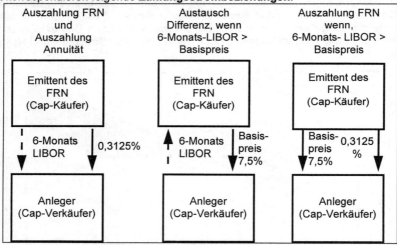

Abb. III-93: Zahlungsstrom-Strukturen der FRN mit Zinscap

Der Emittent nimmt gedanklich je nach Konstellation von aktuellem 6-Monats-DM-LIBOR und Basispreis folgende Position ein:

- 6-Monats-DM-LIBOR < Basispreis: variabel verzinsliche Anleihe,
- 6-Monats-DM-LIBOR > Basispreis: festverzinsliche Anleihe (aufgrund der Long-Cap-Position).

Kapitel IV Innenfinanzierung

1 Grundlagen der Innenfinanzierung

Innenfinanzierung ist die Deckung von Kapitalbedarf aus finanzwirtschaftlich relevanten Vorgängen "aus dem Unternehmen heraus", d.h. durch die Betriebs- und Umsatzprozesse. Anstelle des Begriffs Innenfinanzierung wird mitunter auch von **Finanzierung aus Umsatzerlösen, Finanzierung aus dem Cash Flow** oder **(Umsatz-) Überschußfinanzierung** gesprochen. Innenfinanzierung wird zudem häufig mit dem Begriff **Selbstfinanzierung** gleichgesetzt. Insgesamt finden sich in der Literatur und der Praxis unterschiedliche Vorstellungen darüber, was Innenfinanzierung darstellt (vgl. *Büschgen* 1991, S. 249-250). Nachstehende Definitionen umschreiben den Begriff nach seinen Komponenten.

Innenfinanzierung stellt zum einen **Selbstfinanzierung im engeren Sinne** dar, womit die Finanzierung aus realisierten Gewinnen gemeint ist, die ihrerseits Teile der Eigenfinanzierung darstellen. Man nennt interne Finanzierungsvorgänge daher auch interne Eigenfinanzierung. Diese wird in drei Ausprägungen unterschieden. Unter der **offenen** Selbstfinanzierung versteht man die in den Rücklagen der Bilanz ausgewiesene Ansammlung von nicht ausgeschütteten Gewinnen (= **Gewinnthesaurierung**). Dagegen bezeichnet die **stille** Selbstfinanzierung aus der Bilanz nicht direkt ersichtliche Rücklagen. Als weitere Kategorie klassifiziert man die **versteckte** Selbstfinanzierung. So führen z. B. selbsterstellte Patente zu Ausgaben, die in späteren Perioden Einnahmen generieren werden. Die Ausgaben der Patentherstellung führen aber nicht zu aktivierungsfähigen Wirtschaftsgütern und werden bei der Gewinnermittlung als Aufwand verbucht. Damit sind Gewinne in nicht bilanzfähige Wirtschaftsgüter eingeflossen. Erst bei Verkauf des gesamten Unternehmens oder Realisierung zukünftiger Einnahmen (z. B. aus dem Absatz der mit dem Patent hergestellten Güter) werden diese Gewinne freigesetzt und führen zu einem Finanzmittelzufluß (vgl. *Schneider* 1992, S. 58-60).

Im **weiteren Sinne** umfaßt **Selbstfinanzierung** zusätzlich zu den vorgenannten Komponenten die Finanzierung aus verdienten Abschreibungen (= Abschreibungserlöse) und die interne Fremdfinanzierung, wozu überwiegend langfristige Rückstellungen (insbesondere Pensionsrückstellungen) gezählt werden. Komplettiert wird der Bereich der Innenfinanzierung noch um Finanzierungsvorgänge aufgrund von Kapitalfreisetzungen aus beispielsweise Rationalisierungsmaßnahmen, Vermögensliquidationen oder Beschleunigung des Kapitalumschlags.

Es gibt grundsätzlich zwei Wege der Mittelbeschaffung im Rahmen der Innenfinanzierung. Zum einen die zusätzliche Kapitalbildung durch **Gewinnthesaurierung**, was von der Ertragskraft des Unternehmens abhängt und zur Bilanzverlängerung führt. Daneben speisen die **Freisetzung** von in Vermögenswerten gebundenem **Kapital** (z.B. in Form von Abschreibungen) und die Realisierung von **stillen Reserven** die Innenfinanzierung. Allerdings ist ihr Beitrag eher gering und unregelmäßig. Typische Anlässe sind der Verkauf von nicht betriebsnotwendigen Immobilien, um Bilanzverluste auszugleichen, die ansonsten durch das operative Geschäft eines Unternehmens nicht behebbar wären. Regelmäßig und überwiegend werden Innenfinanzierungsmittel dagegen aus Umsatzerlösen erzielt. Die wesentlichen Komponenten, die dabei eine Rolle spielen, sind die zurückbehaltenen (nicht ausgeschütteten) Gewinne, die Abschreibungen und die Rückstellungen mit ihren jeweiligen finanziellen Gegenwerten. Dabei ist die Bildung von Innenfinanzierungsmitteln an bestimmte **Voraussetzungen** geknüpft. Abb. IV-1 veranschaulicht dies in einer vereinfachten Kalkulation (wobei die Wertangaben gedanklich auf Stückdimensionen bezogen werden müssen).

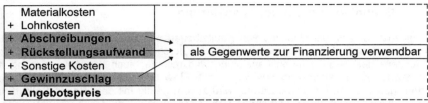

Abb. IV-1: Beispielhafte Kalkulation eines Angebotspreises zur Erfassung finanzieller Gegenwerte für die Innenfinanzierung

So müssen Gewinnmargen, Abschreibungen und Rückstellungen im Angebotspreis kalkulatorisch enthalten sein. Der Angebotspreis muß ferner realisiert, d.h., die Produkte müssen zu diesem Preis verkauft werden. Daraus ergeben sich Einnahmen in Form von Umsatzerlösen. Aus diesen Einnahmen müssen Einzahlungen resultieren, erst dann entstehen finanzielle Gegenwerte. Finanzierungseffekte liegen bei der Innenfinanzierung vor, wenn dem Unternehmen die kalkulierten finanziellen Gegenwerte in liquider Form durch die Umsatzerlöse zugeflossen sind.

Lesehinweis: Eine detaillierte buchhalterische Darstellung liefert *Adelberger* (1993, S. 202-205).

Die gezeigte Wirkungskette ist ein wichtiger Bestimmungsfaktor für die Höhe der Innenfinanzierung, daneben existiert noch eine Reihe weiterer Determinanten. Vor allem die rechtliche Ausgestaltung eines Unternehmens hinsichtlich seiner Unternehmensverfassung und die spezifischen gesetzlichen Rechnungslegungsvorschriften zur Bilanzierung oder Gewinnthesaurierung beeinflussen das Innenfinanzierungspotential (gerade bei Kapitalgesellschaften erheblich). Ergänzt werden diese Bestimmungen durch die "freiwilligen" Vorschriften, die sich die Gremien eines Unternehmens durch Satzung und Gesellschaftsverträge gegeben haben.

Aus finanzierungstheoretischer Sicht wird gängigerweise die Selbstfinanzierung i. e. S. als Entscheidungsproblem mit der Frage diskutiert, ob erwirtschaftete Gewinne an die Unternehmenseigner auszuschütten sind oder innerhalb des Unternehmens verbleiben und dort investiv eingesetzt werden sollen. Zur Beantwortung unterscheidet man, ob personenbezogene oder firmenbezogene Unternehmen betrachtet werden.

Im Fall **personenenbezogener Unternehmen** ist bekanntlich von einer Identität zwischen zwischen Unternehmensleitung und Eigner auszugehen (z. B. bei Komplementären) bzw. Eigner können ihre Ziele bei der Unternehmensleitung in ihrem Sinne durchsetzen (z. B. Kommanditist gegenüber voll haftenden Gesellschaftern in der Unternehmensleitung). Ein Prinzipal-Agent-Problem dürfte dadurch im Regelfall nicht vorliegen oder nur sehr schwach ausgeprägt sein, weshalb man davon ausgeht, daß die Unternehmenszielsetzung „Entnahmemaximierung" lauten wird. Die Selbstfinanzierung ist dann kein Entscheidungsproblem.

Bei **firmenbezogenen Unternehmen**, die durch die Trennung von Eignern und Unternehmensleitung gekennzeichnet sind, ist das Prinzipal-Agent-Problem dann nicht von Bedeutung, wenn die Unternehmensleitung im Interesse der Anteilseigner handelt bzw. ein vollkommener Kapitalmarkt vorliegt. Im letztgenannten Fall können die Interessen der beiden Gruppen abweichen, die Eigner haben die Möglichkeit, ihre Anteile am Kapitalmarkt

1 Grundlagen der Innenfinanzierung

zu veräußern, wenn sie mit der Dividendenpolitik der Unternehmensleitung nicht einverstanden sind. Man begegnet in dieser Anschauung des Selbstfinanzierungsproblems wieder der Irrelevanzvorstellung wie sie auch in der Beteiligungsfinanzierung bereits aufgeführt wurde. „Genau das besagt die **Irrelevanzthese der Dividendenpolitik**: Es ist aus Sicht der Aktionäre irrelevant, wieviel eine AG als Dividenden ausschüttet, vorausgesetzt, daß sich die Unternehmensleitung nicht durch die Einbehaltung von Mitteln dazu verleiten läßt, unvorteilhafte Investitionen durchzuführen, und sich nicht durch die Ausschüttung davon abhalten läßt, vorteilhafte Investitionen vorzunehmen." (*Schmidt/Terberger* 1996, S. 228). Im anderen Fall, in dem angenommen werden kann, daß die Unternehmensleitung im Interesse der Anteilseigner handelt, wird die Frage weitergehend diskutiert, ob die Unternehmensleitung ihre Handlungen danach ausrichtet, die Dividendeneinkommen der Anteilseigner oder stattdessen deren Vermögen durch Unternehmenswachstum zu maximieren. *Schneider* hat die Problematik wie folgt auf den Punkt gebracht: „Wenn Selbstfinanzierung heute bewirkt, daß in Zukunft mehr Geld den Aktionären zufließt, dann wird sie die Kurse nach oben treiben. Fraglich ist nur, ob Selbstfinanzierung heute den Kurs genauso steigen läßt wie höhere Ausschüttungen heute - das behauptet im Grunde die Gewinnthese - oder ob künftige Dividendenerhöhungen und Bezugsrechtserlöse als Folge heutiger Selbstfinanzierung geringer eingeschätzt werden als gegenwärtige Ausschüttungen - das ist der Kern der Dividendenthese." (*Schneider* 1993, S. 499).

Kann nicht von einer Zielidentität zwischen Unternehmensleitung und Anteilseignern ausgegangen werden und liegt kein vollkommener Kapitalmarkt vor, dann können die Anteilseigner nicht mehr zwingend davon ausgehen, daß die im Unternehmen einbehaltenen Gewinne in ihrem Interesse verwendet werden. In diesem Fall sind sie gezwungen, sich Erwartungen über die zukünftige Ertragslage des Unternehmens zu machen. Die Ausschüttung von Gewinnen und ihre Anlage in Investitionen außerhalb des Unternehmens, die der Anteilseigner selbst bestimmt, wären dann u. U. dem Einbehalt der Gewinne vorzuziehen. Selbstfinanzierung wird unter diesen Umständen nicht nur zu einem Entscheidungsproblem für die Anteilseigner, sondern zwangsläufig auch zu einem der Unternehmensleitung. Die Unternehmensleitung, die um dieses Entscheidungsproblem weiß, kann möglicherweise mit der **Dividendenpolitik** einen **Signalmechanismus** benutzen, mit dem sich Anteilseigner Erwartungen über die für sie nicht direkt beobachtbare zukünftige Ertragslage des Unternehmens machen können. Dividendenkürzungen würden dann als Signal für eine zukünftige Verschlechterung der Ertragslage von den Kapitalmarktteilnehmern interpretiert, Erhöhungen der Ausschüttungen hätten den entgegengesetzten Aussagewert.

<u>Lesehinweis:</u> Näheres zur Diskussion um die Vor- und Nachteile der Innenfinanzierung finden sich bei *Büschgen* (1991, S. 359-367) und *Schneider* (1992). Zur Signalfunktion der Dividendenpolitik vgl. *Hartmann-Wendels* (1986).

Für die meisten kleinen und für viele mittelständische Unternehmen sowie öffentliche Unternehmen ist die Innenfinanzierung meist die dem Finanzierungsvolumen nach bedeutendste und vereinzelt auch die einzige nennenswerte Finanzierungsquelle. Der Grund liegt darin, daß diese Unternehmen überwiegend nicht-emissionsfähig sind, denen kein organisierter Kapitalmarkt zur Beschaffung von Eigenkapital zur Verfügung steht. Das Eigenkapital wird stattdessen überwiegend durch die interne Eigenfinanzierung aufgebaut und ggfls. durch die interne Fremdfinanzierung abgestützt. Einen Überblick über die Vor- und Nachteile der Selbstfinanzierung i.e.S. liefert nachstehende Abbildung (vgl. *Wöhe* 1993, S. 965-975 und *Süchting* 1995, S.258).

Vorteile	Nachteile
Rückzahlungsverpflichtungen müssen nicht erfüllt werden (periodische Zins- und Tilgungsleistungen entfallen).	Investitionsentscheidungen sind weitgehend frei von Einflußnahme der Kapitalgeber, dies erhöht aber die Gefahr des opportunistischen Spielraums des Managements und des Risikos von Fehlinvestitionen (Agency Costs).
Kreditwürdigkeit des Unternehmens wird erhöht.	
Externe Vorschriften (z.B. durch den Kapitalgeber) für den Einsatz der finanziellen Mittel müssen je nach Rechtsform kaum beachtet werden.	Aufbau und Wahrung stiller Reserven können von den Eigentümern von Kapitalgesellschaften als bewußte Erhaltung der Entscheidungsfreiheit des Managements zu Lasten der Eigentümer gesehen werden (z.B. Vorenthalten von Dividenden, die bei Auflösung nicht betriebsbedingter stiller Reserven möglich wären).
Finanzierung setzt keine Stellung von Sicherheiten voraus.	
Beständiger Aufbau der Eigenkapitalbasis (bei entsprechender Ertragslage).	
Aufrechterhaltung bestehender Herrschaftsverhältnisse im Unternehmen, da Unabhängigkeit von Eigen- und Fremdkapitalgeber.	Rentabilitätsverschleierung, da das ausgewiesene Eigenkapital Berechnungsgrundlage ist, tatsächlich aber zu einem bestimmten Erfolg wesentlich mehr Eigenmittel benötigt wurden.
Zinskostenvorteil aufgrund von Ertragsteuerzahlungen, die in spätere Perioden verschoben werden.	Im Vergleich zu anderen Finanzierungsformen (z.B. Schütt-aus/Hol-zurück-Verfahren) unterliegt die Selbstfinanzierung der höchsten Steuerbelastung, solange die ESt-Belastung von Gewinnen unterhalb des Körperschaftsteuersatzes von 50 % liegt.
Stärkere Unabhängigkeit der Unternehmensführung von den Kapitalgebern und der Gesellschaft vom Kapitalmarkt.	
Geringere Krisenanfälligkeit aufgrund einer höheren Eigenkapitalbasis.	
Vermeidung von Emissionskosten und Gesellschaftsteuer.	
Höhere Flexibilität in der Verwendung der Finanzmittel z.B. für vermehrte Investitionen im Forschungs- und Entwicklungsbereich.	

Abb. IV-2: Vor- und Nachteile der Selbstfinanzierung i.e.S. im Überblick

2 Selbstfinanzierung i.e.S.

Selbstfinanzierung stellt Mittelbeschaffung aus dem finanzwirtschaftlichen Überschuß dar (Einzahlungen übersteigen Auszahlungen in einer Betrachtungsperiode). Unter dem **Zeitaspekt** ergeben sich wesentliche Merkmale der Selbstfinanzierung:

- Innerhalb einer Abrechnungsperiode fließen einem Unternehmen Finanzmittel sukzessive zu und werden innerhalb dieser Periode zu einem überwiegenden Teil wieder verausgabt.

- Am Ende der Periode wird ein finanzwirtschaftlicher Überschuß ermittelt. Dieser gibt rein buchhalterisch an, in welcher Höhe Finanzmittel einem Unternehmen im zurückliegenden Zeitraum zur Verfügung standen. Der eigentliche **Finanzierungseffekt** erfolgt daher zeitlich **vor** der **bilanziellen Gewinnermittlung**.

2 Selbstfinanzierung i.e.S.

2.1 Offene Selbstfinanzierung

Die offene Selbstfinanzierung als Stromvorgang speist den Bestand "Eigenkapital". Offen im Jahresabschluß ausgewiesene erwirtschaftete **Gewinne** werden vollständig oder teilweise **nicht** an die Gesellschafter **ausgeschüttet**. Sie verbleiben im Unternehmen, was in der Bilanz auf der Passivseite dokumentiert wird. Dabei lassen sich zwei grundsätzliche Ausweisvorschriften in Abhängigkeit von Rechtsformen feststellen (vgl. *Coenenberg* 1997, S. 184-185):

- Bei **Kapitalgesellschaften** erfolgt eine Zuführung des nicht ausgeschütteten Gewinns in bestimmte **vom Gesetzgeber vorgeschriebene Positionen** der Passivseite: Sie ergänzen den konstanten Teil des Eigenkapitals bei Kapitalgesellschaften. Wie alle Kapitalpositionen der Passivseite verfügen auch die Rücklagen über keinen Gegenposten auf der Aktivseite der Bilanz. Grundsätzlich können sich die im Verlauf eines Geschäftsjahres zugeflossenen Gewinne in verschiedenen Vermögenswerten der Aktivseite befinden - je nach der vorangegangenen Verwendung der Gewinnkomponenten in den durch Umsatzerlöse erzielten Einnahmen.

- **Personengesellschaften** bilden keine in der Bilanz separat ausgewiesenen Rücklagen. Es erfolgt eine **direkte Zuführung** des erwirtschafteten und nicht ausgeschütteten Gewinns zu den **Eigenkapitalkonten** der Gesellschafter. Aus diesem Grund hat das Eigenkapital der Personengesellschaften im Gegensatz zu dem von Kapitalgesellschaften variablen Charakter. Durch Entnahmeverzicht und nach Abzug der (persönlichen) Einkommensteuern der Gesellschafter werden bilanziell die Selbstfinanzierungsquellen der Personengesellschaften abgebildet. Bei Personengesellschaften bestehen keine gesetzlichen Vorschriften zur Gewinnthesaurierung. Grundsätzlich ist der gesamte Gewinn thesaurierbar. Letztlich hängt dessen Höhe von der Entnahmepolitik der Gesellschafter ab. Diese wird zum Teil durch den Gesetzgeber geregelt:

  - § 122 HGB berechtigt **voll haftende Gesellschafter** grundsätzlich zu Entnahmen in Höhe von 4% ihres Kapitalanteils, bezogen auf das vergangene Geschäftsjahr, darüber hinaus im Rahmen des Gewinnanteils eines Gesellschafters. Voraussetzung ist, daß dadurch der Gesellschaft kein "offenbarer Schaden" zugefügt wird.
  - Bei der KG bestehen hinsichtlich der **Komplementäre** die gleichen Regelungen. Ein **Kommanditist** ist gemäß § 169 HGB berechtigt, die Auszahlung seines Gewinnanteils als Gewinnausschüttung zu verlangen (mind. 4% seines Kapitalanteils).
  - Der **stille Gesellschafter** erhält seinen Gewinnanteil ausgezahlt (§ 232 Abs. 1 HGB).

Kapitalgesellschaften weisen im Gegensatz zu Personengesellschaften wesentlich weitergehende gesetzliche Vorschriften zur Rücklagenbildung auf. Sie werden daher nachfolgend näher erläutert.

2.1.1 Kapitalrücklage

"Die Kapitalrücklage umfaßt die einer Kapitalgesellschaft von ihren Eignern neben dem Nominalkapital von außen zugeführten Eigenkapitalanteile. Hierin unterscheiden sich die Kapital- von den Gewinnrücklagen, die durch im Unternehmen einbehaltene Teile des Jahresüberschusses gebildet werden." (*Coenenberg* 1997, S. 195). Die Einordnung der Kapitalrücklagen in die Selbstfinanzierung kommt zustande, weil die **Ausschüttung** erhöhter Gewinne aufgrund außerordentlicher oder sonstiger betrieblicher Erträge **vermieden** und **Ertragsteuern** wegen der verminderten Besteuerungsgrundlage reduziert werden. Nach § 272 Abs. 2 HGB müssen folgende Beträge in die Kapitalrücklage eingestellt werden:

– Beträge, die bei der **Ausgabe von Anteilen** (Aktien, GmbH-Anteilen), inkl. **Bezugsanteilen,** als Agio über den Nennbetrag hinaus erzielt werden.

– Aufgeld, das bei der Ausgabe von Schuldverschreibungen für **Wandlungsrechte** in Anteile und **Optionsrechte** zum Erwerb von Anteilen erzielt wird. Diese Regelung betrifft nur die AG (§ 221 AktG).

– Beträge von **Zuzahlungen**, die Gesellschafter **gegen** Gewährung eines **Vorzugs** für ihre Anteile leisten. Bei der AG handelt es sich um Zuzahlungen im Rahmen der Ausgabe von Vorzugsaktien gemäß § 11 AktG.

– Andere **Zuzahlungen**, die Gesellschafter **in** das **Eigenkapital** leisten. Hierzu zählen auch Zuzahlungen, die Gesellschafter der GmbH aufgrund von Satzungsbestimmungen über den Betrag der Stammeinlage hinaus zu zahlen haben (= sog. **Nachschüsse**).

Die Auflösung der Kapitalrücklage unterliegt bis auf die Nachschüsse der GmbH-Gesellschafter strengen gesetzlichen Vorschriften, die im Zusammenhang mit den nun folgenden gesetzlichen Rücklagen behandelt werden.

2.1.2 Sonderposten mit Rücklageanteil

Ähnlich wie bei den Kapitalrücklagen erfolgt die Bildung des Sonderpostens mit Rücklageanteil zunächst steuerneutral aus dem unversteuerten Gewinn. Er verdankt seine Passivierung der umgekehrten Maßgeblichkeit der Steuerbilanz für die Handelsbilanz (§ 273 HGB und § 5 Abs.1 Satz 2 EStG). Der Sonderposten mit Rücklageanteil stellt teils Eigen- und teils Fremdkapital dar. Eigenkapital ist er in dem Sinne, als er die Eigenschaft von Rücklagen aus einem Gewinn hat, der noch zu versteuern ist. Zu nennen sind hier die steuerfreien Rücklagen (§ 247 Abs. 3 HGB). Dabei werden Teile des Gewinns zunächst vorübergehend der Ertragbesteuerung entzogen. Ihre späteren Auflösungen werden dann im Regelfall Steuerzahlungen nach sich ziehen. Diese in die Zukunft verlagerte Steuerzahlung (zinslose Steuerverschiebung) beinhaltet den Fremdkapitalanteil im Sonderposten mit Rücklageanteil. Aufgrund seines teilweise Rücklagen- und teilweise Steuerrückstellungscharakters (= Mischposten) muß er in der Bilanz von Kapitalgesellschaften gemäß § 273 HGB hinter dem Eigenkapital und vor den Rückstellungen ausgewiesen werden (vgl. *Baetge* 1994, S. 503-507). Finanzwirtschaftlich ist der Sonderposten mit Rücklageanteil insbesondere in folgenden Fällen relevant:

– **Rücklage für Ersatzbeschaffung** (gemäß Abschnitt 35 Einkommensteuerrichtlinie), d.h., ein Wirtschaftsgut ist Träger stiller Reserven und scheidet aufgrund höherer Gewalt (z.B. Brand, Diebstahl) gegen Entschädigung aus dem Betriebsvermögen aus. In diesem Fall kann der Sonderposten mit Rücklageanteil steuerfrei für vorübergehend aufgelöste stille Reserven gebildet werden. Er muß später auf das neu anzuschaffende Ersatzgut übertragen oder als außerordentlicher Ertrag (steuerwirksam) aufgelöst werden.

– **Veräußerungsgewinne** bei bestimmten Gütern des Anlagevermögens (§ 6b EStG) dürfen auf bestimmte im laufenden oder im Vorjahr angeschaffte oder hergestellte Wirtschaftsgüter übertragen werden. Damit tritt zunächst eine Steuerneutralisierung ein. Ist die Übertragung des Gewinns nicht möglich oder zunächst nicht beabsichtigt, so kann dieser bis zu seiner Auflösung in den Sonderposten mit Rücklageanteil eingestellt werden.

- Bildung von **steuerfreien Rücklagen** bei Zuschüssen aus öffentlichen Mitteln.
- Steuerrechtliche **Sonderabschreibungen** (§ 281 HGB). Die Abschreibungen auf den steuerrechtlich zulässigen niedrigeren Wert (§ 254 HGB) können entweder direkt vorgenommen werden oder der über den handelsrechtlichen Abschreibungen (§ 253 HGB) hinausgehende Teil darf in den Sonderposten mit Rücklageanteil eingestellt werden. Diese indirekten Abschreibungen sind in den folgenden Geschäftsjahren aufzulösen (vgl. *Baetge* 1994, S. 503-507).

Die Finanzierungseffekte beim Sonderposten mit Rücklageanteil resultieren aus der vermiedenen Ausschüttung erhöhter Gewinne. Sie ergeben sich aufgrund außerordentlicher Erträge und der Verschiebung der Besteuerung der im Wirtschaftsgut enthaltenen stillen Reserven auf einen späteren Zeitpunkt.

Lesehinweis: Zusätzliche Informationen zum Bereich des Sonderpostens mit Rücklageanteil liefern u.a. *Bossert/Manz* (1996, S. 100-104).

2.1.3 Gewinnrücklagen

Gewinnrücklagen enthalten Beträge, die im Unternehmen durch Einbehalten von Teilen des Unternehmensergebnisses entstanden sind (§ 272 Abs. 3 HGB). § 266 Abs. 3 HGB schreibt Kapitalgesellschaften vor, unter der Position Gewinnrücklagen folgende Rücklagen gesondert auszuweisen: gesetzliche Rücklage, Rücklage für eigene Anteile, satzungsmäßige Rücklage und andere Gewinnrücklage. Ausschließlich bei der AG bzw. KGaA ist die gesetzliche Rücklage gesetzlich vorgeschrieben (§ 150, Abs. 1 AktG). Grundsätzlich ist in diese Rücklage 5% des um einen Verlustvortrag aus dem Vorjahr geminderten Jahresüberschusses einzustellen. Diese Vorschrift gilt, bis die gesetzliche Rücklage und die Kapitalrücklage (nach § 272 Abs. 2 Nr. 1-3 HGB) in der Summe 10% oder den in der Satzung bestimmten höheren Teil des Grundkapitals erreicht haben. Der der gesetzlichen Rücklage zuzuweisende Betrag schmälert den ausschüttbaren Jahresüberschuß. Neben der Bildung ist die Auflösung der gesetzlichen Rücklage gesetzlich geregelt (§ 150 Abs. 3 AktG), wobei unterschieden werden muß, ob die Summe aus gesetzlichen Rücklagen und Kapitalrücklagen 10% oder den durch die Satzung bestimmten höheren Satz bereits erreicht haben oder nicht:

- **Fall I:** Summe aus gesetzlicher Rücklage und Kapitalrücklage (gemäß § 272 Abs. 2 Nr. 1-3 HGB) **übersteigt** 10% des Grundkapitals **nicht** (§ 150 Abs. 3 AktG) oder den in der Satzung bestimmten höheren Teil des Grundkapitals. Eine Verwendung ist nur für folgende zwei Situationen zulässig:

Zum **Ausgleich** eines	**soweit** er **nicht** durch einen
Jahresfehlbetrags	Gewinnvortrag und nicht durch Auflösung anderer Gewinnrücklagen ausgeglichen werden kann.
Verlustvortrags	Jahresüberschuß und nicht durch Auflösung anderer Gewinnrücklagen ausgeglichen werden kann.

– **Fall II:** Summe aus gesetzlicher Rücklage und Kapitalrücklage (gemäß § 272 Abs. 2 Nr. 1-3 HGB) **übersteigt** 10% des Grundkapitals (§ 150 Abs. 4 AktG) oder den in der Satzung bestimmten höheren Teil des Grundkapitals. Eine Verwendung ist nur für folgende drei Situationen möglich:

Zum **Ausgleich** eines	**soweit** er **nicht** durch einen
Jahresfehlbetrags	Gewinnvortrag ausgeglichen werden kann und nicht andere Gewinnrücklagen zur Ausschüttung verwendet werden.
Verlustvortrags	Jahresüberschuß ausgeglichen werden kann und nicht andere Gewinnrücklagen zur Ausschüttung verwendet werden.
Zudem ist der übersteigende Betrag auch zur Kapitalerhöhung aus Gesellschaftsmitteln (durch Ausgabe von Berichtigungsaktien oder Zusatz- bzw. "Gratisaktien") verwendbar (vgl. Kapitel II, Abschnitt 6.1).	

Die Bildung der **Rücklage für eigene Anteile** (§ 272 Abs. 4 HGB) betrifft zwar Kapitalgesellschaften insgesamt; sie hat aber bei der AG und KGaA die größte Bedeutung. In ihrer Funktion als **Ausschüttungssperre** dient sie dem Gläubigerschutz: Die Rücklage soll sicherstellen, daß der Erwerb eigener Anteile (= Ausweis auf der Aktivseite) nicht zur Rückzahlung von Grund- oder Stammkapital oder Rücklagen mit satzungsmäßiger Bindung verwendet wird. Die Rücklage für eigene Anteile ist von einer Kapitalgesellschaft auch dann zu bilden, wenn sie Anteile an einem von ihr beherrschten Unternehmen besitzt oder über mehrheitliche Anteile an einem beteiligten Unternehmens verfügt (zu den vom Gesetzgeber zugelassenen Anlässen für den Erwerb eigener Anteile vgl. Kapitel II, Abschnitt 4). Merkmale der Rücklage für eigene Anteile sind:

– **Bildung** bei Aufstellung der Bilanz aus dem Jahresüberschuß oder aus vorhandenen frei verfügbaren Gewinnrücklagen.

– Ihre **betragliche Höhe** bestimmt sich nach dem bilanzierten Wert der eigenen Anteile auf der Aktivseite der Bilanz.

– **Aufgelöst** werden darf diese Rücklage nur, wenn die eigenen Anteile ausgegeben, veräußert oder eingezogen werden (abgesehen von Rücklagenkorrekturen aufgrund von Bewertungsänderungen der eigenen Anteile durch die Vorschrift des Niederstwertprinzips).

Bei allen Formen von Kapitalgesellschaften ist die **satzungsmäßige** (statutarische) **Rücklage** gesetzlich zulässig. Es handelt sich um eine Rücklage, die aufgrund von Bestimmungen der Satzung, des Statuts oder des Gesellschaftsvertrags gebildet wird. Sie kann **zweckgebunden** sein (z.B. Rücklage für die Erhaltung oder Erneuerung von Teilen des Anlagevermögens) oder **zweckfrei** gebildet werden. Ihre Verwendungen unterliegen keinerlei gesetzlichen Bestimmung.

In der Sammelposition **"andere Gewinnrücklage"** sind all jene Teile der Gewinnrücklagen einzustellen, die aufgrund der gesetzlichen Vorschriften nicht gesondert in den zuvor vorgestellten Rücklagekategorien erfaßt werden. Auch hier kann in eine zweckgebundene und eine zweckfreie Rücklage unterschieden werden. Gesellschafter der GmbH unterliegen bezüglich der Höhe der Zuführung und der Auflösung der anderen Gewinnrücklage keinerlei gesetzlicher Regelungen. Bei der AG bzw. KGaA schreibt der § 58 AktG die Einstellung von Teilen des Jahresüberschusses in die anderen Gewinnrücklagen vor.

2.2 Stille Selbstfinanzierung

Bei der stillen Gewinnthesaurierung handelt es sich um eine stille Selbstfinanzierung, die nicht aus dem Jahresabschluß ersichtlich ist. Begründet wird sie durch stille Reserven, die aus der Differenz zwischen dem Tagesbeschaffungswert und dem Buchwert entstehen. Für den Fall, daß Güter aufgrund von Aktivierungswahlrechten und -verboten nicht aktiviert werden, sind diese mit einem Buchwert von Null anzusetzen. Stille Reserven, auch **stille Rücklagen** genannt, sind Teil des (effektiven) Eigenkapitals. Von den offenen Rücklagen unterscheiden sie sich in folgenden Punkten:

- Bei ihrer Auflösung unterliegen stille Reserven in voller Höhe der Besteuerung. Sie bewirken bei ihrer Bildung daher **keine Steuerersparnis**, sondern nur eine zeitliche Verschiebung der Besteuerung (= **Steuerstundung**).

- Stille Reserven sind sowohl auf der Aktiv- als auch auf der Passivseite vorhanden. Auf der **Aktivseite** können sie durch zu niedrige Bewertung bzw. durch Nicht-Aktivierung von Vermögensgegenständen, auf der **Passivseite** durch überhöhte Wertansätze entstehen.

Der Finanzierungseffekt der stillen Selbstfinanzierung ist begrenzt durch die handels- und steuerrechtlichen Bewertungsvorschriften für abnutzbare und nicht abnutzbare Wirtschaftsgüter. Die finanzwirtschaftliche **Wirkung** stiller Reserven ist **indirekt**: Durch Verringerung des ausschüttbaren Gewinns und der Steuerschuld verbleiben Finanzmittel im Unternehmen. Dieses verkörpert die stille Selbstfinanzierung. Bei ihrer späteren Auflösung (z.B. Veräußerung einer Immobilie zum Verkehrswert über dem Buchwert) erhöhen ihre (außerordentlichen) Erträge den Gewinn. Dadurch werden **Gewinnausschüttungen und Steuerzahlungen** zeitlich **in die Zukunft** verlagert. **Quellen** der stillen Selbstfinanzierung können grundsätzlich sein:

- **Unterbewertung der Aktiva.** Der Gesetzgeber hat teilweise zwangsweise den Unternehmen die Bildung stiller Reserven auferlegt (= **Zwangsreserven**), z.B. durch das Aktivierungsverbot originärer immaterieller Vermögensgegenstände (§ 248 Abs. 2 HGB) sowie durch das gesetzlich festgelegte Realisationsprinzip (z.B. Anschaffungswertprinzip gemäß § 253 Abs. 1 HGB). Daneben bestehen **Ermessensreserven** aufgrund gesetzlich eingeräumter Wahlrechte für Bewertungsverfahren und Wertansätze in der Bilanz. **Willkürreserven**, die aus dem Verstoß zwingend vorgeschriebener Bilanzierungsvorschriften entstehen (z.B. völliges Unterlassen der Aktivierung aktivierungspflichtiger Vermögensgegenstände) sind gesetzlich untersagt. Im einzelnen kommen für die stille Selbstfinanzierung auf der Aktivseite nur solche Vorgänge in Betracht, die realisierte Gewinne im Unternehmen binden:

  - Unterbewertung von Vermögensgegenständen durch überhöhte **Abschreibungen** (insbesondere Sonderabschreibungen), kürzeren Ansatz der Abschreibungsdauer gegenüber der tatsächlichen Nutzungsdauer und Wahl einer Abschreibungsmethode, die gegenüber dem tatsächlichen Werteverzehr zu einer höheren Abschreibung führt.
  - Nach § 6 Abs. 2 EstG können die Anschaffungs-/Herstellungskosten von beweglichen abnutzbaren Wirtschaftsgütern des Anlagevermögens bis zu einem **Wert von 800,-- DM** in voller Höhe als Aufwand verrechnet werden. Dadurch entfällt ihr Bilanzansatz.
  - Bei **nicht abnutzbaren** Gegenständen des **Anlagevermögens** (z.B. Wertpapieren) kann bei Wertsteigerungen der diesbezügliche Buchwert von Personengesellschaf-

ten und Einzelunternehmen über den letzten Buchwert hinaus überschritten werden, maximal bis zu den ursprünglichen Anschaffungskosten. Stille Reserven entstehen, wenn der letzte (niedrigere) Buchwert beibehalten wird.

- Gezielter niedriger Ansatz von Herstellungskosten der **Halb-** und **Fertigfabrikate** sowie selbsterstellter Anlagen. Dies wird erreicht, indem anteilige Gemeinkosten nicht aktiviert und als Aufwand verrechnet werden.

– **Überbewertung von Passivposten** durch überhöhten Wertansatz (z.B. Überbewertung von Rückstellungen für Garantieverpflichtungen).

Der **Finanzierungseffekt** der stillen Selbstfinanzierung resultiert somit aus der **Verhinderung** der **Auszahlung erwirtschafteter Gewinne** und der **Verzögerung** von **Steuerzahlungen**. Wie beim Sonderposten mit Rücklageanteil auch, so entsteht die stille Selbstfinanzierung aufgrund bilanzpolitischer Spielräume (vgl. *Spremann* 1996, S. 332-338).

2.3 Selbstfinanzierung unter steuerlichen Aspekten

Auf die **offene Selbstfinanzierung** sind zwei Einflußrichtungen der Besteuerung zu unterscheiden. Zum einen ist die **Besteuerung des Unternehmens** zu betrachten, maßgebliche Steuerarten sind hierbei:

– Die **Einkommensteuer** (= ESt) betrifft bei Einzelunternehmen und Personenhandelsgesellschaften deren Gesellschafter und bei Kapitalgesellschaften die Anteilseigner. Die Steuerbelastung steigt mit dem Einkommen. Der Spitzensteuersatz beträgt derzeit 53%. Schüttet eine Kapitalgesellschaft ihre erzielten Gewinne aus, so ist der ihr zur Verfügung stehende Betrag um die abzuführende Körperschaftsteuer zu bereinigen. Aus Sicht des Anteilseigners ist der ausgeschüttete Gewinn wieder anlagefähig, was eine Zins- bzw. Ausschüttungszahlung generiert. Aus Unternehmenssicht stellt dies Kapitalbeschaffungskosten im Sinne von Opportunitätskosten dar, die den Selbstfinanzierungsspielraum um folgende Kapitalkostenkomponente verringern:

(IV-1) $$(G_{er} - s_{ESt} \cdot Ko_W) / G_{er} = (1 - s_{ESt}) \cdot (1 - k_W)$$

mit
G_{er} = erzielte Gewinne,
Ko_W = Kosten der Kapitalbeschaffung bei Wiederanlage,
s_{ESt} = Einkommensteuersatz,
k_W = Kostensatz der Kapitalbeschaffung bei Wiederanlage.

Bei Wiederanlage gilt für den Kostensatz:

(IV-2) $$k_W = Ko_W / G_{er} - ESt$$

– Bei Kapitalgesellschaften kommt ferner die **Körperschaftsteuer** (= KSt) zur Anwendung. Sie ist nicht von der Höhe des Einkommens, sondern von der Verwendung des Gewinns abhängig: **Ausgeschüttete Gewinne** werden mit **30%** vom Ausschüttungsbetrag und **einbehaltene Gewinne** mit **45%** vom Thesaurierungsbetrag belastet. Aus Unternehmenssicht wird die Selbstfinanzierungsmöglichkeit um folgenden Satz geschmälert:

2 Selbstfinanzierung i.e.S.

(IV-3) $\qquad (G_{er} - KSt) / G_{er} = 1 - s_{KSt}$

mit s_{KSt} = Körperschaftsteuersatz.

Seit dem Anrechnungsverfahren des KStG von 1977 wird die vom Unternehmen für ausgeschüttete Gewinne zu entrichtende KSt beim Anteilseigner auf seine ESt angerechnet. Eine Doppelbesteuerung der Gewinne entfällt.

- Ergänzend ist die **Gewerbeertragsteuer** (= GewSt) bei der offenen Selbstfinanzierung zu berücksichtigen. Auf der Basis einer um Verminderungen und Zurechnungen angepaßte Gewinngröße, auf die ein einheitlicher Meßbetrag und ein gemeindeindividueller Hebesatz angewendet werden. Hiervon soll desweiteren zur Vereinfachung abgesehen werden.

Die **steuerlichen Besonderheiten** im Rahmen der offenen Selbstfinanzierung sind vor allem **bei Kapitalgesellschaften** von Bedeutung. In einer Kapitalgesellschaft ist der Einbehalt des erwirtschafteten Gewinns gegenüber der Möglichkeit der Ausschüttung abzuwägen. Damit wird die zweite Einflußrichtung der Besteuerung angesprochen. Grundlage der Entscheidung ist die Renditemöglichkeit dieser Mittel innerhalb des Unternehmens im Vergleich mit der geforderten Rendite der Anteilseigner bei Anlage der ihnen zugeflossenen Mittel am Kapitalmarkt. Im Gleichgewicht muß daher gelten:

anlagefähiger Betrag im Unternehmen abzüglich der Kosten der Selbstfinanzierung	Rendite der Aktionäre bei Wiederanlage außerhalb des Unternehmens
$(1 - s_{KSt}) \cdot k_{So}$	$r_f \cdot (1 - s_{ESt}) \cdot (1 - k_W)$

(mit = zwischen den beiden Spalten)

mit r_f = geforderte Rendite der Eigenkapitalgeber und k_{So} = Kostensatz der offenen Selbstfinanzierung.

Obiger Zusammenhang läßt sich nach k_{So} auflösen:

(IV-4) $\qquad k_{So} = r_f \, [(1 - s_{ESt}) \cdot (1 - k_W)] / (1 - s_{KSt})$.

Beispiel: Folgende Daten seien vorgegeben:
G_{er} = 1000 DM,
r_f = 6%,
s_{KSt} = 45% (für einbehaltene Gewinne),
s_{ESt} = 30% (für ausgeschüttete Gewinne),
k_W = 8%.
Es errechnet sich: k_{So} = 0,06 [(1 - 0,30)*(1 - 0,08)]/1 - 0,45 = 0,07, d.h. 7%.

Grundsätzlich läßt sich darstellen, daß mit der Höhe des persönlichen Einkommensteuersatzes der Anteilseigner die Kosten der offenen Selbstfinanzierung für Kapitalgesellschaften sinken. Für das Unternehmen bedeutet dies, daß die Höhe des Einkommensteuersatzes seiner Anteilseigner die Entscheidung über offene Selbstfinanzierung, also Gewinneinbehalt und der Alternative Eigenfinanzierung von Bedeutung ist. Dies wird ergänzt um das Strukturmerkmal des deutschen Steuerwesens, daß ausgeschüttete gegenüber einbehaltenen Gewinnen niedriger besteuert werden. Diese Bedingungen werden für die Entscheidung zwischen offener Selbstfinanzierung und Beteiligungsfinanzierung im Rahmen der sog. „**Schütt-aus/Hol-zurück-Politik**" im Sinne einer Reduktion der Kapitalkosten der Innenfinanzierung zu optimieren versucht. Im Grundsatz handelt es sich bei diesem auch als **Dividendenkapitalerhöhung** bezeichneten Verfahren um eine Kapitalerhöhung mittels Koppelung von Innen- und Beteiligungsfinanzierungsvorgängen. So wird zuerst der von der AG erzielte Gewinn an die Aktionäre ausgeschüttet, wodurch der verminderte Körperschaftsteuersatz von 30% zum Ansatz kommt. Anschließend wird der den Aktionären nach deren individuellen Besteuerung verbleibende Netto-Gewinn in Form einer Kapitalerhöhung wieder in die AG zurückgeführt.

Vorgänge	Finanzierungspolitik	
	Gewinnthesaurierung (Angaben in TDM)	**Schütt-aus/Hol-zurück** (Angaben in TDM)
1. Betrachtung der AG		
Gewinn vor Steuern	120,--	120,--
- Gewerbeertragsteuer (Steuermeßzahl 5%, Hebesatz 400%, §§ 7 ff. GewStG)	20,-- (= 16,67%)	20,-- (= 16,67%)
Bruttogewinn/-dividende	100,--	100,--
- Körperschaftsteuer §§ 23, 27 KStG	45,--	30,--
Rücklagen/Nettodividende	55,--	70,--
- Kapitalertragsteuer (25% von 70,--) §§ 43 ff. EStG	-,-	17,50
Bardividende (= Nettodividende)	-,-	52,50
2. Betrachtung des (repräsentativen) Aktionärs		
Bardividende	-,-	52,50
+ Kapitalertragsteuer	-,-	17,50
+ Körperschaftsteuer	-,-	30,--
Zu versteuernde Einkünfte aus Kapitalvermögen (= Bruttodividende)	-,-	100,--
- Einkommensteuer (angenommener Satz: 40%)	-,-	40,--
+ Steuergutschrift aus Anrechnung der Kapital- und der Körperschaftsteuer (17,50 DM + 30,-- DM = 47,50 DM)	-,-	47,50
Erstattungsbetrag seitens des Finanzamts	-,-	7,50
+ Bardividende	-,-	52,50
Hol-zurück-Betrag	-,-	60,--
3. Betrachtung der AG		
Kapitalerhöhung aufgrund des Hol-zurück-Betrags	-,-	60,--
- Emissionskosten (5% von 60,-- DM)	-,-	3,--
= Nettobetrag der Selbstfinanzierung	55,--	57,--

Abb. IV-3: Beispielrechnung eines Schütt-aus/Hol-zurück-Verfahrens (Quelle: *Süchting* 1995, S. 98)

2 Selbstfinanzierung i.e.S.

Die Gegenüberstellung der herkömmlichen Gewinnthesaurierung mit dem Schütt-aus/Hol-zurück-Verfahren in Abb. IV-3 verdeutlicht den Finanzierungseffekt aufgrund der unterschiedlichen steuerlichen Behandlung einbehaltener gegenüber ausgeschütteter Gewinne (vgl. auch *Süchting* 1995, S. 98). Hierbei ergibt sich ein Nettobetrag der Selbstfinanzierung bei Gewinnthesaurierung von 55,-- DM. Demgegenüber beträgt der Nettobetrag der Selbstfinanzierung aufgrund der Schütt-aus/Hol-zurück-Politik 57,-- DM. Voraussetzung für den **Kostenreduktionseffekt** ist, daß die geleistete Körperschaftsteuer bei der Festsetzung der Einkommensteuer der Aktionäre angerechnet wird. Ansonsten würde eine Doppelbesteuerung den Aktionären den Anreiz für die Teilnahme an dieser Finanzierungsmethode nehmen. Dabei ist die Schütt-aus/Hol-zurück-Politik um so vorteilhafter, je geringer der Einkommensteuersatz der Aktionäre ist.

Niedrigere Kapitalkosten ergeben sich bei der stillen Selbstfinanzierung. Bei verdeckten steuerlich zulässigen einbehaltenen Gewinnen entfällt die KSt. Die Gleichung des Kostensatzes der offenen Selbstfinanzierung läßt sich umwandeln in die Kosten der stillen Selbstfinanzierung (= k_{Sst}):

(IV-5) $$k_{Sst} = r_f(1 - s_{ESt}) \cdot (1 - k_W).$$

Beispiel: Folgende Daten seien vorgegeben:
G_{er} = 1000 DM,
r_f = 6%,
s_{ESt} = 30% (für ausgeschüttete Gewinne),
k_W = 8%.
Hieraus folgt: k_{Sst} = 0,06 (1 - 0,30)*(1 - 0,08) = 0,0386, d.h. 3,9%.

Lesehinweis: Zur Vertiefung des "Schütt-aus/Hol-zurück-Verfahrens" vgl. *Zielke* (1994, S. 2177).

3 Finanzierung aus Abschreibungsgegenwerten

Generell werden Abschreibungen aus zwei Gründen gebildet. Zum einen soll mit der **kalkulatorischen Abschreibung** im Rahmen der Kostenrechnung der „tatsächliche" Güterverzehr von Wirtschaftsgütern des Unternehmens abgebildet werden. Sie stellen Anderskosten dar und dürfen hierbei in fast beliebiger Höhe angesetzt werden. Die Anschaffungs- und Herstellungskosten stellen, anders wie beim finanziellen Aspekt, keine zwingenden Basisgrößen dar. Mit Hilfe der kalkulatorischen Abschreibung wird eine substanzielle (gütermäßige) Kapitalerhaltung ermöglicht.

In einer zweiten Vorstellung stellen Abschreibungen unter dem **bilanziellen** Aspekt der Aufstellung des Jahresabschlusses das Verfahren dar, "(...) mit dem die Wertminderungen der über mehrere Perioden genutzten Wirtschaftsgüter als Aufwand auf die Rechnungsperioden der voraussichtlichen Nutzungsdauer verteilt werden." (*Süchting* 1995, S. 258). Sie stellen den buchhalterischen Nachvollzug von tatsächlich oder angenommenen Wertminderungen dar. Die bilanziellen Abschreibungen haben den gesetzlichen Vorschriften des Werteverzehrs zu genügen (HGB bzw. EStG) und dürfen lediglich auf Anschaffungs- oder Herstellungskosten basieren. Es wird eine nominelle Kapitalerhaltung betrieben.

Der Werteverzehr der genutzten Wirtschaftsgüter entsteht durch die Herstellung von Gütern und der Bereitstellung von Dienstleistungen. Erst wenn durch deren Verkauf die **Abschreibungsgegenwerte** in **liquider Form** aus verdienten Umsatzerlösen in die Unternehmenskasse zurückgeflossen sind, ergeben sich **Finanzierungseffekte**. Dieser Vorgang ist aus bilanzieller Sicht als Vermögensumschichtung zu charakterisieren (Aktivtausch), der der **Ausschüttungssperre** unterliegt (zur Vermögensumschichtung ohne Ausschüttungssperre siehe Abschnitt 5). Voraussetzung ist, daß die Abschreibungen bilanziell verbucht sind, so daß die aus dem finanziellen Gegenwert zugeflossenen Mittel dem Zugriff des Fiskus und der Anteilseigner entzogen sind. Die Abschreibungen schmälern den auszuweisenden Gewinn und bedingen in der Rechnungsperiode keine Auszahlungen. Sie stellen zahlungswirksame Aufwendungen dar. Abschreibung als Finanzierungsform bedeutet, daß in Vermögenswerten **gebundenes Kapital freigesetzt**, d.h., in Liquidität umgewandelt wird. Damit sinkt wertmäßig das Anlagevermögen und der Bestand an Zahlungsmitteln steigt (= **Desinvestition**).

Erfolgt kein Umsatz, sondern wird auf Lager produziert, so sind die Abschreibungsgegenwerte noch nicht über den Absatzmarkt verdient. Werden die Abschreibungen in die Herstellkosten mit eingerechnet, handelt es sich auch hier nur um einen reinen Aktivtausch, da der Bilanzwert der Halb- und Fertigerzeugnisse steigt und gleichzeitig der Bilanzwert der genutzten Wirtschaftsgüter sinkt. Anders verhält es sich, wenn die Abschreibungen nicht in die Herstellkosten eingerechnet, sondern über die Deckungsbeiträge verrechnet werden. Der Bilanzwert der Halb- und Fertigerzeugnisse erhöht sich dann nicht, es kommt zu einer erfolgswirksamen Bilanzverkürzung. Der Periodenerfolg ist um die nicht aktivierten Abschreibungen niedriger und in der Umsatzperiode dafür dementsprechend höher (vgl. *Wöhe/Bielstein* 1994, S. 288 - 289).

Die **Höhe** der für Finanzierungszwecke verwendbaren finanziellen Abschreibungsgegenwerte ist von folgenden Faktoren abhängig:

- Die **Wahl** des **Abschreibungsverfahrens** ergibt die Höhe des auf die einzelnen Perioden zu verteilenden Abschreibungsaufwands.

- Von der Art der **Wirtschaftsgüter** hängt es ab, inwieweit die Abschreibungsverfahren anwendbar sind und/oder ob außerplanmäßige Abschreibungen vorgenommen werden müssen. Beim Umlaufvermögen gibt es keine planmäßigen, sondern nur außerplanmäßige Abschreibungen.

- Daneben ist die **Wahl** der **Unternehmensrechtsform** bei den bilanziellen Vorschriften über **Zuschreibungen** wichtig, da Zuschreibungen frühere außerplanmäßige Abschreibungen rückgängig machen. Bei Kapitalgesellschaften besteht für Zuschreibungen grundsätzlich ein Gebot und nur unter bestimmten steuerlichen Gesichtspunkten ein Wahlrecht. Nicht-Kapitalgesellschaften verfügen über ein Wahlrecht.

- Bei allen Abschreibungsmethoden ist zu beachten, daß es neben den handelsrechtlichen auch **steuerlich begründete Abschreibungen** gibt. Der Gesetzgeber eröffnet den Unternehmen über das Steuerrecht die Möglichkeit, Abschreibungen vorzunehmen. Dadurch soll aus wirtschaftspolitischer Absicht die Investitionstätigkeit durch erleichterte Bildung von Innenfinanzierungsmitteln angeregt werden. Sonderabschreibungen mit Steuerbegünstigungscharakter sind z.B. § 4 FördergebietsG und § 7g EStG.

Die **erhöhten Abschreibungsmöglichkeiten** verkürzen das zu versteuernde Einkommen. Daraus folgt eine **Senkung** der **Steuerbelastung**. Die freigesetzten Finanzmittel stehen dem Unternehmen für Finanzierungszwecke zur Verfügung. Eine zeitliche Vorverlegung der Abschreibungen verändert die gesamte Abschreibungssumme nicht und es ergibt sich bei konstantem Steuersatz keine Änderung der Steuerbelastung. Es kommt aber zu einer **Verbesserung** der **Liquiditätssituation** in den Jahren der vorgezogenen Abschreibungen in Form von Zinsvorteilen, z.B. durch vermiedene Fremdkapitalzinsen

3 Finanzierung aus Abschreibungsgegenwerten

und/oder reduzierten Ausschüttungen auf das Eigenkapital. Zu beachten ist, daß nur in Gewinnjahren eine Steuerbelastung entstehen kann; es sei denn, daß diese Verluste mit Gewinnen anderer Jahre oder mit positiven periodischen Einkünften verrechnet bzw. ausgeglichen werden können. Vorgezogene Abschreibungen können auch nachteilig sein, wenn in der Zukunft ein höherer Steuersatz gültig wird (vgl. *Garhammer* 1990, S. 624). Wie letztendlich abgeschrieben wird, hängt in hohem Maße von der **Abschreibungsursache** ab.

Lesehinweis: Zum gesamten Bereich der Abschreibungen vgl. *Bitz/Schneeloch/Wittstock* (1995, S. 183-195).

Abschreibungen haben grundsätzlich einen Finanzierungseffekt, da die freigesetzten Finanzmittel nicht zwingend für spätere Ersatzbeschaffungen eingesetzt werden müssen, sondern zwischenzeitlich oder auch generell für andere Verwendungszwecke von der Unternehmensleitung verwendet werden können. Zwei grundsätzliche Finanzierungseffekte sind bei Abschreibungen zu unterscheiden: der Kapitalfreisetzungseffekt und der Kapazitätserweiterungseffekt.

3.1 Kapitalfreisetzungseffekt

"Verdiente Abschreibungen setzen das in den Abschreibungsobjekten gebundene Kapital in der Unternehmen frei, das nun für Finanzierungszwecke zur Verfügung steht (sog. Kapitalfreisetzungseffekt). Bei Reinvestition der Finanzierungsmittel können auf diese Weise die Abschreibungsobjekte (wie z.B. maschinelle Aggregate) ersetzt werden, ohne daß zusätzliches Kapital von außen zugeführt wird." *(Süchting* 1995, S. 259).

Beispiel: In vier aufeinanderfolgenden Jahren wird je eine Maschine zum Preis von 4.000 DM angeschafft. Die jährliche Höhe der Abschreibungsbeträge belaufe sich auf der Basis einer linearen Abschreibung und einer unterstellten Nutzungsdauer von vier Jahren pro Maschine auf 1.000 DM/Jahr. Die Abschreibungsbeträge werden über die Umsatzerlöse in vollem Umfang verdient und stehen dem Unternehmen vollständig in Form von Zahlungsmitteln zur Verfügung. Nach Ablauf der vierjährigen Nutzungsdauer wird die abgeschriebene Maschine umgehend durch eine gleichwertige Maschine ersetzt. Der Einfachheit halber wird unterstellt, daß keine Preissteigerungen bestehen, weshalb die Anschaffungskosten gleichbleibend 4.000 DM betragen. Die Produktionskapazität wird durch Reinvestitionen lediglich aufrechterhalten - nicht aber erweitert. Folgende Verläufe ergeben sich im Zeitablauf:

	Phase des Kapazitätsaufbaus				Reinvestitionsphase (Durchführung von Ersatzinvestitionen)			
	Abschreibungsbeträge in DM (Anschaffungskosten: 4.000 DM, Nutzungsdauer 4 Jahre)							
Jahre (Ende)	1	2	3	4	5	6	7	8
Maschine 1	1.000	1.000	1.000	1.000	1.000	1.000	1.000	usw.
Maschine 2		1.000	1.000	1.000	1.000	1.000	1.000	usw.
Maschine 3			1.000	1.000	1.000	1.000	1.000	usw.
Maschine 4				1.000	1.000	1.000	1.000	usw.
jährlicher Abschreibungserlös	1.000	2.000	3.000	4.000	4.000	4.000	4.000	usw.
Reinvestitionen	-	-	-	4.000	4.000	4.000	4.000	usw.
Kapitalfreisetzung*)	1.000	3.000	6.000	6.000	6.000	6.000	6.000	usw.

*) Kapitalfreisetzung = kumulierte Abschreibungen pro Jahr von Jahr zu Jahr addiert [z.B. 1.000 DM (Jahr 1) + 2.000 DM (Jahr 2) = 3.000 DM Kapitalfreisetzung im zweiten Jahr].

Tab. IV-1: Kapitalfreisetzungseffekt von Abschreibungen

Das Ergebnis dieser Betrachtung ist, daß dem Unternehmen am Ende der Kapazitätsaufbauphase dauerhaft freigesetztes Kapital in Höhe von 6.000 DM als Liquidität zur Verfügung steht (= 37,5% des insgesamt gebundenen Kapitals von 16.000 DM). Diese Liquidität kann für beliebige Zwecke, beispielsweise für die Tilgung aufgenommener Kredite in Zusammenhang mit dem Kauf der Maschinen verwendet werden.

Den beschriebenen Kapitalfreisetzungseffekt bezeichnet man in der Literatur als **Ruchti-Effekt**. Besonders deutlich wird dieser Effekt z.B. bei kreditfinanzierten Investitionen, wenn zwischen Geldzufluß von Seiten des Absatzmarkts und Geldabfluß an den Kapitalmarkt eine zeitliche Lücke entsteht. Dies ist dann der Fall, wenn die Tilgungsraten später fällig sind, als die Kundenzahlungen eingehen. Zwischenzeitlich kann das Unternehmen mit den zugeflossenen Abschreibungsgegenwerten arbeiten (vgl. *Garhammer* 1990, S. 623).

Verallgemeinert und formalisiert läßt sich der **Kapitalfreisetzungseffekt** wie folgt darstellen. Die gesamte Kapitalbindung einer Anlage (= Ka_g) während ihrer Nutzungsdauer (= n) sei bei linearer Abschreibungsmethode und einem dazugehörigen Abschreibungsbetrag A:

(IV-6) $$Ka_g = nA + (n-1) \cdot A + (n-2) \cdot A + \ldots + A \Leftrightarrow \frac{n}{2(nA + A)}.$$

Die **durchschnittliche Kapitalbindung** pro Periode (= Ka_d) ist:

(IV-7) $$Ka_d = \frac{n}{2n(nA + A)} = A \cdot \frac{(n+1)}{2}.$$

Die **durchschnittliche Freisetzung** des Kapitals (= Kf_d) beträgt:

(IV-8) $$Kf_d = a_0 - \frac{A \cdot (n+1)}{2},$$

wobei a_0 = Anschaffungsausgabe.

Beispiel: Beträgt a_0 = 4000 DM, A = 1.000 DM und die Nutzungsdauer n = 4 Jahre, so gilt für die durchschnittliche Kapitalbindung je Periode: 1000*[(4+1)/2] = 2.500 DM. Die durchschnittliche Kapitalfreisetzung beträgt dann: 4000 - 1000*[(4+1)/2] = 7.500 DM.

3.2 Kapazitätserweiterungseffekt

Die aufgrund des Kapitalfreisetzungseffekts gewonnenen Finanzmittel können neben der Verwendung für Reinvestitionen und damit dem Erhalt der Produktionskapazitäten zur Erweiterung der Kapazitäten pro Periode verwendet werden. Dies setzt voraus, daß die verdienten Abschreibungsgegenwerte ausschließlich für die Finanzierung von zusätzlichen Maschinen eingesetzt werden. Hieraus ergibt sich ein Kapazitätserweiterungseffekt, der auch als **Lohmann-Ruchti-** bzw. **Marx-Engels-Effekt** in die Literatur eingegangen ist. Die Kapazitätserweiterung kommt zustande, weil der Rückfluß freigewordener Mittel sofort und **vor dem Ersatzzeitpunkt** der abgeschriebenen Wirtschaftsgüter reinvestiert wird. Die Abschreibungsgegenwerte brauchen also nicht in einem Finanzfonds angesammelt zu werden, sondern es reicht aus, das zur Reinvestition benötigte Kapital erst im Wiederbeschaffungszeitpunkt zur Verfügung zu haben. Die notwendigen Ersatzinvestitionen werden nicht aus „ihren" eigenen angesammelten Abschreibungsgegenwerten, sondern aus „irgendwelchen" Abschreibungsgegenwerten vorgenommen. Gerade auch unter dem Rentabilitätsaspekt wäre es nicht zweckmäßig, die Erlöse aus den Abschreibungen als

3 Finanzierung aus Abschreibungsgegenwerten

liquide Mittel zu halten oder in einem Fonds anzusammeln, bis das Wirtschaftsgut ersetzt werden muß (vgl. *Wöhe/Bielstein* 1994, S. 290).

Eine grundlegende **Voraussetzung** für die Gültigkeit des Erweiterungseffekts ist, daß die Abschreibungsgegenwerte wieder in **Wirtschaftsgüter gleichen Typs** und gleicher Anschaffungskosten investiert werden. Abb. IV-4 zeigt die Wirkungsunterschiede zwischen Kapitalfreisetzungs- und Kapazitätserweiterungseffekt.

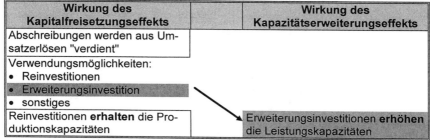

Abb. IV-4: Zusammenhang zwischen Kapitalfreisetzungs- und Kapazitätserweiterungseffekt

Beim Kapazitätserweiterungseffekt kann die Leistungskapazität ohne neue Kapitalzuführung quasi automatisch erweitert werden. Läuft der Unternehmensprozeß planmäßig ab, so ist die Leistungserweiterungskapazität von dauerhafter Natur (vgl. *Büschgen* 1991, S. 270).

Beispiel: Auf der Basis des Kapitalfreisetzungseffekts aus dem vorangegangenen Beispiel läßt sich der Kapazitätserweiterungseffekt erläutern.

	Phase des Kapazitätsaufbaus				Reinvestitionsphase (Durchführung von Ersatzinvestitionen)				
	Abschreibungsbeträge in DM (Anschaffungskosten: 4.000 DM, Nutzungsdauer 4 Jahre)								
Jahre (Ende)	1	2	3	4	5	6	7	8	9
Maschine 1	1.000	1.000	1.000	1.000	1.000	1.000	1.000	1.000	1.000
Maschine 2		1.000	1.000	1.000	1.000	1.000	1.000	1.000	1.000
Maschine 3			1.000	1.000	1.000	1.000	1.000	1.000	1.000
Maschine 4				1.000	1.000	1.000	1.000	1.000	1.000
Erweiterungsinvestitionen:									
Maschine 5	-	-	-	1.000	1.000	1.000	1.000	1.000	1.000
Maschine 6	-	-	-	-	-	1.000	1.000	1.000	1.000
jährlicher Abschreibungserlös	1.000	2.000	3.000	5.000	5.000	6.000	6.000	6.000	6.000
kumulative Abschreibungserlöse ./. reinvestierte Beträge	1.000	3.000	6.000	7.000	8.000	6.000	8.000	6.000	-
Reinvestitionen	-	-	-	4.000	4.000	4.000	8.000	4.000	8.000
Kapazitätserweiterung	-	-	4.000	-	4.000	-	-	-	-
Kapitalfreisetzung	1.000	3.000	6.000	3.000	4.000	2.000	-	2.000	-

Tab. IV-2: Kapazitätserweiterungseffekt von Abschreibungen

Tab. IV-2 zeigt, daß die freigesetzten Finanzmittel in Höhe der Abschreibungen bereits während der Phase des Kapazitätsaufbaus zunächst für Erweiterungsinvestitionen verwendet werden können. Ab der fünften Periode fallen wie im Beispiel zuvor die Ersatzinvestitionen an. Da die Maschinen betraglich nicht beliebig teilbar sind, verbleibt im Zweijahresrhythmus ein Restbestand an liquiden Mittel von 2.000 DM.

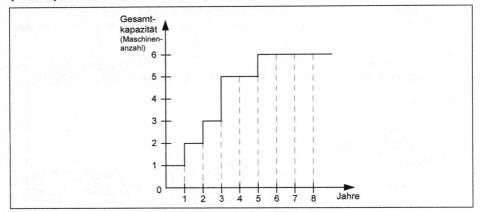

Abb. IV-5: Grafischer Verlauf des Kapazitätserweiterungseffekts

Bei dem im Beispiel beschriebenen Kapazitätserweiterungseffekt handelt es sich um eine **Erweiterung** der **Periodenkapazität** und nicht der Gesamtkapazität des Wirtschaftsgüterbestands. Dabei ist die Periodenkapazität die Summe der Leistungsabgaben aller Maschinen innerhalb einer Periode. Die Periodenkapazität erhöht sich um den Nutzungsvorrat der neuen Maschinen, solange keine alten Maschinen ersetzt werden müssen. Die Erhöhung erfolgt also dadurch, daß eine **größere Zahl** von **Wirtschaftsgütern** als zuvor **periodische Leistungen** abgibt. Die Gesamtkapazität aller Maschinen kann nicht erhöht werden (Summe der Gesamtkapazitäten aller Maschinen, wobei die Gesamtkapazität je Maschine dem Produkt aus Periodenkapazität und dem Saldo aus Nutzungsdauer und Wertminderung entspricht). Da die Abschreibungsbeträge beim Kapazitätserweiterungseffekt dazu verwendet werden, weitere gleichartige Maschinen zu beschaffen, wird die Minderung der Gesamtkapazität der alten Maschinen gerade durch die Gesamtkapazität der neuen Maschinen kompensiert. Durch die Wertminderung wird die Periodenkapazität nicht beeinträchtigt (vgl. *Büschgen* 1991, S. 274 und *Wöhe/Bielstein* 1994, S. 292)

Der Kapazitätserweiterungseffekt läßt sich auch durch den **kontinuierlichen** und **diskontinuierlichen Einsatz** der Abschreibungsgegenwerte beschreiben. Dabei wird die Höchstgrenze des Effekts durch den theoretischen und unrealistischen Fall der kontinuierlichen Verrechnung der Abschreibungen erreicht. Voraussetzungen hierfür sind, daß die Wirtschaftsgüter beliebig teilbar sind (da sofortige Reinvestition), die Abschreibungen nicht erst am Ende der Periode, sondern kontinuierlich verrechnet werden und die Abschreibungen linear erfolgen. Daraus ergibt sich ein kontinuierlicher **Kapazitätserweiterungsmultiplikator** (KEM), den Quotienten aus Gesamtnutzungsdauer und hälftiger Gesamtnutzungsdauer, da das anfangs investierte Kapital durchschnittlich zur Hälfte gebunden ist und mit der freigesetzten Hälfte die Periodenkapazität erweitert werden kann (vgl. *Süchting* 1995, S. 259):

4 Finanzierung aus der Dotierung von Rückstellungen

(IV-9) $$KEM = \frac{n}{n/2} = 2$$

Übertragen auf die Werte aus dem Beispiel: $KEM = \frac{4}{4/2} = 2$.

In der Realität sind **Wirtschaftsgüter nicht beliebig teilbar**, so daß die Investitionen nur in größeren diskontinuierlichen Zeitabständen durchgeführt werden, um die Anschaffungskosten eines Wirtschaftsguts der gleichen Art zu ermöglichen. Es müssen immer soviel Finanzmittel thesauriert werden, um die Anschaffungskosten eines Wirtschaftsguts der gleichen Art zu ermöglichen. Durch die diskontinuierliche Anschaffung erhöht sich die durchschnittliche Kapitalbindungsdauer gegenüber der mittleren Nutzungsdauer um eine halbe Periode. Es ergibt sich daraus ein **diskontinuierlicher Kapazitätserweiterungsmultiplikator** (vgl. *Süchting* 1995, S. 259):

(IV-10) $$KEM = \frac{n}{\frac{n+1}{2}} = 2\frac{n}{n+1}.$$

Übertragen auf die Werte aus dem Beispiel ergibt sich: $KEM = 2\frac{4}{4+1} = 1{,}6$.

Rechnerisch bestätigt der Kapazitätserweiterungseffekt das 1,6fache des Grundbestands von vier Maschinen, d.h. 6,4 Maschinen. Tatsächlich kommt es aber nur zu einer Zunahme auf sechs Maschinen, was lediglich dem 1,5fachen des Grundbestands entspricht. Die Ursache dieser Abweichung liegt darin, daß die im Beispielfall ausgewiesenen Reinvestitionsmittel in Höhe von 4.000 DM in bestimmten Jahren (z. B. in den Jahren 7 und 9) liquide in der Unternehmenskasse verbleiben. Aufgrund der betraglichen Unteilbarkeit der Anschaffungskosten pro Maschine ist keine Erweiterungsinvestition möglich.

Man kann den Kapazitätserweiterungseffekt aus obigem Beispiel weiter verdeutlichen, indem man ihn wie im folgenden als grafischen Verlauf darstellt. Hierzu ein Beispiel mit einer gegebenen Nutzungsdauer von 5 Jahren (vgl. *Wöhe/Bielstein* 1994, S. 296-297):

Anlagenzahl der Grundausstattung	1	2	5	10	20	50	100	200
Re-Investitionsperioden in Jahren	5	2,5	1	0,5	0,25	0,10	0,05	0,025
Nutzungsdauer in Re-Investitionsperiode (n)	1	2	5	10	20	50	100	200
Kapazitätserweiterungsmultiplikator (= KEM)	1	1,3333	1,6667	1,8182	1,9048	1,9608	1,9802	1,9900

Tab. IV-3: Ermittlung des Kapazitätserweiterungsfaktors

Beispielhafte Berechnung für eine Grundausstattung von einer Maschine:

(Nutzungsdauer / Anzahl der Maschinen)   5:1 = 5 Re-Investionsperioden in Jahren.

(Nutzungsdauer / Re-Investitionsperioden in Jahren) 5:5 = 1 Nutzungsdauer in Re-Investionsperioden (n). Hieraus errechnet sich der KEM wie folgt:

$$KEM = 2\frac{1}{1+1} = 1.$$

Eine beispielhafte Berechnung für eine Grundausstattung von 50 Maschinen ergibt folgende Ergebnisse:

Re-Investitonsperioden in Jahren   = 5:50 = 0,1.

Nutzungsdauer in Re-Investitionsperioden (n) = 5:0,1 = 50.

$$KEM = 2\frac{50}{50+1} = 1{,}9608.$$

Ist die Nutzungsdauer groß, nähert sich der KEM dem Grenzwert 2, bei kleinerer Dauer (z. B. 1 Periode) bleibt der Kapazitätserweiterungseffekt aus. Eine Veranschaulichung dieses Sachverhalts liefert Abb. IV-6.

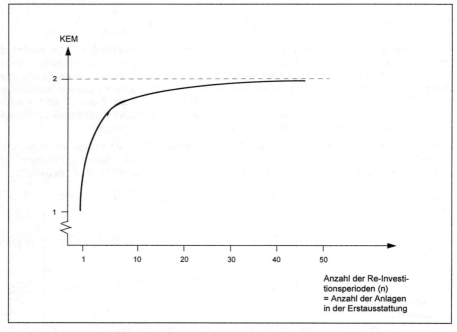

Abb. IV-6: Grafische Darstellung des KEM aus den Beispielwerten

Neben dem Einsatzzeitpunkt der Abschreibungsgegenwerte hat das **Verfahren der Abschreibung** einen großen Einfluß auf die Höhe finanzieller Gegenwerte. Bislang wurde von der linearen Abschreibungsvariante ausgegangen. Andere Abschreibungsverfahren können eine erhebliche Vergrößerung des Kapazitätserweiterungseffekts hervorrufen (z.B. die geometrisch-degressive Abschreibung). Bei einem **degressiven Wertminde-**

3 Finanzierung aus Abschreibungsgegenwerten

rungsverlauf nehmen die Abschreibungsquoten von Jahr zu Jahr ab; die Abschreibungen gehen dem Wertminderungsverlauf in den ersten Jahren der Nutzung voran. Das Geldkapital, das in den Wirtschaftsgütern investiert ist, fließt schneller zurück, wodurch die mittlere Kapitalbindungsdauer verkürzt wird (vgl. *Büschgen* 1991, S. 276). Der Kapitalerweiterungsmultiplikator wird in diesem Fall um den Koeffizienten α (durchschnittliche Kapitalbindung / durchschnittliches Nutzungspotential) im Nenner erweitert (vgl. *Süchting* 1995, S. 260):

(IV-11) $$KEM = 2\left(\frac{n}{\alpha n + 1}\right).$$

Bei vorzeitiger Abschreibung gilt $\alpha < 1$, so daß sich die durchschnittliche Kapitalbindung verringert. Da der Nenner kleiner wird, folgt gleichzeitig eine Vergrößerung des Kapazitätserweiterungseffekts. Der Effekt verstärkt sich nur, wenn sich der Nutzungsverlauf nicht gleichzeitig mit dem Abschreibungsverlauf beschleunigt. **Erhöhte Abschreibungen** enthalten Gewinnbestandteile, weshalb eine stille Selbstfinanzierung vorliegt. Es kommt zu einer verminderten Finanzierung aus Abschreibungsgegenwerten und verstärkten Finanzierung aus Gewinnen. In der Praxis ist es üblich, die verbrauchsbedingten Abschreibungsgegenwerte zusammen mit den Gewinnbestandteilen zu reinvestieren. Wird dies durchgeführt, kann neben einer Erhöhung der Periodenkapazität zusätzlich die Gesamtkapazität des Unternehmens erweitert werden. Dies ist auch dann der Fall, wenn die kalkulatorischen Abschreibungen nach Ende der planmäßigen Nutzungsdauer für ein bereits komplett abgeschriebenes Anlagegut beibehalten werden.

Modellannahmen ⇒ Kapazitätserweiterungseffekt wirkt in vollem Umfang	Gründe für Lockerung der Annahmen ⇒ Kapazitätserweiterungseffekt sinkt tendenziell
Anschaffung aller Maschinen zu einem Zeitpunkt, ...	Anschaffungen werden meist über mehrere Termine verteilt.
Volle Leistungsfähigkeit der Maschinen bis zum Ende ihrer Nutzungsdauer, ...	allmähliche Verringerung der Leistungsfähigkeit gegen Ende der Nutzungsdauer häufig der Fall (z.B. bei Automobilen).
Kein Preisverfall auf den Absatzmärkten aufgrund der Kapazitätserweiterung und dem dadurch ermöglichten Mehrangebot an Produkten, ...	je nach Konkurrenzsituation und Nachfrageelastizität kann dies nicht ausgeschlossen werden.
Teilbarkeit der Gesamtheit aller Wirtschaftsgüter wird angenommen ...	dies ist meist nicht gegeben, da eine Kapazitätserweiterung eine gleichzeitige, oft unterschiedlich hohe Investition in allen Fertigungsstufen erfordert.
Wirtschaftliche und technische Nutzungsdauer sind gleich, ...	wird nur in seltenen Fällen erreicht.
Voller Kapitaleinsatz für die Erhöhung der Anlagekapazität, ...	eine Erhöhung der Anlagenkapazität führt in der Regel zu einer Ausweitung des Umlaufvermögens, was ebenfalls Kapital bindet.
Konstante Wiederbeschaffungskosten und kein technischer Fortschritt, ...	steigende Wiederbeschaffungskosten für Anlagen gleicher Technik ggfls. auch durch technischen Fortschritt.
Verdiente Abschreibungen bleiben im Unternehmen, ...	sie werden oft zur Kredittilgung oder zur Eigenkapitalentnahme verwendet.

Abb. IV-7: Gegenüberstellung von Modellannahmen und mögliche Einschränkungen in der Praxis

In der Praxis existiert der Kapazitätserweiterungseffekt in der vorgestellten Form nicht in "Reinkultur". Der Grund liegt in den sehr restriktiven Annahmen für die Wirkungsweise des Modells (vgl. *Schneider* 1992, S. 164-172 und *Süchting* 1995, S. 263 ff.). Die Bedeutung des Kapazitätserweiterungseffekts ist zwar in der Praxis nicht in der Form wirksam, wie er theoretisch dargestellt wurde, aber gerade in **Großunternehmen** ist der Effekt wiederum nicht zu leugnen. Die starke Marktstellung, die Vielzahl der Produktionsanlagen und die Verwendung der degressiven Abschreibung sind ausschlaggebend dafür, daß die Modellannahmen **näherungsweise** in der Praxis solcher Unternehmen **erfüllt** sind.

4 Finanzierung aus der Dotierung von Rückstellungen

"Rückstellungen sind Passivposten, die solche Wertminderungen der Berichtsperiode als Aufwand zurechnen, die durch zukünftige Handlungen (Zahlungen, Dienstleistungen, Eigentumsübertragungen an Sachen und Rechten) bedingt werden und deshalb bezüglich ihres Eintretens oder ihrer Höhe nicht völlig, aber dennoch ausreichend sicher sind." (*Coenenberg 1997, S. 237-238*). Begründet werden Rückstellungen auf zweierlei Weise (vgl. *Moxter* 1986, S. 25ff):

- Als **Verpflichtung gegenüber Dritten** haben Rückstellungen finanzwirtschaftlich gesehen den Charakter von **Fremdkapital** und werden in zwei Gruppen eingeteilt: Rückstellungen für ungewisse Verbindlichkeiten (= **Verbindlichkeitsrückstellungen**) und Rückstellungen für drohende Verluste aus schwebenden Geschäften (= **Drohverlustrückstellungen**).

- Rückstellungen können auch aufgrund von **Innenverpflichtungen** des Unternehmers entstehen, die dann **Eigenkapitalcharakter** aufweisen. In diese Kategorie gehören sog. Aufwandsrückstellungen.

Indem eine **Bilanzposition** gebildet wird, die dem **Grunde**, dem **Betrag** oder der **Fälligkeit** nach **unsicher** ist, sollen die Vermögensverhältnisse des Unternehmens am Bilanzstichtag entsprechend den tatsächlichen Verhältnissen dargestellt werden. Die **Höhe** der Rückstellungsposition ist nach **vernünftiger kaufmännischer Beurteilung** zu bestimmen (§ 253 Abs. 1 HGB). Für die Höhe ist neben limitierenden Bestimmungen des AktG und des HGB (für AGn) die steuerliche Zulässigkeit für die Rückstellungsbildung und ihrer Höhe ausschlaggebend. Der Grund liegt darin, daß Rückstellungen aus den unversteuerten Jahresüberschüssen des Unternehmens dotiert werden. Buchhalterisch erfolgt die Bildung von Rückstellungen durch eine Gegenbuchung auf einem sachlich zugehörigen Aufwandskonto oder der GuV-Position "sonstiger betrieblicher Aufwand".

"Analog den Abschreibungen besteht der Finanzierungseffekt von Rückstellungen darin, daß die in die Kalkulation der Absatzpreise eingegangenen, verdienten Rückstellungsraten bis zur Inanspruchnahme der Rückstellung im Unternehmen disponibel sind." (*Süchting* 1995, S. 264). Aus einer Dotierung von Rückstellungen ergibt sich ein Finanzierungseffekt, wenn zwischen dem Zeitpunkt ihrer Bildung (= **Aufwandsvorgang**) und dem Eintritt (oder Wegfall) des Grundes (= **Auszahlungsvorgang**) ein weiter zeitlicher Abstand liegt. Während einer solchen Zeitspanne stehen die finanziellen Gegenwerte von Rückstellungen der Unternehmen für anderweitige Finanzierungszwecke zur Verfügung. Aus finanzwirtschaftlicher Sicht sind daher bei Rückstellungen deren Fristigkeiten von Bedeutung. Langfristige Rückstellungen sorgen für die längste Verweildauer der finanziellen

Gegenwerte im Unternehmen und sind aus finanzwirtschaftlicher Sicht im Rahmen der Innenfinanzierung von größter Bedeutung. Kurz- bis mittelfristige Rückstellungen können einen langfristigen Bodensatz an Finanzmitteln innerhalb des Unternehmens generieren, wenn ihre Neubildung regelmäßig immer wieder von neuem erfolgt. Dies ist allerdings für die finanzwirtschaftliche Praxis kaum vorhersehbar.

4.1 Die Finanzierungsbedeutung von Pensionsrückstellungen

Ihrem Umfang nach sind als langfristige Rückstellungen die **Pensionsrückstellungen** von großer Bedeutung für die Innenfinanzierung bei deutschen Unternehmen. "Verpflichtet sich ein Betrieb vertraglich, einem Arbeitnehmer eine Alters-, Invaliden- oder Hinterbliebenenversorgung zu gewähren, so kann er für diese Pensionsanwartschaften Rückstellungen bereits vom Jahre der Zusage an, also schon viele Jahre vor Eintreten des Versorgungsfalls in die Bilanz einstellen. (...) Sie stellen für den Betrieb Aufwand der Perioden dar, in denen der Arbeitnehmer aktiv im Betrieb tätig ist. Die Auszahlungen treten erst nach Ausscheiden des Arbeitnehmers aus dem Betriebe ein." (*Wöhe* 1993, S. 978). Pensionsrückstellungen stellen eine Altersvorsorge dar, die als Ergänzung der gesetzlichen Sozialversicherung gesehen wird. Sie ist als betriebliche Altersversorgung gekennzeichnet, die neben der Bildung von Anwartschaften in Pensionsrückstellungen auch versicherungsähnliche Einrichtungen wie **Pensionskassen** und **Unterstützungskassen** sowie die **Direktversicherung** bei Lebensversicherungsgesellschaften umfaßt. In allen Fällen verpflichtet sich ein Unternehmen, Arbeitnehmern eine Alters-, Invaliden- oder Hinterbliebenenversorgung zu gewähren bzw. Zahlungen für diesen Zweck zu leisten. Die **Höhe** der Pensionsrückstellungen in den jeweiligen Unternehmen wird bestimmt durch Art der Versorgung (Alters-, Invaliden-, Hinterbliebenenrente), Einkommens- und Altersstruktur, Pensionsberechtigte, Fluktuationsquote und steuerliche Kriterien.

Die Voraussetzungen für die steuerliche Anerkennung beeinflussen deutlich die Höhe der Pensionsrückstellungen. Die jährlichen Pensionsrückstellungen müssen nach versicherungsmathematischen Grundsätzen (z.B. unter Berücksichtigung von Zins- und Zinseszins sowie Sterbe- und Invaliditätswahrscheinlichkeiten) bewertet werden. Bei der Berechnung muß das Teilwertverfahren angewandt und ein gesetzlicher Mindestkalkulationszinsfuß von 6% angesetzt werden. Desweiteren muß die Pensionszusage rechtsverbindlich sein und darf keine steuerschädlichen Vorbehalte enthalten.

Begründet werden die Pensionsansprüche durch die Tätigkeit der Arbeitnehmer im Betrieb, gebildet werden sie als Teil des Arbeitsentgelts im Rahmen des Lohn- und Gehaltsaufwands. Die Zahlungen werden während der Beschäftigungszeit des Arbeitnehmers für den Versorgungsfall thesauriert. Dadurch stellen sie für das Unternehmen Aufwand der Perioden dar, in denen der Arbeitnehmer aktiv im Unternehmen tätig ist. Die Auszahlungen erfolgen nach dem geplanten Ausscheiden bzw. bei vorherigem Eintritt der Versicherungsfälle. Mit der Bildung der **Pensionszusagen** geht das Unternehmen eine **vertragliche Verpflichtung** ein. Der Arbeitnehmer hat daraus einen Anspruch auf Auszahlung.

Gespeist werden die Pensionsrückstellungen durch den **Umsatzprozeß**. Sie stellen als Bestand in der Bilanz wegen der zugrunde liegenden Rechtsverhältnisse (langfristiges) **Fremdkapital** dar. Als sog. **Sozialkapital** weisen sie eine im voraus unbestimmte Fälligkeit auf, je nach Altersstruktur des Unternehmens bzw. seiner Beschäftigten. Werden Rückstellungsauflösungen für ausgeschiedene Mitarbeiter mit den Rückstellungsneubildungen für neueingestellte Mitarbeiter ausgeglichen, tritt ein Gleichgewichtszustand von

Zahlungsab- und Zahlungszuflüssen ein. Es entsteht eine Art revolvierender Kapitalstock, der unbeschadet des rechtlichen Charakters dieser Rückstellungen als Fremdkapital, quasi Eigenkapital repräsentiert (vgl. Abb. IV-8).

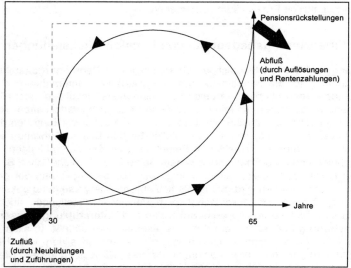

Abb. IV-8: Pensionsrückstellungen als revolvierender Kapitalstock
(in Anlehnung an *Seibel* 1975, S. 538)

Der Finanzierungseffekt der Pensionsrückstellungen aus einer Prozeßsicht veranschaulicht gegenüberliegende Abb. IV-9. Die Mittelbindung ist am größten, wenn der zeitliche Abstand zwischen der Bildung von Pensionsrückstellungen und den Pensionszahlungen am höchsten ist (= **Phase II**). Dieser Zustand kann dann dauerhaft sein, wenn wie in der vorangegangenen Abb. IV-8 dargestellt, der Kapitalstock optimal revolviert. Zusätzliche Finanzierungsmöglichkeiten ergeben sich dann zwar nicht mehr, da der Kapitalstock nicht mehr wächst, aber die Mittelbindung in Vermögensteilen des Unternehmens kann von hohem Betragsvolumen sein und die durchschnittlichen Kapitalkosten drücken. **Phase I** bezeichnet in Abb. IV-9 in erster Linie den Fall von neugegründeten Unternehmen mit junger Belegschaft, die über einen relativ langen Zeitraum Pensionsrückstellungen bilden können, ohne Pensionen auch auszahlen zu müssen. Der Handlungsspielraum für die Finanzierung ist bei Pensionsrückstellungen dann sehr hoch, da die zusätzlichen Finanzierungsmöglichkeiten wachsen. In **Phase III** wird der sukzessive Abbau des Kapitalstocks nachvollzogen, d.h., die Auszahlungen übersteigen betragsmäßig die Mittelzuführungen. Dieser Zustand tritt ein, wenn die Belegschaft verringert wird und/oder die pensionierten Mitarbeiter eine höhere als statistisch erwartete Lebensdauer haben (vgl. *Wöhe* 1993, S. 985-986).

Lesehinweis: Eine instruktive grundsätzliche finanzwirtschaftliche und steuerliche Betrachtung liefert *Heubeck* (1987).

4 Finanzierung aus der Dotierung von Rückstellungen

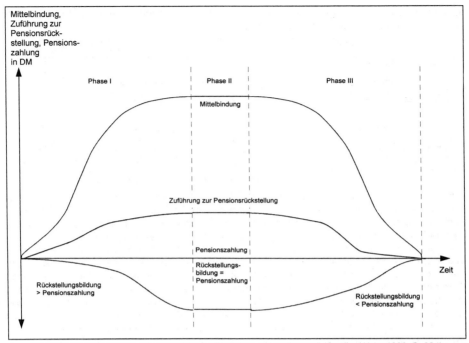

Abb. IV-9: Prozeßphasen des Kapitalstocks "Pensionsrückstellungen" (Quelle: *Wöhe* 1993, S. 984).

Es gibt vier grundlegende Finanzierungseffekte aus Pensionsrückstellungen. Die finanziellen Auswirkungen dieser Effekte sollen Anhand folgender Beispiele verdeutlicht werden (vgl. zu den folgenden Ausführungen auch *Wöhe/Bielstein* 1994, S. 305-311). Bei allen Beispielen wird aus Vereinfachungsgründen von einem Ertragsteuersatz von 55% bei Nicht-Ausschüttung und von 45% bei Ausschüttung ausgegangen, da vor Körperschaftsteuerabzug die Gewerbesteuer vom zu versteuernden Gewinn abzuziehen ist. Die Pensionsrückstellungen betragen generell 50.000,-- DM.

Beispiel 1: Der **Gewinn** vor Steuern liegt **über** den anzusetzenden **Pensionsrückstellungen** (= PR). Der versteuerte **Gewinn** wird **thesauriert**.

#	Wirkungen ohne PR	Positionen	Wirkungen mit PR
1	100.000,--	Gewinn vor Steuern	100.000,--
2		Pensionsrückstellungen	50.000,--
3	100.000,--	steuerpflichtiger Gewinn	50.000,--
4	55.000,--	55% Ertragsteuern	27.500,--
5	45.000,--	Einstellung in die Rücklagen	22.500,--
6	45.000,--	gesamtes Finanzierungsvolumen	72.500,--(#2+#5)

Tab. IV-4: Wertetabelle zu Beispiel 1 (Angaben in DM)

Der Finanzierungseffekt (zusätzliches Finanzierungsvolumen) mit PR liegt um 27.500,-- DM höher als ohne PR. Verantwortlich hierfür ist die Steuerersparnis (55% von 50.000,-- DM), die mit den PR erzielt wurde (#2). Die Steuerersparnis steht solange zur Verfügung, wie keine Pensionen zu zahlen sind. Stehen den Pensionsrückstellungen Pensionszahlungen in gleicher Höhe gegenüber, so hat dies keinen Einfluß auf die Höhe des gesamten Finanzierungsvolumens. Dazu folgendes Beispiel:

Fall A		Fall B	
Gewinn vor Steuern	100.000,--	Gewinn vor Steuern	100.000,--
Pensionszahlung	50.000,--	Pensionsrückstellung	50.000,--
steuerpflichtiger Gewinn	50.000,--	steuerpflichtiger Gewinn	50.000,--
55% Ertragsteuern	27.500,--	55% Ertragsteuern	27.500,--
gesamtes Finanzierungsvolumen	22.500,--	gesamtes Finanzierungsvolumen	22.500,--

Tab. IV-5 Wertetabelle zur Erweiterung von Beispiel 1 (Angaben in DM)

Wird eine Pensionszahlung (Auszahlung) mit vorhandenen Pensionsrückstellungen verrechnet, so ist sie erfolgsunwirksam. Erfolgt eine gleichzeitige Zuführung in die Pensionsrückstellungen, ist diese erfolgswirksam. Das gesamte Finanzierungsvolumen mindert sich bei Fall B um den um die ersparten Steuern gekürzten Betrag. Im Fall A, in dem keine Pensionsrückstellungen vorhanden sind, mindert die Pensionszahlung den Gewinn und damit die Steuerbelastung. Im Ergebnis sind A und B gleich. Der Vorteil bei B liegt darin, daß die in früheren Jahren durch die Bildung von Pensionsrückstellungen ersparten Ertragsteuern als Selbstfinanzierungspotential im Unternehmen vorhanden sind, solange sie nicht durch Pensionszahlungen aufgelöst werden. Die angesammelten Mittel bauen sich erst ab, wenn die Pensionszahlungen in der Periode größer sind als die Zuführung zu den Rückstellungen (diese Aussage gilt auch für alle noch folgenden Beispiele).

Beispiel 2: Der **Gewinn** vor Steuern liegt **über** den anzusetzenden **Pensionsrückstellungen**. Der versteuerte **Gewinn** wird **ausgeschüttet**.

#	Wirkungen ohne PR	Positionen	Wirkung mit PR
1	100.000,--	Gewinn vor Steuern	100.000,--
2		Pensionsrückstellungen	50.000,--
3	100.000,--	steuerpflichtiger Gewinn	50.000,--
4	45.000,--	45% Ertragsteuern	22.500,--
5	55.000,--	Ausschüttungsbetrag	27.500,--
6	-,--	gesamtes Finanzierungsvolumen	50.000,--(#2)

Tab. IV-6: Wertetabelle zu Beispiel 2 (Angaben in DM)

Sind noch keine Pensionen zu zahlen, stehen 50.000,-- DM (#2) dem Unternehmen in voller Höhe zur Verfügung (zusätzliches Finanzierungsvolumen), da sowohl die Ausschüttung (#5) als auch die Steuerzahlung (#4) vermieden wird.

Beispiel 3: Der **Gewinn** vor Steuern liegt **unter** den anzusetzenden **Pensionsrückstellungen**. Der versteuerte **Gewinn** wird **thesauriert**.

#	Wirkungen ohne PR	Positionen	Wirkungen mit PR
1	40.000,--	Gewinn vor Steuern	40.000,--
2		Pensionsrückstellungen	50.000,--
3	40.000,--	steuerpflichtiger Gewinn	-10.000,--
4	22.000,--	55% Ertragsteuern	-,--
5	18.000,--	Einstellung in die Rücklagen	-,--
6	18.000,-- (#5)	gesamtes Finanzierungsvolumen	40.000,--(#1)

Tab. IV-7: Wertetabelle zu Beispiel 3 (Angaben in DM)

4 Finanzierung aus der Dotierung von Rückstellungen

Dem Unternehmen stehen 22.000,-- DM zusätzliches Finanzierungsvolumen zur Verfügung, das sich aus der Steuerersparnis (#4) ergibt. Der Verlust, der durch die Pensionsrückstellungen entstanden ist, darf auf die zwei vorangegangenen Jahre zurückgetragen oder auf die folgenden Jahre vorgetragen werden. Ist dann mindestens ein Gewinn von 10.000,-- DM vorhanden, erfolgt im Rahmen der Thesaurierung durch den Verlustvortrag bzw. -nachtrag eine Steuerersparnis von 55%. Wird der Gewinn dagegen ausgeschüttet, ist er in voller Höhe im Unternehmen gebunden.

Beispiel 4: Der **Gewinn** vor Steuern liegt **unter** den anzusetzenden **Pensionsrückstellungen**. Der versteuerte **Gewinn** wird **ausgeschüttet**.

#	Wirkungen ohne PR	Positionen	Wirkungen mit PR
1	40.000,--	Gewinn vor Steuern	40.000,--
2		Pensionsrückstellungen	50.000,--
3	40.000,--	steuerpflichtiger Gewinn	-10.000,--
4	18.000,--	45% Ertragsteuern	-,--
5	22.000,--	Ausschüttungsbetrag	-,--
6	-,--	gesamtes Finanzierungsvolumen	40.000,--

Tab. IV-8: Wertetabelle zu Beispiel 4 (Angaben in DM)

Dem Unternehmen stehen noch 40.000,-- DM zusätzliches Finanzierungsvolumen zur Verfügung, da die Ausschüttung (#5) und die Steuerzahlung vermieden wurden. Liegt ein genereller Verlust vor, so wird dieser durch die PR noch vergrößert. Es kann aber trotzdem ein Finanzierungsvolumen entstehen, wenn ein Verlustvortrag /-nachtrag möglich ist.

Lesehinweis: Weitergehende steuerliche Betrachtungen finden sich u.a. in Drukarczyk (1993b).

Der **Finanzierungseffekt** von Pensionsrückstellungen resultiert damit zusammengefaßt aus drei Quellen (vgl. *Büschgen* 1991, S. 287-288):

– Zwischen Bildung und Auflösung von Pensionsanwartschaften vergeht eine längere Periode. In dieser Zeit stehen die Mittel dem Unternehmen zu Finanzierungszwecken zur Verfügung (= **Liquiditätssicherung**).

– Die Zuführung zu Pensionsrückstellungen unterliegen nicht den Ertragsteuern. Hieraus ergibt sich ein weiterer Finanzierungseffekt in Form gesparter Ertragsteuern (= **Einsparung gewinnabhängiger Steuern**). Bei Auszahlung der dem Unternehmen zugeführten Pensionsrückstellungen ergibt sich eine Verminderung des Kapitals in Höhe dieser Pensionszahlungen, abzgl. ersparter Ertragsteuern.

– Die Verbuchung von Rückstellungen als Aufwand und ihre Eigenschaft als steuerlich abzugsfähige Betriebsausgabe vermindert einen Gewinn bzw. vergrößert einen Verlust (= **Vermeidung** von **Gewinnausschüttungen**).

4.2 Pensionsrückstellungen und Kapitalmarkt

Die Bildung von Pensionsrückstellungen ist Teil des deutschen Systems der **betrieblichen Altersversorgung**, das sich durch eine große Vielfalt auszeichnet und in dieser Hinsicht gegenüber den meisten übrigen Industrieländern eine Ausnahmerscheinung darstellt. Grundformen des Systems sind neben der Bildung von Pensionsrückstellungen unternehmensexterne Systemkomponenten wie die Direktversicherung, Pensions- und Unterstützungskassen dar. Abgerundet wird das **System** durch verschiedene Mischformen wie etwa die Kombination von Pensionsrückstellungen mit einer Rückdeckungsversicherung. Pensions- und Unterstützungskassen sind im Sinne der EU-Pensionsfonds-Richtlinie als Pensionsfonds zu verstehen. Gleiches gilt auch teilweise für Zusatzversorgungskassen und berufsständische Versorgungswerke im Bereich der Sozialversicherungsersatzsysteme. Nach Schätzungen der Arbeitsgemeinschaft für betriebliche Altersversorgung betrug das Volumen der **Deckungsmittel** der betrieblichen Altersversorgung 1994 rund 490 Mrd. DM. Davon entfiel der größte Teil (57,1%) auf Pensionsrückstellungen, gefolgt von Pensionskassen (22,4%), Unterstützungskassen (12,2%) und Direktversicherungen (12,2%). Im Zeitvergleich von 1981 bis 1994 zeigt sich, daß die Pensionsrückstellungen mit einem seinerzeitigen Anteil von 66,9% am Volumen von 202 Mrd. DM über die Zeit abgenommen haben. Im gleichen Zeitraum entfielen die stärksten Zuwächse auf die Gruppe der Direktversicherungen, die 1981 erst 4,9% der betrieblichen Altersversorgung ausmachten. Weitere Zunahme im Anteil verzeichnet geringfügig die Gruppe der Pensionskassen, während Unterstützungskassen recht stabile Anteile über die Vergleichsperiode aufwiesen (vgl. *Andresen/Schmandt* 1996).

Pensionsrückstellungen stellen in den Bilanzen der deutschen Unternehmen eine beachtliche Größe dar. Damit kann eine Vielzahl deutscher Unternehmen auf externe Finanzmittel zu teilweise erheblich niedrigeren Kapitalkostensätzen zurückgreifen, die ansonsten unternehmensextern am Kapitalmarkt als Eigen- oder Fremdkapital zu höheren Sätzen akquiriert werden müßten. Zudem ist die Unternehmensleitung weitestgehend frei in ihren Verwendungsentscheidungen und unterliegt kaum einem Monitoring wie es bei der Kredit- oder Beteiligungsfinanzierung der Fall wäre. In diesem Sinne verfügt ein Teil deutscher Unternehmen über **Handlungsspielräume**, die in den meisten übrigen Industrieländern den dort ansässigen Unternehmen nicht gewährt werden (vgl. *Guthardt* 1989, S. 6-7). Die Unternehmensleitungen der dortigen Unternehmen können zwar für die Beschäftigten ebenfalls Beiträge zur Altersvorsorge leisten, die Finanzmittel werden jedoch ihrem Einfluß entzogen, da sie i. d. R. unabhängigen Kapitalsammelstellen, **Pensionsfonds**, zur treuhänderischen Verwaltung übertragen werden müssen. Mittlerweile dürften diese Kapitalsammelstellen zu den einflußreichsten Teilnehmern an den wichtigsten Wertpapierbörsen weltweit zählen und es wird mit einer Zunahme ihrer Bedeutung gerechnet. Unternehmensziel dieser Pensionsfonds ist die Maximierung des Shareholder-Value ihrer Anteilseigner, d. h. Versicherten, und damit orientiert sich wiederum ihre Bereitschaft, Finanzmittel Kapitalnehmern zu überlassen, an der Erfüllung entsprechender Ertragsaussichten von Investitionen. Während also die Innenfinanzierung mittels Pensionsrückstellungen deren investive Verwendung in die Disposition der Unternehmensleitung stellt, wird die Finanzmittelverfügbarkeit bei einer kapitalmarktorientierten Altersvorsorge durch die Renditeforderungen der die Mittel verwaltenden Pensionsfonds bestimmt. Dies gilt sowohl für die kredit-, insbesondere anleiheorientierte Fremdfinanzierung, wie für die Beteiligungsfinanzierung. Portfolio-Manager der Pensionsfonds üben darüberhinaus Funktionen des Delegated Monitors aus und sind potentiell geeignet, mögliche **Agency Costs** im Rahmen der Innenfinanzierung zu senken bzw. zu vermeiden (vgl. *Nürk/Schrader* 1995).

Daneben wird der aus den Unternehmen ausgelagerten Form des Altersvorsorgeaufbaus eine zentrale Funktion bei der Entwicklung nationaler (und internationaler) Wertpapiermärkte und -börsen beigemessen. So begründete man den in der Vergangenheit deutlich besseren Organisationsgrad und die höhere Effizienz bedeutungsvoller ausländischer Finanzplätze wie London, New York, Tokio und Amsterdam u. a. mit der ständigen und intensiven Marktbeteiligung von Pensionsfonds. Es wird daher argumentiert, daß für die Weiterentwicklung der deutschen Wertpapierbörsen und des deutschen Kapitalmarkts insgesamt der Auslagerung von Pensionsrückstellungen in unabhängige Pensionsfonds

4 Finanzierung aus der Dotierung von Rückstellungen

eine zentrale Bedeutung zukomme. Durch ein solchermaßen erhöhtes Anlagevolumen am deutschen Kapitalmarkt könnten die Wertpapierbösen ihre **Kapitalallokationsfunktion effizienter** ausführen, da Markttiefe und -breite zunähmen.

Lesehinweis: In fast schon traditioneller Weise arbeitet *Hauck* (1989) diese Argumente heraus.

Weitere Argumente für eine Auslagerung von Pensionsrückstellungen setzen am **Liquiditätsrisiko** der betrieblichen Altersversorgung an, das durch die gesetzliche Pflicht zur zugesagten Leistungserbringung an die Berechtigten entstehen kann. Die externe Regelung trage besser als die gesetzliche Auflage zur Risikominimierung bei, da es bei Beginn von Leistungszahlungen nicht zu einem Abfluß von finanziellen Mitteln komme, die ansonsten bei Pensionsrückstellungen im Rahmen der Innenfinanzierung in Unternehmen gebunden waren. Desweiteren ergäben sich besonders für kleinere und mittlere Unternehmen **Kostenentlastungspotentiale**. Zum einen ließen sich beispielsweise durch die Einrichtung von Gruppenpensionskassen im Unternehmen Verwaltungskosten reduzieren, zum anderen könnten je nach Art der Auslagerung auch die Arbeitnehmer mit in die Altersversorgung einbezogen werden und so weitere Einsparungen der Unternehmen auslösen. Häufig wird am derzeitigen System der Pensionsrückstellungen auch kritisiert, daß es einseitig Großunternehmen begünstige und dadurch zu **Wettbewerbsverzerrungen** gegenüber kleinen und mittleren Unternehmen beitrage. Ein weiterer Aspekt aus Sicht der Leistungsempfänger ist, daß Arbeitnehmer durch den Anspruch gegenüber einer externen Pensionskasse bei einem Arbeitsplatzwechsel ihre Ansprüche zum neuen Arbeitgeber mühelose übertragen könnten (vgl. *Nürk/Schrader* 1995).

Zweifelsohne dürfte eine Auslagerung von Pensionsrückstellungen die Entscheidungsfreiheit der Unternehmensleitung im Finanzmitteleinsatz verringern und sie deutlich den Forderungen des Kapitalmarkts unterwerfen. Die Verteidigung des bisherigen Systems wird von den **Kritikern** der Kapitalmarktlösung nicht über diesen Aspekt geführt, sondern über folgende Bereiche (vgl. *Semler* 1989):

- Zum einen wird auf die Gefahr einer **Gefährdung** der **Ansprüche** der versicherten Arbeitnehmer hingewiesen. So wird grundsätzlich bestritten, daß eine Auslagerung zu einer Verbesserung der gegenwärtigen betrieblichen Altersversorgung von Arbeitnehmern führe, da Hauptmotiv der externen Regelung die Förderung des Kapitalmarkts sei. Eine **Instrumentalisierung** der betrieblichen Altersversorgung zu Kapitalmarktzwecken wird von einer Reihe von Kritikern grundsätzlich abgelehnt.

- Aus **Unternehmenssicht** wird darauf verwiesen, daß eine Vielzahl von bisher Pensionsrückstellungen bildenden Unternehmen keinerlei **Kapitalmarktzugang** hätten, insofern dem Problem der teilweisen Kapitalrationierung ausgesetzt wären. Zudem würden bei einem Systemwechsel bisherige Möglichkeiten der **Steuerersparnis** und -stundung im Rahmen der Innenfinanzierung für Unternehmen entfallen. Dadurch könnte grundsätzlich die Bereitschaft sinken, in Zukunft Versorgungszusagen zu treffen.

- Eine Auslagerung von Pensionsrückstellungen würde in erster Linie Unternehmen mittlerer Betriebsgröße in der Beschneidung ihrer Innenfinanzierungskraft treffen. Die Innenfinanzierung stellt aber für diese Unternehmen die wichtigste Kapitalquelle dar. Eine Auslagerung von Pensionsrückstellungen wird daher häufig auch rundweg als **mittelstandsfeindlich** gebrandmarkt.

Betrachtet man die im internationalen Maßstab gesehene "Finanzierungsbesonderheit Pensionsrückstellungen", so fällt auf, daß sie ursprünglich deutschen Unternehmen nach dem Ende des zweiten Weltkriegs wegen der damaligen Kapitalmarktschwäche eingeräumt wurde. Eine Effizienzsteigerung des deutschen Kapitalmarkts, die zu einem Niveau führt, das den ausgereiften führenden ausländischen Kapitalmärkten gleichkommt, dürfte den einstigen Grund für die Bildung von Pensionsrückstellungen in Frage stellen. Die Chance, Agency Costs zu reduzieren und mehr risikotragendes Kapital am Kapitalmarkt vorzufinden, ist insgesamt positiv zu beurteilen. Nachgelagerte Effekte wie eine steigende Inanspruchnahme der Rechtsform der AG und anschließende Börsengänge tragen ferner zu einer **Festigung** der **Effizienz** der **Kapitalmarktinstitutionen** bei. Heute bereits sind Vorstufen bzw. Zwischenlösungen denkbar und möglich: Mit dem sog. **Asset Funding** könnte ein Unternehmen Altersversorgungsleistungen intern durch Bildung von Pensionsrückstellungen finanzieren und Teile dieses Kapitals Kapitalanlagegesellschaften überlassen, die die Mittel in von ihnen vertriebene Investmentfonds einspeisen (vgl. *Baum* 1996).

5 Vermögensumschichtungen und Kapitalfreisetzungen

Zu den **Möglichkeiten** der Innenfinanzierung in dieser Kategorie werden vor allem Rationalisierungsmaßnahmen, Sale-and-Lease-Back und sonstiges, insb. Auflösung stiller Reserven gezählt. In diesem Sinne findet man auch häufig Factoring und Forfaitierung in diese Kategorie eingeordnet. Von immer wiederkehrender aktueller Bedeutung sind vor allem Maßnahmen der **Rationalisierung** in Unternehmen. Rationalisierungsmaßnahmen mit finanzwirtschaftlichen Folgen sind in Unternehmen vielfältig möglich, z.B. durch Beschleunigung der Umsatzprozesse oder durch eine bessere Überwachung und Verkürzung von Zahlungszielen (vgl. *Büschgen* 1991, S. 282). Hierdurch wird aus finanzwirtschaftlicher Sicht bisher **gebundenes Kapital freigesetzt** und kann an anderer Stelle im Unternehmen einer produktiveren Verwendung zugeführt werden. Beim **direkten Finanzierungseffekt** verringert die Rationalisierung den Kapitaleinsatz bei gleichem Produktions- und Umsatzvolumen (z.B. Rückzahlung von langfristigem Fremdkapital). Im Gegensatz dazu verändert die Rationalisierung beim **indirekten Finanzierungseffekt** den bisherigen Kapitaleinsatz nicht, sondern erweitert das Produktions- und Umsatzvolumen (z.B. aufgrund von Investitionen in zusätzliche produktive Anlagen).

Eine weitere Form der Vermögensumschichtung ist die Veräußerung von Vermögensgegenständen als liquiditätspolitische Maßnahme. Solche **Substitutionsfinanzierungen** erfolgen meist vor dem Hintergrund einer ansonsten drohenden Zahlungsunfähigkeit. Bilanziell gesehen handelt es sich um einen **Aktivtausch**: Die entsprechende Vermögensposition, meist Bestandteil des Anlagevermögens, wird vermindert und der Bestand an liquiden Mitteln erhöht. Führt eine Veräußerung zudem noch zur **Auflösung stiller Reserven** und damit zur Realisierung von Buchgewinnen (Buchwert unterhalb des Verkehrswerts), so wird es überdies zu einer Bilanzverlängerung kommen. Veräußert werden in erster Linie **Vermögensgegenstände**, die **nicht betriebsnotwendig** sind (z.B. nicht betrieblich genutzte Grundstücke). Auch bei betrieblich genutzten Vermögensteilen sind Veräußerungen aus finanzwirtschaftlichen Gründen u.U. wirtschaftlich sinnvoll und auch möglich: So wird im Rahmen des **Sale-and-Lease-Back-Verfahrens** betriebsnotwendiges Vermögen an eine Leasinggesellschaft verkauft und von dieser anschließend durch den Verkäufer wieder geleast, d.h., im Rahmen eines meist langfristigen Mietvertrags die Nutzung für betriebliche Zwecke sichergestellt. **Sonstige Maßnahmen** der Innenfinanzierung sind zeitliche Vorverlegung von Einzahlungen, Senkung von Auszahlungsbeträgen und zeitliche Verschiebung von Auszahlungen.

Literaturverzeichnis

Adelberger, O. L., 1993, Formen der Innenfinanzierung, in: Gebhardt, G./Gerke, W./Steiner, M., (Hrsg.), Handbuch des Finanzmanagements. Instrumente und Märkte der Unternehmensfinanzierung, München, S. 197-228.

Akerlof, G.A., 1970, The Market for Lemons: Qualitative Uncertainty and the Market Mechanism, in: Quarterly Journal of Economics, Vol. 84, S. 488-500.

Akthar, M. A., 1983, Financial Innovations and Their Implications For Monetary Policy: An International Perspective, BIS Economic Papers No. 9, Basel (BIS).

Albach, H./Hundsdiek, R. /Kokalj, L., 1986 Finanzierung und Risikokapital, 1.Aufl. Stuttgart.

Alchian, A., 1984, Specificity, Specialization and Coalitions, in: Zeitschrift für die gesamte Staatswissenschaft, 140. Jg, S. 34-49.

Alchian, A./Woodward, S., 1988, The Firm is Dead; Long Live the Firm, in: Journal of Economic Literature, Vol. 26, No. 1, S. 65-79.

Alworth, J. S./Borio, C.E.V., 1993, Commercial Paper Markets: A Survey, BIS Economic Papers No. 37, Basel (BIS).

Andersen, T. M., 1985, Recent Developments in the Theory of Efficient Capital Markets, in: Kredit und Kapital, 18. Jg., No. 9, S. 347-371.

Andresen, B.-J./Schmandt, E.-M., 1996, Betriebliche Altersversorgung braucht Verankerung in Unternehmensstrategie, in: Handelsblatt vom 05.09.1996, S. 26.

Arnold, W./Boos, K.-H., 1993, Die neuen Bestimmungen des Kreditwesengesetzes, in: Die Bank, Heft 5, S. 273-278.

Arrow, K.J., 1986, Agency and the Market, in: Arrow, K.J./Intrilligator, M.D. (Eds.), Handbook of Mathematical Economics, Vol. III, Amsterdam, Kap. 23.

Arrow, K., 1976, Social Choice and Individual Values, 2nd. Ed., New Haven, London.

Backhaus, K./Uekermann, H., 1990, Projektfinanzierung, in: Wirtschaftswissenschaftliches Studium, Heft 3, S. 106-112.

Baetge, J.,1994, Bilanzen, 2. Aufl., Düsseldorf.

Ballwieser, W., 1985, Ergebnisse der Informationsökonomik zur Informationsfunktion der Rechnungslegung, in: Stöppler, S. (Hrsg.), Information und Produktion - Beiträge zur Unternehmenstheorie und Unternehmensplanung. Festschrift zum 60. Geburtstag von Waldemar Wittmann, Stuttgart, S. 21-40.

Ballwieser, W./Schmid, H., 1990, Charakteristika und Problembereiche von Management Buy-Outs (I) und (II), in: Das Wirtschaftsstudium, 10. Jg., Nr. 5 u. 6, S. 358-364.

Baltensperger, E., 1983, Zur Entwicklung der Bankwissenschaft in den USA, in: Die Bank, Heft 9, S. 408-415.

Bank Julius Bär (Deutschland) AG, 1997, Aktienrückkäufe in Deutschland, Aktienanalyse 1/1997, Frankfurt a. M.

Bankers Trust New York Corp., 1996, Depositary Receipt Handbook, New York.

Baskin, J., 1989, An Empirical Investigation of the Pecking Order Hypothesis, in: Financial Management, Vol. 18, S. 26-35.

Baum, G., 1996, Pensionsfonds und Aktienanlagen sind kein Allheilmittel, in: Handelsblatt vom 16.10.1996.

Baums, Th., 1993, Feindliche Übernahmen und Managementkontrolle. Anmerkungen aus deutscher Sicht, Arbeitspapier 1/93, Universität Osnabrück.

Berle, A. A./Means, G. C., 1932, The Modern Corporation and Private Property, New York.

Behm, U., 1994, Shareholder-Value und Eigenkapitalkosten von Banken, Bern.

Benston, G. J./Smith, W. S., 1976, A Transaction Approach to the Theory of Financial Intermediation, in: Journal of Finance, Vol. 31, No. 2, S. 215-231.

Bergen, M./Dutta, S./Walker, O. C., 1992, Agency Relationships in Marketing: A Review of the Implications an Applications of Agency and Related Theories, in: Journal of Marketing, Vol. 56, S. 1-24.

Berkovitch, E./Greenbaum. S., 1991, The Loan Commitment as an Optimal Financing Contract, in: Journal of Financial and Quantitative Analysis, Vol. 26, S. 83-95.

Best, R./Zhang, H., 1993, Alternative Information Sources and the Information Content of Bank Loans, in: Journal of Finance, Vol. 48, No. 2, S. 1507-1522.

Bester, H., 1985, Screening vs. Rationing in Credit Markets with Imperfect Information, in: American Economic Review, Vol. 75, S. 850-855.

Boxberg, F. v., 1991, Das Management Buyout-Konzept, 2. Aufl., Hamburg.

Bitz, M., 1989, Erscheinungsformen und Funktionen von Finanzintermediären, in: Wirtschaftswissenschaftliches Studium, Heft 10, S. 430-436.

Bitz, M., 1997, Finanzdienstleistungen, 3., völlig überarb. und erw. Aufl. München, Wien.

Bitz, M./Schneeloch, P./Wittstock, W., 1995, Der Jahresabschluß, München

Black, F., 1975, Bank Funds Management in an Efficient Market, in: Journal of Financial Economics, Vol. 2, S. 323-339.

Boemle, M., 1993, Unternehmungsfinanzierung, 10. Aufl., Zürich.

Boos, K.-H./Klein, U., 1995, Die neuen Großkredit- und Millionenbestimmungen, in: Die Bank, Heft 9, S. 535-541.

Böckenhoff, J./Ross, M. I., 1993, "American Depositary Receipts" (ADR) - Strukturen und rechtliche Aspekte - Teil I, in: Wertpapier-Mitteilungen. Zeitschrift für Wirtschafts- und Bankrecht, 47. Jg., S. 1781-1787.

Booth, J.R., 1992, Contract Costs, Bank Loans, and the Cross-Monitoring Hypothesis, in: Journal of Financial Economics, Vol. 32, S. 25-41.

Bossert, R./Manz, U. L., 1997, Externe Unternehmensrechnung. Grundlagen der Einzelrechnungslegung, Konzernrechnungslegung und internationalen Rechnungslegung, Heidelberg.

Brakensiek, Th., 1994, Risiko: Halten Sie Balance, in: BANK MAGAZIN, Heft 1, S. 8-12.

Brakensiek, Th., 1991, Die Kalkulation und Steuerung von Ausfallrisiken im Kreditgeschäft der Banken, Frankfurt a. M.

Brealey, R. A./Myers, St. C., 1991, Principles of Corporate Finance, 4th Ed., New York et. al.

Breid, V., 1995, Aussagefähigkeit agencytheoretischer Ansätze im Hinblick auf die Verhaltenssteuerung von Entscheidungsträgern, in: Zeitschrift für betriebswirtschaftliche Forschung, 47. Jg., S. 821-854.

Breuer, R. E., 1987, Ein innovatives Finanzierungskonzept am Euromarkt: Multiple Instrument Finance Programme, in: Die Bank, Heft 2, S. 64-65.

Bühler, W./Ayasse, L., 1993, Kombizinsanleihen aus Sicht des Privatinvestors, in: Wirtschaftswissenschaftliches Studium, Heft 2, S. 89-94.

Bundesministerium der Finanzen (BMF) 1971, Leasingerlaß.

Browne, L. E./Rosengren, E. S., 1987, Are Hostile Takeovers Different?, in: Browne, L.

E./Rosengren, E. S. (Eds.), The Merger Boom. Proceedings of a Conference held in October 1987, sponsored by Federal Reserve Bank of Boston, Conference Series No. 31, S. 199-229.

Buchanan, J. M./Tullock, G., 1974, The Calculus of Consent, Michigan.

Buchner, R., 1993, Buchführung und Jahresabschluß, 4. Aufl., München.

Bull, C., 1983, Implict Contracts in the Absence of Enforcement and Risk Aversion, in: American Economic Review, Vol. 73, S. 658-671.

Bundesverband Deutscher Leasing-Gesellschaften e. V., 1997, Leasing 1996, Bonn.

Burkart, C., 1985, Finanzinnovationen an den Euromärkten, Mitteilungen aus dem Institut für das Spar-, Giro- und Kreditwesen an der Universität Bonn, Nr. 17, Bonn.

Büschgen, H. E., 1993, Internationales Finanzmanagement, Frankfurt a. M.

Büschgen, H. E., 1991, Grundlagen betrieblicher Finanzwirtschaft. Unternehmensfinanzierung, 3., neu bearb. Aufl., Frankfurt a.M.

Büschgen, H. E., 1987, Corporate Treasury Management, Köln.

Büschgen, H. E., 1985, Venture Capital - Der deutsche Ansatz, in: Die Bank, Heft 5, S. 220-227.

Campbell, T. S., 1979, Optimal Investment Financing Decisions and the Value of the Confidentiality, in: Journal of Financial and Quantitative Economics, Vol. 14, S. 913-924.

Campbell, T. S./Kracaw, W., 1980, Information Production, Market Signalling, and the Theory of Financial Intermediation, in: Journal of Finance, Vol. 37, S. 1097-1099.

Cantor, R./Packer, F., 1994, The Credit Rating Industry, in: Federal Reserve Bank of New York, Quarterly Review, Vol. 19, No. 2, S. 1-26.

Chan, Y.-S./Grennbaum, S./Thakor, A., 1986, Information Reusability, Competition and Bank Asset Quality, in: Journal of Banking and Finance, Vol. 10, S. 243-253.

Chmielewicz, K., 1995, Gesetzentwurf für private oder kleine Aktiengesellschaften, in: Die Betriebswirtschaft, 55. Jg., S. 21-30.

Citiebank, 1995, An Information Guide to Depositary Receipts, New York.

Claussen, C. P., 1996, Das Gesetz über die kleine Aktiengesellschaft - und die ersten praktischen Erfahrungen, in: Wertpapier-Mitteilungen. Zeitschrift für Wirtschafts- und Bankrecht, 50. Jg., S. 609-619.

Coenenberg, A. G., 1997, Jahresabschluß und Jahresabschlußanalyse: betriebswirtschaftliche, handels- und steuerrechtliche Grundlagen, 16., überarb. Aufl., Landsberg am Lech.

Coase, R. H., 1937, The Nature of the Firm, in: Economica, Vol. 4, S. 386-405.

Copeland, T./Koller, T./Murrin, J., 1993, Unternehmenswert. Methoden und Strategien für eine wertorientierte Unternehmensführung, Frankfurt a. M.

Cornell, W. B./Shapiro, A., 1987, Corporate Stakeholders and Corporate Finance, in: Financial Management, (Spring), S. 33-41.

Coughlan, T./Schmidt, R., 1985, Executive Compensation, Management Turnover, and Firm Performance: An Empirical Investigation, in: Journal of Accounting and Economics, Vol. 7, S. 43-66.

Crabbe, L. E., 1993, Anatomy of the Medium-Term Note Market, in: Federal Reserve Bulletin, Vol. 79, No. 8, Aug. 1993, S. 751-768.

Crawford, V., 1987, International Lending, Long-Term Credit Relationships and Dynamic Contract Theory, in: Princeton Studies in International Finance, No. 59., Princeton N. J.

Cukierman, A., 1978, The Horizontal Integration of the Banking Firm, Credit Rationing and Monetary Policy, in: Review of Economic Studies, Vol. 45, S. 165-178.

Cyert, R. M./March, J. G., 1963, A Behavioral Theory of the Firm, Englewood Cliffs, N. J.

DAI (Deutsches Aktieninstitut e. V.), 1996, DAI-Factbook. Statistiken, Analysen und Grafiken zu Aktionären, Aktiengesellschaften und Börsen, Frankfurt a. M.

Darby, M. R./Karni, E., 1972, Free Competition and the Optimal Amount of Fraud, in: Journal of Law and Economics, Vol. 16, S. 67-88.

Davies, E.P., 1993, Theories of Intermediation, Financial Innovation and Regulation, in: National Westminster Bank Quarterly Review, May, S. 41-53.

Debus, C., 1989, Haftungsregelungen im Konzernrecht. Eine ökonomische Analyse, Diss. Frankfurt a. M.

Deckop, J. R., 1988, Determinants of Chief Executives and the Horizon Problem, in: Industrial and Labour Relations Review, Vol. 41, S. 215-226.

Deutsche Bank AG, 1990, DM Commercial Paper - Ein neues Finanzierungsinstrument im DM-Markt, Frankfurt a. M.

Deutsche Bundesbank, 1996, Ertragslage und Finanzierungsverhältnisse westdeutscher Unternehmen im Jahre 1995, in: Monatsberichte der Deutschen Bundesbank, November 1996, Frankfurt a. M., S. 33-57.

Deutsche Bundesbank, 1995, Statistisches Beiheft zum Monatsbericht Juni, Nr. 2 (Kapitalmarktstatistik), Frankfurt a. M.

Deutsche Bundesbank, 1994, Eigenmittelausstattung der Unternehmen ausgewählter EG-Länder im Vergleich, in: Monatsberichte der Deutschen Bundesbank, Oktober 1994, Frankfurt a. M., S. 73-88.

Deutsche Bundesbank, 1993, Die Deutsche Bundesbank. Geldpolitische Aufgaben und Instrumente, Sonderdruck der Deutschen Bundesbank Nr. 7, Frankfurt a. M.

Deutsche Bundesbank, 1992a, Längerfristige Entwicklung der Finanzierungsstrukturen westdeutscher Unternehmen, in: Monatsberichte der Deutschen Bundesbank, November 1992, Frankfurt a. M., S. 25-39

Deutsche Bundesbank, 1992b, Ertragslage und Finanzierungsverhältnisse westdeutscher Unternehmen im Jahre 1991, in: Monatsberichte der Deutschen Bundesbank, November 1992, Frankfurt a. M., S. 15-31.

Deutsche Bundesbank, 1992c, Erklärung der Deutschen Bundesbank zu DM-Emissionen, in: Monatsberichte der Deutschen Bundesbank, Juli 1992, Frankfurt a. M., S. 39-41.

Deutsche Bundesbank, 1991, Zur Bedeutung der Aktie als Finanzierungsinstrument, in: Monatsberichte der Deutschen Bundesbank, Oktober 1991, Frankfurt a. M., S. 22-29.

Deutscher Factoring Verband, 1997, Jahresbericht 1996, Bonn.

Dewing, A. S., 1953, The Financial Policy of Corporations, 5th Ed., New York.

DG BANK Deutsche Genossenschaftsbank, 1995a, Optionsanleihen als Finanzierungsinstrument am DM-Kapitalmarkt, Frankfurt a. M.

DG BANK Deutsche Genossenschaftsbank, 1995b, Medium Term Notes, Frankfurt a. M.

Diamond, D.W., 1991, Debt Maturity Structure and Liquidity Risk, in: Quarterly Journal of Economics, Vol. 106, S. 709-737.

Diamond, D.W., 1989a, Asset Services and Financial Intermediation, in: Bhattacharya, S./Constantinides, G.M. (Eds.), Financial Markets and Incomplete Information: Frontiers of Modern Financial Theory, Totowa, N.J, S. 272-283.

Diamond, D.W., 1989b, Reputation Acquisition in Debt Markets, in: Journal of Political Economy,

Vol. 97, S. 828-862.

Diamond, D.W., 1984, Financial Intermediation and Delegated Monitoring, in: Review of Economic Studies, Vol. 51, S. 393-414.

Dresdner Bank AG, 1994, Zinsmanagement, Frankfurt a. M.

Drukarczyk, J., 1996, Finanzierung. Eine Einführung, 7. Aufl., Stuttgart.

Drukarczyk, J., 1993a, Theorie und Politik der Finanzierung, 2. Aufl., München.

Drukarczyk, J., 1993b, Finanzierung über Pensionsrückstellungen, in: Gebhardt, G./Gerke, W./Steiner, M., (Hrsg.), Handbuch des Finanzmanagements. Instrumente und Märkte der Unternehmensfinanzierung, München, S. 229-260.

Drukarczyk, J., 1990, Management Buyouts, in: Wirtschaftswissenschaftliches Studium, Heft 11, S. 545-549.

Druckaczyk, J. et. Al., 1985, Mobiliarsicherheiten - Arten, Verbreitung, Wirksamkeit, Bonn.

Dwyer, R. F./Schurr, P. H./Oh, S., 1987, Developing Buyer-Seller Relationships, in: Journal of Marketing, Vol. 51, S. 11-27.

Eckhardt, J., 1996, Wenn Manager auf den Kurswert schauen, in: Handelsblatt v. 29.11.1996, S. 28.

Eilenberger, G., 1993, Lexikon der Finanzinnovationen, 2. Aufl., München, Wien.

Eisele, W., 1993, Technik des betrieblichen Rechnungswesens. Buchführung, Kostenrechnung, Sonderbilanz, 5. überarb. u. erw. Aufl., München.

Eisen, R., 1979, Theorie des Versicherungsgleichgewichts. Unsicherheit und Versicherung in der Theorie des generellen ökonomischen Gleichgewichts, Berlin.

Eisen, R./Müller, W., 1985, Information Inefficiency and the Market Function of Insurance, Revised Version of a Paper Presented at the 11th Seminar of the European Group of Risk and Insurance Economists, Geneva, September 19 - 21, 1984, Frankfurt a. M.

Eisenberg, E., 1989, The Structure of Corporation Law, in: Columbia Law Journal, Vol. 89, S. 1498ff.

Eisert, T., 1994, Cash Management Systeme. Funktionen, Strategien, Marktüberblick, Wiesbaden.

Eller, R., 1995, Festverzinsliche Wertpapiere. Varianten, Kennzahlen, Strategien, Wiesbaden.

Eller, R., 1990, Renditeberechnung von Bonds und Geldmarktpapieren, in: Sparkasse, Nr. 1, S. 40-43.

Eller, R./Spindler, Chr., 1994, Zins- und Währungsrisiken optimal managen. Analyse, Risiko, Strategie, Wiesbaden.

Elton, E. J./Gruber, M. J., 1995, Modern Portfolio Theory and Investment Analysis, 5th Ed., New York et. al..

Everling, O., 1991, DM Commercial Paper, in: Das Wirtschaftsstudium, Nr. 5, S. 368-370.

Fabozzi, F. J., 1996, Bond Markets, Analysis and Strategies, Upper Saddle River N.J.

Fama, E., 1970, Efficient Capital Markets: A Review of the Theory and Empirical Work, in: Journal of Finance, Vol. 25, S. 338-417.

Fama, E., 1985, What`s Different about Banks?, in: Journal of Monetary Economics, Vol. 15, S. 29-39.

Fama, E., 1991, Efficient Capital Markets, in: Journal of Finance, Vol. 46, S. 1575-1617.

Fanselow, K.-H., 1993, Finanzierung besonderer Unternehmensphasen (Management-Buy.Out,

Management-Buy-In, Spin-off, Existenzgründung, Innovationsvorhaben), in: Gebhardt, G./Gerke, W./Steiner, M., (Hrsg.), Handbuch des Finanzmanagements. Instrumente und Märkte der Unternehmensfinanzierung, München, S. 384-399.

Fanselow, K.-H./ Stedler, H. R., 1992, Management-Buy-Out und Mezzanine Money, in: Die Bank, Nr. 7, S. 395-399.

Fanselow, K.-H./Stedler, H. R., 1988, Venture Capital in Deutschland, in: Die Bank, Heft 10, S. 554-560.

Fischer, K., 1990, Hausbankbeziehungen als Instrument der Bindung zwischen Banken und Unternehmen. Eine theoretische und empirische Analyse, Diss. Bonn.

Fischer, L., 1987, Problemfelder und Perspektiven der Finanzierung durch Venture Capital in der Bundesrepublik Deutschland, in: Die Betriebswirtschaft, 47. Jg., S. 8-32.

Fisher, I., 1930, The Theory of Interest, New York.

Forst, M., 1992, Management Buy-out und Buy-in als Form der Übernahme mittelständischer Unternehmen, Stuttgart.

Franke, G./Hax, H., 1994, Finanzwirtschaft des Unternehmens und Kapitalmarkt, 3. neu bearb. Aufl., Berlin u.a.

Frankenberger, W., 1990, Genußrechtskapital: Geeignetes Instrument zur Eigenkapitalausstattung bei Kreditgenossenschaften?, in: Bankinformation/Genossen-schaftsforum, 17. Jg., Heft 11, S. 52-58.

Garhammer, Chr., 1990, Finanzierungswirkung der Abschreibung, in: Das Wirtschaftsstudium, Heft 11, S. 622-626.

Gerhardt, W., 1986, Fibor, in: Wirtschaftswissenschaftliches Studium, Heft 10, S. 515-516.

Gerke, W., 1993, Informationsasymmetrien am Markt für Beteiligungen an mittelständischen Unternehmen, in: Gebhardt, G./Gerke, W./Steiner, M., (Hrsg.), Handbuch des Finanzmanagements. Instrumente und Märkte der Unternehmensfinanzierung, München, S. 619-640.

Glazer, J., 1989, 'Live and Let Live: Collusion Among Oligopolists with Long-Term Debt, Working Paper, Boston University, Boston, Conn.

Glogowski, E./Münch, M., 1990, Neue Finanzdienstleistungen. Bankenmärkte im Wandel, 2. völl. überarb. u. wesentl. erw. Aufl., Wiesbaden.

Goldberg. V. P., 1980, Relational Exchange, Economics and Complex Contracts, in: American Behavioral Scientist, Vol. 23, No. 3, S. 33 -352.

Greenbaum, S./Hong, H./Thakor, A., 1981, Bank Loan Commitments and Interest Rate Volatility, in: Journal of Banking and Finance, Vol. 5, S. 497-510.

Group of Thirty, 1993, Derivatives: Practices and Principles, Washington D. C.

Gurley, J./Shaw, E., 1970, Money in a Theory of Finance, Washington D. C.

Gutenberg, E., 1980, Grundlagen der Betriebswirtschaftslehre, 3. Band: Die Finanzen, 8. Aufl., Berlin u.a.

Guthardt, H., 1989, Vortrag „Pensionskassen und Börse" vom 07.06.1989 anläßlich der Tagung „Pensionskassen und Börse" der Arbeitsgemeinschaft der Deutschen Wertpapierbörsen, Frankfurt a. M.

Guthoff, M., 1993, Der Geldmarktreferenzzinssatz FIBOR und seine Bedeutung für die Finanzmärkte, in: Wirtschaftswissenschaftliches Studium, Nr. 6, S. 318-320.

Hagenmüller, K. F./Diepen, G., 1993, Der Bankbetrieb, 13., vollst. überarb. u. erw. Aufl., Wiesbaden.

Hahn, D., 1996, Controllingkonzepte: Planung und Kontrolle, Planungs- und Kontrollsysteme, Planungs- und Kontrollrechnung, 5. überarb. u. erw. Aufl., Wiesbaden.

Hartmann-Wendels, T., 1990, Zur Integration von Moral Hazard und Signalling in finanzierungstheoretischen Ansätzen, in: Kredit und Kapital, 23. Jg., S. 228-250.

Hartman-Wendels, T., 1986, Dividendenpolitik bei asymmetrischer Informationsverteilung, Wiesbaden.

Hartmann-Wendels, Th./von Hinten, P., 1989, Marktwert von Vorzugsaktien. Zur Begründung der Kursdifferenzen von Stammaktie und stimmrechtslosen Vorzugsaktien, in: Zeitschrift für betriebswirtschaftliche Forschung, 41. Jg., Heft 4, S. 263-293.

Harris, M./Ravis, A., 1991, The Theory of Capital Structure, in: Journal of Finance, Vol. 46, No. 1, S. 297-355.

Hasewinkel, V., 1993, Geldmarkt und Geldmarktpapiere, Diss. Frankfurt a. M.

Haubrich, J. G., 1989, Financial Intermediation, Delegated Monitoring and Long-Term Relationship, in: Journal of Banking and Finance, Vol. 13, S. 9-20.

Hauck, M., 1989, Kapitalmarkt und Altersvorsorge, in: Hahn, H. J. (Hrsg.), Geldverfassung und Ordnungspolitik, Schriften zur monetären Ökonomie, Band 28, Berlin, S. 43-64.

Hauschildt, J., 1972, Kreditwürdigkeit, in: Hamburger Jahrbuch für Wirtschafts- und Gesellschaftspolitik, 17. Jg., S. 167-183.

Hauschildt, J./Sachs, G./Witte, E., 1981, Finanzplanung und Finanzkontrolle. Disposition - Organisation, München.

Hax, H., 1993, Finanzierung, in: Bitz, M./Dellmann, K./Domsch, M./Egner, H. (Hrsg.), Vahlens Kompendium der Betriebswirtschaftslehre, Bd. 1, 3. überarb. u. erw. Aufl., München, S. 397-455.

Heidemann, K., 1994, Das Verhältnis zwischen Management und Aktionären beim Management Buy-Out in den USA und Deutschland, Frankfurt a. M.

Hellwig, M., 1991, Banking, Financial Intermediation, and Corporate Finance, in: Giovanni, A./Mayer, C. (Eds.), European Financial Integration, Cambridge, S. 35-64.

Hellwig, M., 1989, Asymetric Information, Financial Markets, and Financial Institutions. Where Are We Currently Going?, in: European Economic Review, Vol. 33, S. 277-285.

Heubeck, K., 1987, Unternehmensfinanzierung durch betriebliche Altersversorgung - eine kritische Betrachtung, in: Zeitschrift für betriebswirtschaftliche Forschung, 39. Jg., Heft 10, S. 908-922.

Hielscher, U./Laubscher, H.-D., 1976, Finanzierungskosten, Frankfurt a. M.

Hirshleifer, J./Riley, J., 1979, The Analytics of Uncertainty and Information: An Expository Survey, in: Jourbal of Economic Literature, Vol. 17, S. 1375-1421.

Hitschler, W., 1990, Leveraged (Management-) Buyouts. Bestimmungsfaktoren, Finanzierung und rechtliche Gestaltungsmöglichkeiten in der Bundesrepublik Deutschlend, in: Der Betriebs-Berater, 45. Jg., Nr. 27, S. 1877-1883.

Hoffmann, P./Ramke, R., 1990 Management Buy-Out in der Bundesrepublik Deutschland, 2.Aufl., Berlin.

Holzer, Chr. S., 1990, Anlagestrategien in festverzinslichen Wertpapieren, Wiesbaden.

Holschuh, K., 1996, Der neue deutsche Geldmarkt. Rund um LIBOR und FIBOR, Frankfurt a. M. (Commerzbank AG).

Honert, J., 1995, Das deutsche Management Buy-Out, Bremen.

Hopf, M., 1983, Information für Märkte und Märkte für Information, Diss., Frankfurt a. M.

Igawa, K./Kanatas, G., 1990, Asymmetric Information, Collateral, and Moral Hazard, in: Journal of Financial and Quantitative Analysis, Vol. 25, S. 469-489.

Irsch, N./Zimmermann-Trapp, A., 1986, Die Eigenkapitalausstattung und Investitionstätigkeit der Unternehmen in der Bundesrepublik Deutschland, in: Wirtschaftswissenschsftliches Studium, Heft 4, S. 315-317.

Jaffe, D./Stiglitz, J., 1990, Credit Rationing, in: Friedman, B./Hahn, F. (Eds.), Handbook of Monetary Economics, Vol. II, New York.

Jaffe, D.M./Russell, T., 1976, Imperfect Information, Uncertainty and Credit Rationing, in: Quartely Journal of Economics, Vol. 90, S. 651-666.

Jahn, U., 1989, Gestaltung von Zinsbegrenzungsverträgen, in: Die Bank, Heft 4, S. 196-199.

James, C., 1992, Relationship-specific Assets and the Pricing of Underwriter Services, in: Journal of Financial Economics, Vol. 47, S. 1865-1885.

James, C. 1987, Some Evidence on the Uniqueness of Bank Loans, in: Journal of Financial Economics, Vol. 41, S. 217-235.

James, C./Wier, P., 1990, Borrowing Relationships, Intermediation, and the Cost of Issuing Public Securities, in: Journal of Financial Economics, Vol. 28, S. 149-171.

Jensen, M. C., 1989, Eclipse of the Public Corporation, in: Harvard Business Review, September - October, S. 61-74.

Jensen, M.C., 1986, Agency Costs of Free Cash Flows, Corporate Finance, and Takeovers, in: American Economic Review, Vol. 76, S. 323-329.

Jensen, M.C./Murphy, K.J., 1990, Performance Pay and Top-Management Incentives, in: Journal of Political Economy, Vol. 98, S. 225-264.

Jensen, M.C./Meckling, W.H., 1976, Theory of the Firm: Managerial Behaviour, Agency Cost and Ownership Structure, in: Journal of Financial Economics, Vol. 14, S. 305-360.

Jokisch, J., 1996, Finanzinnovationen zum Management von Zinsrisiken, in: Börsig, C./Gassert, H./Prechtl, M. (Hrsg.), 1996, Neue Finanzierungsinstrumente für Unternehmen - Strategie, Anwendung und Erfolgssicherung, Stuttgart, S. 92 - 110.

Jonas, M., 1995, Unternehmensbewertung: Zur Anwendung der Discounted-Cash-flow-Methode in Deutschland, in: Betriebswirtschaftliche Forschung und Praxis, Heft 1, S. 83-98.

Kaas, K. P., 1992, Kontraktgütermarketing als Kooperation zwischen Prinzipalen und Agenten, in: Zeitschrift für betriebswirtschaftliche Forschung, 44. Jg., Heft 10, S. 884-901.

Kaserer, C./Kempf, V., 1995, Das Underpricing Phänomen am deutschen Kapitalmarkt und seine Ursachen, in: Zeitschrift für Bankrecht und Bankwirtschaft, S. 45-67.

Kaminski, R., 1988 Venture Capital, Spardorf.

Kanatas, G., 1987, Commercial Paper, Bank Reserve Requirements, and the Informational Role of Loan Commitments, in: Journal of Banking and Finance, 1987, Vol. 11, S. 425-448.

Kander, G./Thomae, A., 1995, Genußscheine. Hoher Renditespread zu öffentlichen Anleihen, Düsseldorf (WestCapital Investment Research).

Kaplan, St. N., 1992, Top Executive Rewards and Firm Performance: A Comparison of Japan and the U.S., NBER Working Paper.

Kappler, E./Rehkugler, H., 1991, Kapitalwirtschaft, in: Heinen, E. (Hrsg.), Industriebetriebslehre - Entscheidungen im Industriebetrieb, 9. Aufl., Wiesbaden.

Kaufmann, F., 1996, Beteiligungskapital für kleine und mittlere Unternehmen. Bestandsaufnahme, Probleme und Lösungsansätze aus finanzierungstheoretischer Sicht, in: Österreichisches Bank-

Archiv, Heft 5, S. 348-352.

Kessel, B., 1991, Management Buy-Out-Grundlagen und Probleme, Frankfurt a. M.

Kirstein, G., 1995, Absatzkredit und Leasing fördern den Umsatz, in: Handelsblatt vom 10.10.1995, S. B1.

Klein, B., 1985, Self-Enforcing Contracts, in: Journal of Institutional and Theoretical Economics, Vol. 141, S. 594-600.

Klein, B./Crawford, R. G./Alchian, A. A., 1978, Vertical Integration, Appropriable Rents, and the Competitive Contracting Process, in: Journal of Law and Economics, Vol. 22, S. 297-326.

Krahnen, J. P., 1993, Finanzwirtschaftslehre zwischen Markt und Institutionen. Ein Essay, in: Die Betriebswirtschaft, 53. Jg., S. 793-805.

Krahnen, J.P., 1991, Sunk costs und Unternehmensfinanzierung, Wiesbaden.

Krahnen, J. P., 1986, Eine Eigenkapitallücke in Deutschland? - Anmerkungen zu einer anhaltenden Debatte, unveröffentlichtes Manuskript.

Krahnen, J.P., 1985, Kapitalmarkt und Kreditbank. Untersuchungen zu einer mikroökonomischen Theorie der Bankunternehmung, Berlin.

Kreim, E., 1988, Zukunftsorientierte Kreditentscheidung, Wiesbaden.

Kreps, D.M., 1990, A Course in Microeconomic Theory, New York et. al.

Kreps, D.M./Wilson, R., 1982, Reputation and Imperfect Information, in: Journal of Economic Theory, Vol. 27, S. 253-279.

Krümmel, H.-J., 1983, Bankenaufsichtsziel und Eigenkapitalbegriff, Frankfurt a. M.

Kumar, P.C./Tsetsekos, G.P., 1993, Asymetric Information, Investment Banking and Certification Hypothesis, in: Journal of Banking and Finance, Vol. 17, S. 117-129.

Kurz, M., 1974, Equilibrium in a Finite Sequence of Markets with Transaction Costs, in: Econometrica, Vol. 42, S. 1-20.

Küting, K./Hayn, S., 1993, Börseneinführungsmodalitäten in den USA, in: Die Wirtschaftsprüfung, Heft 13/1993, S. 401-411.

Laub, U., 1985, Venture Capital Markt, München.

Lazear, E. P., 1986, Salaries and Price Rates, in: Journal of Business, Vol. 59, S. 405-431.

Lee, W.L./Thakor, A.V./Vora, G., 1983, Screening, Market Signalling, and Capital Structure Theory, in: Journal of Finance, Vol. 38, S. 1507-1518.

Leland, H. E./Pyle, D. H., 1977, Informational Asymetries, Financial Structure, And Financial Intermediation, in: Journal of Finance, Vol. 32, S. 371-387.

Levi M. D., 1996, International Finance. The Markets and Financial Management of Multinational Business, 3rd Ed., New York et. al.

Lewis, M. K., 1991, Theory and Practice of the Banking Firm, in: Green, C.J./Llewellyn, D.T. (Eds.), Survey in Monetary Economics, Vol II., S. 116-165.

Löffler, E., 1991, Der Konzern als Finanzintermediär, Wiesbaden.

Loistl, O., 1990, Zur neueren Entwicklung der Finanzierungstheorie, in: Die Betriebswirtschaft, 50. Jg., S. 47-84.

Lücke, W., 1984, Liquidität, Liquidierbarkeit und Teilbarkeit (Teil I und II), in: Der Betrieb, Heft 46 und Heft 47, S. 2361-2365 und S. 2420-2423.

Luippold, Th., 1991, Management buy out: Evaluation ihrer Einsatzmöglichkeiten in Deutschland, Bern, Stuttgart.

Lummer, S. L./McConnell, J. J., 1989, Further Evidence on the Bank Lending Process And the Capital-Market Response to Bank Loan Agreements, in: Journal of Financial Economics, Vol. 25, S. 99-122.

Lupp, H.-J., 1996, Newcomer 95/96 - Jahrbuch deutscher Aktienemissionen, Wuppertal.

Macaulay, F. H., 1938, Some theoretical problems suggested by the movements of interest rates, bond yields, and stock prices in the United States since 1856, New York.

Majulf, N./Meyers, S., 1984, Corporate Financing and Investment Decisions When Firms Have Information that Investors Do Not Have, in: Journal of Financial Economics, Vol. 13, S. 187-221.

Meier-Preschany, M./Schäfer, H., 1990, Der Geregelte Markt - Kapitalmarktoffensive für den Mittelstand?, in: Siegwart, H./Mahari, J. I./Caytas, I. G./Rumpf, B.-M. (Hrsg.), Meilensteine im Management, Bd. 1 Mergers & Acquisitions, Stuttgart, S. 145-154.

Menke, U., 1993, Der Management Buy-Out als Konzept der Unternehmensübernahme unter besonderer Berücksichtigung rechtlicher und steuerlicher Gestaltungsmöglichkeiten, Würzburg.

Milde, G., 1990a, Dividendenhöhe als Signal, in: Wirtschaftswissenschaftliches Studium., 19. Jg., H. 7, S. 334-339.

Milde, G., 1990b, Leveraged Buyout, in: Wirtschaftswissenschaftliches Studium, Heft 1, S. 7-12.

Milde, G., 1987, Informationskosten, Selbstselektion und Kreditverträge, in: Wirtschaftswissenschaftliches Studium, 16. Jg., Heft 7, S. 321-325.

Milgrom, P./Roberts, J., 1982, Price and Advertising Signals of Product Quality, in: Journal of Political Economy, Vol. 94, S. 796-821.

Modigliani, F./Miller, M., 1958, The Cost of Capital, Corporation Finance, and the Theory of Investment, in: American Economic Review, Vol. 48, S. 261-297.

Morck, R./Shleifer, A./Vishny, R.W., 1989, Alternative Mechanisms for Corporate Control, in: American Economic Review, Vol. 79, S. 842-852.

Moxter, A., 1986, Bilanzlehre, Band II: Einführung in das neue Bilanzrecht, 3. Aufl., Wiesbaden.

Müller, W., 1981, Das Produkt Versicherung, in: Jung, M./Lucius, R.-R./Seifert, W. G. (Hrsg.), Geld und Versicherung, Festgabe für Wilhelm Seuß, Karlsruhe, S. 155-171.

Munsberg, F., 1996, Hypothekenpfandbriefe und Mortgage-Backed-Securities, in: Verband Deutscher Hypothekenbanken (Hrsg.), Der deutsche Pfandbrief. Fakten und Daten. Emissionen, Emittenten und Entwicklungen am deutschen Pfandbriefmarkt, Bonn, S. 54-65.

Murphy, K. J., 1986, Incentives, Learning, and Compensation: A Theoretical and Empirical Investigation of Managerial Labor Contracts, in: Rand Journal of Economics, Vol. 17, S. 59-75.

Murphy, K. J., 1985, Corporate Performance Managerial Remuneration, in: Journal of Accounting and Economics, Vol. 7, S. 11-42.

Muth, J. F., 1961, Rational Expectations and the Theory of Price, in: Econometrica, Vol. 29, No. 6, S. 315-335.

Nadig, L., 1992, Spin-offs mittels management Buy-Out; Die Veräußerung von Unternehmensteilen durch Verkauf an das bisherige Management, Bern.

Nelson, Ph., 1970, Information and Consumer Behaviour, in: Journal of Political Economy, Vol. 78, S. 311-329.

Neus, W., 1993, Emissionskredit und Reputationseffekte, in: Zeitschrift für betriebswirtschaftliche Forschung, 63. Jg., S. 897-915.

Nevermann, H./Dieter, F., 1986, Venture Capital, Baden-Baden.

Nippel, P., 1992, Reputation auf Kreditmärkten. Ein spieltheoretischer Erklärungsansatz, in: Zeitschrift für betriebswirtschaftliche Forschung, 44. Jg., S. 990-1011.

Nirk, R., 1993, Das Kreditwesengesetz, 9. überarb. Aufl., Frankfurt a. M.

North, D.C., 1988, Theorie des institutionellen Wandels: eine neue Sicht der Wirtschaftsgeschichte, Tübingen.

Nowak, Th./Hartmann, B., 1995, Bewertung von Genußscheinen, in: Die Bank, Heft 7, S. 412-417.

Nürk, B./Schrader, A., 1995, Von der Pensionsrückstellung zum Pensionsfonds: Eine Chance für den deutschen Finanzmarkt, Frankfurt a. M. (Deutsche Bank Research GmbH).

Obermüller, M., 1994, Auswirkungen der Insolvenzrechtsreform auf die Kreditsicherheiten, in: Finanzierung, Leasing, Factoring, Heft 5, S. 170-173.

Olislaegers, M./Haelterman, A., 1997, Easdaq market opens for business, in: International Financial Review, S. 14-17.

Ordelheide, D., 1993, Externes Rechnungswesen, in: Bitz, M./Dellmann, K./Domsch, M./Egner, H. (Hrsg.), Vahlens Kompendium der Betriebswirtschaftslehre, Bd. 2, 3. Aufl., München, S. 219-314.

Oxelheim, L., 1996, Financial Markets in Transition: Globalization, Investment and Economic Growth, London et. al.

o.V., 1996, Neue DM-Anlage für Euroskeptiker, in: Handelsblatt, vom 11.04.1996.

Paul, St., 1994, Bankenintermediation und Verbriefung: neue Chancen und Risiken für Kreditinstitute durch Asset Backed Securities, Wiesbaden.

Perlitz, M./Küpper, H., 1985, Die Eigenkapitalausstattung von Unternehmen. Besteht eine Eigenkapitallücke?, in: Wirtschaftswissenschaftliches Studium, Heft 10, S. 505-512.

Perridon, L./Steiner, M., 1995, Finanzwirtschaft der Unternehmung, 8. überarb. Aufl., München.

Peters, M., 1995, Asset-Backed-Securities, in: Zeitschrift für das gesamte Kreditwesen, Heft 15, S. 750-753.

Picot, A., 1991, Ein neuer Ansatz zur Gestaltung der Leistungstiefe, in: Zeitschrift für betriebswirtschaftliche Forschung, 43. Jg., S. 336-357.

Pinegare, J./Wilbricht, L., 1989, What Managers think of Capital Structure Theory: A Survey, in: Financial Management, Vol. 18, S. 82-91.

Prowse, St. D., 1996, Corporate Finance in International Perspective: Legal and Regulatory Influences on Financial System Development, in: Economic Review. Federal Reserve Bank of Dallas, Third Quarter 1996, S. 2-15.

Rajan, R. G., 1992, Insiders and Outsiders: The Choice Between Informed and Arm's Length Debt, in: Journal of Finance, Vol. 47, S. 1367-1400.

Ramakrishnan, R.T.S./Thakor, A. V., 1984, Information Reliability and a Theory of Financial Intermediation, in: Review of Economic Studies, Vol. 51, S. 415-432.

Rappaport, A., 1995, Shareholder Value - Wertsteigerung als Maßstab für die Unternehmensführung, Stuttgart.

Rasch , S., 1996, Der Aktienmarkt für kleine und mittelgroße Unternehmen. Besonderheiten, Probleme und Möglichkeiten bei der Ausgestaltung des Börsenhandels, Schriftenreihe des ZEW, Bd. 10, Baden Baden.

Ravenscraft, D. J., 1987, The 1980s Merger View: An Industrial Organization Perspective, in: Browne, L. E./Rosengren, E. S. (Eds.), The Merger Boom. Proceedings of a Conference held in

October 1987, sponsored by Federal Reserve Bank of Boston, Conference Series No. 31, S. 17-37.

Reich, R. B., 1993, Die neue Weltwirtschaft. Das Ende der nationalen Ökonomie, Frankfurt a. M., Berlin.

Rohleder, M./Schäfer, G., 1991, Neues Finanzierungsinstrument am Inlandsgeldmarkt: DM-Commercial Paper, in: Die Bank, Heft 4, S. 204-207.

Rosen, S., 1985, Implicit Contracts: A Survey, in: Journal of Economic Literature, Vol. 23, S. 1144-1175.

Rosen, R. v./Prechtel, A., 1996, Zugang deutscher Unternehmen zum US-Kapitalmarkt I und II, in: Die Bank, Heft 7, S. 388-392 und Heft 8, S. 478-482.

Ross, S. A., 1978, Some Notes on Financial Incentive-Signalling Models, Activity Choice and Risk Preferences, in: Journal of Finance, Vol. 23, S. 777-794.

Ross, S. A., 1977, The Determinants of Financial Structure: The Incentive Signalling Approach, in: Bell Journal of Economics, Vol. 8, S. 23-40.

Rossa, M., 1991, Das In-house Banking, in: Zeitschrift für das gesamte Kreditwesen, Heft 11, S. 512-517.

Rudolph, B., 1991, Das effektive Eigenkapital von Banken. Zur Beurteilung von Neubewertungsreserven, Frankfurt a. M.

Rudolph, B. 1987, Sollten Banken am Versicherungsmarkt tätig sein?, in: Die Bank, Heft 12, S. 655-661.

Rühle, I. 1994, Zur mikroökonomischen Begründung von Finanzintermediären: Warum gibt es Banken?, Diss. Frankfurt a. M.

Schäfer, H., 1995, Information und Kooperation im Absatz von Bankdienstleistungen, in: Zeitschrift für betriebswirtschaftliche Forschung, 47. Jg., Heft 6, S. 531-544.

Schäfer, H., 1994, Strategische Allianzen - Erklärung, Motivation und Erfolgskriterien, in: WISU - Das Wirtschaftsstudium. Zeitschrift für Ausbildung, Examen und Weiterbildung, 23. Jg., Heft 8-9, S. 687-692.

Schäfer, H., 1993a, Management-Buyout und selbstverwaltete Betriebe - Anmerkungen zu Finanzierung und Partizipation im Systemwandel Ostdeutschlands, in: Eilsberger/R., Schmahl, H.-L. u.a. (Hrsg.), Die Herausforderung im Osten. Probleme der öffentlichen Verwaltung nach der Wende, Köln, S. 84-95.

Schäfer, H., 1993b, Banken als Unternehmensberater, in: Die Bank, Heft 6, S. 323-331.

Schäfer, H., 1988, Währungsqualität, asymmetrische Information und Transaktionskosten. Informationsökonomische Beiträge zu internationalen Währungsbeziehungen, Berlin, Heidelberg, New York u.a.

Schäfer, H., 1983, Internationale Kapitalströme, Eurogeldmarkt und nationaler Geldmarkt, Frankfurt a. M. u.a.

Schepers, Chr., 1995, Factoring im Produktsortiment der Bank, in: Finanzierung, Leasing, Factoring, Heft 6, S. 227 - 232.

Schierenbeck, H., 1995, Grundzüge der Betriebswirtschaftslehre, 12. völlig überarb. und erw. Aufl., München.

Schierenbeck, H., 1992, Ertragsorientiertes Bankmanagement. Controlling in Kreditinstituten, 3. vollst. neubearb. und erw. Aufl., Wiesbaden.

Schierenbeck, H./Rolfes, B., 1986, Effektivzinsrechnung in der Bankpraxis, in: Zeitschrift für betriebswirtschaftliche Forschung, 38. Jg, S. 766 - 778.

Schmid, H., 1994, Leveraged Management Buy-Out, Frankfurt a. M.

Schmidt, R. H., 1992, Unternehmensfinanzierung und Kapitalmarkt, in: Ott, C./Schäfer, H.-B. (Hrsg.), Ökonomische Analyse des Unternehmensrechts, Heidelberg, S. 170-191.

Schmidt, R. H., 1988, Venture Capital in Deutschland ein Problem der Qualität?, in: Die Bank, Heft 4, S. 184-187.

Schmidt, R. H., 1986, Grundzüge der Investitions- und Finanzierungstheorie, 2. durchges. Aufl., Wiesbaden.

Schmidt, R.H., 1981, Ein neo-institutionalistischer Ansatz in der Finanzierungstheorie, in: Rühli, E./Thommen, J.-P. (Hrsg.), Unternehmensführung aus finanz- und bankwirtschaftlicher Sicht, Stuttgart, S. 135-154.

Schmidt, R. H./Terberger, E., 1996, Grundzüge der Investitions- und Finanzierungstheorie, Wiesbaden.

Schneider, D., 1993, Selbstfinanzierung als Entscheidungsproblem, in: Wirtschaftswissenschaftliches Studium, Heft 10, S. 497-502.

Schneider, D., 1992, Investition, Finanzierung und Besteuerung, 7. Aufl., Wiesbaden.

Schneider, D., 1981, Geschichte Betriebswirtschaftlicher Theorie, München.

Schotter, A., 1981, The Economic Theory of Social Institutions, Cambridge.

Schwenkedel, St., 1991, Management Buy-Out, Wiesbaden.

Seibel, J., 1975, Finanzierung und Liquiditätssicherung als unternehmerische Aufgabe, in: Haberland, G. (Hrsg.), Handbuch des Controlling und Finanzwesen, München.

Semler, J., 1989, Betriebliche Altersversorgung und Pensionsrückstellung, in: Börsenzeitung vom 10.06.1989.

Seward, J.K., 1990, Corporate Financial Policy and the Theory of Financial Intermediation, in: Journal of Finance, Vol. 45, S. 351-377.

Smeets, H. D., 1987, Finanzinnovationen und Geldpolitik, in: Lenel, H. O. et. al. (Hrsg.), Ordo, Jahrbuch für Ordnung von Wirtschaft und Gesellschaft, Bd. 39, Stuttgart, New York, S. 91-112.

Spence, M., 1973, Job Market Signalling, in: Quarterly Journal of Economics, Vol. 87, S. 355-374.

Sperber, H./Mühlenbruch, M., 1995, Die Praxis der Bonitätsanalyse, in: Die Bank, Heft 4, S. 199-203.

Spremann, K., 1996, Wirtschaft, Investition und Finanzierung, 5. verb. Aufl. München, Wien.

Spremann, K., 1990, Asymmetrische Information, in: Zeitschrift für Betriebswirtschaftslehre, Jg. 60, Heft 5+6, S. 561-586.

Spremann, K., 1988, Reputation, Garantie, Information, in: Zeitschrift für Betriebswirtschaft, 58. Jg., Heft 5/6, S. 613-629.

Stanhouse, B.E., 1993, Credit Evaluation, Information Production and Financial Intermediation, in: Journal of Financial Services Research, Vol. 7, No. 3, S. 217-234.

Stehle, R., 1994, Eigenkapitalquoten und Fremdkapitalstruktur börsennotierter deutscher Aktiengesellschaften, in: Zeitschrift für Betriebswirtschaft, Heft 7, S. 811-835.

Steiner, M., 1992, Rating, in: Wirtschaftswissenschaftliches Studium, Heft 10, S. 509-515.

Steiner, M./Bruns, Chr., 1996, Wertpapiermanagement, 5. überarb. und erw. Aufl., Stuttgart.

Stiglitz, J./Weiss, A., 1981, Credit Rationing in Markets with Imperfect Information, in: American Economic Review, Vol. 71, 1981, S. 393-410.

Stigum, M., 1990, The Money Market, 3rd. Ed., Homewood, III.

Storck, E., 1995, Euro-Markt: Finanz-Drehscheibe der Welt, Stuttgart.

Storck, E., 1984, Neue Instrumente im Euromarkt, in: Die Bank, Heft 11, S. 500-507.

Süchting, J., 1995, Finanzmanagement. Theorie und Politik der Unternehmensfinanzierung, 6., vollst. überarb. und erw. Aufl., durchges. Nachdruck, Wiesbaden.

Swoboda, P., 1994, Betriebliche Finanzierung, 3. Aufl., Heidelberg.

Tanski, J. S., 1993, Handbuch Finanz- und Rechnungswesen, München.

Terberger, E., 1987, Der Kreditvertrag als Instrument zur Lösung von Anreizproblemen, Heidelberg.

The Bank of New York, 1996, Depositary Receipts and Privatizations, New York.

Tobin, J., 1963, Commercial Banks as Creators of 'Money', in: Carson, D. (Ed.), Banking and Monetary Studies for the Controller of the Currency, U.S. Treasury, Homewood, III., S. 408-419.

Tobin, J./Brainard, W., 1963, Financial Intermediaries and the Effectiveness of Monetary Controls, in: American Economic Review, Vol. 53, S. 383-400.

Thormälen, T./Michalk, J., 1983, Leiden die deutschen Unternehmen an mangelnder Eigenkapitalausstattung?, in: Wirtschaftsdienst, 1983/II, S. 87-95.

Uekermann, H., 1990, Technik der internationalen Projektfinanzierung, in: Backhaus, K./Sandrock, O./Schill, J./Uekermann, H. (Hrsg.), Projektfinanzierung, Stuttgart, S. 13-28.

Ullrich, E., 1992, Leasing im Handels- und Steuerrecht, in: Hagenmüller, K. F./Eckstein, W. (Hrsg.), 1992, Leasing-Handbuch für die betriebliche Praxis, 6. völl. neu bearb. Aufl., Frankfurt a. M., S. 77-98.

Ullsperger, D., 1988, Kurzfristige Finanzierung außerhalb des Bereichs der Banken, in: Christians, F. W., (Hrsg.), Finanzierungshandbuch, Wiesbaden, S. 243-256.

Ulph, A.M./Ulph, D.T., 1975, Transaction Costs in General Equilibrium Theory - A Survey, in: Economica, Vol. 42, S. 355-372.

Uhlir, H./Steiner, P., 1994, Wertpapieranalyse, 3. durchges. Aufl., Heidelberg.

Varian, H., 1995, Grundzüge der Mikroökonomik, 3. Aufl., München.

Wagner, K.-R., 1993, Mnagement Buy Out, Neuwied, Kriftel, Berlin.

Wagner, P.-R. 1985, Die Kreditversicherung, 3. völl. neu bearb. Aufl., Frankfurt a. M.

Wagner-Wieduwilt, K., 1992, Erfahrungen mit dem Verbraucherkreditgesetz, in: Die Bank, Heft 6, S. 338-343.

Walmsley, J., 1992, The Foreign Exchange and Money Markets Guide, New York.

Walz, H., 1993, Investitions- und Finanzplanung, 4. Aufl. Heidelberg.

Walz, H./Menichetti, M. J., 1987, Kriterien zur Bewertung von Doppelwährungsanleihen, in: Die Bank, Heft 10, S. 552-557.

Walz, H./Weber, T., 1989, Der Zinsstrukturkurveneffekt, in: Wirtschaftswissenschaftliches Studium, 18. Jg., S. 133-137.

Weick, M., 1993, Renditeberechnungsmethoden am deutschen Kapitalmarkt, in: Eller, R. u.a. (Hrsg.), Modernes Bondmanagement, Wiesbaden, S. 3-40.

Wenger, E./Terberger, E., 1988, Die Beziehung zwischen Agent und Prinzipal als Baustein einer ökonomischen Theorie der Organisation, in: Wirtschaftswissenschaftliches Studium, Heft 10, S. 506-514.

Williamson, O.E., 1990, Die ökonomischen Institutionen des Kapitalismus. Unternehmen, Märkte und Kooperationen, Tübingen.

Williamson, O.E., 1983, Markets and Hierachies. Analysis and Antitrust Implications, New York, London.

Witte, E., 1963, Liquiditätspolitik der Unternehmung, Tübingen.

Witte, E./Klein, H., 1974, Finanzplanung der Unternehmung. Prognose und Disposition, Hamburg.

Wöhe, G., 1993, Einführung in die allgemeine Betriebswirtschaftslehre, 18., überarb. und erw. Aufl., München.

Wöhe, G./Bilstein, J., 1994, Grundzüge der Unternehmensfinanzierung, 7., überarbeitete und erweiterte Aufl., München.

Wunderlin, R., 1995, ADR - Vehikel zum internationalen Anleger, Plazierung nach Rule 144a erfreut sich wachsender beliebtheit - Erster Schritt zur Registrierung, in: Börsenzeitung v. 09.09.1995, S. 23.

Zachert, M., 1993, Erschließung des US-amerikanischen Eigenkapitalmarkts durch das American Depositary Receipt, in: Der Betrieb, 46. Jg., Heft 40, S. 1985-1988.

Zachert, M., 1994, Zugangshindernisse und Zugangsmöglichkeiten zum US-amerikanischen Eigenkapitalmarkt aus Sicht eines deutschen Unternehmens, in: Die Aktiengesellschaft, Heft 5, S. 207-222.

Zielke, R., 1994, Vorteile der Schütt-aus-Hol-zurück-Politik im Jahre 1994, in: Betriebs-Berater, Heft 31, S. 2177-2184.

Zellweger, B., 1987, Kreditwürdigkeitsprüfung in Theorie und Praxis, Bern, Stuttgart.

Zugehör, G., 1987, DM Zinscaps als Instrument der Finanzabteilung, in: Die Bank, Heft 10, S. 558-561.

Zweifel, P., 1988, Identifizierung kommt vor Optimierung: Ein Kritik neuerer Entwicklungen in der mikroökonomischen Theorie, in: Zeitschrift für Wirtschafts- und Sozialwissenschaften, 103. Jg., Heft 1, S. 1-26.

Zwerenz, P., 1997, Nullkuponanleihen - weniger Kupons, weniger Steuern, in: Sparkasse, 114. Jg., Heft 3, S. 140-142.

Stichwortverzeichnis

A

Absatzfinanzierung • 233; 234; 242; 254
Abschreibung • 193; 361; 365; 366; 367; 372; 373; 374; 388
Abschreibungsfinanzierung • *Siehe* Finanzierung aus Abschreibung
Abschreibungsgegenwerte • 25; 365; 366; 368; 369; 370; 372; 373
Abschreibungsmethode • 361; 368
Abtretung • *Siehe* Zession
Abtretungsverbot • 215
Abzinsungsanleihe • *Siehe* Zerobond
Action, Hidden • *Siehe* Moral Hazard
adverse Selektion • 91
Agency Cost • 390
Agency Costs • 86; 89; 90; 94; 103; 111; 176; 356; 380; 382; 390
Agio • 132; 133; 138; 149; 156; 157; 158; 302; 326; 358
AIBD-Methode • *Siehe* ISMA
Aktie
   Begriff • 53; 105; 112; 114; 115; 116; 117; 118; 119; 120; 121; 122; 123; 124; 126; 131; 132; 133; 135; 137; 138; 139; 141; 142; 144; 147; 148; 152; 153; 154; 155; 156; 157; 158; 159; 160; 162; 165
Aktien
   eigene • 118
   junge • 120
Aktienemission • 107; 119; 120; 126; 131; 133; 142
Akzept • 253; 271; 272
Akzeptkredit • 271; 272; 273
Altersversorgung • 379; 381; 383; 389; 395
American Depositary Receipt • 141; 397
Amortisation • 256; 257; 258; 259
Anleihe • 121; 151; 152; 154; 156; 157; 158; 167; 279; 286; 298; 299; 300; 302; 303; 304; 305; 306; 308; 309; 310; 311; 312; 313; 314; 315; 316; 317; 318; 320; 321; 322; 323; 324; 325; 326; 328; 329; 330; 341; 352
Anleihebedingungen • 47; 151; 152; 153; 154; 302; 305; 306; 310; 352
Anleihen
   gesamtfällige • 303
Annuität • 229; 230; 231; 232; 256; 352
Annuitätentilgung • 302
Anreizkompatibilität • 96
Anteilswert • *Siehe* Nennwert
Arbitrage • 53
Arbitrageprozesse • 83; 85
Arm's-Length-Debt • 202
Arrangeur • 286; 287; 289; 292; 295
Arrow-Debreu-Kontrakte • 53
Asset Backed Securities • 300; 393
Asset Funding • 382
asymmetrische Informationsverteilung • 58; 59; 66; 86; 99; 129; 188; 191; 240
Aufgeld • *Siehe* Agio
Aufsichtsrat • 42; 45; 97; 101; 102; 111; 112; 141
Aufzinsungsanleihe • *Siehe* Zerobond
Aufzinsungsfaktor • 313

Ausbietungsgarantie • 208
Ausfallrisiko • 14; 39; 74; 77; 83; 88; 170; 173; 182; 189; 190; 193; 196; 200; 222; 224; 226; 236; 240; 242; 246; 279; 314; 341
Auslandsanleihen • 300
Auslosung • 162; 303
Ausschüttungssperre • 360; 366
Aussteller • 253; 269; 270; 272; 273; 274; 299
Autonomie • 33; 113
Avalkredit • 17; 253; 271; 274

B

Balloon Payment • 283
Barkapitaleinlage • 133
Barwert • 313
Barwertkonzept • 313
Barwertmethode • 35; 314
Basispreis • 343; 345; 346; 347; 351; 352
Basisswap • *Siehe* Indexswap
Basiswert • 159; 282
Basiszinssatz • 282; 305; 306
Belegschaftsaktien • 118; 120; 140
Beleihungsgrenze • 182; 246; 267; 268
Benchmark • 298
Bereitstellungsprovision • 267
Berichtigungsaktien • 97; 131; 360
Besicherung • 168; 181; 182; 197; 202; 203; 205; 212; 214; 216; 219; 221; 226; 246; 268; 269; 272; 276; 285; 300; 302
Besicherungsrisiko • 189
Best-Effort-Basis • 138; 292; 295
Bestrafung • 193
Beteiligung • 11; 14; 45; 53; 110; 115; 119; 133; 148; 151; 162; 164; 165; 169; 170; 171; 173; 177; 180; 181; 183; 186; 257
   direkt • 170
   indirekt • 170
Bezogener • 269
Bezugskurs • 132; 133; 134; 136; 138; 149; 160
Bezugsrecht • 132; 133; 135; 136; 140; 149; 150; 161; 169
Bezugsverhältnis • 133; 134; 136; 138; 150; 157
BGB-Gesellschaft • 109; 198
Bilanzkurs • 120; 121; 131
Bilanzpolitik • 31
Bond Warrants • 159
Bondholder • 45
Bonding Costs • 89
Bonität • 29; 35; 172; 187; 188; 190; 191; 192; 200; 201; 202; 217; 224; 225; 233; 235; 244; 247; 248; 249; 271; 272; 274; 275; 276; 282; 285; 290; 291; 293; 296; 302; 305; 315; 341; 344
Bonitätsrisiko • 75; 189; 195; 309
Börseneinführung • 137; 141; 159; 173; 291
Börsenkurs • 121; 131; 132; 133; 134; 153; 157; 159; 160
Börsenumsatzsteuer • 280; 291; 295
Braeß/Fangmeyer • 327; 328
Brand Equity • 193
Break-Even-Point • 73
Bridge Finance • 176

Stichwortverzeichnis

Buchkredit • 235; 265; 280; 284; 292
Bürgschaft • 204; 205; 206; 207; 208; 252; 274
Business Risk • 76
Buy Back • 176
Buy Out-Finanzierungen • 176

C

Call • 155; 303; 305; 306; 348
Cap • 151; 306; 340; 343; 344; 345; 346; 347; 348; 349; 350; 351; 352
Cap Floater • 306
Capital Asset Pricing Model • 53
Cash Flow • 31
Certificates of Deposit • 28; 280
Certification Hypothesis • 138
Characteristics, Hidden • Siehe Qualitätsunsicherheit
Collar • 307; 340
Commercial Paper • 289
  Kalkulation • 290
Commercial Paper-Programm • 289
Committed Note Purchase Facility • 279
Competitive-Dealership-Verfahren • 292
Continous-Tender-Panel • 287
Convertible Bond • 151
Covered Warrant • 159
Credence Goods • 55
Cross Border Leasing • 263
Cross- Monitoring • 66
Current Ratio • 30

D

Darlehen • 11; 14; 167
  partiarisches • 14; 110; 167; 182
Daueremission • 289; 291; 292
Dealer • Siehe Plazeur
Dealer's Agreement • 292
Deckungsstock • 276
Deckungsstockfähigkeit • 276
Delegated Monitor • 66; 195
Delegated Monitoring • 65; 66; 387; 389
Delkredererisiko • 243
Depotbank • 142
Desinvestition • 6; 7; 10; 20; 366
Devisenoptionen • 340
Devisentermingeschäfte • 340
Direct-Leasing • 263
Direktversicherung • 375
Disagio • 158; 326; 331
Discounted Cash Flow-Modell • 122
Diskontierung • 230; 272; 273
Diskontierungsfaktor • 313
Diskontkredit • 269
Diversifikation • 57; 76; 94; 203
Dividend Discount Modell • 123
Dividend Growth Model • 123
Dividend Yield • 124
Dividende • 116; 117; 122; 123; 125; 126; 128; 131; 134; 135; 152; 157; 161; 162; 163; 164; 166; 169
Dividendenkapitalerhöhung • 363
Dividendennachteil • 134
Dividendenpolitik • 355
Dividendenrendite • 124
Dividendenthese • 355
Dividendenvorzugsaktien • 116

DM-Auslandsanleihe • 300
Doppelwährungsanleihe • 310
Drop Lock-Bonds • 306
Dual Currency Bond • 310
Duoanleihe • 311
Duration • 318

E

Edelmetallombardkredit • 268
Effektivrendite • 82
Effektivverzinsung • 325
Effektivzinsberechnung • 325; 326; 327; 330; 333; 334; 335
Effektivzinssatz • 325
Eigenkapital
  effektives • 13
  Finanzierungsfunktion • 15
  Geschäftsbegrenzungsfunktion • 16
  Haftungsfunktion • 14
  konstantes • 13
  rechnerisches • 13
  Risikofunktion • 15
  variables • 13
Eigenkapitallücke • 38
Eigentumsrechte • 54; 103
Eigentumsvorbehalt • 209
Eigenwechsel • 252
Eigner-Theorie • 44
Einheitstheorie • 44
Einkommen
  kontraktbestimmtes • 53
  psychisches • 48
Einkommensteuer • 108; 109; 362; 364; 365
Einzelkaufmann • 108
Emissionskosten • 134; 279; 302; 356; 364
Emissionskurs • 132; 133; 134; 137; 138; 304; 305; 306; 308; 310; 311
Emissionsparität • 310
Endwert • 313
Entfinanzierung • 8
Entity Theory • 44
Entlohnungsfunktion • 96
Equipment Leasing • 263
Equity Warrants • 159
Erfahrungsgüter • 55
Ertragswert • 41
Erwartungswert • 338
Euro-Commercial Paper • 280
Euro-Finanzmärkte • 253; 279
Eurogeldmarkt • 281
Euronote-Fazilitäten • 280
Euronotes • 285; 286; 287; 288; 290; 292; 297
Eventualverbindlichkeit • 274
Examination • 192
Exchange • 54
Existenzgründung • 172; 229; 388
Expansion-Stage-Financing • 175
Experience Goods • 55
Export-Factoring • 248
Extrapolationsprinzip • 201

F

Facilities • 281; 288
  Multi Component • 281

Multi-Currency • 281
Non-Underwritten • 280; 289
Stand By • 287
Underwritten • 280; 284; 285; 286
Factor • 243
Factoring • 242
Factoringgesellschaft • 194; 243; 244; 245; 246; 247; 250; 251
Fazilität
    Back Up • 280; 287
    Stand By • *Siehe* Fazilität Back Up
Fee • 284; 288; 294; 297
FIBOR • 282
Financial Leverage-Effekt • 69; 73; 77
Finanzdisposition • 35
Finanzierung
    aus Abschreibungsgegenwerten • **365**
    aus der Dotierung von Rückstellungen • **374**
Finanzierungskennziffern • 35
Finanzierungskosten • 87
Finanzierungsreserve • 28
Finanzierungsstruktur • 24
Finanzinnovationen • 339
Finanzintermediäre • 45; 54; 64; 65; 66; 137; 194; 201; 222; 226; 240
Finanzinvestition • 19
Finanzmakler • 65; 277
Finanzmanagement • 41; 52; 295; 326; 341; 385; 396
Finanzplanung • 35
First Hand Leasing • 263
Fisher Separation • 52
Fixed Income Bond • 299
Floor • 306; 307; 340; 343
Fondstheorie • 45
Forward Rates • 331
Free Cash Flow • 34
Fremdkapital
    nachrangiges • 14
    vorrangiges • 14
Fringe Benefits • 94
Fristentransformation • 188
Fungibilität • 55; 104; 105; 106; 110; 288
Fusion • 140 *Siehe* Verschmelzung
Future Value • *Siehe* Endwert

G

Geldeinkommen • 48
Geldmarktfonds • 291
Geldvermögensebene • 8
Generic Swap • *Siehe* Zinsswap
Genossenschaft • 111
Genußrechte • 161
Genußrechtskapital • 161
Genußschein • 161
Geräuschlosigkeit • 294
Gewerbeertragsteuer • 11
Gewinnrücklage • 121; 131; 359; 360
Gewinnthesaurierung • 25; 124
Glaubensgüter • 55
Gleitzinsanleihen • 304
Globalaktien • 120
Globalzession • 217; 244; 246
Grundbuchamt • 217
Grundpfandrechte • 217
Grundschuld • 208; 219; 221; 222; 276

H

Hackordnung • *Siehe* Pecking Order
haftende Mittel • 15
Haftungsbeschränkung • 13; 57; 105
Haftungskapital • 15
Haftungsmasse • 15
Haftungszusagen • 15
Harmless Debt Warrant Bonds • 154
Hausbankprinzip • 23; 66
Hebelwirkung • 69; 73; 77; 158
Hedging • 297; 340
Höchststimmrecht • 102
Hold Up • 60; 63; 94; 103; 191; 193; 214; 217; 238
Hostile Takeover • 101
hybride
    Anleihe • 310
    Finanzinstrumente • 90; 148
Hypothek • 208; 219; 220; 221; 222

I

IBCA • 225
Illiquidität • 26
Indexswap • 340
Individualfinanzierung • 19; 105
Indossament • 114; 144; 252; 299
Industrieanleihen • *Siehe* Industrieobligation
Industrieobligation • 298
Inflationsrate • 75
Information, Hidden • *Siehe* Moral Hazard
Informationsverkauf, indirekter • 222
Initial Public Offering • 176
Inlandsanleihen • 300
Insolvenz • 14; 26; 86; 88; 168; 228; 240
Intention, Hidden • *Siehe* Hold Up
Interbankenhandel • 282
Investitionen
    irreversible • 60; 88
Investitionsgüterleasing • 263
Investitionskredit • 275
IPO • *Siehe* Initial Public Offering
ISMA • 334

J

Jahresabschluß • 99; 100; 101; 104; 196; 198; 357; 361; 384; 385
Jahresabschlußanalyse • 199; 385
Joint Contracts • 223

K

Kalkulationszinsfuß • 52; 82; 83; 122; 123; 128; 154; 313; 314; 316; 317; 320; 323
Kapazitätserweiterungseffekt • 368
Kapazitätserweiterungsmultiplikator • 370
Kapitalallokationsfunktion • 381
Kapitalbeteiligungsgesellschaften • 171
Kapitalfreisetzungen • 382
Kapitalfreisetzungseffekt • 367
Kapitalhilfen
    öffentliche • 172
Kapitalrationierung • 59; 381
Kapitalrücklage • 13; 17; 121; 131; 132; 133; 160; 357; 358; 359; 360

Stichwortverzeichnis

Kapitalstruktur • 21; 22; 35; 67; 68; 73; 77; 78; 81; 82; 84; 85; 86; 87; 90; 92; 119; 179
Kapitalwiedergewinnungsfaktor • 230
Kapitalzuwachsanleihe • Siehe Zerobond
KG • 110
KGaA • 106; 107; 112; 113; 114; 299; 359; 360
Koalition • 44; 45
Kombizinsanleihe • 304
Kommanditist • 109
Komplementäre • 109
Konsumgüterleasing • 263
Kontokorrentkredit • 15; 17; 265
Kontrakte
   explizite • 53
   implzite • 58
   psychologische • Siehe Kontrakte, unvollständige
   unvollständige • 59
Kontraktgüter • 237
Konversion • Siehe Umtausch
Kooperationsdesigns • 59; 63; 64; 89; 95; 103; 192; 240
Körperschaftsteuer • 11; 108; 109; 111; 112; 163; 164; 168; 362; 364; 365
Kreditarten • 187
Kreditauftrag • 208
Kreditbegriff • 187
Kreditfähigkeit • 197
Kreditleihe • 265
Kreditlinien • 28; 31; 129; 227; 229; 237; 243; 286; 288; 293; 294
Kreditprovision • 267
Kreditprüfung • 197
Kreditrisiko • 189
Kreditrisikomanagement • 194
Kreditsicherheiten • 194; 196; 198; 203; 204; 210; 218; 221; 246; 250; 393
Kreditüberwachung • 130; 195; 196; 208
Kreditversicherung • 239
Kreditwürdigkeit • 64; 101; 156; 184; 190; 191; 196; 198; 201; 208; 271; 356; 389
Kreditwürdigkeitsprüfung • 168; 199; 200; 223; 226; 397
Kundenkredit • 238
Kündigungsbestimmungen • 114
Kündigungsrecht • 228
Kupon • 222; 295; 301; 304; 307; 308; 309; 311; 313; 314; 315; 316; 317; 320; 321; 328; 338; 340
   Halbjahres • 328
   Jahres • 328
Kuponswap • 340
Kurs-Gewinn-Verhältnis • 101; 126
Kursrisiko • 253; 307; 311
Kurswertänderungsrisiko • 318
KWG • 16; 163; 164; 167; 187; 198; 246

L

Länderrating • 222
Länderrisiko • 189
LBO • Siehe Leveraged Buy Out
Leasing • 254
Leasinggesellschaft • 254
Lebensversicherungsgesellschaften • 276
Leveraged Buy Out • 178
Leverage-Faktor • 158
Leverage-Risiko • 76

Liberalisierung • 295
LIBID • 282
Lieferantenkredit • 235
LIMEAN • Siehe LIBID
Liquidationserlös • 12; 115; 116; 118; 130; 162; 164; 165
Liquidationsvorzugsaktien • 118
Liquidierbarkeit • 28; 29
Liquidität • 26
   absolute • 27
   dynamische • 35
   relative • 29
   statische • 29
   strukturelle • 35
Liquiditätskennziffern • 30
Liquiditätsmessung • 29
Liquiditätspräferenztheorie • 330
Liquiditätsreserve • 28
Liquiditätsrisiko • 53; 330; 381
Lock-in-Effekt • 202
Lombardkredit • 267

M

Maintenance Leasing • 263
Management Buy Out • 176
Managementkontrolle • 101; 102; 383
Managerkontrolle • 98
Mantelzession • 217; 246
Marge • 127; 182; 284; 285; 288; 305; 341; 342
Market Maker • 343
Marktfähigkeit • 105
Marktfinanzierung, anonyme • 106
Marktrisiko • 73; 76; 77; 322
Marktsegmentierungstheorie • 330
Marktunsicherheit • Siehe Unsicherheit, endogene
Marktwert • 35; 52; 68; 77; 79; 80; 81; 82; 84; 85; 90; 97; 121; 130; 212; 260; 315; 316; 317; 389
Marktwertmaximierung • 102
Maturity Value • Siehe Rückzahlungswert
Medium Term Note-Programm • Siehe Medium Term Notes
Medium Term Notes • 295
Mehrstimmrechtsaktien • 118
Mezzanine
   Finanzierung • 148
   Money • 148
Mezzanine Capital • Siehe Mezzanine Money
Mindestdividende • 116
Mindestverzinsung • 165; 169
Mini-Maxi-Floater • 307
Mischkurs • 131; 135
Modigliani/Miller-These • 81; 83; 84
Monitoring • 64; 65; 66; 89; 98; 137; 191; 196
Monitoring Costs • 89
Moody's • 222
Moral Hazard • 60; 63; 66; 94; 191; 203; 214; 217; 240; 389; 390
Multiple-Placing-Agent-Methode • 287

N

Nachschußpflicht • 105
Naked Warrants • 160
Namensaktie • 114
   vinkulierte • 102

Near-Money-Assets • 28
Negativklausel • 150; 208
Nennwert • 29; 104; 105; 116; 117; 119; 120; 131; 132; 134; 157; 165; 290; 298; 302; 308; 315; 331
Nennwertaktien • 119
Nominalwert • Siehe Nennwert
Nominalzinssatz • 29; 153; 159; 278; 301; 304; 305; 307; 316; 331; 332
Note Standby Facilities • 288
Notreserve • 28
Null Leasing • 263
Null-Kupon-Anleihen • Siehe Zerobonds
Nullkuponstrukturkurve • 331
Nutzungsdauer • 12; 60; 256; 260; 262; 361; 365; 367; 368; 369; 370; 371; 372; 373

O

Oberziel • 40; 41; 42; 43; 48; 52
Obligation • 17; 149; 151; 152; 154; 156; 158; 161; 162; 169; 278; 298; 299; 302; 303; 307
OHG • 110
OHG-Gesellschafter • 109
Operating Leverage-Effekt • 73
Opération Blanche • 138
Opportunismus • Siehe Verhaltensunsicherheit
Option Pricing Theory • 53
Optionsanleihe • 149; 150; 156; 157; 158; 159; 160; 299
Optionsanleihen
  Arten • 157
Optionsfrist • 158
Optionsprämie • 157
Optionspreis • 157
Optionsschein • 159
  rechnerischer Wert • 158
Optionsscheinkurs • 158
Optionsverhältnis • 157; 159
OTC-Produkte • 340

P

PAngV • 334
pareto-optimal • 53; 59
Partially Convertibles • 153
Participating Bond • 169
Patronatserklärung • 209; 300
Pecking Order • 86; 243
Pensionskassen • 375
Pensionsrückstellungen • 375
  Finanzierungseffekt • 379
  Kapitalmarkt • 379
  Prozeßsicht • 376
Performance • 137
Perks • 60; 90
Perquisites • Siehe Perks
Personalsicherheiten • 203
Personengesellschaften • 109
Pfandrecht • 209; 210; 211; 212; 214; 217; 220; 221; 268
Placing Agent • Siehe Plazeur
Plain Vanilla Zinsswap • Siehe Zinsswap
Plant Leasing • 263
Plazeur • 287
Plazeure • 292

Plazierung • 129; 147; 159; 276; 278; 279; 280; 287; 288; 290; 291; 292
Plazierungsrisiko • 278; 289; 292; 294; 297
Portfolio-Selection-Theory • 94
Potenzmethode • 334
Präferenzen • 49; 50; 51; 54; 330
Present Value • 313
Primärmarkt • 142
Prinzipal-Agent-Beziehung • 58; 61; 89
Prinzipal-Agent-Problem • 93; 96; 110; 238; 241; 354
  doppeltes • 66
  reziprokes • 67
Prinzipal-Agent-Relation • 61; 62; 93; 95; 103
Privatplazierung • 294; 298
Projektfinanzierung • 280
Property Rights • 103
Proprietary Theory • 44
Protective Convenants • 208
Publizität • 92; 104; 201; 297
Pure Rate • 51

Q

Qualitätsunsicherheit • 59; 66; 94; 137; 190; 191; 195; 208
Quellensteuer • 143
Quotenaktien • 119

R

Raider • 102
Random Walk • 336
Ratentilgung • 231; 302; 331
Rating • 65; 66; 201; 222; 223; 224; 225; 226; 292; 293; 296; 315; 385; 395
  Commercial Paper-Programm • 292
  Klassen • 224
  Kredite und Anleihen • 224
Rating-Agenturen • 65; 66; 201; 222; 224; 225; 226; 292; 293
Rationalisierung • 382
Rationalität • 43; 58; 125
  begrenzte • 239
Realeinkommen • 48
Realinvestition • 46
Realsicherheiten • 209
Realzinssatz • 75
Rechnungslegungsvorschriften • 64
Redemption • Siehe Rückzahlungswert
Referenzzinssatz • 287; 290; 343; 345; 349; 351
Refinanzierung • 234; 281; 294; 300
Reinvermögensebene • 9
Relational Contracting • 55
Renditeforderung • 70; 74; 75; 79; 164; 233
Rentenbarwertfaktor • 315
Repo
  Credit • 294
  Dated • 294
Reputation • 64; 66; 95; 191; 193; 194; 201; 202; 216; 222; 241; 265; 297; 341; 387; 391; 393; 395
Reputationseffekt • 15
Reserven, stille • 13; 106; 110; 121; 126; 146; 184; 353; 356; 358; 359; 361; 362; 382
Residual Loss • 89
Residualeinkommen • 47; 53; 68; 70
Reverse-Floater • 307

Stichwortverzeichnis

Revolving Leasing • 263
Revolving Underwriting Facilities • 288
REX • 306
Risiko • 13; 15; 29; 50; 52; 54; 57; 60; 67; 71; 72; 73; 74; 75; 76; 77; 78; 81; 85; 86; 90; 91; 94; 96; 110
Risiko, moralisches • Siehe Moral Hazard
Risikoklasse • 81; 82; 83; 84; 91; 314
Risikomaßstab • 76
Risikoprämie • 59; 71; 83; 164; 193; 203; 237; 302
Roll Over Date • 281
Roll Over-Termin • 283
Roll-Over-Kredit • 281
Rückkauf
   Commercial Paper • 294
   eigener Aktien • 119
   freihändiger • 162
   von Unternehmensteilen • 176
Rückkaufsverpflichtung • 288
Rücklage
   für eigene Anteile • 360
   gesetzliche • 360
   satzungsmäßige • 360
Rückstellungen • 374
Rückzahlung
   vollständige • 302
Rückzahlungswert • 314

S

Sacheinlage • 18
Sale-and-Lease-Back • 382
Sanierung • 17; 88; 119; 161; 169; 186
Scheck-Wechsel-Tauschverfahren • Siehe Umkehrwechsel
Schuldscheindarlehen • 276
Schuldübernahme • 208
Schütt-aus/Hol-zurück • 363
Screening • 63; 65
Search Goods • 55
Secondary Purchase • 176
Securitization • 279
Seed-Financing • 174
Sekundärmarkt • 28; 113; 118; 119; 142; 144; 147; 154; 291; 300; 306
Selbsteinordnung • Siehe Self Selection
Selbstemission • 118
Selbstfinanzierung
   offene • 353; 357
   stille • 353; 361
   versteckte • 353
Selbstverpflichtung • 88
Self Selection • 63; 192
Senior Debt • Siehe Fremdkapital, vorrangiges
Shareholder Value • 35; 52; 53; 393
Shiftability • 28
Shirking • 60
Short Term Issuance Facilities • 288
Sicherheiten
   akzessorisch • 204
   fiduziarisch • 204
Sicherungsabtretung • Siehe Zession
Sicherungseigentum • 213
Signaling • 63; 91; 192; 199; 200; 201
Sinking Fund-Tilgung • 303
Skonto • 236
Skontobezugsspanne • Siehe Skonto

Solawechsel • 252
Sole-Placing-Agent-Methode • 287
Sonderposten mit Rücklageanteil • 17; 33; 99; 358; 359; 362
Sortiermechanismus • 237
Sozialkapital • 375
Spezialleasing • 263
Spin-Off • 176
Spin-Out • 176
Spot Contracting • 55
Spot Rates • 331
Spread • 284; 287; 288; 290; 298; 305; 306
Staffelzinsanleihe • 304
Stakeholder • 45; 88; 89
Stammaktie • 115
Stand By-Arrangements • 286
Stand By-Kredit • 283
Standard & Poor's • 222
Standardabweichung • 90
Standardkreditverträge • 199
Start-Up-Financing • 174
Steuereinsparungseffekt • 309
Stille Gesellschaft • 109
   atypische • 109
   typische • 109
Stillhalter • 160; 343; 344; 345; 349
Stimmrecht • 115; 116; 118; 162
Stockholder • 45
Straight Bond • 151; 155; 156; 299; 301; 307; 315; 341
Streubesitz • 97; 178
Stripped Bonds • 308
Stufenzinsanleihe • 304
Subordinated Debt • Siehe Fremdkapital, nachrangiges
Subventionsfinanzierung • 19
Suchgüter • 55
SURF-Anleihe • 306
Sustainable Growth • 124
Sweetener • 155

T

Talon • 299
Teilamortisationsvertrag • 263
Teilschuldverschreibungen • 292; 299
Terminrisiko • 189
Thesaurierungsfaktor • 124
Tilgung • 7; 8; 11; 12; 33; 34; 149
Tilgungsanleihen • 302
Trade Sales • 176
Tranchen • 284; 289; 290; 292; 293; 295; 296; 297
Transaktionskosten • 23; 49; 52; 56; 58; 59; 60; 64; 65; 82; 85; 88; 89; 132; 191; 194; 199; 200; 239; 337; 394
Transaktionskostenvorteile • 194
Transaktionstechnologie • 194; 239; 240
Transferable Revolving Underwriting Facilities • 288
Tratte • 269
Trennbankensystem • 23
Trust Funds Theory • 45
Turnaround • 176

Ü

Über pari-Emission • 132
Übernahmeverpflichtung • 138; 287; 288; 292
Überschuldungsbilanz • 41

Überschußfinanzierung • 353
Überziehungsprovision • 267

U

Umkehrwechsel • 273
Umsatzprovision • 267
Umtausch • 151
Umtauschfrist • 153
Umtauschprämie • 155
Umtauschpreis • 152
Umtauschtermin • 153
Umtauschverhältnis • 155
Umwandlung • 10; 17; 113; 114; 131; 169
Underlying • 159
Underpricing • 90; 137; 390
Underwriter • 138; 280; 285; 286; 287; 288; 289; 390
Underwriter-Bankengruppe • 288
Universalbanksystem • 23
Unsicherheit
   endogene • 59; 94
   exogene • 54; 60; 191; 240
   markbedingte • 55
   technische • Siehe Unsicherheit, exogene
Unsicherheiten
   endogene • 63
   exogene • 238
Unternehmensbeteiligungsgesellschaften • 171
Unternehmenswert • 35; 68; 78; 81; 90; 91; 200
Unterstützungskassen • 375
Unterziel • 43; 48

V

Venture Capital
   Finanzierung • 170
   Gesellschaften • 170; 171
   Management • 173
Verfügungsrecht • 93; 105
Vergleichsrendite • 312
Verhaltensunsicherheit • 59; 60; 238
Vermittlungsbasis • 294; 297
Vermögensteuer • 163; 167; 168
Vermögensumschichtungen • 382
Verpfändung • 209; 210; 211; 212; 213; 214; 217; 267; 268
Verschmelzung • 17; 119; 169; 179; 180; 181
Verschuldungsgrad • 34; 35; 36; 40; 42; 71; 72; 73; 74; 75; 77; 78; 79; 80; 81; 82; 83; 88; 89; 90; 91; 184; 200; 203
   dynamischer • 34
Versicherungsgesellschaften • 238
Verträge • Siehe Kontrakte
Verwässerung • 153
Verwässerungsschutz • 159
Volksaktien • 120
Vollamortisationsvertrag • 263
Vorauszahlungskredit • Siehe Kundenkredit
Vorratsaktien • 118
Vorzugsdividende • 117

W

Wahlparadoxon • 49; 51
Wahrscheinlichkeit • 29; 53; 66; 86; 103; 201; 214; 224; 228; 268; 274; 293
Währungsanleihen • 301

Währungsrisiken • 297; 387
Wandelanleihe • 149; 150; 151; 152; 153; 154; 155; 156; 299
   Aktientyp • 153
   Obligationentyp • 153
Wandelanleihen
   mit Wandlungsoptionen • 154
Wandelschuldverschreibung • 132; 149; 150; 151
Wandlung • Siehe Umtausch
Warenlombardkredit • 268
Warrant • Siehe Optionsschein
Warrant Bond • Siehe Optionsanleihe
Wechsel • 42; 102; 103; 149; 202; 235; 252; 253; 267; 268; 269; 270; 271; 272; 273; 274
Wechselkredit • 235
Wechselkursrisiken • 310
Wechselkursrisiko • 302
Wechselstrenge • 269
Wiederanlageprämisse • 326; 328
Working Capital • 30

Y

Yield to Call • 325
Yield to Market • 314
Yield to Maturity • 325

Z

Zahlungsfähigkeit • 30
Zahlungskraftreserve • 28
Zahlungsmittelbestand • 27
Zahlungsmittelebene • 8
Zahlungsstockung • 26
Zahlungsunfähigkeit • 26
Zahlungsziel • 45
Zeitpräferenztheorie des Zinses • 51
Zerobond • 297; 308; 309; 326
Zession • 215; 216; 217; 247; 277
   offene • 215
   stille • 216
Zessionskredit • 246
Zielgesellschaft • 176
Zielsystem • 40; 41; 43
Zinsänderungsrisiko • 318
Zinsbegrenzungsverträge • 340; 343
Zinscap • Siehe Cap
Zinscollar • Siehe Collar
Zinsdeckungsgrad • 34
Zinserwartungstheorie • 329
Zinsfußmethode, interne • 332; 333
Zinsfuture • 339
Zinsoptionen • Siehe Zinsbegrenzungsverträge
Zinsrisikomanagement • 335
Zinsstruktur • 329
Zinsstrukturkurve • 233; 303; 305; 319; 328; 329; 330; 341; 343
   flache • 328
   inverse • 329
   normale • 328
Zinsswap • 340
Zinstermingeschäfte • 339
Zinsvolatilität • 350
Zuzahlungen • 152
Zwangsvollstreckung • 207; 220; 221